中级财务会计（税务版）

张春平 著

中国财经出版传媒集团
中国财政经济出版社

图书在版编目（CIP）数据

中级财务会计：税务版／张春平著．—北京：中国财政经济出版社，2019.9
ISBN 978－7－5095－9134－5

Ⅰ.①中… Ⅱ.①张… Ⅲ.①财务会计 Ⅳ.①F234.4

中国版本图书馆 CIP 数据核字（2019）第 167616 号

责任编辑：张　莹　　　　　　　　责任校对：胡永立
封面设计：陈宇琰

中国财政经济出版社 出版

URL: http://www.cfeph.cn
E-mail: cfeph@cfeph.cn

（版权所有　翻印必究）

社址：北京市海淀区阜成路甲 28 号　邮政编码：100142
营销中心电话：010-88191537
北京时捷印刷有限公司印刷　各地新华书店经销
787×1092 毫米　16 开　34.25 印张　665 000 字
2019 年 9 月第 1 版　2019 年 9 月北京第 1 次印刷
定价：98.00 元
ISBN 978－7－5095－9134－5
（图书出现印装问题，本社负责调换）
质量投诉电话：010-88190744
打击盗版举报热线：010-88191661　QQ：2242791300

前　　言

　　税收和会计虽然分属两个不同的学科，但是在实务中，尤其是对于长期从事税务工作的人员和纳税人而言，二者却是密不可分的。一笔会计分录的背后，必定隐藏着税收的痕迹。探究二者之间的关系，系统归纳现行的会计和税收政策，对于从事会计和税收的工作者都是有益的参考。

　　将税收与会计进行结合，既可以说是"跨越"，又可以说是"融合"。税收和会计作为关联度很高的两门学科，研究税收和会计之间的关系，对同一项经济业务从会计和税收两个方面进行系统的分析，有助于读者对会计和税收政策充分理解，同时也为读者提供防范税收风险的思路。

　　将税收与会计进行结合，既可以说是"研究"，又可以说是"实践"。在理论研究方面，由于税收和会计两个学科紧密的关系，由此产生了一门介于会计和税收两门学科之间的交叉学科——税务会计学。然而，实务中，企业产生一项经济业务，产生一笔会计分录，背后就隐含着税收的踪迹，会计和税收产生相互依存的关系；此外，企业既要依照会计准则的规定定期向企业的所有者、债权人、与企业相关的其他个人和企业，以及公众提供财务报告，同时也要依据税法规定向主管税务机关提供纳税申报表等。类似的，会计和税收相关的例子不胜枚举。会计离不开税收，税收也离不开会计，二者就如同水与鱼的关系。将会计和税收进行结合，是每位财税工作者的"必修课"。

　　将税收与会计进行结合，既可以说是"沿袭"，又可以说是"创新"。现阶段，研究税收和会计二者之间关系的书籍不在少数，但是对于现行会计和税收政策进行系统梳理的书籍却为数不多。本书"沿袭"了传统书籍的一些思路，按照现有会计书的框架进行会计政策的梳理。与此同时，更多"创新"地加入了涉税政策和涉税提示，将会计和税收进行结合。此外，本书打破传统涉税书籍按税种编排的思维，创新性地从会计的角度结合税收政策，从经济业务本身联系其中所蕴含的税收政策。

　　由于税收政策的更新较为频繁，而2017年的会计准则中的六项准则也进行了修订,《企业会计准则第14号——收入》对于企业产生了极大的影响,许多财税工作者都为之头疼。本书所收录的会计和税收政策都是在本书出版前,现行最新的会计和税收政策,对于从事理论研究的工作者和实务的工作者都有一定的参考价值。

本书是集体创作的结晶,在本书编写的各个过程中,团队的精神发挥着重要的作用。由于本书涉及会计和税收两个学科,需要搜集大量相关的政策和法规,在此,感谢先后参与本书资料收集及整理的:黄苑、宋一桐、时宝宇、王佩、程怡、张文鹤、龙晓白、邱香芸、杜东瑞、奚少伟、李彬、卢喻、丁宁、高欣园、叶露、刘翰文、阿力亚·阿合提、牟文欣、张琬鋆、李雯、盛晓榕、李劭玮、王梅、朱晓忆、胡海娇、魏子琦、蔡盛华、严秀春、祁梓巍、王文硕、张申奇、崔梦月、欧阳涛、张杰、朱琳、郭鹏宇、宋久博,感谢他们在编书过程中认真收集、整理并梳理财税相关的政策法规。此外,还要感谢在本书编写过程中各位专家学者提出的意见和建议,使本书不断完善。总而言之,本书的编写不是一个人的功劳,而是凝结着所有参与者的心血结晶,感谢各位参与者的辛勤付出。

由于时间仓促,本书难免存在一些不尽完善之处,希望读者用批判的眼光去阅读和斧正,也欢迎专家学者批评指正。

本书的出版,得到出版社的大力支持,于此再表谢意!

张春平

2019年8月

目　　录

第一章　总论 …………………………………………………………… （1）
　　第一节　企业会计准则概述 ……………………………………… （1）
　　第二节　会计基本假设和会计基础 ……………………………… （3）
　　第三节　会计信息质量要求 ……………………………………… （8）
　　第四节　会计要素及其确认 ……………………………………… （12）
　　第五节　会计要素计量属性及其应用原则 ……………………… （19）

第二章　货币资金及应收款项 ………………………………………… （22）
　　第一节　货币资金 ………………………………………………… （22）
　　第二节　应收及预付款项 ………………………………………… （35）

第三章　存货 …………………………………………………………… （49）
　　第一节　存货的确认和初始计量 ………………………………… （50）
　　第二节　发出存货的计量 ………………………………………… （68）
　　第三节　原材料的核算 …………………………………………… （73）
　　第四节　其他存货 ………………………………………………… （84）
　　第五节　期末存货的计量 ………………………………………… （97）
　　第六节　存货清查 ………………………………………………… （103）

第四章　固定资产 ……………………………………………………… （108）
　　第一节　固定资产的确认和初始计量 …………………………… （109）
　　第二节　固定资产的后续计量 …………………………………… （132）
　　第三节　固定资产的期末计量 …………………………………… （152）
　　第四节　固定资产处置和清查 …………………………………… （166）

第五章　无形资产和其他资产 ………………………………………… （179）
　　第一节　无形资产 ………………………………………………… （179）
　　第二节　其他资产 ………………………………………………… （203）

第六章　流动负债 ……………………………………………………… （207）
　　第一节　短期借款 ………………………………………………… （208）

第二节　应付票据 …………………………………………………………（210）
　　第三节　应付及预收款项 ……………………………………………………（212）
　　第四节　应付职工薪酬 ………………………………………………………（216）
　　第五节　应交税费 ……………………………………………………………（235）
　　第六节　其他流动负债 ………………………………………………………（267）
第七章　非流动负债 ………………………………………………………………（271）
　　第一节　长期借款 ……………………………………………………………（272）
　　第二节　应付债券 ……………………………………………………………（275）
　　第三节　长期应付款 …………………………………………………………（282）
　　第四节　专项应付款的核算 …………………………………………………（283）
第八章　所有者权益 ………………………………………………………………（285）
　　第一节　实收资本 ……………………………………………………………（285）
　　第二节　资本公积 ……………………………………………………………（293）
　　第三节　留存收益 ……………………………………………………………（296）
第九章　收入、费用和利润 ………………………………………………………（301）
　　第一节　收入 …………………………………………………………………（302）
　　第二节　费用 …………………………………………………………………（377）
　　第三节　利润 …………………………………………………………………（401）
第十章　所得税 ……………………………………………………………………（415）
　　第一节　所得税会计概述 ……………………………………………………（415）
　　第二节　资产负债的计税基础及暂时性差异 ………………………………（418）
　　第三节　递延所得税资产及递延所得税负债的确认和计量 ………………（424）
　　第四节　所得税费用的确认和计量 …………………………………………（427）
第十一章　财务报告 ………………………………………………………………（438）
　　第一节　财务报告概述 ………………………………………………………（438）
　　第二节　资产负债表 …………………………………………………………（442）
　　第三节　利润表 ………………………………………………………………（453）
　　第四节　现金流量表 …………………………………………………………（457）
　　第五节　所有者权益变动表 …………………………………………………（472）
　　第六节　附注 …………………………………………………………………（475）
　　第七节　纳税申报表 …………………………………………………………（485）
　　第八节　财务报表分析基础 …………………………………………………（517）
参考文献及书籍 ……………………………………………………………………（541）

第一章 总 论

【本章提要】 本章主要介绍财务会计的基本理论，着重讲解企业会计准则的构成、会计基本假设、会计基础、会计信息质量要求、会计要素及其确认与计量原则等问题。

第一节 企业会计准则概述

一、企业会计准则体系的构成

2006年2月15日，财政部发布新《企业会计准则》，自2007年1月1日起在上市公司范围内全面实施，并鼓励其他企业施行。执行新企业会计准则体系后，不再执行原有准则、《企业会计制度》《金融企业会计制度》、各项专业核算办法和问题解答。新《企业会计准则》包括1项基本准则和38项具体准则。2006年11月6日财政部发布了《企业会计准则——应用指南》，2007—2010年财政部又分别印发了第1号、第2号、第3号和第4号企业会计准则解释，2014年7月23日根据《财政部关于修改〈企业会计准则——基本准则〉的决定》修改部分内容。这标志着中国与国际财务报告准则趋同的企业会计准则体系正式建立，对于完善我国社会主义市场经济体制，提高对外开放水平和加速中国融入全球经济都具有十分重要的意义。2017年修订了以下7项会计准则的内容：《企业会计准则第22号——金融工具确认和计量》自2018年1月1日起施行，《企业会计准则第23号——金融资产转移》自2018年1月1日起施行，《企业会计准则第24号——套期会计》自2018年1月1日起施行，《企业会计准则第37号——金融工具列报》自2018年1月1日起施行，《企业会计准则第16号——政府补助》自2017年6月12日起施行，《企业会计准则第14号——收入》自2018年1月1日起施行，《企业会计准则第42号——持有待售的非流动资产、处置组和终止经营》自2017年5月28日起施行。2018年，财政部会计司印发了2017年修订的7项会计准则的应用指南。2019年度开始执行修订后的新会计准则包括：《企业会计准则第7号——非货币性资产交换》《企业会计准则第21号——租赁》。

企业会计准则体系由基本准则、具体准则以及会计准则应用指南和解释等构成，可理解为三个层次：第一层次为基本准则，第二层次为具体会计准则，第三层次为会计准则应用指南和解释。其中，基本准则是"纲"，是企业会计准则体系的概念基础，是具体准则、应用指南和解释等的制定依据，在整个准则体系中起统驭作用；具体会计准则是"目"，是依据基本准则原则要求对有关业务或报告做出的具体规定；会计准则应用指南和解释是"补充"，是对具体准则的操作指引。

涉税提示

会计准则实行的期限和税法现行的条件确认有可能不一致。例如，收入准则与增值税和所得税收入确认不一致。

涉税规定

◆《企业会计准则第14号——收入》（财会〔2017〕22号）

企业应当在履行了合同中的履约义务，即在客户取得相关商品控制权时确认收入。取得相关商品控制权，是指能够主导该商品的使用并从中获得几乎全部的经济利益。

◆《中华人民共和国增值税暂行条例》（国务院令第538号）

第十九条　增值税纳税义务发生时间：（一）销售货物或者应税劳务，为收讫销售款项或者取得索取销售款项凭据的当天；先开具发票的，为开具发票的当天。（二）进口货物，为报关进口的当天。增值税扣缴义务发生时间为纳税人增值税纳税义务发生的当天。

◆《国家税务总局关于确认企业所得税收入若干问题的通知》（国税函〔2008〕875号）

除企业所得税法及实施条例另有规定外，企业销售收入的确认，必须遵循权责发生制原则和实质重于形式原则。企业销售商品同时满足下列条件的，应确认收入的实现：

（1）商品销售合同已经签订，企业已将商品所有权相关的主要风险和报酬转移给购货方；

（2）企业对已售出的商品既没有保留通常与所有权相联系的继续管理权，也没有实施有效控制；

（3）收入的金额能够可靠地计量；

（4）已发生或将发生的销售方的成本能够可靠地核算。

二、基本会计准则的作用

基本准则在企业会计准则体系中具有重要地位，其作用主要有两点。

（一）统驭具体准则的制定

基本准则规范了包括财务报告目标，会计基本假设，会计信息质量要求，会计要素的定义及其确认、计量原则、财务报告等在内的基本问题，是制定具体准则的基础，对各具体准则的制定起着统驭作用，可以确保各具体准则的内在一致性。

（二）为会计实务中出现的、具体准则尚未规范的新问题提供会计处理依据

在会计实务中，由于经济交易事项的不断发展、创新，一些新的交易或者事项在具体准则中尚未规范但又急需处理，这时，企业应当严格遵循基本准则的要求，对新的交易或者事项及时进行会计处理。

第二节 会计基本假设和会计基础

一、会计基本假设

会计基本假设是企业会计确认、计量和报告的前提，是对会计核算所处时间、空间环境等做出的合理设定。会计基本假设包括会计主体、持续经营、会计分期和货币计量。

（一）会计主体

会计主体，是指企业会计确认、计量和报告的空间范围。在会计主体假设下，企业应当对其本身发生的交易或者事项进行会计确认、计量和报告，反映企业本身所从事的各项生产经营活动。明确界定会计主体是开展会计确认、计量和报告工作的重要前提。

会计主体不同于法律主体。一般来说，法律主体必然是一个会计主体。但是，会计主体不一定是法律主体。会计主体可以是一个独立的法律主体，如企业法人；也可以不是一个独立的法律主体，如企业内部相对独立的核算单位（车间）或由多

个企业法人组成的企业集团等。

涉税规定

◆《中华人民共和国企业所得税法》（主席令第63号）

第一条　在中华人民共和国境内，企业和其他取得收入的组织（以下统称企业）为企业所得税的纳税人，依照本法的规定缴纳企业所得税。

个人独资企业、合伙企业不适用本法。

第三十七条　对非居民企业取得本法第三条第三款规定的所得应缴纳的所得税，实行源泉扣缴，以支付人为扣缴义务人。税款由扣缴义务人在每次支付或者到期应支付时，从支付或者到期应支付的款项中扣缴。

第三十八条　对非居民企业在中国境内取得工程作业和劳务所得应缴纳的所得税，税务机关可以指定工程价款或者劳务费的支付人为扣缴义务人。

第五十条　除税收法律、行政法规另有规定外，居民企业以企业登记注册地为纳税地点；但登记注册地在境外的，以实际管理机构所在地为纳税地点。

居民企业在中国境内设立不具有法人资格的营业机构的，应当汇总计算并缴纳企业所得税。

涉税提示

在一般情况下，纳税主体与会计主体是一致的，一个纳税主体也是一个会计主体。

在特定条件下，纳税主体不同于会计主体。如分公司，不是独立的企业所得税纳税主体，但分公司可以是会计主体。

【例1-1】 A公司拥有甲、乙、丙三家子公司，母公司与子公司属于不同的法律主体，但母公司对子公司拥有控制权，为了全面反映由母、子公司组成的企业集团整体的财务状况、经营成果和现金流量，就需要将企业集团作为一个会计主体，编制合并财务报表。在这种情况下，尽管企业集团不属于法律主体，但它却是会计主体。

【例1-2】 Q基金管理公司管理了6只证券投资基金。对于Q公司来讲，一方面，公司本身既是法律主体，又是会计主体，需要以公司为主体核算公司的各项经济活动，以反映整个公司的财务状况、经营成果和现金流量；另一方面，每只基金尽管不属于法律主体，但需要单独核算，并向基金持有人定期披露基金财务状况和经营成果等，因此，每只基金也属于会计主体。

涉税规定——个人作为流转税纳税主体的规定

◆《中华人民共和国增值税暂行条例》（国务院令第538号）

在中华人民共和国境内销售货物或者加工、修理修配劳务，销售服务、无形资产、不动产以及进口货物的单位和个人，为增值税的纳税人，应当依照条例缴纳增值税。

◆《中华人民共和国消费税暂行条例》（国务院令第 539 号）

在中华人民共和国境内生产、委托加工和进口本条例规定的消费品的单位和个人，以及国务院确定的销售本条例规定的消费品的其他单位和个人，为消费税的纳税人，应当依照条例缴纳消费税。

◆《财政部　国家税务总局关于全面推开营业税改征增值税试点的通知》（财税〔2016〕36 号）

第三条　年应税销售额超过规定标准的其他个人不属于一般纳税人。年应税销售额超过规定标准但不经常发生应税行为的单位和个体工商户可选择按照小规模纳税人纳税。

◆《中华人民共和国消费税暂行条例》（国务院令第 539 号）

个人携带或者邮寄进境的应税消费品的消费税，连同关税一并计征。具体办法由国务院关税税则委员会会同有关部门制定。

（二）持续经营

持续经营，是指在可以预见的将来，企业将会按当前的规模和状态继续经营下去，不会停业，也不会大规模削减业务。企业会计确认、计量和报告应当以持续经营为前提。

有了这一前提，会计信息的可比性等会计信息质量要求才能得到满足，会计计量的历史成本计量属性才能发挥作用，企业在信息收集和处理上所采用的会计方法才能保持稳定，会计核算才能正常进行。但是，在市场经济条件下，企业破产清算的风险始终存在，一旦企业发生破产清算，所有以持续经营为前提的会计程序与方法就不再适用，而应当采用破产清算的会计程序和方法。

涉税提示

企业所得税法没有持续经营假设的规定，但《中华人民共和国企业所得税法》第三条第一款、第二款规定所得的计算，是以持续经营为前提的。

（三）会计分期

会计分期，是指将一个企业持续经营的生产经营活动划分为一个个连续的、长短相同的期间。会计分期的目的，在于通过会计期间的划分，将持续经营的生产经营活动划分成连续、相等的期间，据以结算盈亏，按期编报财务报告，从而及时向财务报告使用者提供有关企业财务状况、经营成果和现金流量的信息。

在会计分期假设下，企业应当划分会计期间，分期结算账目和编制财务报告。会计期间分为年度和中期。以年度为会计期间通常称为会计年度，会计年度的起止时间,各个国家的划分方式不尽相同,有的国家采用公历年度,有的国家则另设起止时间。在我国,以公历年度作为企业的会计年度,即以公历 1 月 1 日起至 12 月 31 日止的期间为一个会计年度。中期,是指短于一个完整的会计年度的报告期间。香港地区公司能随意选择自己的会计年度。

涉税规定

◆《中华人民共和国增值税暂行条例》(国务院令第 538 号)

增值税的纳税期限分别为 1 日、3 日、5 日、10 日、15 日、1 个月或者 1 个季度。纳税人的具体纳税期限,由主管税务机关根据纳税人应纳税额的大小分别核定。以 1 个季度为纳税期限的规定适用于小规模纳税人、银行、财务公司、信托投资公司、信用社,以及财政部和国家税务总局规定的其他纳税人。不能按照固定期限纳税的,可以按次纳税(再次明确小规模纳税人按季度申报增值税)。

纳税人以 1 个月或者 1 个季度为 1 个纳税期的,自期满之日起 15 日内申报纳税;以 1 日、3 日、5 日、10 日或者 15 日为 1 个纳税期的,自期满之日起 5 日内预缴税款,于次月 1 日起 15 日内申报纳税并结清上月应纳税款。扣缴义务人解缴税款的期限,按照前两款规定执行。

◆《中华人民共和国企业所得税法》(主席令第 63 号)

第五十三条 企业所得税按纳税年度计算。纳税年度自公历 1 月 1 日起至 12 月 31 日止。

企业在 1 个纳税年度中间开业,或者终止经营活动,使该纳税年度的实际经营期不足 12 个月的,应当以其实际经营期为 1 个纳税年度。

企业依法清算时,应当以清算期间作为 1 个纳税年度。

(四) 货币计量

货币计量,是指会计主体在财务会计确认、计量和报告时以货币作为计量尺度反映会计主体的生产经营活动。企业会计应当以货币计量。

对企业经济活动的计量,存在着多种计量单位,如货币、重量、长度、体积等。我们常把货币以外的计量单位称为非货币计量单位,由于各种经济活动的非货币计量单位具有不同的性质在量上无法比较。为了连续系统、全面、综合地反映企业的经济活动,会计核算客观上需要统一的计量单位作为会计核算的计量尺度。商品经济条件下,货币是一般等价物,是衡量商品价值的共同尺度,因此,会计核算自然就选择货币作为计量单位,以货币形式来反映和核算企业经营活动的全过程。

企业会计核算采用货币作为经济活动的计量单位,如果企业的经济业务是多种货币计量并存的情况,就需要确定一种货币作为记账本位币。记账本位币,是指企业经营所处的主要经济环境中的货币。我国企业会计准则规定,企业通常应选择人民币作为记账本位币,业务收支以人民币以外的货币为主的企业,可以选定其中一种货币作为记账本位币。但是,编报的财务报表应当折算为人民币。

涉税规定

◆《中华人民共和国企业所得税法》(主席令第63号)

第五十六条 依照本法缴纳的企业所得税,以人民币计算。所得以人民币以外的货币计算的,应当折合成人民币计算并缴纳税款。

二、会计基础

企业应当以权责发生制为基础进行会计确认、计量和报告。权责发生制基础要求,凡是当期已经实现的收入和已经发生或应当负担的费用,无论款项是否收付,都应当作为当期的收入和费用,计入利润表;凡是不属于当期的收入和费用,即使款项已在当期收付,也不应当作为当期的收入和费用。

涉税规定

◆《中华人民共和国企业所得税法实施条例》(国务院令第512号)

第九条 企业应纳税所得额的计算,以权责发生制为原则,属于当期的收入和费用,不论款项是否收付,均作为当期的收入和费用;不属于当期的收入和费用,即使款项已经在当期收付,均不作为当期的收入和费用。本条例和国务院财政、税务主管部门另有规定的除外。

◆《中华人民共和国增值税暂行条例》(国务院令第538号)

发生应税销售行为,为收讫销售款项或者取得索取销售款项凭据的当天;先开具发票的,为开具发票的当天。

◆《国家税务总局关于企业工资薪金和职工福利费等支出税前扣除问题的公告》(国家税务总局公告2015年第34号)

二、企业在年度汇算清缴结束前向员工实际支付的已预提汇缴年度工资薪金,准予在汇缴年度按规定扣除。

涉税提示

企业所得税法在计算应纳税所得额时,虽以权责发生制为原则,但有除外情况。例如,在企业所得税收入的确认上,对利息收入,要求按照合同约定的债务人应付利息的日期确认收入的实现,而不是按照利息的归属期确认利息收入,等等。在费用的扣除上,对工资薪金支出,要求按照企业每一纳税年度支付给在本企业任职或者受雇员工的所有现金形式或者非现金形式的劳动报酬在税前扣除,而不是按照工资薪金的归属期确认在税前扣除的金额等。

第三节　会计信息质量要求

会计信息质量要求是对企业财务报告中所提供会计信息质量的基本要求，是使财务报告中所提供会计信息对投资者等使用者决策有用应具备的基本特征。为了规范企业会计确认、计量和报告行为，保证会计信息质量，我国企业会计准则根据几十年来企业会计实践，同时借鉴国际会计惯例，确立了我国企业会计信息的质量要求。这些会计信息质量要求可归纳如下：

一、可靠性

可靠性要求企业应当以实际发生的交易或者事项为依据进行会计确认、计量和报告，如实反映符合确认和计量要求的各项会计要素及其他相关信息，保证会计信息真实可靠、内容完整。为了贯彻可靠性要求，企业应当做到：

（1）以实际发生的交易或者事项为依据进行确认、计量，将符合会计要素定义及其确认条件的资产、负债、所有者权益、收入、费用和利润等如实反映在财务报表中，不得根据虚构的、没有发生的或者尚未发生的交易或者事项进行确认、计量和报告。

（2）在符合重要性和成本效益原则的前提下，保证会计信息的完整性，其中包括应当编报的报表及其附注内容等应当保持完整，不能随意遗漏或者减少应予披露的信息，与使用者决策相关的有用信息都应当充分披露。

（3）财务报告中的会计信息应当是中立的、无偏的。如果企业在财务报告中为了达到事先设定的结果或效果，通过选择或列示有关会计信息以影响决策和判断的，这样的财务报告信息就不是中立的。

二、相关性

相关性要求企业提供的会计信息应当与财务会计报告使用者的经济决策需要相关，有助于财务会计报告使用者对企业过去、现在或者未来的情况做出评价或者预测。

会计信息是否有用，是否具有价值，关键是看其与使用者的决策需要是否相关，是否有助于决策或者提高决策水平。相关的会计信息应当能够有助于使用者评价企业过去的决策，证实或者修正过去的有关预测，因而具有反馈价值。相关的会计信息还应当具有预测价值，有助于使用者根据财务报告所提供的会计信息预测企业未来的财务状况、经营成果和现金流量。

涉税规定

◆《中华人民共和国企业所得税法实施条例》（国务院令第512号）

第二十七条　企业所得税法第八条所称有关的支出，是指与取得收入直接相关的支出。

涉税提示

会计的相关性要求企业提供的会计信息应当与投资者等财务报告使用者的经济决策需要相关，而税法的相关性要求企业发生的支出与取得收入直接相关。所以，税法的相关性原则与会计准则的相关性要求的内容是不同的。

三、可理解性

可理解性要求企业提供的会计信息应当清晰明了，便于财务会计报告使用者理解和使用。

企业编制财务报告、提供会计信息的目的在于使用。使用者只有了解会计信息的内涵，弄懂会计信息的内容，才能有效地使用会计信息。这就要求财务报告所提供的会计信息应当清晰明了，易于理解。只有这样，才能提高会计信息的有用性，实现财务报告的目标，满足向投资者等财务报告使用者提供决策有用信息的要求。

四、可比性

可比性要求企业提供的会计信息应当具有可比性。这主要包括两层含义：

（一）同一企业不同时期可比

为了便于投资者等财务报告使用者了解企业财务状况、经营成果和现金流量的变化趋势，比较企业不同时期的财务报告信息，分期、客观地评价过去、预测未来，从而做出决策，会计信息质量的可比性要求同一企业不同时期发生的相同或者相似的交易或者事项，应当采用一致的会计政策，不得随意变更。但是，满足会计信息可比性要求，并非表明企业不得变更会计政策，如果按照规定或者在会计政策变更后可以提供更可靠、更相关的会计信息，可以变更会计政策。确需变更的，应当在附注中说明。

(二) 不同企业相同会计期间可比

为了便于投资者等财务报告使用者评价不同企业的财务状况、经营成果和现金流量及其变动情况，会计信息质量的可比性要求不同企业发生的相同或者相似的交易或者事项，应当采用规定的会计政策，确保会计信息口径一致、相互可比。

五、实质重于形式

实质重于形式要求企业应当按照交易或者事项的经济实质进行会计确认、计量和报告，不应仅以交易或者事项的法律形式为依据。

企业发生的交易或事项在多数情况下其经济实质和法律形式是一致的，但在有些情况下也会出现不一致。例如，企业按照销售合同销售商品，但又签订了售后回购协议，虽然从法律形式上看实现了收入，但如果企业没有将商品所有权上的主要风险和报酬转移给购货方，没有满足收入确认的各项条件，即使签订了商品销售合同或者已将商品交付给购货方，也不应当确认销售收入。

涉税提示

会计与企业所得税法都强调"实质重于形式"原则，企业所得税当中的收入确认有实质重于形式原则，对于扣除没有实质重于形式原则，但增值税法较注重法律形式，不适用实质重于形式原则。

六、重要性

重要性要求企业提供的会计信息应当反映与企业财务状况、经营成果和现金流量等有关的所有重要交易或者事项。

如果财务报告中提供的会计信息的省略或者错报会影响投资者等使用者据此做出决策，该信息就具有重要性。重要性的应用需要依赖职业判断，企业应当根据其所处环境和实际情况，从项目的性质和金额大小两个方面加以判断。

涉税提示

税法没有重要性要求，除税法规定不征税或免税外，企业在计算缴纳税金时，不区分项目的性质和金额的大小，税法规定征税的一律征税。

七、谨慎性

谨慎性要求企业对交易或者事项进行会计确认、计量和报告应当保持应有的谨慎，不应高估资产或者收益、低估负债或者费用。

在市场经济环境下，企业的生产经营活动面临着许多风险和不确定性，如应收款项的可收回性、固定资产的使用寿命、无形资产的使用寿命、供出存货可能发生的退货或者返修等。会计信息质量的谨慎性要求，需要企业在面临不确定因素的情况下做出职业判断时，应当保持应有的谨慎，充分估计到各种风险和损失。既不高估资产或者收益，也不低估负债或者费用。例如，企业估计应收账款收不回时，就要计提坏账准备。

谨慎性的应用也不允许企业设置秘密准备，如果企业故意低估资产或者收入，或者故意高估负债或者费用，将不符合会计信息的可靠性和相关性要求，损害会计信息质量，扭曲企业实际的财务状况和经营成果，从而对使用者的决策产生误导，这是会计准则所不允许的。

涉税规定

◆《中华人民共和国企业所得税法》（主席令第63号）

第八条　企业实际发生的与取得收入有关的、合理的支出，包括成本、费用、税金、损失和其他支出，准予在计算应纳税所得额时扣除。

◆《中华人民共和国企业所得税法实施条例》（国务院令第512号）

第五十六条　企业的各项资产，包括固定资产、生物资产、无形资产、长期待摊费用、投资资产、存货等，以历史成本为计税基础。

前款所称历史成本，是指企业取得该项资产时实际发生的支出。

企业持有各项资产期间资产增值或者减值，除国务院财政、税务主管部门规定可以确认损益外，不得调整该资产的计税基础。

涉税提示

企业所得税法律法规不承认谨慎性要求，企业按照谨慎性要求计提的各项资产减值准备，确认的各项负债，在计算应纳税所得额时需要进行纳税调整。当然，也有例外规定。

八、及时性

及时性要求企业对于已经发生的交易或者事项，应当及时进行会计确认、计量和报告，不得提前或者延后。

会计信息的价值在于帮助所有者或者其他方面做出经济决策，具有时效性。即使是可靠的、相关的会计信息，如果不及时提供，就失去了时效性，对于使用者的效用就大大降低，甚至不再具有实际意义。在会计确认、计量和报告过程中贯彻及时性，一是要求及时收集会计信息，即在经济交易或者事项发生后，及时收集整理各种原始单据或者凭证;二是要求及时处理会计信息,既按照会计准则的规定,及时对经济交易或者事项进行确认或者计量,并编制财务报告;三是要求及时传递会计信息,即按照国家规定的有关时限,及时地将编制的财务报告传递给财务报告使用者,便于其及时使用和决策。

涉税规定

◆《企业所得税税前扣除凭证及相关原则详析》

支出允许税前扣除应遵循的原则有"真实性原则、相关性原则、合理性原则、确定性原则、受益期原则以及权责发生制原则"。

第四节 会计要素及其确认

会计要素是根据交易或者事项的经济特征所确定的财务会计对象的基本分类。基本准则规定,会计要素按照其性质分为资产、负债、所有者权益、收入、费用和利润。其中,资产、负债和所有者权益要素侧重于反映企业的财务状况,收入、费用和利润要素侧重于反映企业的经营成果。会计要素的界定和分类可以使财务会计系统更加科学严密,为投资者等财务报告使用者提供更加有用的信息。

一、资产的定义及其确认条件

(一)资产的定义

资产,是指企业过去的交易或者事项形成的、由企业拥有或者控制的、预期会给企业带来经济利益的资源。根据资产的定义,资产具有以下特征:

1. 资产是由企业过去的交易或者事项形成的

资产是指企业过去的交易或者事项,预期在未来发生的交易或者事项不形成资产。过去的交易或者事项包括购买、生产、建造行为或者其他交易或事项。换句话说,只有过去的交易或者事项才能产生资产,预期在未来发生的交易或者事项不形成资产。例如,企业有购买某存货的意愿或者计划,但是购买行为尚未发生,就不符合资产的定义,不能因此确认存货资产。

2. 资产应为企业拥有或者控制的资源

资产作为一项资源,应当由企业拥有或者控制,是指企业享有某项资源的所有权,或者虽然不享有某项资源的所有权,但该资源能被企业所控制。

企业享有资产的所有权,通常表明为企业能够排他性地从资产中获取经济利益。通常在判断资产是否存在时,所有权是考虑的首要因素。有些情况下,资产虽然不为企业所拥有,即企业并不享有其所有权,但企业控制了这些资产,同样表明企业能够从资产中获取经济利益,符合会计上对资产的定义。例如,某企业以融资租赁方式租入一项固定资产,尽管企业并不拥有其所有权,但是如果租赁合同的租赁期相当长,接近于该资产的使用寿命,表明企业控制了该项资产的使用及其所能带来的经济利益,应当将其作为资产予以确认、计量和报告。如果企业既不拥有也不控制资产所能带来的经济利益,就不能将其作为企业的资产予以确认。

3. 资产预期会给企业带来经济利益

预期会给企业带来经济利益,是指直接或者间接导致现金和现金等价物流入企业的潜力。

资产预期能为企业带来经济利益是资产的重要特征。例如,企业采购的原材料、购置的固定资产等可以用于生产经营过程,制造商品或者提供劳务对外出售后收回货款,货款即为企业所获得的经济利益。如果某一项目预期不能给企业带来经济利益,那么就不能将其确认为企业的资产。

(二) 资产的确认条件

将一项资源确认为资产,需要符合资产的定义,还应同时满足以下两个条件:

1. 与该资源有关的经济利益很可能流入企业

从资产的定义来看,预期能够带来经济利益是资产的一个本质特征。但在现实生活中,由于经济环境瞬息万变,与资源有关的经济利益能否流入企业或者能够流入多少,实际上带有不确定性。因此,资产的确认还应与对经济利益流入的不确定性程度的判断结合起来。如果根据编制财务报表时所取得的证据,与资源有关的经济利益很可能流入企业,那么就应当将其作为资产予以确认;反之,不能确认为资产。

2. 该资源的成本或者价值能够可靠地计量

财务会计系统是一个确认、计量和报告的系统,其中计量起着枢纽作用,可计量性是所有会计要素确认的重要前提,资产的确认也是如此。只有当有关资源的成本或者价值能够可靠地计量时,资产才能予以确认。在实务中,企业取得的许多资产都是发生了实际成本的,例如,企业购买或者生产的存货,企业购置的厂房或者设备等,对于这些资产,只要实际发生的购买成本或者生产成本能够可靠计量,均视为符合了资产确认的可计量条件。

二、负债的定义及确认条件

(一) 负债的定义

负债,是指企业过去的交易或者事项形成的,预期会导致经济利益流出企业的现时义务。根据负债的定义,负债具有以下特征:

1. 负债是由企业过去的交易或者事项形成的

负债应当由企业过去的交易或者事项所形成。换句话说,只有过去的交易或者事项才形成负债,企业将在未来发生的承诺、签订的合同等交易或者事项,不形成负债。

2. 负债预期会导致经济利益流出企业的现时义务

负债必须是企业承担的现时义务,这是负债的一个基本特征。其中,现时义务是指企业在现行条件下已承担的义务。未来发生的交易或者事项形成的义务,不属于现时义务,不应当确认为负债。

这里所指的义务可以是法定义务,也可以是推定义务。法定义务是指由具有约束力的合同形成的或者法律法规规定的义务,通常必须依法执行。例如,企业购买原材料形成应付账款,企业向银行贷入款项形成借款,企业按照税法规定应当缴纳的税款等,均属于企业承担的法定义务,需要依法予以偿还。推定义务是指根据企业多年来的习惯做法、公开的承诺或者公开宣布的政策而导致企业将承担的责任,这些责任也使有关各方形成了企业将履行义务解脱责任的合理预期。例如,某企业多年来制定有一项销售政策,对于售出商品提供定期的售后保修服务,预期将为售出商品提供的保修服务就属于推定义务,应当将其确认为一项负债。

(二) 负债的确认条件

将一项现时义务确认为负债,需要符合负债的定义,还应当同时满足以下两个条件:

1. 与该义务有关的经济利益很可能流出企业

从负债的定义可以看到,预期会导致经济利益流出企业是负债的一个本质特征。

在实务中，履行义务所需流出的经济利益带有不确定性，尤其是与推定义务相关的经济利益通常需要依赖于大量的估计。因此，负债的确认应当与经济利益流出的不确定性程度的判断结合起来。如果有确凿证据表明，与现时义务有关的经济利益很可能流出企业就应当将其作为负债予以确认；反之，如果企业承担了现时义务，但是导致经济利益流出企业的可能性已不复存在，就不符合负债的确认条件，不应将其作为负债予以确认。

2. 未来流出的经济利益的金额能够可靠地计量

负债的确认在考虑经济利益流出企业的同时，对于未来流出的经济利益的金额应当能够可靠计量。对于与法定义务有关的经济利益流出金额，通常可以根据合同或者法律规定的金额予以确定。但考虑到经济利益流出的金额通常在未来期间，有时未来期间较长，因此有关金额的计量需要考虑到货币时间价值等因素的影响。对于与推定义务有关的经济利益流出金额，企业应当根据履行相关义务所需支出的最佳估计数进行估计，并综合考虑有关货币时间价值、风险等因素的影响。

三、所有者权益的定义及其确认条件

(一) 所有者权益的定义

所有者权益，是指企业资产扣除负债后由所有者享有的剩余权益。公司的所有者权益又称为股东权益。所有者权益是所有者对企业资产的剩余索取权，它是企业资产中扣除债权人权益后应由所有者享有的部分，既反映了所有者投入资本的保值增值情况，又体现了保护债权人权益的理念。

(二) 所有者权益的来源构成

所有者权益的来源包括所有者投入的资本、直接计入所有者权益的利得和损失、留存收益等。所有者权益金额取决于资产和负债的计量。通常由实收资本（或股本）、资本公积（含资本溢价或股本溢价、其他资本公积）、盈余公积和未分配利润构成，商业银行等金融企业在税后利润中提取的一般风险准备，也构成所有者权益。

所有者投入的资本，是指所有者投入企业的资本部分，它既包括构成企业注册资本或者股本部分的金额，也包括投入资本超过注册资本或者股本部分的金额，即资本溢价或者股本溢价，这部分投入资本在我国企业会计准则体系中被计入了资本公积，并在资产负债表中的资本公积项目下反映。

直接计入所有者权益的利得和损失，是指不应计入当期损益、会导致所有者权益发生增减变动的、与所有者投入资本或者向所有者分配利润无关的利得或者损失。其中，利得是指由企业非日常活动所形成的、会导致所有者权益增加的、与所有者投入资本无关的经济利益的流入。利得包括直接计入所有者权益的利得和直接计入当期利润的利得。损失是指企业非日常活动所发生的、会导致所有者权益减少的、与向所有者分配利润无关的经济利益的流出。损失包括直接计入所有者权益的损失和直接计入当期利润的损失。

留存收益是企业历年实现的净利润留存于企业的部分，主要包括累计计提的盈余公积和未分配利润。

四、收入的定义及其确认条件

（一）收入的定义

收入，是指企业在日常活动中形成的、会导致所有者权益增加的、与所有者投入资本无关的经济利益的总流入。

《企业会计准则》第14号所涉及的收入，包括销售商品收入、提供劳务收入和让渡资产使用权收入。企业代第三方收取的款项，应当作为负债处理，不应当确认为收入。根据收入的定义，收入具有以下特征：

1. 收入是企业在日常活动中形成的

日常活动是指企业为完成经营目标所从事的经常性活动以及与之相关的活动。例如，工业企业制造并销售产品、商业企业销售商品、保险公司签发保单、咨询公司提供咨询服务、软件企业为客户开发软件、安装公司提供安装服务、商业银行对外贷款、租赁公司出租资产等，均属于企业的日常活动。明确界定日常活动是为了将收入与利得相区分，因为企业非日常活动所形成的经济利益的流入不能确认为收入，而应当计入利得。

2. 收入是与所有者投入资本无关的经济利益的总流入

收入应当会导致经济利益的流入，从而导致资产的增加。例如，企业销售商品应当收到现金或者在未来有权收到现金，才表明该交易符合收入的定义。但是，经济利益的流入有时是所有者投入资本的增加所导致的，所有者投入资本的增加不应当确认为收入，应当将其直接确认为所有者权益。

3. 收入会导致所有者权益的增加

与收入相关的经济利益的流入应当会导致所有者权益的增加，不会导致所有者权益增加的经济利益的流入不符合收入的定义，不应确认为收入。例如，企业向银行借入款项，尽管也导致了企业经济利益的流入，但该流入并不导致所有者权益的增加，反而使企业承担了一项现时义务。企业对于因借入款项所导致的经济利益的增加，不应将其确认为收入，应当确认为负债。

（二）收入的确认条件

企业收入的来源渠道多种多样，不同收入来源的特征有所不同，其收入确认条件也往往存在差别，如销售商品、提供劳务、让渡资产使用权等。一般而言，企业应当在履行了合同中的履约义务，即在客户取得相关商品控制权时确认收入。取得相关商品控制权，是指能够主导该商品的使用并从中获得几乎全部的经济利益。当企业与客户之间的合同同时满足下列条件时，企业应当在客户取得相关商品控制权时确认收入：（1）合同各方已批准该合同并承诺将履行各自义务；（2）该合同明确了合同各方与所转让商品或提供劳务（以下简称"转让商品"）相关的权利和义务；（3）该合同有明确的与所转让商品相关的支付条款；（4）该合同具有商业实质，即履行该合同将改变企业未来现金流量的风险、时间分布或金额；（5）企业因向客户转让商品而有权取得的对价很可能收回。

涉税规定

◆《国家税务总局关于土地增值税清算有关问题的通知》（国税函〔2010〕220号）

土地增值税清算时，已全额开具商品房销售发票的，按照发票所载金额确认收入；未开具发票或未全额开具发票的，以交易双方签订的销售合同所载的售房金额及其他收益确认收入。销售合同所载商品房面积与有关部门实际测量面积不一致，在清算前已发生补、退房款的，应在计算土地增值税时予以调整。

涉税提示

增值税和企业所得税详见第一章第一节。

五、费用的定义及其确认条件

（一）费用的定义

费用，是指企业在日常活动中发生的、会导致所有者权益减少的、与向所有者分配利润无关的经济利益的总流出。根据费用的定义，费用具有以下特征：

1. 费用是企业在日常活动中形成的

费用必须是企业在其日常活动中所形成的，这些日常活动的界定与收入定义中涉及的日常活动的界定相一致。因日常活动所产生的费用通常包括销售成本（营业成本）、管理费用等。将费用界定为日常活动所形成的，目的是为了将其与损失相区分，企业非日常活动所形成的经济利益的流出不能确认为费用，而应当计入损失。

2. 费用是与向所有者分配利润无关的经济利益的总流出

费用的发生应当会导致经济利益的流出，从而导致资产的减少或者负债的增加（最终也会导致资产的减少）。其表现形式包括现金或者现金等价物的流出，存货、固定资产和无形资产等的流出或者消耗等。鉴于企业向所有者分配利润也会导致经济利益的流出，而该经济利益的流出显然属于所有者权益的抵减项目，不应确认为费用，应当将其排除在费用的定义之外。

3. 费用会导致所有者权益的减少

与费用相关的经济利益的流出应当会导致所有者权益的减少，不会导致所有者权益减少的经济利益的流出不符合费用的定义，不应确认为费用。

（二）费用的确认条件

一般而言，费用只有在经济利益很可能流出从而导致企业资产减少或者负债增加、经济利益的流出额能够可靠计量时才能予以确认。因此，费用的确认除了应当符合定义外，至少应当符合以下条件：一是与费用相关的经济利益应当很可能流出企业；二是经济利益流出企业的结果会导致资产的减少或者负债的增加；三是经济利益的流出额能够可靠计量。

涉税规定

◆《中华人民共和国土地增值税暂行条例实施细则》

扣除项目包括：（一）取得土地使用权所支付的金额；（二）开发土地的成本、费用；（三）新建房及配套设施的成本、费用，或者旧房及建筑物的评估价格；（四）与转让房地产有关的税金；（五）财政部规定的其他扣除项目。

◆《中华人民共和国企业所得税法》（主席令第63号）

企业实际发生的与取得收入有关的、合理的支出，包括成本、费用、税金、损失和其他支出，准予在计算应纳税所得额时扣除。

六、利润的定义及其确认条件

（一）利润的定义

利润，是指企业在一定会计期间的经营成果。通常情况下，如果企业实现了利润，表明企业的所有者权益将增加，业绩得到了提升；反之，如果企业发生了亏损（即利润为负数），表明企业的所有者权益将减少，业绩下滑了。利润往往是评价企业管理层业绩的一项重要指标，也是投资者等财务报告使用者进行决策时的重要参考。

(二) 利润的来源构成

利润包括收入减去费用后的净额、直接计入当期利润的利得和损失等。其中，收入减去费用后的净额反映的是企业日常活动的经营业绩，直接计入当期利润的利得和损失反映的是企业非日常活动的业绩。直接计入当期利润的利得和损失，是指应当计入当期损益，最终会引起所有者权益发生增减变动的、与所有者投入资本或者向所有者分配利润无关的利得或者损失。

(三) 利润的确认条件

利润反映的是收入减去费用、利得减去损失后的净额的概念。因此，利润的确认主要依赖于收入和费用以及利得和损失的确认，其金额的确定也主要取决于收入、费用、利得、损失金额的计量。

> **涉税提示**
>
> 利润是会计概念，税收上无此概念，企业所得税以应纳税所得额作为计税依据。
>
> 应纳税所得额公式：
>
> 应纳税所得额 = 纳税年度的收入总额 - 不征税收入 - 免税收入 - 各项扣除 - 允许弥补的以前年度亏损后的余额

第五节 会计要素计量属性及其应用原则

一、会计要素的计量属性

会计计量是为了将符合确认条件的会计要素登记入账并列报于财务报表而确定其金额的过程。企业应当按照规定的会计计量属性进行计量，确定相关金额。计量属性是指所予计量的某一要素的特性方面，如桌子的长度、铁矿的重量、楼房的面积等。从会计角度来讲，计量属性反映的是会计要素金额的确定基础，主要包括历史成本、重置成本、可变现净值、现值和公允价值等。

（一）历史成本

历史成本，又称为实际成本，是指取得或制造某项财产物资时所实际支付的现金或其他等价物。在历史成本计量下，资产按照其购置时支付的现金或者现金等价物的金额，或者按照购置资产时所付出的对价的公允价值计量。负债按照其因承担现时义务而实际收到的款项或者资产的金额，或者承担现时义务的合同金额，或者按照日常活动中为偿还负债预期需要支付的现金或者现金等价物的金额计量。

涉税规定

◆《中华人民共和国企业所得税法实施条例》（国务院令第512号）

第五十六条 企业的各项资产，包括固定资产、生物资产、无形资产、长期待摊费用、投资资产、存货等，以历史成本为计税基础。

前款所称历史成本，是指企业取得该项资产时实际发生的支出。

◆《国家税务总局关于印发〈房地产开发经营业务企业所得税处理办法〉的通知》（国税发〔2009〕31号）

第三十四条 企业在结算计税成本时其实际发生的支出应当取得但未取得合法凭据的，不得计入计税成本，待实际取得合法凭据时，再按规定计入计税成本。

涉税提示

关于计税成本的概念：计税成本是指企业在开发、建造开发产品（包括固定资产，下同）过程中所发生的按照税收规定进行核算与计量的应归入某项成本对象的各项费用。计税成本是为了区别会计成本而言的。

（二）重置成本

重置成本又称现行成本，是指按照当前市场条件，重新取得同样一项资产所需支付的现金或现金等价物的金额。在重置成本计量下，资产按照现在购买相同或者相似资产所需支付的现金或者现金等价物的金额计量。负债按照现在偿付该项债务所需支付的现金或者现金等价物的金额计量。在实务中，重置成本多应用于盘盈固定资产的计量等。

涉税规定

◆《中华人民共和国企业所得税法实施条例》（国务院令第512号）

第五十八条 固定资产按照以下方法确定计税基础：

（四）盘盈的固定资产，以同类固定资产的重置完全价值为计税基础。

（三）可变现净值

可变现净值，是指在正常生产经营过程中，以预计售价减去进一步加工成本和预计销售费用以及相关税费后的净值。在可变现净值计量下，资产按照其正常对外销售所能收到现金或者现金等价物的金额扣减该资产至完工时估计将要发生的成本、估计的销售费用以及相关税费后的金额计量。可变现净值通常应用于存货资产减值情况下的后续计量。

（四）现值

现值是指对未来现金流量以恰当的折现率进行折现后的价值，是考虑货币时间价值的一种计量属性。在现值计量下，资产按照预计从其持续使用和最终处置中所产生的未来净现金流入量的折现金额计量。负债按照预计期限内需要偿还的未来净现金流出量的折现金额计量。现值通常用于非流动资产可收回金额和以摊余成本计量的金融资产价值的确定等。

（五）公允价值

公允价值，是指在公平交易中，熟悉情况的交易双方自愿进行资产交换或者债务清偿的金额。在公允价值计量下，资产和负债按照在公平交易中熟悉情况的交易双方自愿进行资产交换或者债务清偿的金额计量。公允价值主要应用于交易性金融资产、可供出售金融资产的计量等。

涉税规定

◆《中华人民共和国企业所得税法实施条例》（国务院令第512号）

第十三条　企业所得税法第六条所称企业以非货币形式取得的收入，应当按照公允价值确定收入额。

前款所称公允价值，是指按照市场价格确定的价值。

二、计量属性的应用原则

基本准则规定，企业在对会计要素进行计量时，一般应当采用历史成本。采用重置成本、可变现净值、现值、公允价值计量的，应当保证所确定的会计要素金额能够取得并可靠计量。

涉税提示

税法对会计要素计量时，不使用可变现净值和现值，因此，当会计采用可变现净值和现值对会计要素进行计量时，必然与税法形成差异。

第二章　货币资金及应收款项

【本章提要】本章主要介绍货币资金和应收及预付款项的核算及涉税处理。

货币资金是企业流动性最强的资产。货币资金的核算，要明确货币资金的范围、管理和控制，熟悉货币资金的结算规定，严格按照规定进行库存现金、银行存款和其他货币资金的核算。加强库存现金清查银行存款的核对，保证货币资金的安全与完整。

应收及预付款项是企业在日常生产经营过程中发生的各种债权。一般情况下，应收及预付款项应当按实际发生的金额入账，应收票据无论是否带息，均按票面价值入账。资产负债表日，应收及预付款项如果发生减值，应计提坏账准备。

对货币资金和应收及预付款项进行核算所使用的账户主要有"库存现金""银行存款""其他货币资金""应收账款""应收票据""预付账款""应收利息""应收股利""其他应收款"等，这些账户与会计报表的关系如图2-1所示。

说明：

①"应收账款"所属明细账户期末借方余额填入资产负债表"应收账款"科目，"应收账款"所属明细账户期末如有贷方余额填入资产负债表"预收款项"科目。

②"预付账款"所属明细账户期末借方余额填入资产负债表"预付账款"科目，"预付账款"所属明细账户期末如有贷方余额填入资产负债表"应付账款"科目。

第一节　货币资金

货币资金，是指企业在生产经营过程中处于货币形态的那部分资金，它是企业资产的重要组成部分。按照货币资金的存放地点及其用途的不同，货币资金分为库存现金、银行存款及其他货币资金（见图2-1）。

资产负债表（局部）

账户	编制单位：	年 月 日			单位：元
	资产	期末余额	年初余额	负债和所有者权益	期末余额	年初余额

账户：
- 库存现金
- 银行存款
- 其他货币资金
- 应收票据
- 应收账款
- 预付账款
- 应收利息
- 应收股利
- 其他应收款
- 坏账准备

余额

资产	期末余额	年初余额	负债和所有者权益	期末余额	年初余额
……			……		
货币资金			……		
……			……		
应收票据			……		
应收账款			……		
预付账款			……		
应收利息			……		
应收股利			……		
其他应收款			……		
……			……		

图 2-1 本章账户与会计报表的关系

一、库存现金

库存现金，是指存放于企业财会部门，由出纳人员负责保管的作为日常零星开支用的货币，它包括库存人民币现金和外币现金。企业必须根据国务院颁布的《现金管理暂行条例》及其实施细则、中国人民银行规定的现金管理办法和财政部关于各单位货币资金管理和控制的规定，加强现金的管理和内部控制。

（一）库存现金管理

库存现金管理主要涉及库存现金使用范围、库存现金限额的确定和库存现金收支的日常管理等内容。

1. 库存现金的使用范围

(1) 职工工资、津贴；
(2) 个人劳务报酬；
(3) 根据国家规定发给个人的各种奖金；
(4) 各种劳保、福利费用以及国家规定的对个人的其他支出；
(5) 向个人收购农副产品和其他物资的价款；
(6) 出差人员必须随身携带的差旅费；
(7) 结算起点以下的零星支出（目前，结算起点定为1 000元）；
(8) 中国人民银行确定需要支付现金的其他支出。

2. 库存现金限额的确定

库存现金限额是指为了保证企业日常零星开支的需要，允许企业留存现金最高数额。这一限额由开户银行根据企业的实际需要核定，一般按照企业3—5天日常零星开支的需要确定，边远地区和交通不便地区开户企业的库存现金限额，可多于5天，但不得超过15天的日常零星开支。企业每日现金结存数不得超过核定的限额，超过部分及时送存银行。

3. 库存现金收支的日常管理

（1）开户单位现金收入应当于当日送存开户银行。当日送存确有困难的，由开户银行确定送存时间。

（2）在银行存入或支取现金，必须注明来源或用途。

（3）现金支付实行"收支两条线"，非特殊情况下不准坐支现金。需要坐支现金的，应事先报经开户银行审查批准，由开户银行核定坐支范围和限额。企业应定期向银行报送坐支金额和使用情况。

（4）因采购地点不固定，交通不便，生产或者市场急需，抢险救灾以及其他特殊情况必须使用现金的，开户单位应当向开户银行提出申请，由本单位财会部门负责人签字盖章，经开户银行审核后，予以支付现金。

（二）库存现金的核算

1. 库存现金总分类核算

企业应设置"库存现金"科目，核算库存现金的收入、支出和结存情况。

该科目借方登记库存现金的增加，贷方登记库存现金的减少，期末余额在借方，反映企业持有的库存现金。

现金收支的主要账务处理包括以下几个方面：

（1）企业从银行提取现金，根据支票存根所记载的金额，借记"库存现金"科目，贷记"银行存款"科目；将现金存入银行，根据银行退回的进账单第一联，借记"银行存款"科目，贷记"库存现金"科目。

（2）企业支付内部职工出差等所需的现金，按支出凭证所记载的金额，借记"其他应收款"等科目，贷记"库存现金"科目；收到出差人员交回的差旅费剩余款并结算时，按实际收回的现金，借记"库存现金"科目，按应报销的金额，借记"管理费用"等科目，按实际借出的现金，贷记"其他应收款"等科目。

（3）企业因其他原因收到现金时，借记"库存现金"科目，贷记有关科目；支出现金时,借记有关科目,贷记"库存现金"科目。

【例2-1】天鑫公司从银行提取现金80 000元。做如下会计处理:

借:库存现金   80 000
　　贷:银行存款   80 000

【例2-2】天鑫公司向银行送存库存现金240 000元。做如下会计处理:

借:银行存款   240 000
　　贷:库存现金   240 000

【例2-3】收到天鑫公司所欠零星货款5 000元。做如下会计处理:

借:库存现金   5 000
　　贷:应收账款——天鑫公司   5 000

【例2-4】天鑫公司出售多余材料收入现金2 000元。做如下会计处理:

借:库存现金   2 000
　　贷:其他业务收入   2 000

【例2-5】天鑫公司收回职工借款25 000元。做如下会计处理:

借:库存现金   25 000
　　贷:其他应收款——×××   25 000

【例2-6】天鑫公司用库存现金1 610元购买办公用品。做如下会计处理:

借:管理费用   1 610
　　贷:库存现金   1 610

【例2-7】天鑫公司的职工夏某出差预借差旅费2 000元,以库存现金支付。做如下会计处理:

借:其他应收款——夏某   2 000
　　贷:库存现金   2 000

2. 库存现金明细分类核算

企业应当设置"现金日记账"进行序时核算,由出纳人员根据审核无误的收付款凭证,按照业务发生顺序逐笔序时登记。每日终了,应当计算当日的现金收入合计额、现金支出合计额和结余额,将结余额与实际库存额核对,做到账款相符。期末"现金日记账"的余额必须与"现金总账"的余额核对相符。有外币库存现金的企业,应当分人民币和各种外币设置"现金日记账"进行明细核算。

(三)库存现金的清查

每日终了结算现金收支、财产清查等发现有待查明原因的现金短缺或溢余,应通过"待处理财产损溢——待处理流动资产损溢"科目进行核算,并按现金短缺和溢余的发生原因分别进行处理，如表2-1所示。

表2-1　　　　　　　　　　　现金溢余和短缺的会计处理

1. 发现时	
（1）溢余的库存现金	借：库存现金 　　贷：待处理财产损溢——待处理流动资产损溢
（2）短缺的库存现金	借：待处理财产损溢——待处理流动资产损溢 　　贷：库存现金
2. 待查明原因，根据管理权限，经批准后	
（1）属于应支付给有关人员或单位的溢余	借：待处理财产损溢——待处理流动资产损溢 　　贷：其他应付款——××个人或单位
（2）属于无法查明原因的溢余	借：待处理财产损溢——待处理流动资产损溢 　　贷：营业外收入——现金溢余
（3）属于应由责任人或保险公司赔偿的短缺	借：库存现金 　　其他应收款——应收现金短缺款（××个人） 　　　　　　　——应收保险赔款 　　贷：待处理财产损溢——待处理流动资产损溢
（4）属于无法查明的其他原因的短缺	借：管理费用——现金短缺 　　贷：待处理财产损溢——待处理流动资产损溢

涉税规定

◆《国家税务总局关于发布〈企业资产损失税前扣除管理办法〉的公告》（国家税务总局公告2011年第25号）

第三条　准予在企业所得税税前扣除的资产损失，是指企业在实际处置、转让上述资产过程中发生的合理损失（以下简称实际资产损失），以及企业虽未实际处置、转让上述资产，但符合《财政部　国家税务总局关于企业资产损失税前扣除通知》和本办法规定条件计算确认的损失（以下简称法定资产损失）。

第五条　企业发生的资产损失，应按规定的程序和要求向主管税务机关申报后方能在税前扣除。未经申报的损失，不得在税前扣除。

第六条　企业以前年度发生的资产损失未能在当年税前扣除的，可以按照本办法的规定，向税务机关说明并进行专项申报扣除。其中，属于实际资产损失，准予追补至该项损失发生年度扣除，其追补确认期限一般不得超过五年，但因计划经济体制转轨过程中遗留的资产损失、企业重组上市过程中因权属不清出现争议而未能及时扣除的资产损失、因承担国家政策性任务而形成的资产损失以及政策定性不明确而形成资产损失等特殊原因形成的资产损失，其追补确认期限经国家税务总局批准后可适当延长。属于法定资产损失，应在申报年度扣除。

企业因以前年度实际资产损失未在税前扣除而多缴的企业所得税税款，可在追补确认年度企业所得税应纳税款中予以抵扣，不足抵扣的，向以后年度递延抵扣。

企业实际资产损失发生年度扣除追补确认的损失后出现亏损的，应先调整资产损失发生年度的亏损额，再按弥补亏损的原则计算以后年度多缴的企业所得税税款，并按前款办法进行税务处理。

第九条　下列资产损失，应以清单申报的方式向税务机关申报扣除：

（一）企业在正常经营管理活动中，按照公允价格销售、转让、变卖非货币资产的损失；

（二）企业各项存货发生的正常损耗；

（三）企业固定资产达到或超过使用年限而正常报废清理的损失；

（四）企业生产性生物资产达到或超过使用年限而正常死亡发生的资产损失；

（五）企业按照市场公平交易原则，通过各种交易场所、市场等买卖债券、股票、期货、基金以及金融衍生产品等发生的损失。

第十条　前条以外的资产损失，应以专项申报的方式向税务机关申报扣除。企业无法准确判别是否属于清单申报扣除的资产损失，可以采取专项申报的形式申报扣除。

第十九条　企业货币资产损失包括现金损失、银行存款损失和应收及预付款项损失等。

第二十条　现金损失应依据以下证据材料确认：

（一）现金保管人确认的现金盘点表（包括倒推至基准日的记录）；

（二）现金保管人对于短缺的说明及相关核准文件；

（三）对责任人由于管理责任造成损失的责任认定及赔偿情况的说明；

（四）涉及刑事犯罪的，应有司法机关出具的相关材料；

（五）金融机构出具的假币收缴证明。

◆《中华人民共和国土地增值税暂行条例实施细则》

开发土地和新建房及配套设施（以下简称房地产开发）的成本，是指纳税人房地产开发项目实际发生的成本（以下简称房地产开发成本），包括土地征用及拆迁补偿费、前期工程费、建筑安装工程费、基础设施费、公共配套设施费、开发间接费用。

◆《中华人民共和国企业所得税法》（主席令第63号）

企业实际发生的与取得收入有关的、合理的支出，包括成本、费用、税金、损失和其他支出，准予在计算应纳税所得额时扣除。

涉税提示

本书涉及的其他资产损失扣除政策（包括存款损失，坏账损失，贷款损失，股权投资损失，固定资产和存货的盘亏毁损、报废、被盗损失，自然灾害等不可抗力因素造成的损失以及其他损失）与现金损失相同的内容，参见上述引用《国家税务总局关于发布〈企业资产损失税前扣除管理办法〉的公告》（国家税务总局公告2011年第25号）的相关规定，以后不再赘述。

（四）备用金的核算

企业有内部日常周转使用的备用金，可以单独设置"备用金"科目核算。由企业财务部门单独拨给企业内部各单位周转使用的备用金，借记"备用金"科目，贷记"库存现金"科目或"银行存款"科目。报销备用金支出并补足备用金时，借记"管理费用"等科目，贷记"库存现金"科目或"银行存款"科目。除了增加或减少备用金外，使用或报销备用金支出时不通过"备用金"科目核算。

二、银行存款

（一）银行存款的管理

1. 银行存款账户的开设

银行存款，是企业存放于银行或其他金融机构的货币资金。中国人民银行《人民币银行结算账户管理办法》规定，凡是独立核算的单位都必须在当地银行开设账户，以办理存款、取款和转账等结算。银行存款账户可分为基本存款账户、一般存款账户、临时存款账户和专用存款账户。企业应依据《中华人民共和国票据法》《票据管理实施办法》以及《支付结算办法》等的规定，正确办理银行结算、业务。

基本存款账户，是企业因办理日常转账结算和现金收付需要开立的银行结算账户。企业的工资、奖金等现金的支取，只能通过基本存款账户办理。

一般存款账户，是企业因借款或其他结算需要，在基本存款账户开户银行以外的银行营业机构开立的银行结算账户。企业可以通过本账户办理转账结算和现金缴存，但不能办理现金支取。

临时存款账户，是企业因临时需要并在规定期限内使用而开立的银行结算账户，企业可以通过本账户办理临时经营活动发生的资金收付，需要支取现金的，应按国家现金管理的规定办理。

专用存款账户，是企业按照法律行政法规和规章，对其特定用途资金进行专项管理和使用而开立的银行结算账户，企业可通过本账户办理专用资金的收付。

一个企业,只能选择一家银行的一个营业机构开立一个基本存款账户,不得在多家银行机构开立基本存款账户,不得在同一家银行的几个分支机构开立一般存款账户。

2. 银行结算纪律

企业应按照《支付结算办法》的规定办理支付结算业务,不准签发没有资金保证的票据或远期支票,套取银行信用,不准签发、取得和转让没有真实交易和债权债务的票据,套取银行和他人的资金,不准无理拒绝付款,任意占用他人资金,不准违反规定开立和使用账户。

(二) 银行存款的核算

1. 银行存款的总分类核算

企业应设置"银行存款"科目,核算企业存入银行或其他金融机构的各种款项的收入、支出和结存情况。该科目借方登记银行存款的增加数,贷方登记银行存款的减少数,期末借方余额,反映企业存在银行或其他金融机构的各种款项。

2. 银行存款的明细核算

企业应按开户银行或其他金融机构、存款种类等,分别设置"银行存款日记账",由出纳人员根据收付款凭证,按照业务的发生顺序逐笔序时登记。每日终了应结出余额,定期与"银行存款"总账余额核对相符,并应定期与"银行对账单"核对,至少每月核对一次。有外币存款的企业,应按不同币种设置"银行存款日记账"进行明细核算。

(三) 银行结算方式

所谓结算方式,是指用一定的形式和条件来实现各单位(或个人)之间货币收付的程序和方法。结算方式的主要内容包括:商品交易货款支付的地点、时间和条件,商品所有权转移的条件,结算凭证及其传递的程序和方法等。现行的银行结算方式根据结算形式的不同,划分为票据结算和支付结算两大类。根据结算地点的不同,可以划分为同城结算方式、异地结算方式和通用结算方式三大类。根据中国人民银行发布的《支付结算办法》,企业常用的支付结算方式及其适用范围、种类、付款期限等,如表2-2所示。

表 2-2　　　　　　　　　　　企业常用银行结算方式比较表

结算方式	分类	使用规定	适用范围与条件	结算期限	金额起点
支票	现金支票、转账支票、普通支票	现金支票只能支取现金，转账支票只能转账，普通支票可支取现金、可转账，但划线支票，只能转账。禁止签发空头支票	单位与个人均可，同城结算	10日内	无
银行本票	不定额本票、定额本票	可用于转账，填明"现金"字样的可以用于支取现金	单位与个人均可，同城结算	2个月内	不定额本票无金额起点限制，定额本票有1 000元、5 000元、10 000元和50 000元面额
银行汇票	—	可用于转账，填明"现金"字样的可以用于支取现金	单位与个人均可，同城结算	1个月内	无
商业汇票	商业承兑汇票、银行承兑汇票		在银行开立存款账户的法人及其他组织之间，具有真实交易关系或债权债务关系，同城异地均可	最长6个月	无
汇总	信汇、电汇	汇款人可"申请撤消"，可以办理单"退汇"	单位与个人均可，同城结算	无	无
委托收款	邮寄、电报	单位和个人凭已承兑商业汇票、债券、存单等付款人债务证明办理结算，不得拒付	同城异地均可	3日内确定是否付款并告知银行	无
托收承付	邮寄、电报	收款人办理托收，必须具有商品确实已发运的证件及其他有效证件，付款人开户银行对付款人逾期支付的款项，按每天万分之五计算赔偿金	必须是国有企业、供销合作社及经审查同意的城乡集体所有制工业企业，必须是商品交易以及因商品交易而产生的劳务款项，异地结算	验单付款3天，验货付款10天	1 000元（新华书店系统为1 000元）

【例 2-8】 天鑫公司从银行取得短期借款 50 000 元。做如下会计处理：

借：银行存款 50 000
　　贷：短期借款 50 000

【例 2-9】 天鑫公司销售产品收到支票一张，存入银行，货款 10 000，增值税 1 300 元。做如下会计处理：

借：银行存款 11 300
　　贷：主营业务收入 10 000
　　　　应交税费——应交增值税（销项税额） 1 300

【例 2-10】 天鑫公司收到某公司转账支票一张 70 000 元，偿还前欠账款。做如下会计处理：

借：银行存款 70 000
　　贷：应收账款 70 000

【例 2-11】 天鑫公司从子公司分得税后利润 340 000 元。做如下会计处理：

借：银行存款 340 000
　　贷：投资收益 340 000

【例 2-12】 天鑫公司从外地采购材料，价款 550 000 元，增值税 71 500 元，均以银行存款支付，材料尚未入库。做如下会计处理：

借：在途物资 550 000
　　应交税费——应交增值税（进项税额） 71 500
　　贷：银行存款 621 500

【例 2-13】 天鑫公司用银行存款偿还应付账款 200 000 元。做如下会计处理：

借：应付账款 200 000
　　贷：银行存款 200 000

（四）银行存款的清查

1. 银行存款的对账

银行存款的对账包括三个方面：一是银行存款日记账与银行存款收、付款凭证相互核对，对于现金存入银行的业务还应与现金付款凭证核对，做到账证相符；二是银行存款日记账与银行存款总账相互核对，做到账账相符；三是在账账相符的基础上，银行存款日记账与银行对账单相互核对，做到账单相符。

2. 银行存款的清查

企业应加强对银行存款的管理，并定期对银行存款进行检查，如果有确凿证据表明存在银行或其他金融机构的款项已经全部或部分不能收回,如吸收存款的单位已宣告破产,其破产财产不足以清偿的部分,或者全部不能清偿的,应当作为当期损失,冲减银行存款,借记"营业外支出"科目,贷记"银行存款"科目。

涉税规定

◆《财政部 国家税务总局关于企业资产损失税前扣除政策的通知》(财税〔2009〕57号)

三、企业将货币性资金存入法定具有吸收存款职能的机构,因该机构依法破产、清算,或者政府责令停业、关闭等原因,确实不能收回的部分,作为存款损失在计算应纳税所得额时扣除。

◆《国家税务总局关于发布〈企业资产损失税前扣除管理办法〉的公告》(国家税务总局公告2011年第25号)

第二十一条 企业因金融机构清算而发生的存款类资产损失应依据以下证据材料确认:

(一)企业存款类资产的原始凭据;

(二)金融机构破产、清算的法律文件;

(三)金融机构清算后剩余资产分配情况资料。

金融机构应清算而未清算超过三年的,企业可将该款项确认为资产损失,但应有法院或破产清算管理人出具的未完成清算证明。

涉税提示

土地增值税和企业所得税实际支出的理解:详见本章第一节。

三、其他货币资金

(一)其他货币资金的内容

其他货币资金,是指除现金、银行存款以外的其他各种货币资金。它属于货币资金,但在存放地点、用途上与现金和银行存款不同。其他货币资金主要包括银行汇票存款、银行本票存款、信用卡存款、信用证保证金存款、存出投资款、外埠存款等。

(二)其他货币资金的核算

企业应设置"其他货币资金"科目,核算其他货币资金的收支和结存情况。该科目借方登记其他货币资金的增加数,贷方登记其他货币资金的减少数,期末余额在借方,表示企业持有的其他货币资金。该科目应设置"银行汇票""银行本票"

"信用卡""信用证保证金""存出投资款""外埠存款"等明细账。

1. 银行汇票存款

银行汇票存款，是指企业为取得银行汇票按规定存入银行的款项。企业在填送"银行汇票申请书"并将款项交存银行，取得银行汇票后，根据银行盖章退回的申请书存根联，借记"其他货币资金银行汇——银行汇票"科目，贷记"银行存款"科目。企业使用银行汇票后，根据发票账单等有关凭证，借记"材料采购"或"原材料""库存商品""应交税费——应交增值税（进项税额）"等科目，贷记"其他货币资金——银行汇票"科目。如有余款或因汇票超过付款期等原因而退回的款项，根据开户行转来的银行汇票第四联（多余款收账通知），借记"银行存款"科目，贷记"其他货币资金——银行汇票"科目。

2. 银行本票存款

银行本票存款，是指企业为取得银行本票按规定存入银行的款项。企业向银行提交"银行本票申请书"并将款项交存银行，取得银行本票后，根据银行盖章退回的申请书存根联，借记"其他货币资金——银行本票"科目，贷记"银行存款"科目。企业使用银行本票后，根据发票账单等有关凭证，借记"材料采购"或"原材料""库存商品""应交税费——应交增值税（进项税额）"等科目，贷记"其他货币资金——银行本票"科目。因本票超过付款期等原因而要求退款时，应当填制进账单，一式两联，连同本票一并送交银行，根据银行盖章退回的进账单第一联，借记"银行存款"科目，贷记"其他货币资金——银行本票"科目。

3. 信用卡存款

信用卡存款，是指企业为取得信用卡按照规定存入银行的款项。企业应按规定填制申请表，连同支票和有关资料一并送交发卡银行，根据银行盖章退回的进账单第一联，借记"其他货币资金——信用卡存款"科目，贷记"银行存款"科目。企业用信用卡购物或支付有关费用，借记有关科目，贷记"其他货币资金——信用卡存款"科目。企业信用卡在使用过程中，需要向其账户续存资金的，借记"其他货币资金——信用卡存款"科目，贷记"银行存款"科目。

4. 信用证保证金存款

信用证保证金存款，是指企业为取得信用证按规定存入银行的保证金。企业向银行申请开立信用证，应按规定向银行提交开证申请书、信用证申请人承诺书和购销合同。企业向银行缴纳保证金，根据银行退回的进账单第一联，借记"其他货币资金——信用证保证金"科目，贷记"银行存款"科目。根据开证行交来的信用证单通知书及有关单据列明的金额，借记"材料采购"或"原材料""库存商品""应交税费——应交增值税（进项税额）"等科目，贷记"其他货币资金——信用证保证金"科目。企业未用完的信用证保证金余额转回开户银行时，根据银行的收账通知，借记"银行存款"科目，贷记"其他货币资金——信用证保证金"科目。

5. 存出投资款

存出投资款，是指企业已存入证券公司但尚未进行投资的现金。企业向证券公司划出资金时，应按实际划出的金额，借记"其他货币资金——存出投资款"科目，贷记"银行存款"科目，购买股票、债券等金融工具时，按实际发生的金额，借记"交易性金融资产"科目，贷记"其他货币资金——存出投资款"科目。

6. 外埠存款

外埠存款，是指企业到外地进行临时或零星采购时，汇往采购地银行开立采购专户的款项。企业将款项委托当地银行汇往采购地开立专户时，借记"其他货币资金——外埠存款"科目，贷记"银行存款"科目。收到采购员交来供应单位发票账单等报销凭证时，借记"材料采购"或"原材料""库存商品""应交税费——应交增值税（进项税额）"等科目，贷记"其他货币资金——外埠存款"科目。将多余的外埠存款转回当地银行时，根据银行的收账通知，借记"银行存款科目"，贷记"其他货币资金——外埠存款"科目。采购资金存款不计利息，除采购员差旅费可以支取少量现金外，一律转账，采购专户只付不收，付完结束账户。

【例2-14】 天鑫公司于2×19年3月17日向开户银行填送金额为11 600元的"银行汇票申请书"一份，要求开户银行办理银行汇票。取得银行汇票后，根据银行盖章退回的申请书存根联，做如下会计处理：

借：其他货币资金——银行汇票存款　　　　　　　　　11 600
　　贷：银行存款　　　　　　　　　　　　　　　　　　11 600

【例2-15】 采购员持银行汇票采购商品一批，取得的增值税专用发票上注明价款为10 000元，增值税额为1 300元。采购的商品已到，并验收入库。则天鑫公司应做如下会计处理：

借：原材料　　　　　　　　　　　　　　　　　　　　10 000
　　应交税费——应交增值税（进项税额）　　　　　　　1 300
　　贷：其他货币资金——银行汇票存款　　　　　　　　11 300

【例2-16】 天鑫公司于2×19年6月5日为临时采购需要在北京市建设银行开设外埠存款账户，存入70 000元。6月13日，采购员交来供货单位发票，增值税专用发票上注明价款为 50 000 元，增值税额为 6 500 元，货物尚未收到。6 月 20 日将多余的资金 13 500 元转回原开户银行。则天鑫公司应做如下会计处理：

（1）开设账户时：

借：其他货币资金——外埠存款　　　　　　　　　　70 000
　　贷：银行存款　　　　　　　　　　　　　　　　70 000

（2）收到供货单位发票账单等报销凭证时：

借：材料采购　　　　　　　　　　　　　　　　　　50 000
　　应交税费——应交增值税（进项税额）　　　　　　6 500
　　贷：其他货币资金——外埠存款　　　　　　　　56 500

（3）将多余的资金 13 500 元转回原开户银行时：

借：银行存款　　　　　　　　　　　　　　　　　　13 500
　　贷：其他货币资金——外埠存款　　　　　　　　13 500

（三）其他货币资金的清查

企业应当加强对其他货币资金的管理，定期对其他货币资金进行检查，对于已经部分不能收回或者全部不能收回的其他货币资金，应当查明原因进行处理，有确凿证据表明无法收回的，应当按照企业的管理权限，经股东大会或董事会，或经理（厂长）会议或类似机构批准后，借记"营业外支出"科目，贷记"其他货币资金"科目。

第二节　应收及预付款项

应收及预付款项，是指企业在日常生产经营过程中发生的各项债权，包括应收款项和预付款项。应收款项，是企业在销售商品、产品或提供劳务以及在一些非购销活动中形成的债权，包括应收票据及应收账款和其他应收款等；预付款项，是企业在购买商品或接受劳务等过程中预先支付给供应单位的款项而形成的债权，如预付账款等。

一、应收票据及应收账款

反映资产负债表日企业因购买材料、商品和接受服务等经营活动应支付的款项，以及开出、承兑的商业汇票，包括银行承兑汇票和商业承兑汇票。该项目应根据

"应付票据"科目的期末余额,以及"应付账款"和"预付账款"科目所属的相关明细科目的期末贷方余额合计数填列。

应收票据,是指企业因销售商品、产品、提供劳务等而收到的商业汇票。商业汇票按承兑人的不同,分为商业承兑汇票和银行承兑汇票。商业汇票按其是否计息,分为不带息商业汇票和带息商业汇票。企业可设置"应收票据"明细科目,核算应收票据的取得和收回情况。该科目借方登记应收票据的面值及按期确认的应计利息;贷方登记贴现、背书转让或到期收回或因未能收回票款而转作应收账款的应收票据账面余额;期末借方余额,反映企业持有的应收票据的票面面值和应计利息。

(一) 应收票据取得的核算

企业无论收到带息应收票据或不带息应收票据,均应按应收票据的面值入账,带息应收票据,应在期末计提利息,计提的利息增加应收票据的账面价值。

企业因销售商品、产品或提供劳务而取得商业汇票时,借记"应收票据"科目,贷记"主营业务收入""应交税费——应交增值税(销项税额)"等科目;收到用于抵付以往应收账款的票据时,借记"应收票据"科目,贷记"应收账款"科目;如为带息票据,应在期末,按应收票据的票面面值和确定的利率计算计提利息,借记"应收票据"科目,贷记"财务费用"科目。

【例 2-17】 天鑫公司于 2×19 年 10 月 1 日向鸿展公司出售产品一批,货款为 200 000 元,适用增值税税率为 13%,已开出增值税专用发票交付鸿展公司,并于当日收到已经该公司承兑的商业汇票一张,期限为 4 个月,票面年利率为 3%,面值为 226 000 元。则天鑫公司应做如下会计处理:

(1) 10 月 1 日收到商业汇票时:

借:应收票据 226 000
  贷:主营业务收入 200 000
    应交税费——应交增值税(销项税额) 26 000

(2) 10 月 31 日计提利息时:

借:应收票据 580
  贷:财务费用 580

(二) 应收票据贴现的核算

贴现是指企业以未到期票据向银行融通资金,银行按票据的应收金额扣除一定期间的贴现息后的余额付给企业的一种短期贷款行为。

在票据贴现中,不带息票据的到期值就是其票据面值,而带息票据到期值等于票据面值与票据利息之和。贴现期是指从票据贴现日到票据到期前一日的时间间隔。

票据的票面利率和银行贴现率习惯上均用年利率来表示，这样，在计算票据到期价值及贴现息时均应将有关期间换算成年来表示。如，为期30天的某一计算时间，换算成年来表示则为"1/12，30/360"。按一般商业习惯，一年按360天计算，一个月按30天计算。其计算公式为：

票据到期值 = 票据面值 + 票据利息

贴现息 = 票据到期值 × 贴现率 × 贴现期

贴现净额 = 票据到期值 - 贴现息

企业持未到期的应收票据向银行贴现，应扣除其贴现息后的净额，借记"银行存款"科目，按贴现息部分，借记"财务费用"等科目，按应收票据面值，贷记"应收票据"科目或"短期借款"科目。如为带息应收票据，按实际收到金额，借记"银行存款"科目，按应收票据的账面价值，贷记"应收票据"科目或"短期借款"科目，按其差额，借记或贷记"财务费用"科目。

【例2-18】 天鑫公司于2×19年5月11日持所取得的出票日为2×19年4月20日，期限为6个月、面值为100 000元的不带息商业承兑汇票一张到银行贴现，年贴现率为11%。则天鑫公司应做如下会计处理：

该应收票据的到期日为2×19年10月20日，其贴现天数为162天（21 + 30 + 31 + 31 + 30 + 19）。

贴现息 = 100 000 × 11% × 162/360 = 4 950（元）

贴现净额 = 100 000 - 4 950 = 95 050（元）

(1) 假设其满足金融资产转移准则规定的金融资产终止确认条件的情形，即企业已将金融资产所有权上几乎所有的风险和报酬转移给转入方的，应当终止确认该金融资产。终止确认，是指将金融资产或金融负债从企业的账户和资产负债表内予以转销。5月11日到银行贴现时：

借：银行存款　　　　　　　　　　　　　　　　　　　　　95 050
　　财务费用　　　　　　　　　　　　　　　　　　　　　　4 950
　　　贷：应收票据　　　　　　　　　　　　　　　　　　　　　　100 000

(2) 假设其不满足金融资产转移准则规定的金融资产终止确认条件的情形，即保留了金融资产所有权上几乎所有的风险和报酬的，不应当终止确认该金融资产。5月11日到银行贴现时：

借：银行存款　　　　　　　　　　　　　　　　　　　　　95 050
　　财务费用　　　　　　　　　　　　　　　　　　　　　　4 950
　　　贷：短期借款　　　　　　　　　　　　　　　　　　　　　　100 000

(三) 应收票据背书转让的核算

企业将持有的商业汇票背书转让以取得所需物资时，按应计入取得物资成本的金额,借记"材料采购"或"原材料""库存商品"等科目,按可抵扣的增值税额,借记"应交税费——应交增值税(进项税额)"科目,按商业汇票的账面余额,贷记"应收票据"科目,如有差额,借记或贷记"银行存款"等科目。

如为带息应收票据,企业将持有的应收票据背书转让,以取得所需物资时,按应计入取得物资成本的价值,借记"材料采购"或"原材料""库存商品"等科目,按可抵扣的增值税额,借记"应交税费——应交增值税(进项税额)"科目,按应收票据的账面余额,贷记"应收票据"科目,按尚未计提的利息,贷记"财务费用",按应收或应付的金额,借记或贷记"银行存款"等科目。

【例 2 - 19】 2×19 年 12 月 31 日,天鑫公司购进材料一批,取得的增值税专用发票上注明价款为 26 000 元,增值税额为 3 380 元,材料已验收入库。因企业货币资金不足,将一张票面金额为 28 000 元的商业汇票背书转让给供货单位。则天鑫公司应做如下会计处理:

借:原材料　　　　　　　　　　　　　　　　　　　26 000
　　应交税费——应交增值税(进项税额)　　　　　 3 380
　贷:应收票据　　　　　　　　　　　　　　　　　 28 000
　　　银行存款　　　　　　　　　　　　　　　　　　1 380

(四) 应收票据到期的核算

应收票据到期,应按以下情况分别处理:

(1) 收回不带息应收票据,按实际收到的金额,借记"银行存款"科目,按商业汇票的票面金额,贷记"应收票据"科目。

【例 2 - 20】 天鑫公司于 2×19 年 2 月 1 日销售商品给日晟公司,收到面值为 116 000 元,期限为 3 个月的商业承兑汇票一张。3 个月后,票据到期,票面金额 116 000 元收存银行。则票据到期收到票款时,天鑫公司应做如下会计处理:

借:银行存款　　　　　　　　　　　　　　　　　　116 000
　贷:应收票据　　　　　　　　　　　　　　　　　 116 000

(2) 收回带息应收票据,按实际收到的金额,借记"银行存款"科目,按应票据的账面余额,贷记"应收票据"科目,按其差额,贷记"财务费用"科目(未计提利息部分)。

【例 2 - 21】 天鑫公司于 2×19 年 11 月 1 日销售一批商品给泰达公司,价款 50 000 元,增值税税率为 13%,收到一张期限为 3 个月、利率为 12% 的带息票据。则天鑫公司应做如下会计处理:

借:应收票据　　　　　　　　　　　　　　　　　　 56 500
　贷:主营业务收入　　　　　　　　　　　　　　　　50 000

应交税费——应交增值税（销项税额）　　　　　　　6 500

3个月后，应收票据到期收回时：

借：银行存款　　　　　　　　　　　　　　　　　　　59 500
　　贷：应收票据　　　　　　　　　　　　　　　　　　56 500
　　　　财务费用　　　　　　　　　　　　　　　　　　 3 000

（3）因付款人无力支付票款，收到银行退回的商业承兑汇票、委托收款凭证、未付款通知书或拒绝付款证明等，按应收票据的账面余额，借记"应收账款"科目，贷记"应收票据"科目。

【例2-22】 沿用【例2-20】，假设日晟公司到期无力偿还票款。

借：应收账款　　　　　　　　　　　　　　　　　　　116 000
　　贷：应收票据　　　　　　　　　　　　　　　　　　116 000

（4）到期不能收回的带息应收票据，转入"应收账款"科目核算后，期末不再计提利息（转入前的应计利息，应在转入时全额计提），其所包含的利息，在有关备查簿中进行登记，待实际收到时再冲减收到当期的财务费用。

企业应当设置"应收票据备查簿"，逐笔登记每一应收票据的种类、号数和出票日期、票面金额、票面利率、交易合同号和付款人、承兑人、背书人的姓名或单位名称、到期日、背书转让日、贴现日期、贴现率和贴现净额、未计提的利息，以及收款日期和收回金额、退票情况等资料，应收票据到期结清票款或退票后，应当在备查簿内逐笔注销。

二、应收账款

应收账款，是指企业因销售商品、提供劳务等经营活动应向购货单位或接受劳务单位收取的款项或代垫的运杂费。

（一）应收账款的入账价值

一般情况下，企业销售商品、提供劳务等应按买卖双方在成交时的实际金额入账。应收账款入账价值包括：销售商品、提供劳务的价款、增值税，以及代购货单位垫付的包装费、运杂费等。在确认应收账款的入账价值时，应考虑有关的折扣因素。

1. 商业折扣

商业折扣，是指企业为促进商品销售而在商品标价上给予的价格扣除。由于商业折扣一般在交易发生时即已确定，它仅是确定实际销售价格的一种手段，不需要在买卖任何一方账上反映,因此,企业应按扣除商业折扣后的实际销售价格确认应收账款。例如,某企业销售产品一批,价目表价格为 10 000 元,由于成批销售,销货方给购货方 5% 的商业折扣,折扣金额为 500 元,则应收账款的入账金额应为 9 500 元。

2. 现金折扣

现金折扣,是指债权人为鼓励债务人在规定的期限内付款而向债务人提供的债务扣除。现金折扣一般用"折扣/付款期限"表示,如"1/10,5/20,N/30"(即 10 天内付款折扣 1%,20 天内付款折扣 5%,30 天内全价付款无折扣)。存在现金折扣的情况下,常见的应收账款入账价值的确定有两种方法:总价法和净价法。在总价法情况下,企业应按不扣除现金折扣的实际销售价格确认应收账款的入账价值。目前会计实务采用的是总价法。

(二) 应收账款的核算

企业应设置"应收账款"科目,核算应收账款的增减变动及其结存情况。该科目借方登记发生的和按规定转入的金额;贷方登记到期收回的和按规定转出的金额;期末借方余额,反映企业尚未收回的应收账款;期末如为贷方余额,反映企业预收的账款。该科目应按不同的购货单位或接受劳务的单位设置明细账,进行明细核算。企业因销售商品、提供劳务等,采用递延方式收取合同或协议价款、实质上具有融资性质的,在"长期应收款"科目核算。

【例 2-23】 天鑫公司销售产品 200 件,单价为 500 元,适用的增值税税率为 13%,规定的现金折扣条件为"1/10,N/30",产品交付并办妥托收手续。则天鑫公司应做如下会计处理:

借:应收账款　　　　　　　　　　　　　　　　113 000
　　贷:主营业务收入　　　　　　　　　　　　　100 000
　　　　应交税费——应交增值税(销项税额)　　13 000

收到货款时,根据购货企业是否得到现金折扣的情况入账。如果上述货款在 10 天内收到,则现金折扣为 1 130 元(113 000×1%),公司应做如下会计处理:

借:银行存款　　　　　　　　　　　　　　　　111 870
　　财务费用　　　　　　　　　　　　　　　　　1 130
　　贷:应收账款　　　　　　　　　　　　　　　113 000

如果超过了现金折扣的最后期限,公司应做如下会计处理:

借:银行存款　　　　　　　　　　　　　　　　113 000
　　贷:应收账款　　　　　　　　　　　　　　　113 000

三、预付账款

预付账款,是企业按照购货合同规定预付给供应单位的款项。

(一) 科目设置

企业的预付货款属于暂付款性质,为了核算企业与供应商款项的结算情况,应设置"预付账款"科目。该科目借方登记预付和补付的款项;贷方登记收到的预购的材料或商品价款和收到退回的预付款;期末借方余额,反映企业实际预付的款项;期末贷方余额反映企业尚未补付的款项。该科目应按供应单位设置明细账,进行明细核算。

预付款项情况不多的企业,可以不设置"预付账款"科目,将预付的款项直接记入"应付账款"科目的借方。

(二) 预付账款的核算

企业因购货而预付的款项,借记"预付账款"科目,贷记"银行存款"等科目。收到所购物资,按应计入购入物资成本的金额,借记"材料采购"或"原材料""库存商品"等科目,按可抵扣的增值税额,借记"应交税费——应交增值税(进项税额)"科目,按应支付的金额,贷记"预付账款"科目。补付款项时,借记"预付账款"科目,贷记"银行存款"等科目;退回多付的款项时做相反的会计分录。涉及增值税进项税额的,还应进行相应的会计处理。

【例2-24】天鑫公司按购货合同规定向宏利得公司预付购买材料货款计8 900元,则天鑫公司应做如下会计处理:

借:预付账款　　　　　　　　　　　　　　　　　　8 900
　　贷:银行存款　　　　　　　　　　　　　　　　　8 900

收到材料并验收无误,取得的增值税专用发票上注明材料货款为20 000元,增值税额为2 600元。则天鑫公司应做如下会计处理:

借:原材料　　　　　　　　　　　　　　　　　　　20 000
　　应交税费——应交增值税(进项税额)　　　　　2 600
　　　贷:预付账款——宏利得公司　　　　　　　　22 600

补付款项时,做如下会计处理:

借:预付账款——宏利得公司　　　　　　　　　　　13 700
　　贷:银行存款　　　　　　　　　　　　　　　　　13 700

四、其他应收款

此项目应根据"应收利息""应收股利"和"其他应收款"科目的期末余额合计数填列。

(一) 应收利息

应收利息是指企业因债券投资而应收取的利息。包括购入债券的价款中已到付息期但尚未领取的债券利息,和分期付息到期还本的债券在持有期间产生的利息。不包括企业购入到期一次还本付息的长期债券应收取的利息。企业应设置"应收利息"明细科目进行核算。

公司购入债券,如果实际支付的价款中包含已到付息日但尚未领取的利息,按实际支付的价款扣除已到付息日但尚未领取的利息,借记"短期投资""长期债权投资"科目,按已到付息日但尚未领取的利息,借记"应收利息"科目,按实际支付的价款,贷记"银行存款"科目。

公司购入分期付息、到期还本的债券,以及取得的分期付息的其他长期债权投资,已到付息期而应收未收的利息,应于确认投资收益时,按应获得的利息,借记"应收利息"科目,贷记"投资收益"科目。

公司计提长期债券应收利息,借记"长期债权投资"科目,贷记"投资收益"科目;已到付息日但尚未领取的利息,借记"应收利息"科目,贷记"长期债权投资"科目。公司计提短期债券应收利息,借记"应收利息"科目,贷记"利息收入"科目。

收到应收利息时,借记"银行存款"等科目,贷记"应收利息"科目。

经确认为坏账的应收利息,冲销坏账准备,借记"坏账准备"科目,贷记"应收利息"科目。已确认坏账并转销的应收利息,以后又收回的,按收回的金额,借记"应收利息"科目,贷记"坏账准备"科目;同时,借记"银行存款"等科目,贷记"应收利息"科目。

(二) 应收股利

应收股利,是指企业应收取的现金股利和应收取其他单位分配的利润。

企业在持有以公允价值计量且其变动计入当期损益的金融资产(交易性金融资产)期间、被投资单位宣告发放现金股利,按应享有的份额,确认为当期投资收益,借记"应收股利"科目,贷记"投资收益"科目。企业在持有长期股权投资期间,被投资单位宣告发放现金股利或利润,按应享有的份额,借记"应收股利"科目,贷方科目应区分两种情况,对于采用成本法核算的长期股权投资,贷记"投资收益"科目;对于采用权益法核算的长期股权投资,贷记"长期股权投资——损益调整"科目。需要说明的是,企业取得以公允价值计量且其变动计入当期损益的金融资产(主要为交易性金融资产),长期股权投资等资产,如果实际支付的价款中包含有已宣告但尚未分派的现金股利或利润,不单独作为应收股利处理,即不需要借记"应收股利"科目,而是直接计入相关资产的成本或初始确认金额。

企业应设置"应收股利"科目,本公司应收其他单位的利润,也在该科目核算。该科目属于资产类科目,其借方登记应收的股利数,贷方登记收回的股利数,余额在借方,公司尚未收回的现金股利或利润。该科目应按被投资单位设置明细账。其具体账务处理如下:

公司购入股票,如实际支付的价款中包含已宣告但尚未领取的现金股利,按实际成本(即实际支付的价款减去已宣告但尚未领取的现金股利),借记"长期股权投资"科目,按应领取的现金股利,借记"应收股利"科目,按实际支付的价款,贷记"银行存款"科目;收到发放的现金股利,借记"银行存款"科目,贷记"应收股利"科目。

公司对外长期股权投资应分得的现金股利或利润,应于被投资单位宣告发放现金股利或分派利润时,借记"应收股利"科目,贷记"投资收益"或"长期股权投资"等科目。收到的现金股利或利润,借记"银行存款"科目,贷记"应收股利"科目。

(三) 其他应收款

其他应收款,是指企业除应收票据、应收账款、预付账款等以外的其他各种应收及暂付款项。其主要内容包括:

(1) 应收的各种赔款、罚款;
(2) 应收经营出租固定资产和出租包装物的租金;
(3) 应向职工个人收取的各种垫付款项;
(4) 备用金;
(5) 存出保证金;
(6) 其他各种应收、暂付款项。

企业应设置"其他应收款"科目,核算其他应收款的结算情况。该科目借方登记企业发生的各项其他应收款;贷方登记企业收回和结转的其他应收款;期末借方余额,反映企业尚未收回的其他应收款项。该科目应按其他应收款的项目分类设置明细账,或按不同的债务人设置明细账,进行明细核算。

(1) 企业发生其他各种应收及暂付款项时,借记"其他应收款"科目,贷记

"银行存款"等科目;收回或转销各种款项时,借记"库存现金""银行存款"等科目,贷记"其他应收款"科目。

(2)采用售后回购方式融出资金的,应按实际支付的金额,借记"其他应收款"科目,贷记"银行存款"科目。销售价格与原购买价格之间的差额,应在售后回购期间内按期计提利息,借记"其他应收款"科目,贷记"财务费用"科目。按合同约定返售商品时,应按实际收到的金额,借记"银行存款"科目,贷记"其他应收款"科目。

【例2-25】天鑫公司向创智公司租入包装物一批,以银行存款支付包装物押金3 500元。则天鑫公司应做如下会计处理:

借:其他应收款——存出保证金　　　　　　　　　　　3 500
　　贷:银行存款　　　　　　　　　　　　　　　　　　3 500

涉税提示

财税〔2003〕158号文规定:关于个人投资者从其投资的企业(个人独资企业、合伙企业除外)借款长期不还的处理问题,纳税年度内个人投资者从其投资企业(个人独资企业、合伙企业除外)借款,在该纳税年度终了后既不归还,又未用于企业生产经营的,其未归还的借款可视为企业对个人投资者的红利分配,依照"利息、股息、红利所得"项目计征个人所得税。

五、应收款项减值

(一)坏账和坏账损失

坏账,是指企业无法收回或收回的可能性极小的那部分应收款项。由此而发生的损失称为坏账损失。

企业应当在资产负债表日对应收款项的账面价值进行检查,有客观证据表明该应收款项发生减值的,应当计提坏账准备。并将该应收款项的账面价值减记至预计未来现金流量现值,减记的金额确认为资产减值损失计入当期损益。

(二)坏账准备的核算

1. 科目设置

企业应设置"坏账准备"科目,核算应收款项的坏账准备计提、转销等情况。该科目贷方登记企业按规定计提的坏账准备或收回的以前年度已确认并转销的坏账损失;借方登记已发生的坏账损失和冲回的坏账准备;期末贷方余额,反映企业已计提但尚未转销的坏账准备。

2. 核算方法

（1）资产负值表日，应收款项发生减值的，按应减记的金额，借记"资产减值损失"科目，贷记"坏账准备"科目。本期应计提的坏账准备大于其账面余额的，应按其差额计提；应计提的坏账准备小于其账面余额的差额做相反的会计分录。

（2）对于确实无法收回的应收款项，按管理权限报经批准后作为坏账，转销应收款项，借记"坏账准备"科目，贷记"应收票据""应收账款""预付账款""其他应收款""长期应收款"等科目。

（3）已确认并转销的应收款项以后又收回的，应按实际收回的金额，借记"应收票据""应收账款""预付账款""其他应收款""长期应收款"等科目，贷记"坏账准备"科目；同时，借记"银行存款"科目，贷记"应收票据""应收账款""预付账款""其他应收款""长期应收款"等科目。

3. 期末应提取坏账准备的计算

期末应提取的坏账准备可按下列公式计算：

当期应提取的坏账准备＝当期按应收款项计算应提取的坏账准备金额－"坏账准备"科目的贷方余额（或"坏账准备"科目的借方余额）

已计提坏账准备的应收款项因债务重组非货币性资产交换、出售而减少时，应当同时结转已计提的坏账准备，但不冲减当期的资产减值损失。

涉税规定

◆《中华人民共和国企业所得税法》（主席令第63号）

第十条　在计算应纳税所得额时，下列支出不得扣除：

（七）未经核定的准备金支出，在计算应纳税所得额时不得扣除。

◆《中华人民共和国企业所得税法实施条例》（国务院令第512号）

第五十五条　企业所得税法第十条第（七）项所称未经核定的准备金支出，是指不符合国务院财政、税务主管部门规定的各项资产减值准备、风险准备等准备金支出。

◆《国家税务总局关于企业所得税执行中若干税务处理问题的通知》（国税函〔2009〕202号）

二、2008年1月1日以前计提的各类准备金余额处理问题

2008年1月1日前按照原企业所得税法规定计提的各类准备金，2008年1月1日以后，未经财政部和国家税务总局核准的，企业以后年度实际发生的相应损失，应先冲减各项准备金余额。

◆《中华人民共和国企业所得税法实施条例》(国务院令第512号)

第三十二条 企业所得税法第八条所称损失,是指企业在生产经营活动中发生的固定资产和存货的盘亏、毁损、报废损失,转让财产损失,呆账损失,坏账损失,自然灾害等不可抗力因素造成的损失以及其他损失。

◆《财政部 国家税务总局关于企业资产损失税前扣除政策的通知》(财税〔2009〕57号)

四、企业除贷款类债权外的应收预付账款符合下列条件之一的,减除可收回金额后确认的无法收回的应收、预付款项,可以作为坏账损失在计算应纳税所得期时扣除:

(一)债务人依法宣告破产、关闭、解散、被撤销,或者被依法注销、吊销营业执照,其清算财产不足清偿的;

(二)债务人死亡,或者依法被宣告失踪、死亡,其财产或者遗产不足清偿的;

(三)债务人逾期3年以上未清偿,且有确凿证据证明已无力清偿债务的;

(四)与债务人达成债务重组协议或法院批准破产重整计划后,无法追偿的;

(五)因自然灾害、战争等不可抗力导致无法收回的;

(六)国务院财政、税务主管部门规定的其他条件。

◆《中华人民共和国企业所得税法实施条例》(国务院令第512号)

第二十二条 企业所得税法第六条第(九)项所称其他收入,是指企业取得的除企业所得税法第六条第(一)项至第(八)项规定的收入外的其他收入,包括……已作坏账损失处理后又收回的应收款项……

涉税提示

本书涉及的其他准备金扣除政策(包括存货跌价准备,持有至到期投资减值准备,长期股权投资减值准备,在建工程减值准备,固定资产减值准备,无形资产减值准备,投资性房地产减值准备等)与坏账准备相同的内容,参见上述引用的《中华人民共和国企业所得税法》《中华人民共和国企业所得税法实施条例》和国税函〔2009〕202号文件的相关规定,以后不再赘述。对于经国务院财政、税务主管部门核定准予税前扣除的准备金政策参照其他政策规定处理。

在坏账准备的处理上,会计遵循谨慎性原则,要求企业提取坏账准备;而税法遵循真实发生的坏账据实扣除原则,即坏账只有在实际发生时,损失才可以在税前扣除,对不符合国务院财政、税务主管部门规定,提取的各项资产减值准备不允许在税前扣除。另外,税法虽然允许企业税前扣除实际发生的坏账损失,但并不表明企业在实际发生坏账损失时,就可以直接扣除,企业必须在年度终了后45日内提供发生坏账的相关证据,报税务机关审批才能在税前扣除。因此,在实际工作中,税务人员应正确把握与应收款项有关的坏账损失和坏账准备的税前扣除规定,对于不符合税法规定，企业已做税前扣除的坏账损失和坏账准备，应要求企业做纳税调整。

【例 2-26】 天鑫公司 2×16 年年末应收款项的余额为 480 000 元，提取坏账准备的比例为 2%。2×17 年发生了坏账损失 4 000 元，其中 A 公司 1 500 元，B 公司 2 500 元，年末应收款项余额为 220 000 元；2×19 年，已冲销的上年 B 公司应收账款 9 000 元又收回，年末应收款项余额为 280 000 元。天鑫公司各年应做如下会计处理：

(1) 2×16 年提取坏账准备时：

借：资产减值损失——坏账准备	9 600
贷：坏账准备	9 600

(2) 2×17 年发生坏账损失时：

借：坏账准备	4 000
贷：应收账款——A 公司	1 500
——B 公司	2 500

(3) 2×19 年年末按应收款项的余额计算提取坏账准备。坏账准备余额应为 4 400 元（220 000×2%），但在期末提取坏账准备前"坏账准备"科目有贷方余额 5 600 元（9 600-4 000），所以应冲回 1 200 元。

借：坏账准备	1 200
贷：资产减值损失——坏账准备	1 200

(4) 2×19 年，上年已冲销的 B 公司应收账款 9 000 元又收回入账：

借：应收账款——B 公司	9 000
贷：坏账准备	9 000

同时：

借：银行存款	9 000
贷：应收账款——B 公司	9 000

(5) 2×19 年年末按应收账款余额计算提取坏账准备。坏账准备余额应为 5 600 元（280 000×2%），在年末提取坏账准备前"坏账准备"科目的贷方余额为 13 400 元（4 400+9 000），所以应冲回坏账准备 7 800 元。

借：坏账准备	7 800
贷：资产减值损失——坏账准备	7 800

税务处理

(1) 2×16 年企业所得税汇算时，计提的坏账准备不能在企业所得税税前扣除，应调整增加应纳税所得额 9 600 元。

(2) 2×17 年企业所得税汇算时，发生的坏账损失 4 000 元，经税务机关审批可以在税前扣除，应调整减少应纳税所得额，同时冲回的 1 200 元坏账准备应调整减少应纳税所得额，当年共调整减少应纳税所得额 5 200 元（4 000 + 1 200）。

（3）2×19 年企业所得税汇算时，对 2×17 年已做坏账损失处理后 2×19 年又收回的应收款项 9 000 元，应调整增加应纳税所得额，对当年冲回的坏账准备 7 800 元，应调整减少应纳税所得额，当年净调整增加应纳税所得额 1 200 元（9 000 − 7 800）。

第三章 存 货

【本章提要】本章主要介绍存货的核算及涉税处理。

存货是企业流动资产的重要组成部分。存货应当按照成本进行初始计量。存货成本包括采购成本、加工成本和其他成本。企业取得存货的途径不同，其成本的构成也不同。企业各类存货在核算中采用的计价方法可分为按实际成本计价和按计划成本计价两大类。企业应当采用先进先出法、加权平均法或者个别计价法确定发出存货的实际成本。低值易耗品和包装物应当采用一次转销法摊销。资产负债表日，存货应当按照成本与可变现净值孰低计量。

对存货进行核算所使用的账户主要有"材料采购""在途物资""原材料""材料成本差异""库存商品""发出商品""商品进销差价""委托加工物资""周转材料""存货跌价准备"等，这些账户与会计报表的关系如图3-1所示。

资产负债表（局部）

账户　　　　编制单位：　　　　　　年　月　日　　　　　　　　单位：元

资产	期末余额	年初余额	负债和所有者权益	期末余额	年初余额
……			……		
……			……		
……			……		
存货			……		
……			……		
……			……		
……					

余额账户：材料采购、原材料、周转材料、库存商品、发出商品、委托加工物资、委托代销商品、受托代销商品、生产成本、存货跌价准备

图3-1　本章账户与会计报表的关系

第一节 存货的确认和初始计量

一、存货的定义与确认

(一) 存货的定义

存货,是指企业在日常活动中持有以备出售的产成品或商品、处在生产过程中的在产品、在生产过程或提供劳务过程中耗用的材料和物料等。

存货区别于固定资产等非流动资产的最基本特征是,企业持有存货的最终目的是为了出售。企业的存货通常包括:原材料、在产品、半成品、产成品、商品、周转材料等。

为建造固定资产等各项工程而储备的各种材料,虽然同属于材料,但是因为用于建造固定资产等各项工程,不符合存货的定义,因此不能作为企业的存货进行核算。

【例 3-1】 2×19 年 6 月 25 日,瑞宝公司接收天鑫公司受托代销一批商品 500 件,每件成本 20 元,按合同规定(合同规定为代销),瑞宝公司以每件 113 元对外销售,天鑫公司按售价的 10% 向瑞宝公司支付手续费。瑞宝公司销售了 300 件,瑞宝公司已经将款项支付给天鑫公司。假设天鑫公司为小规模纳税人,瑞宝公司为一般纳税人。

1. 天鑫公司的会计分录

(1) 发出代销商品时:
借:委托代销商品   10 000
    贷:库存商品   10 000
(2) 收到代销清单时:
借:应收账款——B 公司代销商品款   33 900
    贷:主营业务收入   30 000
        应交税费——应交增值税(销项税额)   3 900
同时结转产品成本:
借:主营业务成本   10 000

        贷：委托代销商品　　　　　　　　　　　　　　　　　　　　10 000
（3）收到代销方开具的手续费发票时：
　　借：销售费用　　　　　　　　　　　　　　　　　　　　　　 3 390
        贷：应收账款——B公司代销商品款　　　　　　　　　　　　3 390
（4）收到代销商品款时：
　　借：银行存款　　　　　　　　　30 510（33 900－3 390＝30 510）
        贷：应收账款——B公司代销商品款　　　　　　　　　　　30 510

2. 瑞宝公司会计分录

（1）收到代销商品时：
　　借：受托代销商品　　　　　　　　　　　　　　　　　　　　10 000
        贷：代销商品款　　　　　　　　　　　　　　　　　　　　10 000
（2）实际销售商品时：
　　借：银行存款　　　　　　　　　　　　　　　　　　　　　　33 900
        贷：应付账款　　　　　　　　　　　　　　　　　　　　　30 000
            应交税费——应交增值税（销项税额）　　　　　　　　 3 900
　　借：应交税费——应交增值税（进项税额）　　　　　　　　　　3 900
        贷：应付账款　　　　　　　　　　　　　　　　　　　　　 3 900
　　借：代销商品款　　　　　　　　　　　　　　　　　　　　　10 000
        贷：受托代销商品　　　　　　　　　　　　　　　　　　　10 000
（3）支付货款并结算代销手续费时：
　　借：应付账款　　　　　　　　　　　　　　　　　　　　　　33 900
        贷：银行存款　　　　　　　　　　　　　　　　　　　　　30 510
            主营业务收入　　　　　　　　　　　　　　　　　　　 3 000
            应交税费——应交增值税（销项税额）　　　　　　　　 390

上述案例合同中规定为"代销"，则按上述会计方式进行处理；若合同规定为"经销"，则不按上述会计方式进行处理，按照"经销"方式进行会计处理。

（二）存货的确认

存货必须在符合定义的前提下，同时满足下列两个条件，才能予以确认：

第一，与该存货有关的经济利益很可能流入企业；

第二，该存货的成本能够可靠地计量。

存货范围的确认，应以企业对存货是否具有法定所有权为依据，凡在盘存日期，法定所有权属于企业的一切物品，不论其存放何处或处于何种状态，都应作为企业的存货。反之，凡法定所有权不属于企业的物品，即使尚未远离企业，也不应包括在本企业存货范围之内。

按照国际会计准则第 2 号的规定，存货在企业的不同生产过程和阶段中具有不同的实物形态。即：存货包括下列有形资产：（1）在正常的营业过程中置存以便出售的；（2）为了出售而处在生产过程中的；（3）为生产供销售的商品或服务的过程中消耗的。

在正常的营业过程中置存以便出售的存货，指企业在正常生产经营过程中处于待销售的各种资产，如：库存产成品、库存商品等。但特种储备以及按国家指令专项储备的资产不属于存货范围。为了出售而处在生产过程中的存货，指处于生产加工中的资产，如在产品、半成品等。为生产供销售的商品或服务的过程中消耗的存货，指为产品生产耗用而储存的资产，如产品生产所需原材料、辅助材料以及为生产产品服务的其他材料及低值易耗品等。值得注意的是，为建造固定资产等工程而储备的各种材料，虽然具有存货的某些特征，但他们并不处于企业生产经营过程中的不同阶段，不属于为生产产品而储备的资产，也不包括在存货范围之内。

涉税规定

◆《中华人民共和国企业所得税法实施条例》（国务院令第 512 号）

第七十二条 企业所得税法第十五条所称存货，是指企业持有以备出售的产品或者商品、处在生产过程中的在产品，在生产或者提供劳务过程中耗用的材料和物料等。

涉税提示

会计与企业所得税法对存货的界定基本一致。

二、存货的初始计量

存货应当按照实际成本进行初始计量。存货的成本包括采购成本、加工成本和其他成本。原材料、商品、低值易耗品等通过购买而取得的存货其成本由采购成本构成；产成品、在产品、半成品、委托加工物资等通过进一步加工而取得的存货，其成本由采购成本、加工成本以及使存货达到目前场所和状态所发生的其他成本构成。

（一）外购存货

存货应当按照成本进行初始计量。存货的来源不同，其成本的构成内容也不同。企业购入存货的采购成本实际由购货价款、计入成本的采购费用和计入成本的相关税费三部分组成。

涉税规定

◆《中华人民共和国企业所得税法实施条例》（国务院令第 512 号）

第三十条　企业所得税法第八条所称费用，是指企业在生产经营活动中发生的销售费用、管理费用和财务费用，已经计入成本的有关费用除外。

第七十二条　企业所得税法第十五条所称存货，是指企业持有以备出售的产品或者商品、处在生产过程中的在产品、在生产或者提供劳务过程中耗用的材料和物料等。

存货按照以下方法确定成本：

（1）通过支付现金方式取得的存货，以购买价款和支付的相关税费为成本；

（2）通过支付现金以外的方式取得的存货，以该存货的公允价值和支付的相关税费为成本；

（3）生产性生物资产收获的农产品，以产出或者采收过程中发生的材料费、人工费和分摊的间接费用等必要支出为成本。

涉税提示

外购存货的计税基础采取了与会计准则一致的规定。需要注意，如果存货未按规定取得合法的税前扣除凭证，则其计税基础为零。

1. 购货价款

存货的购货价款即买价是指供货单位开出的发货票价款，通常是指企业购入的材料或商品的发票账单上所注明的货款金额，但不包括按规定可以抵扣的增值税额。买价是购入存货价值的主要组成部分。

一般情况下，企业应根据进货发票注明的货款金额确认购货价款。而计入存货成本的买价不包括进货折扣。

进货折扣有进货数量折扣和进货现金折扣两种。进货数量折扣是指企业购货数量达到供货方规定可享受价格优惠的数量后所享受的价格折扣，这种价格在发票上已经予以减除，因此不包括在买价中。

进货现金折扣是指企业在供货方规定的可享受价格优惠的付款期内付款所享受的价格折扣，如供货方规定付款条件为"2/10，N/30"，则表明购货方如在 10 天内付款可获得 2% 的折扣，超过 10 天付款不享受折扣。与销货方的现金折扣相对应，购货方对于这种现金折扣按规定也采用总价法核算，购买方若在折扣期内付款，所享受的现金折扣直接冲减当期的财务费用，而并不冲减存货买价成本。

2. 采购费用

采购费用是指企业在购进存货过程中发生的可归属于存货采购成本的运杂费

（包括运输费、装卸费、保险费、包装费等）、运输途中的合理损耗、入库前的整理挑选费用以及其他可归属于存货采购成本的费用等。这些费用能分清负担对象的，应直接计入存货的采购成本；不能分清负担对象的，应选择合理的分配方法，分配计入有关存货的采购成本，可按所购存货的数量或采购价格比例进行分配。

运输途中的合理损耗是指存货物资在运输途中发生的一定的合理的短缺和损耗，不包括能确定由过失人负责、因自然灾害而发生的意外损失。合理损耗不会影响存货的总成本，仅影响其单位成本。对于采购过程中发生的物资毁损、短缺等，除合理的途耗应当作为存货的其他可归属于存货采购成本的费用计入采购成本外，其他费用应区别不同情况进行会计处理：

（1）从供货单位、外部运输机构等收回的物资短缺或其他赔款，应冲减所购物资的采购成本。

（2）因遭受意外灾害发生的损失和尚待查明原因的途中损耗，暂作为待处理财产损溢进行核算，查明原因后再进行处理。

其他可归属于存货采购成本的费用是指采购费用中除上述各项以外的可归属于存货采购的费用，比如大宗物资的市内运杂费等。

商品流通企业在采购商品过程中发生的运输费、装卸费、保险费以及其他可归属于存货采购成本的费用等进货费用，金额小的可以在发生时直接计入当期损益，金额大的，应当计入存货采购费用，也可以先进行归集，期末根据商品的存销情况进行分摊：

（1）对于已售商品的进货费用，计入主营业务成本；

（2）对于未售商品的进货费用，计入期末存货成本。

3. 相关税费

存货的相关税费是指企业购买、自制或委托加工存货时发生的进口关税、消费税、资源税和不能抵扣的增值税进项税额等应计入存货采购成本的税费。

购进存货所支付的增值税进项税额有的能计入成本，有的则不能计入成本。按规定应计入外购存货成本的增值税主要包括：

（1）小规模纳税企业采购货物支付的增值税；

（2）一般纳税企业用于非应交增值税项目支付的增值税；

（3）一般纳税企业用于免征应交增值税项目支付的增值税；

（4）一般纳税企业购进时未能取得增值税专用发票或完税凭证支付的增值税。

涉税规定

◆《中华人民共和国企业所得税法实施条例》（国务院令第512号）

第七十二条　企业所得税法第十五条所称存货，是指企业持有以备出售的产品或者商品、处在生产过程中的在产品、在生产或者提供劳务过程中耗用的材料和物料等。

存货按照以下方法确定成本：

（一）通过支付现金方式取得的存货，以购买价款和支付的相关税费为成本；

（二）通过支付现金以外的方式取得的存货，以该存货的公允价值和支付的相关税费为成本；

（三）生产性生物资产收获的农产品，以产出或者采收过程中发生的材料费、人工费和分摊的间接费用等必要支出为成本。

◆《中华人民共和国增值税暂行条例》（国务院令第538号）

第八条　纳税人购进货物、劳务、服务、无形资产、不动产支付或者负担的增值税额，为进项税额。

下列进项税额准予从销项税额中抵扣：

（一）从销售方取得的增值税专用发票上注明的增值税额。

（二）从海关取得的海关进口增值税专用缴款书上注明的增值税额。

（三）购进农产品，除取得增值税专用发票或者海关进口增值税专用缴款书外，按照农产品收购发票或者销售发票上注明的农产品买价和10%的扣除率计算的进项税额，国务院另有规定的除外。进项税额计算公式：

进项税额＝买价×扣除率

（四）自境外单位或者个人购进劳务、服务、无形资产或者境内的不动产，从税务机关或者扣缴义务人取得的代扣代缴税款的完税凭证上注明的增值税额。

准予抵扣的项目和扣除率的调整，由国务院决定。

第九条　纳税人购进货物、劳务、服务、无形资产、不动产，取得的增值税扣税凭证不符合法律、行政法规或者国务院税务主管部门有关规定的，其进项税额不得从销项税额中抵扣。

第十条　下列项目的进项税额不得从销项税额中抵扣：

（一）用于简易计税方法计税项目、免征增值税项目、集体福利或者个人消费的购进货物、劳务、服务、无形资产和不动产；

（二）非正常损失的购进货物，以及相关的劳务和交通运输服务；

（三）非正常损失的在产品、产成品所耗用的购进货物（不包括固定资产）、劳务和交通运输服务；

（四）国务院规定的其他项目。

一般来说，存货转让时，卖方须承担17%（自2019年4月1日起调整为13%）的增值税。存货生产过程中耗用的原材料、水电煤、运输费用等所涉及的增值税进项税额允许按月抵扣公司的增值税销项税额（指在中国境内销售货物计算的并向购买方收取的增值税税额)。存货成本不含可抵扣的增值税进项税额部分。换句话说，当月发生的进项税额可以在当月申请抵扣，而非必须要和销售确认的销项税额相匹配。资产负债表上列示的未抵扣增值税说明当期可抵扣的进项税额大于当期的销项税额，可以申请退税或留抵下期抵扣。

《中华人民共和国增值税暂行条例》第十条规定，非正常损失货物的进项税额不得从销项税额中抵扣。《中华人民共和国增值税暂行条例实施细则》第二十七条进一步阐明，已抵扣进项税额的购进货物或者应税劳务，发生非正常损失时，应当将该项购进货物或者应税劳务的进项税额从当期的进项税额中扣减；无法确定该项进项税额的，按当期实际成本计算应扣减的进项税额。从而导致当期应交增值税税额增加。

"非正常损失"的判定由主管税务机关做出。如果报废涉及金额较大的时候，通常建议公司提前取得主管税务机关的批准。如果税务机关判定报废是"合理"的话，该损失就允许在所得税前扣除，同时并不需要调整相应的进项税额。但是，从另一方面来说，如果税务机关认定该报废是非正常损失的话，则该金额不能在所得税前扣除的同时，相应的进项税额还要从当期可抵扣进项税额中扣减。合理报废包括技术陈旧、因质量问题造成的客户退货、生产缺陷导致的产品质量不合格以及其他税务机关可接受的报废理由。

◆《中华人民共和国增值税暂行条例实施细则》

第十七条　条例第八条第二款第（三）项所称买价，包括纳税人购进农产品在农产品收购发票或者销售发票上注明的价款和按规定缴纳的烟叶税。

第十八条　条例第八条第二款第（四）项所称运输费用金额，是指运输费用结算单据上注明的运输费用（包括铁路临管线及铁路专线运输费用）、建设基金，不包括装卸费、保险费等其他杂费。

第十九条　条例第九条所称增值税扣税凭证，是指增值税专用发票、海关进口增值税专用缴款书、农产品收购发票和农产品销售发票以及运输费用结算单据。

第二十二条　条例第十条第（一）项所称个人消费包括纳税人的交际应酬消费。

第二十三条　条例第十条第（一）项和本细则所称非增值税应税项目，是指提供非增值税应税劳务、转让无形资产、销售不动产和不动产在建工程。

前款所称不动产是指不能移动或者移动后会引起性质、形状改变的财产，包括建筑物、构筑物和其他土地附着物。

纳税人新建、改建、扩建、修缮、装饰不动产，均属于不动产在建工程。

第二十四条　条例第十条第（二）项所称非正常损失，是指因管理不善造成被盗、丢失、霉烂变质的损失。

◆《中华人民共和国消费税暂行条例》(国务院令第539号)

第四条　纳税人生产的应税消费品,于纳税人销售时纳税。纳税人自产自用的应税消费品,用于连续生产应税消费品的,不纳税;用于其他方面的,于移送使用时纳税。

委托加工的应税消费品,除受托方为个人外,由受托方在向委托方交货时代收代缴税款。委托加工的应税消费品,委托方用于连续生产应税消费品的,所纳税款准予按规定抵扣。

进口的应税消费品,于报关进口时纳税。

第十九条　增值税纳税义务发生时间:

(一)发生应税销售行为,为收讫销售款项或者取得索取销售款项凭据的当天;先开具发票的,为开具发票的当天。

(二)进口货物,为报关进口的当天。

增值税扣缴义务发生时间为纳税人增值税纳税义务发生的当天。

第三十八条　条例第十九条第一款第(一)项规定的收讫销售款项或者取得索取销售款项凭据的当天,按销售结算方式的不同,具体为:

(一)采取直接收款方式销售货物,不论货物是否发出,均为收到销售款或者取得索取销售款凭据的当天;

(二)采取托收承付和委托银行收款方式销售货物,为发出货物并办妥托收手续的当天;

(三)采取赊销和分期收款方式销售货物,为书面合同约定的收款日期的当天,无书面合同的或者书面合同没有约定收款日期的,为货物发出的当天;

(四)采取预收货款方式销售货物,为货物发出的当天,但生产销售生产工期超过12个月的大型机械设备、船舶、飞机等货物,为收到预收款或者书面合同约定的收款日期的当天;

(五)委托其他纳税人代销货物,为收到代销单位的代销清单或者收到全部或者部分货款的当天。未收到代销清单及货款的,为发出代销货物满180天的当天;

(六)销售应税劳务,为提供劳务同时收讫销售款或者取得索取销售款的凭据的当天;

(七)纳税人发生本细则第四条第(三)项至第(八)项所列视同销售货物行为,为货物移送的当天。

◆《国家税务总局关于调整增值税扣税凭证抵扣期限有关问题的通知》(国税函〔2009〕617号)

一、增值税一般纳税人取得2010年1月1日以后开具的增值税专用发票、公路内河货物运输业统一发票和机动车销售统一发票,应在开具之日起180日内到税务机关办理认证，并在认证通过的次月申报期内，向主管税务机关申报抵扣进项税额。

二、实行海关进口增值税专用缴款书（以下简称海关缴款书）"先比对后抵扣"管理办法的增值税一般纳税人取得2010年1月1日以后开具的海关缴款书，应在开具之日起180日内向主管税务机关报送《海关完税凭证抵扣清单》（包括纸质资料和电子数据）申请稽核比对。

未实行海关缴款书"先比对后抵扣"管理办法的增值税一般纳税人取得2010年1月1日以后开具的海关缴款书，应在开具之日起180日后的第一个纳税申报期结束以前，向主管税务机关申报抵扣进项税额。

三、增值税一般纳税人取得2010年1月1日以后开具的增值税专用发票、公路内河货物运输业统一发票、机动车销售统一发票以及海关缴款书，未在规定期限内到税务机关办理认证、申报抵扣或者申请稽核比对的，不得作为合法的增值税扣税凭证，不得计算进项税额抵扣。

四、增值税一般纳税人丢失已开具的增值税专用发票，应在本通知第一条规定期限内，按照《国家税务总局关于修订〈增值税专用发票使用规定〉的通知》（国税发〔2006〕156号）第二十八条及相关规定办理。

增值税一般纳税人丢失海关缴款书，应在本通知第二条规定期限内，凭报关地海关出具的相关已完税证明，向主管税务机关提出抵扣申请。主管税务机关受理申请后，应当进行审核，并将纳税人提供的海关缴款书电子数据纳入稽核系统进行比对。稽核比对无误后，方可允许计算进项税额抵扣。

◆《国家税务总局关于进一步明确营改增有关征管问题的公告》（国家税务总局公告2017年第11号）

十、自2017年7月1日起，增值税一般纳税人取得的2017年7月1日及以后开具的增值税专用发票和机动车销售统一发票，应自开具之日起360日内认证或登录增值税发票选择确认平台进行确认，并在规定的纳税申报期内，向主管国税机关申报抵扣进项税额。

增值税一般纳税人取得的2017年7月1日及以后开具的海关进口增值税专用缴款书，应自开具之日起360日内向主管国税机关报送《海关完税凭证抵扣清单》，申请稽核比对。

◆《国家税务总局关于商业零售企业存货损失税前扣除问题的公告》（国家税务总局公告2014年第3号）

根据《国家税务总局关于发布〈企业资产损失所得税税前扣除管理办法〉的公告》（国家税务总局公告2011年第25号）有关规定，现对商业零售企业存货损失税前扣除问题公告如下：

一、商业零售企业存货因零星失窃、报废、废弃、过期、破损、腐败、鼠咬、顾客退换货等正常因素形成的损失，为存货正常损失，准予按会计科目进行归类、汇总，然后再将汇总数据以清单的形式进行企业所得税纳税申报，同时出具损失情况分析报告。

二、商业零售企业存货因风、火、雷、震等自然灾害，仓储、运输失事，重大案件等非正常因素形成的损失，为存货非正常损失，应当以专项申报形式进行企业所得税纳税申报。

三、存货单笔（单项）损失超过500万元的，无论何种因素形成的，均应以专项申报方式进行企业所得税纳税申报。

四、本公告适用于2013年度及以后年度企业所得税纳税申报。

◆《企业所得税税前扣除凭证管理办法》（国家税务总局公告2018年第28号）

第九条 企业在境内发生的支出项目属于增值税应税项目（以下简称"应税项目"）的，对方为已办理税务登记的增值税纳税人，其支出以发票（包括按照规定由税务机关代开的发票）作为税前扣除凭证；对方为依法无须办理税务登记的单位或者从事小额零星经营业务的个人，其支出以税务机关代开的发票或者收款凭证及内部凭证作为税前扣除凭证，收款凭证应载明收款单位名称、个人姓名及身份证号、支出项目、收款金额等相关信息。

小额零星经营业务的判断标准是个人从事应税项目经营业务的销售额不超过增值税相关政策规定的起征点。

税务总局对应税项目开具发票另有规定的，以规定的发票或者票据作为税前扣除凭证。

第十条 企业在境内发生的支出项目不属于应税项目的，对方为单位的，以对方开具的发票以外的其他外部凭证作为税前扣除凭证；对方为个人的，以内部凭证作为税前扣除凭证。

企业在境内发生的支出项目虽不属于应税项目，但按税务总局规定可以开具发票的，可以发票作为税前扣除凭证。

第十一条 企业从境外购进货物或者劳务发生的支出，以对方开具的发票或者具有发票性质的收款凭证、相关税费缴纳凭证作为税前扣除凭证。

涉税提示

企业所得税汇算清缴期满前，纳税年度允许扣除的金额（计入损益类科目主营业务成本的金额），应当取得增值税发票却未取得发票的部分，暂不允许在税前扣除，取得补开发票时，追补扣除，追补期五年。应当取得发票是指属于增值税发票开具的范围，且开具时间应在汇缴期满前。如果供应商采取赊销或者分期付款方式销售商品的，增值税发票应于合同约定的收款日期开具，则购货单位在取得存货年度汇缴期满前无须取得发票。

对于主营业务成本中应取得却未取得发票的金额进行纳税调整时，需考虑存货计价方式，确定领用原材料的计税基础，并按照期末在产品、产成品、本年度已销产品成本的比例计算本年度已销产品成本中未取得发票的金额。

企业从其他渠道取得的存货，涉及的税收政策不再一一赘述，可以参考本部分内容。外购、委托加工的已税应税消费品已付消费税的税务处理如表 3-1 所示。

表 3-1　　　　　　　　　消费税抵扣政策一览表

序号		外购、委托加工的已税应税消费品	政策依据
1	烟丝	准予扣除（包括以外购或委托加工收回的已税烟丝为原料生产的卷烟）	《国家税务总局关于印发〈消费税若干具体问题的规定〉的通知》（国税发〔1993〕156号）
	烟丝用于出口的卷烟	按照现行税收法规规定，国家对卷烟出口一律实行在生产环节免税的办法，即免征卷烟加工环节的增值税和消费税，而对出口卷烟所耗用的原辅材料已缴纳的增值税和消费税则不予退、免税。据此，为生产出口卷烟而购进的已税烟丝的已纳税款不能给予扣除	《国家税务总局关于印发〈消费税问题解答〉的通知》（国税函〔1997〕306号）
2	酒及酒精	准予抵扣（包括以外购已税白酒加浆降度，用外购已税的不同品种的白酒勾兑的白酒，用曲香、香精对外购已税白酒进行调香、调味以及外购散装白酒装瓶出售等；以委托加工收回的已税酒和酒精为原料生产的酒）	《国家税务总局关于印发〈消费税若干具体问题的规定〉的通知》（国税发〔1993〕156号）
		停止执行外购或委托加工已税酒和酒精生产的酒（包括以外购已税白酒加浆降度，用外购已税的不同品种的白酒勾兑的白酒，用曲香、香精对外购已税白酒进行调香、调味以及外购散装白酒装瓶出售等）外购酒及酒精已纳税款或受托方代收代缴税款准予抵扣政策。2001年5月1日以前购进的已税酒及酒精，已纳消费税税款没有抵扣完的一律停止抵扣	《财政部　国家税务总局关于调整酒类产品消费税政策的通知》（财税〔2001〕84号）
	购入已税啤酒液连续生产啤酒	购入方使用啤酒液连续灌装生产并对外销售的啤酒，应依据其销售价格确定适用单位税额计算缴纳消费税，但其外购啤酒液已纳的消费税额，可以从其当期应纳消费税额中抵减	《国家税务总局关于啤酒集团内部企业间销售（调拨）啤酒液征收消费税问题的批复》（国税函〔2003〕382号）

续表

序号		外购、委托加工的已税应税消费品	政策依据
2	进口已税葡萄酒连续生产葡萄酒	纳税人从葡萄酒生产企业购进（以下简称外购）、进口葡萄酒连续生产应税葡萄酒的，准予从葡萄酒消费税应纳税额中扣除所耗用应税葡萄酒已纳消费税税款。如本期消费税应纳税额不足抵扣的，余额留待下期抵扣 纳税人以进口、外购葡萄酒连续生产应税葡萄酒，分别依据《海关进口消费税专用缴款书》《增值税专用发票》，按照现行政策规定计算扣除应税葡萄酒已纳消费税税款	《葡萄酒消费税管理办法（试行）（2015修订）》
3	高档化妆品	准予扣除（外购已税化妆品生产的化妆品；以委托加工收回的已税化妆品为原料生产的化妆品）	《国家税务总局关于印发〈消费税若干具体问题的规定〉的通知》（国税发〔1993〕156号）
	珠宝玉石	准予扣除（外购已税珠宝玉石生产的贵重首饰及珠宝玉石；以委托加工收回已税珠宝玉石为原料生产的贵重首饰及珠宝玉石）	《国家税务总局关于印发〈消费税若干具体问题的规定〉的通知》（国税发〔1993〕156号）
	珠宝玉石用于金银首饰生产	金银首饰消费税改变纳税环节以后，用已税珠宝玉石生产的本通知范围内的镶嵌首饰，在计税时一律不得扣除买价或已纳的消费税税款	《财政部 国家税务总局关于调整金银首饰消费税纳税环节有关问题的通知》（财税字〔1994〕95号）
4	鞭炮焰火	准予扣除（外购已税鞭炮焰火生产的鞭炮焰火；以委托加工收回已税鞭炮焰火为原料生产的鞭炮焰火）	《国家税务总局关于印发〈消费税若干具体问题的规定〉的通知》（国税发〔1993〕156号）
5	汽车轮胎	停止抵扣［包括以外购或委托加工的已税汽车轮胎（内胎或外胎）连续生产的汽车轮胎］	《国家税务总局关于发布已失效或废止的税收规范性文件目录的通知》（国税发〔2006〕62号）
6	摩托车	停止抵扣［包括以外购或委托加工的已税摩托车连续生产摩托车（如用外购两轮摩托车改装三轮摩托车）］	
7	高尔夫杆头杆身、握把	2006年4月1日期，准予抵扣	《财政部 国家税务总局关于调整和完善消费税政策的通知》（财税〔2006〕33号）
8	木制一次性筷子		
9	实木地板		
10	石脑油、润滑油		
11	润滑油拆分贴标	单位和个人外购润滑油大包装经简单加工改成小包装或者外购润滑油不经加工只贴商标的行为，视同应税消费品的生产行为。单位和个人发生的以上行为应当申报缴纳消费税。准予扣除外购润滑油已纳的消费税税款	《财政部 国家税务总局关于消费税若干具体政策的通知》（财税〔2006〕第125号）

续表

序号		外购、委托加工的已税应税消费品	政策依据
12	燃料油	以外购或委托加工收回的已税石脑油、润滑油、燃料油为原料生产的应税消费品，准予从消费税应纳税额中扣除原料已纳的消费税税款。抵扣税款的计算公式为：当期准予扣除的外购应税消费品已纳税款＝当期准予扣除外购应税消费品数量×外购应税消费品单位税额	《财政部 国家税务总局关于调整部分成品油消费税政策的通知》（财税〔2008〕19号）
13	汽油、柴油	对外购或委托加工收回的汽油、柴油用于连续生产甲醇汽油、生物柴油，准予从消费税应纳税额中扣除原料已纳的消费税税款	《财政部 国家税务总局关于提高成品油消费税税率后相关成品油消费税政策的通知》（财税〔2008〕168号）
14	电池	准予扣除（纳税人委托加工收回应税消费品，以高于受托方的计税价格出售的，应当按规定申报缴纳消费税，在计税时准予扣除受托方已代收代缴的消费税，税款扣除凭证为《税收缴款书（代扣代收专用）》，纳税人应当将税款扣除凭证复印件按月装订备查）。	《国家税务总局关于电池、涂料消费税征收管理有关问题的公告》（国家税务总局公告2015年第5号）
15	涂料		

（二）自制存货

企业自制存货主要是产成品、自制半成品和在产品，有的企业还包括自制原材料、包装物和低值易耗品。企业自制存货成本包括采购成本、加工成本和其他成本。自制存货成本中的采购成本，是由所使用或消耗的原材料采购成本转移而来的；加工成本，是制造存货过程中发生的直接人工以及按照一定方法分配的制造费用；其他成本，指某些使存货达到目前场所和状态所发生的成本，如可直接认定的产品设计费用等。

根据《企业会计准则第17号——借款费用》的规定，需要经过相当长时间的购建或者生产活动才能达到预定可销售状态的存货，例如，房地产开发的用于对外出售的房地产开发产品、企业制造的用于对外出售大型机械设备等，发生的借款费用应计入存货的成本。

企业自制存货，包括自制原材料、自制包装物、自制低值易耗品、自制半成品及库存商品等，其成本由采购成本、加工成本构成。某些存货还包括使存货达到目前场所和状态所发生的其他成本，如可直接认定的产品设计费用等。

1. 采购成本

采购成本是由所使用或消耗的原材料采购成本转移而来的,即制造过程中实际消耗的直接材料成本。

2. 加工成本

加工成本由直接人工和按照一定方法分配的制造费用构成,其实质是企业在进一步加工存货的过程中追加发生的生产成本。

其中,直接人工是指企业在生产产品过程中,发生的直接从事产品生产的人员职工薪酬;制造费用是指企业为生产产品和提供劳务而发生的各项间接费用。制造费用是一种间接生产成本,包括企业生产部门(如生产车间)管理人员的职工薪酬、折旧费、办公费、水电费、机物料消耗、劳动保护费、季节性和修理期间的停工损失等。企业应根据制造费用的性质,合理地选择制造费用的分配方法。

企业根据生产经营的需要,委托其他单位加工完成的存货,如加工后的原材料、半成品、产成品、包装物、低值易耗品等,应按加工过程中实际耗用的原材料或商品的实际成本、支付的加工费用、装卸费、保险费、委托加工存货发出和收回时所支付的运杂费以及应计入成本的增值税和消费税等,作为实际计量成本。

月末,企业应当根据在产品数量的多少、各月在产品数量变化的大小、各项成本比重大小,以及定额管理基础的好坏等具体条件,采用适当的分配方法将直接人工、制造费用以及直接材料等生产成本在完工产品与在产品之间进行分配。常用的分配方法有:不计算在产品成本法、在产品按固定成本计价法、在产品按所消耗直接材料成本计价法、约当产量比例法、在产品按定额成本计价法、定额比例法等。

企业在进行成本计算时,应当根据其生产经营特点、生产经营组织类型和成本管理要求,确定成本计算方法。成本计算的基本方法有品种法、分批法和分步法三种。

企业具体选用哪种分配方法分配制造费用,由企业自行决定。分配方法一经确定,不得随意变更。如需变更,应当在财务报表附注中予以说明。

涉税规定

◆《中华人民共和国企业所得税法实施条例》(国务院令第512号)

第三十七条 企业在生产经营活动中发生的合理的不需要资本化的借款费用,准予扣除。

企业为购置、建造固定资产、无形资产和经过12个月以上的建造才能达到预定可销售状态的存货发生借款的,在有关资产购置、建造期间发生的合理的借款费用,应当作为资本性支出计入有关资产的成本，并依照本条例的规定扣除。

第三十八条　企业在生产经营活动中发生的下列利息支出，准予扣除：

（一）非金融企业向金融企业借款的利息支出、金融企业的各项存款利息支出和同业拆借利息支出、企业经批准发行债券的利息支出；

（二）非金融企业向非金融企业借款的利息支出，不超过按照金融企业同期同类贷款利率计算的数额的部分。

◆《中华人民共和国企业所得税法》（主席令第63号）

第四十六条　企业从其关联方接受的债权性投资与权益性投资的比例超过规定标准而发生的利息支出，不得在计算应纳税所得额时扣除。

◆《国家税务总局关于企业投资者投资未到位而发生的利息支出企业所得税前扣除问题的批复》（国税函〔2009〕312号）

关于企业由于投资者投资未到位而发生的利息支出扣除问题，根据《中华人民共和国企业所得税法实施条例》第二十七条规定，凡企业投资者在规定期限内未缴足其应缴资本额的，该企业对外借款所发生的利息，相当于投资者实缴资本额与在规定期限内应缴资本额的差额应计付的利息，其不属于企业合理的支出，应由企业投资者负担，不得在计算企业应纳税所得额时扣除。

涉税提示

对于会计上计入存货成本的利息支出，如果超过了税法规定的标准，不允许在所得税前扣除。

（三）委托外单位加工存货

委托外单位加工存货，其成本按实际成本计算，实际成本包括加工过程中耗用的原材料或半成品的实际成本、委托加工费用和往返过程中发生的包装费、运输费、装卸费、保险费及按规定计入成本的税金。

（四）接受投资存货的初始计量

企业接受投资者投入的存货，若投资合同或协议约定的价值公允，则按投资合同或协议约定的价值作为入账成本；若投资合同或协议约定的价值不公允，则应按所接受存货的公允价值作为入账成本。

涉税规定

◆《中华人民共和国企业所得税法》（主席令第63号）

第四十一条　企业与其关联方之间的业务往来，不符合独立交易原则而减少企业或者其关联方应纳税收入或者所得额的，税务机关有权按照合理方法调整。

企业与其关联方共同开发、受让无形资产，或者共同提供、接受劳务发生的成本，在计算应纳税所得额时应当按照独立交易原则进行分摊。

第四十七条 企业实施其他不具有合理商业目的的安排而减少其应纳税收入或者所得额的，税务机关有权按照合理方法调整。

◆《财政部 国家税务总局关于促进企业重组有关企业所得税处理问题的通知》（财税〔2014〕109号）

三、关于股权、资产划转

对100%直接控制的居民企业之间，以及受同一或相同多家居民企业100%直接控制的居民企业之间按账面净值划转股权或资产，凡具有合理商业目的、不以减少、免除或者推迟缴纳税款为主要目的，股权或资产划转后连续12个月内不改变被划转股权或资产原来实质性经营活动，且划出方企业和划入方企业均未在会计上确认损益的，可以选择按以下规定进行特殊性税务处理：

（1）划出方企业和划入方企业均不确认所得。

（2）划入方企业取得被划转股权或资产的计税基础，以被划转股权或资产的原账面净值确定。

（3）划入方企业取得的被划转资产，应按其原账面净值计算折旧扣除。

涉税提示

接受投资的存货其初始计量与计税基础相同。

对于接受投资固定资产、无形资产、生物资产等资产，也类似上述方法处理。

（五）接受捐赠的存货

接受捐赠的存货，按照公允价值计量；公允价值不能可靠取得的，按照名义金额计量。受赠资产附带有关文件、协议、发票、报关单等凭证注明的价值与公允价值差异不大的，应当以有关凭证中注明的价值作为公允价值。如果没有注明价值或者注明价值与公允价值差异较大、单有活跃市场的，应当根据有确凿证据表明的同类或类似资产市场价格作为公允价值；如果没有注明价值，且没有活跃市场、不能可靠取得公允价值的，应当按照名义金额计量，名义金额为1元。

涉税规定

◆《中华人民共和国企业所得税法实施条例》（国务院令第512号）

第六条 企业所得税法第三条所称所得，包括销售货物所得、提供劳务所得、转让财产所得、股息红利等权益性投资所得、利息所得、租金所得、特许权使用费所得、接受捐赠所得和其他所得。

第五十八条 固定资产按照以下方法确定计税基础：

（五）通过捐赠、投资、非货币性资产交换、债务重组等方式取得的固定资产，以该资产的公允价值和支付的相关税费为计税基础。

◆《国家税务总局关于企业所得税应纳税所得额若干问题的公告》（国家税务总局公告 2014 年第 29 号）

二、企业接收股东划入资产的企业所得税处理

（一）企业接收股东划入资产（包括股东赠予资产、上市公司在股权分置改革过程中接收原非流通股股东和新非流通股股东赠予的资产、股东放弃本企业的股权，下同），凡合同、协议约定作为资本金（包括资本公积）且在会计上已做实际处理的，不计入企业的收入总额，企业应按公允价值确定该项资产的计税基础。

（二）企业接收股东划入资产，凡作为收入处理的，应按公允价值计入收入总额，计算缴纳企业所得税，同时按公允价值确定该项资产的计税基础。

> 涉税提示

对于受赠固定资产、无形资产、生物资产等资产，也类似上述方法处理。

（六）盘盈的存货

盘盈的存货，应按其重置成本作为入账价值，并通过"待处理财产损溢"科目进行会计处理，按管理权限报经批准后，冲减当期管理费用。

> 涉税提示

企业接受投资者投入存货、接受捐赠存货、盘盈存货、债务重组方式取得存货计税基础与会计成本的确定方法基本相同。

（七）以非货币性资产交换、债务重组方式取得的存货

其他方式取得存货的成本，如收获时的农产品的成本、非货币性资产交换、债务重组和企业合并取得的存货的成本，应当分别按照《企业会计准则第 5 号——生物资产》《企业会计准则第 7 号——非货币性资产交换》《企业会计准则第 12 号——债务重组》和《企业会计准则第 20 号——企业合并》的相关规定确定。

以非货币性资产交换债务重组方式取得的存货，其实际成本的确定按照"非货币性资产交换"和"债务重组"及有关会计准则的规定处理。

确定存货成本时，应当注意下列费用应在发生时确认为当期损益，不计入存货成本。

> 涉税规定

◆《中华人民共和国企业所得税法实施条例》（国务院令第 512 号）

第七十二条 企业所得税法第十五条所称存货，是指企业持有以备出售的产品或者商品、处在生产过程中的在产品、在生产或者提供劳务过程中耗用的材料和物料等。

存货按照以下方法确定成本：

（二）通过支付现金以外的方式取得的存货，以该存货的公允价值和支付的相关税费为成本。

涉税提示

采用公允价值模式计量的存货，其计税基础与会计成本相同。采用成本模式计量的存货，其计税基础与会计成本不同，换出资产需视同销售调整应纳税所得，未来处置换入的存货时，作相反方向的纳税调整。

如果非货币性资产交换符合资产收购重组，适用特殊性税务处理办法的，则收购方取得的存货，按照转让方原持有存货的计税基础确定。

以非货币性资产交换方式取得的固定资产、无形资产、投资的会计成本与计税基础的差异参照上述方法处理。

1. 非正常消耗的直接材料、直接人工和制造费用

非正常消耗的直接材料、直接人工和制造费用，应在发生时计入当期损益，不应计入存货成本。如由于自然灾害而发生的直接材料、直接人工和制造费用，因这些费用的发生无助于使该存货达到目前场所和状态，不应计入存货成本，而应确认为当期损益。

2. 仓储费用（不包括在生产过程中为达到下一个生产阶段所必需的费用）

仓储费用是指企业在存货采购入库后发生的储存费用，应在发生时计入当期损益。但是，在生产过程中为达到下一个生产阶段所必需的仓储费用应计入存货成本。如某种酱菜产品生产企业为使生产的酱菜达到规定的产品质量标准，而必须发生的仓储费用，应计入酱菜的成本，不应计入当期损益。

3. 不能归属于使存货达到目前场所和状态的其他支出

不能归属于使存货达到目前场所和状态的其他支出，例如，企业采购材料过程中发生意外损耗，企业财产发生的非正常损失，应在发生时计入当期损益，不得计入存货成本。

涉税提示

非货币性资产交换采用公允价值模式计量的存货，其计税基础与会计成本相同。采用成本模式计量的存货，其计税基础与会计成本不同。换出资产需视同销售调整应纳税所得额，未来处置换入的存货时，作相反方向的纳税调整。

第二节　发出存货的计量

存货计价的基础是历史成本，即按取得时的实际成本计价。采用这种方法，存货的收发、结存，以及总分类账和明细账核算全部按实际成本计价。这种方法一般适用于规模较小、存货品种简单以及采购业务不多的企业。

企业的存货通常是分次购入或分批生产形成的，同一存货的单位成本时常不同。要核算企业领用、发出存货的价值，就要选择一定的计量方法。在日常核算工作中，企业发出的存货，可以按实际成本计价法核算计量，也可以按计划成本计价法计量核算，但在资产负债表日均应调整为按实际成本计量。

根据《企业会计准则第1号——存货》第十四条的规定，企业允许采用以下三种方法来确定发出存货的实际成本：

（1）先进先出法；

（2）加权平均法，包括月末一次加权平均法和移动加权平均法两种；

（3）个别计价法。

考虑到后进先出法并不能真实地反映存货的实际流转，企业不得采用后进先出法确定发出存货的成本。

此外，商品流通企业由于其自身业务的特点，对其发出的存货，实务中通常还采用两种简化的计量方法：毛利率法和零售价法。

企业应当根据其自身业务的性质、各类存货的实物流转方式以及企业管理的要求等，合理地确定发出存货成本的计价方法。确定的原则如下：

（1）对于性质和用途相似的存货，应当采用相同的成本计算方法确定发出存货的实际成本；

（2）对于不能替代适用的存货、为特定项目专门购入或制造的存货以及提供的劳务，通常采用个别计价法确定发出存货的成本；

（3）对于已售存货，应当将其成本结转为当期损益，相应的存货跌价准备也应当予以结转。

不同的方法计算出的存货发出成本和期末存货成本通常是不同的。因此，企业采用不同的计价方法，会对企业的财务状况和损益等产生不同的影响。所选用的计算方法一经确定，不得随意变更，如需变更，应在会计报表附注中予以说明。

一、先进先出法

先进先出法是指以先购入的存货先发出（销售或耗用）这样一种存货实物流转假设为前提，对发出存货进行计价的一种方法。采用这种方法，发出存货的实际成本将按先入库的那批存货的实际单位成本计算，并据此确定发出存货和期末存货的成本。

（一）具体方法

（1）收入存货时，逐笔登记收入存货的数量、单价和金额；

（2）发出存货时，按照先进先出的原则逐笔登记存货的发出成本和结存金额。该方法适合于时效性强的存货以及存货收发业务量不大的企业。

【例3-2】天鑫公司2×19年9月1日结存甲种材料300千克，每千克实际成本为8元；9月9日购入该种材料700千克，每千克实际成本为10元；9月13日发出该种材料800千克；9月23日购入该种材料500千克，每千克实际成本为12元；9月26日发出该种材料500千克。按照先进先出法计算核算时，发出和结存材料的成本如表3-2所示。

表3-2　　　　　　　　　　甲材料明细账　　　　　　　　　　单位：元

2×19年		凭证号	摘要	收入			发出			结存		
月	日			数量	单价	金额	数量	单价	金额	数量	单价	金额
9	1		期初结存							300	8	2 400
	9		购入	700	10	7 000				300 700	8 10	2 400 7 000
	13		发出				300 500	8 10	2 400 5 000	200	10	2 000
	23		购入	500	12	6 000				200 500	10 12	2 000 6 000
	26		发出				200 300	10 12	2 000 3 600	200	12	2 400
	30		合计	1 200		13 000	1 300		13 000	200	12	2 400

（二）先进先出法的优点

（1）采用先进先出法，符合需要保鲜、容易变质和有效期短的存货流转的规律；

(2) 期末存货成本是按最近购货确定的，比较接近现行的市场价值；

(3) 对发出的存货及时计价，利于均衡计价工作量，加速月末结账速度。

(三) 先进先出法的缺点

(1) 在企业存货收发业务较多且存货单价不稳定时，工作量较大；

(2) 在物价上涨的情况下，期末存货成本接近于市价，而发出存货所计算的成本偏低，会高估企业当期利润和库存存货价值；反之，在物价下跌的情况下，会低估企业存货价值和当期利润。

二、加权平均法

加权平均法，分为全月一次加权平均法和移动加权平均法两种。

(一) 月末一次加权平均法

月末一次加权平均法，是指以每种存货的月初结存成本与本月购进成本之和，除以月初结存存货数量与本月购进存货数量之和，求出该种存货的全月加权平均单位成本，据以计算全月发出存货实际成本和期末存货成本的一种方法。

1. 具体计算方法

$$\text{存货的加权平均单位成本} = \frac{\text{月初库存存货的实际成本} + \sum(\text{本月各批进货的实际单位成本} \times \text{本月各批进货的数量})}{\text{月初的库存存货数量} + \sum \text{本月各批进货数量}}$$

发出存货的成本 = 本月发出存货的数量 × 加权平均单位成本

月末库存存货的成本 = 月末库存存货的数量 × 加权平均单位成本

或者：

月末库存存货的成本 = 月初库存存货的实际成本 × 本月收入存货的实际成本 − 本月发出存货的实际成本

【例3-3】根据【例3-2】天鑫公司的资料，按加权平均法计算如下：

加权平均单价 = $\frac{2\,400 + 13\,000}{300 + 1\,200}$ = 10.27（元）

本月发出存货成本 = 1 200 × 10.27 = 12 324（元）

月末库存存货实际成本 = 2 400 + 13 000 − 12 324 = 3 076（元）

2. 全月一次加权平均法的优缺点

优点：采用加权平均法，平时领用存货只在存货明细账中登记数量，不登记单价和金额，月末一次性计算全月领用存货的实际成本。这样，可以减少日常核算的工作量,而且在市场价格上涨或下跌时所计算出来的单位成本较为平均,有利于消除物价变动对存货成本计算的不利影响。

缺点:这种方法将领用存货实际成本的计算工作集中在月末进行,影响了核算的及时性;此外,由于平时从存货明细账内看不出存货的结存金额,因此,不利于加强对存货的日常管理。

为克服这一缺陷,在各月存货的实际单价出入不大的情况下,可以按上月的加权平均单价计算本月所领用存货的实际成本,以对本月领用存货及时计价,同时减轻月末核算的工作量。

(二) 移动加权平均法

移动加权平均法,是指在每次购入存货后,以原有库存存货的成本与本次购入存货成本之和,除以原有库存存货的数量与本次购入存货的数量之和,求出移动加权平均单位成本,作为下次进货前计算各次发出存货成本的一种方法。

在这种方法下,每次购入存货后,需要计算新的库存单价和库存成本;领用存货时,按前一次进货后确定的存货单位成本计算领用成本和领用后的库存成本。

1. 具体计算方法

$$存货单位成本 = \frac{原有库存存货的实际成本 + 本次进货的实际成本}{原有库存存货的数量 + 本次进货的数量}$$

本次发出存货的成本 = 本次发出存货的数量 × 本次发货前存货的单位成本

本月月末库存存货的成本 = 本月月末库存存货的数量 × 本月月末存货单位成本

2. 移动加权平均法的优缺点

优点:采用移动加权平均法计算所发出存货的实际成本,因移动加权平均单价随购入价格的变动而变动,因此,结果比较准确;并且由于能随时计算所领用存货的实际成本,可使管理当局及时了解存货的结存情况。

缺点:此法每购入一批存货都要重新计算一次加权平均单价(指购入存货单价与结存存货单价不一致的情况),计算工作量较大。

【例 3 - 4】 天鑫公司甲材料的 2×19 年 8 月初库存和本月购进、领用资料如表 3 - 3 所示:

要求采用移动加权平均法计算本月领用原材料实际成本以及月末结存原材料实际成本。

移动加权平均法下:

8 月 4 日购入材料的移动加权平均单价 = (10 000 + 33 800) ÷ (2 000 + 6 500)
= 5.15(元/千克)

表 3 – 3　　　　　　天鑫公司 2×19 年 8 月甲材料领用明细

日期	项目	数量（千克）	单价（元/千克）	金额（元）
2	月初结存	2 000	5	10 000
4	购入	6 500	5.2	33 800
7	领用	5 000		
12	购入	2 000	4.95	9 900
19	购入	3 600	5.1	18 360
28	领用	4 000		

8 月 7 日领用材料的成本 = 5 000 × 5.15 = 25 750（元）

8 月 7 日结存材料的成本 =（8 500 – 5 000）× 5.15 = 18 025（元）

8 月 12 日购入材料的移动加权平均单价 =（18 025 + 9 900）÷（3 500 + 2 000）= 5.08（元/千克）

8 月 19 日购入材料的移动加权平均单价 =（27 940 + 18 360）÷（5 500 + 3 600）= 5.09（元/千克）

8 月 28 日领用材料的成本 = 4 000 × 5.09 = 20 360（元）

8 月 28 日结存材料的成本 = 5 100 × 5.09 = 25 959（元）

该材料月末结存 5 100 千克，月末库存材料成本为 25 959 元，本月发出材料成本合计为 46 110 元（25 750 + 20 360）。

将计算结果登记入材料明细账，如表 3 – 4 表示：

表 3 – 4　　　　　　用材料登记明细　　　　　　单位：元

材料名称：甲材料						计量单位：千克			规格：		编号：
月	日	凭证编号	摘要	收入			发出			结存		
				数量	单价	金额	数量	单价	金额	数量	单价	金额
8	2	（略）	月初结存							2 000	5.00	10 000
	4		购入	6 500	5.20	33 800				8 500	5.15	43 775
	7		领用				5 000	5.15	25 750	3 500	5.15	18 025
	12		购入	2 000	4.95	9 900				5 500	5.08	27 940
	19		购入	3 600	5.10	18 360				9 100	5.09	46 319
	28		领用				4 000	5.09	20 360	5 100	5.09	25 959
	31		本月合计	12 100	—	62 060	9 000	—	46 110	5 100	5.09	25 959*

* 含尾差 9 元

三、个别计价法

个别计价法,又称个别认定法、具体辨认法、分批实际法,采用此法是假设存货具体项目的实物流转与成本流转相一致,按照各种存货逐一辨认各批发出存货和期末存货所属的购进批别或生产批别,分别按购入或生产时所确定的单位成本计算各批发出存货成本和期末存货成本的一种方法。这种方法把每一种存货的实际成本作为计算发出存货成本和期末存货成本的基础。

其计算公式为:

发出存货的实际成本 = 所发出存货的数量 × 该存货的实际单位成本

个别计价法可以及时对发出存货进行计价,符合实际情况,且计算结果准确。

但因采用此法必须以购入的存货分批存放和保管为前提,而且在存货收发频繁的情况下,其发出成本分辨的工作量较大。

个别计价法一般适用于不能替代使用的存货、为特定项目专门购入或制造的存货以及提供的劳务,如珠宝、名画等贵重物品。

涉税规定

◆《中华人民共和国企业所得税法实施条例》(国务院令第512号)

第七十三条 企业使用或者销售的存货的成本计算方法,可以在先进先出法、加权平均法、个别计价法中选用一种。计价方法一经选用,不得随意变更。

涉税提示

在实际工作中应注意,对企业需要改变存货计价方法的,应在下一纳税年度开始前,将改变存货计价方法的原因向主管税务机关做出书面说明。主管税务机关对企业提出的改变存货计价方法的原因,应就其合理性情况进行分析、核实。凡经认定企业改变存货计价方法的原因不充分,或者存在有意调节利润嫌疑的,主管税务机关可以通知企业维持原有的存货计价方法。对于擅自改变存货计价方法而减少应纳税所得额的,应做相应的应纳税调整处理。

第三节 原材料的核算

企业原材料的日常核算,可以按实际成本计价核算,也可以按计划成本计价核算。具体采用哪一种方法,由企业根据具体情况自行决定。

一、原材料按实际成本计价的核算

原材料按实际成本计价核算时,材料的收发及结存,无论总分类核算还是明细分类核算,均按实际成本计价,设置的会计科目主要有"原材料"和"在途物资"等科目,核算企业库存的各种材料,包括原料及主要材料、辅助材料外购半成品(外购件)、修理用备件(备品备件)、包装材料、燃料等的实际成本。

科目借方登记入库材料的实际成本;贷方登记发出材料的实际成本;期末借方余额,反映企业库存材料的实际成本。该科目应按材料的保管地点(仓库)、材料的类别、品种和规格设置材料明细账(或材料卡片),进行明细核算。

"在途物资"科目,核算企业采用实际成本(或进价)进行材料、商品等物资的日常核算、货款已付尚未验收入库的在途物资的采购成本。该科目借方登记购入的在途物资的实际采购成本;贷方登记验收入库的在途物资的实际成本,期末借方余额,反映企业在途材料、商品等物资的采购成本。

(一)原材料取得的核算

1. 购入原材料的核算

购入材料时,由于采用的结算方式和采购地点不同,原材料入库的时间与货款的支付时间可能一致,也可能不致,在进行会计核算时应当区分不同的情况进行处理。

(1)货款已经支付或开出、承兑商业汇票,材料同时入库。

企业应根据银行结算凭证、发票、运杂费以及材料入库单等单据,借记"原材料"科目,按照增值税专用发票上注明的可抵扣的进项税额,借记"应交税费——应交增值税(进项税额)"科目,按照实际支付的款项或应付票据面值贷记"银行存款"或"应付票据"等科目。

【例3-5】天鑫公司2×19年6月15日从本市购入批原材料,增值税专用发票上注明原材料价款为30万元,增值税税额为3.9万元,材料已验收入库,各种款项已通过银行支付。则天鑫公司应做如下会计处理:

借:原材料　　　　　　　　　　　　　　　　　　　　　　300 000
　　应交税费——应交增值税(进项税额)　　　　　　　　 39 000
　　贷:银行存款　　　　　　　　　　　　　　　　　　　339 000

(2)货款已经支付或已开出、承兑商业汇票,材料尚未到达或尚未验收入库。

对于货款已经支付或已开出承兑商业汇票的材料采购业务,企业应根据发票账单等结算凭证按应计入材料采购成本的金额,借记"在途物资"科目,按照增值税专用发票上注明的可抵扣的进项税额,借记"应交税费——应交增值税(进项税额)"科目,按实际支付或应付票据面值,贷记"银行存款""应付票据"等科目;待材料到达验收入库后,再根据收料单,借记"原材料"科目,贷记"在途物资"科目。

【例 3 – 6】天鑫公司 2×19 年 7 月 12 日从外地购入一批原材料,取得的增值税专用发票上注明原材料价款为 500 万元,增值税税额为 65 万元。双方商定采用商业承兑汇票结算方式支付货款,付款期限为 3 个月,材料尚未到达。则天鑫公司应做如下会计处理:

  借:在途物资   5 000 000
    应交税费——应交增值税(项税额)   650 000
    贷:应付票据   5 650 000

材料到达验收入库时,应做如下会计处理:

  借:原材料   5 000 000
    贷:在途物资   5 000 000

(3) 货款尚未支付,材料已经验收入库。

企业采购材料过程中,发生材料已收到,而货款尚未支付的业务,应当先办理材料验收入库手续,并分别按以下两种情况进行账务处理。

①材料已收到,结算凭证也已到达,企业因存款不足等原因暂未付款。材料验收入库时借记"原材料"科目,贷记"应付账款"科目;付款时,按实际付款金额借记"应付账款"科目,贷记"银行存款""应付票据"等科目。

【例 3 – 7】天鑫公司 2×19 年 8 月 2 日购入一批原材料,取得的增值税专用发票上注明原材料价款为 200 万元,增值税税额为 26 万元,材料已验收入库,因存款不足尚未付款。则天鑫公司应做如下会计处理:

  借:原材料   2 000 000
    应交税费——应交增值税(进项税额)   260 000
    贷:应付账款   2 260 000

待以后支付该批材料款项时,应做如下会计处理:

  借:应付账款   2 260 000
    贷:银行存款   2 260 000

②材料已收到,但结算凭证未到。月终时,应根据该批材料合同价格或计划价格暂估入账,并通过"应付账款——暂估应付账款"科目进行核算。下月初做相反的会计分录冲回,待收到材料结算凭证付款后,按照正常购进材料的程序进行会计处理。

【例 3 – 8】天鑫公司 2×19 年 9 月 29 日验收入库材料一批,月末尚未收到发票账单，货款未付，合同作价 23 万元。则天鑫公司应做如下会计处理：

9月28日验收入库时可暂不入账，9月30日，为反映库存真实情况，根据合同价暂估入账：

  借：原材料   230 000
    贷：应付账款——暂估应付账   230 000

12月1日，作相反的会计分录冲回：

  借：应付账款——暂估应付账款   230 000
    贷：原材料   230 000

（4）预付货款，收料后再结算。

企业按照订货合同的规定，预付一定比例的货款给供货单位，供货单位根据合同规定的期限和批量发货，发货后双方再结算货款。

【例3-9】 天鑫公司 2×19 年 10 月 25 日向泰阳公司订购原材料一批，货款 16.95 万元，按合同规定预付货款 5 万元，则天鑫公司应做如下会计处理：

  借：预付账款——泰阳公司   50 000
    贷：银行存款   50 000

收到泰阳公司按合同规定发来的原材料时，做会计分录如下：

  借：原材料——原料及主要材料   150 000
    应交税费——应交增值税（进项税额） 19 500
    贷：银行存款   119 500
      预付账款——泰阳公司   50 000

（5）购入原材料发生溢余处理。

购进原材料发生溢余，是指实际收到原材料的数额大于发票上的数额。当购货单位多发时就会出现这样的情况。原材料多发时要与供货单位商议退回多发材料或者补付税款，借记"待处理财产损溢"科目，贷记"原材料""银行存款"。

（6）存货采购过程中发生的短缺和毁损的处理。

存货在采购过程中发生短缺和毁损，应根据造成短缺或毁损的原因，分别处理，不能全部计入外购存货的采购成本。

①属于定额内合理的损耗，计入存货的采购成本，视同提高入库存货的单位成本。

②能确定由供应单位、运输单位、保险公司或其他过失人赔偿的，应向有关单位或责任人索赔，从"在途物资"等科目转入"应付账款"或"其他应收款"科目。

③凡尚待查明原因和需要报经批准才能转销处理的损失，应将其损失从"在途物资"，等科目转入"待处理财产损溢——待处理流动资产损溢"科目，查明原因

后再分别处理:

A. 属于应由供货单位、运输单位、保险公司或其他过失人负责赔偿的,将其损失从"待处理财产损溢——待处理流动资产损溢"科目转入"应收账款"或"其他应收款"科目。

B. 属于自然灾害造成的损失,应按扣除残料价值和过失人、保险公司赔偿后的净损失,从"待处理财产损溢——待处理流动资产损溢"科目转入"营业外支出——非常损失"科目。

C. 属于无法收回的其他损失,报经批准后,将其从"待处理财产损溢——待处理流动资产损溢"科目转入"管理费用"科目。

企业购入的货物在产品、产成品发生非正常损失,以及购进货物改变用途等原因,其进项税额应相应转入有关科目,借记"待处理财产损溢"等科目,贷记"应交税费——应交增值税(进项税额转出)"科目。

涉税规定

◆《国家税务总局关于发布〈企业资产损失所得税税前扣除管理办法〉的公告》(国家税务总局公告2011年第25号)

第九条 下列资产损失,应以清单申报的方式向税务机关申报扣除:(二)企业各项存货发生的正常损耗。

【例3-10】天鑫公司2×19年9月6日从外地购进甲材料800千克,单价为50元,增值税专用发票上注明材料价款为40 000元,增值税税额为5 200元,运费为1 090元。款项已通过银行转账支付。9月15日,甲材料运达企业,验收入库750千克,短缺30千克,其中,5千克属于定额内合理损耗,其余25千克属于运输部门的责任,对方已经同意赔偿,款项尚未收到。则天鑫公司应做如下会计处理:

①付款时:

借:在途物资——甲材料　　　　　　　　　　　　41 000
　　应交税费——应交增值税(进项税额)　　　　　5 290
　　贷:银行存款　　　　　　　　　　　　　　　　46 290

②甲材料验收入库时,各项目金额计算如下:

在途材料的单位成本 = 41 000 ÷ 800 = 51.25(元/千克)

验收入库材料的实际成本 = (800 - 25) × 51.25 = 39 718.75(元)

短缺材料的实际成本 = 25 × 51.25 = 1 281.25(元)

进项税额转出 = 5 290 ÷ 800 × 25 = 165.31(元)

待处理财产损溢 = 1 281.25 + 165.31 = 1 446.56(元)

借:原材料——甲材料　　　　　　　　　　　　　39 718.75
　　待处理财产损溢——待处理流动资产损溢　　　 1 446.56

　　　　贷：在途物资——甲材料　　　　　　　　　　　　41 000
　　　　　　应交税费——应交增值税（进项税额转出）　　165.31

③将短缺的25千克材料转入其他应收款时：

借：其他应收款　　　　　　　　　　　　　　　　　1 446.56
　　　贷：待处理财产损溢——待处理流动资产损溢　　　1 446.56

2. 自制或委托外单位加工完成并已验收入库原材料时

自制或委托外单位加工完成并已验收入库的原材料，按实际成本，借记"原材料"科目，贷记"生产成本——辅助生产成本"科目或"委托加工物资"科目。

3. 投资者投入原材料时

投资者投入的原材料，应当按照投资合同或协议约定的价值，借记"原材料"科目，按增值税专用发票上注明的增值税额，借记"应交税费——应交增值税（进项税额）"科目，按以上两项金额合计数在注册资本中所占的份额，贷记"实收资本"（或"股本"）等科目，按其差额，贷记"资本公积"科目。投资合同或协议约定的价值不公允的应以公允价值作为存货成本。

4. 企业接受其他单位捐赠的原材料时

企业接受捐赠的原材料，按照原材料的公允价值及支付的相关税费借记"原材料"科目，按增值税专用发票上注明的增值税额，借记"应交税费——应交增值额（进项税）"科目，按实际支付或应付的相关税费，贷记"银行存款""应交税费"等科目，按借贷方差额，贷记"营业外收入"科目。

涉税规定

◆《中华人民共和国企业所得税法》（主席令第63号）

企业所得税法第六条第（八）项所称接受捐赠收入，是指企业接受的来自其他企业、组织或者个人无偿给予的货币性资产、非货币性资产。

接受捐赠收入，按照实际收到捐赠资产的日期确认收入的实现。

◆《国家税务总局关于企业处置资产所得税处理问题的通知》（国税函〔2008〕828号）

企业将资产移送他人的下列情形，因资产所有权属已发生改变而不属于内部处置资产，应按规定视同销售确定收入。

（一）用于市场推广或销售；

（二）用于交际应酬；

（三）用于职工奖励或福利；

(四)用于股息分配;

(五)用于对外捐赠;

(六)其他改变资产所有权属的用途。

◆《国家税务总局关于企业所得税有关问题的公告》(国家税务总局公告2016年第80号)

企业移送资产所得税处理问题企业发生《国家税务总局关于企业处置资产所得税处理问题的通知》(国税函〔2008〕828号)第二条规定情形的,除另有规定外,应按照被移送资产的公允价值确定销售收入。

【例3-11】2×19年7月9日,天鑫公司接受华美公司捐赠一批材料,取得增值税专用发票注明材料价款200 000元,增值税税额为26 000元。因受赠材料天鑫公司以银行存款支付运杂费2 500元,取得的运输费用结算单据上注明运输费2 000元,装卸费500元。则天鑫公司应做如下会计处理:

天鑫公司接受捐赠材料的入账价值 = 200 000 + (2 000 - 2 000×9%) + 500 = 202 320(元)

借:原材料　　　　　　　　　　　　　　　　　　　202 320
　　应交税费——应交增值税(进项税额)　　　　　　26 180
　　贷:营业外收入　　　　　　　　　　　　　　　　226 000
　　　　银行存款　　　　　　　　　　　　　　　　　　2 500

税务处理

(1) 该批材料的计税基础为202 320元,与会计处理一致。

(2) 确认捐赠收入226 000元。

5. 企业通过债务重组方式取得原材料时

企业通过债务重组方式取得的原材料,按照本书"第十一章债务重组"及有关会计准则的规定处理。

6. 企业以非货币性资产交换取得原材料时

企业以非货币性资产交换取得的原材料,按照本书"第八章非货币性资产交换"及有关会计准则的规定处理。

7. 盘盈原材料时

盘盈原材料时,按照确定的实际成本,借记"原材料"科目,贷记"待处理财产损溢——待处理流动资产损溢"科目。

涉税规定

◆《中华人民共和国企业所得税法实施条例》（国务院令第512号）

第二十二条　企业所得税法第六条第（九）项所称其他收入，是指企业取得的除企业所得税法第六条第（一）项至第（八）项规定的收入外的其他收入，包括企业资产溢余收……

（二）原材料发出的核算

企业发出材料的业务比较频繁，为了简化材料的日常核算工作，平时一般只根据发料凭证登记材料明细账，而不直接根据发料凭证编制记账凭证。月末根据按实际成本计价的发料凭证，按领用部门和用途，编制"发料凭证汇总表"，据以进行材料发出的总分类核算。

（1）企业生产经营领用原材料，按实际成本，借记"生产成本——基本生产成本""生产成本——辅助生产成本""制造费用""销售费用""管理费用"等科目，贷记"原材料"科目；企业发出委托外单位加工的原材料，按实际成本，借记"委托加工物资"科目，贷记"原材料"科目；不动产基建工程等部门领用的原材料，按实际成本加上不予抵扣的增值税额等借记"在建工程"等科目，按实际成本，贷记"原材料"科目，按不予抵扣的增值税额，贷记"应交税费——应交增值税（进项税额转出）"等科目。

（2）出售原材料，按已收或应收的价款，借记"银行存款"或"应收账款"等科目，按实现的营业收入，贷记"其他业务收入"等科目，按应交的增值税额，贷记"应交税费——应交增值税（销项税额）"科目；月度终了，按出售原材料的实际成本，借记"其他业务成本"科目，贷记"原材料"科目；同时按已计提的存货跌价准备借记"存货跌价准备"科目，贷记"其他业务成本"科目。

企业发出原材料的实际成本，可以采用先进先出法、加权平均法或个别计价法计算确定。对不同的原材料可以采用不同的计价方法。材料计价方法一经确定，不得随意变更。如需变更，应在会计报表附注中予以说明。

二、原材料按计划成本计价的核算

原材料按计划成本计价核算时，材料的收发及结存，无论总分类核算还是明细分类核算，均按计划成本计价，设置的会计科目主要有"原材料""材料采购"和"材料成本差异"等。材料实际成本与计划成本的差异，通过"材料成本差异"科目核算。月末，计算本月发出材料应负担的成本差异并进行分摊，根据领用材料的用量计入相关资产的成本或者当期损益，从而将发出材料的计划成本调整成实际成本。

"原材料"科目,核算企业库存的各种材料。在材料采用计划成本核算时,该科目借方登记入库材料的计划成本;贷方登记发出材料的计划成本;期末借方余额反映企业库存材料的计划成本。该科目应按材料的保管地点(仓库)、材料的类别、品种和规格设置材料明细账(或材料卡片),进行明细核算。

"材料采购"科目,核算企业采用计划成本进行日常核算而购入的材料成本。该科目借方登记材料采购的实际成本和转出的材料成本节约差异;贷方登记入库材料的计划成本和转出的材料超支差异;期末余额在借方,反映企业在途材料的采购成本。

"材料成本差异"科目,核算企业采用计划成本进行日常核算的材料实际成本与计划成本的差异。该科目的借方登记入库材料实际成本大于计划成本的超支差异和发出材料实际成本小于计划成本的节约差异;贷方登记入库材料实际成本小于计划成本的节约差异和发出材料实际成本大于计划成本的超支差异;期末借方余额,反映企业库存材料等的实际成本大于计划成本的差异;贷方余额,反映企业库存材料等的实际成本小于计划成本的差异。该科目应按照材料类别或品种进行明细核算。

(一)材料采购的核算

(1)根据发票账单支付材料价款和运杂费或开出承兑商业汇票时,按增值税专用发票上注明的增值税额和准予抵扣的消费税额,借记"应交税费——应交增值税(进项税额)""应交税费——应交消费税"科目,按应计入材料采购成本的金额,借记"材料采购"等科目,按实际支付的价款,贷记"库存现金""银行存款""其他货币资金""应付票据"等科目。

(2)材料已经收到,但尚未办理结算手续的,可暂不做会计处理;待办理结算手续后,按增值税专用发票上注明的增值税额和准予抵扣的消费税额,借记"应交税费——应交增值税(进项税额)""应交税费——应交消费税"科目,按应计入材料采购成本的金额,借记"材料采购"等科目,按实际支付的价款,贷记"库存现金""银行存款""其他货币资金""应付票据""应付账款"等科目。

期末,对于尚未收到发票账单的收料凭证,应按计划成本暂估入账,借记"原材料""周转材料"等科目,贷记"应付账款——暂估应付账款"科目,下期初做相反分录予以冲回。下期收到发票账单的收料凭证,借记"材料采购"科目,贷记"银行存款""应付账款""应付票据"等科目。涉及增值税进项税额的,还应进行相应的处理。

(3)收到已经预付货款的材料后,按增值税专用发票上注明的增值税额和准予抵扣的消费税额,借记"应交税费——应交增值税(进项税额)""应交税费——应交消费税"科目,按应计入材料采购成本的金额,借记"材料采购"等科目,按发票账单上注明的应付金额,贷记"预付账款"科目。

（4）由企业运输部门以自备运输工具，将外购的材料运回企业，计算购入材料应负担的运输费用时，借记"材料采购"科目，贷记"生产成本——辅助生产成本"等科目。

（5）应向供应单位、外部运输机构等收回的材料短缺或其他应冲减材料采购成本的赔偿款项，应根据有关的索赔凭证，借记"应付账款"或"其他应收款"科目，贷记"材料采购"科目，按不准抵扣的进项税额贷记"应交税费——应交增值税（进项税额转出）"科目。因遭受意外灾害发生的损失和尚待查明原因地途中损耗，先记入"待处理财产损溢"科目，查明原因后再作处理。

（6）小规模纳税人以及一般纳税人购入材料不能抵扣进项税额的，按购入材料应支付的金额，借记"材料采购"科目，贷记"银行存款""应付账款""应付票据"等科目。

【例3-12】2×19年7月24日，天鑫公司购进甲材料，用商业汇票方式支付货款67 800元，其中货物价款为60 000元，增值税税额7 800元，材料已验收入库。用现金支付提货费用200元。则应做如下会计处理：

```
借：材料采购                                    60 200
    应交税费——应交增值税（进项税额）           7 800
  贷：应付票据                                  67 800
      库存现金                                     200
```

（二）原材料入库的核算

原材料验收入库时，按计划成本，借记"原材料"科目，贷记"材料采购"科目；同时结转或确认原材料成本差异，实际成本大于计划成本的差异，借记"材料成本差异"科目，贷记"材料采购"科目；实际成本小于计划成本的差异，做相反的会计处理。

由于企业各种原材料的来源不同，所以"材料成本差异"科目核算和反映的原材料成本差异转自不同的会计科目：

（1）外购原材料实际成本与计划成本的差异，自"材料采购"科目转入"材料成本差异"科目。

（2）自制原材料实际成本与计划成本的差异，自"生产成本——辅助生产成本"等科目转入"材料成本差异"科目。

（3）库存原材料因调整计划成本所发生的差额，即计划成本调整前库存原材料计划成本数额与调整后库存原材料计划成本数额的差额，自"原材料"等科目转入"材料成本差异"科目。

委托加工、投资转入和接受捐赠等原材料实际成本与计划成本的差异，应直接予以确认。

原材料验收入库时，尚未收到发票账单的，期末应按计划成本暂估入账，借记"原材料"等科目，贷记"应付账款——暂估应付账款"科目，下期初做相反分录予以冲回，以便下月付款或开出承兑商业汇票后，按正常程序处理。

【例 3-13】 2×19年9月20日，天鑫公司购入甲材料一批，取得的增值税专用发票上注明材料价款为80 000元，增值税税额为10 400元，材料已验收入库，发票账单已到，款项已通过银行支付。该批材料的计划成本为85 000元。则天鑫公司应做如下会计处理：

（1）借：材料采购　　　　　　　　　　　　　　　　　　　　　80 000
　　　　应交税费——应交增值税（进项税额）　　　　　　　　 10 400
　　　　　贷：银行存款　　　　　　　　　　　　　　　　　　　　　 90 400
（2）借：原材料　　　　　　　　　　　　　　　　　　　　　　　85 000
　　　　　贷：材料采购　　　　　　　　　　　　　　　　　　　　　 85 000
（3）借：材料采购　　　　　　　　　　　　　　　　　　　　　　5 000
　　　　　贷：材料成本差异　　　　　　　　　　　　　　　　　　　　5 000

【例 3-14】 2×19年10月，天鑫公司生产车间自制材料完工交库一批，计划成本为50 000元。月末，根据成本计算资料得出该批材料应负担4 300元的材料成本差异。则天鑫公司应做如下会计处理：

（1）借：原材料　　　　　　　　　　　　　　　　　　　　　　50 000
　　　　　贷：生产成本——辅助生产成本　　　　　　　　　　　　　50 000
（2）借：材料成本差异　　　　　　　　　　　　　　　　　　　　4 300
　　　　　贷：生产成本——辅助生产成本　　　　　　　　　　　　　 4 300

（三）原材料发出的核算

原材料按计划成本计价核算时，日常领用、发出原材料均按计划成本记账，月度终了，按照发出各种原材料的计划成本，计算应负担的成本差异，按实际成本大于计划成本的差异，借记"生产成本""管理费用""销售费用""委托加工物资""其他业务成本"等科目，贷记"材料成本差异"科目；实际成本小于计划成本的差异，则做相反的会计分录。

【例 3-15】 天鑫公司本月领用的材料如下：基本生产车间领用60 000元，辅助生产车间领用20 000元，车间管理部门领用10 000元，企业管理部门领用8 000元，若月终计算出的材料成本差异率为-5%。则天鑫公司应做如下会计处理：

（1）借：生产成本　　　　　　　　　　　　　　　　　　　　　80 000
　　　　制造费用　　　　　　　　　　　　　　　　　　　　　　10 000

	管理费用	8 000
	贷：原材料	98 000
（2）借：材料成本差异		4 900
	贷：生产成本	4 000
	制造费用	500
	管理费用	400

发出材料应负担的成本差异应当按期（月）分摊，不得在季末或年末一次计算。发出材料应负担的成本差异，除委托外部加工发出材料可按期初成本差异率计算外，应使用当期的实际差异率；期初成本差异率与本期成本差异率相差不大的，也可按期初成本差异率计算。计算方法一经确定，不得随意变更。材料成本差异率的计算公式如下：

$$本期材料成本差异率 = \frac{期初结存材料成本差异 + 本期验收入库材料成本差异}{期初结存材料计划成本 + 本期验收入库材料计划成本} \times 100\%$$

$$期初材料成本差异率 = \frac{期初结存材料成本差异}{期初结存材料计划成本} \times 100\%$$

发出材料应负担的成本差异 = 发出材料的计划成本 × 材料成本差异率

【例 3-16】 天鑫公司期初库存材料 20 吨，计划成本为 36 000 元，材料成本差异为 600 元；本月购进材料 20 吨，实际成本为 35 700 元，本月发出材料 30 吨。则：

（1）本月购进材料的计划成本为 36 000 元，成本差异为 -300 元；

（2）本月材料成本差异率 $= \frac{600 - 300}{36\,000 + 36\,000} \times 100\% = 0.42\%$

（3）本月发出材料的计划成本 $= 30 \times 3\,600 = 108\,000$（元）

本月发出材料应负担的成本差异 $= 108\,000 \times 0.42\% = 453.6$（元）

（4）本月发出材料的实际成本 $= 108\,000 + 453.6 = 108\,453.6$（元）

企业应按存货的类别或品种，如原材料、周转材料（包装物、低值易耗品）等，对材料成本差异进行明细核算，不得使用一个综合差异率来分摊发出材料和库存材料应负担的材料成本差异。

第四节　其他存货

一、委托加工物资

（一）科目设置

企业应设置"委托加工物资"科目，核算委托外单位加工的各种物资的实际成本。该科目借方登记发出加工物资的实际成本，以及支付的加工费和往返运杂费、保险费；贷方登记加工完成并验收入库物资的实际成本，以及退回剩余材料的实际成本；期末余额在借方，反映企业委托外单位加工但尚未加工完成物资的实际成本和发出加工物资的运杂费等。该科目应按加工合同和受托加工单位设置明细科目，反映加工单位名称、加工合同号数，发出加工物资的名称、数量，发生的加工费用和运杂费，退回剩余物资的数量、实际成本，以及加工完成物资的实际成本等资料。

（二）委托加工物资的核算

（1）发给外单位加工的物资，按实际成本，借记"委托加工物资"科目，贷记"原材料""库存商品"等科目，按计划成本（或售价）核算的企业，还应当同时结转成本差异。

企业支付加工费用、应承担的运杂费等，借记"委托加工物资"科目、"应交税费——应交增值税（进项税额）"等科目，贷记"银行存款"等科目；需要缴纳消费税的委托加工物资，其由受托方代收代交的消费税，分别按以下情况处理：

①委托加工物资收回后直接用于销售的，应将受托方代收代交的消费税计入委托加工物资成本，借记"委托加工物资"科目，贷记"应付账款""银行存款"等科目。

②委托加工物资收回后用于连续生产，所纳税款按规定准予抵扣以后销售环节应缴纳的消费税的，按受托方代收代交的消费税，借记"应交税费——应交消费税"科目，贷记"应付账款""银行存款"等科目。

需要说明的是，纳税人用外购或委托加工收回的已税珠宝玉石生产的改在零售环节征收消费税的金银首饰（镶嵌首饰），在计税时一律不得扣除委托加工收回的珠宝玉石的已纳消费税税款。

（2）加工完成验收入库的物资和剩余的物资，按加工收回物资的实际成本和剩余物资的实际成本，借记"原材料""库存商品"等科目（采用计划成本或售价核算的企业，按计划成本或售价记入"原材料"或"库存商品"科目，实际成本与计划成本或售价之间的差异，记入"材料成本差异"或"商品进销差价"科目），贷记"委托加工物资"科目。

涉税规定

◆《中华人民共和国消费税暂行条例》（国务院令第539号）

第四条 委托加工的应税消费品，除受托方为个人外，由受托方在向委托方交货时代收代缴税款。委托加工的应税消费品，委托方用于连续生产应税消费品的，所纳税款准予按规定抵扣。

◆《中华人民共和国消费税暂行条例实施细则》（财政部国家税务总局令第

51号）

第七条 条例第四条第二款所称委托加工的应税消费品，是指由委托方提供原料和主要材料，受托方只收取加工费和代垫部分辅助材料加工的应税消费品，对于由受托方提供原材料生产的应税消费品，或者受托方先将原材料卖给委托方，然后再接受加工的应税消费品，以及由受托方以委托方名义购进原材料生产的应税消费品，不论在财务上是否作销售处理，都不得作为委托加工应税消费品，而应当按照销售自制应税消费品缴纳消费税。

委托加工的应税消费品直接出售的，不再缴纳消费税。

委托个人加工的应税消费品，由委托方收回后缴纳消费税。

【例 3–17】 甲公司委托乙公司加工高档化妆品，发出材料的实际总成本为 6 000 元，加工费为 1 000 元，取得了增值税专用发票，应负担的增值税进项税额为 130 元，款项已支付。乙公司用上述材料加工高档化妆品 30 套，同类高档化妆品的单位销售价格为 600 元，适用消费税税率为 15%。

（1）如果甲公司将化妆品提回后当即投入生产，应做如下会计处理：

委托加工化妆品的消费税 = 600 × 30 × 15% = 2 700（元）

①发出委托加工物资：

借：委托加工物资	6 000
贷：原材料	6 000

②支付加工费：

借：委托加工物资	1 000
应交税费——应交增值税（进项税额）	130
贷：库存现金	1 130

③应支付的消费税：

借：应交税费——应交消费税	2 700
贷：应付账款	2 700

④委托加工的高档化妆品提回时：

借：原材料	7 000
贷：委托加工物资	7 000

（2）如果甲公司将高档化妆品提回后直接对外销售，应做如下会计处理：

①发出委托加工物资：

借：委托加工物资	6 000
贷：原材料	6 000

②支付加工费：

借：委托加工物资	1 000

         应交税费——应交增值税（进项税额）   130
      贷：库存现金   1 130
③应支付的消费税：
借：委托加工物资   2 700
   贷：应付账款   2 700
④委托加工的高档化妆品提回时：
借：原材料   9 700
   贷：委托加工物资   9 700

二、周转材料

周转材料是指企业能够多次使用，逐渐转移其价值但仍保持原有形态不确认为固定资产的材料。企业应设置"周转材料"科目核算周转材料的计划成本或实际成本，包括包装物、低值易耗品，以及企业的钢模板、木模板、脚手架等。企业的包装物、低值易耗品，也可以单独设置"包装物""低值易耗品"科目。

（一）低值易耗品

企业可以单独设置"低值易耗品"科目，核算库存的低值易耗品的实际成本或计划成本。该科目借方登记验收入库低值易耗品的成本；贷方登记发出低值易耗品的成本；期末借方余额，反映企业库存未用低值易耗品的实际成本或计划成本。同时，还应按照低值易耗品的类别、品种规格进行数量和金额的明细核算。

企业采用一次转销法对低值易耗品进行摊销，计入相关资产的成本或者当期损益。

一次摊销法，是指在领用低值易耗品时将其全部价值摊入有关的成本费用，借记有关科目，贷记"低值易耗品"科目。报废时，将报废低值易耗品的残料价值作为当月低值易耗品摊销额的减少，冲减有关成本费用，借记"银行存款""原材料"等科目，贷记"制造费用""管理费用"等科目。

企业对低值易耗品进行日常维修的费用，根据不同的使用部门直接计入不同的费用科目。例如，行政管理部门发生的修理费，计入管理费用。

【例3–18】企业管理部门使用的某项低值易耗品报废，领用时账面价值为3 600元，报废时回收残料200元。应做如下会计处理：

（1）领用时，按其账面价值摊销：

借：管理费用——低值易耗品   3 600
   贷：周转材料——低值易耗品   3 600

（2）报废并收回残值：

借：原材料　　　　　　　　　　　　　　　　　　　　　200

　　贷：管理费用　　　　　　　　　　　　　　　　　　　　200

（二）包装物

1. 包装物核算的范围

包装物是指为了包装本企业商品而储备的各种包装容器，如桶、箱、瓶、坛、袋等，其范围包括：

（1）生产过程中用于包装产品作为产品组成部分的包装物；

（2）随同商品出售而不单独计价的包装物；

（3）随同商品出售而单独计价的包装物；

（4）出租或出借给购买单位使用的包装物。

下列各项不属于包装物核算的范围：各种包装材料，如纸、绳、铁丝、铁皮等，应在"原材料"科目内核算；用于储存和保管商品、材料而不对外出售的包装物，应按价值大小和使用年限长短，分别在"固定资产"或"低值易耗品"科目核算；单独列作企业商品产品的自制包装物，应作为库存商品处理。

2. 包装物的核算

企业可以设置"周转材料——包装物"科目，核算库存的各种包装物的实际成本或计划成本。该科目借方登记验收入库包装物的成本；贷方登记发出包装物的成本；期末借方余额，反映企业库存未用包装物的实际成本或计划成本。同时，还应按照包装物的种类设置明细账，进行明细核算。包装物数量不大的企业，可以将包装物并入"原材料"科目内核算。

企业应当采用一次转销法或者其他摊销法对包装物进行摊销，其他摊销法包括分期摊销等，计入相关资产的成本或者当期损益。

（1）企业购入、自制、委托外单位加工包装物、企业接受债务人以非现金资产抵偿债务方式取得包装物、非货币性资产交换方式取得包装物等，比照"原材料"科目的相关规定进行会计处理。

（2）企业生产领用包装物，借记"生产成本"科目，贷记"周转材料——包装物"科目；随同商品出售但不单独计价的包装物，应于包装物发出时，作为包装费用，借记"销售费用"科目，贷记"周转材料——包装物"科目；随同商品出售并单独计价的包装物，应于包装物发出时，借记"其他业务成本"科目，贷记"周转材料——包装物"科目。

(3) 出租、出借包装物。

①出租、出借时的处理。

出租、出借包装物，在第一次领用新包装物时，如果金额不大，可以采用一次摊销法结转成本，借记"其他业务成本"科目（出租包装物）、"销售费用"科目（出借包装物），贷记"周转材料——包装物"科目。

出租、出借包装物频繁、数量多、金额大的企业，出租、出借包装物的成本，也可以采用其他摊销法计算出租、出借包装物的摊销价值。在这种情况下，将出租、出借包装物的成本从"在库"或"在用"明细账转入"出租或出借"明细账中；摊销时应按摊销额，转入当期损益。

②租金的处理。

企业随同货物销售而出租出借包装物收到的出租包装物的租金，借记"库存现金""银行存款"等科目，贷记"其他业务收入""应交税费——应交增值税（销项税额）"等科目。

③押金的处理。

收到出租、出借包装物的押金，借记"库存现金""银行存款"等科目，贷记"其他应付款"科目；退回押金时，做相反的会计处理。

对于逾期未退包装物，按没收的押金，借记"其他应付款"科目，按应交的增值税，贷记"应交税费——应交增值税（销项税额）"科目，按其差额，贷记"其他业务收入"科目。这部分没收的押金收入应交的消费税等税费，借记"税金及附加"科目，贷记"应交税费——应交消费税"等科目。

对于逾期未退包装物而没收的加收押金，应转作"营业外收入"处理，企业应按加收的押金，借记"其他应付款"科目，按应交的增值税、消费税等税费，贷记"应交税费——应交增值税（销项税额）""应交税费——应交消费税"等科目，按其差额，贷记"营业外收入——逾期包装物押金没收利得"科目。

④出租、出借的包装物，不能使用而报废时，按其残料价值，借记"原材料"等科目，贷记"其他业务成本"（出租包装物）"销售费用"（出借包装物）等科目。

⑤采用计划成本进行日常核算的企业，月度终了，结转生产领用、出售、出租、出借所领用新包装物应分摊的成本差异，按实际成本大于计划成本的差异，借记"生产成本""其他业务成本""销售费用"等科目，贷记"材料成本差异"科目。实际成本小于计划成本的差异，则做相反的会计分录。

涉税规定

◆《国家税务总局关于印发〈增值税若干具体问题的规定〉的通知》（国税发〔1993〕154号）

二、计税依据

（一）纳税人为销售货物而出租出借包装物收取的押金，单独记账核算的，不并入销售额征税。但对因逾期未收回包装物不再退还的押金，应按所包装货物的适用税率征收增值税。

◆《国家税务总局关于加强增值税征收管理若干问题的通知》（国税发〔1995〕192号）

三、关于酒类产品包装物的征税问题

从1995年6月1日起，对销售除啤酒、黄酒外的其他酒类产品而收取的包装物押金，无论是否返还以及会计上如何核算，均应并入当期销售额征税。

◆《国家税务总局关于取消包装物押金逾期期限审批后有关问题的通知》（国税函〔2004〕827号）

纳税人为销售货物出租出借包装物而收取的押金，无论包装物周转使用期限长短，超过1年（含1年）以上仍不退还的均并入销售额征税。

本通知自2004年7月1日起执行。

◆《中华人民共和国消费税暂行条例实施细则》（财政部国家税务总局令第51号）

第十三条 应税消费品连同包装物销售的，无论包装物是否单独计价以及在会计上如何核算，均应并入应税消费品的销售额中缴纳消费税。如果包装物不作价随同产品销售，而是收取押金，此项押金则不应并入应税消费品的销售额中征税。但对因逾期未收回的包装物不再退还的或者已收取的时间超过12个月的押金，应并入应税消费品的销售额，按照应税消费品的适用税率缴纳消费税。

对既作价随同应税消费品销售，又另外收取押金的包装物的押金，凡纳税人在规定的期限内没有退还的，均应并入应税消费品的销售额，按照应税消费品的适用税率缴纳消费税。

◆《中华人民共和国企业所得税法》（主席令第63号）

第六条 企业以货币形式和非货币形式从各种来源取得的收入，为收入总额。包括：

（六）租金收入。

（九）其他收入。

◆《中华人民共和国企业所得税法实施条例》（国务院令第512号）

第十九条 企业所得税法第六条第（六）项所称租金收入，是指企业提供固定资产、包装物或者其他有形资产的使用权取得的收入。

租金收入，按照合同约定的承租人应付租金的日期确认收入的实现。

第二十二条 企业所得税法第六条第（九）项所称其他收入，是指企业取得的除企业所得税法第六条第（一）项至第（八）项规定的收入外的其他收入，包括……逾期未退包装物押金收入……。

《国家税务总局关于贯彻落实企业所得税法若干税收问题的通知》（国税函〔2010〕79号）

一、关于租金收入确认问题

根据《实施条例》①第十九条的规定，企业提供固定资产、包装物或者其他有形资产的使用权取得的租金收入，应按交易合同或协议规定的承租人应付租金的日期确认收入的实现。其中，如果交易合同或协议中规定租赁期限跨年度，且租金提前一次性支付的，根据《实施条例》第九条规定的收入与费用配比原则，出租人可对上述已确认的收入，在租赁期内，分期均匀计入相关年度收入。

出租方如为在我国境内设有机构场所且采取据实申报缴纳企业所得的非居民企业，也按本条规定执行。

◆《中华人民共和国企业所得税法》（主席令第63号）

第十五条　企业使用或者销售存货，按照规定计算的存货成本，准予在计算应纳税所得额时扣除。

【例3-19】某企业有关包装物收发的经济业务（不考虑消费税）及应做的会计处理如下：

（1）生产领用包装物一批，实际成本为3 200元。

借：生产成本　　　　　　　　　　　　　　　　　　　　　3 200
　　贷：周转材料——包装物　　　　　　　　　　　　　　　3 200

（2）企业销售产品时，领用不单独计价的包装物，实际成本为1 800元。

借：销售费用　　　　　　　　　　　　　　　　　　　　　1 800
　　贷：周转材料——包装物　　　　　　　　　　　　　　　1 800

（3）企业销售产品时，领用单独计价的包装物，实际成本为1 000元。

借：其他业务成本　　　　　　　　　　　　　　　　　　　1 000
　　贷：周转材料——包装物　　　　　　　　　　　　　　　1 000

（4）仓库发出新包装物一批，随同货物销售出租给购货单位，实际成本为9 000元，收到租金2 000元，存入银行，采用一次摊销法结转成本。

借：其他业务成本　　　　　　　　　　　　　　　　　　　9 000
　　贷：周转材料——包装物　　　　　　　　　　　　　　　9 000

同时，收到租金：

借：银行存款　　　　　　　　　　　　　　　　　　　　　2 000
　　贷：其他业务收入　　　　　　　　　　　　　　　　　　1 769.91

---

① 全称：《中华人民共和国企业所得税法实施条例》。

　　　　应交税费——应交增值税（销项税额）　　　　　　　230.09

（5）出借给购货单位使用新包装物一批，实际成本为7 000元，收到押金1 200元，存入银行，采用一次摊销法结转成本。

　　借：销售费用　　　　　　　　　　　　　　　　　　　7 000
　　　　贷：周转材料——包装物　　　　　　　　　　　　　　　7 000

同时，收到押金：

　　借：银行存款　　　　　　　　　　　　　　　　　　　1 200
　　　　贷：其他应付款　　　　　　　　　　　　　　　　　　　1 200

（6）出借包装物逾期未退，按规定没收其押金1 200元。

　　借：其他应付款　　　　　　　　　　　　　　　　　　1 200
　　　　贷：其他业务收入　　　　　　　　　　　　　　　　　1 061.95
　　　　　　应交税费——应交增值税（销项税额）　　　　　　138.05

（7）出租包装物收回后，不能继续使用而报废，收回残料入库，价值700元。

　　借：原材料　　　　　　　　　　　　　　　　　　　　　700
　　　　贷：其他业务成本　　　　　　　　　　　　　　　　　　 700

三、自制半成品

企业自制半成品的核算一般设置"库存商品——自制半成品"科目。该科目借方登记入库自制半成品的实际成本；贷方登记领用、发出和对外销售的自制半成品的实际成本；期末借方余额，反映企业期末库存未用自制半成品的实际成本。

（1）已经生产完成并已检验送交半成品库的自制半成品，应按实际成本，借记"库存商品——自制半成品"科目，贷记"生产成本"科目。对于从一个车间转给另一个车间继续加工的自制半成品的成本，应在"生产成本"科目核算，不通过"库存商品——自制半成品"科目核算。

（2）从半成品库领用自制半成品继续加工时，应按实际成本，借记"生产成本"科目，贷记"库存商品——自制半成品"科目。

（3）库存自制半成品如用于对外销售或改作其他用途时，应按销售货物或视同销售货物以及消费税政策的有关规定计算应纳增值税额和消费税额。

【例3-20】某工厂有一个基本生产车间大量生产甲、乙两种产品。该月生产情况如下：入库甲产品消耗原材料、燃料和动力、直接人工、制造费用等总计为60 000元。入库乙产品消耗原材料、燃料和动力、直接人工、制造费用等总计为80 000元。做如下会计处理：

　　借：库存商品——甲产品　　　　　　　　　　　　　　60 000

　　　　　——乙产品　　　　　　　　　　　　　　　　　　　80 000
　　贷：生产成本——甲产品　　　　　　　　　　　　　　　60 000
　　　　　——乙产品　　　　　　　　　　　　　　　　　　　80 000

【例 3-21】某工厂有两个基本生产车间，生产甲产品，A 车间生产的半成品由 B 车间继续加工为产成品。该月生产情况如下：

（1）该月 A 车间生产的入库半成品消耗原材料、直接人工等相关费用共计 100 000 元。做如下会计分录：

　　借：库存商品——自制半成品　　　　　　　　　　　　100 000
　　　贷：生产车间——A 车间　　　　　　　　　　　　　　100 000

（2）该月 B 车间领用自制半成品总成本为 80 000 元。做如下会计分录：

　　借：生产车间——B 车间　　　　　　　　　　　　　　　80 000
　　　贷：库存商品——自制半成品　　　　　　　　　　　　80 000

四、库存商品

库存商品包括库存的外购商品、自制商品产品、存放在门市部准备出售的商品、发出展览的商品以及寄存在外的商品等。工业企业接受外来原材料加工制造的代制品和为外单位加工修理的代修品，在制造和修理完成验收入库后，视同企业的产品，属于库存商品。已经完成销售手续但是购买单位在月末没有提取产品，不应作为企业的库存商品，而是代管商品，单独设置代管商品被查簿进行登记。

企业应设置"库存商品"科目，核算库存的各种商品的实际成本（或进价）或计划成本（或售价），并按库存商品的种类、品种和规格及存放地点设置明细账。存放在本企业所属门市部准备销售的商品，送交展览会展出的商品，以及已发出尚未办理托收手续的商品，都应在该科目下单设明细账进行核算。

（一）工业企业库存商品的核算

工业企业的库存商品主要指产成品，在特殊情况下，也有少量的外购商品。

（1）工业企业的产成品一般应按实际成本进行核算。在这种情况下，产成品的收入、发出和销售，平时只记数量不记金额；月度终了，计算入库产成品的实际成本；对发出和销售的产成品，可以采用先进先出法、加权平均法、个别计价法等方法确定其实际成本。核算方法一经确定，不得随意变更。如需变更，应在会计报表附注中予以说明。

产成品种类比较多的企业，也可以按计划成本进行日常核算。

（2）工业企业生产完成验收入库的产成品，按实际成本，借记"库存商品"科目,贷记"生产成本"等科目;采用计划成本核算的企业,按计划成本,借记"库存商品"科目,按实际成本,贷记"生产成本"等科目,按计划成本与实际成本的差异,借记或贷记"产品成本差异"科目。

采用递延方式分期收款销售的产成品,满足收入确认条件的,应在商品发出后,按实际成本,借记"主营业务成本"科目,贷记"库存商品"科目;商品销售不满足收入确认条件但已发出商品的,应按发出商品的实际成本(或进价)或计划成本(或售价),借记"发出商品"科目,贷记"库存商品"科目。采用其他销售方式销售的产成品,结转成本时,借记"主营业务成本"科目,贷记"库存商品"科目。采用计划成本核算的企业,还应分摊计划成本与实际成本的差异。

(3) 工业企业购入、委托外单位加工库存商品等,比照"原材料""委托加工物资"科目的相关规定进行会计处理。

【例3-22】某工厂生产入库产成品计划成本为150 000元,实际成本为145 000元,产品成本差异为5 000元,根据以上信息采用计划成本核算,应做如下会计分录:

借:库存商品　　　　　　　　　　　　　　　　　150 000
　　贷:生产成本　　　　　　　　　　　　　　　　145 000
　　　　产品成本差异　　　　　　　　　　　　　　　5 000

(二) 商品流通企业库存商品的核算

商品流通企业的库存商品主要指外购或委托加工完成验收入库用于销售的各种商品。

1. 库存商品采用进价核算的企业

(1) 购入的商品,在商品到达验收入库后,按商品进价,借记"库存商品"科目,贷记"在途物资"等科目;企业委托外单位加工收回的商品,按商品进价,借记"库存商品"科目,贷记"委托加工物资"科目。

(2) 购入的商品已经到达并已验收入库,已收到发票账单,但尚未支付货款和运杂费或尚未开出承兑商业汇票的,借记"库存商品""应交税费——应交增值税(进项税额)"等科目,贷记"应付账款"等科目。

(3) 购入商品与发票账单同时到达,商品验收入库,同时支付货款和运杂费或开出承兑商业汇票,借记"库存商品""应交税费——应交增值税(进项税额)"等科目,贷记"银行存款""应付票据"等科目。

(4) 购入的商品已经到达并已验收入库,尚未收到发票账单的,按暂估价值入账,借记"库存商品"科目,贷记"应付账款——暂估应付账款"科目;下月初做相反的会计分录予以冲回,以便下月付款或开出承兑商业汇票后,比照第三种情况进行处理。

涉税规定

◆《财政部关于印发〈增值税会计处理规定〉的通知》(财会〔2016〕22号)

货物等已验收入库但尚未取得增值税扣税凭证的账务处理。一般纳税人购进的货物等已到达并验收入库,但尚未收到增值税扣税凭证并未付款的,应在月末按货物清单或相关合同协议上的价格暂估入账,不需要将增值税的进项税额暂估入账。下月初,用红字冲销原暂估入账金额,待取得相关增值税扣税凭证并经认证后,按应计入相关成本费用或资产的金额,借记"原材料""库存商品""固定资产""无形资产"等科目,按可抵扣的增值税额,借记"应交税费——应交增值税(进项税额)"科目,按应付金额,贷记"应付账款"等科目。

(5)企业销售发出的商品,结转销售成本时,可按先进先出法、加权平均法、个别计价法、毛利率法等方法计算已销商品的销售成本,核算方法一经确定,不得随意变更。如需变更,应在会计报表附注中予以说明。企业结转发出商品的成本,借记"主营业务成本"科目,贷记"库存商品"科目。

(6)毛利率法。毛利率法是根据本期实际销售额乘以上期实际(或本期计划)毛利率匡算本期销售毛利,据以计算发出存货和期末结存存货成本的一种方法。其计算公式为:

销售净额 = 商品销售收入 - 销售折扣与折让

销售毛利 = 销售净额 × 毛利率

销售成本 = 销售净额 - 销售毛利

期末存货成本 = 期初存货成本 + 本期购货成本 - 本期销售成本

【例3-23】 人民商场 2×19 年10月1日×类商品库存为700 000元,本月购进200 000元,本月销售收入为320 000元,发生销售折让为20 000元,上月该类商品的毛利率为20%。本月销售商品和库存商品成本计算如下:

本月销售净额 = 320 000 - 20 000 = 300 000(元)

销售毛利 = 300 000 × 20% = 60 000(元)

本月销售成本 = 300 000 - 60 000 = 240 000(元)

月末库存商品成本 = 700 000 + 200 000 - 240 000 = 660 000(元)

在商品流通企业,尤其是商品批发企业,常用毛利率法计算本期商品销售成本和期末库存商品成本。

需要说明的是,由于毛利率法是按存货大类计算的,其结果往往不够准确,为此,一般应在每季季末用上述其他一些方法进行调整,因此,每季最后一个月不能用此方法。

2. 库存商品采用售价金额核算的企业

售价金额核算法，是指平时商品的购进、储存、销售均按售价记账，售价与进价的差额通过"商品进销差价"科目反映，期末计算进销差价率和本期已销商品应分摊的进销差价，并据以调整本期销售成本，"商品进销差价"科目应按商品类别或实物负责人设置明细账，进行明细核算。有关计算公式为：

商品进销差价率 = 月末分摊前商品进销差价科目余额 ÷ （"库存商品"科目月末余额 + "委托代销商品"科目月末余额 + "发出商品"科目月末余额 + 本月"主营业务收入"科目贷方发生额）×100%

本月销售商品应分摊的商品进销差价 = 本月"主营业务收入"科目贷方发生额 × 商品进销差价率

上述所称主营业务收入，是指采用售价进行商品日常核算的销售商品所取得的收入。

商品进销差价率还可以按下列公式计算：

$$商品进销差价率 = \frac{期初库存商品进销差价 + 当期发生的商品进销差价}{期初库存商品售价 + 当期发生的商品售价} \times 100\%$$

委托加工商品可以采用上月商品进销差价率计算应分摊的商品进销差价。企业的商品进销差价率各月之间比较均衡的，也可以采用上月商品进销差价率计算分摊本月销售商品应分摊的商品进销差价。企业无论采用当月商品进销差价率还是上月商品进销差价率计算分摊商品进销差价，均应在年度终了，对商品进销差价进行核实调整。

（1）购入的商品，在商品到达验收入库后，按商品售价，借记"库存商品"科目，按商品进价，贷记"在途物资"等科目，按商品售价与进价的差额，贷记"商品进销差价"科目；企业委托外单位加工收回的商品，按商品售价，借记"库存商品"科目，按委托加工商品的进价，贷记"委托加工物资"科目，按商品售价与进价的差额，贷记"商品进销差价"科目。对于月末尚未付款的已入库商品暂估入账时，借记"库存商品"科目，贷记"应付账款""商品进销差价"科目。

（2）企业销售发出的商品，平时结转销售成本时可按商品售价结转，借记"主营业务成本"科目，贷记"库存商品"科目。月度终了，应按商品进销差价率计算分摊本月已销商品应分摊的进销差价，借记"商品进销差价"科目，贷记"主营业务成本"科目。

【例 3-24】大商超市采用售价法进行库存商品的日常核算。2×19 年 6 月末的库存商品余额为 200 000 元，委托代销商品的余额为 100 000 元，发出商品的余额为 100 000 元，主营业务收入的贷方余额为 800 000 元，分摊前的商品进销差价的余额为 200 000 元。计算 6 月份销售商品应分摊的商品进销差价，做如下会计处理：

商品进销差价率 = 200 000 ÷（200 000 + 100 000 + 100 000 + 800 000）×100%

=16.67%

已销商品应分摊的商品进销差价 = 800 000 × 16.67% = 133 360（元）

借：商品进销差价　　　　　　　　　　　　　133 360
　　贷：主营业务成本　　　　　　　　　　　　　　　　133 360

第五节　期末存货的计量

资产负债表日，存货应当按照成本与可变现净值孰低计量。存货成本高于其可变现净值的，应当计提存货跌价准备，计入当期损益。

一、成本与可变现净值孰低法的含义

成本与可变现净值孰低法，是指对期末存货按照成本与可变现净值两者之中较低者计价的方法。即当成本低于可变现净值时，期末存货按成本计价；当可变现净值低于成本时，期末存货按可变现净值计价。

成本，是指期末存货的实际成本（即历史成本）。如企业在存货成本的日常核算中采用计划成本法、售价金额核算法等简化核算方法，则"成本"为经调整后的实际成本。

可变现净值，是指在日常活动中，存货的估计售价减去至完工时估计将要发生的成本、估计的销售费用以及相关税费后的金额。

二、可变现净值的确定

确定存货的可变现净值的前提是企业在进行日常活动。如果企业不是在进行正常的生产经营活动，例如，企业处于清算过程，那么不能按照存货准则的规定确定存货的可变现净值。

可变现净值为存货的预计未来净现金流入，而不是简单的等于存货的售价或合同价。企业预计的销售存货现金流量，并不完全等于存货的可变现净值。存货在销售过程中可能发生的销售费用和相关税费，以及为达到预定可销售状态还可能发生的加工成本等相关支出，构成现金流入的抵减项目。企业预计的销售存货现金流量，扣除这些抵减项目后，才能确定存货的可变现净值。

1. 可变现净值的计算方法

企业持有存货的目的不同，确定存货可变现净值的计算方法也不同。

（1）产成品、商品和用于出售的材料等直接用于出售的商品存货，在正常生产经营过程中，应当以该存货的估计售价减去估计的销售费用和相关税费后的金额确定其可变现净值。

（2）用于生产的材料、在产品或自制半成品等需要经过加工的材料存货，在正常生产经营过程中，应当以所生产的产成品的估计售价减去至完工时估计将要发生的成本、估计的销售费用以及相关税费后的金额确定其可变现净值。

企业在确定存货的可变现净值时，应当以取得的可靠证据为基础，并且考虑持有存货的目的、资产负债表日后事项的影响等因素。

2. 可变现净值的确定考虑的因素

（1）确定存货的可变现净值应当以取得确凿证据为基础。

确定存货的可变现净值必须建立在取得确凿证据的基础上。这里所讲的"确凿证据"是指对确定存货的可变现净值和成本有直接影响的客观证明。

①存货成本的确凿证据。存货的采购成本、加工成本和其他成本及以其他方式取得的存货的成本，应当以取得的外来原始凭证、生成成本账簿记录作为确凿证据。

②存货可变现净值的确凿证据。存货可变现净值的确凿证据，是指对确定存货的可变现净值有直接影响的确凿证明，如产成品或商品的市场销售价格、与产成品或商品相同或类似商品的市场销售价格、销贷方提供的有关资料和生产成本资料等。

（2）确定存货的可变现净值应当考虑持有存货的目的。

由于企业持有存货的目的不同，确定存货可变现净值的计算方法也不同。如用于出售的存货和用于继续加工的存货，其可变现净值的计算就不相同，因此，企业在确定存货的可变现净值时，应考虑持有存货的目的。企业持有存货的目的，通常可以分为：

①持有以备出售的存货，如商品、产成品，其中又分为有合同约定的存货和没有合同约定的存货；

②将在生产过程或提供劳务过程中耗用的存货，如材料等。

（3）确定存货的可变现净值应当考虑资产负债表日后事项等的影响。

确定存货可变现净值时，应当以资产负债表日取得最可靠的证据估计的售价为基础，并考虑持有存货的目的、资产负债表日至财务报告批准报出日之间存货售价发生波动的，如有确凿证据表明其对资产负债表日存货已经存在的情况提供了新的或进一步的证据，则在确定存货可变现净值时应当予以考虑，否则，不应予以考虑。

3. 可变现净值中估计售价的确定

（1）为执行销售合同或劳务合同而持有的存货，以合同价作为可变现净值的计量基础。

（2）如果持有存货多于销售合同定购数量，超出部分应按一般售价作为计量的基础。

（3）没有合同约定的存货可变现净值以一般销售价或原材料的市场价作为计量基础。

（4）资产负债表日，同项存货中一部分有合同价格约定其他部分不存在合同价格的，企业应分别确定其可变现净值，并与其相对应的成本进行比较，分别确定存货跌价准备的计提或转回的金额。

【例3-25】甲公司期末库存A产品账面余额为200万元，其中与乙公司签订合同的产品为120万元，售价为130万元，预计销售税费14万元。另外80万元的A产品无订单，预计市场售价为90万元，预计销售税费8.4万元，则该批A产品可变现净值的计算如下：

直接用于出售的商品存货，在正常生产经营过程中，应当以该存货的估计售价减去估计的销售费用和相关税费后的金额确定其可变现净值。其中：

与乙公司签订合同的产品120万元，以合同价作为可变现净值的计量基础：

可变现净值 = 130 - 14 = 116（万元）

未签订合同部分，以一般销售价作为可变现净值的计量基础：

可变现净值 = 90 - 8.4 = 81.6（万元）

该批A产品可变现净值 = 116 + 81.6 = 197.6（万元）

【例3-26】某公司2×19年年末原材料的账面余额为110万元，数量为10吨。该原材料专门用于生产与乙公司所签合同约定的30台A产品。该合同约定：该公司为乙公司提供A产品30台每台售价15万元（不含增值税）。将该原材料加工成30台A产品尚需加工成本总额为130万元。估计销售每台A产品尚需发生相关税费1万元（不含增值税）。本期期末市场上该原材料每吨售价为9万元，估计销售每吨原材料尚需发生相关税费0.1万元。则该批原材料可变现净值的计算如下：

（1）需要经过加工的材料存货，在正常生产经营过程中，应当以所生产的产成品的估计售价减去至完工时估计将要发生的成本、估计的销售费用以及相关税费后的金额确定其可变现净值。

（2）该批原材料属于专门为销售合同而持有的存货，应按照合同价格作为可变现净值的计量基础。

因此，该批原材料的可变现净值 = 30 × 15 - 130 - 30 × 1 = 290（万元）

三、成本与可变现净值孰低法的具体运用

资产负债表日，企业应当确定存货的可变现净值。当存货成本高于可变现净值时，应按可变现净值低于成本的差额，计提存货跌价准备；以前减记存货价值的影响因素已经消失了，减记的金额应当予以恢复，并在原已计提的存货跌价准备金额内转回，转回的金额计入当期损益。

当存在下列情况之一时，应计提存货跌价准备：

（1）市价持续下跌，并且在可预见的未来无回升的希望；

（2）企业使用该项原材料生产的产品成本大于产品的销售价格；

（3）企业因产品更新换代，原有库存原材料已不适应新产品的需要，而该原材料的市场价格又低于其账面成本；

（4）因企业所提供的商品或劳务过时或消费者偏好改变而使市场的需求发生变化，导致市场价格逐渐下跌；

（5）其他足以证明该项存货实质上已经发生减值的情形。

企业通常应当按照单个存货项目计提存货跌价准备。对于数量繁多、单价较低的存货，可以按照存货类别计提存货跌价准备。与在同一地区生产和销售的产品系列相关、具有相同或类似最终用途或目的，且难以与其他项目分开计量的存货，可以合并计提存货跌价准备。

企业按成本与可变现净值孰低法对存货计价时，有三种不同的计算方法可供选择，如表3-5所示。

表3-5　　　　　　　　成本与可变现净值孰低比较方法选择表

方法	定义
单项比较法	亦称逐项比较法或个别比较法，指对库存的每一种存货的成本与可变现净值逐项进行比较，每项存货均取较低数确定期末的存货成本
分类比较法	亦称类比法，指按存货类别的成本与可变现净值进行比较，每类存货取其较低数确定存货的期末成本
综合比较法	亦称总额比较法，指按全部存货的总成本与可变现净值总额相比较，以较低数作为期末全部存货的成本

【例3-27】某企业有甲乙两大类A、B、C、D四种存货，各种存货分别按3种计算方式确定期末存货的成本，见表3-6。

表 3 – 6　　　　　　　期末存货成本与可变现净值比较表　　　　　　　单位：元

项　目	成　本	可变现净值	单项比较法	分类比较法	总额比较法
甲类存货	20 000	19 200		19 200	
A 存货	8 000	6 400	6 400		
B 存货	12 000	12 800	12 000		
乙类存货	40 000	41 600		40 000	
C 存货	16 000	18 400	16 000		
D 存货	24 000	23 200	23 200		
总计	60 000	60 800	57 600	59 200	60 000

由表 3 – 6 可知，单项比较法确定的期末存货成本最低，为 57 600 元；分类比较法次之，为 59 200 元；总额比较法最高，为 60 000 元。相应地计提的存货跌价准备分别为 2 400 元，800 元，0 元。

四、成本与可变现净值孰低法的会计处理

企业应设置"存货跌价准备"科目，核算实际计提的存货跌价准备。该科目贷方登记期末实际计提的存货跌价准备；借方登记冲减或结转的存货跌价准备；期末贷方余额，反映企业累计已计提的存货跌价准备。

具体做法是：每一个会计期末，比较成本与可变现净值计算出应计提的跌价准备，然后与"存货跌价准备"科目的余额进行比较，若应提数大于已提数，应予补提；反之，应冲减部分已提数（必须在原已计提的存货跌价准备金额内冲减）。提取和补提存货跌价准备时，借记"资产减值损失——存货跌价准备"科目，贷记"存货跌价准备"科目；冲减存货跌价准备时，做相反会计处理。

发出存货结转存货跌价准备的，借记"存货跌价准备"科目，贷记"主营业务成本""生产成本"等科目。

企业应当合理地计提存货跌价准备，但不得计提秘密准备。如有确凿证据表明企业不恰当地运用了谨慎性原则计提秘密准备的，应当作为重大会计差错予以更正，并在会计报表附注中说明事项的性质调整金额，以及对企业财务状况、经营成果的影响。

涉税提示

企业提取的存货跌价准备金支出，不允许在税前扣除，只有在存货实际发生损失时，其损失金额经税务机关审批才能从应纳税所得额中扣除。企业已提取的存货跌价准备，如果纳税申报时已调增应纳税所得额，因价值恢复或转让处置有关资产而冲销的准备应允许企业做相反的纳税调整。

涉税规定

◆ 国家税务总局关于发布《企业资产损失所得税税前扣除管理办法》的公告

(国家税务总局公告〔2011〕25号)

第五条 企业发生的资产损失,应按规定的程序和要求向主管税务机关申报后方能在税前扣除。未经申报的损失,不得在税前扣除。

第六条 企业以前年度发生的资产损失未能在当年税前扣除的,可以按照本办法的规定,向税务机关说明并进行专项申报扣除。其中,属于实际资产损失,准予追补至该项损失发生年度扣除,其追补确认期限一般不得超过五年,但因计划经济体制转轨过程中遗留的资产损失、企业重组上市过程中因权属不清出现争议而未能及时扣除的资产损失、因承担国家政策性任务而形成的资产损失以及政策定性不明确而形成资产损失等特殊原因形成的资产损失,其追补确认期限经国家税务总局批准后可适当延长。属于法定资产损失,应在申报年度扣除。

企业因以前年度实际资产损失未在税前扣除而多缴的企业所得税税款,可在追补确认年度企业所得税应纳税款中予以抵扣,不足抵扣的,向以后年度递延抵扣。

企业实际资产损失发生年度扣除追补确认的损失后出现亏损的,应先调整资产损失发生年度的亏损额,再按弥补亏损的原则计算以后年度多缴的企业所得税税款,并按前款办法进行税务处理。

【例3-28】 天鑫公司自2×17年起采用"成本与可变现净值孰低法"对期末某类存货进行计价,并运用分类比较法计提存货跌价准备。假设2×16年至2×19年年末该类存货的账面成本均为300 000元。

(1) 假设2×17年年末该类存货的预计可变现净值为270 000元,则应计提的存货跌价准备为30 000元。会计处理为:

借:资产减值损失——存货跌价准备　　　　　　30 000
　　贷:存货跌价准备　　　　　　　　　　　　　　　30 000

(2) 假设2×18年年末该类存货的预计可变现净值为260 000元,则应补提的存货跌价准备为10 000元。会计处理为:

借:资产减值损失——存货跌价准备　　　　　　10 000
　　贷:存货跌价准备　　　　　　　　　　　　　　　10 000

(3) 假设2×19年年末该类存货的可变现净值有所恢复,预计可变现净值为297 000元,则应冲减已计提的存货跌价准备37 000(40 000-3 000)元。会计处理为:

借:存货跌价准备　　　　　　　　　　　　　　　37 000
　　贷:资产减值损失——存货跌价准备　　　　　　37 000

税务处理

(1) 2×16年申报企业所得税时,应调增应纳税所得额30 000元。

(2) 2×17年申报企业所得税时,应调增应纳税所得额10 000元。

(3) 2×18年申报企业所得税时,应调减应纳税所得额37 000元。

当存货存在以下一项或若干项情况时,通常表明存货的可变现净值为零,应当将存货账面价值转入当期损益,需要转出增值税进项税额和已抵扣的消费税的应一并结转。

(1) 已霉烂变质的存货;
(2) 已过期且无转让价值的存货;
(3) 生产中已不再需要,并且已无使用价值和转让价值的存货;
(4) 其他足以证明已无使用价值和转让价值的存货。

企业当期发生上述情况时,应按存货的账面价值和应转出的进项税额,借记"资产减值损失"科目,按已计提的存货跌价准备,借记"存货跌价准备"科目,按存货的账面余额,贷记"库存商品"等科目,按应转出的进项税额和消费税额,贷记"应交税费——应交增值税(进项税额转出)""应交税费——应交消费税"科目。企业应同时确定可收回金额,如变价收入、保险赔偿等。

【例3-29】天鑫公司2×18年年初购进原材料一批,增值税专用发票上注明的价款为30 000元,税额为3 900元,年底预计的可变现净值为27 000元,2×19年年底,整批材料由于材料腐败变质,所以需重新进行会计调整,如下:

(1) 2×18年计提存货跌价准备时:

借:资产减值损失——存货跌价准备　　　　　　　　　3 000
　　贷:存货跌价准备　　　　　　　　　　　　　　　　3 000

(2) 2×19年进行会计调整时:

借:资产减值损失　　　　　　　　　　　　　　　　30 900
　　存货跌价准备　　　　　　　　　　　　　　　　　3 000
　　贷:库存商品　　　　　　　　　　　　　　　　　30 000
　　　　应交税费——应交增值税(进项税额转出)　　　3 900

第六节　存货清查

企业存货应当定期盘点,每年至少盘点一次。盘点结果如果与账面记录不符,应于期末前查明原因,并根据企业的管理权限,经股东大会或董事会或经理(厂长)会议或类似机构批准后,在期末结账前处理完毕。

盘盈或盘亏的存货,如在期末结账前尚未经批准,应在对外提供财务会计报告时先按规定进行处理,并在会计报表附注中做出说明,如果其后批准处理的金额与已处理的金额不一致，应按其差额调整会计报表相关项目的年初数。

企业应设置"待处理财产损溢——待处理流动资产损溢"科目，核算在存货清查过程中查明的各项存货盘盈、盘亏和毁损的价值。该科目处理前的借方余额，反映企业尚未处理的各种流动资产的净损失；处理前的贷方余额，反映企业尚未处理的各种流动资产的净溢余；期末处理后该科目应无余额。

一、存货盘盈的核算

企业发生存货盘盈时，借记"原材料""库存商品"等科目，贷记"待处理财产损溢——待处理流动资产损溢"科目。报经批准后处理时，借记"待处理财产损溢——待处理流动资产损溢"科目，贷记"管理费用"科目。

【例3-30】天鑫公司购进原材料一批，在进行库存盘点的时候，发生存货盘盈2 000元，应做如下会计处理：

（1）企业发生存货盘盈时：

借：原材料　　　　　　　　　　　　　　　　　　2 000
　　贷：待处理财产损溢——待处理流动资产损溢　　　　2 000

（2）报经批准后处理时：

借：待处理财产损溢——待处理流动资产损溢　　　　2 000
　　贷：管理费用　　　　　　　　　　　　　　　　　　2 000

涉税规定

◆《中华人民共和国企业所得税法》（主席令第63号）

第六条　企业以货币形式和非货币形式从各种来源取得的收入，为收入总额。包括：

（一）销售货物收入；

（二）提供劳务收入；

（三）转让财产收入；

（四）股息、红利等权益性投资收益；

（五）利息收入；

（六）租金收入；

（七）特许权使用费收入；

（八）接受捐赠收入；

（九）其他收入。

◆《中华人民共和国企业所得税法实施条例》（国务院令第512号）

第二十二条　企业所得税法第六条第（九）项所称其他收入，是指企业取得的除企业所得税法第六条第（一）项至第（八）项规定的收入外的其他收入，包括企业资产溢余收入、逾期未退包装物押金收入、确实无法偿付的应付款项、已作坏账损失处理后又收回的应收款项、债务重组收入、补贴收入、违约金收入、汇兑收益等。

二、存货盘亏的核算

企业对盘亏、毁损的各种存货，借记"待处理财产损溢——待处理流动资产损溢"科目，贷记"原材料""库存商品""应交税费——应交增值税（进项税额转出）""应交税费——应交消费税"等科目。采用计划成本（或售价）核算的，还应当同时结转成本差异（或商品进销差价）。报经批准后处理时，应当先减去残料价值、可以收回的保险赔偿和过失人的赔偿，借记"原材料""其他应收款"等科目，贷记"待处理财产损溢——待处理流动资产损溢"科目；剩余净损失，属于非正常损失部分，借记"营业外支出——盘亏毁损损失"科目，贷记"待处理财产损溢——待处理流动资产损溢"科目；属于计量收发差错和管理不善等一般经营损失部分，借记"管理费用"科目，贷记"待处理财产损溢——待处理流动资产损溢"科目。

在会计处理上，企业发生的存货毁损，应当将处置收入扣除账面价值和相关税费后的金额计入当期损益。

涉税提示

在税法处理上，根据国家税务总局关于发布《企业资产损失所得税税前扣除管理办法》的公告（国家税务总局公告2011年第25号）规定，企业各项存货发生的正常损耗可以由企业以清单申报的方式向税务机关申报扣除。企业无法准确判别是否属于清单申报扣除的资产损失，可以采取专项申报的形式申报扣除。

因此，对于属于正常损耗的存货损失，会计处理和税务处理基本一致。但企业应当按会计核算科目进行归类、汇总，然后再将汇总清单报送税务机关，并将有关会计核算资料和纳税资料留存备查。

但对于应以专项申报的方式向税务机关申报扣除的，则需要按照"损失税前扣除的相关规定"处理。

涉税规定

◆《财政部 国家税务总局关于企业资产损失税前扣除政策的通知》（财税〔2009〕57号）

七、对企业盘亏的固定资产或存货，以该固定资产的账面净值或存货的成本减除责任人赔偿后的余额，作为固定资产或存货盘亏损失在计算应纳税所得额时扣除。

八、对企业毁损、报废的固定资产或存货,以该固定资产的账面净值或存货的成本减除残值、保险赔款和责任人赔偿后的余额,作为固定资产或存货毁损、报废损失在计算应纳税所得额时扣除。

九、对企业被盗的固定资产或存货,以该固定资产的账面净值或存货的成本减除保险赔款和责任人赔偿后的余额,作为固定资产或存货被盗损失在计算应纳税所得额时扣除。

十、企业因存货盘亏、毁损、报废、被盗等原因不得从增值税销项税额中抵扣的进项税额,可以与存货损失一起在计算应纳税所得额时扣除。

十一、企业在计算应纳税所得额时已经扣除的资产损失,在以后纳税年度全部或者部分收回时,其收回部分应当作为收入计入收回当期的应纳税所得额。

十二、企业境内、境外营业机构发生的资产损失应分开核算,对境外营业机构由于发生资产损失而产生的亏损,不得在计算境内应纳税所得额时扣除。

十三、企业对其扣除的各项资产损失,应当提供能够证明资产损失确属已实际发生的合法证据,包括具有法律效力的外部证据、具有法定资质的中介机构的经济鉴证证明、具有法定资质的专业机构的技术鉴定证明等。

◆《国家税务总局关于〈企业资产损失所得税税前扣除管理办法〉的公告》(国税发〔2011〕25号)

第三章 资产损失确认证据

第十六条 企业资产损失相关的证据包括具有法律效力的外部证据和特定事项的企业内部证据。

第十七条 具有法律效力的外部证据,是指司法机关、行政机关、专业技术鉴定部门等依法出具的与本企业资产损失相关的具有法律效力的书面文件,主要包括:

(一)司法机关的判决或者裁定;

(二)公安机关的立案结案证明、回复;

(三)工商部门出具的注销、吊销及停业证明;

(四)企业的破产清算公告或清偿文件;

(五)行政机关的公文;

(六)专业技术部门的鉴定报告;

(七)具有法定资质的中介机构的经济鉴定证明;

(八)仲裁机构的仲裁文书;

(九)保险公司对投保资产出具的出险调查单、理赔计算单等保险单据;

(十)符合法律规定的其他证据。

◆《国家税务总局关于企业所得税资产损失资料留存备查有关事项的公告》(国家税务总局公告2018年第15号)

一、企业向税务机关申报扣除资产损失,仅需填报企业所得税年度纳税申报表——资产损失税前扣除及纳税调整明细表,不再报送资产损失相关资料。相关资料由企业留存备查。

二、企业应当完整保存资产损失相关资料,保证资料的真实性、合法性。

【例3-31】 天鑫公司采用实际成本法对存货进行计价,期末盘点存货时发现70 000元的原材料发生霉烂变质,系管理不善造成,其已抵扣的进项税额为9 100元。经批准的处理意见是:由保管员赔偿10%,其余部分计入本期损益。天鑫公司应做如下会计处理:

查出原材料霉烂变质时:

借:待处理财产损溢——待处理流动资产损溢　　　　79 100
　　贷:原材料　　　　　　　　　　　　　　　　　　70 000
　　　　应交税费——应交增值税(进项税额转出)　　 9 100

经批准处理:

借:其他应收款　　　　　　　　　　　　　　　　　 7 910
　　管理费用　　　　　　　　　　　　　　　　　　71 190
　　贷:待处理财产损溢——待处理流动资产损溢　　　79 100

税务处理

计入当期损益的存货变质损失71 190元经税务机关审批可以在税前扣除。

【例3-32】 沿用【例3-31】,假设期末盘点存货时发现70 000元的原材料超过保质期,经批准计入本期损益。则天鑫公司应做如下会计处理:

查出原材料霉烂变质时:

借:待处理财产损溢——待处理流动资产损溢　　　　70 000
　　贷:原材料　　　　　　　　　　　　　　　　　　70 000

经批准处理时:

借:管理费用　　　　　　　　　　　　　　　　　　70 000
　　贷:待处理财产损溢——待处理流动资产损溢　　　70 000

税务处理

计入当期损益的存货损失70 000元,属于存货发生的正常损失,由企业自行计算在税前扣除。

第四章 固定资产

【本章提要】本章主要介绍固定资产的核算及涉税处理。

固定资产应当按照成本进行初始计量。不同渠道取得的固定资产,其成本构成也不相同。固定资产有关的后续支出,满足固定资产确认条件的,应当资本化计入固定资产成本,否则应当在发生时计入当期损益。固定资产折旧可选用的方法包括年限平均法、工作量法、双倍余额递减法和年数总和法等。资产负债表日,固定资产的可收回金额低于其账面价值的,应当计提固定资产减值准备。固定资产处置和清查,应按规定的会计处理方法进行处理。

对固定资产进行核算所使用的账户主要有"固定资产""累计折旧""固定资产减值准备""在建工程""工程物资""固定资产清理""资产减值损失"等,这些账户与会计报表的关系如图4-1所示。

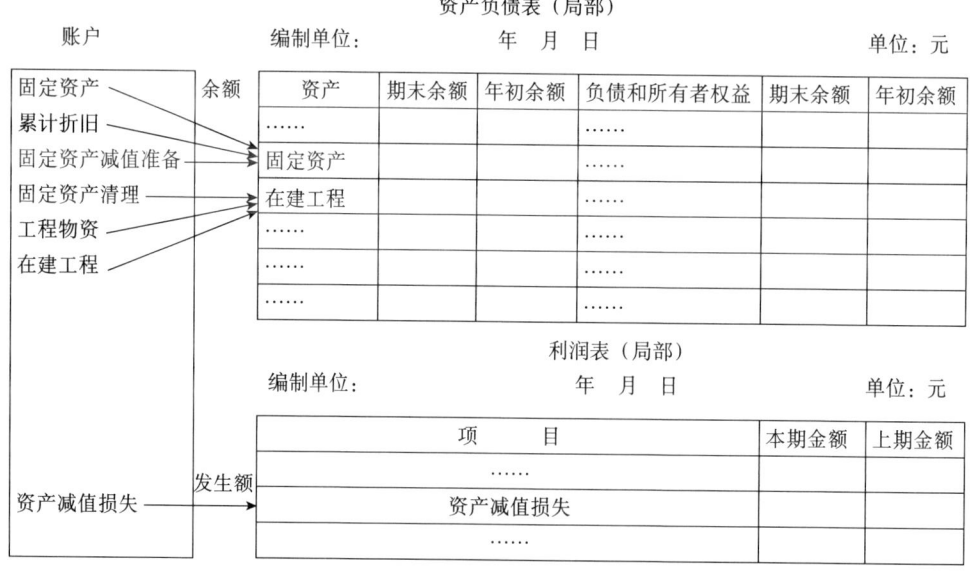

图4-1 本章账户与会计报表的关系

第一节 固定资产的确认和初始计量

一、固定资产的确认

固定资产,是指同时具有下列两个特征的有形资产:
(1) 为生产商品、提供劳务、出租或经营管理而持有的;
(2) 使用寿命超过一个会计年度。

从这一定义可以看出,作为企业的固定资产具备以下三个特征:

第一,企业持有固定资产的目的,是为了生产商品、提供劳务、出租或经营管理的需要,而不像商品一样是为了对外出售。这一特征是固定资产区别于商品等流动资产的重要标志。其中"出租"的固定资产,是指用以出租的机器设备类固定资产,不包括以经营租赁方式出租的建筑物,后者属于企业的投资性房地产,不属于固定资产。

第二,企业使用固定资产的期限较长,使用寿命一般超过一个会计年度。这一特征表明企业固定资产的受益期超过一年,能在一年以上的时间里为企业创造经济利益。

第三,固定资产为有形资产,具有实物特征。这一特征将固定资产与无形资产区别开来。

在实务中,企业应该根据重要性原则对某项资产是否应归类为固定资产进行判断,在考虑资产使用寿命的同时,还应该考虑该项资产的折旧与摊销对财务报表的影响。

通常,由于企业的经营内容、生产规模等各不相同,固定资产的标准不可能一致。例如,对于工业企业持有的工具、用具、备品备件、维修设备等资产,施工企业所持有的模板、挡板、架料等周转材料,以及地质勘探企业所持有的管材等资产,企业应当根据实际情况,分别管理和核算。尽管该类资产具有固定资产的某些特征,如使用期限超过一年,也能带来经济利益,但由于数量多、单价低,考虑到成本效益原则,实务中通常认定为存货。

企业应当根据《企业会计准则第4号——固定资产》的规定,结合本单位的实际情况,制定固定资产目录、分类方法、每类或每项固定资产的使用寿命、预计净残值、折旧方法等,并将目录编制成册,根据企业的管理权限,经股东大会或董事会、经理（厂长）会议或类似机构批准，按照法律、行政法规等的规定报送有关各方备案，同时备置于企业所在地，以供投资者等有关各方查阅。企业已经确定并对外报送，或备置于企业所在地的有关固定资产目录、分类方法、使用寿命、预计净残值、折旧方法等，一经确定不得随意变更。如需变更，仍应履行上述程序，经批准后报送有关各方备案。

固定资产使用寿命、预计净残值和折旧方法的改变应作为会计估计变更，按照《企业会计准则第28号——会计政策、会计估计变更和差错更正》处理。

税务提示

税收上确认的固定资产，是指企业为生产产品、提供劳务、出租或者经营管理而持有的、使用时间超过12个月的非货币性资产，包括房屋、建筑物、机器、机械、运输工具以及其他与生产经营活动有关的设备、器具、工具等。

涉税规定

◆《中华人民共和国增值税暂行条例实施细则》（财政部 国家税务总局令第50号）

第二十一条 前款所称固定资产是指使用期限超过12个月的机器、机械、运输工具以及其他与生产经营有关的设备、工具、器具等。

税务提示

《中华人民共和国企业所得税法实施条例》（国务院令第512号）

第五十七条 企业所得税法第十一条所称固定资产，是指企业为生产产品、提供劳务、出租或者经营管理而持有的、使用时间超过12个月的非货币性资产，包括房屋、建筑物、机器、机械、运输工具以及其他与生产经营活动有关的设备、器具、工具等。该定义实质上与会计准则的规定一致。

在固定资产的确认上，会计与税法有以下区别：（1）与增值税法的规定比较，增值税暂行条例实施细则中规定的固定资产范围较小。增值税政策中允许抵扣进项税额的固定资产是指属于货物的固定资产，并且由于应征消费税的摩托车、汽车、游艇容易混为个人消费，因此也不允许扣除进项税额。（2）与企业所得税法的规定比较，概念基本一致，但有两点差异。①已出租的建筑物会计上列为投资性房地产，企业所得税法仍列为固定资产。②企业所得税法未就固定资产的确认做出具体、明确的规定。根据企业所得税法规定，允许税前扣除的支出必须真实发生，在判断是否真实发生时，纳税人必须提供确属实际发生的有效凭据，如发票、自制凭证、进口报关单等。因此，企业所得税法一般以取得合法、有效的会计凭证作为确认依据。这就是说，税法不允许对固定资产的成本进行估计。

二、固定资产的初始计量

（一）外购固定资产

1. 外购固定资产的初始计量概述

外购固定资产的成本，包括购买价款、相关税费、使固定资产达到预定可使用状态前所发生的可归属于该项资产的运输费、装卸费、安装费和专业人员服务费等。

购买固定资产的价款超过正常信用条件延期支付，实质上具有融资性质的，固定资产的成本以购买价款的现值为基础确定。实际支付的价款与购买价款的现值之间的差额，应当在信用期间内采用实际利率法进行摊销，摊销金额除满足借款费用资本化条件应当计入固定资产成本外，均应当在信用期间内确认为财务费用，计入当期损益。外购固定资产分为需要安装的固定资产和不需要安装的固定资产两类。

涉税规定

◆《财政部　国家税务总局关于全国实施增值税转型改革若干问题的通知》（财税〔2008〕170号）

一、自2009年1月1日起，增值税一般纳税人购进（包括接受捐赠、实物投资）或者自制（包括改扩建、安装）固定资产发生的进项税额，可根据《中华人民共和国增值税暂行条例》和《中华人民共和国增值税暂行条例实施细则》的有关规定，凭增值税专用发票、海关进口增值税专用缴款书和运输费用结算单据从销项税额中抵扣，其进项税额应当记入"应交税金——应交增值税（进项税额）"科目。

二、纳税人允许抵扣的固定资产进项税额，是指纳税人2009年1月1日以后（含1月1日，下同）实际发生，并取得2009年1月1日以后开具的增值税扣税凭证上注明的或者依据增值税扣税凭证计算的增值税税额。

自2009年1月1日起实行。此次增值税转型改革方案的核心是允许企业新购入的机器设备所含进项税额在销项税额中抵扣。因此，允许抵扣的购进固定资产的增值税进项税额，不构成固定资产的成本。

◆《国家税务总局关于调整增值税扣税凭证抵扣期限有关问题的通知》（国税函〔2009〕617号）

一、增值税一般纳税人取得2010年1月1日以后开具的增值税专用发票、公路内河货物运输业统一发票和机动车销售统一发票，应在开具之日起180日内到税务机关办理认证，并在认证通过的次月申报期内，向主管税务机关申报抵扣进项税额。

◆《中华人民共和国增值税暂行条例》（国务院令第538号）

第十条　下列项目的进项税额不得从销项税额中抵扣：

（一）用于非增值税应税项目、免征增值税项目、集体福利或者个人消费的购进货物或者应税劳务；

（二）非正常损失的购进货物，以及相关的劳务和交通运输服务；

（三）非正常损失的在产品、产成品所耗用的购进货物（不包括固定资产）、劳务和交通运输服务；

（四）国务院规定的其他项目。

◆《中华人民共和国增值税暂行条例实施细则》（财政部　国家税务总局令第50号）

第二十一条　条例第十条第（一）项所称购进货物，不包括既用于增值税应税项目（不含免征增值税项目）也用于非增值税应税项目、免征增值税（以下简称免税）项目、集体福利或者个人消费的固定资产。

前款所称固定资产，是指使用期限超过12个月的机器、机械运输工具以及其他与生产经营有关的设备、工具、器具等。

第二十三条　条例第十条第（一）项和本细则所称非增值税应税项目，是指提供非增值税应税劳务、转让无形资产、销售不动产和不动产在建工程。

前款所称不动产是指不能移动或者移动后会引起性质、形状改变的财产，包括建筑物、构筑物和其他土地附着物。

纳税人新建、改建、扩建、修缮、装饰不动产，均属于不动产在建工程。

第二十五条　纳税人自用的应征消费税的摩托车、汽车、游艇，其进项税额不得从销项税额中抵扣。

《中华人民共和国增值税暂行条例实施细则》对具体问题予以进一步明确：一是明确除专门用于非应税项目、免税项目等的机器设备进项税额不得抵扣外，包括混用的机器设备在内的其他机器设备进项税额均可抵扣；二是明确不动产在建工程不允许抵扣进项税额，并对其概念进行了界定；三是根据其上位法授权，将不得抵扣进项税额的纳税人自用消费品，具体明确为应征消费税的游艇、汽车和摩托车。

◆《财政部　国家税务总局关于固定资产进项税额抵扣问题的通知》（财税〔2009〕113号）

《中华人民共和国增值税暂行条例实施细则》第二十三条第二款所所称建筑物，是指供人们在其内生产、生活和其他活动的房屋或者场所，具体为《固定资产分类与代码》（GB/T14885-1994）中代码前两位为"02"的房屋；所称构筑物，是指人们不在其内生产、生活的人工建造物，具体为《固定资产分类与代码》（GB/T14885-1994）中代码前两位为"03"的构筑物；所称其他土地附着物，是指矿产资源及土地上生长的植物。

《固定资产分类与代码》（GB/T14885-1994）电子版可在财政部或国家税务总局网站查询。

以建筑物或者构筑物为载体的附属设备和配套设施，无论在会计处理上是否单独记账与核算，均应作为建筑物或者构筑物的组成部分，其进项税额不得在销项税额中抵扣。附属设备和配套设施是指：给排水、采暖、卫生、通风、照明、通信、煤气、消防、中央空调、电梯、电气、智能化楼宇设备和配套设施。

税务处理

增值税由生产型向消费型转换后，为堵塞因转型可能会带来的一些税收漏洞，修订后的《中华人民共和国增值税暂行条例》和《中华人民共和国增值税暂行条例实施细则》将与企业技术更新无关且容易混为个人消费的自用消费品（如应征消费税的摩托车、汽车、游艇）所含的进项税额，排除在允许抵扣进项税额的范围之外。另外，如果购入的相关固定资产专用于非应税项目，或专用于免税项目和专用于集体福利和个人消费，其进项税额亦不得抵扣。

涉税提示

2017年10月30日，国务院发布了《关于废止〈中华人民共和国营业税暂行条例〉和修改〈中华人民共和国增值税暂行条例〉的决定》（国务院令691号），该决定自公布之日起施行。新修订的《中华人民共和国增值税暂行条例》中购进机器设备含的进项税额也是允许抵扣的。

2. 购入不需要安装固定资产的初始计量

购入不需要安装固定资产的初始计量是指企业购入的固定资产不需要安装就可以直接交付使用。这种情况下，企业应按购入固定资产时实际支付的买价、运输费、装卸费、安装费、专业人员服务费和其他相关税费（不含可抵扣的增值税进项税额）等，借记"固定资产"科目，贷记"银行存款""其他应付款"及"应付票据"等科目。

【例4-1】2×19年1月1日，天鑫公司购入一台不需要安装就可投入使用的设备A，取得的增值税专用发票上注明的设备价款为1 000 000元，增值税进项税额为130 000元，发生的运杂费为5 000元（含税），以银行存款转账支付。假设不考虑其他相关税费。该公司的账务处理如下：

借：固定资产——A设备　　　　　　　　　　　　　1 004 587
　　应交税费——应交增值税（进项税额）　　　　　　 130 413
　　贷：银行存款　　　　　　　　　　　　　　　　　1 135 000

【例4-2】天鑫公司2×19年4月1日购入需要安装的生产设备一套，取得的增值税专用发票上注明价款为600 000元，增值税税额为78 000元，运输费3 270

元（含增值税），款项以银行存款支付。设备由企业自行安装，在安装过程中领用原材料 35 000 元，支付工资 50 000 元。安装完工交付生产使用。则天鑫公司应做如下会计处理：

购入设备时：

借：在建工程　　　　　　　　　　　　　　　　603 000
　　应交税费——应交增值税（进项税额）　　　　78 270
　　贷：银行存款　　　　　　　　　　　　　　　　　681 270

领用材料，支付工资时：

借：在建工程　　　　　　　　　　　　　　　　85 000
　　贷：原材料　　　　　　　　　　　　　　　　　　35 000
　　　　应付职工薪酬　　　　　　　　　　　　　　　50 000

设备安装完毕交付使用时，确定入账价值 = 603 270 + 85 000 = 688 270（元）

借：固定资产　　　　　　　　　　　　　　　　688 270
　　贷：在建工程　　　　　　　　　　　　　　　　　688 270

税务处理

2009 年 1 月 1 日以后购入的固定资产的增值税进项税可抵扣，不计入固定资产成本。且可抵扣的增值税进项税为 130 000 + 5 000 ÷（1 + 9%）× 9% = 130 413（元）。

涉税提示

根据《关于深化增值税改革有关政策的公告》（财政部　税务总局　海关总署公告 2019 年第 39 号）的有关规定：自 2019 年 4 月 1 日起，《营业税改征增值税试点有关事项的规定》（财税〔2016〕36 号印发）第一条第（四）项第 1 点、第二条第（一）项第 1 点停止执行，纳税人取得不动产或者不动产在建工程的进项税额不再分 2 年抵扣。此前按照上述规定尚未抵扣完毕的待抵扣进项税额，可自 2019 年 4 月税款所属期起从销项税额中抵扣。

涉税规定

◆《关于深化增值税改革有关政策的公告》（财政部　税务总局　海关总署公告 2019 年第 39 号）

五、自 2019 年 4 月 1 日起，《营业税改征增值税试点有关事项的规定》（财税〔2016〕36 号印发）第一条第（四）项第 1 点、第二条第（一）项第 1 点停止执行，纳税人取得不动产或者不动产在建工程的进项税额不再分 2 年抵扣。此前按照上述规定尚未抵扣完毕的待抵扣进项税额，可自 2019 年 4 月税款所属期起从销项税额中抵扣。

3. 购入需要安装固定资产的初始计量

购入需要安装固定资产的初始计量是指企业购入的固定资产需要经过安装才能

交付使用。这种情况下,企业购入固定资产时实际支付的买价、运输费、装卸费、安装调试费、专业人员服务费和其他相关税费等均应先通过"在建工程"科目核算,待安装完毕达到预定可使用状态时,再由"在建工程"科目转入"固定资产"科目。

企业购入固定资产时,按实际支付的买价、运输费、装卸费及其他相关税费等,借记"在建工程"科目,贷记"银行存款"等科目。

发生的专业人员服务费等,借记"在建工程"科目,贷记"银行存款"等科目。

安装完毕达到预定可使用状态时,按其实际成本,借记"固定资产"科目,贷记"在建工程"科目。

【例4-3】2×19年2月1日,天鑫公司购入一台需要安装的机器设备B,取得的增值税专用发票上注明的设备价款为300 000元,增值税税额为39 000元,支付的运输费为3 270元,款项已通过银行支付;安装设备时,领用原材料一批,账面余额为25 000元,未计提存货跌价准备,购进该批原材料时支付的增值税进项税额为3 250元;应付安装工人工资为4 800元,计提应付福利费为672元。假设不考虑其他相关税费。甲公司的账务处理如下:

(1) 支付设备价款、增值税、运输费合计为342 270元:

借:在建工程——B设备　　　　　　　　　　　　　　　303 000
　　应交税费——应交增值税（进项税额）　　　　　　 39 270
　　贷:银行存款　　　　　　　　　　　　　　　　　　　　　342 270

(2) 领用本公司原材料,支付安装工人工资、计提应付福利费等费用合计为30 472元:

借:在建工程——B设备　　　　　　　　　　　　　　　 30 472
　　贷:原材料　　　　　　　　　　　　　　　　　　　　　　 25 000
　　　　应付职工薪酬　　　　　　　　　　　　　　　　　　　 5 472

(3) 设备安装完毕达到预定可使用状态:

借:固定资产　　　　　　　　　　　　　　　　　　　　333 427
　　贷:在建工程——B设备　　　　　　　　　　　　　　　　333 427

4. 一笔购入多项固定资产的初始计量

企业基于产品价格等因素的考虑,可能以一笔款项购入多项没有单独标价的固定资产。如果这些资产均符合固定资产的定义,并满足固定资产的确认条件,则应将各项资产单独确认为固定资产,并按各项固定资产公允价值的比例对总成本进行分配,分别确定各项固定资产的入账价值。如果以一笔款项购入的多项资产中还包括固定资产以外的其他资产,也应按类似的方法予以处理。

【例 4 - 4】 天鑫公司为一家制造企业。2×19 年 2 月 1 日,为降低固定资产成本,向甲公司一次购进了三套不同型号且具有不同生产能力的设备 A、B 和 C,用于增值税应税项目的生产。乙公司为这批设备共支付货款 8 000 000 元,增值税税额为 10 400 000 元,包装费为 42 000 元,全部以银行存款转账支付;假定设备 A、B 和 C 均满足固定资产的定义及其确认条件,公允价值分别为 4 000 000 元、2 500 000 元、3 500 000 元。不考虑其他相关税费。天鑫公司的账务处理如下:

(1) 确定应计入固定资产成本的金额,包括买价、包装费等,即:

8 000 000 + 42 000 = 8 042 000(元)

(2) 确定设备 A、B 和 C 的价值分配比例:

A 设备应分配的固定资产价值比例为:

4 000 000 ÷ (4 000 000 + 2 500 000 + 3 500 000) × 100% = 40%

B 设备应分配的固定资产价值比例为:

2 500 000 ÷ (4 000 000 + 2 500 000 + 3 500 000) × 100% = 25%

C 设备应分配的固定资产价值比例为:

3 500 000 ÷ (4 000 000 + 2 500 000 + 3 500 000) × 100% = 35%

(3) 确定 A、B 和 C 设备各自的固定资产入账价值:

A 设备入账价值为:8 042 000 × 40% = 3 216 800(元)

B 设备入账价值为:8 042 000 × 25% = 2 010 500(元)

C 设备入账价值为:8 042 000 × 35% = 2 814 700(元)

(4) 该公司编制如下会计分录:

借:固定资产——A 设备　　　　　　　　　　3 216 800
　　　　　　——B 设备　　　　　　　　　　2 010 500
　　　　　　——C 设备　　　　　　　　　　2 814 700
　　应交税费——应交增值税(进项税额)　　10 400 00
　贷:银行存款　　　　　　　　　　　　　　9 082 000

5. 超过正常信用条件购买固定资产的初始计量

企业购买固定资产通常在正常信用条件期限内付款,但也会发生超过正常信用条件购买固定资产的经济业务事项,如采用分期付款方式购买资产,且在合同中规定的付款期限比较长,超过了正常信用条件(通常在 3 年以上)。在这种情况下,该类购货合同实质上具有融资租赁性质,购入资产的成本不能以各期付款额之和确定,而应以各期付款额的现值之和确定。

固定资产购买价款的现值,应当按照各期支付的购买价款选择恰当的折现率进行折现后的金额加以确定。折现率是反映当前市场货币时间价值和延期付款债务特定风险的利率,实质上即为供货企业的必要报酬率。各期实际支付的价款与购买价款的现值之间的差额,符合《企业会计准则第 17 号——借款费用》中规定的资本化条件的,应当通过在建工程计入固定资产成本,其余部分应当在信用期间内确认为财务费用,计入当期损益。其会计处理为:购入固定资产时,按购买价款的现值,借记"固定资产"或"在建工程"科目;按应支付的金额,贷记"长期应付款"科目;按其差额,借记"未确认融资费用"科目。

涉税规定

◆《中华人民共和国企业所得税法实施条例》(国务院令第 512 号)

第五十六条 企业的各项资产,包括固定资产……以历史成本为计税基础。

前款所称历史成本,是指企业取得该项资产时实际发生的支出。

第五十八条 固定资产按照以下方法确定计税基础:

(一)外购的固定资产,以购买价款和支付的相关税费以及直接归属于使该资产达到预定用途发生的其他支出为计税基础。

涉税提示

外购固定资产进行初始计量时会计与税法之间的差异主要表现在:

(1)购买固定资产的价款超过正常信用条件延期支付,企业会计准则规定固定资产的成本以购买价款的现值为基础确定;而税法不区分是否具有融资性质,均以购买价款和支付的相关税费作为计税基础。

(2)企业会计准则规定固定资产的原值中含有预计固定资产弃置费用的现值,税法不承认因或有事项确认的预计负债。

【例 4-5】 2×20 年 1 月 1 日,天鑫公司与新瑞公司签订一项购货合同,天鑫公司从新瑞公司购入一台需要安装的大型机器设备。合同约定,天鑫公司采用分期付款方式支付价款。该设备价款共计 2 000 000 元,当日支付 800 000 元,其余款项分 3 年在 2×20 年至 2×22 年每年年末支付。

2×20 年 1 月 1 日,设备如期运抵天鑫公司并开始安装,2×20 年 3 月 31 日,设备达到可使用状态,共发生安装等相关费用 30 800 元,已用银行存款付讫。假定会计与税法均规定该大型机器设备的折旧年限为 5 年,采用年限平均法计提折旧,不考虑净残值。

天鑫公司按照合同约定用银行存款如期支付了款项。假定折现率为 6%,购买价款的现值为 1 869 200 元。则天鑫公司应做如下会计处理:

(1)2×20 年 1 月 1 日:

借:在建工程 1 869 200
　　未确认融资费用 130 800

贷：长期应付款 2 000 000
借：长期应付款 800 000
　　贷：银行存款 800 000

天鑫公司未确认融资费用分摊见表4-1。

表4-1　　　　　　　天鑫公司未确认融资费用分摊

2×20年1月1日

日期 ①	分期付款额 ②	确认的融资费用 ③=期初⑤×6%	应付本金减少额 ④=②-③	应付本金金额 期末⑤=期初⑤-④
2×20年1月1日	800 000			1 069 200
2×20年12月31日	400 000	64 152	335 848	733 352
2×21年12月31日	400 000	44 001.12	355 998.88	377 353.12
2×22年12月31日	400 000	22 641.19	377 358.81	0
合计	2 000 000			

（2）2×20年12月31日：

2×20年1月1日至12月31日为设备的安排期间，未确认融资费用的分摊额符合资本化条件，计入固定资产。

借：在建工程 64 152
　　贷：未确认融资费用 64 152
借：长期应付款 400 000
　　贷：银行存款 400 000
借：在建工程 30 800
　　贷：银行存款 30 800
借：固定资产 1 964 152
　　贷：在建工程 1 964 152

固定资产的成本：1 869 200 + 64 152 + 30 800 = 1 964 152（元）

（3）2×21年12月31日：

2×21年1月1日至2×22年12月31日，设备已经达到预定可使用状态，未确认融资费用的分摊额不再符合资本化条件，应计入当期损益。

借：财务费用 44 001.12
　　贷：未确认融资费用 44 001.12
借：制造费用 196 415.2
　　贷：累计折旧 196 415.2
借：长期应付款 400 000
　　贷：银行存款 400 000

(4) 2×22年12月31日：

借：财务费用　　　　　　　　　　　　　　　22 641.19
　　贷：未确认融资费用　　　　　　　　　　　　　　22 641.19
借：制造费用　　　　　　　　　　　　　　　196 415.2
　　贷：累计折旧　　　　　　　　　　　　　　　　196 415.2
借：长期应付款　　　　　　　　　　　　　　400 000
　　贷：银行存款　　　　　　　　　　　　　　　　400 000

税务处理

(1) 2×20年12月31日：该固定资产的账面价值为1 964 152元，计税基础为2 030 800元（2 000 000 + 30 800），两者之间产生的差异为66 648元（2 030 800 − 1 964 152）。

(2) 2×21年12月31日：

会计确认的费用 = 会计摊销的未确认融资费用 + 会计折旧
　　　　　　　　= 44 001.12 + 1 964 152 ÷ 5
　　　　　　　　= 436 831.52（元）

税法确认的费用 = 税法折旧 = 2 030 800 ÷ 5 = 406 160（元）

在申报2×21年的企业所得税时，应调整增加应纳税额30 671.52元（436 831.52 − 406 160）。

以后各年比照2×21年进行处理。

涉税提示

税法对外购的固定资产，以购买价款和支付的相关税费以及直接归属于使该资产达到预定用途发生的其他支出为计税基础，不采用现值。因此，购买固定资产的价款超过正常信用条件延期支付的其会计成本小于计税基础。

【例4−6】 2×19年1月1日，天鑫公司与金华公司签订一项购货合同，天鑫公司从金华公司购入一台需要安装的大型机器设备。合同约定，天鑫公司采用分期付款方式支付价款。该设备价款共计900 000元，首期款项150 000元于2×19年1月1日支付，其余款项在2×19年至2×23年的5年期间平均支付，每年的付款日期为当年12月31日。

2×19年1月1日，设备如期运抵天鑫公司并开始安装，发生运杂费和相关税费160 000元，已用银行存款付讫。2×23年12月31日，设备达到预定可使用状态，发生安装费40 000元，已用银行存款付讫。

天鑫公司按照合同约定用银行存款如期支付了款项。假设折现率为10%。

(1) 购买价款的现值为：

150 000 + 150 000 × (P/A, 10%, 5) = 150 000 + 150 000 × 3.7908 = 718 620

（元）

（2）2×19年1月1日天鑫公司的账务处理如下：

借：在建工程 718 620
　　未确认融资费用 181 380
　　　贷：长期应付款 900 000
借：长期应付款 150 000
　　　贷：银行存款 150 000
借：在建工程 160 000
　　　贷：银行存款 160 000

（3）确定信用期间未确认融资费用的分摊额（见表4-2）：

2×19年1月1日应付本金余额=718 620-150 000=568 620（元）

（4）2×19年1月1日至2×19年12月31日为设备的安装期间，未确认融资费用的分摊额符合资本化条件，计入固定资产成本。2×19年12月31日天鑫公司的账务处理如下：

借：在建工程 56 862
　　　贷：未确认融资费用 56 862

表4-2　　　　　　　　　　天鑫公司未确认融资费用分摊

日期	分期付款额	确认的融资费用	应付本金减少额	应付本金余额
（1）	（2）	（3）=期初（5）×10%	（4）=（3）-（2）	期末（5）=期初（5）-（4）
2×19年1月1日				568 620
2×19年12月31日	150 000	56 862	93 138	475 482
2×20年12月31日	150 000	47 548	102 452	373 030
2×21年12月31日	150 000	37 303	112 697	260 333
2×22年12月31日	150 000	26 033	123 967	136 367
2×23年12月31日	150 000	13 633	136 366	0
合计	750 000	181 380	568 620	

借：长期应付款 150 000
　　　贷：银行存款 150 000
借：在建工程 40 000
　　　贷：银行存款 40 000
借：固定资产 975 482
　　　贷：在建工程 975 482

固定资产的成本为：718 620+160 000+56 862+40 000=975 482（元）

2×20年1月1日至2×23年12月31日,设备已经达到预定可使用状态,未确认融资费用的分摊额不再符合资本化条件,应计入当期损益。

2×20年12月31日:

借:财务费用　　　　　　　　　　　　　　　　　47 548
　　贷:未确认融资费用　　　　　　　　　　　　　　47 548
借:长期应付款　　　　　　　　　　　　　　　　150 000
　　贷:银行存款　　　　　　　　　　　　　　　　150 000

以后各期分录(略)。

(二)自行建造固定资产

自行建造的固定资产,按建造该项资产达到预定可使用状态前所发生的必要、合理支出,作为入账价值。所谓的建造该项资产达到预定可使用状态前所发生的必要支出,包括工程用物资成本、人工成本、应予以资本化的固定资产借款费用、缴纳的相关税金以及应分摊的其他间接费用等。企业为在建工程准备的各种物资,应当按照实际支付的买价、运输费、保险费等相关税费,作为实际成本,并按照各种专项物资的种类进行明细核算。

企业自行建造固定资产主要包括自营建造和出包建造两种方式,主要通过"工程物资"和"在建工程"科目进行核算。无论采用何种方式,所建工程都应当按照实际发生的支出确定其工程成本并单独核算。

"工程物资"科目,核算企业为基建工程、更改工程准备的各种物资的实际成本,包括为工程准备的材料、尚未交付安装的需要安装设备的实际成本,以及预付大型设备款和基本建设期间根据项目概算购入为生产准备的工具及器具等的实际成本,并分别设置"专用材料""专用设备""预付大型设备款""为生产准备的工具及器具"等明细科目。

"在建工程"科目,核算企业进行基建工程、安装工程、技术改造工程等发生的实际成本,包括需要安装设备的价值,并分别设置"建筑工程""安装工程""在安装设备""技术改造工程""其他支出"等明细科目进行核算。

企业自行建造固定资产按其营建方式不同分为自营建造和出包建造两种方式。无论采用何种方式,所建工程都应当按照实际发生的支出确定其工程成本并单独核算。

1. 自营方式建造固定资产

自营方式是指企业自行组织工程物资采购、自行组织施工人员施工建造固定资产。企业通过自营方式建造固定资产,其入账价值应当按照建造该项固定资产达到预定可使用状态前所发生的实际必要支出确定。工程项目较多且工程支出较大的企业，应当按照工程项目的性质分别核算各工程项目的成本。在实务中，企业较少采用自营方式建造固定资产，多数情况下采用出包方式。

工程完工达到预定可使用状态后，应将该项工程完工达到预定可使用状态前所发生的必要支出结转，作为固定资产的入账价值。

固定资产达到预定可使用状态后剩余的工程物资：如转作库存材料，按其实际成本或计划成本进行结转；若材料存在可抵扣的增值税进项税额，应按减去可抵扣增值税进项税额后的实际成本或计划成本，转作企业的库存材料。

盘盈、盘亏、报废、毁损的工程物资，减去保险公司、过失人赔偿部分后的余额，应按下列情况分别处理：

（1）如果工程项目尚未达到预定可使用状态，计入或冲减所建工程项目的成本；

（2）如果工程项目已经达到预定可使用状态，计入当期营业外支出或营业外收入。

工程在达到预定可使用状态前，因必须进行试运转而形成的、能够对外销售的产品，其发生的成本，计入在建工程成本；试运行形成的产品在销售或转为库存商品时，按实际销售收入或按预计售价冲减工程成本。

所建造的固定资产已达到预定可使用状态，但尚未办理竣工决算的，应当自达到预定可使用状态之日起，根据工程预算、造价或者工程实际成本等，按暂估价值转入固定资产成本，待办理竣工决算手续后再作调整。

由于正常原因造成的单项工程或单位工程报废或毁损，应将减去残料价值和过失人或保险公司等赔款后的净损失或净收益，按下列情况分别处理：

（1）如果工程项目尚未达到预定可使用状态，计入或冲减继续施工的工程成本；

（2）如果工程项目已经达到预定可使用状态，属于筹建期间的，计入或冲减管理费用；不属于筹建期间的，直接计入当期营业外支出或营业外收入。

非正常原因造成的单项工程或单位工程报废或毁损，或在建工程项目全部报废或毁损，应将减去残料价值和过失人或保险公司等赔款后的净损失或净收益，直接计入当期营业外支出或营业外收入。

企业通过自营方式建造的固定资产按建造该项资产达到预定可使用状态前所发生的必要支出，借记"在建工程"科目，贷记"银行存款""原材料""应付职工薪酬"等科目；企业发生的借款费用，按照《企业会计准则第17号——借款费用》的有关规定处理，可直接归属于符合资本化条件的资产购建或者生产的，应当予以资本化。

工程达到预定可使用状态交付使用固定资产时,借记"固定资产"科目,贷记"在建工程"科目。

企业依照国家有关规定提取的安全费用以及具有类似性质的各项费用,应当在所有者权益中的"盈余公积"项下以"专项储备"项目单独反映。按规定范围使用安全生产储备购建安全防护设备、设施等资产时,应计入相关资产成本;对于作为固定资产管理和核算的安全防护设备等,企业应当按规定计提折旧,计入有关成本费用。

【例4-7】天鑫公司 2×19 年1月5日开始自行建造仓库一座,购入工程物资取得增值税专用发票,注明价款800 000元,增值税税额为104 000元,2×20 年6月5日工程完工交付使用,实际使用工程物资678 600元(含增值税),其余转为存货;另外还领用了企业生产使用的原材料一批,实际成本20 000元,当初购进时对应的增值税进项税额为2 600元;又发生工程人员工资30 000元,工程完工交付使用。假设不考虑其他相关税费,则天鑫公司应做如下会计处理:

(1)购入工程物资时:

借:工程物资　　　　　　　　　　　　　　　　　　904 000
　　贷:银行存款　　　　　　　　　　　　　　　　904 000

(2)工程领用物资时:

借:在建工程——仓库　　　　　　　　　　　　　　678 600
　　贷:工程物资　　　　　　　　　　　　　　　　678 600

(3)工程领用原材料时:

借:在建工程——仓库　　　　　　　　　　　　　　22 600
　　贷:原材料　　　　　　　　　　　　　　　　　20 000
　　　　应交税费——应交增值税(进项税额转出)　2 600

(4)分配工程人员工资时:

借:在建工程——仓库　　　　　　　　　　　　　　30 000
　　贷:应付职工薪酬——工资　　　　　　　　　　30 000

(5)工程完工交付使用时:

借:固定资产　　　　　　　　　　　　　　　　　　731 200
　　贷:在建工程——仓库　　　　　　　　　　　　731 200

(6)剩余工程物资转为企业存货时:

借:原材料　　　　　　　　　　　　　　　　　　　225 400
　　贷:工程物资　　　　　　　　　　　　　　　　225 400

涉税提示

(1)企业自行建造的固定资产如果属于使用期限超过12个月的机器、机械、运输工具以及其他与生产经营有关的设备,为建造固定资产购进的工程物资如果取得了增值税专用发票,增值税专用发票上注明的增值税额可以抵扣。建造过程中领用生产用原材料,不作进项税额转出处理;建造过程中领用本企业自产产品,按企业所得税法增值税法规定,均不视同销售处理。

(2) 企业自行建造厂房等不动产,属于非增值税应税项目,其所外购工程物资的进项税额不得从销项税额中抵扣,应计入外购工程物资的成本;建造过程中领用已抵扣进项税额的生产用原材料,应作进项税额转出处理;建造过程中领用本企业自产产品的,按照企业所得税法规定不视同销售处理,但增值税法规定应视同销售处理。

【例4-8】2×19年1月,甲公司自行建造一幢厂房,购入工程物资一批,价款为2 500 000元,支付的增值税进项税额为325 000元,款项以银行存款支付。1月至6月,工程先后领用工程物资2 725 000元(含增值税税额);剩余工程物资转作该公司的存货,其所含的增值税进项税额可以抵扣;工程领用生产用原材料一批,账面余额为320 000元,未计提存货跌价准备。购进该批原材料时支付的增值税进项税额为41 600元,辅助生产车间为工程提供有关劳务支出150 000元,计提工程人员工资为80 000元、计提工程人员福利费为11 200元;6月末,工程达到预定可使用状态并交付使用。假设不考虑其他相关税费。甲公司的账务处理如下:

(1) 购入为工程准备的物资时:

借:工程物资 2 825 000
  贷:银行存款 2 825 000

(2) 工程领用物资时:

借:在建工程——厂房 2 725 000
  贷:工程物资 2 725 000

(3) 工程领用原材料时:

借:在建工程——厂房 361 600
  贷:原材料 320 000
    应交税费——应交增值税(进项税额转出) 41 600

(4) 辅助生产车间为工程发生的费用支出时:

借:在建工程——厂房 241 200
  贷:生产成本——辅助生产成本 150 000
    应付职工薪酬 91 200

(5) 6月末,工程达到预定可使用状态并交付使用时:

借:固定资产——厂房 3 327 800
  贷:在建工程——厂房 3 327 800

(6) 剩余工程物资转作存货时：

借：原材料　　　　　　　　　　　　　　　　　176 911.15
　　应交税费——应交增值税（进项税额）　　　 23 008.85
　　贷：工程物资　　　　　　　　　　　　　　　　　200 000

2. 出包方式建造固定资产

企业通过出包工程方式建造的固定资产，其成本由建造该项固定资产达到预定可使用状态前所发生的必要支出构成，包括发生的建筑工程支出、安装工程支出，以及需分摊计入各固定资产价值的待摊支出。企业应按照支付的工程价款等计量，其工程的具体支出在承包单位核算，此时"在建工程"科目实际成为企业与承包单位的结算科目，企业将与承包单位结算的工程价款作为工程成本，通过"在建工程"科目核算。

待摊支出，是指在建设期间发生的，不能直接计入某项固定资产价值，而应由所建造固定资产共同负担的相关费用，包括为建造工程发生的管理费、可行性研究费、临时设施费、公证费、监理费、应负担的税金、符合资本化条件的借款费用、建设期间发生的工程物资盘亏、报废及毁损净损失以及负荷联合试车费等。企业为建造固定资产通过出让方式取得土地使用权而支付的土地出让金不计入在建工程成本，应确认为无形资产（土地使用权）。

企业按合同规定支付工程价款时，借记"在建工程"科目，贷记"银行存款"科目；在建工程达到预定可使用状态时，其计算步骤有以下两步。

（1）计算分配待摊支出，待摊支出的分配率可按下列公式计算：

待摊支出分配率 = ［累计发生的待摊支出/（建筑工程支出 + 安装工程支出 + 在安装工程设备支出）］×100%

××工程应分配的待摊支出 = （××工程的建筑工程支出 + ××工程的安装工程支出 + ××工程的在安装工程支出）×待摊支出分配率

（2）计算确定已完工的固定资产成本：

①房屋、建筑物等固定资产成本 = 建筑工程支出 + 应分摊的待摊支出

②需要安装设备的成本 = 设备成本 + 为设备安装发生的基础、支座等建筑工程支出 + 安装工程支出 + 应分摊的待摊支出；其会计处理为：借记"固定资产"科目，贷记"在建工程——建筑工程""在建工程——安装工程""在建工程——待摊支出"等科目。

涉税规定

◆《中华人民共和国企业所得税法实施条例》（国务院令第512号）

第三十七条　企业在生产经营活动中发生的合理的不需要资本化的借款费用，

准予扣除。企业为购置、建造固定资产、无形资产和经过 12 个月以上的建造才能达到预定可销售状态的存货发生借款的，在有关资产购置、建造期间发生的合理的借款费用，应当作为资本性支出计入有关资产的成本，并依照本条例的规定扣除。

第五十八条 固定资产按照以下方法确定计税基础：

（二）自行建造的固定资产，以竣工结算前发生的支出为计税基础。

◆《关于执行〈企业会计准则〉有关企业所得税政策问题的通知》（财税〔2007〕80 号）

四、企业发生的借款费用，符合会计准则规定的资本化条件的，应当资本化，计入相关资产成本，按税法规定计算的折旧等成本费用可在税前扣除。

◆《国家税务总局于印发〈企业资产损失税前扣除管理办法〉的通知》（国税发〔2009〕88 号）

第二十六条 在建工程停建、废弃和报废、拆除损失，其账面价值扣除残值后的余额部分，依据下列证据认定损失：

（一）国家明令停建项目的文件；

（二）有关政府部门出具的工程停建拆除文件；

（三）企业对报废、废弃的在建工程项目出具的鉴定意见和原因说明及核批文件，单项数额较大的在建工程项目报废，应当有专业技术鉴定部门的鉴定报告；

（四）工程项目实际投资额的确定依据。

第二十七条 在建工程自然灾害和意外事故毁损损失，其账面价值扣除残值、保险赔偿及责任赔偿后的余额部分，依据下列证据认定损失：

（一）有关自然灾害或者意外事故证明；

（二）涉及保险索赔的，应当有保险理赔证明；

（三）企业内部有关责任认定、责任人赔偿说明和核准文件。

第二十八条 工程物资发生损失的、比照本办法存货损失的规定进行认定。

◆《国家税务总局关于贯彻落实企业所得税法若干税收问题的通知》（国税函〔2010〕79 号）

五、关于固定资产投入使用后计税基础确定问题

企业固定资产投入使用后，由于工程款项尚未结清，未取得全额发票的，可暂按合同规定的金额计入固定资产计税基础计提折旧，待发票取得后进行调整。但该项调整应在固定资产投入使用后 12 个月内进行。

涉税提示

自行建造的固定资产在初始计量时会计与税法的差异主要表现在：

（1）计量固定资产会计成本与计税基础的方法不同。

会计准则以"固定资产"达到预定可使用状态前所发生的必要支出确定固定资

产的入账价值，此后的费用直接计入当期损益；税法以固定资产"竣工结算前发生的支出"为计税基础。但是企业固定资产投入使用后，由于工程款项尚未结清，未取得全额发票的，可暂按合同规定的金额计入固定资产计税基础计提折旧，待发票取得后进行调整。但该项调整应在固定资产投入使用后12个月内进行。

（2）关于固定资产开始计提折旧的时间。

企业会计准则以固定资产"达到预定可使用状态时"的下月开始计提折旧，《税法》以固定资产"竣工结算时"的下月开始计提折旧。但是企业固定资产投入使用后，由于工程款项尚未结清、未取得全额发票的，处理办法与会计处理基本一致。

（3）固定资产计提折旧的依据不同。

会计准则按照固定资产的入账价值计提折旧；税法按照固定资产的计税基础计提折旧。

（4）借款费用资本化的范围和金额不同。

按照企业会计准则规定，可以资本化的借款包括专门借款和一般借款，但按税法规定可以资本化的借款仅指企业为购置、建造固定资产发生的借款，即会计上的专门借款。计入固定资产成本的借款费用在税前扣除时，税法做出了限定。

【例4-9】 天鑫公司将一幢新厂房工程出包给甲承包公司，按规定向甲公司预付工程价款800 000元。新厂房完工收到甲公司账单，该项工程实际支出1 100 000元，通过银行补付300 000元工程价款。出包新厂房完工后，经验收合格交付使用。则天鑫公司应做如下会计处理：

（1）预付款时：

借：在建工程——新厂房工程　　　　　　　　　　800 000
　　贷：银行存款　　　　　　　　　　　　　　　　800 000

（2）补付工程款时：

借：在建工程——新厂房工程　　　　　　　　　　300 000
　　贷：银行存款　　　　　　　　　　　　　　　　300 000

（3）工程验收，交付使用时：

借：固定资产　　　　　　　　　　　　　　　　1 100 000
　　贷：在建工程——新厂房工程　　　　　　　　1 100 000

【例4-10】 2×18年7月1日，甲公司将一幢新建厂房工程出包给A公司承建，按规定先向承包单位预付工程价款5 000 000元，以银行存款转账支付；2×19年2月1日，工程达到预定可使用状态后，收到承包单位的有关工程结算单据，补付工程款180 000元，以银行存款转账支付；2×19年4月1日，工程达到预定可使用状态经验收后交付使用。甲公司的账务处理如下：

（1）2×18年7月1日，甲公司预付工程款5 000 000元：

借：在建工程　　　　　　　　　　　　　　　　　　　5 000 000
　　贷：银行存款　　　　　　　　　　　　　　　　　　5 000 000

(2) 2×19年2月1日，甲公司补付工程款180 000元：

借：在建工程　　　　　　　　　　　　　　　　　　　　180 000
　　贷：银行存款　　　　　　　　　　　　　　　　　　　180 000

(3) 2×19年4月1日，工程达到预定可使用状态经验收交付使用：

借：固定资产　　　　　　　　　　　　　　　　　　　5 180 000
　　贷：在建工程　　　　　　　　　　　　　　　　　　5 180 000

（三）融资租入固定资产

融资租赁，是指实质上转移了与资产所有权有关的全部风险和报酬的租赁。融资租赁的所有权最终可能转移，也可能不转移。在融资租赁方式下，承租人应于租赁开始日将租赁开始日租入固定资产公允价值与最低租赁付款额现值两者中较低者作为租入固定资产入账价值，将最低租赁付款作为长期应付款的入账价值，其差额作为未确认融资费用。

融资租入的固定资产，承租人应在租赁期开始日将租赁资产的公允价值与最低租赁付款额现值两者中的较低者作为租入固定资产的入账价值，将最低租赁付款额作为长期应付款的入账价值，其差额作为未确认融资费用。即承租人应当按照租赁开始日租赁资产公允价值与最低租赁付款额的现值两者中的较低者，借记"固定资产——融资租入固定资产"或"在建工程"科目；按最低租赁付款额，贷记"长期应付款——应付融资租入固定资产的租赁费"科目；按其差额，借记"未确认融资费用"科目。

涉税规定

◆《中华人民共和国企业所得税法实施条例》（国务院令第512号）

第五十八条　固定资产按照以下方法确定计税基础：

（三）融资租入的固定资产，以租赁合同约定的付款总额和承租人在签订租赁合同过程中发生的相关费用为计税基础，租赁合同未约定付款总额的，以该资产的公允价值和承租人在签订租赁合同过程中发生的相关费用为计税基础。

◆《关于租入固定资产进项税额抵扣等增值税政策的通知》（财税〔2017〕90号）

一、自2018年1月1日起，纳税人租入固定资产、不动产，既用于一般计税方法计税项目，又用于简易计税方法计税项目、免征增值税项目、集体福利或者个人消费的，其进项税额准予从销项税额中全额抵扣。

二、纳税人租入的固定资产、不动产，兼用多种增值税项目的（一般计税项目、简易计税项目、免税项目、集体福利或者个人消费），其进项税额准予从销项税额中全额抵扣。公司的日常支出，如广告费、维修工程、改造工程等支出，不适用于上述规定。

三、如果用于简易计税方法计税项目、免征增值税项目、集体福利或者个人消费的项目，其进项税额不得从销项税额中抵扣；如果发生既用于可以抵扣项目，又用于不可抵扣项目，则需按照规定计算转出不得抵扣的进项税额。

不得抵扣的进项税额 = 当期全部进项税额 ×（当期简易计税方法计税项目销售额 + 免税项目销售额）／当期全部销售额

涉税提示

对于融资租入的固定资产，会计与税法的差异主要表现在：企业会计准则遵循谨慎性原则，按照租赁开始日租赁资产公允价值与最低租赁付款额现值中较低者作为租入资产的入账价值，体现融资租入固定资产作为资产的特性。企业所得税法对融资租赁方式租入固定资产的计价不考虑最低租赁付款额现值，不承认会计上确认的未确认融资费用，是按合同规定的租赁付款额或者公允价值作为固定资产的入账价值，将确认的未实现融资费用直接计入固定资产原值。

（四）固定资产弃置费用的核算

固定资产存在弃置义务的，应在取得固定资产时，按预计弃置费用的现值，借记"固定资产——预计弃置费用"科目，贷记"预计负债"科目；在该项固定资产的使用寿命内，计算确定各期应负担的利息费用，借记"财务费用"科目，贷记"预计负债"科目。

涉税规定

◆《中华人民共和国企业所得税法实施条例》（国务院令第512号）

第四十五条 企业依照法律、行政法规有关规定提取的用于环境保护、生态恢复等方面的专项资金，准予扣除。上述专项资金提取后改变用途的，不得扣除。

涉税提示

在进行税务处理时，因或有事项确认的预计负债，因实际尚未发生，不应当计入固定资产的计税基础。因此，固定资产的计税基础不含弃置费用。

【例4-11】经国家审批，某企业计划建造一个核电站，其主体设备核反应堆将会对当地的生态环境产生一定的影响。根据法律规定，企业应在该项设备使用期满后将其拆除，并对造成的污染进行整治。2×19年12月31日，该项设备建造完成并交付使用，建造成本共50 000 000元。预计使用寿命10年，预计弃置费用为500 000元。假定折现率（即为实际利率）为10%，固定资产报废时实际发生弃置费用为700 000元。利率为10%，期数为10的一元复利现值系数为0.5。则该企业各年的会计处理与税务处理为（假定不考虑折旧）：

（1）计算已完工的固定资产的成本。

2×19年12月31日会计分录如下：

弃置费用的现值 = 500 000 × 0.5 = 250 000（元）

固定资产入账价值 = 50 000 000 + 250 000 = 50 250 000（元）

借：固定资产　　　　　　　　　　　　　　　　　50 250 000
　　贷：在建工程　　　　　　　　　　　　　　　　　50 000 000
　　　　预计负债　　　　　　　　　　　　　　　　　　　250 000

税务处理

该固定资产的账面价值为50 250 000元，计税基础为50 000 000元，两者之间产生的应纳税暂时性差异为250 000元（50 250 000 − 50 000 000），影响应纳税所得额减少250 000元；同时预计负债的账面价值为250 000元，计税基础为零元，两者之间产生的可抵扣暂时性差异为250 000元（250 000 − 0），影响应纳税所得额增加250 000元。因此，2×19年申报企业所得税时不做纳税调整。

对于固定资产账面价值与计税基础之间的差额在固定资产使用的以后各年将通过固定资产折旧进行纳税调整，10年累计调整增加应纳税所得额250 000元。

（2）计算第1年应负担的利息 = 250 000 × 10% = 25 000（元）。

借：财务费用　　　　　　　　　　　　　　　　　　　25 000
　　贷：预计负债　　　　　　　　　　　　　　　　　　　25 000

税务处理

调整增加应纳税所得额25 000元。

（3）计算第2年应负担的利息 = （250 000 + 25 000）× 10% = 27 500（元）。

借：财务费用　　　　　　　　　　　　　　　　　　　27 500
　　贷：预计负债　　　　　　　　　　　　　　　　　　　27 500

税务处理

调整增加应纳税所得额27 500元。至此，因弃置费用计入固定资产会计成本形成的暂时性差异对所得额的影响全部转回。

以后会计年度的会计处理与税务处理略。

（4）固定资产报废时：

借：固定资产清理　　　　　　　　　　　　　　　　　200 000
　　预计负债　　　　　　　　　　　　　　　　　　　500 000
　　贷：银行存款　　　　　　　　　　　　　　　　　　700 000

税务处理

调整增加应纳税所得额500 000元。至此，因弃置费用计入固定资产会计成本形成的暂时性差异对所得额的影响全部转回。

(五) 其他方式取得的固定资产

(1) 投资者投入固定资产的成本，应当按照投资合同或协议约定的价值加上应支付的相关税费确定，但合同或协议约定价值不公允的除外；在投资合同或协议约定价值不公允的情况下，按照该项固定资产的公允价值作为入账价值。

企业应按照确定的固定资产的成本，借记"固定资产"科目，按照投资合同或协议约定的价值在其注册资本中所占的份额，贷记"实收资本"或"股本"科目，按照投资合同或协议约定的价值与确认为实收资本或股本的差额，贷记"资本公积"，按应支付的相关税费，贷记"银行存款"等科目。

企业接受投资的固定资产如果是机器、机械、运输工具以及其他与生产经营有关的设备、工具器具，并取得增值税专用发票的，可以按照专用发票上注明的增值税额，借记"应交税费——应交增值税（进项税额）"科目。

涉税规定

◆《中华人民共和国企业所得税法实施条例》（国务院令第512号）

第五十八条　固定资产按照以下方法确定计税基础：

（五）通过捐赠、投资、非货币性资产交换、债务重组等方式取得的固定资产，以该资产的公允价值和支付的相关税费为计税基础。

涉税提示

对投资者投入的固定资产，会计与税法确定成本的方法基本相同。

【例4-12】2×19年8月21日，天鑫公司收到A企业投入机器设备一台，经专业资产评估师进行评估，该设备原价为150 000元，净值为130 000元，投资合同或协议约定的价值为130 000元，占其注册资本228万元的5%。该接受投资过程中取得了增值税专用发票，发票上注明增值税税额为16 900元。则天鑫公司应做如下会计处理：

借：固定资产　　　　　　　　　　　　　　　　　130 000
　　应交税费——应交增值税（进项税额）　　　　 16 900
　贷：实收资本　　　　　　　　　　　　　　　　 114 000
　　　资本公积　　　　　　　　　　　　　　　　　32 900

(2) 接受捐赠的固定资产的成本，应区分以下情况处理：

①捐赠方提供了有关凭据的，按凭据上标明的金额加上应支付的相关税费，作为初始入账价值；

②捐赠方没有提供相关凭据的，则按活跃市场上同类或类似固定资产的市场价格估计金额及相关税费作为初始入账价值。

如果受赠的固定资产是已经使用过的，需要减去按该项固定资产的新旧程度估计的价值损耗后的余额作为入账价值。

（3）盘盈的固定资产的成本。盘盈的固定资产，作为前期差错处理，在按管理权限报经批准处理前，应先通过"以前年度损益调整"科目核算。

（4）非货币性资产交换、债务重组等方式取得的固定资产的成本。

（5）无偿调入固定资产。企业从有关部门无偿取得的固定资产，符合政府补助条件的，按《企业会计准则第16号——政府补助》的规定处理，按取得固定资产的公允价值借记"固定资产"科目，公允价值不能可靠取得的按照名义金额计量，同时，贷记"递延收益"科目，并在固定资产使用寿命内平均分配，计入"营业外收入"科目。但是，按照名义金额计量的政府补助，直接计入当期损益。

涉税提示

在对固定资产进行初始计量时，由于会计与税法对固定资产成本的确定方法不同，会造成固定资产的入账价值与计税基础之间产生差额，形成暂时性差异。外购的固定资产、自行建造的固定资产、融资租入的固定资产和非货币性资产交换换入的固定资产，会计确定的入账价值与税法确定的计税基础之间存在差异。投资者投入的固定资产、债务重组取得的固定资产，会计与税法确定成本的方法基本相同。

第二节 固定资产的后续计量

一、固定资产折旧

固定资产的折旧，是指在固定资产使用寿命内，按照确定的方法对应计折旧额进行系统分摊。

应计折旧额，是指应当计提折旧的固定资产的原价扣除其预计净残值后的金额。已计提减值准备的固定资产，还应当扣除已计提的固定资产减值准备累计金额。预计净残值，是指假定固定资产预计使用寿命已满并处于使用寿命终了时的预期状态，企业目前从该项资产处置中获得的扣除预计处置费用后的金额。

企业的固定资产可以长期参加生产经营而仍保持其原有的实物形态，但其价值将随着固定资产的使用而逐渐转移到生产的产品成本中，或构成了企业的费用。固定资产折旧，是对固定资产由于磨损和损耗而转移到产品成本或费用的那一部分价值的补偿。

（一）影响固定资产折旧的因素

1. 计提固定资产折旧的基数

计算固定资产折旧的基数一般为固定资产的原始成本，也就是固定资产原价。企业在计提固定资产折旧时，应以当月月初应计折旧的固定资产账面原价为依据，当月增加的固定资产，当月不计提折旧，从下月起计提折旧；当月减少的固定资产，当月仍计提折旧，从下月起不计提折旧。

2. 固定资产的预计净残值

企业需要根据固定资产性质和使用情况来合理确定固定资产的预计净残值。预计净残值，是指假定固定资产预计使用寿命届满时的预期状态，企业目前从该项资产处置中获得的扣除预计处置费用后的金额。固定资产的预计净残值是预计固定资产使用期满时的回收现值。在计提折旧时，该净残值应从固定资产原价中扣除。但是，在计算固定资产的净残值时，由于固定资产还没有使用到期，对于使用到期后的实际金额不能准确确定，因此，在计算固定资产的净残值时，只能人为地估计固定资产的残余价值和清理费用。

3. 固定资产的使用寿命

企业应当根据固定资产的性质和使用情况，合理确定固定资产的使用寿命。使用寿命，是指企业使用固定资产的预计期间，或者该固定资产所能生产产品或提供劳务的数量。企业在确定固定资产的使用寿命时，主要应当考虑下列因素：

第一，预计生产能力或实物产量。

第二，该资产的预计有形损耗，这是指固定资产由于使用和自然力的影响而引起的使用价值和价值的损失，如由于使用而发生机械磨损或自然因素的侵蚀（空气、水分的侵蚀等）等造成固定资产使用价值和价值的不断降低和损失。

第三，该资产的预计无形损耗，这是指固定资产在使用过程中由于科学技术进步等引起的价值损失。例如，随着时间的推移，原有的设备已经陈旧，生产出的产品不能满足市场的需要。或者，由于科学技术的进步，新的性能及更先进的设备产生，使相同产品的成本和价格大大降低，从而使得原来的设备被更先进的机器设备所替代，导致其贬值或提前报废。随着科学技术的迅猛发展，固定资产的无形损耗将更为明显。

第四，法律或类似规定对该项资产使用的限制。例如，用于债务重组、非货币性交换的固定资产，以及作为抵押的固定资产，根据国家有关法律及类似规定，这些都将会使该项固定资产使用用途和使用寿命受到某种程度的限制，势必影响该项固定资产的预计使用寿命。

企业应根据固定资产的性质和使用情况，合理的确定固定资产的净残值和使用寿命，并根据科技发展、环境及其他因素，选择合理的固定资产的折旧方法。在按照管理权限，经股东大会或董事会等类似机构批准后作为计提折旧的依据。同时需要按照法律、行政法规的规定报送有关各方备案，并被置于企业所在地点，以供投资者等各方查阅。

由此看出，固定资产折旧政策由企业管理当局制定。企业折旧政策与税法规定不符的，应在年末进行纳税调整。在实务中，企业在制定折旧政策时，更趋向采用选择与税法相一致的做法，如净残值的计提比例、使用寿命以及折旧方法等，以简化企业年末纳税调整的核算内容。

4. 固定资产减值准备

固定资产减值准备是指固定资产已计提的固定资产减值准备累计金额。已计提减值准备的固定资产，应当按照固定资产账面余额扣除累计折旧和已计提的固定资产减值准备累计金额，以及尚可使用寿命重新计算确定折旧率和折旧额。

涉税规定

◆《中华人民共和国企业所得税法实施条例》（国务院令第512号）

第五十九条　固定资产按照直线法计算的折旧，准予扣除。

企业应当自固定资产投入使用月份的次月起计算折旧；停止使用的固定资产，应当自停止使用月份的次月起停止计算折旧。

企业应当根据固定资产的性质和使用情况，合理确定固定资产的预计净残值。固定资产的预计净残值一经确定，不得变更。

使用寿命是指企业使用固定资产的预计期间，或者该固定资产所能生产产品或提供劳务的数量。企业确定固定资产使用寿命，应当考虑下列因素：

（1）预计生产能力或实物产量；

（2）预计有形损耗和无形损耗；

（3）法律或者类似规定对资产使用的限制。

◆《中华人民共和国企业所得税法实施条例》（国务院令第512号）

第六十条　除国务院财政、税务主管部门另有规定外，固定资产计算折旧的最低年限如下：

（一）房屋、建筑物，为20年；

（二）飞机、火车、轮船、机器、机械和其他生产设备，为10年；

（三）与生产经营活动有关的器具、工具、家具等，为 5 年；
（四）飞机、火车、轮船以外的运输工具，为 4 年；
（五）电子设备，为 3 年。

5. 折旧方法

企业应当根据固定资产的性质和消耗方式，合理地确定固定资产的预计使用年限和预计净残值，并根据所含经济利益预期实现方式、科技发展、环境及其他因素，选择合理的固定资产折旧方法。

固定资产的使用年限、预计净残值、折旧方法一经选定，不得随意变更。如需变更，应当在会计报表附注中予以说明。

（二）固定资产折旧的计提范围

企业需要对所有的固定资产计提折旧，以下两种情况除外：

第一，已提足折旧仍然在继续使用的固定资产；

第二，企业单独计价入账的土地。在实务中，土地不会发生磨损和损耗，因此，不需要计提折旧。另外，我国土地所有权归国家所有，企业只拥有土地使用权，因此，企业更多的将其作为无形资产进行管理和核算，将土地单独计价作为固定资产的情况并不多见，这与国外对土地管理及核算有较大的差异。

对于租赁固定资产，以融资租赁方式租入的固定资产和以经营租赁方式租出的固定资产，应当计提折旧；而以融资租赁方式租出的固定资产和以经营租赁方式租入的固定资产，不应当计提折旧。

实务中，在确定计提折旧的范围时，还应当注意以下五点：

第一，固定资产应当按月计提折旧。固定资产应自达到预定可使用状态时开始计提折旧，终止确认时或划分为持有待售非流动资产时停止计提折旧。当月增加的固定资产，当月不计提折旧，从下月起计提折旧；当月减少的固定资产，当月仍计提折旧，从下月起不计提折旧；固定资产提足折旧后，无论能否继续使用，均不再提取折旧；提前报废的固定资产，也不再补提折旧。

第二，固定资产提足折旧后，不论能否继续使用，均不再计提折旧；提前报废的固定资产，也不再补提折旧。

第三，根据《企业会计准则第 4 号——固定资产》应用指南的规定，已经达到预定可使用状态但尚未办理竣工结算的固定资产，应当按照估计价值确定其成本，并计提折旧；待办理竣工结算后，再按实际成本调整原来的暂估价值，但不需要调整原已计提的折旧额。但在会计实务中，如果由于会计政策或人为差错等原因，造成固定资产的实际成本与暂估价值出现较大差异的，视同为会计差错，应按照会计差错有关规定进行处理，并追溯调整以前已提折旧额。

第四，融资租入的固定资产，应当采用与自有固定资产相一致的折旧政策计提租赁资产折旧。能够合理确定租赁期届满时将会取得租赁资产所有权的，应当在租赁资产使用寿命内计提折旧；无法合理确定租赁期届满时能够取得租赁资产所有权的，应当在租赁期与租赁资产使用寿命两者中较短的期间内计提折旧。

第五，企业对固定资产进行更新改造时，应将更新改造的固定资产账面价值转入在建工程，并在此基础上确定经过更新改造后的固定资产原价。处于更新改造过程而停止使用的固定资产，已转入在建工程，因此不计提折旧。待更新改造项目达到预定可使用状态转为固定资产后，再按重新确定的使用寿命、预计净残值和折旧方法计提折旧。

涉税规定

◆《中华人民共和国企业所得税法》（主席令第63号）

第十一条 在计算应纳税所得额时，企业按照规定计算的固定资产折旧，准予扣除。

下列固定资产不得计算折旧扣除：

（一）房屋、建筑物以外未投入使用的固定资产；

（二）以经营租赁方式租入的固定资产；

（三）以融资租赁方式租出的固定资产；

（四）已足额提取折旧仍继续使用的固定资产；

（五）与经营活动无关的固定资产；

（六）单独估价作为固定资产入账的土地；

（七）其他不得计算折旧扣除的固定资产。

企业所得税"54号文"规定，"单位价值不超过500万元的，允许一次性计入当期成本费用在计算应纳税所得额时扣除，不再分年度计算折旧"，可以不留净残值，全额一次性计入当期成本费用。但"允许一次性计入当期成本费用在计算应纳税所得额时扣除"并不等于一次性税前扣除，比如：企业购置用于福利部门的固定资产，按照国税函〔2009〕3号文处理，一次性计入职工福利费，须按限额扣除；企业购置的固定资产是用专项政府补助购置的，符合并使用了不征税收入政策，但是一次性计入当期成本费用后，根据财税〔2011〕25号文规定，该成本费用也是不得税前扣除的，也要按规定调增处理。

涉税提示

在计提固定资产折旧的范围上，会计与税法有差异。企业会计准则规定，企业应当对除已提足折旧仍继续使用的固定资产和按照规定单独估价入账的土地外所有固定资产计提折旧。而税法规定，纳税人的部分固定资产不得提取折旧。

(三) 固定资产折旧的折旧方法

企业需要根据与固定资产有关的经济利益的预期实现方式，合理选择固定资产折旧方法。会计上计算固定资产折旧的方法很多，主要可分为两大类：

一类是直线法，包括年限平均法、工作量法；企业一般采用年限平均法来计提固定资产的折旧，但企业拥有的专业车队的客货运汽车、大型设备，可以采用工作量法。

另一类是加速折旧法，包括双倍余额递减法、年数总和法等。在国民经济中具有重要地位、技术进步快的电子生产企业、船舶工业和船舶运输企业、生产"母机"的机械企业、飞机制造企业、汽车制造企业和运输企业、化工生产企业和医药生产企业以及其他经财政部批准的企业，其机器设备可以选用加速折旧法中的双倍余额递减法或年数总和法。折旧方法一经选定，不得随意变更。如需变更，应当在附注中予以说明。

1. 年限平均法

年限平均法又称直线法，是指将固定资产的应计折旧额均衡地分摊到固定资产预计使用寿命内的一种方法。这种方法假定固定资产的计提折旧总额是依使用寿命均匀损耗，因此，使用寿命内各期的折旧金额相等。它主要适用于固定资产各期的利用程度基本相同，各期应分摊的折旧费也基本相同的情况。

计算公式为：

年折旧率 =（1 − 预计净残值率）÷ 预计使用年限 × 100%

月折旧率 = 年折旧率 ÷ 1.2

月折旧额 = 原值 × 月折旧率

其中：预计净残值率 = 预计净残值 ÷ 原值 × 100% − 预计清理费用

预计净残值 = 预计残值收入 − 预计清理费用

折旧率是按个别固定资产单独计算的，称为个别折旧率，即某项固定资产在一定期间的折旧额与该项固定资产原价的比率。此外，还有分类折旧率和综合折旧率。

分类折旧率是指固定资产分类折旧额与该类固定资产原价的比率。采用这种方法，应先把性质、结构和使用寿命接近的固定资产归为一类，再按类计算平均折旧率，用该类折旧率对该类固定资产计提折旧。如将房屋建筑物划分为一类，将机械设备划分为一类等。

采用年限平均法计算固定资产折旧虽然比较简便，但也存在着一些明显的缺陷。主要有：

（1）固定资产在不同使用年限提供的经济效益是不同的。一般来说，固定资产在其使用前期工作效率相对较高,所带来的经济利益也较多;而在其使用后期,工作效率一般呈下降趋势,因而所带来的经济利益也就逐渐减少。

(2)固定资产在不同的使用年限发生的维修费用也不一样。固定资产的维修费用将随着其使用时间的延长而不断增大,而年限平均法没有考虑到这一因素。

(3)当固定资产各期的利用程度相同,各期应分摊的折旧费用也相同时,采用年限平均法计算折旧是合理的。但是,若固定资产各期利用程度不同,采用年限平均法计算折旧,则不能反映固定资产的实际使用情况,提取的折旧数与固定资产的实际损耗程度也不相符。

【例4-13】天鑫公司有一生产车间原价为5 000 000元,预计使用寿命为20年,预计净残值率为5%;假设天鑫公司没有为该厂房计提减值准备。则该厂房的折旧率和折旧额的计算如下:

年折旧率 = (1 - 5%)/20 × 100% = 4.75%

月折旧率 = 4.75%/12 × 100% = 0.40%

月折旧额 = 5 000 000 × 0.40% = 20 000(元)

2. 工作量法

工作量法是根据固定资产的实际工作量计提固定资产折旧的一种方法。它和年限平均法同属直线法。但工作量法是以固定资产在使用年限内依工作量均匀损耗为假设前提,按工作量计提折旧。

在一定期间内固定资产的工作量越多,计提的折旧也就越多。所以,固定资产在使用年限内的各会计期间的工作量不同,计提的折旧也就不同。

该方法适用于损耗程度与完成工作量成正比关系的固定资产或在使用年限内不能均衡使用的固定资产。

计算公式为:

单位工作量折旧额 = [原值 × (1 - 预计净残值率)] ÷ 预计总工作量

某项固定资产月折旧额 = 该项固定资产当月工作量 × 单位工作量折旧额

【例4-14】某企业的一辆运货卡车的原值为100 000元,预计总行驶里程为50万公里,预计其报废时的净残值率为5%,本月行驶5 000公里。则该辆卡车当月计提的折旧额为:

单位里程折旧额 = [100 000 × (1 - 5%)] ÷ 500 000 = 0.19(元/公里)

本月折旧额 = 0.19 × 5 000 = 950(元)

3. 双倍余额递减法

双倍余额递减法是在不考虑固定资产预计净残值的情况下,根据每年年初固定资产的账面净值和双倍于年限平均法下的折旧率计算固定资产折旧额的一种方法，也是一种加速折旧法。

计算公式为：

年折旧率 = 2 ÷ 预计使用年限 × 100%

月折旧率 = 年折旧率 ÷ 12

月折旧额 = 年初固定资产账面净值 × 月折旧率

由于双倍余额递减法不考虑固定资产的预计净残值，因此，在使用该法时应注意不能使固定资产的年初账面净值降低到预计净残值以下，即应当在其预计使用年限到期前两年内，将固定资产年初账面净值扣除预计净残值后的余额平均摊销。

【例 4 - 15】天鑫公司有一台机器设备原价为 300 000 元，预计使用寿命为 5 年，预计净残值率为 5%。按双倍余额递减法计算折旧，每年折旧额计算如下：

年折旧率 = 2/5 = 40%

第一年应提的折旧额 = 300 000 × 40% = 120 000（元）

第二年应提的折旧额 =（300 000 - 120 000）× 40% = 72 000（元）

第三年应提的折旧额 =（180 000 - 72 000）× 40% = 43 200（元）

从第四年起改按年限平均法（直线法）计提折旧：

第四年、第五年应提的折旧额 =（64 800 - 300 000 × 5%）/2 = 24 900（元）

4. 年数总和法

年数总和法又称年限合计法，是指以固定资产的原值减去预计净残值后的净额为基数，乘以一个逐年递减的分数计算每年的折旧额，这个分数的分子代表固定资产尚可使用的年数，分母代表使用年数的逐年数字合计。

年数总和法具有以下特点：

（1）计算折旧的基数是固定不变的；

（2）折旧率依固定资产尚可使用年限确定；

（3）各年折旧率呈递减趋势；

（4）依此计算的折旧额也呈递减趋势。

其折旧的计算公式如下：

年折旧率 = 年初尚可使用年限 ÷ 年数总和 × 100%

月折旧率 = 年折旧率 ÷ 12

月折旧额 =（原值 - 预计净残值）× 月折旧率

【例 4 - 16】沿用【例 4 - 15】，采用年数总和法计算的各年折旧额。每年折旧额计算如下：

固定资产原值 - 预计净残值 = 300 000 - 300 000 × 5% = 285 000（元）

第一年应提的折旧额 = 285 000 × 5/15 = 95 000（元）
第二年应提的折旧额 = 285 000 × 4/15 = 76 000（元）
第三年应提的折旧额 = 285 000 × 3/15 = 57 000（元）
第四年应提的折旧额 = 285 000 × 2/15 = 38 000（元）
第五年应提的折旧额 = 285 000 × 1/15 = 19 000（元）

涉税规定

◆《中华人民共和国企业所得税法实施条例》（国务院令第512号）

第五十九条　固定资产按照直线法计算的折旧，准予扣除。

第六十条　除国务院财政、税务主管部门另有规定外，固定资产计算折旧的最低年限如下：

（一）房屋、建筑物，为20年；

（二）飞机、火车、轮船、机器、机械和其他生产设备，为10年；

（三）与生产经营活动有关的器具、工具、家具等，为5年；

（四）飞机、火车、轮船以外的运输工具，为4年；

（五）电子设备，为3年。

第九十八条　企业所得税法第三十二条所称可以采取缩短折旧年限或者采取加速折旧的方法的固定资产，包括：

（一）由于技术进步，产品更新换代较快的固定资产；

（二）常年处于强震动、高腐蚀状态的固定资产。

采取缩短折旧年限方法的，最低折旧年限不得低于本条例第六十条规定折旧年限的60%；采取加速折旧方法的，可以采取双倍余额递减法或者年数总和法。

◆《中华人民共和国企业所得税法》

第三十二条　企业的固定资产由于技术进步等原因，确需加速折旧的，可以缩短折旧年限或者采取加速折旧的方法。

◆《国家税务总局关于企业固定资产加速折旧所得税处理有关问题的通知》（国税发〔2009〕81号）

二、企业拥有并使用的固定资产符合本通知第一条规定的，可按以下情况充分的证据证明分别处理：

（一）企业过去没有使用过与该项固定资产功能相同或类似的固定资产，但有充分的证据证明该固定资产的预计使用年限短于《实施条例》规定的计算折旧最低年限的，企业可根据该固定资产的预计使用年限和本通知的规定，对该固定资产采取缩短折旧年限或者加速折旧的方法。

（二）企业在原有的固定资产未达到《实施条例》规定的最低折旧年限前，使用功能相同或类似的新固定资产替代旧固定资产的，企业可根据旧固定资产的实际使用年限和本通知的规定，对新替代的固定资产采取缩短折旧年限或者加速折旧的方法。

◆《国家税务总局关于企业所得税若干税务事项衔接问题的通知》（国税函〔2009〕98号）

一、关于已购置固定资产预计净残值和折旧年限的处理问题

新税法实施前已投入使用的固定资产，企业已按原税法规定预计净残值并计提的折旧，不做调整。新税法实施后，对此类继续使用的固定资产，可以重新确定其残值，并就其尚未计提折旧的余额，按照新税法规定的折旧年限减去已经计提折旧的年限后的剩余年限，按照新税法规定的折旧方法计算折旧。新税法实施后，固定资产原确定的折旧年限不违背新税法规定原则的，也可以继续执行。

◆《国家税务总局关于企业所得税应纳税所得额若干问题的公告》（国家税务总局公告〔2014〕29号）

五、固定资产折旧的企业所得税处理

（一）企业固定资产会计折旧年限如果短于税法规定的最低折旧年限，其按会计折旧年限计提的折旧高于按税法规定的最低折旧年限计提的折旧部分，应调增当期应纳税所得额；企业固定资产会计折旧年限已期满且会计折旧已提足，但税法规定的最低折旧年限尚未到期且税收折旧尚未足额扣除，其未足额扣除的部分准予在剩余的税收折旧年限继续按规定扣除。

（二）企业固定资产会计折旧年限如果长于税法规定的最低折旧年限，其折旧应按会计折旧年限计算扣除，税法另有规定除外。

（三）企业按会计规定提取的固定资产减值准备，不得税前扣除，其折旧仍按税法确定的固定资产计税基础计算扣除。

（四）企业按税法规定实行加速折旧的，其按加速折旧办法计算的折旧额可全额在税前扣除。

（五）石油天然气开采企业在计提油气资产折耗（折旧）时，由于会计与税法规定计算方法不同导致的折耗（折旧）差异，应按税法规定进行纳税调整。

◆《财政部　国家税务总局关于完善固定资产加速折旧企业所得税政策的通知》（财税〔2014〕75号）

一、对生物药品制造业，专用设备制造业，铁路、船舶、航空航天和其他运输设备制造业，计算机、通信和其他电子设备制造业，仪器仪表制造业，信息传输、软件和信息技术服务业等6个行业的企业2014年1月1日后新购进的固定资产，可缩短折旧年限或采取加速折旧的方法。

对上述6个行业的小型微利企业2014年1月1日后新购进的研发和生产经营共用的仪器、设备，单位价值不超过100万元的，允许一次性计入当期成本费用在计

算应纳税所得额时扣除，不再分年度计算折旧；单位价值超过 100 万元的，可缩短折旧年限或采取加速折旧的方法。

二、对所有行业企业 2014 年 1 月 1 日后新购进的专门用于研发的仪器、设备，单位价值不超过 100 万元的，允许一次性计入当期成本费用在计算应纳税所得额时扣除，不再分年度计算折旧；单位价值超过 100 万元的，可缩短折旧年限或采取加速折旧的方法。

三、对所有行业企业持有的单位价值不超过 5 000 元的固定资产，允许一次性计入当期成本费用在计算应纳税所得额时扣除，不再分年度计算折旧。

采取缩短折旧年限方法的，最低折旧年限不得低于企业所得税法实施条例第六十条规定折旧年限的 60%；采取加速折旧方法的，可采取双倍余额递减法或者年数总和法。

◆《国家税务总局关于固定资产加速折旧税收政策有关问题的公告》（国家税务总局公告〔2014〕64 号）

一、对生物药品制造业，专用设备制造业，铁路、船舶、航空航天和其他运输设备制造业，计算机、通信和其他电子设备制造业，仪器仪表制造业，信息传输、软件和信息技术服务业等六大行业企业是指以上述行业业务为主营业务，其固定资产投入使用当年主营业务收入占企业收入总额 50%（不含）以上的企业。所称收入总额，是指企业所得税法第六条规定的收入总额。

三、企业持有的固定资产，单位价值不超过 5 000 元的，可以一次性在计算应纳税所得额时扣除。企业在 2013 年 12 月 31 日前持有的单位价值不超过 5 000 元的固定资产，其折余价值部分，2014 年 1 月 1 日以后可以一次性在计算应纳税所得额时扣除。

四、企业采取缩短折旧年限方法的，对其购置的新固定资产，最低折旧年限不得低于《中华人民共和国企业所得税法实施条例》（以下简称实施条例）第六十条规定的折旧年限的 60%；企业购置已使用过的固定资产，其最低折旧年限不得低于实施条例规定的最低折旧年限减去已使用年限后剩余年限的 60%。最低折旧年限一经确定，一般不得变更。

五、企业的固定资产采取加速折旧方法的，可以采用双倍余额递减法或者年数总和法。加速折旧方法一经确定，一般不得变更。

◆《关于进一步完善固定资产加速折旧企业所得税政策的通知》（财税〔2015〕106 号）

一、对轻工、纺织、机械、汽车四个领域重点行业（具体范围见附件）的企业 2015 年 1 月 1 日后新购进的固定资产，可由企业选择缩短折旧年限或采取加速折旧的方法。

二、对上述行业的小型微利企业2015年1月1日后新购进的研发和生产经营共用的仪器、设备，单位价值不超过100万元的，允许一次性计入当期成本费用在计算应纳税所得额时扣除，不再分年度计算折旧；单位价值超过100万元的，可由企业选择缩短折旧年限或采取加速折旧的方法。

采用缩短折旧年限方法的，最低折旧年限不得低于《中华人民共和国企业所得税法实施条例》第六十条规定折旧年限的60%；采取加速折旧方法的，可采取双倍余额递减法或者年数总和法。

按照《中华人民共和国企业所得税法》及《中华人民共和国企业所得税法实施条例》有关规定，企业根据自身生产经营需要，也可选择不实行加速折旧政策。

◆《国家税务总局关于进一步完善固定资产加速折旧企业所得税政策有关问题的公告》（国家税务总局公告〔2015〕68号）

一、对轻工、纺织、机械、汽车四个领域重点行业企业是指以上述行业业务为主营业务，其固定资产投入使用当年的主营业务收入占企业收入总额50%（不含）以上的企业。所称收入总额，是指企业所得税法第六条规定的收入总额。

……

三、企业按本公告第一条、第二条规定缩短折旧年限的，对其购置的新固定资产，最低折旧年限不得低于《中华人民共和国企业所得税法实施条例》第六十条规定的折旧年限的60%；对其购置的已使用过的固定资产，最低折旧年限不得低于实施条例规定的最低折旧年限减去已使用年限后剩余年限的60%。最低折旧年限一经确定，不得改变。

四、企业按本公告第一条、第二条规定采取加速折旧方法的，可以采用双倍余额递减法或者年数总和法。加速折旧方法一经确定，不得改变。

◆《财政部 国家税务总局关于设备、器具扣除有关企业所得税政策的通知》（财税〔2018〕54号）

一、企业在2018年1月1日至2020年12月31日期间新购进的设备、器具，单位价值不超过500万元的，允许一次性计入当期成本费用在计算应纳税所得额时扣除，不再分年度计算折旧；单位价值超过500万元的，仍按《中华人民共和国企业所得税法实施条例》及《财政部 国家税务总局关于完善固定资产加速折旧企业所得税政策的通知》（财税〔2014〕75号）、《财政部 国家税务总局关于进一步完善固定资产加速折旧企业所得税政策的通知》（财税〔2015〕106号）等相关规定执行。

二、本通知所称设备、器具，是指除房屋、建筑物以外的固定资产。

◆《国家税务总局关于设备 器具扣除有关企业所得税政策执行问题的公告》（国家税务总局公告〔2018〕46号）

一、企业在 2018 年 1 月 1 日至 2020 年 12 月 31 日期间新购进的设备、器具，单位价值不超过 500 万元的，允许一次性计入当期成本费用在计算应纳税所得额时扣除，不再分年度计算折旧（以下简称一次性税前扣除政策）。

（二）固定资产购进时点按以下原则确认：以货币形式购进的固定资产，除采取分期付款或赊销方式购进外，按发票开具时间确认；以分期付款或赊销方式购进的固定资产，按固定资产到货时间确认；自行建造的固定资产，按竣工结算时间确认。

二、固定资产在投入使用月份的次月所属年度一次性税前扣除。

四、企业根据自身生产经营核算需要，可自行选择享受一次性税前扣除政策。未选择享受一次性税前扣除政策的，以后年度不得再变更。

◆《财政部　国家税务总局关于扩大固定资产加速折旧优惠政策适用范围的公告》（财税〔2019〕66 号）

为支持制造业企业加快技术改造和设备更新，现就有关固定资产加速折旧政策公告如下：

自 2019 年 1 月 1 日起，适用《财政部　国家税务总局关于完善固定资产加速折旧企业所得税政策的通知》（财税〔2014〕75 号）和《财政部　国家税务总局关于进一步完善固定资产加速折旧企业所得税政策的通知》（财税〔2015〕106 号）规定固定资产加速折旧优惠的行业范围，扩大至全部制造业领域。

三、本公告发布前，制造业企业未享受固定资产加速折旧优惠的，可自本公告发布后在月（季）度预缴申报时享受优惠或在 2019 年度汇算清缴时享受优惠。

涉税提示

在固定资产折旧方面会计与税法规定存在一系列差异。税务人员应从以下方面分析企业会计核算中存在的差异，并要求纳税人按税法规定进行纳税调整。(1) 企业会计准则规定，固定资产应计折旧总额是应当计提折旧的固定资产的入账价值扣除其预计净残值后的金额。已计提减值准备的固定资产，还应当扣除已计提的固定资产减值准备累计金额。而税法规定固定资产计提折旧的总额为固定资产的计税成本。(2) 企业会计准则规定固定资产折旧是在固定资产使用寿命内，按照确定的方法对应计折旧额进行系统分摊。而税法对不同类别固定资产的最短折旧年限有原则性规定。(3) 企业会计准则规定企业可以在规定范围内自行选择固定资产折旧方法；而税法规定，固定资产折旧的计算原则上采用直线法。(4) 企业会计准则规定预计净残值一经确定，不得随意变更。但如果年度终了复核预计净残值预计数与原先估计数有差异的，应当调整预计净残值。税法规定预计净残值一经确定，不得变更。

(四) 固定资产折旧的账务处理

企业应当按月计提折旧，计提的固定资产折旧，记入"累计折旧"科目，并根据固定资产用途分别计入相关资产的生产成本或当期费用。

实际计提固定资产折旧时，并根据用途，分别借记"制造费用""营业费用""管理费用"等科目，贷记"累计折旧"科目。比如：

企业自行建造固定资产过程中所使用的固定资产，其计提折旧应计入在建工程的成本，并最终形成另一项固定资产的成本。

企业基本生产车间所使用的固定资产，其计提折旧应计入制造费用，并最终计入所生产的产品成本。企业管理部门所使用的固定资产，其计提折旧应计入管理费用。企业销售部门所使用的固定资产，其计提折旧应计入销售费用。经营租出的固定资产，其应提的折旧额应计入其他业务成本。企业的未使用、不需用固定资产，其计提折旧应计入管理费用。

在实际工作中，固定资产折旧的计算是通过编制"固定资产折旧计算表"进行的。该表是固定资产折旧总分类核算的依据。其编制方法是：根据上月已提折旧额，加减上月增加和减少的固定资产应计提的折旧额计算编制。该表可由会计部门编制，也可由各使用部门编制后，再由会计部门进行汇总编制固定资产折旧汇总计算表。

【例 4-17】某企业某月份的固定资产折旧计算如表 4-3 所示。

表 4-3　　　　　　　　　　　月固定资产折旧计算表　　　　　　　　　单位：元

使用部门	固定资产项目	上月折旧	上月增加 原价	上月增加 折旧	上月减少 原价	上月减少 折旧	本月计提	分配费用
A 车间	厂房	5 000					5 000	制造费用
	机器设备	15 000					15 000	
	其他设备	1 000					1 000	
	小计	21 000					21 000	
B 车间	厂商	3 000					3 000	制造费用
	机器设备	12 000	4 000	200			12 200	
	小计	15 000					15 200	
厂部管理部门	房屋建筑	2 000					2 000	制造费用
	运输工具	3 000					3 000	
	小计	5 000					5 000	
合计		41 000					41 200	

根据表 4-3 做如下会计处理：

借：制造费用——A 车间　　　　　　　　　　　　21 000

	——B 车间	15 200
管理费用		5 000
贷：累计折旧		41 200

企业应定期复核固定资产的折旧方法，如果固定资产包含的经济利益预期实现方式有重大改变的，则应当改变固定资产折旧方法，并按照会计估计变更的有关规定进行会计处理。

涉税提示

1. 如何确定计税基础

固定资产提取折旧的基础是什么？会计上的说法是原值，税法的用词是计税基础。

税法确定计税基础的方法，与会计确定原值的方法基本一致。

《企业所得税法实施条例》第五十八条规定，固定资产按照以下方法确定计税基础：

（1）外购的固定资产，以购买价款和支付的相关税费以及直接归属于使该资产达到预定用途发生的其他支出为计税基础；

（2）自行建造的固定资产，以竣工结算前发生的支出为计税基础；

（3）融资租入的固定资产，以租赁合同约定的付款总额和承租人在签订租赁合同过程中发生的相关费用为计税基础，租赁合同未约定付款总额的，以该资产的公允价值和承租人在签订租赁合同过程中发生的相关费用为计税基础；

（4）盘盈的固定资产，以同类固定资产的重置完全价值为计税基础；

（5）通过捐赠、投资、非货币性资产交换、债务重组等方式取得的固定资产，以该资产的公允价值和支付的相关税费为计税基础；

（6）改建的固定资产，除《企业所得税法》第十三条第（一）项和第（二）项规定的支出外，以改建过程中发生的改建支出增加计税基础。

根据《企业所得税法》第十三条第（一）项和第（二）项的规定，已足额提取折旧的固定资产的改建支出，租入固定资产的改建支出，作为长期待摊费用处理。

2. 会计折旧原值可以变，但计税基础不变

在提取折旧的基础问题上，税务和会计最大的差异，是会计可以提取减值准备，按照提取减值后的余额，计提折旧。但是税法按照计税基础不变提取折旧，也就是不承认减值对计税基础的影响，当然，提取减值的年份，也要把减值的金额，做纳税调增处理。

《企业所得税法实施条例》第五十六条规定："企业的各项资产，包括固定资产、生物资产、无形资产、长期待摊费用、投资资产、存货等，以历史成本为计税基础。前款所称历史成本，是指企业取得该项资产时实际发生的支出。企业持有各

项资产期间资产增值或者减值,除国务院财政、税务主管部门规定可以确认损益外,不得调整该资产的计税基础。"

《国家税务总局关于企业所得税应纳税所得额若干问题的公告》(国家税务总局公告2014年第29号,以下简称29号公告)也进一步明确这一点,29号公告第5条第3项规定:"企业按会计规定提取的固定资产减值准备,不得税前扣除,其折旧仍按税法确定的固定资产计税基础计算扣除。"29号公告遵从了税法关于资产以历史成本为计税基础,计税基础不变的规定。

3. 会计与税法折旧年限不同的处理

会计与税法折旧年限不一致,是纳税人经常遇到的一个问题。29号公告第5条,做了明确的规定。基本规定是:会计年限短于税法年限,纳税先调增后调减,会计年限长于税法年限,不做调整。

(1) 会计折旧年限短于税法折旧年限。

会计折旧年限短于税法折旧年限,有两个问题:一是会计比税法多提的折旧,如何处理?二是会计提完折旧后,税法如何处理?

会计比税法多提的折旧,应该调增。企业固定资产会计折旧年限,如果短于税法规定的最低折旧年限,其按会计折旧年限计提的折旧高于按税法规定的最低折旧年限计提的折旧部分,应调增当期应纳税所得额。

会计提完税法继续提取,应该调减。会计折旧年限已期满且折旧已提足,但税法规定的最低折旧年限尚未到期,且税收折旧尚未足额扣除的部分,准予在剩余的税收折旧年限继续按规定扣除。

假设,某企业的一套大型生产设备,原值(计税基础)为100万元,会计折旧年限5年,税法规定最低折旧年限10年,无预计残值,则每年折旧及调整情况如表4-4所示:

表4-4　　　　　　　　　　　折旧及调整额

会计	20	20	20	20	20					
税法	10	10	10	10	10	10	10	10	10	10
调整	+10	+10	+10	+10	+10	-10	-10	-10	-10	-10

(2) 会计折旧年限长于税法折旧年限。

企业固定资产会计折旧年限如果长于税法规定的最低折旧年限,其折旧应按会计折旧年限计算扣除,税法另有规定除外。

也就是说,会计年限长于税法规定的最低年限,是不能做纳税调减处理的。因为税法规定的年限,是最低年限,不是必须按照最低年限提取折旧,此时,税会没有差异,不必纳税调整。

假设,某企业的一处办公室,原值(计税基础)600万元,会计折旧年限30年,税法规定最低折旧年限20年,无预计残值,则每年折旧及调整情况如表4-5所示:

表4-5　　　　　　　　　　　　折旧及调整额

会计	20	20	20	20	20	20	20	20	20	……
税法	20	20	20	20	20	20	20	20	20	……
调整	0	0	0	0	0	0	0	0	0	……

例题:天鑫公司2×19年12月31日购入一台办公设备,入账价值为100万元。假设该设备预计使用寿命为5年,无残值。假设此后连续5年每年会计利润(利润总额)为1 000万元。要求:分析一下两种不同情形下该企业2×20—2×24年间的所得税影响。

在折旧方法上会计采用双倍余额递减法,而税法采用年限平均法(见表4-6)。

在折旧方法上会计采用年限平均法,而税法采用双倍余额递减法(见表4-7)。

情形一:会计采用双倍余额递减法,税法采用年限平均法

表4-6　　　　　　　　　　　　累计折旧

	2×19年	2×20年	2×21年	2×22年	2×23年	2×24年
会计折旧		40	24	14.4	10.8	10.8
税法折旧		20	20	20	20	20
会计收益		1 000	1 000	1 000	1 000	1 000
应税收益		1 000+20	1 000+4	1 000-5.6	1 000-9.2	1 000-9.2
账面价值	100	60	36	21.6	10.8	0
计税基础	100	80	60	40	20	0
余额	0	-20	-24	-18.4	-9.2	0

2×20—2×21年(多交所得税)

借:所得税费用
　　递延所得税资产
　　　贷:应交税费——应交所得税

2×22—2×24年(少交所得税)

借:所得税费用
　　贷:应交税费——应交所得税
　　　　递延所得税资产

情形二:会计采用年限平均法,税法采用双倍余额递减法

表 4-7　　　　　　　　　　　　　累计折旧

	2×19 年	2×20 年	2×21 年	2×22 年	2×23 年	2×24 年
会计折旧		20	20	20	20	20
税法折旧		40	24	14.4	10.8	10.8
会计收益		1 000	1 000	1 000	1 000	1 000
应税收益		1 000 - 20	1 000 - 4	1 000 + 5.6	1 000 + 9.2	1 000 + 9.2
账面价值	100	80	60	40	20	0
计税基础	100	60	36	21.6	10.8	0
余额	0	20	24	18.4	9.2	0

2×20—2×21 年（少交所得税）

借：所得税费用
　　贷：应交税费——应交所得税
　　　　递延所得税负债

2×22—2×24 年（多交所得税）

借：所得税费用
　　递延所得税负债
　　贷：应交税费——应交所得税

二、固定资产后续支出

固定资产的后续支出是指固定资产使用过程中发生的更新改造支出、修理费用等。后续支出的处理原则为：固定资产的更新改造等后续支出，符合固定资产确认条件的，应当计入固定资产成本，如有被替换的部分，应扣除其账面价值；不符合固定资产确认条件的固定资产修理费用等，应当在发生时计入当期损益。

企业以经营租赁方式租入的固定资产发生的改良支出，应予资本化，作为长期待摊费用，合理进行摊销。

（一）资本化的后续支出

在对固定资产进行更新改造时，应将固定资产的账面价值转入在建工程，并停止计提折旧。固定资产更新改造发生的可资本化的后续支出，通过"在建工程"科目核算（发生的变价收入亦通过"在建工程"科目核算）。在固定资产更新改造完工并达到预定可使用状态时，再从在建工程转为固定资产，并按重新确定的使用寿命、预计净残值和折旧方法计提折旧。

【例 4-18】 天鑫公司有关固定资产更新改造的资料如下：

（1）2×18年12月，该公司自行建成了一条生产线。建造成本为300 000元，采用年限平均法计提折旧，预计净残值为0，预计使用年限为6年。

（2）2×21年1月1日，由于生产的产品适销对路，现有生产线的生产能力难以满足公司生产发展的需要，但若新建生产线成本过高，周期过长，于是公司决定对现有生产线进行改扩建，以提高其生产能力。

（3）2×21年1月1日至3月31日，经过3个月的改扩建，完成了对这条生产线的改扩建工程，共发生支出160 000元，全部以银行存款支付。2×21年3月31日改扩建工程已达到预定可使用状态。

（4）该生产线改扩建工程达到预定可使用状态后，大大提高了生产能力，预计使用年限在原来预计6年的基础上延长了4年零3个月，即为10年零3个月。假定改扩建后的生产线的预计净残值仍为0，折旧方法仍为年限平均法。

（5）为简化计算过程，整个过程不考虑其他相关税费；公司按年度计提固定资产折旧。

本例中，由于对生产线的改扩建支出，提高了生产线的生产能力并延长了其使用寿命，所以，此项后续支出应增加固定资产的账面价值。天鑫公司应做如下会计处理：

（1）2×19年1月1日至2×20年12月31日2年间，即，固定资产后续支出发生前，该条生产线年折旧额为：300 000÷6 = 50 000（元），各年计提固定资产折旧的会计处理为：

借：制造费用　　　　　　　　　　　　　　　　　50 000
　　贷：累计折旧　　　　　　　　　　　　　　　　50 000

（2）2×21年1月1日，固定资产的账面价值为：300 000 - (50 000×2) = 200 000（元），固定资产转入改扩建时的会计处理为：

借：在建工程　　　　　　　　　　　　　　　　　200 000
　　累计折旧　　　　　　　　　　　　　　　　　100 000
　　贷：固定资产　　　　　　　　　　　　　　　　300 000

（3）2×21年1月1日至3月31日，固定资产后续支出发生时的会计处理为：

借：在建工程　　　　　　　　　　　　　　　　　160 000
　　贷：银行存款　　　　　　　　　　　　　　　　160 000

（4）2×21年3月31日，生产线改扩建工程达到预定可使用状态，将后续支出资本化后的固定资产账面价值为：200 000 + 160 000 = 360 000（元），会计处理为：

借：固定资产　　　　　　　　　　　　　　　　　360 000
　　贷：在建工程　　　　　　　　　　　　　　　　360 000

（5）2×21年3月31日，生产线改扩建工程达到预定可使用状态，转为固定资产后，按重新确定的使用寿命、预计净残值和折旧方法计提折旧，每月计提固定资产折旧额为：360 000÷8÷12＝3 750（元）

2×21年4月1日至12月31日，应计提固定资产折旧额为：3 750×9＝33 750（元），会计处理为：

借：制造费用　　　　　　　　　　　　　　　33 750
　　贷：累计折旧　　　　　　　　　　　　　　33 750

企业发生的一些固定资产后续支出可能涉及替换原固定资产的某组成部分，当发生的后续支出符合固定资产确认条件时，应将其计入固定资产成本，同时将被替换部分的账面价值扣除。

（二）费用化的后续支出

与固定资产有关的修理费用等后续支出，不符合固定资产确认条件的，应当根据不同情况分别在发生时计入当期管理费用或销售费用。

涉税规定

◆《中华人民共和国企业所得税法》（主席令第63号）

第十三条　在计算应纳税所得额时，企业发生的下列支出作为长期待摊费用，按照规定摊销的，准予扣除：

（一）已足额提取折旧的固定资产的改建支出；

（二）租入固定资产的改建支出；

（三）固定资产的大修理支出；

（四）其他应当作为长期待摊费用的支出。

◆《中华人民共和国企业所得税法实施条例》（国务院令第512号）

第六十八条　企业所得税法第十三条第（一）项和第（二）项所称固定资产的改建支出，是指改变房屋或者建筑物结构、延长使用年限等发生的支出。

《企业所得税法》第十三条第（一）项规定的支出，按照固定资产预计尚可使用年限分期摊销；第（二）项规定的支出，按照合同约定的剩余租赁期限分期摊销。

改建的固定资产延长使用年限的，除《企业所得税法》第十三条第（一）项和第（二）项规定外，应当适当延长折旧年限。

第六十九条　企业所得税法第十三条第（三）项所称固定资产的大修理支出，是指同时符合下列条件的支出：

（一）修理支出达到取得固定资产时的计税基础50%以上；

（二）修理后固定资产的使用年限延长2年以上。

《企业所得税法》第十三条第（三）项规定的支出，按照固定资产尚可使用年限分期摊销。

涉税提示

会计与税法对固定资产的后续支出处理的异同点主要表现在：

（1）对已足额提取折旧的固定资产的改建支出和租入固定资产的改建支出。会计与税法的处理方法相同，均作为长期待摊费用。

（2）对固定资产的大修理支出。进行会计处理时，看是否符合固定资产的确认条件，符合固定资产确认条件的，应当计入固定资产成本；不符合固定资产确认条件的，应当在发生时计入当期损益。进行税务处理时，看是否符合税法规定的大修理支出条件，符合税法规定的大修理支出条件的，作为长期待摊费用，按照固定资产尚可使用年限分期摊销；不符合条件的，在发生当期税前扣除。

《企业所得税法》中的固定资产大修理支出，在进行会计处理时一般作为固定资产更新改造支出，计入固定资产成本，并按有关规定计提折旧；税务作为长期待摊费用，按照固定资产尚可使用年限分期摊销；如果会计计提的折旧额与按企业所得税法规定摊销的金额不相等，应做纳税调整。

（3）对不符合固定资产确认条件的固定资产修理费用，进行会计处理时，在发生时计入当期损益；进行税务处理时，在发生当期税前扣除。两者处理方法一致。

【例4-19】2×19年4月3日，天鑫公司对现有的一台生产用机器设备进行修理，修理过程中领用本企业原材料一批，价值为87 000元，应支付维修人员的工资为24 000元。

本例中，由于对机器设备的维修，仅是为了维护固定资产的正常使用而发生的，因此，应将该项固定资产后续支出在其发生时确认为费用。天鑫公司应做如下会计处理：

借：管理费用　　　　　　　　　　　　　　　　　111 000
　　贷：原材料　　　　　　　　　　　　　　　　　87 000
　　　　应付职工薪酬　　　　　　　　　　　　　　24 000

第三节　固定资产的期末计量

企业的固定资产应当在期末时按照账面价值与可收回金额孰低原则计量。企业应当在期末或者至少在每年年度终了，对固定资产逐项进行检查。如果其可收回金额（资产的销售净价与预期从该资产的持续使用和使用寿命结束时的处置中形成的现金流量的现值两者之中的较高者）低于账面价值的，应当将可收回金额低于其账面价值的差额作为固定资产减值准备。其减值损失一经确认,在以后会计期间不得转回。

一、资产减值迹象的判断

资产减值,是指资产的可收回金额低于其账面价值。固定资产减值则是指固定资产的可收回金额低于其账面价值的金额。

企业应当在资产负债表日判断资产是否存在可能发生减值的迹象。存在下列迹象的,表明资产(包括固定资产)可能发生了减值:

(1)资产的市价当期大幅度下跌,其跌幅明显高于因时间的推移或者正常使用而预计的下跌。在市场经济条件下,资产的市场价格是其价值的最为直观的表现形式。如果某一资产的市场价格大幅度下跌,并且预期在近期内不可能恢复,那么,这项资产就有可能发生了减值。

(2)企业经营所处的经济、技术或者法律等环境以及资产所处的市场在当期或者将在近期发生重大变化,从而对企业产生不利影响。在市场经济条件下,企业产品的生产和销售总是依赖于一定的经营环境。当企业经营环境发生重大变化,将对企业资产产生重大的影响,并且这种影响是负面影响时,企业应判断该项资产是否发生减值。

(3)市场利率或者其他市场投资报酬率在当期已经提高,从而影响企业计算资产预计未来现金流量现值的折现率,导致资产可收回金额大幅度降低。判断资产是否减值主要是比较资产的账面价值是否高于其可收回金额,如果运用未来现金流量现值来计算资产可收回金额,则资产的未来现金流量与折现率将影响资产的可收回金额。如果以同期市场利率等作为计算资产可收回金额的折现率,则同期市场利率等的提高将降低资产的可收回金额。当同期市场利率大幅度提高,则表明以此计算的资产可收回金额将大幅度降低,从而表明资产有可能发生减值。

(4)有证据表明资产已经陈旧过时或者其实体已经损坏。资产陈旧过时或者发生实体损坏,将大大影响资产的生产能力,如生产出大量不合格产品等,从而降低资产产生未来经济利益的能力,进而表明其可收回金额将降低,此时,资产就有可能发生了减值。

(5)资产已经或者将被闲置、终止使用或者计划提前处置。该资产已经或者将被闲置、终止使用或者计划提前处置,表明资产为企业带来经济利益的能力受到重大影响,进而表明其可收回金额有可能降低,此时,资产就有可能发生了减值。

(6)企业内部报告的证据表明资产的经济绩效已经低于或者将低于预期,如资产所创造的净现金流量或者实现的营业利润(或者亏损)远低于(或者高于)预计金额等。这种情况表明资产为企业带来经济利益的能力已经大幅度下降，导致其可收回金额有可能低于账面价值，因此发生减值。

(7) 其他表明资产可能已经发生减迹象。

资产存在减值迹象的，应当估计其可回收金额。

二、固定资产减值准备

根据《企业会计制度》规定，企业应当在期末对固定资产进行检查，如果由于市价持续下跌、被投资单位经营状况恶化，或技术陈旧、损坏、长期闲置等原因、导致其可收回金额低于其账面价值的，应当计提固定资产减值准备。

涉税规定

◆《国家税务总局关于企业所得税应纳税所得额若干问题的公告》（国家税务总局公告2014年第29号）特别明确：企业按会计规定提取的固定资产减值准备，不得税前扣除，其折旧仍按税法确定的固定资产计税基础计算扣除。

涉税提示

根据税法规定，企业计提的固定资产减值准备应进行纳税调增。另根据税法规定，企业持有固定资产期间资产增值或者减值，除国务院财政、税务主管部门规定可以确认损益外，不得调整该资产的计税基础。

由于企业计提的固定资产减值准备已进行纳税调增，并未税前扣除，所以，尽管固定资产的账面净值已经减少，但此时该固定资产的计税基础并未调整，仍可按税法确定的计税基础计算折旧扣除。

三、计提在建工程减值准备的会计处理

在建工程发生减值的，可以单独设置"在建工程减值准备"科目，比照"固定资产减值准备"科目进行处理。在建工程发生减值时，按在建工程减值金额，借记"资产减值损失"科目，贷记"在建工程减值准备"科目。

涉税提示

在建工程减值的税务处理与固定资产减值的税务处理相同。

四、可回收金额的确定

可收回金额，是指资产的公允价值减去处置费用后的净额与资产预计未来现金流量的现值两者之间较高者。其中，处置费用包括与资产处置有关的法律费用、相

关税费、搬运费以及为使资产达到可销售状态所发生的直接费用等。具体应按下列情况予以确定：

在实务工作中，资产如果存在减值迹象的，应当估计其可收回金额。资产的公允价值减去处置费用后的净额与资产预计未来现金流量的现值，只要有一项超过了资产的账面价值，就表明资产没有发生减值，不需要再估计另一项金额。

在特殊情形下，资产即使没有在活跃市场上交易，也可能能够确定资产的公允价值减去处置费用后的净额。但是，企业有时不能确定资产的公允价值减去处置费用后的净额，因为在熟悉情况的交易双方各自自愿进行的正常交易中，出售资产可获取的金额缺乏可靠的估计基础。在这种情况下，资产预计未来现金流量的现值可视为其可收回金额。

企业如果没有理由相信资产的预计未来现金流量现值远超过其公允价值减去处置费用后的净额，则资产的公允价值减去处置费用后的净额可视为其可收回金额。对于准备出售的资产而言，往往就属于这种情况，这是因为资产的持续使用直至处置为止所产生的未来现金流量可能很少，准备出售资产的预计未来现金流量主要是出售净收入。

五、公允价值减去处置费用后的净额的确定

公允价值减去处置费用后的净额，应按下列不同情况予以确定：

（1）一般情况下资产的公允价值减去处置费用后的净额，应当根据公平交易中销售协议价格减去可直接归属于该资产处置费用的金额确定。

（2）不存在销售协议但存在资产活跃市场的，应当按照资产的市场价格减去处置费用后的金额确定。资产的市场价格通常按照资产的买方出价确定。如果当前的买方出价不易于获得，只要交易日和估计日之间经济环境没有发生重大变动，则最近的交易价格可以为估计资产的公允价值减去处置费用后的金额提供基础。

（3）在不存在销售协议和资产活跃市场的情况下，应当以可获取的最佳信息为基础，估计资产的公允价值减去处置费用后的净额，该净额可以参考同行业类似资产的最近交易价格或者结果进行估计。在确定资产的公允价值减去处置费用后的净额时，不应反映强制销售价格，除非企业管理层被迫立即出售该资产。

有时，企业在确定资产的公允价值减去处置费用后的净额时，会涉及相关的负债。在这种情况下，企业在确定资产的公允价值减去处置费用后的净额时，除已经确认为负债的部分外，其他处置费用应当在确定资产的公允价值减去处置费用后的净额时扣除，如印花税、资产的清理费用、使资产达到销售状态而发生的直接增量费用等。但是，与处置资产后发生的业务规模缩减或重组有关的费用，不是资产处置的直接增量

费用,在确定资产的公允价值减去处置费用后的净额时不应当包括在内。

六、预计未来现金流量现值的确定

根据《企业会计准则》的规定,资产预计未来现金流量的现值,应当按照资产在持续使用过程中和最终处置时所产生的预计未来现金流量,选择恰当的折现率对其进行折现后的金额加以确定。

预计资产未来现金流量的现值,应当综合考虑资产的预计未来现金流量、使用寿命和折现率等因素。具体表现为:

1. 预计资产的未来现金流量

应以企业管理当局批准的最近财务预算或预测数据,以及该预算或预测期之后年份稳定的或递减的增长率为基础。如果企业管理当局能够证明递增的增长率是合理的,则以递增的增长率为基础。但如果是在测试资产是否发生减值时预计未来现金流量,因为是采用以后年度的增长率,通过建立在财务预算或预测数据基础上的预计未来现金流量而确定的,所以,该增长率应是递减或稳定的。

2. 预计使用寿命

建立在预算或者预测基础上的预计现金流量最多涵盖 5 年,企业管理层如能证明更长的期间是合理的,可以涵盖更长的期间。

在现有的资源情况下,企业管理当局对期间超过 5 年的未来现金流量进行详细、清晰、可靠的财务预算或预测难以做到。因此,企业管理层对未来现金流量的估计最多为 5 年。如果企业管理层以超过 5 年的财务预算或者预测为基础估计未来现金流量,则企业管理层应当确保这些估计是可靠的,并且能够表明它按照过去的经验有能力对超出 5 年的期间做出准确预测。

3. 折现率

在利用资产的预计未来现金流量计算其折现值时,不可避免地要涉及折现率的选择。所选择的折现率是反映当前市场货币时间价值和资产特定风险的税前利率。该折现率是企业在购置或者投资资产时所要求的必要报酬率,即如果投资者选择一项投资,从中获得的现金流量在金额、时间和风险方面将与企业预期从该资产中获得的报酬相等。这种折现率是通过类似资产当前交易中的内含利率,或具有单个资产或资产组的企业的加权平均资本成本进行估计得出的,该单个资产或资产组的服务潜力和风险与测试中的资产相同。但是,在预计资产的未来现金流量时已经对资产特定风险的影响作了调整的,估计折现率不需要考虑这些特定风险。如果用于估计折现率的基础是税后的,应当将其调整为税前的折现率。

预计资产的未来现金流量涉及外币时,应当以该资产所产生的未来现金流量的结算货币为基础,按照该货币适用的折现率计算资产的现值,然后将该外币现值按照计算资产未来现金流量现值当日的即期汇率进行折算。

七、单项资产减值损失及会计处理

资产存在减值迹象的,应当估计其可收回金额。可收回金额的计量结果表明,资产的可收回金额低于其账面价值的,应当将资产的账面价值减记至可收回金额,减记的金额确认为资产减值损失,计入当期损益,同时计提相应的资产减值准备。

企业应设置"固定资产减值准备"科目,核算企业固定资产发生减值时计提的减值准备。该科目贷方登记在资产负债表日计提的固定资产减值准备;借方登记处置固定资产时结转的已计提的固定资产减值准备;期末贷方余额,反映企业已提取但尚未转销的固定资产减值准备。

资产负债表日,固定资产发生减值的,按应减记的金额,借记"资产减值损失"科目,贷记"固定资产减值准备"科目。

固定资产减值损失一经确认,在以后会计期间不得转回。

资产减值损失确认后,减值资产的折旧或者摊销费用应当在未来期间作相应调整,以使该资产在剩余使用寿命内,系统地分摊调整后的资产账面价值(扣除预计净残值)。

涉税提示

对企业计提的固定资产减值准备,应按企业所得税法规定调整增加应纳税所得额。由于固定资产减值损失一经确认,在以后会计期间不得转回;由此调整增加的应纳税所得额,不需要做相反的纳税调整,但在固定资产处置时,对于冲销的固定资产减值准备,应调整减少应纳税所得额。

【例4-20】天鑫公司为一家生产性企业,有关业务资料如下:

(1) 2×18年12月31日,天鑫公司购置了一台不需安装的设备,取得的增值税专用发票上注明价款为900 000元,增值税额为117 000元,款项以银行存款支付。

(2) 在考虑相关因素的基础上,公司预计该设备的使用寿命为10年,预计净残值为0,采用年限平均法计提折旧。

(3) 2×22年12月31日,公司在检查时发现,该设备有可能发生减值,估计可收回金额为480 000元。

(4) 2×23年12月31日,公司在检查时发现,以前期间据以计提固定资产减值的各种因素发生变化，对公司产生有利影响，目前市场上该类设备的销售净价为280 000元。

（5）假设该设备在2×22年12月31日以前没有计提固定资产减值准备；该设备一直采用年限平均法计提折旧（与税法规定相同）；预计净残值始终为0；预计使用寿命没有发生变更；使用期满报废；为简化计算过程，本例假定该公司按年度计提固定资产折旧。不考虑其他相关税费。

天鑫公司应做如下会计处理：

（1）2×18年12月31日，取得固定资产：

借：固定资产　　　　　　　　　　　　　　　　　　900 000
　　应交税费——应交增值税（进项税额）　　　　　117 000
　　贷：银行存款　　　　　　　　　　　　　　　　　　1 017 000

（2）2×19年至2×21年，每年分别计提固定资产折旧为：900 000÷10 = 90 000（元）。

借：制造费用　　　　　　　　　　　　　　　　　　90 000
　　贷：累计折旧　　　　　　　　　　　　　　　　　　90 000

（3）2×22年计提固定资产折旧时：

借：制造费用　　　　　　　　　　　　　　　　　　90 000
　　贷：累计折旧　　　　　　　　　　　　　　　　　　90 000

2×22年12月31日，计提固定资产减值准备时：

借：资产减值损失　　［（900 000 - 90 000×4）- 480 000］60 000
　　贷：固定资产减值准备　　　　　　　　　　　　　　60 000

（4）2×23年计提固定资产折旧为：480 000÷6 = 80 000（元）。

借：制造费用　　　　　　　　　　　　　　　　　　80 000
　　贷：累计折旧　　　　　　　　　　　　　　　　　　80 000

2×23年12月31日虽然影响固定资产减值的各种因素发生变化，但固定资产减值损失一经确认，不得转回。

（5）2×24年至固定资产使用的最后一年，每年分别计提固定资产折旧为：480 000÷6 = 80 000（元）。

借：制造费用　　　　　　　　　　　　　　　　　　80 000
　　贷：累计折旧　　　　　　　　　　　　　　　　　　80 000

（6）试用期满报废时，转销固定资产减值准备和已提折旧：

借：固定资产减值准备　　　　　　　　　　　　　　60 000
　　累计折旧　　　　　　　　　　　　　　　　　　840 000
　　贷：固定资产　　　　　　　　　　　　　　　　　　900 000

税务处理

(1) 2×22年12月31日计提的固定资产减值准备60 000元不得在税前扣除,年终申报企业所得税时作纳税调整增加处理。

(2) 2×23年至固定资产使用的最后一年,每年会计计提折旧金额为80 000元,税法允许税前扣除折旧额为90 000元(900 000÷10),每年应调整减少应纳税所得额10 000元。

八、资产组减值损失及会计处理

(一)资产组的概念

资产组,是指企业可以认定的最小资产组合,其产生的现金流入应当基本独立于其他资产或者资产组产生的现金流入。从资产组的定义可以发现,资产组的最基本特征在于该资产组产生的现金流入基本独立于其他资产或者资产组产生的现金流入,并且是可以认定的最小资产组合。

对资产组的认定涉及职业判断。在认定资产组过程中,企业应当以资产组产生的主要现金流入是否独立于其他资产或者资产组的现金流入为依据,同时还应当考虑企业管理层管理生产经营活动的方式(如是按照生产线、业务种类还是按照地区或者区域等)和对资产的持续使用或者处置的决策方式等。

如果企业不能确定单个资产的可收回金额,则应当认定资产组。在下述情况下,企业不能确定单个资产的可收回金额:

(1) 资产预计未来现金流量的现值与资产的公允价值减去处置费用后的净额并不接近;

(2) 资产的持续使用不会产生基本独立于其他资产或者资产组所产生的现金流入。

在特别情况下,如果几项资产组合生产的产品(或者其他产出)存在活跃市场,即使部分或者所有这些产品(或者其他产出)均供内部使用,也应当在满足资产组定义的情况下,将这几项资产的组合认定为资产组。这是因为该资产组能够通过持续使用产生现金流入,且其持续使用基本独立于其他资产或者资产组。如果该资产组的现金流入受内部转移价格的影响,则应当按照企业管理层在公平交易中对未来价格的最佳估计数来确定资产组的未来现金流量。

(二)资产组减值损失的计量及其会计处理

企业在判断资产是否发生减值时,有迹象表明一项资产可能发生减值的,企业应当以单项资产为基础估计其可收回金额。企业难以对单项资产的可收回金额进行估计的,应当以该资产所属的资产组为基础确定资产组的可收回金额。资产组的可收回金额应当按照该资产组的公允价值减去处置费用后的净额与其预计未来现金流量的现值两者之间较高者确定。

资产组账面价值的确定基础应当与其可收回金额的确定方式相一致。资产组的账面价值包括可直接归属于资产组与可以合理和一致地分摊至资产组的资产账面价值,通常不应包括已确认负债的账面价值,如不考虑该负债金额就无法确定资产组可收回金额的除外。这主要是因为在确定资产组的公允价值减去处置费用后的净额和预计未来现金流量现值时,并不包括与不属于该资产组有关的现金流量,也不包括与已在财务报表上确认的与负债有关的现金流量。

在特殊情况下,企业在判断资产是否发生减值时,有可能涉及部分负债。在这种情况下,资产组在处置时如要求购买者承担一项负债(如环境恢复负债等)、该负债金额已经确认并计入相关资产账面价值,而且企业只能取得包括上述资产和负债在内的单一公允价值减去处置费用后的净额,为了比较资产组的账面价值和可收回金额,在确定资产组的账面价值及其预计未来现金流量的现值时,应当将已确认的负债金额从中扣除。这主要是因为,在这种情况下,资产组的公允价值减去处置费用后的净额,是资产组所包含的资产和负债共同的公允价值减去处置费用后的净额,为使资产组的账面价值与其可收回金额的比较有意义,在确定资产组的账面价值和可收回金额时,应当减去负债的账面价值。

资产组减值的会计处理,根据《企业会计准则》的规定,资产组的可收回金额低于其账面价值的,应当确认相应的减值损失。减值损失金额应当先抵减分摊至资产组或者资产组组合中商誉的账面价值,再根据资产组中除商誉之外的其他各项资产的账面价值所占比重,按比例抵减其他各项资产的账面价值。

以上资产账面价值的抵减,应当作为各单项资产(包括商誉)的减值损失处理,计入当期损益。抵减后的各资产的账面价值不得低于以下三者之中最高者:

- 该资产的公允价值减去处置费用后的净额(如可确定);
- 该资产预计未来现金流量的现值(如可确定);
- 零元。

因此而导致的未能分摊的减值损失金额,应当按照相关资产组中其他各项资产的账面价值所占比重进行分摊。

【例4-21】天鑫公司于2×19年12月31日对某资产组进行减值测试,其账面价值为2 750 000元;该资产组合除包括固定资产生产线、办公楼、宿舍、浴室、理发室外,还包括一批负债,账面价值分别为59 000元、78 000元、95 000元、18 000元、40 000元、15 000元。经咨询有关专家,天鑫公司确定该资产组的公允价值减去处置费用后的净额为 215 000 元,未来现金流量现值为 205 000 元。因此,该资产组发生减值,确认的减值损失为 60 000 元(275 000 - 215 000),同时根据该资产组内固定资产的账面价值,按比例分摊减值损失至资产组内的固定资产。分摊过程如表 4-8 所示:

表 4-8　　　　　　　　　天鑫公司固定资产分摊

资产组合	分摊减值损失前账面价值(元)	分摊比例(%)	分摊的减值损失(元)	分摊减值损失后的账面价值(元)
负债	(15 000)		0	(15 000)
固定定产:				
生产线	59 000	20.34	12 204	46 796
办公楼	78 000	26.90	16 140	61 860
宿舍	95 000	32.76	19 656	75 344
浴室	18 000	6.21	3 726	14 274
理发室	40 000	13.79	8 274	31 726
小计	290 000	100	60 000	230 000
合计	275 000		60 000	215 000

根据上述分配计算结果,公司应编制下列会计分录:

借:资产减值损失　　　　　　　　　　　　　　　　　　　60 000
　　贷:固定资产减值准备——生产线　　　　　　　　　　12 204
　　　　　　　　　　　　——办公楼　　　　　　　　　　16 140
　　　　　　　　　　　　——宿舍　　　　　　　　　　　19 656
　　　　　　　　　　　　——浴室　　　　　　　　　　　3 726
　　　　　　　　　　　　——理发室　　　　　　　　　　8 274

九、资产组组合减值损失及会计处理

(一)资产组组合的概念

资产组组合,是指由若干个资产组组成的最小资产组组合,包括资产组或者资产组组合,以及按合理方法分摊的总部资产部分。所谓总部资产,是指企业集团或其事业部办公楼、电子数据处理设备等资产。总部资产的显著特征是难以脱离其他资产或者资产组产生的现金流入,而且账面价值难以完全归属于某一资产组。

(二)资产组组合(含总部资产)减值损失量及其会计处理

根据《企业会计准则第 8 号——资产减值》的规定,在有迹象表明某项总部资产可能发生减值时，企业应当计算确定该总部资产所归属的资产组或者资产组组合的可收回金额，然后将其与相应的账面价值相比较，据以判断是否需要确认减值损失。

企业对某一资产组进行减值测试时，应当先认定所有与该资产组相关的总部资产，再根据相关总部资产能否按照合理和一致的基础分摊至该资产组，分别下列情况进行会计处理：

（1）对于相关总部资产能够按照合理和一致的基础分摊至该资产组的部分，应当将该部分总部资产的账面价值分摊至该资产组，再据以比较该资产组的账面价值（包括已分摊的总部资产的账面价值部分）和可收回金额。

该资产组的可收回金额低于其账面价值的，应当按其差额确认资产减值损失。资产减值损失金额应当先抵减分摊至资产组组合中商誉的账面价值，再根据资产组组合中除商誉外其他各项资产的账面价值所占比重，按比例抵减其他各项资产的账面价值。抵减后各项资产的账面价值不得低于以下三者之中最高者：

- 该资产的公允价值减去处置费用后的净额（如可确定）；
- 该资产预计未来现金流量的现值（如可确定）；
- 零元。

（2）对于相关总部资产中有部分资产难以按照合理和一致的基础分摊至该资产的，应当按照下列步骤处理：

①在不考虑相关总部资产的情况下，估计和比较资产组的账面价值和可收回金额，按其差额确认资产减值损失。

②认定由若干个资产组组成的最小的资产组组合，该资产组组合应当包括所测试的资产组与可以按照合理和一致的基础将该部分总部资产的账面价值分摊其上的部分。

③比较所认定的资产组组合的账面价值（包括已分摊的总部资产的账面价值部分）和可收回金额，按其差额确认资产减值损失。

资产减值损失金额应当先抵减分摊至资产组组合中商誉的账面价值，再根据资产组组合中除商誉外其他各项资产的账面价值所占比重，按比例抵减其他各项资产的账面价值。抵减后各项资产的账面价值不得低于以下三者之中最高者：

- 该资产的公允价值减去处置费用后的净额（如可确定）；
- 该资产预计未来现金流量的现值（如可确定）；
- 零元。

【例4-22】天鑫公司在A、B、C三地拥有三家分公司，其中，C分公司是2×06年吸收合并的公司。这三家分公司的经营活动由一个总部负责运作，A、B、C三家分公司均能产生独立于其他分公司的现金流入，因此，将这三家分公司确定为三个资产组。2×07 年 12 月 31 日企业经营所处的技术环境发生了重大不利变化，出现减值迹象需要进行减值测试。假设总部资产的账面价值为 150 万元，能够按照各资产组账面价值的比例进行合理分摊，A、B、C 三个资产组的账面价值分别为 150 万元、150 万元、200 万元（其中合并商誉 15 万元）。A、B、C 三个资产组和总部资产的使用年限均为 20 年。该公司计算出 A、B、C 三家分公司资产的可收回金额分别为 180 万元、156 万元、200 万元。天鑫公司资产组组合减值损失及其会计处理程序如下：

（1）将总部资产分摊至各资产组：

由于各资产组的使用年限相同，可按各个资产组账面价值占资产组组合的账面价值的比例分摊总部资产，分摊的结果如下：

总部资产分摊给 A 资产组的数额 = 150×150÷500 = 45（万元）

总部资产分摊给 B 资产组的数额 = 150×150÷500 = 45（万元）

总部资产分摊给 C 资产组的数额 = 150×200÷500 = 60（万元）

A 资产组的账面价值 = 150 + 45 = 195（万元）

B 资产组的账面价值 = 150 + 45 = 195（万元）

C 资产组的账面价值 = 200 + 60 = 260（万元）

（2）确定各资产组减值损失，即各资产组账面价值减去各资产组的可收回金额：

A 资产组的减值损失 = 195 – 180 = 15（万元）

B 资产组的减值损失 = 195 – 156 = 39（万元）

C 资产组的减值损失 = 260 – 200 = 60（万元）

（3）将各资产组的减值额在总部资产和各资产组之间进行分摊：

A 资产组减值额分配给总部资产的金额 = 15×45÷195 = 3.46（万元）

A 资产组减值额分配给 A 资产组的金额 = 15 – 3.46 = 11.54（万元）

B 资产组减值额分配给总部资产的金额 = 39×45÷195 = 9（万元）

B 资产组减值额分配给 B 资产组的金额 = 39 – 9 = 30（万元）

C 资产组减值额首先抵减商誉，然后按其差额分配给 C 资产组和总部资产。

C 资产组减值额分配给总部资产的金额 = 45×60÷260 = 10.38（万元）

C 资产组减值额分配给 C 资产组的金额 = 45 – 10.38 = 34.62（万元）

经过上述计算表明：

A 资产组确认的减值损失为 11.54 万元，B 资产组确认的减值损失为 30 万元，C 资产组确认的减值损失为 34.62 万元，总部资产确认的减值损失为 22.84（3.46 + 9 + 10.38）万元。

（4）以 A 资产组确认的减值损失为 11.54 万元为例，将减值损失在资产组中各个单项资产按账面价值按比例分摊，计算过程如表 4-9 所示：

表 4-9　　　　　　　　　　A 资产组减值损失分摊

A 资产组固定定产	分摊减值损失前账面价值（元）	分摊比例（%）	分摊的减值损失（元）
生产设备	600 000	40	46 160
配套设备 1	450 000	30	34 620
配套设备 2	300 000	20	23 080
运输设施	150 000	10	11 540
合计	1 500 000	100	115 400

根据上述计算结果，甲企业应编制如下会计分录：

借：资产减值损失　　　　　　　　　　　　　　　　115 400
　　贷：固定资产减值准备——生产设备　　　　　　　46 160
　　　　　　　　　　　　——配套设备　　　　　　　34 620
　　　　　　　　　　　　——配套设备　　　　　　　23 080
　　　　　　　　　　　　——运输设施　　　　　　　11 540

如果各资产组的使用年限不相同的情况下，总部资产应根据各资产组的账面价值和剩余使用寿命加权平均计算账面价值分摊比例进行分摊。

【例 4-23】以【例 4-22】资料为例，假设 A、B、C 三个资产组的剩余使用年限分别为：10 年、20 年、20 年。总部资产应根据各资产组的账面价值和剩余使用寿命加权平均计算账面价值分摊比例进行分摊。计算过程如下：

（1）资产组 A、B、C 剩余使用年限计算的权重分别为：1：2：2。

（2）加权计算的各资产组的账面价值分别为：

资产组 A = 150 × 1 = 150（万元）

资产组 B = 150 × 2 = 300（万元）

资产组 C = 200 × 2 = 400（万元）

各资产组加权计算账面价值总额 = 150 + 300 + 400 = 850（万元）

（3）总部资产在各资产组的分摊比例分别为：

资产组 A = 150 ÷ 850 = 17.65%

资产组 B = 300 ÷ 850 = 35.3%

资产组 C = 400 ÷ 850 = 47.05%

（4）总部资产分摊到各资产组的金额分别为：

资产组 A = 150 × 17.65% = 26.475（万元）

资产组 B = 150 × 35.3% = 52.95（万元）

资产组 C = 150 × 47.05% = 70.575（万元）

(5) 分摊后各资产组的账面价值：

资产组 A 的账面价值 = 150 + 26.475 = 176.475（万元）

资产组 B 的账面价值 = 150 + 52.95 = 202.95（万元）

资产组 C 的账面价值 = 200 + 70.575 = 270.575（万元）

(6) 确定各资产组减值损失，即各资产组账面价值减去各资产组的可收回金额：

A 资产组的减值损失 = 176.475 - 180 = -3.525（万元）没有发生减值。

B 资产组的减值损失 = 202.95 - 156 = 46.95（万元）发生减值。

C 资产组的减值损失 = 270.575 - 200 = 70.575（万元）发生减值。

(7) 将资产组 B、C 的减值额在总部资产和资产组 B、C 之间进行分摊：

B 资产组减值额分配给总部资产的金额 = 46.95 × 52.95 ÷ 202.95 = 12.25（万元）

B 资产组减值额分配给 B 资产组的金额 = 46.95 - 12.25 = 34.7（万元）

C 资产组减值额首先抵减商誉，然后按其差额分配给 C 资产组和总部资产 70.575 - 15 = 55.575（万元）

C 资产组减值额分配给总部资产的金额 = 55.575 × 70.575 ÷ 270.575 = 14.5（万元）

C 资产组减值额分配给 C 资产组的金额 = 55.575 - 14.5 = 41.075（万元）

经过上述计算表明：

B 资产组确认的减值损失为 34.7 万元，C 资产组确认的减值损失为 41.075 万元，总部资产确认的减值损失为 26.75（12.25 + 14.5）万元

(8) 以 B 资产组确认的减值损失为 34.7 万元为例，将减值损失在本资产组中各个单项资产按账面价值按比例分摊，计算过程如表 4 - 10 所示：

表 4 - 10　　　　　　　　　　B 资产组减值损失分摊

B 资产组 固定定产	分摊减值损失前账面价值 （元）	分摊比例（%）	分摊的减值损失 （元）
生产设备	600 000	40	138 800
配套设备 1	450 000	30	104 100
配套设备 2	300 000	20	69 400
运输设施	150 000	10	34 700
合计	1 500 000	100	347 000

根据上述计算，编制如下会计分录：

借：资产减值损失　　　　　　　　　　　　　　　　347 000

　　贷：固定资产减值准备——生产设备　　　　　　138 800

　　　　　　　　　　　　——配套设备 1　　　　　104 100

　　　　　　　　　　　　——配套设备 2　　　　　69 400

——运输设施 34 700

涉税规定

◆《国家税务总局关于发布〈企业资产损失所得税税前扣除管理办法〉的公告》(国税发〔2011〕25号)

第七章 其他资产损失的确认

第四十七条 企业将不同类别的资产捆绑（打包），以拍卖、询价、竞争性谈判、招标等市场方式出售，其出售价格低于计税成本的差额，可以作为资产损失并准予在税前申报扣除，但应出具资产处置方案、各类资产作价依据、出售过程的情况说明、出售合同或协议、成交及入账证明、资产计税基础等确定依据。

第四节 固定资产处置和清查

一、固定资产处置

企业在生产经营过程中，对那些不适用或不需用的固定资产，可以通过对外出售的方式进行处置；对那些由于使用而不断磨损直到最终报废，或由于技术进步等原因发生提前报废，或由于遭受自然灾害等非正常损失发生毁损的固定资产应及时进行清理。具体来说，固定资产满足下列条件之一的，应当予以终止确认：

- 该固定资产处于处置状态；
- 该固定资产预期通过使用或处置不能产生经济利益。

此外，企业因其他原因，如对外投资、债务重组、非货币性资产交换等而减少的固定资产，也属于固定资产的处置。固定资产处置一般通过"固定资产清理"科目进行核算。

（一）固定资产出售、报废和毁损的会计处理

1. 核算步骤

一般来说，企业出售、报废或毁损的固定资产，其会计核算一般经过以下几个步骤：

（1）固定资产转入清理。出售、报废或毁损的固定资产转入清理时，按固定资产净额，借记"固定资产清理"科目；按已计提的累计折旧，借记"累计折旧"科

目;按已计提的减值准备,借记"固定资产减值准备"科目;按固定资产原价,贷记"固定资产"科目。

(2)发生的清理费用等。固定资产清理过程中发生的费用以及应交的税金,借记"固定资产清理"科目,贷记"银行存款""应交税费"等科目。

(3)出售收入、残料等的处理。企业收回出售固定资产的价款、残料价值、变价收入等,应冲减清理支出。按实际收到的出售价款以及残料变价收入等,借记"银行存款""原材料""其他应收款"等科目,贷记"固定资产清理"科目。

(4)保险赔偿的处理。企业计算或收到的应由保险公司或过失人赔偿的损失,应冲减清理支出,借记"其他应收款""银行存款"等科目,贷记"固定资产清理"科目。

(5)清理净损益的处理。2017年12月25日,财政部发布了《关于修订印发一般企业财务报表格式的通知》(财会〔2017〕30号,以下简称《通知》)。根据《通知》,新增"资产处置收益"报表项目,反映企业出售划分为持有待售的非流动资产(金融工具、长期股权投资和投资性房地产除外)或处置组时确认的处置利得或损失,以及处置未划分为持有待售的固定资产、在建工程、生产性生物资产及无形资产而产生的处置利得或损失。债务重组中因处置非流动资产产生的利得或损失和非货币性资产交换产生的利得或损失也包括在该报表项目内。该报表项目应根据在损益类科目新设置的"资产处置损益"科目的发生额分析填列;如为处置损失,以"-"号填列。

非流动资产毁损报废损失在"营业外支出"反映。这里的"毁损报废损失"通常包括因自然灾害发生毁损、已丧失使用功能等原因而报废清理产生的损失。根据《企业会计准则第30号——财务报表列报》的相关规定,财务报表中直接计入当期利润的利得项目和损失项目的金额不得相互抵销。企业在不同交易中形成的非流动资产毁损报废利得和损失不得相互抵销,应分别在"营业外收入"行项目和"营业外支出"行项目进行列报。

2. 固定资产清理后的净收益

如果是由于正常原因造成,并且工程项目尚未达到预定可使用状态的,冲减继续施工的工程成本,借记"固定资产清理"科目,贷记"在建工程"科目;如果工程项目已经达到预定可使用状态,属于筹建期间的,冲减管理费用,借记"固定资产清理"科目,贷记"管理费用"科目;不属于筹建期间的,直接计入当期收益,借记"固定资产清理"科目,贷记"资产处置损益——处置固定资产净收益"。

如果是由于非正常原因造成,属于筹建期间的,冲减管理费用,借记"固定资产清理"科目,贷记"管理费用"科目;不属于筹建期间的,直接计入当期收益,借记"固定资产清理"科目,贷记"营业外收入——非流动资产毁损报废利得"。

3. 固定资产清理后的净损失

如果是由于正常原因造成的,并且工程项目尚未达到预定可使用状态的,计入继续施工的工程成本,借记"在建工程"科目,贷记"固定资产清理"科目;如果工程项目已经达到预定可使用状态的,属于筹建期间的,计入管理费用,借记"管理费用"科目,贷记"固定资产清理"科目;不属于筹建期间的,直接计入当期损失,借记"资产处置损益——处置固定资产净损失"科目,贷记"固定资产清理"科目。

如果是由于非正常原因造成,属于筹建期间的,计入管理费用,借记"长期待摊费用"科目,贷记"管理费用"科目;不属于筹建期间的,直接计入当期损失,借记"营业外支出——非流动资产毁损报废损失"科目,贷记"固定资产清理"科目。

【例 4-24】天鑫公司有一台设备,因使用期满经批准报废。该设备原价为 300 000 元,累计已计提折旧 280 000 元,已计提减值准备 8 000 元,在清理过程中,以银行存款支付清理费用 2 500 元,残料变卖收入为 2 000 元。甲公司账务处理如下:

(1) 固定资产转入清理:

借:固定资产清理　　　　　　　　　　　　　　　12 000
　　累计折旧　　　　　　　　　　　　　　　　　280 000
　　固定资产减值准备　　　　　　　　　　　　　　8 000
　　贷:固定资产　　　　　　　　　　　　　　　300 000

(2) 发生清理费用和相关税费:

借:固定资产清理　　　　　　　　　　　　　　　 2 500
　　贷:银行存款　　　　　　　　　　　　　　　　2 500

(3) 收到残料变价收入:

借:银行存款　　　　　　　　　　　　　　　　　 2 000
　　贷:固定资产清理　　　　　　　　　　　　　　2 000

(4) 结转固定资产净损益:

借:营业外支出——非流动资产毁损报废损失　　　12 500
　　贷:固定资产清理　　　　　　　　　　　　　 12 500

涉税规定

◆《中华人民共和国印花税暂行条例》（国务院令第11号，2011年修订）

第一条　在中华人民共和国境内书立、领受本条例所列举凭证的单位和个人，都是印花税的纳税义务人，应当按照本条例规定缴纳印花税。

第二条　购销、建设工程承包、财产租赁等合同凭证为应纳税凭证。

◆《中华人民共和国企业所得税法》（主席令第63号）

第六条　确认为转让财产收入，并按第十六条规定，在计算应纳税所得额时，扣除该项资产的净值和转让费用。企业将固定资产用于对外投资、债务重组、分配股利和捐赠等，都要视同销售。

◆《财政部　国家税务总局关于企业资产损失税前扣除政策的通知》（财税〔2009〕57号）

八、对企业毁损、报废的固定资产，以该固定资产的账面净值减除残值、保险赔款和责任人赔偿后的余额，作为固定资产毁损、报废损失在计算应纳税所得额时扣除。

◆《国家税务总局关于发布〈企业资产损失所得税税前扣除管理办法〉的公告》（国税发〔2011〕25号）

第三十条　固定资产报废、毁损损失，为其账面净值扣除残值和责任人赔偿后的余额，应依据以下证据材料确认：

（一）固定资产的计税基础相关资料；

（二）企业内部有关责任认定和核销资料；

（三）企业内部有关部门出具的鉴定材料；

（四）涉及责任赔偿的，应当有赔偿情况的说明；

（五）损失金额较大的或自然灾害等不可抗力原因造成固定资产毁损、报废的，应有专业技术鉴定意见或法定资质中介机构出具的专项报告等。

转让使用过的固定资产有关增值税涉税政策

一、关于出售除不动产以外的其他固定资产的免税规定。按增值税暂行条例第十六条第八款规定，"销售的自己使用过的物品"，免征增值税。但必须满足《国家税务总局关于印发的增值税问题解答（之一）的通知》规定的三个条件，即（一）属于企业固定资产目录所列货物；（二）企业按固定资产管理，并确已使用过的货物；（三）销售价格不超过其原值的货物。

二、关于享受东北地区扩大增值税抵扣范围的企业特殊规定。其销售自己使用过的2004年7月1日前购进的固定资产按《财政部　国家税务总局关于2005年东北地区扩大增值税抵扣范围有关问题的通知》（财税〔2005〕28号）规定，符合免税规定的仍免征增值税，销售的应税固定资产按照4%的征收率减半征收增值税。

销售自己使用过的 2005 年 7 月 1 日以后的固定资产，应按财政部国家税务总局《关于印发〈东北地区扩大增值税抵扣范围若干问题的规定〉的通知》（财税〔2004〕156 号）第九条之规定处理，即销售自己使用过的固定资产，其取得的销售收入依适用税率征税，并按下列方法抵扣固定资产进项税。

（1）如果该项固定资产进项税已计入待抵扣固定资产进项税的，增加固定资产销项税额的同时，等量减少待抵扣固定资产进项税的余额，并转入进项税额抵扣；如待抵扣固定资产进项税余额小于固定资产销项税的，可将余额全部转入当期进项税额抵扣。

（2）如果该项固定资产未抵扣或未计入待抵扣进项税额的，按下面公式计算应抵扣的进项税额：

应抵扣固定资产进项税额 = 固定资产净额 × 适用税率

应抵扣使用过固定资产进项税额可直接计入当期增值税进项税额。

三、按增值税征收率减 2% 征税的处理

根据国家税务总局《关于简并增值税征收率有关问题的公告》（国家税务总局公告 2014 年第 36 号）规定，自 2014 年 7 月 1 日起，增值税一般纳税人销售使用过的固定资产（进项税未抵扣），可按简易办法依 3% 征收率减按 2% 征收增值税，同时不得开具增值税专用发票。

1. 销售 2008 年 12 月 31 日之前购进的固定资产

根据 170 号文件规定，转为消费型增值税之前购进或者自制的固定资产（进项税未抵扣），一律按照简易办法征收增值税。2014 年 7 月 1 日后依 3% 征收率减按 2% 征收增值税。

一是 2008 年 12 月 31 日以前未纳入扩大增值税抵扣范围试点的纳税人，销售自己使用过的 2008 年 12 月 31 日以前购进或者自制的固定资产，按照简易办法征收增值税。主要适用于除东北地区、中部地区、汶川地震受灾严重地区等实行扩大增值税抵扣范围试点的地区之外的所有地区。

二是 2008 年 12 月 31 日以前已纳入扩大增值税抵扣范围试点的纳税人，销售自己使用过的在本地区扩大增值税抵扣范围试点以前购进或者自制的固定资产，按照简易办法征收增值税。

2. 销售 2009 年 1 月 1 日之后购进的固定资产

（1）根据《增值税暂行条例实施细则》（财政部 国家税务总局第 50 号令，以下简称《实施细则》）和 36 号文件规定，2013 年 8 月 1 日之前，纳税人自用的应征消费税的摩托车、汽车、游艇，其进项税额不得从销项税额中抵扣。自 2013 年 8 月 1 日起，原增值税一般纳税人自用的应征消费税的摩托车、汽车、游艇，其进项税额准予从销项税额中抵扣。

（2）根据《财政部 国家税务总局关于部分货物适用增值税低税率和简易办法征收增值税政策的通知》（财税〔2009〕9号）和《增值税暂行条例》规定，一般纳税人销售自己使用过的属于此条例第十条规定不得抵扣且未抵扣进项税额的固定资产，按照简易办法征收增值税。主要是指：专门用于简易计税方法计税项目、非增值税应税项目、免征增值税项目、集体福利或者个人消费的固定资产不得抵扣进项税额。2014年7月1日后依3%征收率减按2%征收增值税。

3. 销售营改增试点地区购进的固定资产

根据《财政部 国家税务总局关于将铁路运输和邮政业纳入营业税改征增值税试点的通知》（财税〔2013〕106号）文件规定，一般纳税人销售自己使用过的本地区试点实施之日以前购进或者自制的固定资产，按照简易办法征收增值税。2014年7月1日后依3%征收率减按2%征收增值税（注：营改增试点时限：上海市2012年1月1日；北京市2012年9月1日；江苏省、安徽省2012年10月1日；福建省、广东省2012年11月1日；天津市、浙江省、湖北省2012年12月1日）。自2013年8月1日起，在全国范围内开展交通运输业和部分现代服务业营改增试点。自2014年1月1日起，在全国范围内开展铁路运输和邮政业营改增试点。自2016年5月1日起，在全国范围内全面推开营改增试点。同时，根据财税36号文件规定，试点一般纳税人销售自己使用过的、纳入营改增试点之日前取得的固定资产，按照现行旧货相关增值税政策执行。

4. 销售为小规模纳税人期间购入的固定资产

根据《国家税务总局关于一般纳税人销售自己使用过的固定资产增值税有关问题的公告》（国家税务总局公告2012年第1号，以下简称"1号公告"）规定，自2012年2月1日起，纳税人购进或者自制固定资产时为小规模纳税人，认定为一般纳税人后销售该固定资产的，可按简易办法征收增值税，同时不得开具增值税专用发票。2014年7月1日后依3%征收率减按2%征收增值税。

5. 销售按简易办法管理期间的固定资产

根据1号公告规定，自2012年2月1日起，增值税一般纳税人发生按简易办法征收增值税应税行为的，销售其按照规定不得抵扣且未抵扣进项税额的固定资产的，可按简易办法征收增值税，同时不得开具增值税专用发票。2014年7月1日后依3%征收率减按2%征收增值税。

6. 纳税人放弃减税的增值税税务处理

根据2015年12月22日发布的《国家税务总局关于营业税改征增值税试点期间有关增值税问题的公告》（国家税务总局公告2015年第90号，以下简称90号公告）规定，为统一政策执行口径，现将营业税改征增值税试点期间有关增值税问题公告如下：纳税人销售自己使用过的固定资产，适用简易办法依照3%征收率减按2%征收增值税政策的，可以放弃减税，按照简易办法依照3%征收率缴纳增值税，并可以自开或代开增值税专用发票。公告自2016年2月1日起执行。

90号公告是营改增增值税试点期间发布的政策，文件中规定的纳税人包括所有的增值税纳税人（即原增值税纳税人和营改增纳税人）。不管是原增值税纳税人还是营改增纳税人销售自己使用过的固定资产，现行政策规定适用简易办法依照3%征收率减按2%征收增值税的均可以按照90号公告的规定，可以放弃减税，按照简易办法依照3%征收率缴纳增值税，并可以自开或者代开增值税专用发票。与此同时，购买方取得符合进项抵扣条件的增值税专用发票可以用于抵扣（见表4-11）。

表4-11 一般纳税人和小规模纳税人销售使用过的物品增值税的税务处理

应税行为		一般纳税人	小规模纳税人
销售自己使用过的物品	固定资产	①按规定允许抵扣进项税额的固定资产再转让 销项税额＝含税销售额÷（1＋税率）×税率（按照适用税率征收增值税） ②按规定不得抵扣且未抵扣过进项税额的固定资产再转让 应纳税额＝含税销售额÷（1＋3%）×2%	应纳税额＝含税销售额÷（1＋3%）×2%
	其他物品	销项税额＝含税销售额÷（1＋税率）×税率（按照适用税率征收增值税）	应纳税额＝含税销售额÷（1＋3%）×3%

涉税提示

企业销售本企业已使用过的属于货物的固定资产，按规定应纳的增值税，应借记"固定资产清理"科目，贷记"应交税费——应交增值税（销项税额）"科目或"应交税费——应交增值税"科目。

在实务中，如果购进的已抵扣进项税的固定资产报废，需注意区分报废的原因，根据《增值税暂行条例》第十条第二项中的规定，非正常损失是指因管理不善造成被盗、丢失、霉烂变质的损失，正常报废是指除了非正常损失之外的报废。对于正常报废的固定资产，其已抵扣的进项税不需要转出；未报废可用的固定资产因管理不善而引起的使用功能丧失的，应按比例作进项转出。

此外，根据国税函〔2009〕90号文件规定，一般纳税人销售自己使用过的固定资产，适用简易办法按照4%征收率减半征收增值税的，应开具普通发票，不得开具增值税专用发票。小规模纳税人销售自己使用过的固定资产，不得由税务机关代开增值税专用发票。因此，对于上述交易中的购入方来说，由于无法取得增值税专用发票，故不能抵扣相应进项税额。而对于一般纳税人销售已抵扣进项税额的自己使用过的固定资产，可以开具增值税专用发票。对于购入方而言，若将其用于应税项目则其进项税可以抵扣。

（二）其他方式减少的固定资产

其他方式减少的固定资产，如以固定资产清偿债务、投资转出固定资产、以非货币资产交换换出固定资产等，分别按照债务重组、非货币资产交换等的处理原则进行核算。

涉税提示

增值税转型后，一般纳税人销售、转让属于货物的固定资产要按照规定征收增值税。

二、持有待售的固定资产

2017年4月28日，财政部发布了《企业会计准则第42号——持有待售的非流动资产、处置组和终止经营》（财会〔2017〕13号）。按照该准则，企业主要通过出售（包括具有商业实质的非货币性资产交换，下同）而非持续使用一项非流动资产或处置组收回其账面价值的，应当将其划分为持有待售类别。

非流动资产或处置组划分为持有待售类别，应当同时满足下列条件：

第一，根据类似交易中出售此类资产或处置组的惯例，在当前状况下即可立即出售。

第二，出售极可能发生，即企业已经就一项出售计划做出决议且获得确定的购买承诺，预计出售将在一年内完成。有关规定要求企业相关权力机构或者监管部门批准后方可出售的，应当已经获得批准。

确定的购买承诺，是指企业与其他方签订的具有法律约束力的购买协议，该协议包含交易价格、时间和足够严厉的违约惩罚等重要条款，使协议出现重大调整或者撤销的可能性极小。

处置组，是指在一项交易中作为整体通过出售或其他方式一并处置的一组资产，以及在该交易中转让的与这些资产直接相关的负债。处置组所属的资产组或资产组组合按照《企业会计准则第8号——资产减值》分摊了企业合并中取得的商誉的，该处置组应当包含分摊至处置组的商誉。

企业将非流动资产或处置组首次划分为持有待售类别前，应当按照相关会计准则规定计量非流动资产或处置组中各项资产和负债的账面价值。企业初始计量或在资产负债表日重新计量持有待售的非流动资产或处置组时，其账面价值高于公允价值减去出售费用后的净额的，应当将账面价值减记至公允价值减去出售费用后的净额，减记的金额确认为资产减值损失，计入当期损益，同时计提持有待售资产减值准备。

企业应当在报表附注中披露持有待售的固定资产名称、账面价值、公允价值、预计处置费用和预计处置时间等。持有待售的固定资产不计提折旧，按照账面价值与公允价值减去处置费用后的净额孰低进行计量。

非流动资产或处置组因不再满足持有待售类别的划分条件而不再继续划分为持有待售类别或非流动资产从持有待售的处置组中移除时，应当按照以下两者孰低计量：

第一，划分为持有待售类别前的账面价值，按照假定不划分为持有待售类别情况下本应确认的折旧、摊销或减值等进行调整后的金额；

第二，可收回金额。

【例 4-25】2×19 年年末，天鑫公司准备出售一项设备，并已经与买主签订了不可撤销的合同，甲公司将其划归为持有待售固定资产。该设备原值为 800 000 元，预计使用寿命 8 年，年折旧额为 100 000 元（假设不考虑净残值），至 2×19 年年末累计已提折旧 300 000 元，净值 500 000 元，已计提减值准备 50 000 元。

（1）假设 2×18 年年末，该设备账面价值为 450 000 元，公允价值 400 000 元减去处置费用 50 000 元后的金额为 350 000 元，因此划分为持有待售类别的时点应当计提 100 000 元的减值损失，则甲公司的相关账务处理如下：

借：持有待售资产　　　　　　　　　　　　　450 000
　　固定资产累计折旧　　　　　　　　　　　300 000
　　固定资产减值准备　　　　　　　　　　　 50 000
　　贷：固定资产——原值　　　　　　　　　　　　800 000

计提持有待售资产的减值准备：

借：资产减值损失　　　　　　　　　　　　　100 000
　　贷：持有待售资产减值准备　　　　　　　　　　100 000

固定资产重分类到持有待售资产后不再计提折旧。

（2）假设 2×19 年年末，因不可抗力的原因，买主无法履行买卖合同，甲公司决定继续使用该设备。该设备不再符合持有待售资产的确认条件，需要重分类为固定资产。假设 2×19 年年末该设备的可收回金额为 380 000 元，固定资产按照划分为持有待售类别前的账面价值确认的折旧、摊销或减值后的金额为 300 000 元。

2×19年年末,应将该项设备的账面价值调整为300 000元。

按照《企业会计准则第42号——持有待售的非流动资产、处置组和终止经营》的规定,计量规定适用于所有非流动资产,但下列各项的计量适用其他相关会计准则:

(1)采用公允价值模式进行后续计量的投资性房地产,适用《企业会计准则第3号——投资性房地产》;

(2)采用公允价值减去出售费用后的净额计量的生物资产,适用《企业会计准则第5号——生物资产》;

(3)职工薪酬形成的资产,适用《企业会计准则第9号——职工薪酬》;

(4)递延所得税资产,适用《企业会计准则第18号——所得税》;

(5)由金融工具相关会计准则规范的金融资产,适用金融工具相关会计准则;

(6)由保险合同相关会计准则规范的保险合同所产生的权利,适用保险合同相关会计准则。

三、固定资产清查

企业需要定期或者至少每年年末对固定资产进行清查盘点,以保证固定资产核算的真实性,充分挖掘企业现有固定资产的潜力。在固定资产清查过程中,如果发现盘盈或盘亏的固定资产,应填制固定资产盘盈盘亏报告表。清查固定资产的损溢,应及时查明原因,并按照规定程序报批处理。

(一)固定资产核查

企业应当于每年年度终了,对固定资产的使用寿命、预计净残值和折旧方法进行复核。

使用寿命预计数与原先估计数有差异的,应当调整固定资产折旧年限;预计净残值预计数与原先估计数有差异的,应当调整预计净残值;与固定资产有关的经济利益预期实现方式有重大改变的,应当改变固定资产折旧方法。

根据《会计准则第28号——会计政策、会计估计和会计差错》的有关规定,固定资产使用寿命、预计净残值和折旧方法的改变,应当作为会计估计变更。会计估计变更采用未来适用法会计处理,对以前计提的折旧额不需要进行调整。

【例4-26】2×17年1月1日,甲公司对其一台生产设备开始计提折旧,固定资产原值200 000元,估计使用年限为8年,预计净残值10 000元,采用直线法计提折旧。在2×19年12月31日,在对该项固定资产进行复核时,根据新技术发展趋势等原因,对该项资产的使用寿命进行调整,使用寿命调整为5年,预计净残值为 7 000 元。

甲公司编制如下会计分录：

【分析】按照会计估计变更会计处理规定，应采用未来适用法，对估计变更日以前每年计提的折旧额 23 750 元，两年累计折旧额 47 500 元不进行调整，也不计算累计影响数。变更日以后发生的经济业务按照调整后的新会计估计及净残值计提折旧。

改变预计使用寿命后，2×19 年开始每年计提的折旧为 48 500 元〔(152 500 - 7 000) ÷ (5 - 2)〕。

借：制造费用　　　　　　　　　　　　　　　　　　　48 500
　　贷：累计折旧　　　　　　　　　　　　　　　　　　48 500

（二）固定资产盘点

1. 盘盈的固定资产

企业在财产清查中盘盈的固定资产，作为前期差错处理。企业在财产清查中盘盈的固定资产，在按管理权限报经批准处理前应先通过"以前年度损益调整"科目核算。盘盈的固定资产，在确定入账价值后，借记"固定资产"科目，贷记"以前年度损益调整"科目。

涉税规定

◆《中华人民共和国企业所得税法》（主席令第 63 号）

第六条　企业以货币形式和非货币形式从各种来源取得的收入，为收入总额。包括：

（九）其他收入

◆《中华人民共和国企业所得税法实施条例》（国务院令第 512 号）

第二十二条　企业所得税法第六条第（九）项所称其他收入，是指企业取得的除企业所得税法第六条第（一）项至第（八）项规定的收入外的其他收入，包括企业资产溢余收入……

涉税提示

固定资产盘盈属于税法界定的资产溢余收入，在申报企业所得税时，应调整增加应纳税所得额，并计入发现差错年度的税款计算中。

【例 4-27】天鑫公司在年末财产清查中盘盈车床一台，现在购买相同或者相似资产需支付 50 000 元，估计已损耗 15 000 元。则天鑫公司应做如下会计处理：

（1）固定资产盘盈时：

借：固定资产　　　　　　　　　　　　　　　　　　　50 000

贷：累计折旧	15 000
以前年度损益调整	35 000

（2）将以前年度损益调整科目余额转入利润分配：

借：以前年度损益调整	35 000
贷：利润分配——未分配利润	35 000

税务处理

应调整增加应纳税所得额35 000元，并计入发现差错年度的税款计算中。

2. 盘亏的固定资产

企业在财产清查中盘亏的固定资产，按盘亏固定资产的账面价值，借记"待处理财产损溢"科目；按已计提的累计折旧，借记"累计折旧"科目；按已提的减值准备，借记"固定资产减值准备"科目；按固定资产的原价，贷记"固定资产"科目。在按管理权限报经批准后处理时，按可收回的保险赔偿或过失人赔偿，借记"其他应收款"科目；按应计入营业外支出的金额，借记"营业外支出——盘亏损失"科目，贷记"待处理财产损溢"科目。

涉税规定

◆《财政部　国家税务总局关于全国实施增值税转型改革若干问题的通知》（财税〔2008〕170号）

五、纳税人已抵扣进项税额的固定资产发生条例第十条（一）至（三）项所列情形的，应在当月按下列公式计算不得抵扣的进项税额：

不得抵扣的进项税额＝固定资产净值×适用税率

本通知所称固定资产净值，是指纳税人按照财务会计制度计提折旧后计算的固定资产净值。

◆《财政部　国家税务总局关于企业资产损失税前扣除政策的通知》（财税〔2009〕57号）

七、对企业盘亏的固定资产，以该固定资产的账面净值减除责任人赔偿后的余额，作为固定资产盘亏损失在计算应纳税所得额时扣除。

◆《国家税务总局关于发布〈企业资产损失所得税税前扣除管理办法〉的公告》（国税发〔2011〕25号）

第二十九条　固定资产盘亏、丢失损失，为其账面净值扣除责任人赔偿后的余额，应依据以下证据材料确认：

（一）企业内部有关责任认定和核销资料；

（二）固定资产盘点表；

（三）固定资产的计税基础相关资料；

（四）固定资产盘亏、丢失情况说明；

（五）损失金额较大的，应有专业技术鉴定报告或法定资质中介机构出具的专项报告等。

涉税提示

盘亏和毁损的固定资产，如果购置时已抵扣进项税额，并且该损失属于《增值税暂行条例实施细则》所规定的非正常损失的，其进项税额应该转出。

【例 4 – 28】 天鑫公司在财产清查中，发现 2×19 年 7 月 1 日以后购入的一台设备盘亏，经查属于管理不善造成。该设备原值为 150 000 元，已提折旧为 50 000 元，购进时已抵扣进项税额 25 500 元。该设备适用的增值税税率为 13%。则天鑫公司应做如下会计处理：

借：待处理财产损溢——待处理固定资产损溢　　113 000
　　累计折旧　　　　　　　　　　　　　　　　 50 000
　　贷：固定资产　　　　　　　　　　　　　　　　150 000
　　　　应交税费——应交增值税（进项税额转出）　 13 000

注：[（150 000 – 50 000）×13%] = 13 000（元）

按规定程序批准后：

借：营业外支出——盘亏损失　　　　　　　　　 113 000
　　贷：待处理财产损溢——待处理固定资产损溢　 113 000

税务处理

在年终申报企业所得税时，盘亏损失 113 000 元经税务机关审批可以在税前扣除。

第五章　无形资产和其他资产

【本章提要】 本章主要介绍无形资产和其他资产的核算及涉税处理。

无形资产应当按照成本进行初始计量。不同渠道取得的无形资产，其成本构成也不相同。企业内部研究开发项目所发生的支出应区分研究阶段支出和开发阶段支出，研究阶段的支出，应当于发生时计入当期损益；开发阶段的支出，满足资本化条件的，才能确认为无形资产。使用寿命有限的无形资产应按规定的方法进行摊销，使用寿命不确定的无形资产不应进行摊销。资产负债表日，无形资产的可收回金额低于其账面价值的，应当计提无形资产减值准备。无形资产处置，应按规定的会计处理方法进行处理。

其他资产，是指除流动资产、持有至到期投资可供出售金融资产、长期股权投资固定资产、无形资产等以外的资产，主要包括长期待摊费用和其他长期资产。

对无形资产和其他资产进行核算所使用的账户主要有"无形资产""累计摊销""无形资产减值准备""研发支出""长期待摊费用""资产减值损失"等，这些账户与会计报表的关系如图5-1所示。

第一节　无形资产

一、无形资产概述

（一）无形资产的概念

无形资产，是指企业拥有或者控制的没有实物形态的可辨认非货币性资产。主要包括专利权、商标权、著作权、土地使用权、非专利技术、特许权等。企业自创商誉以及内部产生的品牌、报刊名等，不应确认为无形资产。

图 5-1 本章账户与会计报表的关系

（二）无形资产的确认条件

无形资产应当在符合定义的前提下，同时满足以下两个确认条件时，才能予以确认：

第一，该资产产生的经济利益很可能流入企业；

第二，该资产的成本能够可靠地计量。

（三）无形资产的内容

无形资产主要包括专利权、非专利技术、商标权、著作权、土地使用权和特许权等。

1. 专利权

专利权，是国家专利主管机关根据发明人的申请，经审查认为其发明创造符合法律规定，授予发明人于一定期限内制造或专卖其发明创造成果的一种特有权利。包括发明专利权、实用新型专利权和外观设计专利权。任何单位或个人，未经专利权人许可，均不得制造或出卖其专利。专利权可以转让所有权或使用权。专利权作为技术成果，既有价值，又有使用价值，根据价值和使用价值确定价格。

2. 非专利技术

非专利技术，也称专有技术。是指不为外界所知的技术知识，如独立的设计、造型、配方、生产工艺等工艺诀窍、技术秘密以及经营管理知识经验等。它没有在专利机关登记注册，依靠保密手段进行垄断。因此，它不受法律保护，也没有有效期，只要不泄露，并有经济效益，即可有效地使用并可有偿转让。

3. 商标权

商标，是指用各种文字或图案标注在商品上的标记。商标应向商标机关申请注册，以取得专用权。商标权，指专门在某类指定的商品或产品上使用特定的名称或图案的权利。商标权具有垄断性和时间性但期满后可申请延续使用，因此也可以说是无限期的。商标权在一定程度上起到了维护企业使用商标的作用，能给企业带来经济效益。商标可作为商品转让。

4. 著作权

著作权又称版权，它是在法律规定的有效期内，依法赋予作家、艺术家或者出版社等对其作品出版、重印、复制、翻译等权利，以维护创作出版者的权利。著作权包括作品署名权、发表权、修改权和保护作品完整权，还包括复制权、发行权、出租权、展览权、表演权、放映权、广播权、信息网络传播权、摄制权、改编权、翻译权、汇编权以及应当由著作权人享有的其他权利。

5. 土地使用权

土地使用权，指国家准许某企业在一定期间内对国有土地享有开发、利用、经营的权利。根据我国《土地管理法》的规定，我国土地实行公有制，任何单位和个人不得侵占、买卖或者以其他形式非法转让。企业取得土地使用权的方式大致有以下几种：行政划拨取得、外购取得及投资者投资取得。

6. 特许权

特许权又称经营特许权、专营权，指企业在某地区经营或销售某种特定商品的权利或是特许人将自己的商标、商号、产品、专利、技术秘密配方、经营管理模式等无形资产以特许经营合同的形式授予被特许人（受许人）使用的权利。在我国，特许权通常有两种形式：一是由政府机构授权，准许特定企业使用公共财产，或在一定地区享有经营某种特许业务的权利，如准许航空公司在政府规定的航线上，利用国有的机场设施，经营客货运业务；二是一家企业有期限地或永久地授予另一家企业使用其商标、商号、专利权、专有技术等专有权利，按照合同规定，在特许者统一的业务模式下从事经营活动，并向特许人支付相应费用，如连锁店分店使用总店的名称等。

涉税规定

◆《中华人民共和国企业所得税法实施条例》（国务院令第512号）

第六十五条 企业所得税法第十二条所称无形资产是指企业为生产产品、提供劳务、出租或者经营管理而持有的、没有实物形态的非货币性长期资产，包括专利权、商标权、著作权、土地使用权、非专利技术、商誉等。

涉税提示

在无形资产的确认上，会计与税法有以下区别：（1）税法中的无形资产包括商誉。而会计上，由于商誉的存在无法与企业自身分离，不具有可辨认性，不能确认为无形资产。（2）已出租的土地使用权和持有并准备增值后转让的土地使用权，会计上划分为投资性房地产，不属于无形资产。而税法将土地使用权划分为无形资产。

《中华人民共和国企业所得税法》（2018年修订）

第十二条 在计算应纳税所得额时，企业按照规定计算的无形资产摊销费用，准予扣除。下列无形资产不得计算摊销费用扣除：

（一）自行开发的支出已在计算应纳税所得额时扣除的无形资产。

（二）自创商誉。

（三）与经营活动无关的无形资产。

（四）其他不得计算摊销费用扣除的无形资产。

《企业会计准则第6号——无形资产》

第三条 无形资产，是指企业拥有或者控制的没有实物形态的可辨认非货币性资产。资产满足下列条件之一的，符合无形资产定义中的可辨认性标准：

（一）能够从企业中分离或者划分出来，并能单独或者与相关合同、资产或负债一起，用于出售、转移、授予许可、租赁或者交换。

（二）源自合同性权利或其他法定权利，无论这些权利是否可以从企业或其他权利和义务中转移或者分离。

第六条 企业无形项目的支出，除下列情形外，均应于发生时计入当期损益：

（一）符合本准则规定的确认条件、构成无形资产成本的部分；

（二）非同一控制下企业合并中取得的、不能单独确认为无形资产、构成购买日确认的商誉的部分。

二、无形资产的初始计量

（一）无形资产的初始计量

无形资产应当按照成本进行初始计量。无形资产的取得方式不同，其成本的具体确定方法也不尽相同。

1. 外购的无形资产

外购无形资产的成本，包括购买价款、相关税费以及直接归属于使该项资产达到预定用途所发生的其他支出。其中，直接归属于使该项资产达到预定用途所发生的其他支出包括使无形资产达到预定用途所发生的专业服务费用、测试无形资产是否能够正常发挥作用的费用等。

外购的无形资产，应按其取得成本进行初始计量；如果购入的无形资产超过正常信用条件延期支付价款，实质上具有融资性质的，应按所取得无形资产购买价款的现值计量其成本，现值与应付价款之间的差额作为未确认的融资费用，在付款期间内按照实际利率法确认为利息费用。

除按照《企业会计准则第 17 号——借款费用》应予资本化的以外，应当在信用期间内计入当期损益。

《企业会计准则第 17 号——借款费用》规定：第四条企业发生的借款费用，可直接归属于符合资本化条件的资产的购建或者生产的，应当予以资本化，计入相关资产成本；其他借款费用，应当在发生时根据其发生额确认为费用，计入当期损益。

符合资本化条件的资产，是指需要经过相当长时间的购建或者生产活动才能达到预定可使用或者可销售状态的固定资产、投资性房地产和存货等资产。

第五条借款费用同时满足下列条件的，才能开始资本化：

（1）资产支出已经发生，资产支出包括为购建或者生产符合资本化条件的资产而以支付现金、转移非现金资产或者承担带息债务形式发生的支出；

（2）借款费用已经发生；

（3）为使资产达到预定可使用或者可销售状态所必要的购建或者生产活动已经开始。

2. 投资者投入的无形资产

投资者投入的无形资产，应当按照投资合同或协议约定的价值确定，但合同或协议约定价值不公允的除外。

3. 通过非货币性资产交换取得的无形资产成本

企业通过非货币性资产交换取得的无形资产，包括以投资、存货、固定资产或无形资产换入的无形资产等。非货币性资产交换具有商业实质且公允价值能够可靠计量的，在发生补价的情况下，支付补价方应当以换出资产的公允价值加上支付的补价（即换入无形资产的公允价值）和应支付的相关税费，作为换入无形资产的成本；收到补价方，应当以换入无形资产的公允价值（或换出资产的公允价值减去补价）和应支付的相关税费，作为换入无形资产的成本。

4. 土地使用权的处理

企业取得的土地使用权通常应当按照取得时所支付的价款及相关税费确认为无形资产但改变土地使用权用途，用于赚取租金或资本增值的，应当将其转为投资性房地产。

自行开发建造厂房等建筑物，相关的土地使用权与建筑物应当分别进行处理。外购土地及建筑物支付的价款应当在建筑物与土地使用权之间进行分配；难以合理分配的，应当全部作为固定资产。

房地产开发企业取得土地用于建造对外出售的房屋建筑物，相关的土地使用权账面价值应当计入所建造的房屋建筑物成本。

5. 其他方式取得的无形资产

其他方式取得的无形资产，如非货币性资产交换债务重组等方式取得的无形资产，其入账价值的确定应分别按照"非货币性资产交换"和"债务重组"的相关企业会计准则的规定处理。

（二）无形资产取得的核算

企业应设置"无形资产"科目，核算企业持有的无形资产成本。该科目借方登记取得的无形资产的实际成本；贷方登记无形资产转出的金额；期末借方余额，反映企业无形资产的成本。该科目可按无形资产项目进行明细核算。

1. 购入的无形资产

企业外购无形资产的成本，包括购买价款、进口关税和其他税费以及直接归属于使该项资产达到预定用途所发生的其他支出。实际购入时，按实际支付的价款，借记"无形资产"科目，贷记"银行存款"等科目。

涉税规定

◆《中华人民共和国企业所得税法实施条例》（国务院令第512号）

第五十六条 企业的各项资产，包括固定资产、生物资产、无形资产、长期待摊费用、投资资产、存货等，以历史成本为计税基础。前款所称历史成本，是指企业取得该项资产时实际发生的支出。

企业持有各项资产期间资产增值或者减值，除国务院财政、税务主管部门规定可以确认损益外，不得调整该资产的计税基础。

第六十六条　无形资产按照以下方法确定计税基础：

（一）外购无形资产为计税基础。

【例 5-1】天鑫公司从外单位购买一项专利权，按照协议约定实际支付的价款为 200 万元，并支付相关税费 5 万元和有关专业服务费用 8 万元，款项已通过银行转账支付。天鑫丰公司应做如下会计处理：

借：无形资产——商标权　　（2 000 000 + 50 000 + 80 000）2 130 000
　　　贷：银行存款　　　　　　　　　　　　　　　　　　　2 130 000

【例 5-2】A 上市公司 2×19 年 4 月 5 日，从 B 公司购买一项商标权，由于 A 公司资金周转比较紧张，经与 B 公司协议采用分期付款方式支付款项。合同规定，该项商标权总计 6 000 000 元，每年末付款 2 000 000 元，3 年付清。假定银行同期贷款利率为 10%，3 年期年金现值系数为 2.4 869。假定未确认融资费用采用实际利率法摊销。则 A 公司应做如下会计处理：

无形资产现值 = 2 000 000 × 2.4 869 = 4 973 800（元）

未确认融资费用 = 6 000 000 - 4 973 800 = 1 026 200（元）

第一年应确认的融资费用 = 4 973 800 × 10% = 497 380（元）

第二年应确认的融资费用 =（4 973 800 - 3 000 000 + 497 380）× 10% = 247 118（元）

第三年应确认的融资费用 = 1 026 200 - 497 380 - 247 118 = 281 702（元）

借：无形资产——商标权　　　　　　　　　　4 973 800
　　未确认融资费用　　　　　　　　　　　　1 026 200
　　　贷：长期应付款　　　　　　　　　　　　　　6 000 000

第一年年底付款时：

借：长期应付款　　　　　　　　　　　　　　2 000 000
　　　贷：银行存款　　　　　　　　　　　　　　　2 000 000

借：财务费用　　　　　　　　　　　　　　　　497 380
　　　贷：未确认融资费用　　　　　　　　　　　　　497 380

第二年年底付款时：

借：长期应付款　　　　　　　　　　　　　　2 000 000
　　　贷：银行存款　　　　　　　　　　　　　　　2 000 000

借：财务费用　　　　　　　　　　　　　　　　247 118
　　　贷：未确认融资费用　　　　　　　　　　　　　247 118

第三年年底付款时：

借：长期应付款　　　　　　　　　　　　　　2 000 000

　　　　贷：银行存款　　　　　　　　　　　　　　2 000 000
　　借：财务费用　　　　　　　　　　　　　　　　281 702
　　　　贷：未确认融资费用税务处理　　　　　　　281 702

税务处理

（1）购入商标权的计税基础6 000 000元，会计成本4 973 800元，差异1 026 200元，未来无形资产摊销时做纳税调整。（2）税法不允许确认未确认融资费用，因此，第一年纳税调增497 380元，第二年纳税调增247 118元，第三年纳税调增281 702元。

涉税提示

通常情况下，外购无形资产的初始计量与计税基础是一致的。但在会计上，对于购买无形资产的价款超过正常信用条件（一般指付款期3年以上）延期支付，实质上具有融资性质，无形资产初始成本按购买价款的现值计算；而税法上以历史成本计价，即不考虑资金的时间价值因素，不需要区分是否具有融资性质，均以购买价款和支付的相关税费作为计税基础。

根据《企业会计准则第6号——无形资产》第十二条无形资产应当按照成本进行初始计量。外购无形资产的成本，包括购买价款、相关税费以及直接归属于使该项资产达到预定用途所发生的其他支出。

购买无形资产的价款超过正常信用条件延期支付，实质上具有融资性质的，无形资产的成本以购买价款的现值为基础确定。实际支付的价款与购买价款的现值之间的差额，除按照《企业会计准则第17号——借款费用》应予资本化的以外，应当在信用期间内计入当期损益。

2. 投资者投入的无形资产

投资者投入的无形资产，应当按照投资合同或协议约定的价值作为成本，但合同或协议约定价值不公允的除外。具体来说，投资者投入的无形资产，应当按照投资合同或协议约定的价值和支付的相关税费，借记"无形资产"科目，按照投资合同或协议约定的价值在其注册资本中所占的份额，贷记"实收资本"或"股本"科目，按照投资合同或协议约定的价值与确认为实收资本或股本的差额，贷记"资本公积"，按应支付的相关税费，贷记"银行存款""应交税费"等科目。

涉税规定

◆《中华人民共和国企业所得税法实施条例》（国务院令第512号）

第六十六条　无形资产按照以下方法确定计税依据：

（三）通过捐赠、投资、非货币性资产交换、债务重组等方式取得的无形资产，以该资产的公允价值和支付的相关税费为计税基础。

◆《中华人民共和国契税暂行条例》（国务院令第 224 号）

第一条 在中华人民共和国境内转移土地、房屋权属，承受的单位和个人为契税的纳税人，应当依照本条例的规定缴纳契税。

◆《中华人民共和国契税暂行条例实施细则》（财法字〔1997〕52 号）

第八条 土地、房屋权属以下列方式转移的，视同土地使用权转让、房屋买卖或者房屋赠与征税：

（一）以土地、房屋权属作价投资、入股。

涉税提示

接受投资的无形资产的初始计量与计税基础是一致的，两者无差异。

根据《会计准则第 6 条——无形资产》第十四条 投资者投入无形资产的成本，应当按照投资合同或协议约定的价值确定，但合同或协议约定价值不公允的除外。

【例 5-3】天鑫公司接受通行公司以其所拥有的专利权作为出资，双方协议约定的价值为 5 000 万元，已办妥相关手续。天鑫公司接受通行公司投资后的注册资本为 20 000 万元，天鑫公司投资持股比例为 40%。则天鑫公司应做如下会计处理：

借：无形资产　　　　　　　　　　　　　　50 000 000
　　贷：实收资本　　　　　　　　　　　　　　50 000 000

3. 自行开发无形资产

自行开发并按照法律程序申请取得的无形资产，即企业内部研究开发项目的支出，应当区分研究阶段支出与开发阶段支出。

（1）研究阶段与开发阶段的区分。研究开发项目区分为研究阶段与开发阶段。企业应当根据研究与开发的实际情况加以判断。

①研究阶段。研究阶段是指为获取新的技术和知识等进行的有计划的调研，有关研究活动的例子包括：为获取知识而进行的活动；研究成果或其他知识的应用研究、评价和最终选择；材料、设备、产品、工序、系统或服务替代品的研究；新的或经改进的材料、设备、产品、工序、系统或服务的可能替代品的配制、设计、评价和最终选择等。研究阶段的特点在于计划性和探索性，其研究是否能在未来形成成果，即通过开发后是否会形成无形资产均具有很大的不确定性，企业也无法证明其能够带来未来经济利益的无形资产的存在，因此，企业内部研究开发项目研究阶段的支出，应当于发生时计入当期损益。

②开发阶段。开发阶段是指在进行商业性生产或使用前，将研究成果或其他知识应用于某项计划或设计，以生产出新的或有实质性改进的材料、装置、产品等。有关开发活动的例子包括：生产前或使用前的原型和模型的设计、建造和测试；含新技术的工具、夹具、模具和冲模的设计；不具有商业性生产经济规模的试生产设

施的设计、建造和运营新的或经改造的材料、设备、产品、工序、系统或服务所选定的替代品的设计、建造和测试等。

开发阶段的支出，满足一定条件的，才能确认为无形资产。

（2）开发阶段相关支出资本化的条件。企业内部研究开发项目开发阶段的支出，同时满足下列条件的，才能确认为无形资产：

①完成该无形资产以使其能够使用或出售在技术上具有可行性；

②具有完成该无形资产并使用或出售的意图；

③无形资产产生经济利益的方式；

④有足够的技术、财务资源和其他资源支持，以完成该无形资产的开发，并有能力使用或出售该无形资产；

⑤归属于该无形资产开发阶段的支出能够可靠地计量。

开发阶段的特点在于具有针对性和形成成果的可能性较大。由于开发阶段相对于研究阶段更进一步，相对于研究阶段来讲，进入开发阶段，则很大程度上形成一项新产品或新技术的基本条件已经具备，此时如果企业能够证明满足无形资产的定义及相关确认条件，所发生的开发支出可资本化，确认为无形资产的成本。

（3）内部开发无形资产成本的计量。内部研发形成的无形资产成本，由可直接归属于该资产的创造、生产并使该资产能够以管理层预定的方式运作的所有必要支出组成。

内部开发无形资产的支出包括在满足资本化条件的时点至无形资产达到预定用途前发生的支出总和，对于同项无形资产在开发过程中达到资本化条件之前已经费用化计入当期损益的支出不再进行调整。

（4）会计处理。企业应设置"研发支出"科目，核算企业进行研究与开发无形资产过程中发生的各项支出。该科目应当按照研究开发项目，分别"费用化支出"与"资本化支出"进行明细核算。

企业自行开发无形资产发生的研发支出，不满足无形资产准则规定的资本化条件的，借记"研发支出——费用化支出"科目，满足无形资产准则规定的资本化条件的，借记"研发支出——资本化支出"科目，贷记"原材料""银行存款""应付职工薪酬"等科目。

研究开发项目达到预定用途形成无形资产的，应按"研发支出——资本化支出"科目的余额，借记"无形资产"科目，贷记"研发支出——资本化支出"科目。期末，企业应将"研发支出——费用化支出"科目归集的金额转入"管理费用"科目，借记"管理费用"科目，贷记"研发支出——费用化支出"科目。

"研发支出"科目期末借方余额，反映企业正在进行中的研究开发项目中满足资本化条件的支出。

涉税规定

◆《中华人民共和国企业所得税法》（主席令第63号）

第三十条　企业的下列支出，可以在计算应纳税所得额时加计扣除：

（一）开发新技术、新产品、新工艺发生的研究开发费用；（已被修订，内容不变）。

◆《中华人民共和国企业所得税法实施条例》（国务院令第512号）

第六十六条　无形资产按照以下方法确定计税基础：

……

（二）自行开发的无形资产，以开发过程中该资产符合资本化条件后至达到预定用途前发生的支出为计税基础。

第九十五条　企业所得税法第三十条第（一）项所称研究开发费用的加计扣除，是指企业为开发新技术、新产品、新工艺发生的研究开发费用，未形成无形资产计入当期损益的，在按照规定据实扣除的基础上，按照研究开发费用的75%加计扣除；形成无形资产的，按照无形资产成本的175%摊销。

◆《关于完善研究开发费用税前加计扣除政策的通知》（财税〔2015〕119号）已修订

一、研发活动及研发费用归集范围。

本通知所称研发活动，是指企业为获得科学与技术新知识，创造性运用科学技术新知识，或实质性改进技术、产品（服务）、工艺而持续进行的具有明确目标的系统性活动。

（一）允许加计扣除的研发费用。

企业开展研发活动中实际发生的研发费用，未形成无形资产计入当期损益的，在按规定据实扣除的基础上，按照本年度实际发生额的75%，从本年度应纳税所得额中扣除；形成无形资产的，按照无形资产成本的175%在税前摊销。研发费用的具体范围包括：

1. 人员人工费用。

直接从事研发活动人员的工资薪金、基本养老保险费、基本医疗保险费、失业保险费、工伤保险费、生育保险费和住房公积金，以及外聘研发人员的劳务费用。

2. 直接投入费用。

（1）研发活动直接消耗的材料、燃料和动力费用。

（2）用于中间试验和产品试制的模具、工艺装备开发及制造费，不构成固定资产的样品、样机及一般测试手段购置费，试制产品的检验费。

（3）用于研发活动的仪器、设备的运行维护、调整、检验、维修等费用，以及通过经营租赁方式租入的用于研发活动的仪器、设备租赁费。

3. 折旧费用。

用于研发活动的仪器、设备的折旧费。

4. 无形资产摊销。

用于研发活动的软件、专利权、非专利技术（包括许可证、专有技术、设计和计算方法等）的摊销费用。

5. 新产品设计费、新工艺规程制定费、新药研制的临床试验费、勘探开发技术的现场试验费。

6. 其他相关费用。

与研发活动直接相关的其他费用，如技术图书资料费、资料翻译费、专家咨询费、高新科技研发保险费，研发成果的检索、分析、评议、论证、鉴定、评审、评估、验收费用，知识产权的申请费、注册费、代理费，差旅费、会议费等。此项费用总额不得超过可加计扣除研发费用总额的10%。

7. 财政部和国家税务总局规定的其他费用。

……

六、执行时间

本通知自2016年1月1日起执行。

涉税提示

企业发生的研发支出费用化的部分，在当年企业所得税前据实扣除，年终申报企业所得税时，可再按照当年实际发生额的75%加计扣除；资本化的部分作为无形资产的入账价值，而计税基础与之一致。但由于加计扣除的税收优惠政策存在，在计算企业所得税时，实际是按照无形资产会计成本的175%进行摊销。

根据《会计准则第6号——无形资产》第七条企业内部研究开发项目的支出，应当区分研究阶段支出与开发阶段支出。

研究是指为获取并理解新的科学或技术知识而进行的独创性的有计划调查。

开发是指在进行商业性生产或使用前，将研究成果或其他知识应用于某项计划或设计，以生产出新的或具有实质性改进的材料、装置、产品等。

【例5-4】2×19年4月1日，天鑫公司的董事会批准研发某项新技术，该公司董事会认为，研发该项目具有可靠的技术和财务等资源的支持，并且一旦研发成功将降低该公司的生产成本。该公司在研究开发过程中发生材料费用8 000 000元、人工费用2 000 000元以及其他费用500 000元，总计10 500 000元，其中，符合资本化条件的支出为2 500 000元。2×19年12月31日，该项新技术已经达到预定用途。

本例中，天鑫公司经董事会批准研发某项新型技术，并认为完成该项新型技术无论从技术上，还是财务等方面都能够得到可靠的资源支持，并且一旦研发成功将降低公司的生产成本。因此，符合条件的开发费用可以资本化。

天鑫公司在开发该项新型技术时，累计发生了 10 500 000 元的研究与开发支出，其中，符合资本化条件的开发支出为 2 500 000 元，符合"归属于该无形资产开发阶段的支出能够可靠地计量"的条件。

天鑫公司应做如下会计处理：

（1）发生研发支出：

借：研发支出——费用化支出　　　　　　　　　　　　　8 000 000
　　　　　　——资本化支出　　　　　　　　　　　　　2 500 000
　　贷：原材料　　　　　　　　　　　　　　　　　　　8 000 000
　　　　应付职工薪酬　　　　　　　　　　　　　　　　2 000 000
　　　　银行存款　　　　　　　　　　　　　　　　　　　500 000

（2）2×19 年 12 月 31 日，该项新型技术已经达到预定用途：

借：管理费用　　　　　　　　　　　　　　　　　　　　8 000 000
　　无形资产　　　　　　　　　　　　　　　　　　　　2 500 000
　　贷：研发支出——费用化支出　　　　　　　　　　　8 000 000
　　　　　　　　——资本化支出　　　　　　　　　　　2 500 000

税务处理

企业发生的研发支出，在申报 2019 年企业所得税时，做如下处理：（1）费用化支出，据实扣除，并允许加计扣除 75% 即 6 000 000 元，做纳税调减；（2）资本化支出，在据实摊销的基础上，多摊 75%，同样做纳税调减；（3）无形资产会计成本与计税基础的差异属于永久性差异，根据《企业会计准则第 19 号——所得税》规定，这种差异对所得税影响的金额计入各年度所得税费用，不通过"递延所得税资产"科目核算。

4. 企业取得的土地使用权

企业取得的土地使用权，通常应当按照取得时所支付的价款及相关税费确认为无形资产，将其计入"无形资产"科目核算。具体处理时区分以下三种情况：

（1）土地使用权用于自行开发建造厂房等地上建筑物时，土地使用权的账面价值不与地上建筑物合并计算其成本，仍作为无形资产进行核算，土地使用权与地上建筑物分别进行摊销和提取折旧。

（2）房地产开发企业取得的土地使用权用于建造对外出售的房屋建筑物，相关的土地使用权应当计入所建造的房屋建筑物成本。

（3）企业外购的房屋建筑物，实际支付的价款中包括土地以及建筑物的价值，则应当对支付的价款按照合理方法（例如，公允价值比例）在土地和地上建筑物之间进行分配；如果确实无法在地上建筑物与土地使用权之间进行合理分配的，应当全部作为固定资产,按照固定资产确认和计量的规定进行处理。

企业改变土地使用权的用途,将其用于出租或增值目的时,应将其转为投资性房地产。

涉税规定

◆《财政部 国家税务总局关于房产税城镇土地使用税有关问题的通知》(财税〔2008〕152号)

一、关于房产原值如何确定的问题

对依照房产原值计税的房产,无论是否记载在会计账簿固定资产科目中,均应按照房屋原价计算缴纳房产税。房屋原价应根据国家有关会计制度规定进行核算。对纳税人未按国家会计制度规定核算并记载的,应按规定予以调整或重新评估。

◆《财政部 国家税务总局关于房产税若干具体问题的解释和暂行规定》(财税地字〔1986〕8号)第十五条同时废止。

……

四、本通知自2009年1月1日起执行。

涉税提示

通常情况下,土地使用权的初始计量与计税基础是一致的,均以实际成本计量。只是,新会计准则对土地使用权核算方法的改变,直接影响房屋原价,进而影响应纳房产税税额。

【例5-5】2×19年4月5日,天鑫公司购入一块土地的使用权,以银行存款转账支付10 000 000元,并在该土地上自行建造厂房等工程,发生工程材料支出12 000 000元,工资费用7 000 000元,其他相关费用9 000 000元等。该工程已经完工并达到预定可使用状态。为简化核算,不考虑其他相关税费。则天鑫公司应做如下会计处理:

(1) 支付转让价款时:

借:无形资产——土地使用权　　　　　　　　　　　　10 000 000
　　贷:银行存款　　　　　　　　　　　　　　　　　　10 000 000

(2) 在土地上自行建造厂房时:

借:在建工程　　　　　　　　　　　　　　　　　　　28 000 000
　　贷:工程物资　　　　　　　　　　　　　　　　　　12 000 000
　　　　应付职工薪酬　　　　　　　　　　　　　　　　 7 000 000
　　　　银行存款　　　　　　　　　　　　　　　　　　 9 000 000

(3) 厂房达到预定可使用状态时:

借:固定资产　　　　　　　　　　　　　　　　　　　28 000 000

贷：在建工程税务处理　　　　　　　　　　　　　　　　28 000 000

税务处理

按照会计准则核算的房屋原价为 28 000 000 元，应以此作为计算房产税的依据。

三、无形资产的后续计量

（一）无形资产后续计量的原则

无形资产初始确认和计量后，在其后使用该项无形资产期间应以成本减去累计摊销额和累计减值损失后的余额计量。要确定无形资产在使用过程中的累计摊销额，基础是估计其使用寿命，只有使用寿命有限的无形资产才需要在估计的使用寿命内采用系统合理的方法进行摊销，对于使用寿命不确定的无形资产不予摊销，每年进行减值测试。

1. 无形资产使用寿命的确定

某些无形资产的取得源自合同性权利或其他法定权利，其使用寿命不应超过合同性权利或其他法定权利的期限。但如果企业预期使用资产的期限短于合同性权利或其他法定权利规定的期限，则应当按照企业预期使用的期限确定其使用寿命。例如，企业取得一项专利技术，法律保护期间为 20 年，企业预计运用该专利生产的产品在未来 15 年内会为企业带来经济利益。就该项专利技术，第三方向企业承诺在 5 年内以其取得之日公允价值的 60% 购买该专利权，从企业管理层目前的持有计划来看，准备在 5 年内将其出售给第三方。为此，该项专利权的实际使用寿命为 5 年。

（1）来源于合同性权利或其他法定权利的无形资产，其使用寿命不应超过合同性权利或其他法定权利的期限。但如果企业使用资产的预期期限短于合同性权利或其他法定权利规定的期限，则应当按照企业预期使用的期限确定其使用寿命。

（2）合同性权利或其他法定权利在到期时因续约等延续，且有证据表明企业续约不需要付出大额成本的，续约期应当计入使用寿命。

（3）合同或法律没有规定使用寿命的，企业应当综合各方面因素判断，以确定无形资产能为企业带来经济利益的期限。比如，与同行业的情况进行比较、参考历史经验，或聘请相关专家进行论证等。

按照上述方法仍无法合理确定无形资产为企业带来经济利益期限的，该项无形资产应作为使用寿命不确定的无形资产。

2. 估计无形资产使用寿命应考虑的因素

企业确定无形资产使用寿命通常应当考虑的因素包括：

（1）运用该资产生产的产品通常的寿命周期、可获得的类似资产使用寿命的信息；

（2）技术、工艺等方面的现阶段情况及对未来发展趋势的估计；

（3）以该资产生产的产品或提供服务的市场需求情况；

（4）现在或潜在的竞争者预期采取的行动；

（5）为维持该资产带来经济利益能力的预期维护支出，以及企业预计支付有关支出的能力；

（6）对该资产控制期限的相关法律规定或类似限制如特许使用期、租赁期等；

（7）与企业持有其他资产使用寿命的关联性等。

涉税规定

◆《中华人民共和国企业所得税法实施条例》（国务院令第512号）

第六十七条　无形资产按照直线法计算的摊销费用，准予扣除。

无形资产的摊销年限不得低于10年。

作为投资或者受让的无形资产，有关法律规定或者合同约定了使用年限的，可以按照规定或者约定的使用年限分期摊销。

《财政部　国家税务总局关于企业所得税若干优惠政策的通知》（财税〔2008〕1号）

一、关于鼓励软件产业和集成电路产业发展的优惠政策

（五）企事业单位购进软件，凡符合固定资产或无形资产确认条件的，可以按照固定资产或无形资产进行核算，经主管税务机关核准，其折旧或摊销年限可以适当缩短，最短可为2年［已被《关于进一步鼓励软件产业和集成电路产业发展企业所得税政策的通知》（财税〔2012〕27号）修订，但内容不变］。

为进一步推动科技创新和产业结构升级，促进信息技术产业发展，现将鼓励软件产业和集成电路产业发展的企业所得税政策通知如下：

七、企业外购的软件，凡符合固定资产或无形资产确认条件的，可以按照固定资产或无形资产进行核算，其折旧或摊销年限可以适当缩短，最短可为2年（含）。

2. 无形资产使用寿命的复核

企业至少应当于每年年度终了，对使用寿命有限的无形资产的使用寿命及摊销方法进行复核。无形资产的使用寿命及摊销方法与以前估计不同的，应当改变摊销期限和摊销方法。

企业应当在每个会计期间对使用寿命不确定的无形资产的使用寿命进行复核。如果有证据表明无形资产的使用寿命是有限的，应当估计其使用寿命，视为会计估计变更，按使用寿命有限的无形资产的有关规定处理。

(二) 使用寿命有限的无形资产

使用寿命有限的无形资产，应在其预计的使用寿命内采用系统合理的方法对应摊销金额进行摊销。应摊销金额，是指无形资产的成本扣除残值后的金额。已计提减值准备的无形资产，还应扣除已计提的无形资产减值准备累计金额。使用寿命有限的无形资产，其残值一般为零。

1. 摊销期和摊销方法

企业摊销无形资产，应当自无形资产可供使用时起，至不再作为无形资产确认时止。即无形资产摊销的起始和停止日期为：当月增加的无形资产，当月开始摊销；当月减少的无形资产，当月不再摊销。

在无形资产的使用寿命内系统地分摊其应摊销金额，存在多种方法。这些方法包括直线法、生产总量法等。企业选择的无形资产摊销方法，应当反映与该项无形资产有关的经济利益的预期实现方式。无法可靠确定预期实现方式的，应当采用直线法摊销。

涉税规定

◆《中华人民共和国企业所得税法实施条例》（国务院令第512号）

第六十七条　无形资产按照直线法计算的摊销费用，准予扣除。

《会计准则第6号——无形资产》

第十六条　企业应当于取得无形资产时分析判断其使用寿命。无形资产的使用寿命为有限的，应当估计该使用寿命的年限或者构成使用寿命的产量等类似计量单位数量；无法预见无形资产为企业带来经济利益期限的，应当视为使用寿命不确定的无形资产。

第十七条　使用寿命有限的无形资产，其应摊销金额应当在使用寿命内系统合理摊销。

企业摊销无形资产，应当自无形资产可供使用时起，至不再作为无形资产确认时止。

企业选择的无形资产摊销方法，应当反映与该项无形资产有关的经济利益的预期实现方式。无法可靠确定预期实现方式的，应当采用直线法摊销。

无形资产的摊销金额一般应当计入当期损益，其他会计准则另有规定的除外。

第十九条　使用寿命不确定的无形资产不应摊销。

2. 残值的确定

使用寿命有限的无形资产，其残值应当视为零，但下列情况除外：

（1）有第三方承诺在无形资产使用寿命结束时购买该无形资产；

（2）可以根据活跃市场得到预计残值信息，并且该市场在无形资产使用寿命结束时很可能存在。

3. 无形资产摊销的会计处理

企业应当按月对无形资产进行摊销。无形资产的摊销金额一般应当计入当期损益。但如果某项无形资产所包含的经济利益是通过所生产的产品或其他资产实现的，其摊销金额应当计入相关资产的成本。

无形资产摊销时，应根据无形资产的使用情况做不同的会计处理。

（1）如果无形资产是为生产商品或提供劳务而持有，应将该无形资产摊销额计入制造费用。如果该无形资产仅为生产一种商品或提供一种劳务服务，期末，应将制造费用中核算的无形资产摊销额直接转入该产品的生产成本或该劳务的劳务成本。如果该无形资产为生产多种商品或提供多种劳务服务，期末，将制造费用中核算的无形资产摊销额按一定方法分配计入多种产品的生产成本或多种劳务的劳务成本。

（2）如果无形资产是为租赁而持有，租赁无形资产取得的收入计入其他业务收入，根据配比原则，无形资产的摊销额计入其他业务成本。

（3）如果无形资产是为其他目的而持有，此时没有办法将该无形资产摊销额归入某个特定产品成本或者劳务成本，也不能与其他业务收入相配比，就将该无形资产摊销额计入管理费用，遵循时间配比原则，在计算损益时一次性扣除。

企业应当设置"累计摊销"科目，核算企业对使用寿命有限的无形资产计提的累计摊销。企业按期（月）计提无形资产摊销，借记"管理费用""其他业务成本"等科目，贷记"累计摊销"科目。处置无形资产还应同时结转累计摊销。该科目期末贷方余额，反映企业无形资产累计摊销额。该科目应按无形资产项目进行明细核算。

涉税规定

◆《中华人民共和国企业所得税法》（主席令第63号）

第十二条 在计算应纳税所得额时，企业按照规定计算的无形资产摊销费用，准予扣除。

下列无形资产不得计算摊销费用扣除：

（一）自行开发的支出已在计算应纳税所得额时扣除的无形资产；

（二）自创商誉；

（三）与经营活动无关的无形资产；

（四）其他不得计算摊销费用扣除的无形资产［已被《中华人民共和国企业所得税法》（2018年修订）修订，但内容不变］。

涉税提示

对使用寿命确定的无形资产，会计与税法的差异主要表现在：（1）税法只允许采用直线法对无形资产进行摊销，会计允许根据与无形资产有关的经济利益的预期实现方式选择摊销方法；（2）税法规定了最低摊销年限不得低于10年，会计没有此项规定。企业应按税法规定的年限计算摊销额，并进行纳税调整；（3）对于残值，在特定情况下，会计上要求对无形资产摊销时考虑预计残值，而税法不要求在计算摊销时保留残值。

根据《会计准则第6号——无形资产》第十七条规定，使用寿命有限的无形资产，其应摊销金额应当在使用寿命内系统合理摊销。企业摊销无形资产，应当自无形资产可供使用时起，至不再作为无形资产确认时止。

企业选择的无形资产摊销方法，应当反映与该项无形资产有关的经济利益的预期实现方式。无法可靠确定预期实现方式的，应当采用直线法摊销。

第十八条规定，无形资产的应摊销金额为其成本扣除预计残值后的金额。已计提减值准备的无形资产，还应扣除已计提的无形资产减值准备累计金额。使用寿命有限的无形资产，其残值应当视为零，但下列情况除外：

（1）有第三方承诺在无形资产使用寿命结束时购买该无形资产。

（2）可以根据活跃市场得到预计残值信息，并且该市场在无形资产使用寿命结束时很可能存在。

【例5-6】 天鑫公司管理用一项无形资产，价值480 000元，法律规定有效期为10年。则每月摊销时：

借：管理费用　　　　　　　　　　　　　　　　　　　　4 000
　　贷：累计摊销　　　　　　　　　　　　　　　　　　　　4 000

税务处理

对于法律规定或者合同约定了使用年限的无形资产，税法要求按照规定或者约定的使用年限分期摊销，与会计处理一致。

（三）使用寿命不确定的无形资产

对于使用寿命不确定的无形资产，在持有期间内不需要进行摊销，但应当在每个会计期间进行减值测试。发生减值时，借记"资产减值损失"科目，贷记"无形资产减值准备"科目。

涉税提示

对使用寿命不确定的无形资产，会计上不进行摊销，需要计提减值准备的，相应计提减值准备。而税法采用直线法摊销，摊销年限不得少于10年，计提的减值准备不得税前扣除。因此，在税法摊销年限内，应当分期调整应纳税所得额。

根据《会计准则第6号——无形资产》第十九条规定,使用寿命不确定的无形资产不应摊销。

四、无形资产的期末计量

企业应当在资产负债表日判断无形资产是否存在可能发生减值的迹象。无形资产存在减值迹象的,应当估计其可收回金额。可收回金额的计量结果表明,无形资产的可收回金额低于其账面价值的,应当将无形资产的账面价值减记至可收回金额,减记的金额确认为资产减值损失计入当期损益,同时计提相应的资产减值准备。

企业应设置"无形资产减值准备"科目核算企业无形资产的减值准备。该科目贷方登记企业发生无形资产减值时计提的准备额;借方登记处置无形资产时结转的减值准备。该科目期末贷方余额,反映企业已计提但尚未转销的无形资产减值准备。该科目可按无形资产项目进行明细核算。

资产负债表日,无形资产发生减值的,按应减记的金额,借记"资产减值损失"科目,贷记"无形资产减值准备"科目。处置无形资产还应同时结转减值准备。

无形资产减值损失一经确认,在以后会计期间不得转回。

无形资产减值损失确认后,减值资产的摊销费用应当在未来期间做相应调整,以使该资产在剩余使用寿命内,系统地分摊调整后的资产账面价值(扣除预计净残值)。

【例5-7】天鑫公司以1 000 000元购入一项新产品专利权,预计摊销期限为10年。但在使用了5年后,由于市场情况发生了变化,使该新产品的市场份额大幅降低。基于稳健性考虑,该公司为此项无形资产计提减值准备200 000元。第6年初企业以300 000元的价格将其出售(增值税税率为6%),不考虑其他相关税费。则天鑫公司应做如下会计处理:

(1) 计提无形资产减值准备时:

借:资产减值损失 200 000
  贷:无形资产减值准备 200 000

(2) 出售无形资产时:

专利权已摊销价值 = 1 000 000 ÷ 10 × 5 = 500 000(元)

应交增值税税额 = 300 000 × 6% = 18 000(元)

借:银行存款 300 000
  无形资产减值准备 200 000
  累计摊销 500 000

营业外支出——处置非流动资产损失		18 000
贷：无形资产		1 000 000
应交税费——应交增值税		18 000

税务处理

（1）计提的无形资产减值准备不得在税前扣除，年终申报企业所得税时应调增应纳税所得额200 000元。

（2）无形资产处置时，税法确认的处置损失218 000元 [300 000 -（1 000 000 - 500 000） - 18 000]，会计确认的损失18 000元，在年终申报企业所得税时调减应纳税所得额200 000元（218 000 - 18 000）。

涉税提示

按照税法规定，计提的无形资产减值准备，不得在税前扣除。因此，资产负债日计算当期应纳税所得额时，企业应在当期利润总额的基础上，加上按照税法规定不允许税前扣除的无形资产减值准备金额。

五、无形资产处置

（一）无形资产出售

企业出售无形资产时，表明企业放弃无形资产的所有权，应按照持有待售非流动资产、处置组的相关规定进行会计处理。

按实际取得的转让收入，借记"银行存款"等科目，按已计提的累计摊销，借记"累计摊销"科目，按应支付的相关税费及其他费用，贷记"银行存款""应交税费"等科目，按无形资产的账面余额，贷记"无形资产"科目，按其差额，贷记"营业外收入——处置非流动资产利得"科目或借记"营业外支出——处置非流动资产损失"科目。已计提减值准备的，应同时借记"无形资产减值准备"科目。

涉税规定

◆《中华人民共和国营业税暂行条例》（国务院令第540号）

第一条　在中华人民共和国境内提供本条例规定的劳务、转让无形资产或者销售不动产的单位和个人，为营业税的纳税人，应当依照本条例缴纳营业税。

◆《中华人民共和国增值税暂行条例》（2017年修订）

第一条　在中华人民共和国境内销售货物或者加工、修理修配劳务（以下简称劳务），销售服务、无形资产、不动产以及进口货物的单位和个人，为增值税的纳税人，应当依照本条例缴纳增值税。

◆《中华人民共和国企业所得税法》（主席令第63号）

第六条　企业以货币形式和非货币形式从各种来源取得的收入，为收入总额。包括第（三）项所称转让财产收入。

第二十七条　第（四）项所称符合条件的技术转让所得，可以免征、减征企业所得税。

◆《中华人民共和国企业所得税法实施条例》（国务院令第512号）

第十六条　企业所得税法第六条第（三）项所称转让财产收入，是指企业转让固定资产、生物资产、无形资产、股权、债权等财产取得的收入。

第九十条　企业所得税法第二十七条第（四）项所称符合条件的技术转让所得免征、减征企业所得税，是指一个纳税年度内，居民企业技术转让所得不超过500万元的部分，免征企业所得税；超过500万元的部分，减半征收企业所得税。

◆《国家税务总局关于技术转让所得减免企业所得税有关问题的通知》（国税函〔2009〕212号）

二、符合条件的技术转让所得应按以下方法计算：

技术转让所得＝技术转让收入－技术转让成本－相关税费

技术转让收入是指当事人履行技术转让合同后获得的价款，不包括销售或转让设备、仪器、零部件、原材料等非技术性收入。不属于与技术转让项目密不可分的技术咨询、技术服务、技术培训等收入，不得计入技术转让收入。

技术转让成本是指转让的无形资产的净值，即该无形资产的计税基础减除在资产使用期间按照规定计算的摊销扣除额后的余额。

相关税费是指技术转让过程中实际发生的有关税费，包括除企业所得税和允许抵扣的增值税以外的各项税金及其附加、合同签订费用、律师费等相关费用及其他支出。

补充：《国家税务总局公告》（2013年第62号）

可以计入技术转让收入的技术咨询、技术服务、技术培训收入，是指转让方为使受让方掌握所转让的技术投入使用、实现产业化而提供的必要的技术咨询、技术服务、技术培训所产生的收入，并应同时符合以下条件：

（一）在技术转让合同中约定的与该技术转让相关的技术咨询、技术服务、技术培训；

（二）技术咨询、技术服务、技术培训收入与该技术转让项目收入一并收取价款。

【例5-8】天鑫公司以220 000元购入的专利权，在使用了5年后以200 000元的价格出售。该项专利权的摊销期为10年，累计摊销50 000元。假设适用增值税税率为6%，则天鑫公司应做如下会计处理：

应交增值税＝200 000×6%＝12 000（元）

借:银行存款	200 000	
累计摊销	50 000	
贷:无形资产		220 000
应交税费——应交增值税		12 000
营业外收入		18 000

涉税提示

单位和个人从事技术转让取得的收入,符合一定条件的,免征增值税。18 000元技术转让所得,符合条件的,免征企业所得税。

(二) 无形资产出租

企业将所拥有的无形资产的使用权让渡给他人,并收取租金,属于与企业日常活动相关的其他经营活动取得的收入,在满足收入确认的情况下,应确认相关的收入及成本,并通过其他业务收支科目进行核算。

企业出租无形资产(即转让无形资产使用权)所取得的租金收入,借记"银行存款"等科目,贷记"其他业务收入"等科目;出租无形资产的摊销额并发生与转让有关的各种费用支出时,借记"其他业务成本"科目,贷记"累计摊销""银行存款"等科目;按应支付的相关税金,借记"税金及附加"科目,贷记"应交税费——应交增值税"。

涉税规定

◆《中华人民共和国企业所得税法》(主席令第63号)

第六条　企业以货币形式和非货币形式从各种来源取得的收入,为收入总额。

包括第(七)项所称特许权使用费收入。

◆《中华人民共和国企业所得税法实施条例》(国务院令第512号)

第二十条　企业所得税法第六条第(七)项所称特许权使用费收入,是指企业提供专利权、非专利技术、商标权、著作权以及其他特许权的使用权取得的收入。

特许权使用费收入,按照合同约定的特许权使用人应付特许权使用费的日期确认收入的实现。

【例5-9】天鑫公司将其拥有的商标权出租给另一企业使用,适用增值税税率6%。出租合同规定,承租方每年支付使用费100 000元。该项无形资产的年摊销额为45 000元。则天鑫公司应做如下会计处理:

(1) 每年收到租金时:

借:银行存款	100 000	
贷:其他业务收入		100 000

(2) 每年摊销无形资产价值时:

借：其他业务成本	45 000	
贷：累计摊销		45 000

(3) 每年计算出应交的增值税时：

借：税金及附加	6 000	
贷：应交税费——应交增值税		6 000

(三) 无形资产报废

当无形资产出现下列情况时，表明该无形资产已不能为企业带来经济利益，应将其报废并予转销，其账面价值转作当期损益：(1) 某项无形资产已被其他新技术等所替代，并且该项无形资产已无使用价值和转让价值；(2) 某项无形资产已超过法律保护期限，并且已不能为企业带来经济利益；(3) 其他足以证明某项无形资产已经丧失了使用价值和转让价值的情形。

转销时，应按无形资产已计提的累计摊销，借记"累计摊销"科目；已计提减值准备的，按已提的减值准备，借记"无形资产减值准备"科目；按其账面余额，贷记"无形资产"科目；按其差额，借记"营业外支出"科目。已计提减值准备的，还应同时结转减值准备。

涉税规定

◆《国家税务总局办公厅关于中国移动通信集团公司有关涉税诉求问题的函》(国税办函〔2010〕535号)

《国家税务总局关于印发〈企业资产损失税前扣除管理办法〉的通知》(国税发〔2009〕88号) 采取列举形式，对企业货币资产、国定资产存货等非货币资产损失税前扣除的审批、认定等事项进行了明确，其中并没有规定无形资产损失税前不能扣除。鉴于此，只要公司发生的无形资产损失真实存在，损失金额可以准确计量，报经主管税务机关审批、认定后，可以在企业所得税前扣除。

补充：自国发〔2013〕44号文件发布之日起，企业因国务院决定事项形成的资产损失，不再上报国家税务总局审核。国家税务总局公告2011年第25号发布的《企业资产损失所得税税前扣除管理办法》第十二条同时废止。

二、企业因国务院决定事项形成的资产损失，应以专项申报的方式向主管税务机关申报扣除。专项申报扣除的有关事项，按照国家税务总局公告2011年第25号规定执行。

【例5-10】2×19年4月30日，天鑫公司某项专利权的账面余额为1 000 000元(账面余额与计税基础一致)。该专利权的推销期限为5年，采用直线法进行摊销，已摊销3年。该专利权的残值为零，已累计计提减值准备150 000元。假定以该专利权生产的产品已没有市场，预期不能再为企业带来经济利益。不考虑其他相关因素，则天鑫公司应做如下会计处理：

借：累计摊销　　　　　　　　　　　　　　　　　　600 000
　　无形资产减值准备　　　　　　　　　　　　　　150 000
　　营业外支出——处置非流动资产损失　　　　　　250 000
　　贷：无形资产——专利权　　　　　　　　　　　　　1 000 000

税务处理

企业所得税法确认的无形资产处置损失为 400 000（1 000 000 - 600 000）元，而会计确认的损失为 250 000 元，经税务机关审批可以在税前扣除。对于冲减的无形资产减值准备 150 000 元，由于提取时已调整增加应纳税所得额，处置无形资产时应调整减少应纳税所得额。因此，2×19 年申报企业所得税时，应调整减少应纳税所得额 150 000 元。

第二节　其他资产

其他资产是指不能包括在货币资金、交易性金融资产、应收及预付款项、存货、持有至到期投资、可供出售金融资产、长期股权投资、固定资产、无形资产等之内的其他资产，主要包括长期待摊费用等。

一、长期待摊费用

长期待摊费用，是指企业已经发生但应由本期和以后各期负担的分摊期限在 1 年以上的各项费用。包括固定资产修理支出、租入固定资产的改良支出以及摊销期限在 1 年以上的其他待摊费用。如以经营租赁方式租入的固定资产发生的改良支出等。

企业应设置"长期待摊费用"科目，核算企业已经发生但应由本期和以后各期负担的分摊期限在 1 年以上的各项费用，如以经营租赁方式租入的固定资产发生的改良支出等。该科目借方登记企业发生的长期待摊费用，贷方登记企业摊销的长期待摊费用。该科目期末借方余额，反映企业尚未摊销完毕的长期待摊费用。在"长期待摊费用"账户下，企业应按费用的种类设置明细账，进行明细核算，并在会计报表附注中按照费用项目披露其摊余价值、摊销期限、摊销方式等。

企业发生的长期待摊费用，借记"长期待摊费用"科目，贷记"银行存款""原材料"等科目。摊销长期待摊费用，借记"管理费用""销售费用"等科目，贷记"长期待摊费用"科目。

涉税规定

◆《中华人民共和国企业所得税法》（主席令第63号）

第十三条 在计算应纳税所得额时，企业发生的下列支出作为长期待摊费用，按照规定摊销的，准予扣除：

（一）已足额提取折旧的固定资产的改建支出；

（二）租入固定资产的改建支出；

（三）固定资产的大修理支出；

（四）其他应当作为长期待摊费用的支出。

◆《中华人民共和国企业所得税法实施条例》（国务院令第512号）

第六十八条 企业所得税法第十三条第（一）项和第（二）项所称固定资产的改建支出，是指改变房屋或者建筑物结构、延长使用年限等发生的支出。

企业所得税法第十三条第（一）项规定的支出，按照固定资产预计尚可使用年限分期摊销；第（二）项规定的支出，按照合同约定的剩余租赁期限分期摊销。

改建的固定资产延长使用年限的，除企业所得税法第十三条第（一）项和第（二）项规定外，应当适当延长折旧年限。

第六十九条 企业所得税法第十三条第（三）项所称固定资产的大修理支出，是指同时符合下列条件的支出：

（一）修理支出达到取得固定资产时的计税基础50%以上；

（二）修理后固定资产的使用年限延长2年以上。

企业所得税法第十三条第（三）项规定的支出，按照固定资产尚可使用年限分期摊销。

第七十条 企业所得税法第十三条第（四）项所称其他应当作为长期待摊费用的支出，自支出发生月份的次月起，分期摊销，摊销年限不得低于3年。

◆《国家税务总局关于企业所得税若干税务事项衔接问题的通知》（国税函〔2009〕98号）

九、关于开（筹）办费的处理

新法中开（筹）办费未明确列作长期待摊费用，企业可以在开始经营之日的当年一次性扣除，也可以按照新税法有关长期待费用的处理规定处理，但一经选定，不得改变。

新准则中将开办费列入"管理费用"科目中，不再要求开办费要通过"长期待摊费用"科目核算。

七、企业筹办期间不计算为亏损年度问题

企业自开始生产经营的年度，为开始计算企业损益的年度。企业从事生产经营之前进行筹办活动期间发生筹办费用支出,不得计算为当期的亏损,应按照《国家税务总局关于企业所得税若干税务事项衔接问题的通知》(国税函〔2009〕98号)第九条规定执行。

涉税提示

税法对长期待摊费用的内容及摊销期限做了明确规定。税务人员应关注企业长期待摊费用的内容及摊销期限与税法规定有无不一致的情况,若有,应按税法规定进行纳税调整。

最新的《企业会计准则——应用指南》长期待摊费用的解释如下:

1801 长期待摊费用

一、本科目核算企业已经发生但应由本期和以后各期负担的分摊期限在1年以上的各项费用,如以经营租赁方式租入的固定资产发生的改良支出等。

二、本科目应按费用项目进行明细核算。

三、企业发生的长期待摊费用,借记本科目,贷记有关科目,贷记"银行存款""原材料"等科目。摊销长期待摊费用,借记"管理费用""销售费用"等科目,贷记本科目。

四、本科目期末借方余额,反映企业尚未摊销完毕的长期待摊费用的摊余价值。

新旧会计准则区别总结:

新准则中将开办费列入"管理费用"科目中,不再要求开办费要通过"长期待摊费用"科目核算。

二、其他长期资产

其他长期资产一般包括国家批准储备的各种物资、银行冻结存款、临时设施及诉讼中财产等。企业可以根据资产的性质及特点单独设置相关科目进行核算。

补充提示:

1. 新旧会计准则差异

固定资产准则,主要变化是在确定净残值时,引入预计未来现金流量折现概念。取消了固定资产减值转回,新的会计准则体系增加了资产减值准则,其明确规定,减值损失不允许转回。

2. 长期待摊费用的财税处理差异

会计上规定,长期待摊费用是指企业已经支出,但摊销期限在1年以上(不含1年)的各项费用,但是应由本期负担的借款利息、租金等,不得作为长期待摊费用处理。长期待摊费用应当单独核算，在费用项目的受益期限内分期平均摊销。根据新会计准则规定，开办费和修理费均一次性计入当期损益。如果长期待摊费用的费用项目不能使以后会计期间受益的，应当将尚未摊销该项目的摊余价值全部转入当期损益。

新所得税法及实施细则规定：企业发生的支出应当区分收益性支出和资本性支出。收益性支出在发生当期直接扣除；资本性支出应当分期扣除或者计入有关资产成本，不得在发生当期直接扣除。对已足额提取折旧的固定资产的改建支出、租入固定资产的改建支出、固定资产的大修理支出及其他支出作为长期待摊费用，在所得税申报时准予扣除其按照规定摊销的费用。

可见，会计与税法对长期待摊费用的处理差异较大，会计上遵循实质重于形式的原则按受益年限摊销，同时对筹建费用在发生生产经营当月一次计入当期损益，而税法上则区别不同情况分别按不同期限进行摊销。

第六章 流动负债

【本章提要】本章主要介绍流动负债的核算及涉税处理。

流动负债主要包括短期借款、应付票据、应付及预收款项、应付职工薪酬、应交税费以及其他流动负债（见图6-1）。

资产负债表（局部）							账户
编制单位：			年 月 日		单位：元		
资产	期末余额	年初余额	负债和所有者权益	期末余额	年初余额	余额	
……			……				
……			短期借款	←			短期借款
……			交易性金融负债	←			交易性金融负债
……			应付票据	←			应付票据
……			应付账款	←			应付账款
……			预收款项	←			预收款项
……			应付职工薪酬	←			应付职工薪酬
……			应交税费	←			应交税费
……			应付利息	←			应付利息
……			应付股利	←			应付股利
……			其他应付款	←			其他应付款
……			……				

图6-1 本章账户与会计报表的关系

短期借款的核算主要包括借款利息的处理，以及短期借款取得和偿还的处理。应付票据的核算主要包括应付票据的开出、偿还和转销的会计处理。应付及预收款项是指应付账款和预收账款。应付账款一般按应付金额入账，预收账款按实际发生额进行确认和计量。应付职工薪酬的核算可分为货币性职工薪酬、非货币性职工薪酬、辞退福利和以现金结算的股份支付四种类型，先按照受益原则提取，后发放。应交税费主要包括应交增值税、消费税、城市维护建设税、资源税、土地增值税、城镇土地使用税、房产税、车船税、印花税、契税、企业所得税、个人所得税等，其核算方法因税种不同也各不相同。其他流动负债主要包括应付利息、应付股利、其他应付款和交易性金融负债等。

说明：

（1）"应付账款"所属明细账户期末贷方余额填入资产负债表"应付账款"项目，"应付账款"所属明细账户期末如有借方余额填入资产负债表"预付款项"项目。

（2）"预收账款"所属明细账户期末贷方余额填入资产负债表"预收款项"项目，"预收账款"所属明细账户期末如有借方余额填入资产负债表"应收账款"项目。

第一节　短期借款

一、短期借款的内容

短期借款，是指企业向银行或其他金融机构等借入的期限在一年以下（含一年）的各种借款，通常是为了满足正常生产经营的需要。

短期借款都是带息的。企业应如实地反映短期借款的借入、利息的发生和本息的偿还情况。

二、短期借款的会计处理

（一）科目设置

企业应当设置"短期借款"科目，核算短期借款的取得和偿还情况。该科目贷方登记取得借款的本金数额，借方登记偿还借款的本金数额，期末余额在贷方，反映企业尚未偿还的短期借款。该科目可按借款种类、贷款人和币种进行明细核算。

（二）账务处理

短期借款的核算主要涉及三个方面：第一，取得借款的处理；第二，借款利息的处理；第三，归还借款的处理。

1. 取得借款的处理

企业从银行或其他金融机构取得借款时，借记"银行存款"科目，贷记"短期借款"科目。

2. 借款利息的处理

短期借款的利息，应当作为财务费用计入当期损益。实际工作中，银行一般于每季度末收取短期借款利息。因此，企业的短期借款利息一般采用月末预提、按季支付的方式核算。在资产负债表日，企业还应计算上一计息日起至资产负债表日止的短期借款利息。

短期借款的利息不通过"短期借款"科目核算，而是通过"应付利息"核算。企业每月预提利息时，借记"财务费用"科目，贷记"应付利息"科目。按季支付利息时，按已计提的利息金额，借记"应付利息"科目，按应计而尚未计提的利息金额，借记"财务费用"科目，按实际支付的利息金额，贷记"银行存款"科目。企业应当在资产负债表日，按照计算确定的短期借款利息金额，借记"财务费用""利息支出（金融企业）"等科目，贷记"银行存款""应付利息"科目。

涉税规定

◆《中华人民共和国企业所得税法实施条例》（国务院令第512号）

第三十八条　企业在生产经营活动中发生的下列利息支出，准予扣除：

（一）非金融企业向金融企业借款的利息支出、金融企业的各项存款利息支出和同业拆借利息支出、企业经批准发行债券的利息支出；

（二）非金融企业向非金融企业借款的利息支出，不超过按照金融企业同期同类贷款利率计算的数额的部分。

3. 归还借款的处理

企业短期借款到期偿还本金时，借记"短期借款"科目，贷记"银行存款"科目。

【例6-1】 天鑫公司于2×19年4月1日向银行借入一笔生产经营用短期借款，共计200 000元，期限为10个月，年利率为6%。根据借款协议，该笔借款的本金到期后一次归还；利息分月预提，按季支付。则天鑫公司应做如下会计处理：

（1）1月1日借入短期借款时：

借：银行存款　　　　　　　　　　　　　　　　200 000
　　贷：短期借款　　　　　　　　　　　　　　　　　200 000

（2）1月末计提借款利息时：

本月应支付的利息金额 = 200 000 × 6% ÷ 12 = 1 000（元）

借：财务费用　　　　　　　　　　　　　　　　　1 000
　　贷：应付利息　　　　　　　　　　　　　　　　　　1 000

2月末计提借款利息的处理与1月份相同。

(3) 3月末支付第一季度银行借款利息时：

1—2月已计提利息2 000元，3月应当计提利息1 000元，即：

借：财务费用　　　　　　　　　　　　　　　1 000
　　应付利息　　　　　　　　　　　　　　　2 000
　　贷：银行存款　　　　　　　　　　　　　　　　3 000

第二季度、第三季度的会计处理同上。

(4) 10月1日偿还银行借款本金时：

借：短期借款　　　　　　　　　　　　　　200 000
　　贷：银行存款　　　　　　　　　　　　　　　200 000

税务处理

非金融企业向金融企业借款的利息支出，准予在税前扣除，与会计处理一致。非金融企业向非金融企业借款的利息支出，不超过按照金融企业同期同类贷款利率计算的数额的部分准予扣除，超过部分应在申报企业所得税时进行纳税调整。

第二节　应付票据

一、应付票据的内容

应付票据，是企业购买材料、商品和接受劳务供应等而开出、承兑的商业汇票，包括银行承兑汇票和商业承兑汇票。应付票据由出票人出票，付款人在指定日期无条件支付特定的金额给收款人或者持票人的票据。应付票据按是否带息分为带息应付票据和不带息应付票据两种。

企业应当设置"应付票据备查簿"，详细登记商业汇票的种类、号数、出票日期、到期日、票面金额、交易合同号、收款人姓名或单位名称以及付款日期和金额等资料。应付票据到期结清时，应在备查簿中予以注销。

二、应付票据的会计处理

(一) 科目设置

企业应当设置"应付票据"科目，核算应付票据的发生、偿付等情况。该科目的贷方登记开出、承兑汇票的面值,借方登记已支付的票据金额,期末余额在贷方,反映企业尚未到期的商业汇票的票面金额。企业应按债权人进行明细核算。

(二) 账务处理

1. 开出应付票据

一般情况下,商业汇票的付款期限不超过 6 个月。由于偿付时间较短,会计实务中一般按照开出、承兑的应付票据的面值入账。

企业因购买材料、商品和接受劳务等而开出、承兑的商业汇票,应当按其票面金额作为应付票据的入账金额,借记"材料采购""库存商品""应交税费——应交增值税(进项税额)"或"应付账款"等科目,贷记"应付票据"科目。企业支付的银行承兑汇票的手续费,应当计入财务费用,借记"财务费用"科目,贷记"银行存款"科目。

【例 6 - 2】 天鑫公司于 2×19 年 4 月 15 日开出一张面值为 113 000 元、期限为 3 个月的不带息银行承兑汇票,用以支付购买原材料的价款。取得的增值税专用发票上注明原材料货款为 100 000 元,增值税额为 13 000 元。货到,已验收入库。企业支付承兑手续费 64.50 元。则天鑫公司应做如下会计处理:

(1) 开出应付票据时:

借:原材料 100 000
  应交税费——应交增值税(进项税额) 13 000
  贷:应付票据 113 000

(2) 支付承兑手续费时:

借:财务费用 64.50
  贷:银行存款 64.50

2. 偿还应付票据

应付票据到期时,应按票据的票面金额,借记"应付票据"科目,贷记"银行存款"科目。

3. 转销应付票据

应付票据到期时,如果企业不能如期支付,应当按照应付票据的种类分两种情况处理:如果是商业承兑汇票,企业应按应付票据的账面余额,借记"应付票据"科目,贷记"应付账款"科目;如果是银行承兑汇票,企业无力支付到期票款时,承兑银行除凭票向持票人无条件付款外,对出票人尚未支付的汇票金额转作逾期贷款处理，并按照每天万分之五计收利息，企业应按应付票据的账面余额，借记"应付票据"科目，贷记"短期借款"科目。

【例6-3】 天鑫公司2×19年4月1日购入一批商品（尚未验收入库），取得的增值税专用发票上注明货款为50 000元，增值税额为6 500元；同时出具了一张期限为3个月、面值为56 500元的不带息商业汇票。根据上述资料，天鑫公司应做如下会计处理：

（1）2×19年4月1日购入商品时：

借：在途物资　　　　　　　　　　　　　　　　　　　50 000
　　应交税费——应交增值税（进项税额）　　　　　　6 500
　　贷：应付票据　　　　　　　　　　　　　　　　　　　　56 500

（2）2×19年7月31日到期付款时：

借：应付票据　　　　　　　　　　　　　　　　　　　56 500
　　贷：银行存款　　　　　　　　　　　　　　　　　　　　56 500

（3）假设2×19年7月31日到期无力付款：

①该商业汇票如为商业承兑汇票，则：

借：应付票据　　　　　　　　　　　　　　　　　　　56 500
　　贷：应付账款　　　　　　　　　　　　　　　　　　　　56 500

②该商业汇票如为银行承兑汇票，则：

借：应付票据　　　　　　　　　　　　　　　　　　　56 500
　　贷：短期借款　　　　　　　　　　　　　　　　　　　　56 500

第三节　应付及预收款项

一、应付账款

（一）应付账款的内容

应付账款，是指企业因购买材料、商品或接受劳务供应等经营活动应支付的款项。应付账款入账时间的确定，应以与所购买物资的所有权相关的主要风险和报酬已经转移或所接受的劳务已发生为标志。由于物资和发票账单的到达时间不同，应付账款的入账时间也不相同。

（1）在物资和发票账单同时到达的情况下，要分两种情况处理：

①如果物资验收入库后仍未付款的，则按发票账单的金额计入"应付账款"科目；

②如果物资验收入库的同时支付货款的，则不通过"应付账款"科目核算。

（2）在物资和发票账单不同时到达的情况下，也要分两种情况处理：

（1）在发票账单已到、物资未到的情况下，直接根据发票账单所列物资价款和杂费，计入有关物资成本和"应付账款"（未能及时支付货款时）科目；

（2）在物资已到、而发票账单尚未收到的情况下，无法确定实际成本，而企业应付物资供应单位的债务已经成立，实际工作中采用在月份终了将所购物资和应付债务估计入账、待下月初再用红字予以冲回的办法。

（二）应付账款的会计处理

1. 科目设置

企业应设置"应付账款"科目，核算应付账款的发生、偿还、转销等情况。该科目贷方登记企业因购买材料、商品和接受劳务等而发生的应付账款，借方登记偿还的应付账款，余额一般在贷方，反映企业尚未支付的应付账款余额。该科目可按债权人进行明细核算。

2. 账务处理

（1）发生应付账款。

企业购入材料、商品等验收入库，但货款尚未支付时，应根据有关凭证（发票账单、随货同行发票上记载的实际价款或暂估价值），借记"材料采购""在途物资"等科目；按可抵扣的增值税额，借记"应交税费——应交增值税（进项税额）"等科目；按应付的款项，贷记"应付账款"科目。企业接受劳务而发生的应付未付款项，根据劳务提供单位的发票账单，借记"生产成本""管理费用"等科目，贷记"应付账款"科目。

应付账款一般按应付金额入账，而不按到期应付金额的现值入账。如果购入的资产在形成一笔应付账款时是带有现金折扣的，应付账款入账金额的确定按发票上记载的应付账款的总值（即不扣除折扣）记账。在这种方法下，应按发票上记载的全部应付金额，借记有关科目，贷记"应付账款"科目；获得的现金折扣冲减财务费用。

（2）偿还应付账款。

企业偿付应付账款时，借记"应付账款"科目，贷记"银行存款""库存现金""应付票据"等科目。

(3) 转销应付账款。

企业将应付账款划转出去或者确实无法支付(比如债权人撤销)应付账款时,应当确认为当期损益。按其账面余额,借记"应付账款"科目,贷记"营业外收入"科目。

涉税规定

◆《中华人民共和国企业所得税法实施条例》(国务院令第 512 号)

第二十二条 企业所得税法第六条第(九)项所称其他收入,是指企业取得的除企业所得税法第六条第(一)项至第(八)项规定的收入外的其他收入,包括……确实无法偿付的应付款项……

【例 6-4】天鑫商场于 2×19 年 4 月 1 日从 A 公司购入一批液晶电视。货已验收入库,货款尚未支付,取得的增值税专用发票上注明货款 3 000 万元,增值税额为 390 万元。按购销合同,天鑫商场如在 15 天内付清货款,将获得 2% 的现金折扣;16 天至 30 天内付款,没有现金折扣。则天鑫商场应做如下会计处理:

(1) 4 月 1 日,发生应付账款时:

借:库存商品	30 000 000
应交税费——应交增值税(进项税额)	3 900 000
贷:应付账款——A 公司	33 900 000

(2) 假设 4 月 10 日,天鑫商场向 A 公司付清货款:

借:应付账款	678 000
贷:财务费用	33 222 000
银行存款	33 408 000

(3) 假设 4 月 20 日,天鑫商场向 A 公司付清货款:

借:应付账款	33 900 000
贷:银行存款	33 900 000

【例 6-5】2×19 年 4 月 5 日天鑫公司从安顺钢铁厂购进生铁 10 吨,取得的增值税专用发票上注明货款为 40 000 元,增值税额为 5 200 元,款项尚未支付,生铁已验收入库。3 年后该应付账款因无法支付而予以转销。则天鑫公司应做如下会计处理:

(1) 购买生铁时:

借:原材料	40 000
应交税费——应交增值税(进项税额)	5 200
贷:应付账款——安顺钢铁厂	34 800

(2) 3 年后转销应付账款时:

借：应付账款——安顺钢铁厂　　　　　　　　　　　　34 800
　　贷：营业外收入　　　　　　　　　　　　　　　　34 800

涉税提示

企业确实无法偿付的应付款项，企业所得税要求作为"其他收入"处理，增加应纳税所得额，会计核算时计入"营业外收入"科目，增加了利润总额，从而增加了应纳税所得额，两者的处理最终对应纳税所得额的影响是一致的。

二、预收账款

（一）预收账款的内容

预收账款，是指企业按照合同规定向购货单位预收的款项。预收账款与应付账款不同，预收账款是销货方预收购货方的款项，所形成的负债是以货物偿付，而应付账款是购货方应付销货方的款项，所形成的负债以货币资金偿付。但是，两者均表明企业承担了会导致未来经济利益流出的现时义务，形成企业的负债。

（二）预收账款的会计处理

1. 科目设置

企业应设置"预收账款"科目，核算预收账款的取得、偿付等情况。该科目的贷方登记发生的预收账款的数额和购货方补付账款的数额，借方登记企业向购货方发货后冲销的预收账款数额和退回购货方多付账款的数额，期末余额一般在贷方，反映企业预收的款项，如为借方余额，反映企业尚未转销的款项。该科目可按购货单位设置明细科目，进行明细核算。

预收账款情况不多的，也可以不设置"预收账款"科目，将预收的款项直接记入"应收账款"科目的贷方。

2. 账务处理

（1）企业向购货单位预收款项时，按实际收到的金额，借记"银行存款"等科目，贷记"预收账款"科目。

（2）企业销售实现时，按实现的收入，借记"预收账款"科目，贷记"主营业务收入"科目；涉及增值税销项税额的，还应贷记"应交税费——应交增值税（销项税额）"科目。

（3）企业收到购货单位补付的款项时，借记"银行存款"等科目，贷记"预收账款"科目。

（4）企业向购货单位退回其多付的款项时，借记"预收账款"科目，贷记"银行存款"科目。

【例 6-6】 天鑫公司为增值税一般纳税人。2×19 年 4 月 15 日，天鑫公司与 B 公司签订供销合同，向其出售一批产品，货款共计 600 000 元，增值税销项税额为 78 000元。根据合同规定，B 公司应在合同签订一周内预付货款 100 000 元，剩余货款在交货后付清。4 月 20 日，天鑫公司收到 B 公司交来的预付款 100 000 元，并存入银行。4 月 22 日，天鑫公司将货物发到 B 公司，并开具增值税专用发票一张。4 月 24 日，B 公司验收合格后付清了剩余货款。则天鑫公司应做如下会计处理：

（1）4 月 20 日，收到 B 公司交来的预付款时：

借：银行存款　　　　　　　　　　　　　　　　　　　100 000
　　贷：预收账款——B 公司　　　　　　　　　　　　　　　100 000

（2）4 月 22 日，对 B 公司发货时：

借：预收账款——B 公司　　　　　　　　　　　　　　678 000
　　贷：主营业务收入　　　　　　　　　　　　　　　　　600 000
　　　　应交税费——应交增值税（销项税额）　　　　　　　78 000

（3）4 月 24 日，收到 B 公司剩余货款时：

借：银行存款　　　　　　　　　　　　　　　　　　　578 000
　　贷：预收账款——B 公司　　　　　　　　　　　　　　578 000

第四节　应付职工薪酬

一、职工薪酬的内容

职工薪酬，是指企业为获取职工提供的服务而给予的各种形式的报酬以及其他相关支出。也就是说，职工薪酬是因职工在职期间和离职后为本企业提供服务，而给予的全部货币性薪酬和非货币性福利，包括提供给职工本人的薪酬，以及提供给职工配偶、子女或其他被赡养人的福利等。

这里所指的"职工"主要包括：一是与企业订立正式劳动合同的所有人员，含全职、兼职和临时职工；二是未与企业订立正式劳动合同、但由企业正式任命的人员，如董事会成员、监事会成员和内部审计委员会成员等；三是在企业的计划、领导和控制下，虽未与企业订立正式劳动合同，或未由企业正式任命，但为企业提供了类似职工服务的人员。

职工薪酬主要包括：

(一) 短期薪酬

1. 职工工资、奖金、津贴和补贴

职工工资包括了一切构成工资总额的部分，如职工的工资、奖金、津贴和补贴等。根据国家统计局1990年第1号令发布的《关于职工工资总额组成的规定》的规定，工资总额由以下内容组成：计时工资、计件工资、奖金津贴和补贴加班加点工资以及特殊情况下支付的工资（如因病、工伤、产假、计划生育假、婚丧假、探亲假等特殊情况下，按比例支付的工资）。

企业应按照劳动工资制度的规定，根据考勤记录、工时记录、产量记录、工资标准、工资等级等编制"工资单"（亦称工资结算单、工资表、工资计算表等）。会计部门应将"工资单"进行汇总，编制"工资汇总表"，办理工资结算。

涉税规定

◆《中华人民共和国企业所得税法实施条例》（国务院令第512号）

第三十四条 企业发生的合理的工资薪金，准予扣除。

前款所称工资薪金，是指企业每纳税年度支付给在本企业任职或者受雇员工的所有现金形式或者非现金形式的劳动报酬，包括基本工资、奖金、津贴、补贴年终加薪、加班工资，以及与职工任职或者受雇有关的其他支出。

◆《国家税务总局关于企业工资薪金及职工福利费扣除问题的通知》（国税函〔2009〕3号）

一、关于合理工资薪金问题

《中华人民共和国企业所得税法实施条例》第三十四条所称的"合理工资薪金"，是指企业按照股东大会、董事会、薪酬委员会或相关管理机构制订的工资薪金制度规定实际发放给员工的工资薪金。税务机关在对工资薪金进行合理性确认时，可按以下原则掌握：

（一）企业制订了较为规范的员工工资薪金制度；

（二）企业所制订的工资薪金制度符合行业及地区水平；

（三）企业在一定时期所发放的工资薪金是相对固定的，工资薪金的调整是有序进行的；

（四）企业对实际发放的工资薪金，已依法履行了代扣代缴个人所得税义务；

（五）有关工资薪金的安排，不以减少或逃避税款为目的。

二、关于工资薪金总额问题

《中华人民共和国企业所得税法实施条例》第四十、四十一、四十二条所称的"工资薪金总额",是指企业按照本通知第一条规定实际发放的工资薪金总和,不包括企业的职工福利费、职工教育经费、工会经费以及养老保险费、医疗保险费、失业保险费、工伤保险费、生育保险费等社会保险费和住房公积金。属于国有性质的企业,其工资薪金,不得超过政府有关部门给予的限定数额;超过部分,不得计入企业工资薪金总额,也不得在计算企业应纳税所得额时扣除。

◆《国家税务总局关于企业所得税若干税务事项衔接问题的通知》(国税函〔2009〕98号)

六、关于工效挂钩企业工资储备基金的处理

原执行工效挂钩办法的企业,在2008年1月1日以前已按规定提取,但因未实际发放而未在税前扣除的工资储备基金余额,2008年及以后年度实际发放时,可在实际发放年度企业所得税前据实扣除。

◆《中华人民共和国企业所得税法》(主席令第63号)

第三十条 企业的下列支出,可以在计算应纳税所得额时加计扣除:(二)安置残疾人员及国家鼓励安置的其他就业人员所支付的工资。

◆《中华人民共和国企业所得税法实施条例》(国务院令第512号)

第九十六条 企业所得税法第三十条第(二)项所称企业安置残疾人员所支付的工资的加计扣除,是指企业安置残疾人员的,在按照支付给残疾职工工资据实扣除的基础上,按照支付给残疾职工工资的100%加计扣除。残疾人员的范围适用《中华人民共和国残疾人保障法》的有关规定。企业所得税法第三十条第(二)项所称企业安置国家鼓励安置的其他就业人员所支付的工资的加计扣除办法,由国务院另行规定。

◆《财政部 国家税务总局关于安置残疾人员就业有关企业所得税优惠政策问题的通知》(财税〔2009〕70号)

一、企业安置残疾人员的,在按照支付给残疾职工工资据实扣除的基础上,可以在计算应纳税所得额时按照支付给残疾职工工资的100%加计扣除。

……

三、企业享受安置残疾职工工资100%加计扣除应同时具备如下条件:

(一)依法与安置的每位残疾人签订了1年以上(含1年)的劳动合同或服务协议,并且安置的每位残疾人在企业实际上岗工作。

(二)为安置的每位残疾人按月足额缴纳了企业所在区县人民政府根据国家政策规定的基本养老保险、基本医疗保险、失业保险和工伤保险等社会保险。

(三)定期通过银行等金融机构向安置的每位残疾人实际支付了不低于企业所

在区县适用的经省级人民政府批准的最低工资标准的工资。

（四）具备安置残疾人上岗工作的基本设施。

◆《中华人民共和国个人所得税法实施条例》（国务院令第512号）

第八条　工资薪金所得，是指个人因任职或者受雇而取得的工资、薪金、奖金、年终加薪、劳动分红、津贴、补贴以及与任职或者受雇有关的其他所得。

2. 职工福利费

职工福利费，是指企业为职工提供的除职工工资奖金、津贴、纳入工资总额管理的补贴、职工教育经费、社会保险费和补充养老保险费（年金）、补充医疗保险费及住房公积金以外的福利待遇支出，包括发放给职工或为职工支付的以下各项现金补贴：

（1）为职工卫生保健、生活等发放或支付的各项现金补贴和非货币性福利，包括职工因公外地就医费用、暂未实行医疗统筹企业职工医疗费用、职工供养直系亲属医疗补贴、职工疗养费用、自办职工食堂经费补贴、符合国家有关财务规定的供暖费补贴、防暑降温费等。

（2）企业尚未分离的内设集体福利部门，包括职工食堂、职工浴室、理发室、医务所、托儿所疗养院集体宿舍等工作人员的工资薪金、社会保险费、住房公积金、劳务费等人工费用。

（3）职工困难补助，或者企业统筹建立和管理的专门用于帮助、救济困难职工的基金支出。

（4）离退休人员统筹外费用，包括离休人员的医疗费及离退休人员其他统筹外费用。国家另有规定的，从其规定。

（5）按规定发生的其他职工福利费，包括丧葬补助费、抚恤费、职工异地安家费、独生子女费、探亲假路费，以及符合企业职工福利费定义的其他支出。

尚未实行货币化改革的，企业为职工提供交通、住房、通信待遇发生的相关支出作为职工福利费管理。

以下两种情况不应作为职工福利费管理，应当纳入职工工资总额。

（1）企业为职工提供的交通、住房、通信待遇，已经实行货币化改革的，按月按标准发放或支付的住房补贴、交通补贴或者车改补贴、通信补贴。

（2）企业给职工发放的节日补助、未统一供餐而按月发放的午餐费补贴。

涉税规定

◆《中华人民共和国企业所得税法实施条例》（国务院令第512号）

第四十条　企业发生的职工福利费支出，不超过工资薪金总额14%的部分，准予扣除。

◆《国家税务总局关于企业工资薪金及职工福利费扣除问题的通知》（国税函〔2009〕3号）

三、关于职工福利费扣除问题

《中华人民共和国企业所得税法实施条例》第四十条规定的企业职工福利费，包括以下内容：

（一）尚未实行分离办社会职能的企业，其内设福利部门所发生的设备、设施和人员费用，包括职工食堂、职工浴室、理发室、医务所、托儿所、疗养院等集体福利部门的设备、设施及维修保养费用和福利部门工作人员的工资薪金、社会保险费、住房公积金、劳务费等。

（二）为职工卫生保健、生活、住房、交通等所发放的各项补贴和非货币性福利，包括企业向职工发放的因公外地就医费用、未实行医疗统筹企业职工医疗费用、职工供养直系亲属医疗补贴、供暖费补贴、职工防暑降温费、职工困难补贴、救济费、职工食堂经费补贴、职工交通补贴等。

（三）按照其他规定发生的其他职工福利费，包括丧葬补助费、抚恤费、安家费、探亲路费等。

四、关于职工福利费核算问题

企业发生的职工福利费应该单独设置账册，进行准确计算。没有单独设置账册准确核算的，税务机关应责令企业在规定的期限内进行改正。逾期仍未改正的，税务机关可对企业发生的职工福利费进行合理的核定。

◆《国家税务总局关于企业所得税若干税务事项衔接问题的通知》（国税函〔2009〕98号）

四、关于以前年度职工福利费余额的处理

根据《国家税务总局关于做好2007年度企业所得税汇算清缴工作的补充通知》（国税函〔2008〕264号）的规定，企业2008年以前按照规定计提但尚未使用的职工福利费余额，2008年及以后年度发生的职工福利费，应首先冲减上述的职工福利费余额，不足部分按新税法规定扣除；仍有余额的，继续留在以后年度使用。企业2008年以前节余的职工福利费，已在税前扣除，属于职工权益，如果改变用途的，应调整增加企业应纳税所得额。

3. 医疗保险费、工伤保险费和生育保险费等社会保险费

社会保险费，是指企业在职工为其提供服务的会计期间，按照国家规定的基准和比例，根据工资总额的一定比例计算得出，并定期向社会保险经办机构缴纳的各项保险费用。主要包括企业为职工缴纳的医疗保险费、养老保险费、失业保险费、工伤保险费、生育保险费等保险费。企业为职工缴纳的养老保险费用，无论是国家

法定的基本养老保险,还是企业设立提存计划的补充养老保险(企业年金),均应纳入社会保险费的核算内容。

4. 住房公积金

住房公积金,是指企业按照国家《住房公积金管理条例》规定的基准和比例计算,向住房公积金管理机构缴存的住房公积金。

5. 工会经费和职工教育经费

工会经费和职工教育经费,是指企业为了改善职工文化生活,为职工学习先进技术和提高文化水平及业务素质,用于开展工会活动和职工教育及职业技能培训等方面的支出。企业应当在职工为其提供服务的会计期间,按工资总额的一定比例计提。

6. 短期带薪缺勤

短期带薪缺勤,是指企业支付工资或提供补偿的职工缺勤,包括年休假、病假、短期伤残、婚假、产假、丧假、探亲假等。

7. 短期利润分享计划

短期利润分享计划,是指因职工提供服务而与职工达成的基于利润或其他经营成果提供薪酬的协议。

8. 非货币性福利

非货币性福利,通常是指企业提供给职工的实物福利、服务性福利、优惠性福利及有偿休假性福利(带薪休假)等。其主要包括:企业以自产产品或外购商品发放给职工作为福利,将企业拥有的资产或租赁的资产无偿提供给职工使用,为职工无偿提供医疗保健服务,向职工提供企业支付了一定补贴的商品或服务,如以低于成本的价格向职工出售住房等。

9. 其他短期薪酬

其他短期薪酬,是指除上述薪酬以外的其他为获得职工提供的服务而给予的短期薪酬。

(二)离职后福利

离职后福利,是指企业为获得职工提供的服务而在职工退休或与企业解除劳动关系后,提供的各种形式的报酬和福利,属于短期薪酬和辞退福利的除外。

离职后福利计划,是指企业与职工就离职后福利达成的协议,或者企业为向职工提供离职后福利制定的规章或办法等。离职后福利计划按其特征可以分为设定提存计划和设定受益计划。其中,设定提存计划,是指向独立的基金缴存固定费用后,企业不再承担进一步支付义务的离职后福利计划。设定受益计划,是指除设定提存计划以外的离职后福利计划。

(三) 辞退福利

辞退福利,是指企业在职工劳动合同到期之前解除与职工的劳动合同关系,或者鼓励职工自愿接受裁减而给予职工的补偿。辞退福利包括两种:一是,在职工劳动合同尚未到期前,不论职工本人是否愿意,企业决定解除与职工的劳动关系而给予的补偿;二是,在职工劳动合同尚未到期前,为鼓励职工自愿接受裁减而给予的补偿,职工有权利选择继续在职或接受补偿离职。

(四) 其他长期职工福利

其他长期职工福利,是指除短期薪酬、离职后福利、辞退福利之外所有的职工薪酬,包括长期带薪缺勤、长期残疾福利、长期利润分享计划等。

涉税规定

◆《中华人民共和国企业所得税法实施条例》(国务院令第512号)

第三十六条 除企业依照国家有关规定为特殊工种职工支付的人身安全保险费和国务院财政税务主管部门规定可以扣除的其他商业保险费外,企业为投资者或者职工支付的商业保险费,不得扣除。

二、职工薪酬的会计处理

(一) 科目设置

企业应设置"应付职工薪酬"科目,核算应付职工薪酬的提取、结算、使用等情况。该科目贷方登记已分配计入有关成本费用科目的职工薪酬的金额,借方登记实际发放的职工薪酬金额,期末余额一般在贷方,反映企业应付未付的职工薪酬。企业应根据职工薪酬类别,设置"工资""职工福利""社会保险费""住房公积金""工会经费""职工教育经费""非货币性福利""辞退福利""股份支付"等二级科目,进行明细核算。外商投资企业从净利润中提取的职工奖励及福利基金,也通过"应付职工薪酬"科目核算。

（二）职工薪酬的确认和计量

1. 职工薪酬的确认

企业应当在职工为其提供服务的会计期间，将应付的职工薪酬确认为负债，除因解除与职工的劳动关系给予的补偿外，应当根据职工提供服务的受益对象，分别按下列情况处理：

（1）应由生产产品、提供劳务负担的职工薪酬，计入产品成本或劳务成本。

（2）应由在建工程、无形资产负担的职工薪酬，计入建造固定资产或无形资产成本。

（3）上述两种情形之外的其他职工薪酬，计入当期损益。

2. 职工薪酬的计量

（1）货币性职工薪酬的计量。

对于国务院有关部门省、自治区、直辖市人民政府或经批准的企业年金计划规定了计提基础和计提比例的职工薪酬项目，应当按照规定的标准计提。其中：

①五险一金。对于医疗保险费、养老保险费、失业保险费、工伤保险费、生育保险费和住房公积金，我国各地根据具体情况缴纳五险一金的比例和基数，虽不一致，但企业应当按照国务院、所在地政府或企业年金计划规定的标准计量。

基本养老保险。《国务院发布关于完善企业职工基本养老保险制度的决定》（国发〔2005〕38号）规定：城镇个体工商户和灵活就业人员参加基本养老保险的缴费基数为当地上年度在岗职工平均工资，企业缴费比例为20%，其中8%记入个人账户，退休后按企业职工基本养老金计发办法计发基本养老金。

补充养老保险。《关于企业新旧财务制度衔接有关问题的通知》（财企〔2008〕34号）规定：企业缴纳的补充养老保险总额在工资总额4%以内的部分，从成本（费用）中列支。超出规定比例的部分，不得由企业负担，应当从职工个人工资中扣缴。

基本医疗保险费。《国务院关于建立城镇职工基本医疗保险制度的决定》（国发〔1998〕44号）规定，基本医疗保险费由用人单位和职工共同缴纳。用人单位缴费率应控制在职工工资总额的6%左右，职工缴费率一般为本人工资收入的2%。

补充医疗保险。企业可在按规定参加当地基本医疗保险的同时，自主决定是否建立补充医疗保险。《财政部劳动保障部关于企业补充医疗保险有关问题的通知》（财社〔2002〕第18号）规定，企业补充医疗保险费在工资总额4%以内的部分，企业可直接从成本中列支，不再经同级财政部门审批。

失业保险费。《失业保险条例》（国务院令第 258 号）第六条规定：城镇企业事业单位按照本单位工资总额的 2% 缴纳失业保险费。城镇企业事业单位职工按照本人工资的 1% 缴纳失业保险费。

工伤保险费。企业应当根据企业所属行业类别，对照《工伤保险行业基准费率和浮动档次表》，选择所属行业类别对应的浮动基准费率，缴纳工伤保险费。《工伤保险条例》（国务院令第 375 号）规定，统筹地区经办机构根据用人单位工伤保险费使用、工伤发生率等情况，适用所属行业内相应的费率档次确定单位缴费费率。用人单位缴纳工伤保险费的数额为本单位职工工资总额乘以单位缴费费率之积。

生育保险费。《企业职工生育保险试行办法》第四条规定，生育保险费的提取比例最高不得超过工资总额的 1%。企业缴纳的生育保险费作为期间费用处理，列入企业管理费用。职工个人不缴纳生育保险费。

住房公积金。《财政部关于加强住房公积金管理等有关问题的通知》（财综〔2006〕38 号）规定，职工和单位住房公积金缴存比例不应低于 5%，不得高于 12%。

涉税规定

◆《中华人民共和国企业所得税法实施条例》（国务院令第 512 号）

第三十五条　企业依照国务院有关主管部门或者省级人民政府规定的范围和标准为职工缴纳的基本养老保险费、基本医疗保险费、失业保险费、工伤保险费、生育保险费等基本社会保险费和住房公积金，准予扣除。企业为投资者或者职工支付的补充养老保险费、补充医疗保险费，在国务院财政、税务主管部门规定的范围和标准内，准予扣除。

◆《财政部　国家税务总局关于补充养老保险费补充医疗保险费有关企业所得税政策问题的通知》（财税〔2009〕27 号）

◆《财政部　国家税务总局关于基本养老保险费基本医疗保险费失业保险费住房公积金有关个人所得税政策的通知》（财税〔2006〕10 号）

一、企事业单位按照国家或省（自治区、直辖市）人民政府规定的缴费比例或办法实际缴付的基本养老保险费、基本医疗保险费和失业保险费，免征个人所得税；个人按照国家或省（自治区、直辖市）人民政府规定的缴费比例或办法实际缴付的基本养老保险费、基本医疗保险费和失业保险费，允许在个人应纳税所得额中扣除。企事业单位和个人超过规定比例和标准缴付的基本养老保险费、基本医疗保险费和失业保险费，应将超过部分并入个人当期的工资、薪金收入，计征个人所得税。

二、根据《住房公积金管理条例》《建设部　财政部　中国人民银行关于住房公积金管理若干具体问题的指导意见》（建金管〔2005〕5 号）等规定精神，单位和个人分别在不超过职工本人上一年度月平均工资 12% 的幅度内，其实际缴存的住房公积金，允许在个人应纳税所得额中扣除。单位和职工个人缴存住房公积金的月平均工资不得超过职工工作地所在地区城市上一年度职工月平均工资的3倍，具体标准按照各地有关规定执行。

②工会经费和职工教育经费。企业应当按照国家相关规定计量。

工会经费，《关于进步加强工会经费税前扣除管理的通知》（总工发〔2005〕9号）规定，凡依法建立工会组织的企业、事业单位以及其他组织，每月按照全部职工工资总额的2%向工会拨缴工会经费，并凭工会组织开具的工会经费拨缴款专用收据在税前扣除。

职工教育经费。为鼓励企业加大职工教育投入，现就企业职工教育经费税前扣除政策通知如下：企业发生的职工教育经费支出，不超过工资薪金总额8%的部分，准予在计算企业所得税应纳税所得额时扣除；超过部分，准予在以后纳税年度结转扣除。

涉税规定

◆《中华人民共和国企业所得税法实施条例》（国务院令第512号）

第四十一条　企业拨缴的职工工会经费支出，不超过工资薪金总额2%的部分，准予扣除。

◆《财政部　税务总局关于企业职工教育经费税前扣除政策的通知》（财税〔2018〕51号）

为鼓励企业加大职工教育投入，现就企业职工教育经费税前扣除政策通知如下：

一、企业发生的职工教育经费支出，不超过工资薪金总额8%的部分，准予在计算企业所得税应纳税所得额时扣除；超过部分，准予在以后纳税年度结转扣除。

二、本通知自2018年1月1日起执行。

◆《国家税务总局关于工会经费企业所得税税前扣除凭据问题的公告》（国家税务总局公告2010年第24号）

一、自2010年7月1日起，企业拨缴的职工工会经费，不超过工资薪金总额2%的部分，凭工会组织开具的工会经费收入专用收据在企业所得税税前扣除。

二、《国家税务总局关于工会经费税前扣除问题的通知》（国税函〔2000〕678号）同时废止。

◆《财政部　国家税务总局关于企业所得税若干优惠政策的通知》（财税〔2008〕1号）

一、关于鼓励软件产业和集成电路产业发展的优惠政策

（四）软件生产企业的职工培训费用，可按实际发生额在计算应纳税所得额时扣除。

◆《国家税务总局关于企业所得税执行中若干税务处理问题的通知》（国税函

〔2009〕202 号）

四、软件生产企业职工教育经费的税前扣除问题

软件生产企业发生的职工教育经费中的职工培训费用，根据《财政部 国家税务总局关于企业所得税若干优惠政策的通知》（财税〔2008〕1 号）规定，本篇法规被《关于进一步鼓励软件产业和集成电路产业发展企业所得税政策的通知》（2012 年 4 月 20 日发布；2011 年 1 月 1 日实施）部分废止可以全额在企业所得税前扣除。软件生产企业应准确划分职工教育经费中的职工培训费支出，对于不能准确划分的，以及准确划分后职工教育经费中扣除职工培训费用的余额，一律按照《中华人民共和国企业所得税法实施条例》第四十二条规定的比例扣除。

◆《国家税务总局关于企业所得税若干税务事项衔接问题的通知》（国税函〔2009〕98 号）

五、关于以前年度职工教育经费余额的处理

对于在 2008 年以前已经计提但尚未使用的职工教育经费余额，2008 年及后新发生的职工教育经费应先从余额中冲减。仍有余额的，留在以后年度继续使用。

第二，对于国家（包括省市、自治区政府）相关法律法规没有明确规定计提基础和计提比例的职工薪酬项目，企业应当根据历史经验数据和自身实际情况，合理预计当期应付职工薪酬。当期实际发生金额大于预计金额的，应当补提；当期实际发生金额小于预计金额的，应当冲回多提的应付职工薪酬。如，《财政部关于企业加强职工福利费财务管理的通知》（财企〔2009〕242 号）规定，职工福利是企业对职工劳动补偿的辅助形式，企业应当参照历史一般水平合理控制职工福利费在职工总收入的比重。

（2）非货币性职工薪酬的计量。

企业以自产产品作为福利发放给职工，应当按照该产品的公允价值和相关税费计入职工薪酬和相应的成本费用中，并确认主营业务收入，同时结转成本。企业以外购商品作为福利发放给职工，应当按照该商品的公允价值和相关税费，计量应计入成本费用的职工薪酬金额。

将企业拥有的房屋等资产无偿提供给职工使用的，应当根据受益对象，将该住房每期应计提的折旧计入相关资产成本或当期损益，同时确认应付职工薪酬。

租赁住房等资产供职工无偿使用的，应当根据受益对象，将每期应付的租金计入相关资产成本或当期损益，并确认应付职工薪酬。难以认定受益对象的非货币性福利，直接计入当期损益和应付职工薪酬。

（3）辞退福利。

企业在职工劳动合同到期之前解除与职工的劳动关系，或者为鼓励职工自愿接受裁减而提出给予补偿的建议同时满足下列条件的，应当确认因解除与职工的劳动

关系给予补偿而产生的预计负债同时计入当期损益：

①企业已经制定正式的解除劳动关系计划或提出自愿裁减建议，并即将实施。

解除劳动关系计划或建议是否即将实施的判断标准，主要是对计划或建议的内容是否具体和具有可操作性进行评判。即将实施的解除劳动关系计划或建议至少应包括拟解除劳动关系或裁减的职工所在部门、职位及数量、补偿金额以及裁减的时间等项目。

②企业不能单方面撤回解除劳动关系计划或裁减建议。

这使得该计划或建议具有不可撤销性，会计信息更可靠。如果该企业可以单方面撤回解除劳动关系计划或裁减建议，则不能确认预计负债，只能在实际支付补偿款时再确认为企业的费用，计入当期损益。

企业应当根据《企业会计准则第9号——职工薪酬》和《企业会计准则第13号——或有事项》的规定，严格按照辞退计划条款的规定，合理预计并确认辞退福利产生的应付职工薪酬。

对于职工没有选择权的辞退计划，应当根据辞退计划条款规定的拟解除劳动关系的职工数量、每一职位的辞退补偿标准等，计提应付职工薪酬。

企业对于自愿接受裁减的建议，应当预计将会接受裁减建议的职工数量，根据预计的职工数量和每一职位的辞退补偿标准等，按照《企业会计准则第13号——或有事项》的规定，计提应付职工薪酬。

符合《企业会计准则第9号——职工薪酬》规定的应付职工薪酬确认条件，实质性辞退工作在一年内完成、但付款时间超过一年的辞退福利，企业应当选择恰当的折现率，以折现后的金额计量应付职工薪酬。

（三）职工薪酬的会计处理

企业进行账务处理时，可将应付职工薪酬划分为货币性职工薪酬、非货币性职工薪酬、辞退福利和股份支付（这里只介绍以现金结算的股份支付）四种类型。

1. 货币性职工薪酬

货币性职工薪酬是企业以货币形式发放的职工薪酬，主要有工资、职工福利、社会保险费、住房公积金、工会经费、职工教育经费等。企业应当按照受益原则，借记相关的成本费用科目，贷记"应付职工薪酬"科目；待到发放时，借记"应付职工薪酬"科目，贷记"银行存款"科目。

【例6-7】天鑫公司职工人数共计为100人，其中生产工人60人，工程部门职工20人，管理部门职工10人，销售部门人员10人。2018年的工资总额为2 000 000元，其中：产品生产工人工资1 200 000元，在建工程工人工资300 000

元,管理人员工资 350 000 元(其中包括发放给未在本企业任职的股东张某工资 50 000元)产品销售人员工资 150 000 元。会计上工资构成与税法上工资薪金的内容一致,本年"应付职工薪酬——工资"会计科目无余额。则天鑫公司应做如下会计处理:

借:生产成本　　　　　　　　　　　　　　　1 200 000
　　在建工程　　　　　　　　　　　　　　　　 300 000
　　管理费用　　　　　　　　　　　　　　　　 350 000
　　销售费用　　　　　　　　　　　　　　　　 150 000
　　贷:应付职工薪酬——工资　　　　　　　　 2 000 000

税务处理

企业发放给职工的工资 1 650 000 元(1 200 000 + 300 000 + 150 000)可以在企业所得税前据实扣除;在建工程人员工资 300 000 元构成在建工程成本,待工程完工形成固定资产后,由计提折旧的方式计入成本费用;发给股东张某的工资 50 000 元不得在税前扣除,需进行纳税调整。

【例 6-8】天鑫公司 2019 年 4 月应付工资总额为 300 000 元。其中:生产部门直接生产人员工资 120 000 元,生产部门管理人员工资 45 000 元;管理部门人员工资 63 000 元;销售部门人员工资 30 000 元;建造厂房人员工资 18 000 元;内部开发存货管理系统人员工资 24 000 元。

4 月 30 日,公司按照职工工资总额的 10%、12%、2% 和 10% 分别计提医疗保险费、养老保险费、失业保险费和住房公积金。公司内设医务室,根据 2019 年实际发生的职工福利情况,公司预计 2019 年应承担的职工福利费金额为职工工资总额 14%。公司按工资总额的 2% 和 8% 计提工会经费和职工教育经费。假定该公司的存货管理系统已经处于开发阶段,并符合资本化标准。公司当月发生的职工薪酬费用已在下月初支付。

天鑫公司 2019 年 4 月确认应付职工薪酬时应做如下会计处理:

本月职工薪酬的计提比例 = 10% + 12% + 2% + 10% + 14% + 2% + 8% = 58%

本月应计提的职工薪酬 = 300 000 + 300 000 × 58% = 474 000(元)

其中:应计入生产成本的职工薪酬 = 120 000 + 120 000 × 58% = 189 600(元)

应计入制造费用的职工薪酬 = 45 000 + 45 000 × 58% = 71 100(元)

应计入管理费用的职工薪酬 = 63 000 + 63 000 × 58% = 99 540(元)

应计入销售费用的职工薪酬 = 30 000 + 30 000 × 58% = 47 400(元)

应计入在建工程的职工薪酬 = 18 000 + 18 000 × 58% = 28 440(元)

应计入无形资产的职工薪酬 = 24 000 + 24 000 × 58% = 37 920(元)

相应的会计分录为：

借：生产成本　　　　　　　　　　　　　　　　　189 600
　　制造费用　　　　　　　　　　　　　　　　　　71 100
　　管理费用　　　　　　　　　　　　　　　　　　99 540
　　销售费用　　　　　　　　　　　　　　　　　　47 400
　　在建工程　　　　　　　　　　　　　　　　　　28 440
　　研发支出——资本化支出　　　　　　　　　　　37 920
　　　贷：应付职工薪酬——工资　　　　　　　　300 000
　　　　　　　　　　　——职工福利　　　　　　　42 000
　　　　　　　　　　　——社会保险费　　　　　　72 000
　　　　　　　　　　　——住房公积金　　　　　　30 000
　　　　　　　　　　　——工会经费　　　　　　　 6 000
　　　　　　　　　　　——职工教育经费　　　　　24 000

税务处理

企业生产部门直接生产人员工资 120 000 元、管理人员工资 45 000 元，管理部门人员工资 63 000 元，销售部门人员工资 30 000 元，可以在税前扣除。建造厂房人员工资 18 000 元和内部开发存货管理系统人员工资 24 000 元属于资本化支出，应待形成资产价值后，由计提折旧或摊销的方式计入成本费用，就这一点来说，税法与会计准则是一致的。

涉税提示

工资薪金支出能否在税前扣除，税务人员应把握以下几点：（1）能在税前扣除的工资薪金必须是实际发放的工资薪金支出；（2）工资薪金的发放对象是在本企业任职或者受雇的员工；（3）工资薪金的标准应该限于合理的范围和幅度内；（4）工资薪金的表现形式包括所有现金和非现金形式；（5）工资薪金的种类包括基本工资、奖金津贴、补贴、年终加薪、加班工资，以及与职工任职或者受雇有关的其他支出。

2. 非货币性职工薪酬

企业以非货币性福利形式发放的职工薪酬，应当分别按以下情况处理：

（1）企业以自产产品或外购商品作为福利发放给职工。企业以自产产品作为福利发放给职工，应当按照该产品的公允价值和相关税费计入职工薪酬和相应的成本费用中，并确认主营业务收入，同时结转成本。根据《中华人民共和国增值税暂行条例实施细则》第四条第五项的规定，纳税人将自产、委托加工的货物用于集体福利或者个人消费的应视同销售货物，按规定计算纳税。企业以外购商品作为福利发放给职工,应当按照该商品的公允价值和相关税费,计量应计入成本费用的职工薪酬金额,根据《中华人民共和国增值税暂行条例》第十条第一项规定,用于集体福利或者个人消费的购进货物的进项税额不得从销项税额中抵扣。核算时通过"应付职工薪酬"科目归集当期应计入成本费用的非货币性职工薪酬金额,据以计算完整准确的人工成本金额。

涉税规定

◆《中华人民共和国企业所得税法实施条例》(国务院令第512号)

第二十五条 企业发生非货币性资产交换,以及将货物、财产、劳务用于捐赠、偿债、赞助、集资、广告、样品、职工福利或者利润分配等用途的,应当视同销售货物、转让财产或者提供劳务,但国务院财政、税务主管部门另有规定的除外。

◆《关于企业处置资产所得税处理问题的通知》(国税函〔2008〕828号)本法规第三条被废止

二、企业将资产移送他人的下列情形,因资产所有权属已发生改变而不属于内部处置资产,应按规定视同销售确定收入。

(三)企业将资产用于职工奖励或福利;

三、企业发生本通知第二条规定情形时,属于企业自制的资产,应按企业同类资产同期对外销售价格确定销售收入;属于外购的资产,可按购入时的价格确定销售收入。

◆《国家税务总局关于做好2009年度企业所得税汇算清缴工作的通知》(国税函〔2010〕148号)

……

三、有关企业所得税纳税申报口径

……

(八)企业处置资产确认问题。

◆《国家税务总局关于企业处置资产所得税处理问题的通知》(国税函〔2008〕828号)第三条规定,企业处置外购资产按购入时的价格确定销售收入,是指企业处置该项资产不是以销售为目的,而是具有替代职工福利等费用支出性质,且购买后一般在一个纳税年度内处置。

【例6-9】 天鑫公司是一家食品加工企业,有职工200名,其中生产工人150名,管理人员50名。2019年4月,天鑫公司以其生产的大礼包食品作为福利发放给职工,每人1份。该大礼包的单位成本为420元,单位售价(公允价格)为500元,适用的增值税税率为13%。则天鑫公司应做如下会计处理:

①提取非货币性福利时:

本月应提取的非货币性福利 = $500 \times 200 \times (1 + 13\%)$ = 113 000(元)

其中：

生产工人非货币性福利 = 500 × 150 × (1 + 13%) = 84 750（元）

管理人员非货币性福利 = 500 × 50 × (1 + 13%) = 28 250（元）

借：生产成本　　　　　　　　　　　　　　　　　84 750
　　管理费用　　　　　　　　　　　　　　　　　28 250
　　　贷：应付职工薪酬——非货币性福利　　　　　　　113 000

②发放非货币性福利时：

借：应付职工薪酬——非货币性福利　　　　　　　113 000
　　　贷：主营业务收入　　　　　　　　　　　　　100 000
　　　　　应交税费——应交增值税（销项税额）　　　13 000
借：主营业务成本　　　　　　　　　　　　　　　84 000
　　　贷：库存商品　　　　　　　　　　　　　　　84 000

（2）企业将拥有或租赁的房屋等资产无偿提供给职工使用。企业应当根据受益对象，将自有房屋等资产的每期折旧额或租赁房屋等资产的每期应支付的租金确认为应付职工薪酬，并计入相关的成本费用。具体为：

企业无偿向职工提供住房等资产使用的，按应计提的折旧额，借记"管理费用"等科目，贷记"应付职工薪酬"科目；同时，借记"应付职工薪酬"科目，贷记"累计折旧"科目。

租赁住房等资产供职工无偿使用的，按每期应支付的租金，借记"管理费用"等科目，贷记"应付职工薪酬"科目。

难以认定受益对象的非货币性福利，直接计入当期损益和应付职工薪酬。

【例6-10】天鑫公司有部门经理8人，公司为每人免费提供公司名下的轿车一辆；副总经理以上4人，公司为每人提供租赁的高级公寓一套。这些资产的所有权不转移，只提供使用权。假定每辆轿车每月计提折旧5 000元，每套公寓每月的租金是6 000元。则天鑫公司每月应做如下会计处理：

每月应提取非货币性职工薪酬 = 5 000 × 8 + 6 000 × 4 = 64 000（元）

借：管理费用　　　　　　　　　　　　　　　　　64 000
　　　贷：应付职工薪酬——非货币性福利　　　　　　64 000
借：应付职工薪酬——非货币性福利　　　　　　　64 000
　　　贷：累计折旧　　　　　　　　　　　　　　　40 000
　　　　　其他应付款　　　　　　　　　　　　　　24 000

3. 辞退福利

辞退福利通常采取在解除劳动关系时一次性支付补偿的方式，也有通过提高退休后养老金或其他离职后福利标准,或者将职工工资支付至辞退后未来某一期间的方式。

企业应当严格按照辞退计划条款的规定,根据拟解除劳动关系的职工数量、每一职位的辞退补偿标准等确认应付职工薪酬。确认因辞退福利产生的预计负债时,按折现后的金额借记"管理费用"科目,按折现后的金额与实际应支付金额之间的差额借记"未确认融资费用"科目,按实际应支付的金额贷记"应付职工薪酬"科目;各期支付时,借记"应付职工薪酬"科目,贷记"银行存款"科目;同时,借记"财务费用"科目,贷记"未确认融资费用"科目。

【例6–11】天鑫公司是一家食品加工企业,有职工150名,其中生产工人100名,管理人员50名。2019年4月10日,天鑫公司因引入两条自动化生产线而制定了一项辞退计划。拟辞退车间主任5名,共补偿500 000元;高级技工10名,共补偿1 500 000元;一般技工30名,共补偿3 000 000元。4月29日,辞退5名一般技工,实际补偿500 000元。则天鑫公司应做如下会计处理:

(1) 提取辞退福利时:

本月该企业提取辞退福利 = 500 000 + 1 500 000 + 3 000 000 = 5 000 000(元)

借:管理费用　　　　　　　　　　　　　　　　5 000 000
　　贷:应付职工薪酬——辞退福利　　　　　　　　5 000 000

(2) 发放辞退福利时:

借:应付职工薪酬——辞退福利　　　　　　　　　500 000
　　贷:银行存款　　　　　　　　　　　　　　　　500 000

涉税提示

企业所得税法规定,企业实际发生的与取得收入有关的、合理的支出,准予在计算应纳税所得额时扣除。因此,企业根据辞退计划计提的辞退福利不允许在税前扣除,实际解除与职工的劳动关系,向职工支付补偿时允许在税前扣除。

4. 股份支付

股份支付,是指企业为获取职工和其他方提供服务而授予权益工具或者承兑以权益工具为基础确定的负债的交易。股份支付分为以权益结算的股份支付和以现金结算的股份支付。以权益结算的股份支付,是指企业为获取服务以股份或其他权益工具作为对价进行结算的交易;以现金结算的股份支付,是指企业为获取服务承担以股份或其他权益工具为基础计算确定的交付现金或其他资产义务的交易。这里主要介绍以现金结算的股份支付。

对职工以现金结算的股份支付,应当按照企业承担的以股份或其他权益工具为基础计算确定的负债的公允价值计量。除授予后立即可行权的以现金结算的股份支付外,授予日一般不进行会计处理。授予日,是指股份支付协议获得批准的日期。其中,获得批准是指企业与职工就股份支付的协议条款和条件已达成一致,且该协议获得股东大会或类似机构的批准。

授予后立即可行权的以现金结算的股份支付,企业应当在授予日以承担负债的公允价值,借记"管理费用""生产成本""制造费用"等科目,贷记"应付职工薪酬"科目。完成等待期内的服务或达到规定业绩条件以后才可行权的以现金结算的股份支付,在等待期内的每个资产负债表日,企业应当按当期的成本费用金额,借记"管理费用""生产成本""制造费用"等科目,贷记"应付职工薪酬"科目。在可行权日之后,按以现金与职工结算的股份支付当期公允价值变动的金额,借记或贷记"公允价值变动损益"科目,贷记或借记"应付职工薪酬"科目。在行权日,企业以现金与职工结算股份支付,借记"应付职工薪酬——股份支付"科目,贷记"银行存款""库存现金"等科目。

【例6-12】2019年1月1日,经股东大会批准,天鑫公司为其200名中层以上管理人员每人授予100份现金股票增值权,条件是自2019年1月1日起,必须在公司连续服务3年,即可自2019年12月31日起根据股价增长获得现金,该增值权应在2020年12月31日之前行使完毕。天鑫公司估计,该增值权在负债结算之前每一资产负债表日以及结算日的公允价值和可行权后的每份增值权现金支出额如表6-1所示。

表6-1 天鑫公司现金股票增值权的公允价值及现金支出一览表

年份	公允价值	支付现金
2019	8	
2020	7.5	
2021	10	9
2022	11.5	11
2023		13.5

第一年有20名管理人员离开公司,天鑫公司估计3年中还将有15名管理人员离开;第二年又有10名管理人员离开公司,天鑫公司估计还将有10名管理人员离开;第三年又有15名管理人员离开公司。到第三年末,有70人行使股票增值权获得了现金;第四年末,有50人行使股票增值权获得了现金;第五年末,剩余35人也行使股票增值权获得了现金。

根据上述资料,天鑫公司计算各期应确认的应付职工薪酬和计入当期损益的金额,如表6-2所示。

表 6-2　　　　　　　　应付职工薪酬和计入当期损益一览表　　　　　　　　单位：元

应付职工薪酬①	支付现金②	当期损益③=①-上期①+②
(200-35)×100×8×1/3=44 000		44 000
(200-40)×100×7.5×2/3=80 000		36 000
(200-45-70)×100×10=85 000	70×100×9=63 000	68 000
(200-45-70-50)×100×11.5=40 250	50×100×11=55 000	10 250
40 250-40 250=0	35×100×13.5=47 250	7 000
	165 250	16 250

则天鑫公司应做如下会计处理：

(1) 2019 年 1 月 1 日，不做处理。

(2) 2019 年 12 月 31 日：

借：管理费用　　　　　　　　　　　　　　　　　　44 000
　　贷：应付职工薪酬——股份支付　　　　　　　　　　　　44 000

(3) 2020 年 12 月 31 日：

借：管理费用　　　　　　　　　　　　　　　　　　36 000
　　贷：应付职工薪酬——股份支付　　　　　　　　　　　　36 000

(4) 2021 年 12 月 31 日：

借：管理费用　　　　　　　　　　　　　　　　　　68 000
　　贷：应付职工薪酬——股份支付　　　　　　　　　　　　68 000

借：应付职工薪酬——股份支付　　　　　　　　　　63 000
　　贷：银行存款　　　　　　　　　　　　　　　　　　　　63 000

(5) 2022 年 12 月 31 日：

借：公允价值变动损益　　　　　　　　　　　　　　10 250
　　贷：应付职工薪酬——股份支付　　　　　　　　　　　　10 250

借：应付职工薪酬——股份支付　　　　　　　　　　55 000
　　贷：银行存款　　　　　　　　　　　　　　　　　　　　55 000

(6) 2023 年 12 月 31 日：

借：公允价值变动损益　　　　　　　　　　　　　　7 000
　　贷：应付职工薪酬——股份支付　　　　　　　　　　　　7 000

借：应付职工薪酬——股份支付　　　　　　　　　　47 250
　　贷：银行存款　　　　　　　　　　　　　　　　　　　　47 250

第五节 应交税费

企业应依法缴纳的税费主要有增值税、消费税、城市维护建设税、资源税、土地增值税、城镇土地使用税、房产税、车船税、印花税、契税、企业所得税等。这些税金应当按照权责发生制的原则预提计入有关科目，在尚未缴纳之前形成企业的负债。

企业应设置"应交税费"科目，核算应缴纳的各种税费，并按税种设置二级科目进行明细核算。该科目的贷方登记应缴纳的各种税费，借方登记已缴纳的各种税费，期末贷方余额反映企业尚未缴纳的税费，借方余额反映企业多交或尚未抵扣的税费。

企业代扣代缴的个人所得税，保险企业按规定应缴纳的保险保障基金，也通过"应交税费"科目核算。但是，企业应缴纳的印花税、耕地占用税、车辆购置税及其他不需要预计应缴纳的税费，不通过"应交税费"科目核算。

增值税是对在中华人民共和国境内销售货物或者提供加工、修理修配劳务、销售服务、无形资产或者不动产，以及进口货物的单位和个人征收的一种流转税。按照纳税人的经营规模大小，增值税纳税人分为一般纳税人和小规模纳税人。一般纳税人应纳增值税额，根据当期销项税额减去当期进项税额计算确定；小规模纳税人应纳增值税额，按照销售额和规定的征收率计算确定。

一、一般纳税人企业的核算

增值税一般纳税人企业从税务角度看其特点主要有：（1）可以使用增值税专用发票，即企业销售货物或提供应税劳务可以开具增值税专用发票；（2）购进货物或者接受增值税应税劳务取得的扣税凭证上注明的增值税额或者按规定计算的可抵扣税额可以从当期的销项税额中抵扣，当期不足抵扣部分留待以后各期继续抵扣；（3）企业销售货物或者提供应税劳务采用销售额和销项税额合并定价方法的，按照"销售额＝含税销售额÷（1＋增值税税率）"换算为不含税销售额，并按不含税销售额计算销项税额。

增值税一般纳税人企业进行会计核算时其特点主要有：（1）在购进阶段，会计处理时依据增值税专用发票上注明的价款和增值税，实行价与税的分离，属于价款部分，计入购入货物的成本；属于增值税税额部分，计入进项税额。（2）在销售阶段，销售价格中不再含税，如果定价时含税，应换算为不含税价格作为销售收入，向购买方收取的增值税作为销项税额。

为了核算应交增值税的发生、抵扣、缴纳、退税及转出等情况，一般纳税人企业应在"应交税费"科目下设置"应交税费——应交增值税"和"应交税费——未交增值税"两个明细科目进行核算。

"应交税费——应交增值税"明细科目，借方登记企业购进货物或接受应税劳务支付的进项税额、实际已缴纳的增值税额和月终转出的当月应交未交的增值税额；贷方登记企业销售货物或提供应税劳务收取的销项税额、出口企业收到的出口退税以及进项税额转出数和转出多交增值税；期末借方余额，反映企业尚未抵扣的增值税。为了详细核算企业应缴纳增值税的计算和解缴、抵扣等情况，企业应在"应交税费——应交增值税"明细科目下设置"进项税额""已交税金""减免税款""出口抵减内销产品应纳税额""转出未交增值税""销项税额""出口退税""进项税额转出""转出多交增值税"等专栏。

"进项税额"专栏，记录企业购入货物或接受应税劳务而支付的、按规定准予从销项税额中抵扣的增值税额。企业购入货物或接受应税劳务支付的进项税额用蓝字登记退回，所购货物应冲销的进项税额用红字登记。

"已交税金"专栏，记录企业本月已缴纳的增值税额。企业本月已缴纳的增值税额用蓝字登记；退回本月多交的增值税额用红字登记。

"减免税款"专栏，记录企业按规定享受直接减免的增值税款。

"出口抵减内销产品应纳税额"专栏，记录企业按规定的退税率计算的出口货物的当期抵免税额。

"转出未交增值税"专栏，记录企业月终转出应交未交的增值税。月终，企业转出当月发生的应交未交的增值税额用蓝字登记。

"销项税额"专栏，记录企业销售货物或提供应税劳务应收取的增值税额。企业销售货物或提供应税劳务应收取的销项税额用蓝字登记；退回销售货物应冲销的销项税额用红字登记。

"出口退税"专栏，记录企业出口货物按规定计算的当期免抵退税额。出口货物办理退税后发生退货或者退关而补交已退的税款，用红字登记。

"进项税额转出"专栏，记录企业购进货物、在产品、产成品等发生非正常损失以及其他原因而不应从销项税额中抵扣，按规定转出的进项税额。

"转出多交增值税"专栏，记录企业月终转出本月多交的增值税。月终，企业转出本月多交的增值税额用蓝字登记；收到退回本月多交的增值税额用红字登记。

"应交税费——未交增值税"明细科目，借方登记企业月终转入的多交的增值税；贷方登记企业月终转入的当月发生的应交未交增值税；期末借方余额反映多交的增值税，贷方余额反映未交的增值税。

需要注意的是，根据《营业税改增值税试点实施办法》的规定，适用一般计税方法的纳税人，2016年5月1日后取得并在会计制度上按固定资产核算的不动产或者2016年5月1日后取得的不动产在建工程，其进项税额自取得之日起分2年从销项税额中抵扣，第一年抵扣比例为60%，第二年抵扣比例为40%。

根据国家税务总局关于《增值税日常稽查办法的通知》（国税发〔1998〕044号）规定，增值税一般纳税人在税务机关对其增值税纳税情况进行检查后，凡涉及应交增值税账务调整的，应设立"应交税费——增值税检查调整"专门账户。凡检查后应调减账面进项税额或调增销项税额和进项税额转出的，借记有关科目，贷记"应交税费——增值税检查调整"；凡检查后应调增账面进项税额或调减销项税额和进项税额转出的，借记"应交税费——增值税检查调整"，贷记有关科目；全部调账事项入账后，应对该账户的余额进行处理，处理后，该账户无余额。

1. 与进项有关业务的会计处理

（1）一般购进业务。

一般纳税人企业采购物资、接受应税劳务等，按照取得的增值税专用发票（或海关进口增值税专用缴款书）上记载的应计入采购成本或应计入加工、修理修配等劳务成本的金额，借记"材料采购""在途物资""原材料""库存商品"或"生产成本""制造费用""委托加工物资""管理费用"等科目；按照增值税专用发票上注明的可抵扣的增值税税额，借记"应交税费——应交增值税（进项税额）"科目；按照应付或实际支付的金额，贷记"应付账款""应付票据""银行存款"等科目。发生购货退回时，做相反的会计分录。

进项税额最终能否申报抵扣，应按增值税法规的有关规定进行认证、审核。对于最终经认定能够抵扣的进项税额，才能按照增值税专用发票上注明的增值税税额借记"应交税费——应交增值税（进项税额）"科目，否则应将其直接计入购进货物或接受劳务的成本，借记"材料采购""库存商品""原材料""生产成本"等科目。

涉税规定

◆《中华人民共和国增值税暂行条例》（国务院令第538号）

第八条　纳税人购进货物或者接受应税劳务支付或者负担的增值税额，为进项税额。下列进项税额准予从销项税额中抵扣：

（一）从销售方取得的增值税专用发票上注明的增值税额。

（二）从海关取得的海关进口增值税专用缴款书上注明的增值税额。

（三）购进农产品，除取得增值税专用发票或者海关进口增值税专用缴款书外，按照农产品收购发票或者销售发票上注明的农产品买价和10%的扣除率（纳税人购进农产品，扣除率调整为9%；纳税人购进用于生产销售或委托加工13%税率货物的农产品，按照10%的扣除率计算进项税额。）计算的进项税额。进项税额计算公式：

进项税额＝买价×扣除率

第九条规定：纳税人购进货物或者应税劳务，取得的增值税扣税凭证不符合法律、行政法规或者国务院税务主管部门有关规定的，其进项税额不得从销项税额中抵扣。

条款修改：

第八条　纳税人购进货物、劳务、服务、无形资产、不动产支付或者负担的增值税额，为进项税额。

下列进项税额准予从销项税额中抵扣：

（一）从销售方取得的增值税专用发票上注明的增值税额。

（二）从海关取得的海关进口增值税专用缴款书上注明的增值税额。

（三）购进农产品，除取得增值税专用发票或者海关进口增值税专用缴款书外，按照农产品收购发票或者销售发票上注明的农产品买价和10%的扣除率（纳税人购进农产品，扣除率调整为9%；纳税人购进用于生产销售或委托加工13%税率货物的农产品，按照10%的扣除率计算进项税额。）计算的进项税额。进项税额计算公式：

进项税额＝买价×扣除率

（四）自境外单位或者个人购进劳务、服务、无形资产或者境内的不动产，从税务机关或者扣缴义务人取得的代扣代缴税款的完税凭证上注明的增值税额。

根据2017年11月19日《国务院关于废止〈中华人民共和国营业税暂行条例〉和修改〈中华人民共和国增值税暂行条例〉的决定》第二次修订税率，根据《财政部　税务总局关于调整增值税税率的通知》（财税〔2018〕32号）调整。

◆《财政部　国家税务总局关于全国实施增值税转型改革若干问题的通知》（财税〔2008〕170号）

一、自2009年1月1日起，增值税一般纳税人（以下简称纳税人）购进（包括接受捐赠、实物投资，下同）或者自制（包括改扩建、安装，下同）固定资产发生的进项税额（以下简称固定资产进项税额），可根据《中华人民共和国增值税暂行条例》（国务院令第538号，以下简称条例）和《中华人民共和国增值税暂行条例实施细则》（财政部国家税务总局令第50号，以下简称细则）的有关规定，凭增值税专用发票、海关进口增值税专用缴款书和运输费用结算单据（以下简称增值税扣税凭证）从销项税额中抵扣，其进项税额应当记入"应交税金——应交增值税

(进项税额)"科目。

二、纳税人允许抵扣的固定资产进项税额，是指纳税人 2009 年 1 月 1 日以后（含 1 月 1 日，下同）实际发生，并取得 2009 年 1 月 1 日以后开具的增值税扣税凭证上注明的或者依据增值税扣税凭证计算的增值税税额。

◆《国家税务总局关于调整增值税扣税凭证抵扣期限有关问题的通知》（国税函〔2009〕617 号）

第一条　增值税一般纳税人取得 2017 年 7 月 1 日以后开具的增值税专用发票、公路内河货物运输业统一发票和机动车销售统一发票，应在开具之日起 360 日内到税务机关办理认证（条款修改），并在认证通过的次月申报期内，向主管税务机关申报抵扣进项税额。

第二条　实行海关进口增值税专用缴款书（以下简称海关缴款书）"先比对后抵扣"管理办法的增值税一般纳税人取得 2017 年 7 月 1 日以后开具的海关缴款书，应在开具之日起 360 日内向主管税务机关报送《海关完税凭证抵扣清单》（包括纸质资料和电子数据）申请稽核比对。

未实行海关缴款书"先比对后抵扣"管理办法的增值税一般纳税人取得 2017 年 7 月 1 日以后开具的海关缴款书，应在开具之日起 360 日后的第一个纳税申报期结束以前，向主管税务机关申报抵扣进项税额。

第三条　增值税一般纳税人取得 2010 年 1 月 1 日以后开具的增值税专用发票、公路内河货物运输业统一发票、机动车销售统一发票以及海关缴款书，未在规定期限内到税务机关办理认证、申报抵扣或者申请稽核（条款修改，海关缴款书除外）比对的，不得作为合法的增值税扣税凭证，不得计算进项税额抵扣。

◆《关于扩大小规模纳税人自行开具增值税专用发票试点范围等事项的公告》（国家税务总局公告 2019 年第 8 号）

……

二、扩大取消增值税发票认证的纳税人范围。将取消增值税发票认证的纳税人范围扩大至全部一般纳税人。一般纳税人取得增值税发票（包括增值税专用发票、机动车销售统一发票、收费公路通行费增值税电子普通发票，下同）后，可以自愿使用增值税发票选择确认平台查询、选择用于申报抵扣、出口退税或者代办退税的增值税发票信息。

增值税发票选择确认平台的登录地址由国家税务总局各省、自治区、直辖市和计划单列市税务局确定并公布。

三、本公告自 2019 年 3 月 1 日起施行。

条款修改：

第一条中：自 2017 年 7 月 1 日起，增值税一般纳税人取得的 2017 年 7 月 1

及以后开具的增值税专用发票和机动车销售统一发票,应自开具之日起360日内认证或登录增值税发票选择确认平台进行确认,并在规定的纳税申报期内,向主管国税机关申报抵扣进项税额。

第二条中:增值税一般纳税人取得的2017年7月1日及以后开具的海关进口增值税专用缴款书,应自开具之日起360日内向主管国税机关报送《海关完税凭证抵扣清单》,申请稽核比对。

但在2017年6月30日前取得的依旧按照原条例确认。

◆《企业会计准则第14号——收入》(财会〔2017〕22号)

第十三条规定:对于在某一时点履行的履约义务,企业应当在客户取得相关商品控制权时点确认收入。在判断客户是否已取得商品控制权时,企业应当考虑下列迹象:

(一)企业就该商品享有现时收款权利,即客户就该商品负有现时付款义务。

(二)企业已将该商品的法定所有权转移给客户,即客户已拥有该商品的法定所有权。

(三)企业已将该商品实物转移给客户,即客户已实物占有该商品。

(四)企业已将该商品所有权上的主要风险和报酬转移给客户,即客户已取得该商品所有权上的主要风险和报酬。

(五)客户已接受该商品。

(六)其他表明客户已取得商品控制权的迹象。

◆《中华人民共和国增值税暂行条例》(中华人民共和国国务院令第538号)

第十九条规定,增值税纳税义务发生时间:(一)销售货物或者应税劳务,为收讫销售款项或者取得索取销售款项凭据的当天;先开具发票的,为开具发票的当天。(二)进口货物,为报关进口的当天。增值税扣缴义务发生时间为纳税人增值税纳税义务发生的当天。

由此可见税法中规定的增值税的确认为收付实现制,但是会计准则确认收入为权责发生制,故在某些赊销情况下,在有书面合同的情况下可能会发生客户已接收商品但由于未到合同约定的收款时间,在会计上已经确认了的收入却没有增值税纳税义务的发生。或在无书面合同的情况下,公司已经发出商品但客户未收到,此时纳税义务已经发生但是会计不确认收入。

(2)购进农产品。

企业购进免税农业产品,按照农产品收购发票或者销售发票上注明的农产品买价和10%(13%征)以及9%的扣除率计算的进项税额,借记"应交税费——应交增值税(进项税额)"科目,按照买价扣除进项税额后的差额,借记"材料采购""原材料""库存商品"等科目,按照应付或实际支付的价款,贷记"应付账款"

"银行存款"等科目。

涉税规定

◆《中华人民共和国增值税暂行条例》（国务院令第538号）

第八条 纳税人购进货物或者接受应税劳务（以下简称购进货物或者应税劳务）支付或者负担的增值税额，为进项税额。

……

（三）购进农产品，除取得增值税专用发票或者海关进口增值税专用缴款书外，按照农产品收购发票或者销售发票上注明的农产品买价和12%（纳税人购进农产品，扣除率调整为10%；纳税人购进用于生产销售或委托加工16%税率货物的农产品，按照12%的扣除率计算进项税额。）的扣除率计算的进项税额。进项税额计算公式：

进项税额＝买价×扣除率

修改后：（三）购进农产品，除取得增值税专用发票或者海关进口增值税专用缴款书外，按照农产品收购发票或者销售发票上注明的农产品买价和10%的扣除率（纳税人购进农产品，扣除率调整为9%；纳税人购进用于生产销售或委托加工13%税率货物的农产品，按照10%的扣除率计算进项税额。）计算的进项税额，国务院另有规定的除外。进项税额计算公式：

进项税额＝买价×扣除率

◆《中华人民共和国增值税暂行条例实施细则》（财政部 国家税务总局令第50号）

第十七条 条例第八条第二款第（三）项所称买价，包括纳税人购进农产品在农产品收购发票或者销售发票上注明的价款和按规定缴纳的烟叶税。

【例6–13】 2019年1月天鑫公司收购农业产品，用银行存款支付价款400万元。不考虑其他相关税费，按照12%的税率征收增值税。则天鑫公司应做如下会计处理：

进项税额＝买价×扣除率＝400×12%＝48（万元）

借：材料采购	3 520 000
应交税费——应交增值税（进项税额）	480 000
贷：银行存款	4 000 000

（3）接受实物投资、接受捐赠、债务重组、非货币性资产交换取得的货物。

企业接受实物投资、接受捐赠、债务重组、非货币性资产交换取得的货物，按照增值税专用发票（或海关进口增值税专用缴款书）上注明的增值税额，以及按运输费用结算单据上注明的运输费用金额计算的进项税额，借记"应交税费——应交增值税（进项税额）"科目。

（4）不予抵扣项目。对不予抵扣项目进行会计处理时应区分以下两种情况：

第一，纳税人购入货物时能确定其进项税额不能抵扣的，如购进摩托车、汽车、游艇，或者购入货物直接用于集体福利和个人消费等，其增值税专用发票上注明的增值税额，不通过"应交税费——应交增值税（进项税额）"科目核算，应当直接计入购入货物的成本。

第二，纳税人购入货物时不能直接确定其进项税额能否抵扣的，应当先按照能抵扣处理，将增值税专用发票上注明的增值税额，记入"应交税费——应交增值税（进项税额）"科目；待到有证据表明确实不能抵扣时，或改变用途用于非增值税应税项目时，再将这部分进项税额通过"应交税费——应交增值税（进项税额转出）"科目予以转出，转入"在建工程""应付职工薪酬""待处理财产损溢"等科目中。如无法准确划分不得抵扣的进项税额的，应按增值税法规规定的方法和公式进行计算。

涉税规定

◆《中华人民共和国增值税暂行条例》（国务院令第538号）

第十条 下列项目的进项税额不得从销项税额中抵扣：

（一）用于非增值税应税项目、免征增值税项目、集体福利或者个人消费的购进货物或者应税劳务；

（二）非正常损失的购进货物及相关的应税劳务；

（三）非正常损失的在产品、产成品所耗用的购进货物或者应税劳务；

（四）国务院财政、税务主管部门规定的纳税人自用消费品；

（五）本条第（一）项至第（四）项规定的货物的运输费用和销售免税货物的运输费用。

条款修改：

第十条修改为：下列项目的进项税额不得从销项税额中抵扣：

（一）用于简易计税方法计税项目、免征增值税项目、集体福利或者个人消费的购进货物、劳务、服务、无形资产和不动产；

（二）非正常损失的购进货物，以及相关的劳务和交通运输服务；

（三）非正常损失的在产品、产成品所耗用的购进货物（不包括固定资产）、劳务和交通运输服务；

（四）国务院规定的其他项目。

◆《中华人民共和国增值税暂行条例实施细则》（财政部 国家税务总局令第50号）自2011年11月1日起施行

第二十一条 条例第十条第（一）项所称购进货物，不包括既用于增值税应税项目（不含免征增值税项目）也用于非增值税应税项目、免征增值税（以下简称免税）项目、集体福利或者个人消费的固定资产。

前款所称固定资产，是指使用期限超过 12 个月的机器、机械、运输工具以及其他与生产经营有关的设备、工具、器具等。

第二十二条　条例第十条第（一）项所称个人消费包括纳税人的交际应酬消费。

第二十三条　条例第十条第（一）项和本细则所称非增值税应税项目，是指提供非增值税应税劳务、转让无形资产、销售不动产和不动产在建工程。

前款所称不动产是指不能移动或者移动后会引起性质、形状改变的财产，包括建筑物、构筑物和其他土地附着物。

纳税人新建、改建、扩建、修缮、装饰不动产，均属于不动产在建工程。

第二十四条　条例第十条第（二）项所称非正常损失，是指因管理不善造成被盗、丢失、霉烂变质的损失。

《关于在全国开展交通运输业和部分现代服务业营业税改征增值税试点税收政策的通知》（财税〔2013〕37 号）附件 2 第二条第 2 项"原增值税一般纳税人自用的应征消费税的摩托车、汽车、游艇，其进项税额准予从销项税额中抵扣。"也就是说，一般纳税人取得开具时间为 2013 年 8 月 1 日（含）以后开具的税控机动车销售发票并认证相符的，可以按照规定进行进项抵扣。（原第二十五条规定已经废止）

第二十六条　一般纳税人兼营免税项目或者非增值税应税劳务而无法划分不得抵扣的进项税额的，按下列公式计算不得抵扣的进项税额：

不得抵扣的进项税额 = 当月无法划分的全部进项税额 × 当月免税项目销售额、非增值税应税劳务营业额合计 ÷ 当月全部销售额、营业额合计。

第二十七条　已抵扣进项税额的购进货物或者应税劳务，发生条例第十条规定的情形的（免税项目、非增值税应税劳务除外），应当将该项购进货物或者应税劳务的进项税额从当期的进项税额中扣减；无法确定该项进项税额的，按当期实际成本计算应扣减的进项税额。

条例修改：

第二十一条　纳税人发生应税销售行为，应当向索取增值税专用发票的购买方开具增值税专用发票，并在增值税专用发票上分别注明销售额和销项税额。

属于下列情形之一的，不得开具增值税专用发票：

（一）应税销售行为的购买方为消费者个人的；

（二）发生应税销售行为适用免税规定的。

第二十二条　增值税纳税地点：

（一）固定业户应当向其机构所在地的主管税务机关申报纳税。总机构和分支机构不在同一县（市）的，应当分别向各自所在地的主管税务机关申报纳税；经国务院财政、税务主管部门或者其授权的财政、税务机关批准，可以由总机构汇总向总机构所在地的主管税务机关申报纳税。

（二）固定业户到外县（市）销售货物或者劳务，应当向其机构所在地的主管税务机关报告外出经营事项，并向其机构所在地的主管税务机关申报纳税；未报告的，应当向销售地或者劳务发生地的主管税务机关申报纳税；未向销售地或者劳务发生地的主管税务机关申报纳税的，由其机构所在地的主管税务机关补征税款。

（三）非固定业户销售货物或者劳务，应当向销售地或者劳务发生地的主管税务机关申报纳税；未向销售地或者劳务发生地的主管税务机关申报纳税的，由其机构所在地或者居住地的主管税务机关补征税款。

（四）进口货物，应当向报关地海关申报纳税。

扣缴义务人应当向其机构所在地或者居住地的主管税务机关申报缴纳其扣缴的税款。

第二十三条　增值税的纳税期限分别为1日、3日、5日、10日、15日、1个月或者1个季度。纳税人的具体纳税期限，由主管税务机关根据纳税人应纳税额的大小分别核定；不能按照固定期限纳税的，可以按次纳税。

纳税人以1个月或者1个季度为1个纳税期的，自期满之日起15日内申报纳税；以1日、3日、5日、10日或者15日为1个纳税期的，自期满之日起5日内预缴税款，于次月1日起15日内申报纳税并结清上月应纳税款。

扣缴义务人解缴税款的期限，依照前两款规定执行。

第二十四条　纳税人进口货物，应当自海关填发海关进口增值税专用缴款书之日起15日内缴纳税款。

第二十五条　纳税人出口货物适用退（免）税规定的，应当向海关办理出口手续，凭出口报关单等有关凭证，在规定的出口退（免）税申报期内按月向主管税务机关申报办理该项出口货物的退（免）税；境内单位和个人跨境销售服务和无形资产适用退（免）税规定的，应当按期向主管税务机关申报办理退（免）税。具体办法由国务院财政、税务主管部门制定。

出口货物办理退税后发生退货或者退关的，纳税人应当依法补缴已退的税款。

第二十六条　增值税的征收管理，依照《中华人民共和国税收征收管理法》及本条例有关规定执行。

第二十七条　纳税人缴纳增值税的有关事项，国务院或者国务院财政、税务主管部门经国务院同意另有规定的，依照其规定。

涉税提示

实际工作中，还有一些不属于《中华人民共和国增值税暂行条例》第十条规定不予抵扣项目，也不能抵扣进项税额的情况：

（1）取得的专用发票存在问题而不能作为抵扣范围。包括：一是取得假专用发票，包括伪造和虚开；二是未按规定取得专用发票，如只取得记账联或只取得抵扣联等；三是未按规定保管专用发票，如撕毁、丢失专用发票；四是填写不规范的专用发票，如漏项、计算错误、汇总填开未附销货清单、价外费用填写不规范和发票印章不全；五是防伪税控系统开具的发票未经税务机关认证或认证不符。

（2）一般纳税人因自身原因而不得抵扣进项税额。包括：一是会计核算不健全或者不能提供准确税务资料；二是符合一般纳税人条件，但不申请办理一般纳税人认定手续；三是一般纳税人在停止抵扣进项税额期间所购进的货物或应税劳务的进项税额，不得结转到经批准准许抵扣进项税额时抵扣。

（3）一般纳税人从销售方取得的返还资金应冲减进项税额。当期应冲减的进项税额＝[当期取得的返还资金÷(1＋增值税税率)]×所购货物的增值税税率。

（4）在会计核算中，所有的损失均计入损益类账户，但是在税法中，政府罚款、坏账准备、保管不善导致的非正常损失，超出扣除额的应付职工薪酬均不可在所得税前扣除。

【例 6-14】 天鑫公司外购的原材料因管理不善丢失一批，该批材料的成本为 30 000 元，购进材料的增值税率为 13%。则天鑫公司应做如下会计处理：

借：待处理财产损溢　　　　　　　　　　　　　　　　33 900
　　贷：原材料　　　　　　　　　　　　　　　　　　　30 000
　　　　应交税费——应交增值税（进项税额转出）　　　3 900

【例 6-15】 天鑫公司购入一批原材料，取得的增值税专用发票上注明材料价款为 200 万元，增值税额为 26 万元。材料已入库，款项已经支付（假设该企业材料采用实际成本进行核算），不考虑其他相关税费。材料入库后，该企业将该批材料的 40% 用于不动产工程项目。根据上述经济业务，天鑫公司应做如下会计处理：

（1）材料验收入库时：

借：原材料　　　　　　　　　　　　　　　　　　　2 000 000
　　应交税费——应交增值税（进项税额）　　　　　　260 000
　　贷：银行存款　　　　　　　　　　　　　　　　　2 260 000

（2）不动产工程领用材料时：

借：在建工程　　　　　　　　　　　　　　　　　　　904 000
　　贷：应交税费——应交增值税（进项税额转出）　　　104 000
　　　　原材料　　　　　　　　　　　　　　　　　　　800 000

2. 与销项有关业务的会计处理

（1）一般销售业务。

增值税一般纳税人企业销售货物或者提供应税劳务，按照当期的销售收入和应收取的销项税额，借记"应收账款""应收票据""银行存款"等科目；按照实现的不含税销售收入，贷记"主营业务收入""其他业务收入"等科目，按照应向购买方收取的增值税额，贷记"应交税费——应交增值税（销项税额）"科目。发生销售退回时，做相反的会计分录。

涉税规定

◆《财政部 国家税务总局关于全国实施增值税转型改革若干问题的通知》（财税〔2008〕170号）

四、自2009年1月1日起，纳税人销售自己使用过的固定资产（以下简称已使用过的固定资产），应区分不同情形征收增值税：

（一）销售自己使用过的2009年1月1日以后购进或者自制的固定资产，按照适用税率征收增值税；

（二）2008年12月31日以前未纳入扩大增值税抵扣范围试点的纳税人，销售自己使用过的2008年12月31日以前购进或者自制的固定资产，按照3%征收率减半（减按2%）征收增值税；

（三）2008年12月31日以前已纳入扩大增值税抵扣范围试点的纳税人，销售自己使用过的在本地区扩大增值税抵扣范围试点以前购进或者自制的固定资产，按照3%征收率减半（减按2%）征收增值税；销售自己使用过的在本地区扩大增值税抵扣范围试点以后购进或者自制的固定资产，按照适用税率征收增值税。

本通知所称已使用过的固定资产，是指纳税人根据财务会计制度已经计提折旧的固定资产。

条款修改：

第（二）、（三）中"按照4%征收率减半征收增值税"调整为"按照简易办法依照3%征收率减按2%征收增值税"。

◆《财政部 国家税务总局关于部分货物适用增值税低税率和简易办法征收增值税政策的通知》（财税〔2009〕09号）

二、下列按简易办法征收增值税的优惠政策继续执行，不得抵扣进项税额：

（一）纳税人销售自己使用过的物品，按下列政策执行：

1. 一般纳税人销售自己使用过的属于条例第十条规定不得抵扣且未抵扣进项税额的固定资产，"按照简易办法依照4%征收率减半征收增值税"调整为"按照简易办法依照3%征收率减按2%征收增值税"。

条款修改：

"按照简易办法依照4%征收率减半征收增值税"调整为"按照简易办法依照3%征收率减按2%征收增值税"。

一般纳税人销售自己使用过的其他固定资产,按照《财政部　国家税务总局关于全国实施增值税转型改革若干问题的通知》(财税〔2008〕170号)第四条的规定执行。

一般纳税人销售自己使用过的除固定资产以外的物品,应当按照适用税率征收增值税。

(二) 纳税人销售旧货,按照简易办法依照3%征收率减按2%征收增值税。

所称旧货,是指进入二次流通的具有部分使用价值的货物(含旧汽车、旧摩托车和旧游艇),但不包括自己使用过的物品。

(三) 一般纳税人销售自产的下列货物,可选择按照简易办法依照3%征收率计算缴纳增值税:

条款修改:

"依照6%征收率计算缴纳增值税"调整为"依照3%征收率"。

1. 县级及县级以下小型水力发电单位生产的电力。小型水力发电单位,是指各类投资主体建设的装机容量为5万千瓦以下(含5万千瓦)的小型水力发电单位。

2. 建筑用和生产建筑材料所用的砂、土、石料。

3. 以自己采掘的砂、土、石料或其他矿物连续生产的砖、瓦、石灰(不含粘土实心砖、瓦)。

4. 用微生物、微生物代谢产物、动物毒素、人或动物的血液或组织制成的生物制品。

5. 自来水。

6. 商品混凝土(仅限于以水泥为原料生产的水泥混凝土)。

一般纳税人选择简易办法计算缴纳增值税后,36个月内不得变更。

(四) 一般纳税人销售货物属于下列情形之一的,暂按简易办法依照3%征收率计算缴纳增值税:

1. 寄售商店代销寄售物品(包括居民个人寄售的物品在内);

2. 典当业销售死当物品;

3. 经国务院或国务院授权机关批准的免税商店零售的免税品。

三、对属于一般纳税人的自来水公司销售自来水按简易办法依照3%征收率征收增值税,不得抵扣其购进自来水取得增值税扣税凭证上注明的增值税税款。

◆《国家税务总局关于增值税简易征收政策有关管理问题的通知》(国税函〔2009〕90号)

一、关于纳税人销售自己使用过的固定资产

(一) 一般纳税人销售自己使用过的固定资产,凡根据《财政部　国家税务总局关于全国实施增值税转型改革若干问题的通知》(财税〔2008〕170号)和财税

〔2009〕9号文件等规定,适用按简易办法,"按简易办法依4%征收率减半征收增值税政策"修改为"按简易办法依3%征收率减按2%征收增值税政策"。

三、一般纳税人销售货物适用财税〔2009〕9号文件第二条第（三）项、第（四）项和第三条规定的,可自行开具增值税专用发票。

四、关于销售额和应纳税额

一般纳税人销售自己使用过的物品和旧货,适用按简易办法依4%征收率减半征收增值税政策的,按下列公式确定销售额和应纳税额：

销售额 = 含总销售额 ÷ (1 + 4%)

应纳税额 = 销售额 × 4% ÷ 2

条款修改：

纳税人适用按照简易办法依3%征收率减按2%征收增值税政策的,按下列公式确定销售额和应纳税额：

销售额 = 含税销售额 ÷ (1 + 3%)

应纳税额 = 销售额 × 2%

【例6-16】 天鑫公司购入原材料一批,取得的增值税专用发票上注明原材料价款为800万元,增值税额为104万元。货款已经支付,材料已经到达并验收入库。该公司当期销售产品不含税收入为1 500万元,货款已经收到。假如该产品适用的增值税税率为13%,不考虑其他相关税费。根据上述经济业务,天鑫公司应做如下会计处理（该公司采用计划成本进行材料日常核算,原材料入库分录略）：

①借：材料采购　　　　　　　　　　　　　　　　8 000 000
　　　应交税费——应交增值税（进项税额）　　　1 040 000
　　贷：银行存款　　　　　　　　　　　　　　　9 040 000

②销项税额 = 1 500 × 13% = 195（万元）

借：银行存款　　　　　　　　　　　　　　　　16 950 000
　　贷：主营业务收入　　　　　　　　　　　　 15 000 000
　　　　应交税费——应交增值税（销项税额）　　1 950 000

（2）增值税视同销售项目。

企业发生视同销售货物行为计提的销项税额,借记"在建工程""长期股权投资""应付职工薪酬""营业外支出"等科目,贷记"应交税费——应交增值税（销项税额）"科目。

涉税规定

◆《中华人民共和国增值税暂行条例实施细则》（财政部国家税务总局令第50号）

第四条　单位或者个体工商户的下列行为,视同销售货物：

(一) 将货物交付其他单位或者个人代销;

(二) 销售代销货物;

(三) 设有两个以上机构并实行统一核算的纳税人,将货物从一个机构移送其他机构用于销售,但相关机构设在同一县(市)的除外;

(四) 将自产或者委托加工的货物用于非增值税应税项目;

(五) 将自产、委托加工的货物用于集体福利或者个人消费;

(六) 将自产、委托加工或者购进的货物作为投资,提供给其他单位或者个体工商户;

(七) 将自产、委托加工或者购进的货物分配给股东或者投资者;

(八) 将自产、委托加工或者购进的货物无偿赠送其他单位或者个人。

第十六条 纳税人有条例第七条所称价格明显偏低并无正当理由或者有本细则第四条所列视同销售货物行为而无销售额者,按下列顺序确定销售额:

(一) 按纳税人最近时期同类货物的平均销售价格确定;

(二) 按其他纳税人最近时期同类货物的平均销售价格确定;

(三) 按组成计税价格确定。组成计税价格的公式为:

组成计税价格 = 成本 × (1 + 成本利润率)

属于应征消费税的货物,其组成计税价格中应加计消费税额。

公式中的成本是指:销售自产货物的为实际生产成本,销售外购货物的为实际采购成本。公式中的成本利润率由国家税务总局确定。

"营改增"试点规定的视同销售服务、无形资产或者不动产:

①单位或者个体工商户向其他单位或者个人无偿提供服务,但用于公益事业或者以社会公众为对象的除外;

②单位或者个体工商户向其他单位或者个人无偿转让无形资产或者不动产,但用于公益事业或者以社会公众为对象的除外;

③财政部和国家税务总局规定的其他情形。

【例6-17】天鑫公司将本企业生产的产品用于本企业不动产在建工程项目,该批产品成本为6 000元,不含税售价为10 000元,增值税税率13%。则天鑫公司的会计处理如下:

借:在建工程　　　　　　　　　　　　　　　　　　　6 780
　　贷:库存商品　　　　　　　　　　　　　　　　　　6 000
　　　　应交税费——应交增值税(销项税额)　　　　　　780

注:该行为按企业所得税法实施条例规定不应视同销售,不需要做所得税纳税调整。

【例6-18】天鑫公司是一家生产企业,为增值税一般纳税人。2019年将自产货物发放给职工作为节日福利，该货物市场公允价值含增值税价 113 万元，生产成本不含税价 80 万元。

账务处理：

借：管理费用等——福利费	1 130 000
贷：应付职工薪酬——福利费	1 130 000
借：应付职工薪酬——福利费	1 130 000
贷：主营业务收入	1 000 000
应交税费——应交增值税（销项税额）	130 000
借：主营业务成本	800 000
贷：库存商品	800 000

将发放给职工福利的自产产品计入收入，但从原理来讲，该产品并未产生经济利益的流入，不应计入主营业务收入。

涉税提示

企业所得税汇算清缴：

已经计入收入与成本，因此不需要进行纳税调整。

①将自产货物用于个人消费的财税处理。

【例 6-19】天鑫公司是一家生产企业，为增值税一般纳税人。以生产销售土特产品为主，2019 年将自产商品赠送给客户，用以维护关系。该商品成本 90 万元，市场销售价格含税价 113 万元。

借：销售费用等——业务招待费	1 030 000
贷：库存商品	900 000
应交税费——应交增值税（销项税额）	130 000

涉税提示

企业所得税汇算清缴：A105 010 视同销售和房地产企业特定业务表：

"用于交际应酬视同销售收入"填报 100 万元；

"用于交际应酬视同销售成本"填报 90 万元；

业务招待费调增 10 万元。

【例 6-20】天鑫公司为生产企业，增值税一般纳税人。2019 年以自有不动产投资乙公司，双方协商，按照该不动产的市场公允价值 1 050 万元作价，占乙公司 30% 股份。该不动产原值 500 万元，已经计提折旧 200 万元，净值为 300 万元。（是销售，而不是视同销售。）

借：固定资产清理	3 000 000
累计折旧	2 000 000
贷：固定资产	5 000 000

借：固定资产清理　　　　　　　　　　　　　　　　　　　500 000
　　贷：应交税费——简易计税　　　　　　　　　　　　　　500 000
借：长期股权投资　　　　　　　　　　　　　　　　　　10 500 000
　　贷：固定资产清理　　　　　　　　　　　　　　　　10 500 000
结转固定资产清理：
借：固定资产清理　　　　　　　　　　　　　　　　　　 7 000 000
　　贷：营业外收入　　　　　　　　　　　　　　　　　 7 000 000

涉税提示

用于对外投资项目视同销售收入。

【例6-21】天鑫公司是一般纳税人的生产企业2019年4月将自有货物向乙公司投资，占乙公司30%股份。天鑫公司当月同类货物的销售价格为113万元，成本为70万元。

天鑫公司账务处理如下：

借：长期股权投资——乙公司　　　　　　　　　　　　 1 130 000
　　贷：主营业务收入　　　　　　　　　　　　　　　 1 000 000
　　　　应交税费——应交增值税（销项税额）　　　　　 130 000
借：主营业务成本　　　　　　　　　　　　　　　　　　 700 000
　　贷：库存商品　　　　　　　　　　　　　　　　　　 700 000

②赠送视同销售的账务处理。

【例6-22】天鑫公司是一家大型商场，一般纳税人。2019年外购商品用于促销活动，买十赠一，赠品的公允价值为16.95元，不含税价为15元，10件商品的销售价格为226元。

借：库存商品　　　　　　　　　　　　　　　　　　　　　　100
　　应交税费——应交增值税（进项税额）　　　　　　　　　 13
　　贷：应付账款　　　　　　　　　　　　　　　　　　　　113
借：库存商品　　　　　　　　　　　　　　　　　　　　　　 10
　　应交税费——应交增值税（进项税额）　　　　　　　　　1.3
　　贷：应付账款　　　　　　　　　　　　　　　　　　　　11.3

10件商品销售价格为226元。

借：现金或银行存款　　　　　　　　　　　　　　　　　　　226
　　贷：主营业务收入　　　　　　　　　　　　　　　　　　200
　　　　应交税费——应交增值税（销项税额）　　26（200×13%）

结转销售成本时：
借：主营业务成本　　　　　　　　　　　　　　　　　　　　100

```
        贷：库存商品                                        100
    借：销售费用——促销费用                                  10
        贷：库存商品                                         10
如果不能满足捆绑销售的条件：
    借：销售费用——促销费用                               10.95
        贷：库存商品                                         10
            应交税费——应交增值税（销项税额）      1.95（15×13%）
```

【例6-23】天鑫公司为增值税一般纳税人，2019年公司为占领市场，采取各种促销政策，如关注公司微信公众号的消费者可获赠自产产品一份等。2019年该促销活动共赠送礼品价值113[100×（1+13%）]万元，成本为80万元。当年实现销售收入500万元。

天鑫公司视同销售的账务处理：

```
    借：销售费用——宣传费                              930 000
        贷：应交税费——应交增值税（销项税额）
                                          130 000（1 000 000×13%）
            库存商品                                  800 000
```

涉税提示

企业所得税汇算清缴：

A105 010 视同销售和房地产企业特定业务表：

"用于市场推广或销售视同销售收入"填报100万元；

"用于市场推广或销售视同销售成本"填报80万元；

业务宣传费调增20万元。

③代销账务处理。

【例6-24】天鑫公司是某知名品牌服装厂，将其产品交付给乙商场代销，产品不含增值税售价为100万元，成本30万元，商品销售时，由乙商场向消费者开具发票（卷筒发票或增值税专用发票）。天鑫公司按照含税销售额的5%向乙商场支付手续费。双方均为增值税一般纳税人，增值税率为13%（手续费模式）。

天鑫公司的账务处理

天鑫公司发出商品时：

```
    借：委托代销商品                                  300 000
        贷：库存商品                                  300 000
```

天鑫公司收到代销清单时：

```
    借：应收账款——乙商场                           1 130 000
        贷：主营业务收入                            1 000 000
```

应交税费——应交增值税（销项税额）	130 000
借：主营业务成本	300 000
贷：委托代销商品	300 000

天鑫公司从乙商场处取得手续费的增值税专用发票，税率6%：

借：销售费用	53 302
应交税费——应交增值税（进项税额）	
3 198[56 500÷(1+6%)×6%]	
贷：应收账款——乙商场	56 500(1 130 000×5%)

天鑫公司从乙商场收款：

借：银行存款	1 186 500
贷：应收账款——乙商场	1 186 500

乙商场的账务处理：

乙商场收到天鑫公司的代销商品时：

借：受托代销商品	1 000 000
贷：代销商品款	1 000 000

乙商场销售代销货物：

借：银行存款或现金	1 130 000
贷：应付账款——天鑫公司	1 000 000
应交税费——应交增值税（销项税额）	130 000

结转代销商品：

借：代销商品款	1 000 000
贷：受托代销商品	1 000 000

取得天鑫公司增值税专用发票：

借：应交税费——应交增值税（进项税额）	130 000
贷：应付账款——天鑫公司	130 000

收取手续费：

借：应付账款——天鑫公司	56 500
贷：应交税费——应交增值税（销项税额）	
3 198[56 500÷(1+6%)×6%]	
其他业务收入	53 302

④总分机构之间移送货物视同销售的账务处理。

【例6-25】 天鑫公司为生产企业，为增值税一般纳税人，在乙市设立乙分公司，2019年1月将自产货物移送至分公司用于销售，分公司销售时收取款项并开具发票。假设该货物成本为50万元，销售含税价格为56.5万元。

天鑫公司移送分公司的货物,作为销售处理:

天鑫公司账务处理

天鑫公司向乙分公司移送货物时开具增值税专用发票:

借:应收账款——乙分公司	565 000
贷:主营业务收入	500 000
应交税费——应交增值税(销项税额)	65 000

天鑫公司结转销售成本:

借:主营业务成本	500 000
贷:库存商品	500 000

分公司入库时:

借:库存商品	500 000
应交税费——应交增值税(进项税额)	65 000
贷:应付账款——天鑫公司	565 000

乙分公司销售时:

借:银行存款	565 000
贷:主营业务收入	500 000
应交税费——应交增值税(销项税额)	65 000

结转销售成本:

借:主营业务成本	500 000
贷:库存商品	500 000

支付给天鑫公司货款:

借:应付账款——天鑫公司	565 000
贷:银行存款	565 000

涉税提示

企业所得税汇算清缴:根据国税函〔2008〕828号文件,总分机构之间移送货物不视同销售。有观点认为,汇算清缴时应调减收入50万元(如此处理减少了招待费和广宣费的扣除基数),调减成本50万元。个人认为,本案例中,天鑫公司与乙分公司是真正的销售,不是视同销售,不需调减。

3. 上交增值税的会计处理

(1)缴纳本月的增值税。

缴纳本月的应交增值税,借记"应交税费——应交增值税(已交税金)",贷记"银行存款"科目。

(2)本月上交上期应交未交的增值税。

月份终了,企业结转当月应交未交的增值税额,应借记"应交税费——应交增值税(转出未交增值税)"科目,贷记"应交税费——未交增值税"科目。结转当月多交的增值税额,应借记"应交税费——未交增值税"科目,贷记"应交税费——应交增值税(转出多交增值税)"科目。

未交增值税在以后月份上交时,借记"应交税费——未交增值税"科目。贷记"银行存款"科目。

多交的增值税在以后月份退回或抵交当月应交增值税时,借记"银行存款""应交税费——应交增值税(已交税金)"科目,贷记"应交税费——未交增值税"科目。

4. 减免增值税的会计处理

减免增值税分为两种情况:

(1) 直接减免。

纳税人按规定享受免征的增值税,应借记"应交税费——应交增值税(减免税款)"科目,贷记"营业外收入"科目。

(2) 即征即退、先征后退。

纳税人实际收到的即征即退、先征后退的增值税,不通过"应交税费——应交增值税(减免税款)"科目核算,应当借记"银行存款"科目,贷记"营业外收入"科目。

【例6-26】天鑫公司适用先征后退的增值税减免办法,当期收到退还的增值税50 000元。则天鑫公司应做如下会计处理:

借:银行存款   50 000
　　贷:营业外收入   50 000

5. 出口业务的会计处理

(1) 生产企业出口货物。

生产企业出口货物,实行"免、抵、退"办法,出口自产货物应当做如下处理:①按出口销售额,借记"应收账款——应收外汇账款",贷记"主营业务收入";②按规定计算的当期出口物资不予免征、抵扣和退税的税额,计入出口物资成本,应当借记"主营业务成本"科目,贷记"应交税费——应交增值税(进项税额转出)"科目;③按规定计算的应退税额,借记"应收账款"科目,贷记"应交税费——应交增值税(出口退税)"科目;④按规定计算的当期免抵税额,借记"应交税费——应交增值税(出口抵减内销产品应纳税额)"科目,贷记"应交税费——应交增值税(出口退税)"科目;⑤收到退回的税款,借记"银行存款"科目,贷记"应收账款"科目。

（2）外贸企业出口货物。

外贸企业出口货物，实行"免、退"办法，出口货物应当做如下处理：①按出口销售额，借记"应收账款——应收外汇账款"，贷记"主营业务收入"；②按规定计算的应收出口退税金额，借记"应收账款"科目，贷记"应交税费——应交增值税（出口退税）"科目；按规定计算的不予退回的税金，借记"主营业务成本"科目，贷记"应交税费——应交增值税（进项税额转出）"科目；③收到退回的税款时，借记"银行存款"科目，贷记"应收账款"科目。

6. 营改增部分的会计处理

企业应在"应交税费"科目下设置"应交增值税"明细科目，核算按规定应交的增值税。"应交增值税"明细科目的贷方登记企业应交的增值税；借方登记企业已缴纳的增值税；期末借方余额，反映多交的增值税，期末贷方余额，反映尚未交纳的增值税。

（1）提供应税劳务的会计处理。

工业企业和商品流通企业经营工业生产和商品销售以外的增值税应税劳务，交通运输业、建筑业、金融保险业、邮电通信业、文化体育业、娱乐业、服务业提供应税劳务，按所取得的销售额和适用的增值税税率，计算应交的增值税，借记"税金及附加"科目，贷记"应交税费——应交增值税"科目。

值得注意的是：混合销售行为和兼营行为的征税规定

表6-3　　　　　　　混合销售行为和兼营行为的征税规定一览表

经营行为	分类和特点	税务处理原则	
兼营	纳税人销售货物、加工修理修配劳务、服务、无形资产或者不动产适用不同税率或征收率	分别核算划清销售额，适用不同的税率或征收率计税	未分别核算销售额的，一律从高从重计税
混合销售	概念：一项销售行为既涉及货物又涉及服务 特点：销售货物与提供服务之间存在因果关系和内在联系	按企业主营项目的性质划分适用的项目来缴纳增值税 一般情况下，销售货物为主的企业的混合销售按照销售货物缴纳增值税，销售服务为主的企业的混合销售按照销售服务缴纳增值税 【除外特例】自2017年5月1日起，纳税人销售活动板房、机器设备、钢结构件等自产货物的同时提供建筑、安装服务，不属于混合销售，应分别核算货物和建筑服务的销售额，分别适用不同的税率和征收率	

（2）销售不动产的会计处理。

企业销售不动产应向不动产所在地主管税务机关申报缴纳增值税。企业销售不动产按规定应交的增值税，借记"固定资产清理"等科目，贷记"应交税费——应交增值税"科目。

（3）转让无形资产的会计处理。

①企业转让无形资产使用权的，即出租无形资产，按规定应交的增值税，借记"税金及附加"科目，贷记"应交税费——应交增值税"科目。

②企业转让无形资产所有权的，即出售无形资产，按实际取得的转让收入，借记"银行存款"等科目；按该项无形资产已计提的减值准备，借记"无形资产减值准备"科目；按已摊销的无形资产账面价值，借记"累计摊销"科目；按无形资产的初始入账价值，贷记"无形资产"科目；按应支付的增值税，贷记"应交税费——应交增值税"科目；按其差额，贷记"营业外收入——处置非流动资产利得"科目或借记"营业外支出——处置非流动资产损失"科目。

（4）视同应税行为的会计处理。

企业应按照确定的销售额和适用的税率，计算应交的增值税，借记"固定资产清理""营业外支出""税金及附加"等科目，贷记"应交税费——应交增值税"科目。

二、小规模纳税人企业的核算

1. 增值税

（1）增值税小规模纳税人企业从税务角度看其特点主要有：

小规模纳税人企业销售货物或者提供应税劳务，不能开具专用发票。需要开具专用发票的，委托税务机关代开。

关于扩大小规模纳税人自行开具增值税专用发票试点范围等事项的公告（国家税务总局公告2019年第8号）

一、扩大小规模纳税人自行开具增值税专用发票试点范围。将小规模纳税人自行开具增值税专用发票试点范围由住宿业，鉴证咨询业，建筑业，工业，信息传输、软件和信息技术服务业，扩大至租赁和商务服务业，科学研究和技术服务业，居民服务、修理和其他服务业。上述8个行业小规模纳税人（以下称"试点纳税人"）发生增值税应税行为，需要开具增值税专用发票的，可以自愿使用增值税发票管理系统自行开具。试点纳税人销售其取得的不动产，需要开具增值税专用发票的，应当按照有关规定向税务机关申请代开。

试点纳税人应当就开具增值税专用发票的销售额计算增值税应纳税额，并在规定的纳税申报期内向主管税务机关申报缴纳。在填写增值税纳税申报表时，应当将当期开具增值税专用发票的销售额，按照3%和5%的征收率，分别填写在"增值税纳税申报表"（小规模纳税人适用）第2栏和第5栏，"税务机关代开的增值税专用发票不含税销售额"的"本期数"相应栏次中。

（2）小规模纳税人企业销售货物或提供应税劳务，实行简易办法计算应纳税额，应纳税额=销售额×征收率；小规模纳税人企业的销售额不包括其应纳税额。采用销售额和应纳税额合并定价方法的，按照"销售额=含税销售额÷（1+征收率）"换算为不含税销售额计算。

增值税小规模纳税人企业进行会计核算时其特点主要有：①小规模纳税人企业购入货物无论是否取得增值税专用发票，其支付的增值税税额均不计入进项税额，不得从销项税额中抵扣，应计入购入货物的成本；②小规模纳税人企业的销售收入按不含税价格计算；③小规模纳税人企业"应交税费——应交增值税"科目，应采用三栏式账户。

小规模纳税人企业在购进货物或接受应税劳务时，借记"材料采购""在途物资"等科目，贷记"银行存款""应付账款""应付票据"等科目。销售货物或提供应税劳务时，借记"银行存款""应收账款""应收票据"等科目，贷记"主营业务收入""应交税费——应交增值税"等科目。

涉税规定

《中华人民共和国增值税暂行条例》（国务院令第538号）

第十一条 小规模纳税人销售货物或者应税劳务，实行按照销售额和征收率计算应纳税额的简易办法，并不得抵扣进项税额。应纳税额计算公式：

应纳税额=销售额×征收率

第十二条 小规模纳税人增值税征收率为3%。

◆《财政部 国家税务总局关于部分货物适用增值税低税率和简易办法征收增值税政策的通知》（财税〔2009〕9号）

二、下列按简易办法征收增值税的优惠政策继续执行，不得抵扣进项税额：

（一）纳税人销售自己使用过的物品，按下列政策执行：

……

2. 小规模纳税人（除其他个人外，下同）销售自己使用过的固定资产，减按2%征收率征收增值税。

小规模纳税人销售自己使用过的除固定资产以外的物品，应按3%的征收率征收增值税。

◆《国家税务总局关于增值税简易征收政策有关管理问题的通知》（国税函〔2009〕90号）

一、关于纳税人销售自己使用过的固定资产

(二)小规模纳税人销售自己使用过的固定资产,应开具普通发票,不得由税务机关代开增值税专用发票。

四、关于销售额和应纳税额

(二)小规模纳税人销售自己使用过的固定资产和旧货,按下列公式确定销售额和应纳税额:

销售额 = 含税销售额 ÷ (1 + 3%)

应纳税额 = 销售额 × 2%

【例6-27】 天鑫公司被认定为小规模纳税人企业,本期为生产产品购入原材料一批,取得的增值税专用发票上注明的原材料价款为70 000元,增值税额为9 100元,开出银行承兑汇票一张,材料尚未到达;天鑫公司本期销售产品一批,含税价格为90 000元,货款已经收到;天鑫公司本期缴纳增值税13 000元。根据上述经济业务,天鑫公司应做如下会计处理:

①购进材料时:

借:材料采购　　　　　　　　　　　　　　　　　　79 100

　　贷:应付票据　　　　　　　　　　　　　　　　　　79 100

②销售产品时:

不含税价格 = 90 000 ÷ (1 + 3%) = 87 378.64 (元)

应交增值税 = 87 378.64 × 3% = 2 621.36 (元)

借:银行存款　　　　　　　　　　　　　　　　　　90 000

　　贷:主营业务收入　　　　　　　　　　　　　　　87 378.64

　　　　应交税费——应交增值税　　　　　　　　　　2 621.36

③缴纳增值税时:

借:应交税费——应交增值税　　　　　　　　　　　13 000

　　贷:银行存款　　　　　　　　　　　　　　　　　　13 000

2. 应交消费税

(1) 消费税概述。

消费税是指在我国境内生产委托加工和进口应税消费品的单位和个人,以及国务院确定的销售应税消费品的其他单位和个人,按其流转额缴纳的一种税。消费税实行价内征收。

企业(包括有金银首饰批发、零售业务的企业)按规定应交的消费税,在"应交税费"科目下设置"应交消费税"明细科目核算。"应交消费税"明细科目的贷方登记企业按规定应缴纳的消费税;借方登记企业实际缴纳的消费税和待抵扣的消费税；期末贷方余额，反映尚未缴纳的消费税；期末借方余额，反映企业多交或待抵扣的消费税。

(2) 消费税的会计处理。

①产品销售的会计处理。

企业销售产品时应纳的消费税，应分情况进行处理：

企业将生产的产品直接对外销售的，对外销售产品应缴纳的消费税，通过"税金及附加"科目核算；企业按规定计算出应交的消费税，借记"税金及附加"科目，贷记"应交税费——应交消费税"科目。

企业将应税消费品用于在建工程、非生产机构等其他方面，按规定应缴纳的消费税，应计入有关成本。例如，企业以应税消费品用于在建工程项目，应交的消费税计入在建工程成本。

【例6-28】天鑫公司2019年4月销售摩托车400辆，每辆售价2万元（不含增值税），货款已经收到，摩托车每辆成本1.2万元，适用消费税税率为10%。根据这项经济业务，该企业应做如下会计处理（假设不考虑增值税、消费税以外的税费）：

应向购买方收取的增值税额 = 20 000 × 400 × 13% = 1 040 000（元）

应缴纳的消费税 = 20 000 × 400 × 10% = 800 000（元）

借：银行存款　　　　　　　　　　　　　　　　9 040 000
　　贷：主营业务收入　　　　　　　　　　　　　8 000 000
　　　　应交税费——应交增值税（销项税额）　　1 040 000
借：税金及附加　　　　　　　　　　　　　　　　800 000
　　贷：应交税费——应交消费税　　　　　　　　800 000
借：主营业务成本　　　　　　　　　　　　　　　4 800 000
　　贷：库存商品　　　　　　　　　　　　　　　4 800 000

属于非货币性资产交换、抵偿债务、对外捐赠等，应按换出产品的计税价格（其中属于换取生产资料和消费资料抵偿债务的，按同类应税消费品的最高销售价格）和适用的消费税税率计算应纳消费税。

【例6-29】天鑫公司欠甲公司（与天鑫公司属非关联方）的货款600 000元无法偿还，经与甲公司协商进行债务重组，甲公司同意天鑫公司以一批自产产品偿还债务。该批产品的成本为150 000元，公允价值300 000元，计税价格等于公允价值，增值税税率13%，消费税税率为10%。假设不考虑其他相关税费，天鑫公司应做如下会计处理：

增值税销项税额 = 300 000 × 13% = 39 000（元）

应交的消费税额 = 300 000 × 10% = 30 000（元）

借：应付账款——甲公司	600 000	
贷：主营业务收入		300 000
应交税费——应交增值税（销项税额）		39 000
营业外收入——债务重组利得		261 000
借：税金及附加	30 000	
贷：应交税费——应交消费税		30 000
借：主营业务成本	150 000	
贷：库存商品		150 000

（3）视同销售的会计处理。

企业将自产自用应税消费品用于生产非应税消费品、在建工程、管理部门、非生产机构提供劳务、馈赠、赞助、集资、广告样品、职工福利、奖励等方面，需要视同销售，计算缴纳消费税。

企业应于产品移送使用时按计算的应交消费税的金额，借记"固定资产""在建工程""营业外支出""管理费用""应付职工薪酬""销售费用"等科目，贷记"应交税费——应交消费税"科目。

【例6-30】天鑫公司将自产的一批应税消费品用于在建工程，成本为10万元，同类产品的销售价格为16万元，适用消费税税率为5%，增值税率为13%。天鑫公司应做如下会计处理：

应交增值税 = 160 000 × 5% = 8 000（元）

应缴纳的消费税 = 160 000 × 13% = 20 800（元）

借：在建工程	128 800	
贷：库存商品		100 000
应交税费——应交消费税		8 000
应交税费——应交增值税（销项税额）		20 800

（4）委托加工应税消费品和外购应税消费品的会计处理。

①委托加工的应税消费品涉税规定。

涉税规定

◆《中华人民共和国消费税暂行条例》（国务院令第539号）

委托加工的应税消费品，除受托方为个人外，由受托方在向委托方交货时代收代缴税款。委托个人加工的应税消费品，由委托方收回后缴纳消费税。委托加工的应税消费品，委托方用于连续生产应税消费品的，所纳税款准予按规定抵扣。

◆《中华人民共和国税收征收管理法》（2015年修订版）

扣缴义务人应扣未扣、应收而不收税款的，由税务机关向纳税人追缴税款，对扣缴义务人处应扣未扣、应收未收税款百分之五十以上三倍以下的罚款。

A. 受托方的会计核算。

委托加工应税消费品，于委托方提货时，由受托方代收代缴税款。受托方按应扣税款金额（受托加工或翻新改制金银首饰的企业除外），借记"应收账款""银行存款"等科目，贷记"应交税费——应交消费税"科目。

企业因受托加工或翻新改制金银首饰按规定由受托方缴纳的消费税，于企业向委托方交货时，借记"税金及附加""主营业务成本"等科目，贷记"应交税费——应交消费税"科目。

B. 委托方的会计核算。

委托方按规定计算的消费税金额，应按以下情况分别进行处理：

委托加工应税消费品如收回后直接用于销售的，则委托方应将受托方代收代缴的消费税计入委托加工的应税消费品成本，借记"委托加工物资""生产成本"等科目，贷记"应付账款""银行存款"等科目，待委托加工应税消费品销售时，不需要再缴纳消费税。

委托加工的应税消费品收回后如用于连续生产应税消费品按规定准予抵扣的，委托方应按受托方代收代缴的消费税款，借记"应交税费——应交消费税"科目，贷记"应付账款""银行存款"等科目，待用委托加工的应税消费品生产出应纳消费税的产品销售时，再缴纳消费税。

委托加工收回的应税消费品在连续生产应税消费品的过程中，改变用途的，如用于非货币性资产交换、债务重组、在建工程等，应将改变用途的部分所负担的消费税从"应交税费——应交消费税"科目的贷方转出。

纳税人用委托加工收回的或外购的已税珠宝玉石生产的，改在零售环节征收消费税的金银首饰，在计税时一律不得扣除在委托加工或外购环节已纳的税款。

②外购（含进口）应税消费品用于连续生产应税消费品，按规定允许抵扣消费税的，借记"应交税费——应交消费税"科目，贷记"银行存款"科目。用于其他方面或直接对外销售的，不得抵扣，计入成本。

外购（含进口）应税消费品在生产应税消费品的过程中，改变用途的，如用于非货币性交易、债务重组、在建工程等，应将改变用途的部分所负担的消费税从"应交税费——应交消费税"科目的贷方转出。

（5）出口产品的会计处理。

出口应税消费品应按不同情况分别进行会计处理：

第一种，属于生产企业直接出口应税消费品或通过外贸企业出口应税消费品按规定直接予以免税的，可不计算应交消费税。出口后如发生退关或退货，经所在地主管税务机关批准，可暂不办理补税，待其转为国内销售时，再计缴消费税。

第二种，属于委托外贸企业代理出口应税消费品的生产企业，应在计算消费税时，按应交消费税税额，借记"应收账款"科目，贷记"应交税费——应交消费税"科目；属于外贸企业自营出口的，应在应税消费品报关出口后申请出口退税时，借记"应收账款"科目，贷记"主营业务成本"科目；实际收到出口应税消费品退回的税金时，借记"银行存款"科目，贷记"应收账款"科目；发生退关或退货而补交已退的消费税，做相反的会计分录。

涉税规定

根据《财政部 国家税务总局关于出口货物劳务增值税和消费税政策的通知》(财税〔2012〕39号)第八条的有关规定：

①出口企业出口或视同出口适用增值税退（免）税的货物，免征消费税，如果属于购进出口的货物，退还前一环节对其已征的消费税。

②出口企业出口或视同出口适用增值税免税政策的货物，免征消费税，但不退还其以前环节已征的消费税，且不允许在内销应税消费品应纳消费税款中抵扣。

③出口企业出口或视同出口适用增值税征税政策的货物，应按规定缴纳消费税，不退还其以前环节已征的消费税，且不允许在内销应税消费品应纳消费税款中抵扣。

④发生增值税、消费税不应退税或免税但已实际退税或免税的，出口企业和其他单位应当补缴已退或已免税款。

⑤发生出口退运、不再复出口的，出口企业和其他单位应当补缴已退或已免税款。

（6）金银首饰零售业务等的会计处理。

有金银首饰零售业务的以及采用以旧换新方式销售金银首饰的企业，在营业收入实现时，借记"税金及附加"科目，贷记"应交税费——应交消费税"科目。

有金银首饰零售业务的企业因受托代销金银首饰按规定应缴纳的消费税，借记"税金及附加"科目，贷记"应交税费——应交消费税"科目。

有金银首饰批发、零售业务的企业将金银首饰用于馈赠、赞助、广告、职工福利奖励等方面的，应于移送时按应交消费税，借记"营业外支出""销售费用""应付职工薪酬"等科目，贷记"应交税费——应交消费税"科目。

随同金银首饰出售并单独计价的包装物，按规定应缴纳的消费税，借记"税金及附加"科目，贷记"应交税费——应交消费税"科目。

3. 应交资源税

（1）资源税概述。

资源税是对在我国境内开采矿产品或者生产盐的单位和个人，就其资源产品销售数量或自用量征收的一种税。

资源税按照应税产品的课税数量和规定的单位税额计算，开采或者生产应税产品销售的，以销售数量为课税数量；开采或者生产应税产品自用的，以自用数量为课税数量。

企业按规定应交的资源税，在"应交税费"科目下设置"应交资源税"明细科目核算。该明细科目的贷方登记企业应交的资源税；借方登记企业已交的或按规定允许抵扣的资源税；期末借方余额，反映多交或尚未抵扣的资源税，期末贷方余额，反映尚未缴纳的资源税。

（2）资源税的会计处理。

①企业销售应税产品按规定应交的资源税，借记"税金及附加"科目，贷记"应交税费——应交资源税"科目。

②企业自产自用应税产品应交的资源税，借记"生产成本""制造费用"等科目，贷记"应交税费——应交资源税"科目。

③企业收购未税矿产品，按实际支付的收购款，借记"材料采购"科目，贷记"银行存款"科目；按代扣代缴的资源税，借记"材料采购"科目，贷记"应交税费——应交资源税"科目。

④企业外购液体盐加工固体盐的：A. 在购入液体盐时，按所允许抵扣的资源税，借记"应交税费——应交资源税"科目；按外购价款扣除允许抵扣资源税后的数额，借记"材料采购""原材料"等科目；按应支付的全部价款，贷记"银行存款""应付账款"等科目。B. 企业加工成固体盐后销售时，按计算出的销售固体盐应交的资源税，借记"税金及附加"科目，贷记"应交税费——应交资源税"科目。C. 将销售固体盐应纳资源税扣抵液体盐已纳资源税后的差额上交时，借记"应交税费——应交资源税"科目，贷记"银行存款"科目。

涉税规定

◆ 国务院关于修改《中华人民共和国资源税暂行条例》的决定（国务院令第605号）

第一条 在中华人民共和国领域及管辖海域开采本条例规定的矿产品或者生产盐（以下称开采或者生产应税产品）的单位和个人，为资源税的纳税人，应当依照本条例缴纳资源税。

第四条 资源税的应纳税额，按照从价定率或者从量定额的办法，分别以应税产品的销售额乘以纳税人具体适用的比例税率或者以应税产品的销售数量乘以纳税人具体适用的定额税率计算。

第五条 纳税人开采或者生产不同税目应税产品的，应当分别核算不同税目应税产品的销售额或者销售数量；未分别核算或者不能准确提供不同税目应税产品的销售额或者销售数量的，从高适用税率。

第六条 纳税人开采或者生产应税产品，自用于连续生产应税产品的，不缴纳资源税；自用于其他方面的，视同销售，依照本条例缴纳资源税。

（4）应交土地增值税。

土地增值税是对在我国境内有偿转让国有土地使用权地上建筑物及其附着物的单位和个人，就其土地增值额征收的一种税。土地增值税按照转让房地产所取得的增值额和规定的税率计算征收。这里的增值额是指转让房地产所取得的收入减除规定扣除项目金额后的余额。企业转让房地产所取得的收入，包括货币收入、实物收入和其他收入。计算土地增值税的主要扣除项目有：第一，取得土地使用权所支付的金额；第二，开发土地的成本、费用；第三，新建房屋及配套设施的成本、费用，或者旧房及建筑物的评估价格；第四，与转让房地产有关的税金。

企业按规定应交的土地增值税通过"应交税费——应交土地增值税"科目核算。

①主营房地产业务的企业，应由当期营业收入负担的土地增值税，借记"税金及附加"科目，贷记"应交税费——应交土地增值税"科目。

②兼营房地产业务的企业，应由当期营业收入负担的土地增值税，借记"税金及附加"科目，贷记"应交税费——应交土地增值税"科目。

③转让的国有土地使用权连同地上建筑物及其他附着物一并在"固定资产"或"在建工程"等科目核算的，转让时应缴纳的土地增值税，借记"固定资产清理""在建工程"等科目，贷记"应交税费——应交土地增值税"科目。

④企业在项目交付使用前转让房地产取得的收入，按税法规定预交的土地增值税，借记"应交税费——应交土地增值税"科目，贷记"银行存款"科目。待该房地产销售收入实现时，再按上述销售业务的会计处理方法进行处理。该项目全部竣工、办理结算后进行清算，收到退回多交的土地增值税时，借记"银行存款"科目，贷记"应交税费——应交土地增值税"科目。补交的土地增值税做相反的会计分录。

涉税规定

◆《中华人民共和国土地增值税暂行条例》（2011 修订）

第二条 转让国有土地使用权、地上的建筑物及其附着物（以下简称转让房地产）并取得收入的单位和个人，为土地增值税的纳税义务人（以下简称纳税人），应当依照本条例缴纳土地增值税。

第三条 土地增值税按照纳税人转让房地产所取得的增值额和本条例第七条规定的税率计算征收。

第四条 纳税人转让房地产所取得的收入减除本条例第六条规定扣除项目金额后的余额，为增值额。

第五条 纳税人转让房地产所取得的收入，包括货币收入、实物收入和其他收入。

第六条 计算增值额的扣除项目：

（一）取得土地使用权所支付的金额；

（二）开发土地的成本、费用；

（三）新建房及配套设施的成本、费用，或者旧房及建筑物的评估价格；

（四）与转让房地产有关的税金；

（五）财政部规定的其他扣除项目。

第七条 土地增值税实行四级超率累进税率：

增值额未超过扣除项目金额50%的部分，税率为30%。

增值额超过扣除项目金额50%、未超过扣除项目金额100%的部分，税率为40%。

增值额超过扣除项目金额100%、未超过扣除项目金额200%的部分，税率为50%。

增值额超过扣除项目金额200%的部分，税率为60%。

第八条 有下列情形之一的，免征土地增值税：

（一）纳税人建造普通标准住宅出售，增值额未超过扣除项目金额20%的；

（二）因国家建设需要依法征收、收回的房地产。

第九条 纳税人有下列情形之一的，按照房地产评估价格计算征收：

（一）隐瞒、虚报房地产成交价格的；

（二）提供扣除项目金额不实的；

（三）转让房地产的成交价格低于房地产评估价格，又无正当理由的。

（5）其他应交税费。

①企业按规定应交的城市维护建设税，借记"税金及附加"科目，贷记"应交税费——应交城建税"科目；上交时，借记"应交税费——应交城建税"科目，贷记"银行存款"科目。

②企业按规定应交的房产税、土地使用税、车船税，借记"税金及附加"科目，贷记"应交税费——应交房产税（或土地使用税、车船税）"科目；上交时，借记"应交税费——应交房地产税（或土地使用税、车船税）"科目，贷记"银行存款"科目。

③企业按规定缴纳的印花税，借记"税金及附加"科目，贷记"银行存款"科目。

④企业按规定缴纳的耕地占用税，借记"在建工程"科目，贷记"银行存款"科目。

⑤企业购置应税车辆按规定缴纳的车辆购置税以及购置的减税免税车辆改制后

用途发生变化的,按规定应补交的车辆购置税,借记"固定资产"科目,贷记"银行存款"科目。

⑥企业按规定计算应代扣代缴的职工个人所得税,借记"应付职工薪酬"科目,贷记"应交税费——应交个人所得税"科目;上交个人所得税时,借记"应交税费——应交个人所得税"科目,贷记"银行存款"科目。

⑦企业按规定计算应交的企业所得税,借记"所得税费用"科目,贷记"应交税费——应交所得税"科目。

第六节 其他流动负债

一、应付利息

应付利息,是指企业按照合同约定应支付的利息,包括吸收存款、分期付息到期还本的长期借款、企业债券等应支付的利息。

企业应设置"应付利息"科目,核算企业按照合同约定应支付的利息。该科目贷方登记按合同利率计算确定的应付未付利息,借方登记实际支付的利息,期末余额在贷方,反映企业应付未付的利息。该科目可按存款人或债权人进行明细核算。

资产负债表日,企业按摊余成本和实际利率计算确定的利息费用,借记"财务费用""在建工程""研发支出"等科目,按合同利率计算确定的应付未付利息,贷记"应付利息"科目,按借贷双方之间的差额,借记或贷记"长期借款——利息调整""应付债券——利息调整"等科目。

合同利率与实际利率差异较小的,也可以采用合同利率计算利息费用。实际支付利息时,借记"应付利息"科目,贷记"银行存款"等科目。

涉税提示

计入"财务费用"的应付利息金额,计入了当期损益,计入"在建工程""研发支出"的应付利息金额,以后随资产的摊销计入损益。但在税务处理上能不能在税前扣除,《中华人民共和国企业所得税法》及实施条例,以及相关税法都有明确的规定。

二、应付股利

应付股利,是指企业股东大会或类似机构审议批准分配的现金股利或利润。企业股东大会或类似机构审议批准的利润分配方案、宣告分派的现金股利或利润，在实际支付前，形成企业的负债。

企业应设置"应付股利"科目，核算企业分配的现金股利或利润。该科目贷方登记应支付的现金股利或利润，借方登记实际支付现金股利或利润，期末余额在贷方，反映企业应付未付的现金股利或利润。该科目可按投资者进行明细核算。

企业根据股东大会或类似机构审议批准的利润分配方案，按应支付的现金股利或利润，借记"利润分配"科目，贷记"应付股利"科目；实际支付现金股利或利润时，借记"应付股利"科目，贷记"银行存款"等科目。企业董事会或类似机构通过的利润分配方案中拟分配的现金股利或利润，不应确认负债，但应在附注中披露。

三、其他应付款

其他应付款，是企业除应付票据、应付账款、预收账款、应付职工薪酬、应付利息、应付股利、应交税费、长期应付款等以外的其他各项应付、暂收的款项。如应付经营租入固定资产和包装物租金（含预付的租金），职工未按期领取的工资，存入保证金（如收取的包装物押金等），应付、暂收所属单位、个人的款项（如应付统筹退休金等）以及其他应付、暂收款项。

企业应设置"其他应付款"科目，核算企业除应付票据、应付账款、预收账款、应付职工薪酬、应付利息、应付股利、应交税费、长期应付款等以外的其他各项应付、暂收的款项。该科目贷方登记应付、暂收其他单位或个人的款项，借方登记已经偿还给其他单位或个人的款项，期末余额在贷方，反映企业应付未付的其他应付款项。该科目可按其他应付款的项目和对方单位（或个人）进行明细核算。保险企业缴纳的保险保障基金，也通过该科目核算。

企业发生的其他各种应付、暂收款项，借记"管理费用"等科目，贷记"其他应付款"科目；支付的其他各种应付、暂收款项，借记"其他应付款"科目，贷记"银行存款"等科目。

如企业发生的经营租入固定资产的租金，借记"制造费用""管理费用""其他业务成本"等科目，贷记"其他应付款"科目；实际支付时，借记"其他应付款"科目，贷记"银行存款"等科目。企业收取的包装物押金及各种暂收款项，应借记"银行存款"等科目，贷记"其他应付款"科目；支付或退回这些款项时，应借记"其他应付款"科目，贷记"银行存款"等科目。企业采用售后回购方式融入资金的，应按实际收到的金额，借记"银行存款"科目，贷记"其他应付款""应交税费"等科目。约定的回购价格与原销售价格之间的差额，应在售后回购期间按期计提利息费用,借记"财务费用"科目,贷记"其他应付款"。按照合同约定购回该项商品时,应按实际支付的金额,借记"其他应付款"科目和"应交税费"科目,贷记"银行存款"科目。

【例6-31】天鑫公司出租包装物,收到押金5 000元,存入银行。出租期满对方单位退回包装物,天鑫公司退回押金。则天鑫公司应做如下会计处理:

(1)收到押金时:

借:银行存款　　　　　　　　　　　　　　　　　　　　5 000
　　贷:其他应付款——存入保证金　　　　　　　　　　　5 000

(2)退回押金时:

借:其他应付款——存入保证金　　　　　　　　　　　　5 000
　　贷:银行存款　　　　　　　　　　　　　　　　　　　5 000

四、交易性金融负债

其他流动负债除上述应付利息、应付股利、其他应付款外,还包括以公允价值计量且其变动计入当期损益的金融负债。

(一) 金融负债的分类

金融负债应当在初始确认时划分为下列两类:

(1)以公允价值计量且其变动计入当期损益的金融负债,包括交易性金融负债和指定为以公允价值计量且其变动计入当期损益的金融负债。

(2)其他金融负债。其他金融负债,是指除以公允价值计量且其变动计入当期损益的负债以外的负债。通常情况下,企业发行的债券、因购买商品产生的应付账款、长期应付款等,应当划分为其他金融负债。

(二) 交易性金融负债

企业应设置"交易性金融负债"科目,核算企业承担的交易性金融负债的公允价值和企业持有的直接指定为以公允价值计量且其变动计入当期损益的金融负债。该科目期末贷方余额,反映企业承担的交易性金融负债的公允价值。该科目可按交易性金融负债类别,分别以"本金""公允价值变动"等进行明细核算。

交易性金融负债的主要账务处理如下:

(1)企业承担的交易性金融负债,应按实际收到的金额,借记"银行存款"等科目,按发生的交易费用,借记"投资收益"科目,按交易性金融负债的公允价值,贷记"交易性金融负债——本金"科目。

(2) 资产负债表日,按交易性金融负债票面利率计算的利息,借记"投资收益"科目,贷记"应付利息"科目。

资产负债表日,交易性金融负债的公允价值高于其账面余额的差额,借记"公允价值变动损益"科目,贷记"交易性金融负债公允价值变动"科目;公允价值低于其账面余额的差额做相反的会计分录。

涉税规定

◆《关于执行〈企业会计准则〉有关企业所得税政策问题的通知》(财税〔2007〕80号)

三、企业以公允价值计量的金融负债,持有期间公允价值的变动不计入应纳税所得额,在实际处置或结算时,处置取得的价款扣除其历史成本后的差额应计入处置或结算期间的应纳税所得额。【废止】

3. 处置交易性金融负债,应按该金融负债的账面余额,借记"交易性金融负债"科目,按实际支付的金额,贷记"银行存款"等科目,按其差额,贷记或借记"投资收益"科目。同时,按该金融负债的公允价值变动,借记或贷记"公允价值变动损益"科目,贷记或借记"投资收益"科目。

涉税提示

税法不承认会计上按公允价值调整的账面金额,因此,企业进行企业所得税汇算时,应从应纳税所得额中剔除当年交易性金融负债因公允价值变动而计入"公允价值变动损益"科目的金额。

第七章　非流动负债

【本章提要】 本章主要介绍非流动负债的核算及涉税处理。

非流动负债主要包括长期借款、应付债券、长期应付款、专项应付款和其他非流动负债等。

长期借款应当按照实际收到的金额作为入账价值,并在资产负债表日,按摊余成本和实际利率对利息费用进行核算。应付债券的核算分为债券发行、计息与溢折价摊销和偿还的核算,资产负债表日企业应按摊余成本和实际利率计算确定债券的利息费用。长期应付款是指企业除长期借款和应付债券以外的其他各种长期应付款项,所发生的借款费用(包括利息、汇兑损益等),比照借款费用的处理原则处理。专项应付款是指企业取得的政府作为企业所有者投入的具有专项或特定用途的款项。

非流动负债核算所使用的账户主要有"长期借款""应付债券""长期应付款""专项应付款"等,这些账户与会计报表的关系如图7-1所示。

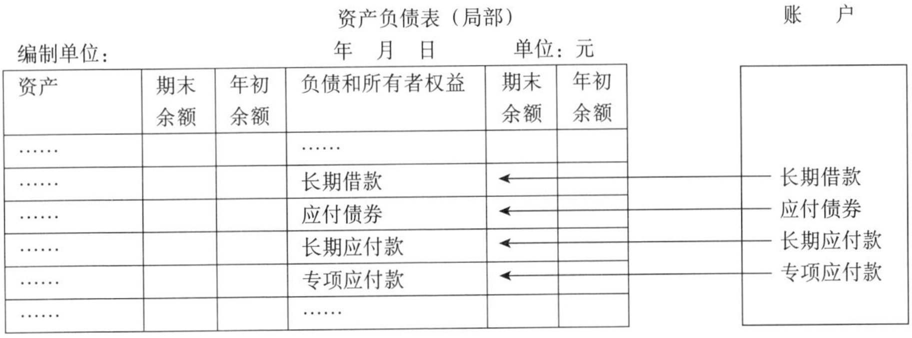

图7-1　本章账户与会计报表的关系

第一节 长期借款

一、长期借款的概念

长期借款是指企业向银行或其他金融机构借入的期限在一年以上（不含一年）的各种借款，包括人民币长期借款和外币长期借款。一般用于固定资产的购建、改扩建工程、大修理工程、对外投资以及为了保持企业的长期经营能力等方面。

二、长期借款的会计处理

（一）科目设置

企业应设置"长期借款"科目，核算借入的各项长期借款。该科目贷方登记借入的长期借款本金和计提的到期一次还本付息的长期借款利息；借方登记归还的长期借款本息；期末贷方余额，反映企业尚未偿还的长期借款本息。该科目应按贷款单位和贷款种类，分别设置"本金""利息调整"等二级科目进行明细核算。

（二）会计处理

1. 借入长期借款

企业借入长期借款时，应按实际收到的金额，借记"银行存款"科目，按借款本金金额，贷记"长期借款——本金"科目；如果有差额，还应借记"长期借款——利息调整"科目。

2. 长期借款的利息

在资产负债表日，企业应按摊余成本和实际利率计算确定的长期借款的利息费用，借记"在建工程""制造费用""财务费用""研发支出"等科目；按合同利率计算确定的应付未付利息，贷记"应付利息"等科目；按其差额，贷记"长期借款——利息调整"科目。实际利率与合同利率差异较小的，也可以采用合同利率计算确定利息费用。

涉税规定

◆《中华人民共和国企业所得税法实施条例》(国务院令第 512 号)

第三十七条　企业在生产经营活动中发生的合理的不需要资本化的借款费用，准予扣除。企业为购置、建造固定资产、无形资产和经过 12 个月以上的建造才能达到预定可销售状态的存货发生借款的，在有关资产购置、建造期间发生的合理的借款费用，应当作为资本性支出计入有关资产的成本，并依照本条例的规定扣除。

第五十八条　固定资产按照以下方法确定计税基础

(二) 自行建造的固定资产，以竣工结算前发生的支出为计税基础。

◆《国家税务总局关于贯彻落实企业所得税法若干税收问题的通知》(国税函〔2010〕79 号)

五、关于固定资产投入使用后计税基础确定问题

企业固定资产投入使用后，由于工程款项尚未结清，未取得全额发票的，可暂按合同规定的金额计入固定资产计税基础计提折旧，待发票取得后进行调整。但该项调整应在固定资产投入使用后 12 个月内进行。

涉税提示

企业自行建造的固定资产，在固定资产达到预定可使用状态投入使用后，按税法规定可暂按合同规定的金额计入固定资产计税基础计提折旧，待发票取得后进行调整处理办法与会计处理基本一致，但税法要求该项调整应在固定资产投入使用后 12 个月内进行。

3. 归还长期借款

归还长期借款时，按归还长期借款的本金，借记"长期借款——本金"科目，贷记"银行存款"科目；按归还长期借款的利息，借记"应付利息"等科目，贷记"银行存款"；如果存在利息调整余额的，借记或贷记"在建工程""制造费用""财务费用""研发支出"等科目，贷记或借记"长期借款——利息调整"科目。

企业将长期借款划转出去，或者无须偿还的长期借款，借记"长期借款——本金"科目，贷记"营业外收入"科目。

【例 7-1】天鑫公司为建造一幢厂房，2×17 年 1 月 1 日向银行借入期限为 2 年的长期专门借款 1 000 000 元，款项已存入银行。借款利率按市场利率确定为 6%，每年付息一次，期满后一次还清本金。2×17 年年初以银行存款支付工程价款共计 400 000 元，2×18 年年初又以银行存款支付工程价款 600 000 元。该厂房于 2×18 年 6 月底完工投入使用，2×18 年 12 月底办理竣工结算。假定不考虑闲置专门借款资金存款的利息收入或者投资收益。根据上述业务，天鑫公司应做如下会计处理：

(1) 2×17 年 1 月 1 日，取得借款时：

借：银行存款　　　　　　　　　　　　　　　　　　　　1 000 000
　　贷：长期借款　　　　　　　　　　　　　　　　　　　　　1 000 000

（2）2×17年年初，支付工程款时：
借：在建工程　　　　　　　　　　　　　　　　　　　　　400 000
　　贷：银行存款　　　　　　　　　　　　　　　　　　　　　　400 000

（3）2×17年12月31日，计算2×17年度应计入工程成本的利息时：
借款利息＝1 000 000×6%＝60 000（元）
借：在建工程　　　　　　　　　　　　　　　　　　　　　　60 000
　　贷：应付利息　　　　　　　　　　　　　　　　　　　　　　60 000

（4）2×17年12月31日支付借款利息时：
借：应付利息　　　　　　　　　　　　　　　　　　　　　　60 000
　　贷：银行存款　　　　　　　　　　　　　　　　　　　　　　60 000

（5）2×18年年初以银行存款支付工程价款时：
借：在建工程　　　　　　　　　　　　　　　　　　　　　600 000
　　贷：银行存款　　　　　　　　　　　　　　　　　　　　　　600 000

（6）该厂房于2×18年6月底完工投入使用，即达到预定可使用状态，该期应计入工程成本的利息＝(1 000 000×6%)×(6/12)＝30 000（元）
借：在建工程　　　　　　　　　　　　　　　　　　　　　　30 000
　　贷：应付利息　　　　　　　　　　　　　　　　　　　　　　30 000

同时，将在建工程转入固定资产＝400 000＋60 000＋600 000＋30 000＝1 090 000（元）
借：固定资产　　　　　　　　　　　　　　　　　　　　　1 090 000
　　贷：在建工程　　　　　　　　　　　　　　　　　　　　　1 090 000

（7）2×18年12月31日，计算2×18年7—12月应当予以费用化的利息＝(1 000 000×6%)×(6/12)＝30 000（元）
借：财务费用　　　　　　　　　　　　　　　　　　　　　　30 000
　　贷：应付利息　　　　　　　　　　　　　　　　　　　　　　30 000

（8）2×18年12月31日支付利息时：
借：应付利息　　　　　　　　　　　　　　　　　　　　　　60 000
　　贷：银行存款　　　　　　　　　　　　　　　　　　　　　　60 000

（9）2×19年1月1日到期还本时：
借：长期借款　　　　　　　　　　　　　　　　　　　　　1 000 000
　　贷：银行存款　　　　　　　　　　　　　　　　　　　　　1 000 000

税务处理

根据税法规定,企业应于固定资产投入使用后,暂按合同规定的金额计入固定资产计税基础计提折旧。由于该厂房于 2×18 年 6 月底完工投入使用,2×18 年 12 月底办理竣工结算,投入使用与办理竣工结算间隔期小于 12 个月,其税务处理与会计处理一致。

第二节 应付债券

一、应付债券概述

债券是企业为筹集长期资金而发行的约定于一定日期支付一定的本金,及定期支付一定利息给持有者的一种书面凭证。通常债券的票面上记载了企业名称、票面金额、票面利率、偿还期限、利息支付的方式等内容。

企业发行的期限超过一年的债券,属于企业的一项长期负债,通过"应付债券"科目核算。企业发行的一年期或一年期以下的债券,应作为流动负债,通过"交易性金融负债"科目核算。

债券按发行有无担保,可分为有担保债券和无担保债券;按付息方式,可分为普通债券和收益债券;按记名与否,可分为记名债券和无记名债券;按特殊偿还方式,可分为可赎回债券和可转换债券。

假设其他条件不变,债券的票面利率高于同期银行存款利率时,可按超过债券票面价值的价格发行,称为溢价发行。溢价是企业以后各期多付利息而事先得到的补偿。如果债券的票面利率低于同期银行存款利率,可按低于债券面值的价格发行,称为折价发行。折价是企业以后各期少付利息而预先给投资者的补偿。如果债券的票面利率与同期银行存款利率相同,可按票面价格发行,称为按面值发行。溢价或折价是发行债券企业在债券存续期内对利息费用的一种调整。

债券面值、票面利率、市场利率与发行价格的关系如表 7-1 所示。

表 7-1 债券面值、票面利率、市场利率与发行价格的关系

利率	债券发行价格与面值的关系	发行方式
票面利率=市场利率	发行价格=面值	面值发行
票面利率>市场利率	发行价格>面值	溢价发行
票面利率<市场利率	发行价格<面值	折价发行

显而易见,债券的发行价格(现值)随市场利率成反向变动。

二、应付债券的会计处理

(一) 科目设置

企业应当设置"应付债券"科目,核算企业为筹集(长期)资金而发行债券的本金和利息。其期末贷方余额,反映企业尚未偿还的长期债券摊余成本。该科目可按"面值""利息调整"和"应计利息"等设置二级明细科目进行明细核算。

(1)"应付债券——面值",用来专门核算债券票面价值的增减变动情况。

(2)"应付债券——利息调整",用来专门核算债券溢价、折价的形成和摊销情况。

(3)"应付债券——应计利息",用来专门核算一次还本付息债券利息的计提和支付情况。对于分期付息、一次还本的债券,利息的计提和支付情况通过"应付利息"科目核算。

(二) 债券发行费用和资金冻结利息收入的核算

企业发行债券时,通常会发生一些相关的费用,如印刷费、律师费、手续费、广告费以及经纪人佣金等。对于债券发行费用和资金冻结利息收入,按以下两种情况分别处理:

(1) 如果发行费用大于发行期间冻结资金所产生的利息收入,按两者的差额,根据发行债券筹集资金的用途,分别计入财务费用和相关资产成本。

【例7-2】天鑫公司发行3年期债券,共发生发行费用30 000元,其间取得资金冻结利息收入5 000元。则天鑫公司应做如下会计处理:

借:财务费用 25 000
  贷:银行存款 25 000

(2) 如果发行费用小于发行期间冻结资金所产生的利息收入,按两者的差额,视同发行债券的溢价收入,在债券存续期间于计提利息时摊销,冲减财务费用和相关资产成本。

【例7-3】天鑫公司发行3年期债券,共发生发行费用3 000元,其间取得资金冻结利息收入5 000元。则天鑫公司应做如下会计处理:

借:银行存款 2 000
  贷:财务费用 2 000

(三) 债券发行

1. 平价发行债券

平价发行债券时，实际收到的款项等于债券的票面价值。按实际收到的款项，借记"银行存款"等科目；按债券票面价值，贷记"应付债券——面值"科目。

【例7-4】天鑫公司于2×18年1月1日按面值100元发行公司债券10 000份，票面利率10%，4年期，款项已存入银行。则天鑫公司应做如下会计处理：

借：银行存款　　　　　　　　　　　　　　　　　1 000 000
　　贷：应付债券——面值　　　　　　　　　　　　　　1 000 000

2. 溢价发行债券

溢价发行债券时，按实际收到的款项即发行价格，借记"银行存款"等科目；按债券面值，贷记"应付债券——面值"科目；按发行价格与面值之间的差额，贷记"应付债券——利息调整"科目。

【例7-5】天鑫公司于2×18年1月1日按面值100元发行公司债券20 000份，票面利率10%，市场实际利率为9%，发行总价格为2 360 000元，3年期，款项已存入银行。则天鑫公司应做如下会计处理：

债券溢价收入 = 2 360 000 - 2 000 000 = 360 000（元）

借：银行存款　　　　　　　　　　　　　　　　　2 360 000
　　贷：应付债券——面值　　　　　　　　　　　　　　2 000 000
　　　　应付债券——利息调整　　　　　　　　　　　　　360 000

3. 折价发行债券

折价发行债券时，按实际收到的款项即发行价格，借记"银行存款"等科目；按债券面值，贷记"应付债券——面值"科目；按发行价格与面值之间的差额，借记"应付债券——利息调整"科目。

【例7-6】天鑫公司于2×18年1月1日按面值100元发行公司债券20 000份，票面利率10%，市场实际利率为12%，发行总价格为1 860 000元，3年期，款现已存入银行。则天鑫公司应做如下会计处理：

债券折价 = 100 × 20 000 - 1 860 000 = 140 000（元）

借：银行存款　　　　　　　　　　　　　　　　　1 860 000
　　应付债券——利息调整　　　　　　　　　　　　　140 000
　　贷：应付债券——面值　　　　　　　　　　　　　　2 000 000

(四) 利息调整的摊销

企业应当采用实际利率法,在债券存续期间内对利息调整进行摊销。实际利率法,是指按照应付债券的实际利率计算其摊余成本及利息费用的方法。实际利率,是指将应付债券在债券存续期间的未来现金流量折现为该债券当前账面价值所使用的利率。

摊余成本,是指一项金融资产或金融负债的初始确认金额经下列调整后的结果:
(1) 扣除已偿还的本金;
(2) 加上或减去采用实际利率法将该初始确认金额与到期日金额之间的差额进行摊销形成的累计摊销额;
(3) 扣除已经发生的减值损失(仅指金融资产)。

资产负债表日,对于分期付息、一次还本的债券,应按摊余成本和实际利率计算确定的债券利息费用,借记"在建工程""制造费用""财务费用""研发支出"等科目,按票面利率计算确定的应付未付利息,贷记"应付利息"科目,按其差额,借记或贷记"应付债券——利息调整"科目。

对于一次还本付息的债券,应于资产负债表日按摊余成本和实际利率计算确定的债券利息费用,借记"在建工程""制造费用""财务费用""研发支出"等科目,按票面利率计算确定的应付未付利息,贷记"应付债券——应计利息"科目,按其差额,借记或贷记"应付债券——利息调整"科目。

实际利率与票面利率差异较小的,也可以采用票面利率计算确定利息费用。

【例7-7】天鑫公司于2×16年1月1日发行面值100元的债券共1 000份,3年期、票面利率10%,实际年利率为8%、每半年付息一次,发行价格为105 242元,款项已存入银行。假定实际利率与同期银行贷款利率一致。债券发行后按实际利率法摊销债券溢价,编制"利息调整摊销表"如表7-2所示。

表7-2 利息调整摊销表

计息日期	票面利息 ① = 面值×5% 贷:应付利息	实际利息 ② = 上期⑤×4% 借:财务费用	本期摊销额 ③ = ① - ② 借:利息调整	未摊销额 ④ = 上期④ - ③	债券摊余成本 ⑤ = 上期⑤ - ③
2×16.1.1				5 242	105 242
2×16.6.30	5 000	4 210	790	4 452	104 452
2×16.12.31	5 000	4 178	822	3 630	103 630
2×17.6.30	5 000	4 145	855	2 775	102 775
2×17.12.31	5 000	4 111	889	1 886	101 886
2×18.6.30	5 000	4 075	925	961	100 961

续表

计息日期	票面利息 ① = 面值×5% 贷：应付利息	实际利息 ② = 上期⑤×4% 借：财务费用	本期摊销额 ③ = ① - ② 借：利息调整	未摊销额 ④ = 上期④ - ③	债券摊余成本 ⑤ = 上期⑤ - ③
2×18.12.31	5 000	4 039	961	0	100 000
合计	30 000	24 758	5 242	……	……

根据利息调整摊销表，在每一计息日均须摊销利息调整，计提利息做相应的会计处理。

如，2×17 年 12 月 31 日：

借：财务费用　　　　　　　　　　　　　　　　　　4 111
　　应付债券——利息调整　　　　　　　　　　　　　889
　　贷：应付利息　　　　　　　　　　　　　　　　　　　5 000

以后各期的会计处理方法同上。

税务处理

按税法规定应按同期银行贷款利率 8% 和实际发行价格 105 242 元计算每期能在税前扣除的利息为 105 242×(8%÷2) = 4 209.68（元）。将企业每期计入财务费用的实际利息支出与能在税前扣除的利息相比较，基本不用做纳税调整。

【例 7 - 8】 天鑫公司于 2×16 年 1 月 1 日发行面值 100 元、3 年期、票面年利率 8%、实际年利率为 12%、每半年付息一次的债券共计 1 000 份，发行价格为 90 204 元，款项已存入银行。假定实际利率与同期银行贷款利率一致。债券发行后按实际利率法摊销债券折价，编制"利息调整摊销表"如表 7 - 3 所示。

表 7 - 3　　　　　　　　　　利息调整摊销表

计息日期	票面利息 ① = 面值×4% 贷：应付利息	实际利息 ② = 上期⑤×6% 借：财务费用	本期摊销额 ③ = ① - ② 借：利息调整	未摊销额 ④ = 上期④ - ③	债券摊余成本 ⑤ = 上期⑤ + ③
2×16.1.1				9 796	90 204
2×16.6.30	4 000	5 404	1 404	8 392	91 474
2×16.12.31	4 000	5 489	1 489	6 903	92 962
2×17.6.30	4 000	5 578	1 578	5 325	94 540
2×17.12.31	4 000	5 672	1 672	3 653	96 212
2×18.6.30	4 000	5 773	1 773	1 880	97 985
2×18.12.31	4 000	5 880	1 880	0	100 000
合计	24 000	33 796	9 796	……	……

根据利息调整摊销表，在每一计息日均须摊销利息调整，计提利息做相应的会

计处理。

如，2×17年12月31日：

借：财务费用 5 672
　　贷：应付债券——利息调整 1 672
　　　　应付利息 4 000

以后各期的会计处理方法同上。

税务处理

按税法规定应按同期银行贷款利率12%和实际发行价格90 204元计算每期能在税前扣除的利息为90 204×(12%÷2)=5 412.24（元），企业应按每期计入财务费用的实际利息支出与能在税前扣除的利息相比较，做纳税调整。

（五）债券的偿还

长期债券到期，支付债券本息时，应区分两种情况。对于一次还本付息的债券，应于债券到期，支付债券本息时，借记"应付债券——面值、应计利息"科目，贷记"银行存款"科目。对于分期付息、一次还本的债券，在每期支付利息时，借记"应付利息"科目，贷记"银行存款"科目；债券到期偿还本金并支付最后一期利息时，借记"应付债券——面值""在建工程""制造费用""财务费用""研发支出"等科目，贷记"银行存款"科目，按借贷双方之间的差额，借记或贷记"应付债券——利息调整"科目。

【例7-9】沿用【例7-8】，债券到期偿还本金并支付最后一期利息时，天鑫公司应做如下会计处理：

借：应付债券——面值 100 000
　　财务费用 5 880
　　贷：银行存款 104 000
　　　　应付债券——利息调整 1 880

（六）可转换公司债券

企业在发行债券的条款中，若规定债券持有者可以在一定期间之后，按规定的转换比率或转换价格，将持有的债券转换成该企业发行的股票（通常为普通股），这种债券就称为可转换债券。我国发行可转换公司债券采取记名式无纸化方式发行，债券最短期限为3年，最长期限为5年。

公司发行的可转换公司债券在转换为股份之前作为长期负债，在"应付债券"科目中设置"可转换公司债券（面值、利息调整）"明细科目进行核算。

企业发行的可转换公司债券，应当在初始确认时将其包含的负债成分和权益成分进行分拆,将负债成分确认为应付债券,将权益成分确认为其他权益工具。在进行分拆时,应当先对负债成分的未来现金流量进行折现确定负债成分的初始确认金额,再按发行价格总额扣除负债成分初始确认金额后的余额确定权益成分的初始确认金额。发行时发生的交易费用,应当在负债成分和权益成分之间按照各自的公允价值进行分摊。

发行的可转换公司债券,企业应按实际收到的款项,借记"银行存款"等科目;按可转换公司债券包含的负债成分的面值,贷记"应付债券——可转换公司债券(面值)"科目;按权益成分的公允价值,贷记"其他权益工具"科目;按借贷双方的差额,借记或贷记"应付债券——可转换公司债券(利息调整)"科目。

可转换公司债券到期时,未转换为股份的,按照可转换公司债券募集说明书的约定,在期满后5个工作日内偿还本息。偿还本息的方法与一般公司债券的核算方法相同。

公司发行附有赎回选择权的可转换公司债券,其在赎回日可能支付的利息补偿金,即债券约定赎回期届满日应当支付的利息减去应付债券票面利息的差额,应当在债券发行日至债券约定赎回届满日期间计提利息,计提的应付利息分别计入相关的资产成本或财务费用。

【例7-10】甲公司经批准于2×17年1月1日按面值发行5年期一次还本、按年付息的可转换公司债券300 000 000元,款项已收存银行,债券票面年利率为6%。债券发行1年后可转换为普通股股票,初始转股价为每股10元,股票面值为每股1元。债券持有人若在当期付息前转换股票的,应按债券面值和应计利息之和除以转股价,计算转股的股数。假定2×18年1月1日债券持有人将持有的可转换公司债券全部转换为普通股股票,甲公司发行可转换公司债券时二级市场上与之类似的没有附带转换权的债券市场利率为9%。已知,(P/A,9%,5)= 3.8 897,(P/F,9%,5)= 0.6 499。甲公司的账务处理如下:

(1) 2×17年1月1日发行可转换公司债券时:

借:银行存款	300 000 000
应付债券——可转换公司债券(利息调整)	35 015 400
贷:应付债券——可转换公司债券(面值)	300 000 000
其他权益工具	35 015 400

可转换公司债券负债成分的公允价值为:
300 000 000 × 0.6 499 + 300 000 000 × 6% × 3.8 897 = 264 984 600(元)
可转换公司债券权益成分的公允价值为:
300 000 000 - 264 984 600 = 35 015 400(元)

(2) 2×17年12月31日确认利息费用时:

借：财务费用　　　　　　　　　　　（264 984 600×9%）23 848 614
　　贷：应付利息——可转换公司债券利息　　　　　　　　18 000 000
　　　　应付利息——可转换公司债券（利息调整）　　　　 5 848 614

（3）2×18年1月1日债券持有人行使转换权时：

转换的股份数为：

(300 000 000+18 000 000)÷10=31 800 000（股）

借：应付债券——可转换公司债券（面值）　　　　　　300 000 000
　　　　　　　——可转换公司债券（应计利息）　　　　 18 000 000
　　其他权益工具　　　　　　　　　　　　　　　　　　 35 015 400
　　贷：股本　　　　　　　　　　　　　　　　　　　　 31 800 000
　　　　应付债券——可转换公司债券（利息调整）　　　　29 166 786
　　　　资本公积——股本溢价　　　　　　　　　　　　 292 048 614

第三节　长期应付款

长期应付款是指企业除长期借款和应付债券以外的其他各种长期应付款项，包括应付融资租入固定资产的租赁费、以分期付款方式购入的固定资产、无形资产发生的应付款项等。

企业应当设置"长期应付款"科目，核算企业发生的各项长期应付款。该科目贷方登记应付的长期应付款项，借方登记企业偿还的长期应付款；期末贷方余额，反映企业尚未支付的各种长期应付款的金额。该科目应按长期应付款的种类和债权人设置明细账，进行明细核算。企业长期应付款所发生的借款费用（包括利息、汇兑损益等），按照借款费用的处理原则处理。

一、应付融资租入固定资产的租赁费

企业采用融资租赁方式租入固定资产时应在租赁期开始日，将租赁资产的公允价值与最低租赁付款额现值两者中的较低者作为租入资产的入账价值，借记"固定资产——融资租入固定资产"或"在建工程"科目，将最低租赁付款额作为长期应付款的入账价值，贷记"长期应付款——应付融资租入固定资产的租赁费"科目，将其差额作为未确认融资费用，借记"未确认融资费用"科目。

按期支付融资租赁费时，借记"长期应付款——应付融资租入固定资产的租赁费"科目,贷记"银行存款"科目。

二、具有融资性质的延期付款购买资产

企业购买资产有可能延期支付有关价款。如果延期支付的购买价款超过正常信用条件,实质上具有融资性质,所购资产的成本应当以延期支付购买价款的现值为基础确定。此时,企业按购买价款的现值,借记"固定资产""在建工程""无形资产"等科目,按应支付的价款总额,贷记"长期应付款"科目,按其差额借记或者贷记"未确认融资费用"科目。按期付款时,借记"长期应付款"科目,贷记"银行存款"科目。

第四节 专项应付款的核算

专项应付款是指企业取得政府作为企业所有者投入的具有专项或特定用途的款项,如专项用于技术改造、技术研究等,以及从其他来源取得的款项。

"专项应付款"科目可按资本性投资项目进行明细核算,期末贷方余额反映企业尚未支付的各种专项应付款。企业应于收到专项拨款时,借记"银行存款"科目,贷记"专项应付款"科目。将专项或特定用途的拨款用于工程项目,借记"在建工程""公益性生物资产"等科目,贷记"银行存款""应付职工薪酬"等科目。

工程项目完工形成固定资产或公益性生物资产的部分,借记"专项应付款"科目,贷记"资本公积——资本溢价"科目;对未形成固定资产需要核销的部分,借记"专项应付款"科目,贷记"在建工程"等科目;拨款结余需要返还的,借记"专项应付款"科目,贷记"银行存款"科目。

2019年1月14日,财政部发布了《关于征求〈企业会计准则第12号——债务重组(修订)(征求意见稿)〉意见的函》(财办会〔2019〕1号)。修订后的准则拟与新收入准则和新金融工具准则同步实施。本准则要求进行追溯调整。

修订债务重组准则的原因主要有:保持准则体系的内在协调,与新修订的收入、金融工具准则保持一致;改进实务操作和确保准则有效实施,消除债务重组准则与金融工具相关准则的交叉。

未废止债务重组准则主要是避免对多项准则反复修订,债务重组准则中包括了多项现有其他准则中未予规范的处理原则,具体包括债务重组取得的存货、固定资产、无形资产、投资性房地产、生物资产等非现金资产的入账价值,债务转为权益

工具情况下权益工具的入账价值，债务重组的披露等。如果废止债务重组准则，需要逐一修订存货、长期股权投资、投资性房地产、固定资产、生物资产、无形资产、金融工具等多项准则。债务重组准则修订的内容主要包括：

（1）修改债务重组定义。

原债务重组准则以"债务人发生财务困难"债权人"做出让步"为标准，将重组债权和债务区别于其他金融工具限定在较小范围内。考虑到债务重组准则、应用指南和讲解已规定，重组债权和债务与金融工具的确认和计量原则一致，因而对债务重组区别于其他金融工具加以定义不再具有实际意义，反而可能导致因准则适用范围不清晰引起误读。因此，本征求意见稿修改了债务重组的定义，重组债权和债务与其他金融工具不作区别对待。

债务重组，是指在不改变交易对手方的情况下，债权人和债务人通过以下方式就债务条款重新达成协议的交易：①以存货、长期股权投资、投资性房地产、固定资产、生物资产、无形资产等非现金资产清偿债务；②将债务转为权益工具；③除上述①和②两种方式外修改其他债务条件，如调整债务本金、改变债务利息、变更还款期限等；④以上三种方式的组合等。

（2）保持准则体系内在协调。

修订后的准则拟与新收入准则和新金融工具准则同步实施，为与上述新准则保持协调做出以下修订：一是将重组债权和债务的会计处理规定索引至新金融工具准则，从而与新金融工具准则协调一致，同时删除关于或有应收、应付金额遵循或有事项准则的规定。二是将以非现金资产偿债情况下资产处置损益的计算方法与新收入准则协调一致，即以抵减债务的公允价值作为交易价格，不再考虑转让的非现金资产公允价值与其账面价值之差。

第八章 所有者权益

【本章提要】本章主要介绍所有者权益的核算及涉税处理。

实收资本的核算主要包括实收资本的取得、增减业务的核算。资本公积的核算主要包括资本溢价、其他资本公积的核算。盈余公积的核算主要包括盈余公积提取和使用的核算。未分配利润是留存在企业的历年结存的利润,通常用于留待以后年度向投资者进行分配。

所有者权益核算所使用的账户主要有"实收资本""资本公积""盈余公积"和"利润分配——未分配利润"等,这些账户与会计报表的关系如图8-1所示。

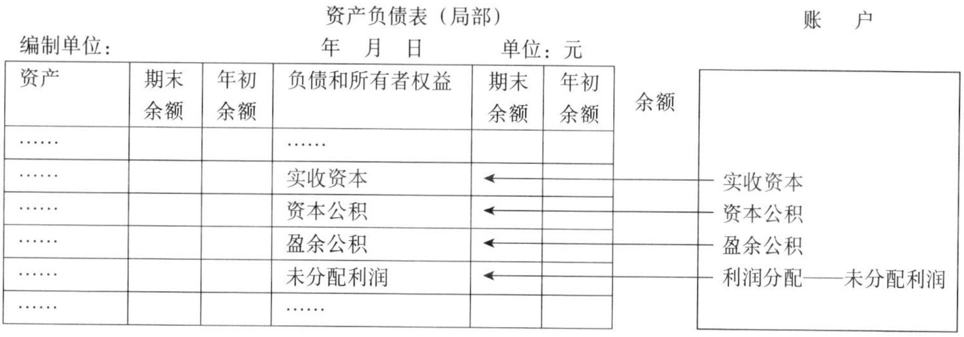

图8-1 本章账户与会计报表的关系

第一节 实收资本

一、实收资本的概念

实收资本指企业实际收到的投资人投入的资本。按投资主体可分为国家资本、集体资本、法人资本、个人资本、港澳台资本和外商资本等。

实收资本是指投资者作为资本投入企业的各种财产,是企业注册登记的法定资本总额的来源，它表明所有者对企业的基本产权关系。实收资本的构成比例是企业据以向投资者进行利润或股利分配的主要依据。中国企业法人登记管理条例规定，除国家另有规定外，企业的实收资本应当与注册资本一致。企业实收资本比原注册资本数额增减超过 20% 时，应持资金使用证明或验资证明，向原登记主管机关申请变更登记。

二、投入实收资本或股本的规定

（一）有限责任公司投入资本的核算

根据我国《公司法》的有关规定：有限责任公司的注册资本为在公司登记机关登记的全体股东认缴的出资额。公司全体股东的首次出资额不得低于注册资本的 20%，也不得低于法定的注册资本最低限额，其余部分由股东自公司成立之日起 2 年内缴足（投资公司可以在 5 年内缴足）。有限责任公司注册资本的最低限额为人民币 3 万元，法律、行政法规对有限责任公司注册资本的最低限额有较高规定的，从其规定。有限责任公司股东可以用货币出资，也可以用实物、知识产权、土地使用权等可以用货币估价并可以依法转让的非货币财产作价出资，但法律、行政法规规定不得作为出资的财产除外。对作为出资的非货币财产应当评估作价，核实财产，不得高估或者低估作价，法律、行政法规对评估作价有规定的，从其规定。全体股东的货币出资金额不得低于有限责任公司注册资本的 30%。股东应当按期足额缴纳公司章程中规定的各自所认缴的出资额。股东以货币出资的，应当将货币出资足额存入有限责任公司在银行开设的账户；以非货币财产出资的，应当依法办理其财产权的转移手续。股东不按规定缴纳出资的，除应当向公司足额缴纳外，还应当向已按期足额缴纳出资的股东承担违约责任。股东缴纳出资后，必须经依法设立的验资机构验资并出具证明。

对于有限责任公司投入资本的核算，应通过设置"实收资本"账户来进行。该账户是用以核算按照企业章程、合同或协议的约定，实际投入企业资本的数额，它属于所有者权益类的账户。该账户的贷方反映企业实际收到的投资者缴付的资本数额，借方反映企业按法定程序减资时所减少的注册资本数额，期末贷方余额，反映企业实有的资本数额。该账户应按投资者进行明细核算。

按照《公司法》的有关规定，有限责任公司股东可以用货币出资，也可以用实物、知识产权、土地使用权等可以用货币估价并可以依法转让的非货币财产作价出资，企业在收到投资者的出资时，一般应做如下会计处理：

1. 接受现金资产投资

企业接受现金资产投资时,应以实际收到的金额或存入企业开户银行的金额,借记"银行存款"等科目,按投资合同或协议约定的投资者在企业注册资本中所占份额的部分,贷记"实收资本"科目,企业实际收到或存入开户银行的金额超过投资者在企业注册资本中所占份额的部分,贷记"资本公积——资本溢价"科目。

2. 接受非现金资产投资

企业接受固定资产、无形资产等非现金资产投资时,应按投资合同或协议约定的价值(不公允的除外)作为固定资产、无形资产的入账价值,按投资合同或协议约定的投资者在企业注册资本或股本中所占份额的部分作为实收资本或股本入账,投资合同或协议约定的价值(不公允的除外)超过投资者在企业注册资本或股本中所占份额的部分,计入资本公积。

有限责任公司在进行投入资本的核算时,应注意以下几个问题:

(1) 初建有限责任公司时,各投资者按照合同、协议或公司章程投入企业的资本,应全部记入"实收资本"科目,企业的实收资本应等于企业的注册资本。在企业增资扩股时,如有新投资者介入,新介入的投资者缴纳的出资额大于其按约定比例计算的其在注册资本中所占的份额部分,不记入"实收资本"科目,而作为资本公积,记入"资本公积——资本溢价"科目。

(2) 按照《公司法》的有关规定,一人有限责任公司和国有独资公司均为有限责任公司,这类公司在组建和追加投资时,所有者投入的资本,全部作为实收资本入账,它不会为维持一定的投资比例而产生资本公积。

(二) 股份有限公司投入股本的核算

根据我国《公司法》的有关规定,股份有限公司注册资本的最低限额为人民币 500 万元。法律、行政法规对股份有限公司注册资本的最低限额有较高规定的,从其规定。股份有限公司的设立有两种方式:一是发起设立,即由发起人认购所有要发行的全部股份;二是募集设立,即由发起人认购一部分股份,剩余股份向社会公开募集或者向特定对象募集。在采用发起方式设立时,发起人的首次出资额不得低于注册资本的 20%,其余部分由发起人自公司成立之日起 2 年内缴足(投资公司可以在 5 年内缴足)。在缴足前,不得向他人募集股份。在采用募集方式设立时,发起人认购的股份不得低于股份总数的 35%,法律、行政法规另有规定的除外。

股份有限公司最显著的特点就是将企业的全部资本划分为等额股份,并通过发行股票的方式来筹集资本。股票的面值与股份总数的乘积即为股本。根据我国《公司法》的规定，股本总额应等于企业的注册资本。因此，对于股份有限公司投入资本的核算即股本的核算，在会计上应设置"股本"账户。

"股本"账户是为了反映和监督股份有限公司股本的增减变动情况而开设的总分类账户，该账户主要用以核算按照公司章程规定股东投入企业的股本，属于所有者权益类的账户。该账户贷方登记股东投入和增加企业资本的有关情况，借方登记企业按照法定程序经批准减少注册资本的有关情况，期末贷方余额，反映企业实有的股本数额。该账户应按股票的种类（普通股、优先股）及股东单位和姓名设置明细账进行明细核算。此外，企业还应设置股本备查簿，记载企业发行股票时涉及的股本总额、股份总数、每股面值以及已认股本等有关资料。

股份有限公司无论采用何种设立方式，都应在核定的股本总额及核定的股份总额的范围内发行股票。公司设立发行的股票在收到货币资金等资产时，应按实际收到的金额，借记"银行存款"等科目，按股票面值和核定的股份总额的乘积计算的金额，贷记"股本"科目。如为溢价发行，按实际收到资产的价值与股本的差额贷记"资本公积——股本溢价"科目。

三、实收资本（或股本）增减变动

根据《公司法》的有关规定，公司资本（或股本）除下列情况外，不得随意变动：一是符合增资条件，并经有关部门批准增资的，在实际取得投资者的出资时，可登记入账；二是公司按法定程序报经批准减少注册资本的，在实际返还投资时，可登记入账，采用收购本公司股票方式减资的，在实际购入本公司股票时，可登记入账，但公司减资后的注册资本不得低于法定的最低限额。当公司发生符合上述规定的资本（或股本）增减变动情况时，应当依法向公司登记机关办理变更登记，并进行相关的会计处理。

（一）实收资本（或股本）增加的会计处理

实收资本（或股本）的增加主要包括以下六种情况。

1. 追加投资

依据《公司法》的有关规定，有限责任公司的投资者可以向企业追加投资，在企业按规定接受投资者追加投资时，企业应按实际收到的款项或其他资产，借记"银行存款"等科目，按增加的实收资本金额，贷记"实收资本"科目，按两者之间的差额，贷记"资本公积——资本溢价"科目。其具体账务处理与有限责任公司投入资本的核算相同。

2. 增发新股

依据证监会《关于上市公司增发新股有关条件的通知》，股份有限公司在符合相关条件的情况下，可增发新股。在增发新股时，应按实际收到金额，借记"银行存款"等科目，按面值计算的股票总额增加股本，贷记"股本"科目，按两者的差额，贷记"资本公积——股本溢价"科目。其具体账务处理与股份有限公司投入股本的核算相同。

3. 资本公积和盈余公积转增资本（或股本）

依据《公司法》的有关规定，企业可将资本公积和盈余公积转增资本。在转增资本时，应按投资者的出资额（或股东所持股份）同比例增加各投资者（或股东）的资本。

企业采用资本公积或盈余公积转增资本时，应按转增的资本金额确认实收资本或股本。用资本公积转增资本时，借记"资本公积——资本溢价"科目，贷记"实收资本"科目。用盈余公积转增资本时，借记"盈余公积"科目，贷记"实收资本"科目。用资本公积或盈余公积转增资本时，应按原投资者各自出资比例计算确定各投资者相应增加的出资额。

4. 可转换债券转为实收资本

股份公司将发行可转换公司债券，按规定转为普通股时，也增加了公司的股本。债券转换为股票时，应按该债券的面值借记"应付债券——债券面值"科目，按未摊销的溢价（或折价）借记（或贷记）"应付债券——债券溢价（或债券折价）"科目，按已提的债券利息借记"应付债券——应计利息"科目，按股票面值和转换的股数计算的股票面值总额贷记"股本"科目，按实际用现金支付的不可转换部分债券的价值，贷记"现金"或"银行存款"等科目，按其差额贷记"资本公积"科目。

5. 发放股票股利

股票股利是指采用增发普通股的方式向股东分派股利。目前在我国发放股票股利多以配股（送股）方式进行。发放股票股利应根据股东所持有的股数，按应发股利的等值比例折算后发放给股东。若股东分得的股利不足1股，应采用适当的方法处理。其处理方法有两种：一是将不足1股的股票股利按股票的市价折算为现金股利，用现金发放；二是股东之间相互转售，集为整股。但无论采用哪种方法都将影响公司的股权结构，都不影响公司的资产和负债。

6. 以权益结算的股份支付的行权

股份支付是"以股份为基础的支付"的简称，是指企业为获得职工和其他方提供服务而授予权益工具或者承担以权益工具为基础确定的负债的交易。按照股份支付的方式和工具类型，主要可划分为以权益结算的股份支付和以现金结算的股份支付两大类。对于权益结算的股份支付，在可行权日之后不再对已确认的成本费用和所有者权益总额进行调整。企业应在行权日根据行权情况，确认股本和股本溢价，同时结转等待期内确认的资本公积（其他资本公积）。

(1) 以权益结算的股份支付的初始确认与计量。

①企业会计准则按股份支付性质将股份支付分为立即行权和等待行权两类。可立即行权的换取职工服务的以权益结算的股份支付，应当在授予日，即股份支付协议获得批准的日期，按照权益工具的公允价值计入相关成本或费用，相应增加资本公积。

②等待行权的换取职工服务的以权益结算股份支付，在等待期内的每个资产负债表日，应当以对可行权权益工具数量的最佳估计为基础，按照权益工具授予日的公允价值，将当期取得的服务计入相关成本或费用和资本公积。

③以权益结算的股份支付换取其他方服务的，应按下列情况分别处理：其他方服务的公允价值能够可靠计量的，应当按照其他方服务在取得日的公允价值，计入相关成本或费用，相应增加所有者权益；其他方服务的公允价值不能可靠计量但权益工具公允价值能够可靠计量的，应当按照权益工具在服务取得日的公允价值，计入相关成本或费用，相应增加所有者权益。

(2) 以权益结算的股份支付的再确认与计量。

①在资产负债表日，后续信息表明可行权权益工具的数量与以前估计不同的，应当进行调整，并在可行权日调整至实际可行权的权益工具数量。在行权日，企业根据实际行权的权益工具数量，计算确定应转入实收资本或股本的金额，将其转入实收资本或股本。

②以权益结算的股份支付换取职工或其他方式提供服务的，应在行权日，按根据实际行权情况确定的金额，借记"资本公积——其他资本公积"科目，按应计入实收资本或股本的金额，贷记"实收资本"或"股本"科目。

（二）实收资本（或股本）减少的会计处理

按照《公司法》的规定，企业的资本（或股本）在通常情况下不能随意减少，投资者（或股东）在企业存续期间内，不能抽回资本（或股本）。但在特殊情况下，如资本过剩、企业发生重大亏损而需要减少实收资本等特殊情况时，企业按法定程序报经批准后可以减少注册资本。

股份有限公司因减少注册资本而回购本公司股份的，应按实际支付的金额，借记"库存股"科目，贷记"银行存款"等科目。注销库存股时，应按股票面值和注销股数计算的股票面值总额，借记"股本"科目，按注销库存股的账面余额，贷记"库存股"科目，按其差额，冲减股票发行时原计入资本公积的溢价部分，借记"资本公积——股本溢价"科目，回购价格超过上述冲减"股本"及"资本公积——股本溢价"科目的部分，应依次借记"盈余公积""利润分配——未分配利润"等科目；如回购价格低于回购股份所对应的股本，所注销库存股的账面余额与所冲减股本的差额作为增加股本溢价处理，按回购股份所对应的股本面值，借记"股本"科目，按注销库存股的账面余额，贷记"库存股"科目，按其差额，贷记"资本公积——股本溢价"科目。

【例8-1】2×19年4月1日天鑫公司接受投资设备一台，该设备的公允价值为500万元，取得的增值税专用发票上注明的增值税额为650 000元，账面价值为400万元，账面原值为480万元，未计提减值准备，投资合同或协议约定的价值等于设备的公允价值。则天鑫公司应做如下会计处理：

借：固定资产　　　　　　　　　　　　　　　　　　5 000 000
　　应交税费——应交增值税（进项税额）　　　　　　650 000
　　贷：股本　　　　　　　　　　　　　　　　　　　　　　5 650 000

【例8-2】天鑫公司2×19年4月1日接受A企业投资土地使用权。该土地使用权的账面价值为100万元，公允价值为100万元均未计提减值准备。A企业投资占H公司有表决权资本的80%，H公司注册资本总额为100万元，投资合同或协议约定的价值等于资产的公允价值。则H公司应做如下会计处理：

借：无形资产　　　　　　　　　　　　　　　　　　1 000 000
　　贷：实收资本——A企业　　　　　　　　　　　　　　800 000
　　　　资本公积——资本溢价　　　　　　　　　　　　200 000

【例8-3】天鑫公司由甲、乙、丙三个投资者各出资30万元成立。两年后，经与甲、乙、丙协商一致，投资者丁出资60万元，拥有天鑫公司25%的所有权。则天鑫公司收到丁投资者投资时，应做如下会计处理：

借：银行存款　　　　　　　　　　　　　　　　　　600 000
　　贷：实收资本——丁　　　　　　　　　　　　　　　　300 000
　　　　资本公积——资本溢价　　　　　　　　　　　　300 000

【例8-4】天鑫公司2×19年4月1日的股本为100 000 000股，面值为1元，资本公积（股本溢价）为30 000 000元，盈余公积40 000 000元。经股东大会批准，天鑫公司以现金回购本公司的股票30 000 000股并注销。假定天鑫公司按每股

2元的价格回购股票,不考虑其他因素,则天鑫公司应作如下会计处理:

(1) 回购本公司股票时:

库存股成本 = 30 000 000 × 2 = 60 000 000 (元)

借:库存股 60 000 000
  贷:银行存款 60 000 000

(2) 注销本公司 30 000 000 股股票时:

应冲减的资本公积 = 30 000 000 × 2 − 30 000 000 × 1 = 30 000 000 (元)

借:股本 30 000 000
  资本公积——股本溢价 30 000 000
  贷:库存股 60 000 000

【例 8 − 5】假设【例 8 − 4】中,天鑫公司按每股 3 元的价格回购股票,其他条件不变,则天鑫公司应做如下会计处理:

(1) 回购本公司股票时:

库存股成本 = 30 000 000 × 3 = 90 000 000 (元)

借:库存股 90 000 000
  贷:银行存款 90 000 000

(2) 注销本公司 30 000 000 股股票时:

应冲减的资本公积 = 30 000 000 × 3 − 30 000 000 × 1 = 60 000 000 (元)

"资本公积"账面余额 30 000 000 元,不足冲减的 30 000 000 元由"盈余公积"弥补。

借:股本 30 000 000
  资本公积——资本溢价 30 000 000
  盈余公积 30 000 000
  贷:库存股 90 000 000

【例 8 − 6】假设【例 8 − 4】中,天鑫公司按每股 0.90 元的价格回购股票,其他条件不变,则公司的会计处理如下:

(1) 回购本公司股票时:

库存股成本 = 30 000 000 × 0.90 = 270 000 000 (元)

借:库存股 270 000 000
  贷:银行存款 270 000 000

(2) 注销本公司 30 000 000 股股票时:

由于折价回购,股本与库存股成本的差额应当增加资本公积。

应增加的资本公积 = 30 000 000 × 1 − 30 000 000 × 0.9 = 3 000 000 (元)

借:股本 30 000 000

贷：库存股 27 000 000
　　资本公积——股本溢价 3 000 000

第二节　资本公积

一、资本公积的内容

资本公积，是企业收到投资者出资额超出其在注册资本或股本中所占份额的部分，以及直接计入所有者权益的利得和损失。资本公积包括资本溢价（或股本溢价）和直接计入所有者权益的利得和损失等。

资本溢价（或股本溢价），是企业收到投资者的超出其在企业注册资本（或股本）中所占份额的投资。形成资本溢价（或股本溢价）的原因有溢价发行股票、投资者超额缴入资本等。

直接计入所有者权益的利得和损失，是指不应计入当期损益、会导致所有者权益发生增减变动的、与所有者投入资本或向所有者分配利润无关的利得或者损失。

二、资本公积的会计处理

（一）科目设置

企业应设置"资本公积"科目核算企业收到投资者出资额超出其在注册资本或股本中所占份额的部分。直接计入所有者权益的利得和损失，也通过"资本公积"科目核算。企业应当分别通过"资本溢价（或股本溢价）""其他资本公积"进行明细科目核算。

（二）账务处理

1. 资本溢价（或股本溢价）

在企业创立时出资者认缴的出资额即企业的注册资本应全部计入"实收资本"科目。但是，当企业重组并有新的投资者加入时，为了维护原投资者的利益新加入的投资者的出资额往往会大于其享有的企业注册资本（或股本）的份额，超出部分

应当计入"资本公积"科目。具体账务处理如下:

(1) 接受投资者投入的资本、可转换公司债券持有人行使转换权利形成的资本公积在收到投资者投入资本时,企业应按实际收到的金额或确定的价值,借记"银行存款""固定资产"等科目;按其在注册资本中所占的份额,贷记"实收资本"科目;按其差额,贷记"资本公积——资本溢价"科目。

【例8-7】甲企业为了获得天鑫公司注册资本(1 000万元)的30%,投入200万元现金和一套设备,该设备双方确认的价值为280万元,天鑫公司已将现金收存银行,并已收到该设备。

根据上述资料,天鑫公司应做如下会计处理:

借:银行存款　　　　　　　　　　　　　　　　　　2 000 000
　　固定资产　　　　　　　　　　　　　　　　　　2 800 000
　　贷:实收资本——甲企业　　　　　　　　　　　　3 000 000
　　　　资本公积——资本溢价　　　　　　　　　　　1 800 000

实际收到的金额,借记"库存现金""银行存款"等科目;按股票面值和核定的股份总额的乘积计算的金额,贷记"股本"科目;按其差额,贷记"资本公积——股本溢价"科目。

可转换公司债券持有人行使转换权利形成的资本公积,其账务处理与投资者投入的资本形成的资本公积业务的处理相同,有限责任公司通过"资本公积——资本溢价"科目核算,股份有限公司,通过"资本公积——股本溢价"科目核算。

(2) 与发行权益性证券直接相关的手续费、佣金等交易费用的处理。

股份有限公司发行股票时支付的手续费或佣金、股票印刷成本等,应首先冲减发行股票冻结期间所产生的利息收入,不足冲减的,从股票发行的溢价收入中抵销,即借记"资本公积——股本溢价"科目,贷记"银行存款"等科目;无溢价或溢价不足以抵销的部分依次冲减"盈余公积""利润分配——未分配利润"。

【例8-8】天鑫股份有限公司首次公开发行了普通股10 000 000股,每股面值1元,每股发行价格4元。天鑫公司以银行存款支付发行手续费、咨询费等费用共计5 000 000元。假定发行收入已全部收到,无发行期间利息收入,不考虑其他因素,则天鑫公司应做如下会计处理:

①收到发行收入时:

借:银行存款　　　　　　　　　　　　　　　　　　40 000 000
　　贷:股本　　　　　　　　　　　　　　　　　　10 000 000
　　　　资本公积——股本溢价　　　　　　　　　　30 000 000

②支付发行费用时:

借:资本公积——股本溢价　　　　　　　　　　　　5 000 000

贷：银行存款　　　　　　　　　　　　　　　　　　　　　　5 000 000
　（3）上市公司配股或增发新股形成的资本公积。
　　上市公司配股或增发新股，上市公司的股东以其所拥有的其他企业的全部或部分股权作为配股资金，或作为认购新股的股款，上市公司所接受的股权，应按照配股或增发新股所确定的价格，确认为初始股权投资成本，按照该股东配股或增发新股所享有的股份面值总额作为股本，按其差额，记入"资本公积——股本溢价"科目。
　（4）用资本公积转增资本或股本。
　　经股东大会或类似机构决议，用资本公积转增资本，借记"资本公积——资本（股本）溢价"科目，贷记"实收资本"或"股本"科目。

涉税规定

◆《关于贯彻落实企业所得税法若干税收问题的通知》（国税函〔2010〕79号）
四、关于股息、红利等权益性投资收益收入确认问题
　　企业权益性投资取得股息红利等收入，应以被投资企业股东会或股东大会做出利润分配或转股决定的日期，确定收入的实现。
　　被投资企业将股权（票）溢价所形成的资本公积转为股本的，不作为投资方企业的股息、红利收入，投资方企业也不得增加该项长期投资的计税基础。
　　根据《中华人民共和国企业所得税法实施条例》第八十三条的规定，企业所得税法第二十六条第（二）项所称符合条件的居民企业之间的股息、红利等权益性投资收益，是指居民企业直接投资于其他居民企业取得的投资收益。企业所得税法第二十六条第（二）项和第（三）项所称股息、红利等权益性投资收益，不包括连续持有居民企业公开发行并上市流通的股票不足12个月取得的投资收益。

　（5）取得长期股权投资时形成的资本公积。
　　同一控制下控股合并形成的长期股权投资，应在合并日按取得被合并方所有者权益账面价值的份额，借记"长期股权投资"科目；按被投资单位已宣告但尚未发放的现金股利或利润，借记"应收股利"科目；按支付的合并对价的账面价值，贷记有关资产科目或借记有关负债科目；按其差额，调整"资本公积——资本（股本）溢价"科目，资本公积不足冲减的，依次冲减盈余公积和未分配利润。
　　同一控制下吸收合并涉及的资本公积，可比照上述处理。
　（6）将重组债务转为资本形成的资本公积。
　　将重组债务转为资本的，应按重组债务的账面价值，借记"应付账款"等科目，按债权人放弃债权而享有本企业注册资本的份额或股份的面值总额，贷记"实收资本"或"股本"科目；按股份的公允价值总额与相应的实收资本或股本之间的差额，贷记或借记"资本公积——资本（股本）溢价"科目；按重组债务的账面价值与股份

的公允价值总额之间的差额,贷记"营业外收入——债务重组利得"科目。

2. 其他资本公积

其他资本公积是指除资本溢价(或股本溢价)项目以外所形成的资本公积,其中主要是直接计入所有者权益的利得和损失。主要包括以下内容:

(1)采用权益法核算的长期股权投资,因被投资单位所有者权益变动而按比例享有的份额形成的资本公积;

(2)以权益结算的股份支付形成的资本公积;

(3)将自用房地产或作为存货的房地产转换为采用公允价值模式计量的投资性房地产时,形成的资本公积;

(4)金融资产的重分类形成的资本公积;

(5)可供出售金融资产的后续计量形成的资本公积。

第三节 留存收益

一、留存收益的内容

留存收益,是企业积累税后利润而形成的资本。留存收益与投入资本不同,投入资本是从企业外部投入企业的资本,而留存收益是从企业内部激生而形成的资本。

留存收益由盈余公积和未分配利润构成。盈余公积又包括法定盈余公积和任意盈余公积。其构成如图8-2所示。

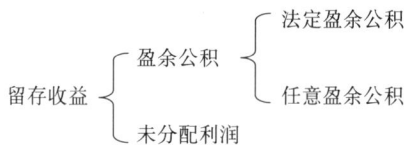

图8-2 留存收益构成图

国家税务总局出台《关于贯彻落实企业所得税法若干税收问题的通知》(国税函〔2010〕79号),文件第三条明确了关于股权转让所得确认和计算问题,企业转让股权收入,应于转让协议生效且完成股权变更手续时,确认收入的实现。转让股权收入扣除为取得该股权所发生的成本后,为股权转让所得。企业在计算股权转让所得时,不得扣除被投资企业未分配利润等股东留存收益中按该项股权所可能分配的金额。

二、盈余公积

(一) 盈余公积的内容

1. 一般企业和股份有限公司的盈余公积

一般企业和股份有限公司的盈余公积主要包括：法定盈余公积和任意盈余公积。

（1）法定盈余公积，是指企业按照规定的比例从净利润中提取的盈余公积。例如，根据我国《公司法》的规定，有限责任公司和股份有限公司应按照税后利润的10%提取法定盈余公积，计提的法定盈余公积累计达到注册资本50%时，可以不再提取。对于非公司制企业，也可以按照净利润10%的比例提取。值得注意的是，在计算提取法定盈余公积的基数时，不应包括企业年初未分配利润。公司的法定盈余公积不足以弥补以前年度亏损的，在提取法定盈余公积之前，应当先用当年利润弥补亏损。

（2）任意盈余公积，是指企业经股东大会或类似机构批准按照规定的比例从净利润中提取的盈余公积。它与法定盈余公积的区别在于其提取比例由企业自行决定，而法定盈余公积的提取比例则由国家有关法规规定。

2. 外商投资企业的盈余公积

外商投资企业的盈余公积包括：储备基金和企业发展基金。

（1）储备基金，是指按照法律行政法规规定从净利润中提取的弥补亏损和增加资本的储备基金；

（2）企业发展基金是指按照法律、行政法规规定从净利润中提取的企业生产发展和经批准用于增加资本的企业发展基金。

3. 中外合作经营企业的盈余公积

中外合作经营企业的盈余公积，是中外合作经营企业按照规定在利润归还投资者的投资，即利润归还投资。

(二) 盈余公积的用途

企业的盈余公积可以用于弥补亏损、转增资本（或股本）。符合规定条件的企业，也可以用盈余公积分派现金股利。

1. 弥补亏损

根据企业会计准则和有关法规的规定,企业发生亏损,应由企业自行弥补。弥补亏损的渠道主要有两条:一是用以后年度税前或税后利润进行弥补;二是用盈余公积弥补。但是,用盈余公积弥补亏损应当由董事会提议,经股东大会或者类似的机构批准。

2. 转增资本(股本)

当企业提取的盈余公积比较多时,可以将盈余公积转增资本(股本),但是必须经股东大会或类似机构批准,并且办理增资手续。用法定盈余公积转增资本(股本)后,企业留存的盈余公积不得少于注册资本(指转增前)的25%。

3. 发放现金股利或利润

当企业累积的盈余公积比较多,而未分配利润比较少时,为了回报投资者,也可以用盈余公积分派现金股利或利润。

(三) 盈余公积的会计处理

1. 科目设置

企业应设置"盈余公积"科目,核算提取和使用的各项盈余公积。该科目贷方登记从税后利润中提取的各项盈余公积,借方登记盈余公积的使用,期末贷方余额反映企业提取的盈余公积余额。一般企业和股份有限公司应设置"法定盈余公积"和"任意盈余公积"两个明细科目,外商投资企业应设置"储备基金"和"企业发展基金"两个明细科目,进行明细核算中外合作经营企业在合作期间归还投资的投资,还应设置"利润归还投资"明细科目。

2. 盈余公积的会计处理

(1) 提取盈余公积。

对于一般企业或股份有限公司,在按规定提取各项盈余公积时,应当按照提取的各项盈余公积金额,借记"利润分配——提取法定盈余公积""利润分配——提取任意盈余公积"科目,贷记"盈余公积——法定盈余公积""盈余公积——任意盈余公积"科目。

【例8-9】天鑫公司本年实现的净利润为5 000 000元,按10%的比例提取法定盈余公积500 000元,按5%的比例提取任意盈余公积250 000元,天鑫公司应做如下会计处理：

借：利润分配——提取法定盈余公积　　　　　　　　500 000
　　贷：盈余公积——法定盈余公积　　　　　　　　　　　　500 000
借：利润分配——提取任意盈余公积　　　　　　　　250 000
　　贷：盈余公积——任意盈余公积　　　　　　　　　　　　250 000

外商投资企业提取的储备基金、企业发展基金，借记"利润分配——提取储备基金""利润分配——提取企业发展基金"科目，贷记"盈余公积——储备基金""盈余公积——企业发展基金"；提取的职工奖励及福利基金，借记"利润分配——提取职工奖励及福利基金"科目，贷记"应付职工薪酬"科目。

中外合作经营企业以利润归还投资时，按实际归还投资的金额，借记"实收资本已归还投资"科目，贷记"银行存款"科目；同时，借记"利润分配——利润归还投资"科目，贷记"盈余公积——利润归还投资"科目。

（2）使用盈余公积。

①盈余公积弥补亏损。企业经股东大会或类似机构批准，用盈余公积弥补亏损时，应当借记"盈余公积"科目，贷记"利润分配——盈余公积补亏"科目。

②盈余公积转增资本（或股本）。符合增资条件的企业，经股东大会决议，修改公司章程后，可以将资本公积和法定盈余公积转为资本，借记"盈余公积"科目，贷记"股本——普通股"或"实收资本"科目。

③用盈余公积分配现金股利或利润。企业经股东大会或类似机构批准，用盈余公积分配现金股利或利润时，应当借记"盈余公积"科目，贷记"应付股利"等科目。

外商投资企业经批准将盈余公积用于转增股本，借记"盈余公积——储备基金"科目，贷记"实收储备基金"科目，企业批准用储备基金弥补亏损时，借记"盈余公积——储备基金"科目，贷记"利润分配——其他转入"科目；外商投资企业用企业发展基金转增资本时，借记"盈余公积——企业发展基金"科目，贷记"实收资本"科目。

【例8-10】经股东大会批准，天鑫公司用以前年度提取的盈余公积弥补当年的亏损50 000元。假定不考虑其他因素，则天鑫公司应做如下会计处理：

借：盈余公积　　　　　　　　　　　　　　　　　　50 000
　　贷：利润分配——盈余公积补亏　　　　　　　　　　　　50 000

【例8-11】天鑫公司因扩大生产规模的需要，经股东大会批准，将70 000元盈余公积转增股本。假定不考虑其他因素，则B公司应做如下会计处理：

借：盈余公积　　　　　　　　　　　　　　　　　　70 000
　　贷：股本　　　　　　　　　　　　　　　　　　　　　　70 000

三、未分配利润

未分配利润是企业实现的净利润经过弥补亏损、提取盈余公积和向投资者分配利润后留存在企业的、历年结存的利润。未分配利润通常用于留待以后年度向投资者进行分配。由于未分配利润相对于盈余公积而言，属于未确定用途的留存收益，所以，企业在使用未分配利润上有较大的自主权，受国家法律法规的限制比较少。从数量上来说，未分配利润是期初未分配利润，加上本期实现的净利润，减去本期利润分配后的余额。

第九章　收入、费用和利润

【本章提要】 本章主要介绍收入、费用和利润的核算及涉税处理。

收入是在企业日常活动中形成的、会导致所有者权益增加的、与所有者投入资本无关的经济利益的总流入。本章不涉及企业对外出租资产收取的租金、进行债权投资收取的利息、进行股权投资取得的现金股利、保险合同取得的保费收入等。企业以存货换取客户的存货、固定资产、无形资产以及长期股权投资等，按照本章进行会计处理；其他非货币性资产交换，按照非货币性资产交换的规定进行会计处理。企业处置固定资产、无形资产等，在确定处置时点以及计量处置损益时，按照本章的有关规定进行处理。《企业会计准则第15号——建造合同》规范了建造合同收入的确认和计量。不同的收入其确认和计量方法也不相同，收入核算主要介绍不同收入的确认和计量方法。建造合同收入的计量区分表现在资产负债表日建造合同的结果能否可靠估计，资产负债表日建造合同的结果能够可靠估计的，应当采用完工百分比法确认建造合同收入。

费用是企业在日常活动中发生的、会导致所有者权益减少的、与向所有者分配利润无关的经济利益的总流出。费用按照经济用途分为生产费用和期间费用。费用核算主要介绍产品成本核算的一般程序和期间费用的核算。

利润是企业在一定会计期间的经营成果。利润包括收入减去费用后的净额、直接计入当期利润的利得和损失等。利润核算主要介绍利润形成的核算和利润分配的核算。

收入、费用和利润核算所使用的账户主要有损益类账户和成本类账户，以及"本年利润"账户和"利润分配"账户等，这些账户与会计报表的关系如图9-1所示。

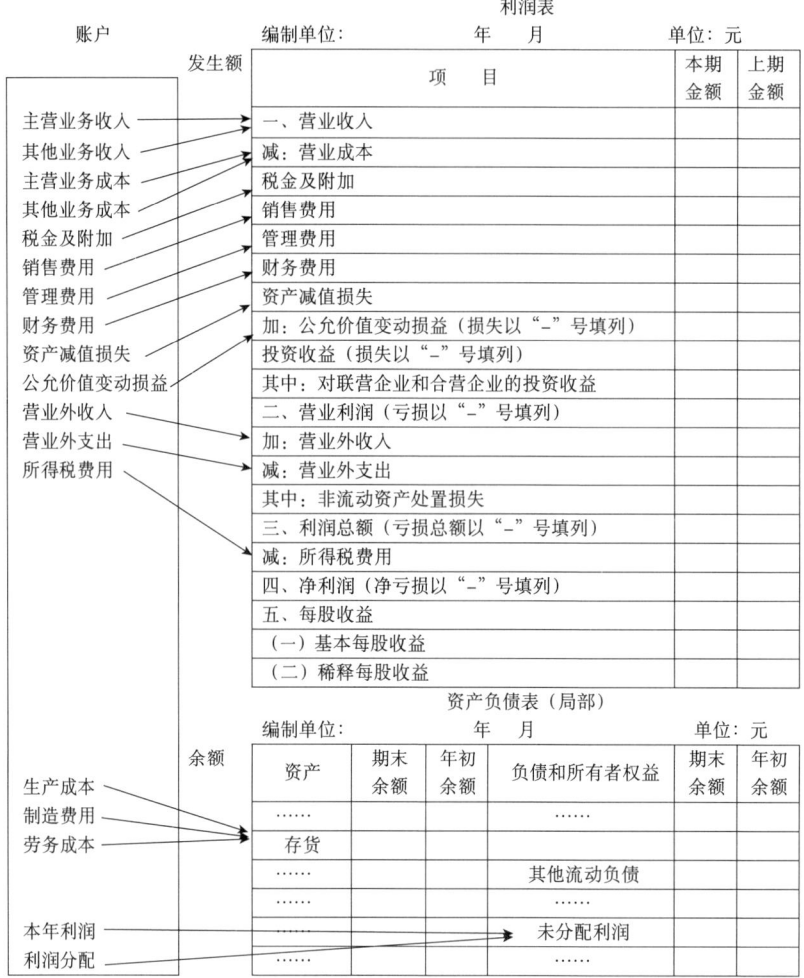

图 9-1 本章账户与会计报表的关系

第一节 收入

一、收入概述

(一) 收入的概念

收入是指企业在日常活动中形成的、会导致所有者权益增加的、与所有者投入资本无关的经济利益的总流入。企业代第三方收取的款项以及企业预期将退还给客户的款项，应当作为负债进行会计处理，不计入交易价格。其中，日常活动是指企业为完成其经营目标所从事的经常性活动以及与之相关的其他活动。

工业企业制造并销售产品、商品流通企业销售商品、咨询公司提供咨询服务、软件公司为客户开发软件、安装公司提供安装服务、建筑企业提供建造服务等，均属于企业的日常活动。企业按照本章确认收入的方式应当反映其向客户转让商品（或提供服务，以下简称转让商品）的模式，收入的金额应当反映企业因转让这些商品（或服务，以下简称商品）而预期有权收取的对价金额。

（二）收入的特征

收入具有以下特征：

1. 收入是企业在日常活动中形成的经济利益的总流入

企业处置固定资产、无形资产等活动，不是企业为完成其经营目标所从事的经常性活动，也不属于与经常性活动相关的活动，而是企业偶发的交易或事项，由此产生的经济利益的总流入不是收入，是企业的利得，应当确认为营业外收入。

2. 收入能导致企业所有者权益的增加

收入可能表现为企业资产的增加，如增加银行存款、应收账款等；也可能表现为企业负债的减少，如减少预收账款；或者两者兼而有之，例如，商品销售的货款中，部分增加银行存款，部分减少预收账款。收入能增加资产或减少负债或者两者兼而有之，根据"资产－负债＝所有者权益"的公式，企业取得收入一定能增加所有者权益，但收入扣除相关成本费用后的净额，则可能增加所有者权益，也可能减少所有者权益。这里仅指收入本身能导致所有者权益的增加，而不是指收入扣除相关成本费用后的毛利对所有者权益的影响。

企业代第三方收取的款项，如企业代国家收取的增值税，旅行社代客户购买门票收取的票款等，一方面增加企业的资产，另一方面增加企业负债，并不增加企业的所有者权益，因此不能作为企业的收入。

3. 收入与所有者投入资本无关

所有者投入资本主要是为谋求享有企业资产的剩余权益，由此形成的经济利益的总流入不构成收入，而应确认为企业所有者权益的组成部分。

（三）收入的分类

按照企业从事日常活动在企业的重要性不同，可将收入分为主营业务收入、其他业务收入等。主营业务收入是指企业为完成其经营目标所从事的经常性活动所实现的收入。不同行业的主营业务收入所包括的内容不同。例如，工业企业的主营业务收入主要包括销售商品、自制半成品、提供工业性劳务等取得的收入；商品流通企业的主营业务收入主要包括销售商品所取得的收入。主营业务收入一般占企业总收入的比重较大，对企业的经济效益产生较大的影响。其他业务收入是指企业为完成其经营目标所从事的与经常性活动相关的活动实现的收入。工业企业的其他业务收入主要包括出租固定资产、出租无形资产、出租包装物和销售材料等实现的收入。其他业务收入一般占企业总收入的比重较小。

涉税规定

◆《中华人民共和国企业所得税法》（2018年修订）

第六条　企业以货币形式和非货币形式从各种来源取得的收入，为收入总额。包括：

（一）销售货物收入；

（二）提供劳务收入；

（三）转让财产收入；

（四）股息红利等权益性投资收益；

（五）利息收入；

（六）租金收入；

（七）特许权使用费收入；

（八）接受捐赠收入；

（九）其他收入。

◆《中华人民共和国企业所得税法实施条例》（国务院令第512号）

第十四条　企业所得税法第六条第（一）项所称销售货物收入，是指企业销售商品、产品、原材料、包装物、低值易耗品以及其他存货取得的收入。

第十五条　企业所得税法第六条第（二）项所称提供劳务收入，是指企业从事建筑安装、修理修配、交通运输、仓储租赁、金融保险。邮电通信、咨询经纪、文化体育、科学研究、技术服务、教育培训、餐饮住宿、中介代理、卫生保健、社区服务、旅游、娱乐、加工以及其他劳务服务活动取得的收入。

第十六条　企业所得税法第六条第（三）项所称转让财产收入，是指企业转让固定资产、生物资产、无形资产、股权、债权等财产取得的收入。

第十七条　企业所得税法第六条第（四）项所称股息、红利等权益性投资收益，是指企业因权益性投资从被投资方取得的收入。

第十八条　企业所得税法第六条第（五）项所称利息收入，是指企业将资金提供他人使用但不构成权益性投资，或者因他人占用本企业资金取得的收入，包括存款利息、贷款利息、债券利息、欠款利息等收入。

第十九条　企业所得税法第六条第（六）项所称租金收入，是指企业提供固定资产、包装物或者其他有形资产的使用权取得的收入。

第二十条　企业所得税法第六条第（七）项所称特许权使用费收入，是指企业提供专利权、非专利技术、商标权、著作权以及其他特许权的使用权取得的收入。

第二十一条　企业所得税法第六条第（八）项所称接受捐赠收入，是指企业接受的来自其他企业、组织或者个人无偿给予的货币性资产、非货币性资产。

第二十二条　企业所得税法第六条第（九）项所称其他收入，是指企业取得的除企业所得税法第六条第（一）项至第（八）项规定的收入外的其他收入，包括企业资产溢余收入、逾期未退包装物押金收入、确实无法偿付的应付款项、已作坏账损失处理后又收回的应收账款、债务重组收入、补贴收入、违约金收入、汇兑收益等。

涉税提示

税法上的部分转让财产收入，部分利息收入和股息、红利等权益性投资收益与会计上的投资收益相对应；税法上的部分转让财产收入、接受捐赠收入和部分其他收入与会计上的部分营业外收入相对应。

涉税规定

◆《中华人民共和国企业所得税法》（2018年修订）

第七条　收入总额中的下列收入为不征税收入：

（一）财政拨款；

（二）依法收取并纳入财政管理的行政事业性收费、政府性基金；

（三）国务院规定的其他不征税收入。

《中华人民共和国企业所得税法实施条例》（国务院令第512号）

第二十六条　企业所得税法第七条第（一）项所称财政拨款，是指各人民政府对纳入预算管理的事业单位、社会团体等组织拨付的财政资金，但国务院和国务院财政、税务主管部门另有规定的除外。

企业所得税税法第七条第（二）项所称行政事业性收费，是指依照法律法规等有关规定，按照国务院规定程序批准，在实施社会公共管理，以及在向公民、法人或者其他组织提供特定公共服务过程中，向特定对象收取并纳入财政管理的费用。

企业所得税税法第七条第（二）项所称政府性基金，是指企业依照法律、行政法规等有关规定，代政府收取的具有专项用途的财政资金。

企业所得税法第七条第（三）项所称国务院规定的其他不征税收入，是指企业取得的，由国务院财政、税务主管部门规定专项用途并经由国务院批准的财政性资金。

第二十八条 ……

企业的不征税收入用于支出所形成的费用或者财产，不得扣除或者计算对应的折旧、摊销扣除。

◆《财政部 国家税务总局关于全国社会保障基金有关企业所得税问题的通知》（财税〔2008〕136号）

一、对社保基金理事会、社保基金投资管理人管理的社保基金银行存款利息收入，社保基金从证券市场中取得的收入，包括买卖证券投资基金、股票、债券的差价收入，证券投资基金红利收入，股票的股息、红利收入，债券的利息收入及产业投资基金收益、信托投资收益等其他投资收入，作为企业所得税不征税收入。

◆《财政部 国家税务总局关于财政性资金行政事业性收费政府性基金有关企业所得税政策问题的通知》（财税〔2008〕151号）

一、财政性资金

（一）企业取得的各类财政性资金，除属于国家投资和资金使用后要求归还本金的以外，均应计入企业当年收入总额。

（二）对企业取得的由国务院财政、税务主管部门规定专项用途并经国务院批准的财政性资金，准予作为不征税收入，在计算应纳税所得额时从收入总额中减除。

（三）纳入预算管理的事业单位、社会团体等组织按照核定的预算和经费报领关系收到的由财政部门或上级单位拨入的财政补助收入，准予作为不征税收入，在计算应纳税所得额时从收入总额中减除，但国务院和国务院财政、税务主管部门另有规定的除外。

本条所称财政性资金，是指企业取得的来源于政府及其有关部门的财政补助、补贴、贷款利息，以及其他各类财政专项资金，包括直接减免的增值税和即征即退、先征后退、先征后返的各种税收，但不包括企业按规定取得的出口退税款；所称国家投资，是指国家以投资者身份投入企业、并按有关规定相应增加企业实收资本（股本）的直接投资。

二、关于政府性基金和行政事业性收费

（一）企业按照规定缴纳的、由国务院或财政部批准设立的政府性基金以及由国务院和省、自治区、直辖市人民政府及其财政、价格主管部门批准设立的行政事业性收费，准予在计算应纳税所得额时扣除。

企业缴纳的不符合上述审批管理权限设立的基金、收费，不得在计算应纳税所得额时扣除。

（二）企业收取的各种基金、收费，应计入企业当年收入总额。

（三）对企业依照法律法规及国务院有关规定收取并上缴财政的政府性基金和行政事业性收费，准予作为不征税收入，于上缴财政的当年在计算应纳税所得额时从收入总额中减除；未上缴财政的部分，不得从收入总额中减除。

三、企业的不征税收入用于支出所形成的费用，不得在计算应纳税所得额时扣除；企业的不征税收入用于支出所形成的资产，其计算的折旧、摊销不得在计算应纳税所得额时扣除。

四、本通知自 2008 年 1 月 1 日起执行。

◆《财政部　国家税务总局关于专项用途财政性资金有关企业所得税处理问题的通知》（财税〔2009〕87 号）

一、对企业在 2008 年 1 月 1 日至 2010 年 12 月 31 日期间从县级以上各级人民政府财政部门及其他部门取得的应计入收入总额的财政性资金，凡同时符合以下条件的，可以作为不征税收入，在计算应纳税所得额时从收入总额中减除：

（一）企业能够提供资金拨付文件，且文件中规定该资金的专项用途；

（二）财政部门或其他拨付资金的政府部门对该资金有专门的资金管理办法或具体管理要求；

（三）企业对该资金以及以该资金发生的支出单独进行核算。

二、根据《中华人民共和国企业所得税法实施条例》第二十八条的规定，上述不征税收入用于支出所形成的费用，不得在计算应纳税所得额时扣除；用于支出所形成的资产，其计算的折旧、摊销不得在计算应纳税所得额时扣除。

三、企业将符合本通知第一条规定条件的财政性资金作不征税收入处理后，在 5 年（60 个月）内未发生支出且未缴回财政或其他拨付资金的政府部门的部分，应重新计入取得该资金第六年的收入总额；重新计入收入总额的财政性资金发生的支出，允许在计算应纳税所得额时扣除。

◆《中华人民共和国企业所得税法》（主席令第 63 号）

第二十六条规定，企业的下列收入为免税收入：

（1）国债利息收入；

（2）符合条件的居民企业之间的股息、红利等权益性投资收益；

（3）在中国境内设立机构、场所的非居民企业从居民企业取得与该机构、场所有实际联系的股息、红利等权益性投资收益；

（4）符合条件的非营利组织的收入。

《中华人民共和国企业所得税法实施条例》（国务院令第 512 号）

第八十二条　国债利息收入，是指企业持有国务院财政部门发行的国债取得的利息收入。

第八十三条　企业所得税法第二十六条第（二）项所称符合条件的居民企业之间的股息、红利等权益性投资收益，是指居民企业直接投资于其他居民企业取得的投资收益。企业所得税法第二十六条第（二）项和第（三）项所称股息、红利等权益性投资收益，不包括连续持有居民企业公开发行并上市流通的股票不足12个月取得的投资收益。

◆《财政部 国家税务总局关于非营利组织企业所得税免税收入问题的通知》（财税〔2009〕122号）

一、非营利组织的下列收入为免税收入：

（一）接受其他单位或者个人捐赠的收入；

（二）除《中华人民共和国企业所得税法》第七条规定的财政拨款以外的其他政府补助收入，但不包括因政府购买服务取得的收入；

（三）按照省级以上民政财政部门规定收取的会费；

（四）不征税收入和免税收入孳生的银行存款利息收入；

（五）财政部、国家税务总局规定的其他收入。

◆《国家税务总局关于贯彻落实企业所得税法若干税收问题的通知》（国税函〔2010〕79号）

六、关于免税收入所对应的费用扣除问题

根据《中华人民共和国企业所得税法实施条例》第二十七条、第二十八条的规定，企业取得的各项免税收入所对应的各项成本费用，除另有规定外，可以在计算企业应纳税所得额时扣除。

涉税提示

企业会计准则与税法界定的收入其差异主要体现在以下几个方面：（1）企业会计准则与税法界定收入的内容不同。税法中的收入总额包含的内容比企业会计准则规定的内容更加广泛，一切能够提高企业纳税能力的收入，都应当计入收入总额，列入企业所得税纳税申报表。（2）企业会计准则与税法界定收入的范围不同。收入准则适用于所有与客户之间的合同，但下列各项除外：①由《企业会计准则第2号——长期股权投资》《企业会计准则第22号——金融工具确认和计量》《企业会计准则第23号——金融资产转移》《企业会计准则第24号——套期会计》《企业会计准则第33号——合并财务报表》以及《企业会计准则第40号——合营安排》规范的金融工具及其他合同权利和义务，分别适用《企业会计准则第2号——长期股权投资》《企业会计准则第22号——金融工具确认和计量》《企业会计准则第23号——金融资产转移》《企业会计准则第24号——套期会计》《企业会计准则第33号——合并财务报表》以及《企业会计准则第40号——合营安排》。②由《企业会计准则第21号——租赁》规范的租赁合同，适用《企业会计准则第21号——租赁》。③由保险合同相关会计准则规范的保险合同，适用保险合同相关会计准则。所得税法收入总额包括的项目比会计上的收入项目多，企业的销售货物收入、提供劳务收入、转让财产收入、股息红利等权益性投资收益、利息收入、租金收入、特许权使用费收入、接受捐赠收入,其他收入等,都应当计入收入总额。(3)企业所得税法从收入是否应计入应纳税所得额有不征税收入、免税收入等的概念,会计上没有这些概念。

二、收入的确认与计量

收入的确认和计量大致分为五步:第一步,识别与客户订立的合同;第二步,识别合同中的单项履约义务;第三步,确定交易价格;第四步,将交易价格分摊至各单项履约义务;第五步,履行各单项履约义务时确认收入。其中,第一步、第二步和第五步主要与收入的确认有关,第三步和第四步主要与收入的计量有关。

(一) 识别与客户订立的合同

本节所称合同,是指双方或多方之间订立有法律约束力的权利和义务的协议,包括书面形式、口头形式以及其他可验证的形式(如隐含于商业惯例或企业以往的习惯做法中)。

1. 收入确认的原则

企业应当在履行了合同中的履约义务,即在客户取得相关商品控制权时确认收入。取得相关商品控制权,是指能够主导该商品的使用并从中获得几乎全部的经济利益,也包括有能力阻止其他方主导该商品的使用并从中获得经济利益。取得商品控制权包括以下三个要素:

一是能力。即客户必须拥有现时权利,能够主导该商品的使用并从中获得几乎全部经济利益。如果客户只能在未来的某一期间主导该商品的使用并从中获益,则表明其尚未取得该商品的控制权。

二是主导该商品的使用。客户有能力主导该商品的使用,是指客户有权使用该商品,或者能够允许或阻止其他方使用该商品。

三是能够获得几乎全部的经济利益。商品的经济利益,是指该商品的潜在现金流量,既包括现金流入的增加,也包括现金流出的减少。客户可以通过很多方式直接或间接地获得商品的经济利益,例如使用、消耗、出售或持有该商品、使用该商品提升其他资产的价值,以及将该商品用于清偿债务、支付费用或抵押等。

2. 收入确认的前提条件

企业与客户之间的合同同时满足下列条件的,企业应当在客户取得相关商品控制权时确认收入:(1)合同各方已批准该合同并承诺将履行各自义务。(2)该合同明确了合同各方与所转让的商品（或提供的服务，以下简称转让的商品）相关的权利和义务。(3) 该合同有明确的与所转让的商品相关的支付条款。(4) 该合同具有商业实质，即履行该合同将改变企业未来现金流量的风险、时间分布或金额。(5) 企业因向客户转让商品而有权取得的对价很可能收回。在进行上述判断时，需要注意以下三点：

一是合同约定的权利和义务是否具有法律约束力，需要根据企业所处的法律环境和实务操作进行判断，包括合同订立的方式和流程、具有法律约束力的权利和义务的时间等。对于合同各方均有权单方面终止完全未执行的合同，且无需对合同其他方做出补偿的，企业应当视为该合同不存在。其中，完全未执行的合同，是指企业尚未向客户转让任何合同中承诺的商品，也尚未收取且尚未有权收取已承诺商品的任何对价的合同。

二是合同具有商业实质，是指履行该合同将改变企业未来现金流量的风险、时间分布或金额。关于商业实质，应按照非货币性资产交换中有关商业实质说明进行判断。

判断企业是否已将商品所有权上的主要风险和报酬转移给购货方，应当关注交易的实质而不是形式，并结合所有权凭证的转移或实物的交付进行判断。

（1）通常情况下，转移商品所有权凭证并交付实物后，商品所有权上的主要风险和报酬随之转移，如大多数零售商品。

（2）某些情况下，转移商品所有权凭证但未交付实物，商品所有权上的主要风险和报酬随之转移，企业只保留了次要风险和报酬，如交款提货方式销售商品。有时，已交付实物但未转移商品所有权凭证，商品所有权上的主要风险和报酬未随之转移，如采用支付手续费方式委托代销的商品。

【例9-1】嘉和公司向乐家公司销售100台电冰箱。嘉和公司已向乐家公司开出发票账单，乐家公司已根据发票账单支付了货款，但嘉和公司尚未将电冰箱移交给乐家公司。

在此例中，销售方采取交款提货的方式销售商品，虽然销售方未将冰箱移交给购买方，但购买方已收到销售方开具的发票账单，并支付了货款，说明商品所有权上的主要风险和报酬已转移给购买方。

【例9-2】天鑫公司委托宏旺公司销售400件商品，商品已经发出，合同规定天鑫公司按商品售价的20%向宏旺公司支付手续费。

在此例中，销售方采取支付手续费方式委托代销商品，虽然销售方已将商品发出，但未开出发票账单，说明商品所有权上的主要风险和报酬尚未转移。

（3）某些情况下，转移商品所有权凭证并交付实物后，商品所有权上的主要风险和报酬并未随之转移。

①企业销售的商品在质量、品种、规格等方面不符合合同规定的要求，又未根据正常的保证条款予以弥补，因而仍负有责任。

【例9-3】宏达公司于2×19年4月21日销售一批商品，商品已经发出，买方已预付部分货款，余款由宏达公司开出一张商业承兑汇票，已随发票账单一并交付买方。买方当天收到商品后，发现商品质量没达到合同规定的要求，立即根据合同的有关条款与宏达公司交涉，要求宏达公司在价格上给予一定的减让，否则买方可能会退货。双方没有达成一致意见，宏达公司仍未采取任何弥补措施。

在此例中，尽管商品已经发出，发票账单已交付买方，也已收到部分货款，但由于双方在商品质量的弥补方面未达成一致意见，买方尚未正式接受商品，商品可能被退回，因此商品所有权上的主要风险和报酬仍留在销售方，宏达公司此时不能确认收入，而应在按买方要求进行弥补后予以确认。

②企业尚未完成售出商品的安装或检验工作，而此项安装或检验工作又是销售合同的重要组成部分。

【例9-4】铁石公司向八通公司销售一部电梯，电梯已发出，发票账单已交付八通公司，八通公司已预付部分货款。但根据合同规定，铁石公司须负责安装，且在安装并经检验合格后，由八通公司支付余款。

在此例中，由于电梯安装属于销售合同的重要组成部分，在安装过程中可能会发生一些不确定因素，影响电梯销售收入的实现。所以，电梯发出并不表示商品所有权上的主要风险和报酬已转移给买方。

③销售合同或协议中规定了买方由于特殊原因有权退货的条款，且企业又不能确定退货的可能性。

【例9-5】天鑫公司为推销一项新产品，规定凡购买该产品者均有一个月的试用期，不满意的，可以在试用期内退货。

在此例中，天鑫公司尽管已将商品售出，也已收到货款，但由于是新产品，通常无法估计退货的可能性，说明商品所有权上的主要风险和报酬并未转移给买方。

三是，企业在评估其因向客户转让商品而有权取得的对价是否很可能收回时，仅应考虑客户到期时支付对价的能力和意图（即客户的信用风险）。企业在进行判断时，应当考虑是否存在价格折让。存在价格折让的，应当在估计交易价格时进行考虑。企业预期很可能无法收回全部合同对价时，应当判断其原因是客户的信用风险还是企业向客户提供了价格折让所致。实务中，企业可能存在一组类似的合同，企业在对该组合同中的每一份合同进行评估时，均认为其合同对价很可能收回，但是根据历史经验，企业预计可能无法收回该组合同的全部对价。在这种情况下，企业应当认为这些合同满足"因向客户转让商品而有权取得的对价很可能收回"这一条件，并以此为基础估计交易价格。与此同时，企业应当考虑这些合同所确认的合同资产或应收款项是否存在减值。

对于不能同时满足上述收入确认的五个条件的合同，企业只有在不再负有向客户转让商品的剩余义务（例如，合同已完成或取消），且已向客户收取的对价（包括全部或部分对价）无须退回时，才能将已收取的对价确认为收入；否则，应当将已收取的对价作为负债进行会计处理。其中，企业向客户收取无须退回的对价的，应当在已经将该部分对价所对应的商品的控制权转移给客户，并且已不再向客户转让额外的商品且不再负有此类义务时，将该部分对价确认为收入；或者，在相关合同已经终止时，将该部分对价确认为收入。

【例9-6】 安康房地产开发公司与乙公司签订合同，向其销售一栋建筑物，合同价款为200万元。该建筑物的成本为80万元，乙公司在合同开始日即取得了该建筑物的控制权。根据合同约定，乙公司在合同开始日支付了5%的保证金10万元，并就剩余95%的价款与安康公司签订了不附追索权的长期融资协议，如果乙公司违约，安康公司可重新拥有该建筑物，即使收回的建筑物不能涵盖所欠款项的总额，安康公司也不能向乙公司索取进一步的赔偿。乙公司计划在该建筑物内开设一家餐馆。在该建筑物所在的地区，餐饮行业面临激烈的竞争，但乙公司缺乏餐饮行业的经营经验。

本例中，乙公司计划以该餐馆产生的收益偿还安康公司的欠款，除此之外并无其他的经济来源，乙公司也未对该笔欠款设定任何担保。如果乙公司违约，安康公司虽然可重新拥有该建筑物，但即使收回的建筑物不能涵盖所欠款项的总额，安康公司也不能向乙公司索取进一步的赔偿。因此，安康公司对乙公司还款的能力和意图存在疑虑，认为该合同不满足合同价款很可能收回的条件。甲公司应当将收到的5万元确认为一项负债。

【例9-7】 文华公司与博资公司签订协议，约定文华公司生产并向博资公司销售一台大型设备。限于自身生产能力不足，文华公司委托广汇公司生产该大型设备的一个主要部件。文华公司与广汇公司签订的协议约定，广汇公司生产该主要部件发生的成本经文华公司认定后，其金额的120%为文华公司支付给广汇公司的款项。假设文华公司本身负责的部件生产任务和广汇公司负责的部件生产任务均已完成，并由文华公司组装后运抵博资公司，博资公司验收合格后及时支付了货款。但是，广汇公司尚未将由其负责的部件的相关成本资料交付给文华公司认定。

在此例中，虽然文华公司已将大型设备交付博资公司，且已收到货款。但是，文华公司为该大型设备发生的相关成本因广汇公司相关资料未送达而不能可靠计量，也不能合理估计。因此，文华公司收到货款时不应确认为收入。如果文华公司为该大型设备发生的相关成本因广汇公司相关资料未送达而不能可靠地计量，但是文华公司基于以往经验能够合理估计出该大型设备的成本，仍可以认为满足本确认条件。

对于在合同开始日即满足上述收入确认条件的合同，企业在后续期间无需对其进行重新评估，除非有迹象表明相关事实和情况发生重大变化。对于不满足上述收入确认条件的合同，企业应当在后续期间对其进行持续评估，以判断其能否满足这些条件。企业如果在合同满足相关条件之前已经向客户转移了部分商品，当该合同在后续期间满足相关条件时，企业应当将在此之前已经转移的商品所分摊的交易价格确认为收入。通常情况下，合同开始日，是指合同开始赋予合同各方具有法律约束力的权利和义务的日期，即合同生效日。

需要说明的是，没有商业实质的非货币性资产交换，无论何时，均不应确认收入。从事相同业务经营的企业之间，为便于向客户或潜在客户销售而进行的非货币性资产交换（例如，两家石油公司之间相互交换石油，以便及时满足各自不同地点客户的需求），不应确认收入。

【例9-8】天鑫公司与乙公司签订合同，将一项专利技术授权给乙公司使用，并按其使用情况收取特许权使用费。天鑫公司评估认为，该合同在合同开始日满足本节合同确认收入的五个条件。该专利技术在合同开始日即授权给乙公司使用。在合同开始日后的第一年内，乙公司每季度向天鑫公司提供该专利技术的使用情况报告，并在约定的期间内支付特许权使用费。在合同开始日后的第二年内，乙公司继续使用该专利技术，但是乙公司的财务状况下滑，融资能力下降，可用现金不足，因此，乙公司仅按合同支付了当年第一季度的特许权使用费，而后三个季度仅按名义金额付款。在合同开始日后的第三年，乙公司继续使用天鑫公司的专利技术，但是，天鑫公司得知，乙公司已经完全丧失了融资能力，且流失了大部分客户，因此，乙公司的付款能力进一步恶化，信用风险显著升高。

本例中，该合同在合同开始日满足收入确认的前提条件，因此，甲公司在乙公司使用该专利技术的行为发生时，按照约定的特许权使用费确认收入。合同开始日后的第二年，由于乙公司的信用风险升高，甲公司在确认收入的同时，按照金融资产减值的要求对乙公司的应收款项进行减值测试。合同开始日后的第三年，由于乙公司的财务状况恶化，信用风险显著升高，甲公司对该合同进行了重新评估，认为"企业因向客户转让商品而有权取得的对价很可能收回"这一条件不再满足，因此，甲公司不再确认特许权使用费收入，同时对现有应收款项是否发生减值继续进行评估。

企业与同一客户（或该客户的关联方）同时订立或在相近时间内先后订立的两份或多份合同，在满足下列条件之一时，应当合并为一份合同进行会计处理：（1）该两份或多份合同基于同一商业目的而订立并构成一揽子交易，如一份合同在不考虑另一份合同的对价的情况下将会发生亏损；（2）该两份或多份合同中的一份合同的对价金额取决于其他合同的定价或履行情况，如一份合同如果发生违约，将会影响另一份合同的对价金额;(3)该两份或多份合同中所承诺的商品(或每份合同中所承诺的部分商品)构成本节后文所述的单项履约义务。两份或多份合同合并为一份合同进行会计处理的,仍然需要区分该一份合同中包含的各单项履约义务。

3. 合同变更

本节所称合同变更,是指经合同各方同意对原合同范围或价格(或两者)做出的变更。企业应当区分下列三种情形对合同变更分别进行会计处理:

(1)合同变更部分作为单独合同进行会计处理的情形。合同变更增加了可明确区分的商品及合同价款,且新增合同价款反映了新增商品单独售价的,应当将该合同变更作为一份单独的合同进行会计处理。判断新增合同价款是否反映了新增商品的单独售价时,应当考虑为反映该特定合同的具体情况而对新增商品价格所做的适当调整。例如,在合同变更时,企业由于无须发生为发展新客户等所须发生的相关销售费用,可能会向客户提供一定的折扣,从而在新增商品单独售价的基础上予以适当调整。

(2)合同变更作为原合同终止及新合同订立进行会计处理的情形。合同变更不属于上述第(1)种情形,且在合同变更日已转让商品与未转让商品之间可明确区分的,应当视为原合同终止,同时,将原合同未履约部分与合同变更部分合并为新合同进行会计处理。新合同的交易价格应当为下列两项金额之和:一是原合同交易价格中尚未确认为收入的部分(包括已向客户收取的金额);二是合同变更中客户已承诺的对价金额。

【例9-9】天鑫公司与客户签订合同,每周为客户的办公楼提供保洁服务,合同期限为三年,客户每年向天鑫公司支付服务费12万元(假定该价格反映了合同开始日该项服务的单独售价)。在第二年末,合同双方对合同进行了变更,将第三年的服务费调整为10万元(假定该价格反映了合同变更日该项服务的单独售价),同时以20万元的价格将合同期限延长三年(假定该价格不反映合同变更日该三年服务的单独售价),即每年的服务费为6.67万元,于每年年初支付。上述价格均不包含增值税。

本例中,在合同开始日,天鑫公司认为其每周为客户提供的保洁服务是可明确区分的,但天鑫公司向客户转让的是一系列实质相同且转让模式相同的、可明确区分的服务,因此将其作为单项履约义务。在合同开始的前两年,即合同变更之前,天鑫公司每年确认收入12万元。在合同变更日,新增的三年保洁服务的价格不能反映该项服务在合同变更时的单独售价,因此,该合同变更不能作为单独的合同进行会计处理,在剩余合同期间需提供的服务与已提供的服务是可明确区分的,天鑫公司应当将该合同变更作为原合同终止,同时,将原合同中未履约的部分与合同变更合并为一份新合同进行会计处理。新合同的合同期限为四年，对价为30万元，即原合同下尚未确认收入的对价10万元与新增的三年服务相应的对价20万元之和，新合同中天鑫公司每年确认的收入为7.5万元（30万元÷4年）。

（3）合同变更部分作为原合同的组成部分进行会计处理的情形。合同变更不属于上述第（1）种情形，且在合同变更日已转让商品与未转让商品之间不可明确区分的，应当将该合同变更部分作为原合同的组成部分，在合同变更日重新计算履约进度，并调整当期收入和相应成本等。

【例9-10】2×18年1月1日，乙建筑公司和客户签订了一项总金额为2 000万元的固定造价合同，在客户自有土地上建造一幢办公楼，预计合同总成本为500万元。假定该建造服务属于在某一时段内履行的履约义务，并根据累计发生的合同成本占合同预计总成本的比例确定履约进度。截至2×18年末，乙公司累计已发生成本300万元，履约进度为60%（300万元÷500万元）。因此，乙公司在2×18年确认收入1 200万元（2 000万元×60%）。2×19年初，合同双方同意更改该办公楼屋顶的设计，合同价格和预计总成本因此而分别增加1 000万元和150万元。

在本例中，由于合同变更后拟提供的剩余服务与在合同变更日或之前已提供的服务不可明确区分（即该合同仍为单项履约义务），因此，乙公司应当将合同变更作为原合同的组成部分进行会计处理。合同变更后的交易价格为3 000万元（2 000万元+1 000万元），乙公司重新估计的履约进度为46.15%［300万元÷（500万元+150万元）］，乙公司在合同变更日应额外确认收入184.5万元（46.15%×3 000万元-1 200万元）。

如果在合同变更日未转让商品为上述第（2）和第（3）种情形的组合，企业应当按照上述第（2）或第（3）种情形中更为恰当的一种方式对合同变更后尚未转让（或部分未转让）商品进行会计处理。

涉税规定

◆《中华人民共和国企业所得税法实施条例》（国务院令第512号）

第九条 企业应纳税所得额的计算，以权责发生制为原则，属于当期的收入和费用，不论款项是否收付，均作为当期的收入和费用；不属于当期的收入和费用，即使款项已经在当期收付，均不作为当期的收入和费用。本条例和国务院财政、税务主管部门另有规定的除外。

◆《国家税务总局关于确认企业所得税的收入若干问题通知》（国税函〔2008〕875号）

除企业所得税法及实施条例另有规定的除外，企业销售收入的确认，必须遵循权责发生制原则和实质重于形式原则。

（一）企业销售商品同时满足下列条件的，应确认收入的实现：

1. 商品销售合同已经签订，企业已将商品所有权相关的主要风险和报酬转移给购货方；

2. 企业对已售出的商品既没有保留通常与所有权相联系的继续管理权，也没有实施有效控制；

3. 收入的金额能够可靠地计量；

4. 已发生或将发生的销售方的成本能够可靠地核算。

《中华人民共和国增值税暂行条例》（国务院令第538号）

第十九条　增值税纳税义务发生时间：

（一）销售货物或者应税劳务，为收讫销售款项或者取得索取销售款项凭据的当天；先开具发票的，为开具发票的当天。

（二）进口货物，为报关进口的当天。

增值税扣缴义务发生时间为纳税人增值税纳税义务发生的当天。

涉税提示

在进行收入确认时，企业会计准则与税法的差异主要体现在：（1）企业会计准则和企业所得税法在确认收入时都遵循权责发生制原则和实质重于形式原则，但企业所得税法有例外情况。（2）增值税确认收入一般较为注重收入实现的法律标准，确认收入的标准具有固定性。

【例9-11】 天鑫公司2×19年4月10日向长安公司销售一批产品，开出的增值税专用发票上注明售价为2 000 000元，增值税额为260 000元。该批产品的成本500 000元，商品已经发出。天鑫公司在销售时已知长安公司资金周转困难，难以及时支付货款，但为了减少存货积压，同时也为了维持与长安公司长期以来建立的商业关系，天鑫公司将商品销售给了长安公司。该批商品已经发出，并已向银行办妥托收手续。试分析：（1）天鑫公司能否确认销售商品收入；（2）天鑫公司销售该批商品的增值税纳税义务是否发生；（3）天鑫公司的会计处理和企业所得税处理。

分析：

（1）此例中，由于购货方资金周转存在暂时困难，因而天鑫公司在货款回收方面存在不确定性，不满足收入确认的第五个条件（企业因向客户转让商品而有权取得的对价很可能收回），不能确认销售商品收入。

（2）天鑫公司销售商品时已开出发票。因此，天鑫公司销售该批商品的增值税纳税义务已经发生。

天鑫公司应做如下会计处理：

借：发出商品　　　　　　　　　　　　　　　　　　500 000
　　贷：库存商品　　　　　　　　　　　　　　　　　　500 000
借：应收账款　　　　　　　　　　　　　　　　　　260 000

贷：应交税费——应交增值税（销项税额）　　　　　260 000

税务处理

如果年终按企业会计准则规定天鑫公司仍不能确认收入，应调整增加应纳税所得额 1 500 000 元（2 000 000 元 – 500 000 元）。

（二）识别合同中的单项履约义务

合同开始日，企业应当对合同进行评估，识别该合同所包含的各单项履约义务，并确定各单项履约义务是在某一时段内履行，还是在某一时点履行，然后，在履行了各单项履约义务时分别确认收入。履约义务，是指合同中企业向客户转让可明确区分商品的承诺。企业应当将下列向客户转让商品的承诺作为单项履约义务：

（1）企业向客户转让可明确区分商品（或者商品或服务的组合）的承诺。企业向客户承诺的商品同时满足下列条件的，应当作为可明确区分商品：一是客户能够从该商品本身或者从该商品与其他易于获得的资源一起使用中受益，即该商品能够明确区分；二是企业向客户转让该商品的承诺与合同中其他承诺可单独区分，即转让该商品的承诺在合同中是可明确区分的。表明客户能够从某项商品本身或者将其与其他易于获得的资源一起使用获益的因素有很多，例如企业通常会单独销售该商品等。

需要特别指出的是，在评估某项商品是否能够明确区分时，应当基于该商品自身的特征，与客户可能使用该商品的方式无关。因此，企业无须考虑合同中可能存在的阻止客户从其他来源取得相关资源的限制性条款。企业确定了商品本身能够明确区分后，还应当在合同层面继续评估转让该商品（或提供该服务，以下简称转让该商品）的承诺是否与合同中其他承诺彼此之间可明确区分。下列情形通常表明企业向客户转让该商品的承诺与合同中的其他承诺不可明确区分：

一是企业需提供重大的服务以将该商品与合同中承诺的其他商品进行整合，形成合同约定的某个或某些组合产出转让给客户。例如，企业为客户建造写字楼的合同中，企业向客户提供的砖头、水泥、人工等都能够使客户获益，但是，在该合同下，企业对客户承诺的是为其建造一栋写字楼，而并非提供这些砖头、水泥和人工等，企业需提供重大的服务将这些商品或服务进行整合，以形成合同约定的一项组合产出（即写字楼）转让给客户。因此，在该合同中，砖头、水泥和人工等商品或服务彼此之间不能单独区分。

二是该商品将对合同中承诺的其他商品予以重大修改或定制。例如，企业承诺向客户提供其开发的一款现有软件，并提供安装服务，虽然该软件无须更新或技术支持也可直接使用，但是企业在安装过程中需要在该软件现有基础上对其进行定制化的重大修改，以使其能够与客户现有的信息系统相兼容。此时，转让软件的承诺与提供定制化的重大修改的承诺在合同层面是不可明确区分的。

三是该商品与合同中承诺的其他商品具有高度关联性。也就是说,合同中承诺的每一单项商品均受到合同中其他商品的重大影响。例如,企业承诺为客户设计一种新产品并负责生产10个样品,企业在生产和测试样品的过程中需要对产品的设计进行不断的修正,导致已生产的样品均可能需要进行不同程度的返工。此时,企业提供的设计服务和生产样品的服务是不断交替反复进行的,两者高度关联,因此,在合同层面是不可明确区分的。

需要说明的是,企业向客户销售商品时,往往约定企业需要将商品运送至客户指定的地点。通常情况下,商品控制权转移给客户之前发生的运输活动不构成单项履约义务;相反,商品控制权转移给客户之后发生的运输活动可能表明企业向客户提供了一项运输服务,企业应当考虑该项服务是否构成单项履约义务。

(2) 企业向客户转让一系列实质相同且转让模式相同的、可明确区分商品的承诺。企业应当将实质相同且转让模式相同的一系列商品作为单项履约义务,即使这些商品可明确区分。其中,转让模式相同,是指每一项可明确区分商品均满足本节在某一时段内履行履约义务的条件,且采用相同方法确定其履约进度。如每天为客户提供保洁服务的长期劳务合同等。企业在判断所转让的一系列商品是否实质相同时,应当考虑合同中承诺的性质,如果企业承诺的是提供确定数量的商品,那么需要考虑这些商品本身是否实质相同;如果企业承诺的是在某一期间内随时向客户提供某项服务,则需要考虑企业在该期间内的各个时间段(如每天或每小时)的承诺是否相同,而并非具体的服务行为本身,例如,企业向客户提供3年的酒店管理服务,具体包括保洁、维修、安保等,但没有具体的服务次数或时间的要求,尽管企业每天提供的具体服务不一定相同,但是企业每天对于客户的承诺都是相同的,因此,该服务符合"实质相同"的条件。企业为履行合同而应开展的初始活动,通常不构成履约义务,除非该活动向客户转让了承诺的商品。例如,某俱乐部为注册会员建立档案,该活动并未向会员转让承诺的商品,因此不构成单项履约义务。

(三) 确定交易价格

交易价格,是指企业因向客户转让商品而预期有权收取的对价金额。企业代第三方收取的款项(例如增值税)以及企业预期将退还给客户的款项,应当作为负债进行会计处理,不计入交易价格。合同标价并不一定代表交易价格,企业应当根据合同条款,并结合以往的习惯做法等确定交易价格。企业在确定交易价格时,应当假定将按照现有合同的约定向客户转让商品,且该合同不会被取消、续约或变更。

1. 可变对价

可变对价是指,企业与客户的合同中约定的对价金额可能会因折扣、价格折让、返利、退款、奖励积分、激励措施、业绩奖金、索赔等因素而变化。此外，根据一项或多项或有事项的发生而收取不同对价金额的合同，也属于可变对价的情形。企业在判断合同中是否存在可变对价时，不仅应当考虑合同条款的约定，还应当考虑下列情况：一是根据企业已公开宣布的政策、特定声明或者以往的习惯做法等，客户能够合理预期企业将会接受低于合同约定的对价金额，即企业会以折扣、返利等形式提供价格折让；二是其他相关事实和情况表明企业在与客户签订合同时即意图向客户提供价格折让。合同中存在可变对价的，企业应当对计入交易价格的可变对价进行估计。

（1）可变对价最佳估计数的确定。企业应当按照期望值或最可能发生金额确定可变对价的最佳估计数。企业所选择的方法应当能够更好地预测其有权收取的对价金额，并且对于类似的合同，应当采用相同的方法进行估计。对于某一事项的不确定性对可变对价金额的影响，企业应当在整个合同期间一致地采用同一种方法进行估计。但是，当存在多个不确定性事项均会影响可变对价金额时，企业可以采用不同的方法对其进行估计。期望值是按照各种可能发生的对价金额及相关概率计算确定的金额。如果企业拥有大量具有类似特征的合同，并估计可能产生多个结果时，通常按照期望值估计可变对价金额。最可能发生金额是一系列可能发生的对价金额中最可能发生的单一金额，即合同最可能产生的单一结果。当合同仅有两个可能结果时，通常按照最可能发生金额估计可变对价金额。

（2）计入交易价格的可变对价金额的限制。企业按照期望值或最可能发生金额确定可变对价金额之后，计入交易价格的可变对价金额还应该满足限制条件，即包含可变对价的交易价格，应当不超过在相关不确定性消除时，累计已确认的收入极可能不会发生重大转回的金额。企业在评估是否极可能不会发生重大转回时，应当同时考虑收入转回的可能性及其比重。其中，"极可能"发生的概率应远高于"很可能（即，可能性超过50%）"，但不要求达到"基本确定（即，可能性超过95%）"，其目的是为了避免因为一些不确定性因素的发生导致之前已经确认的收入发生转回；在评估收入转回金额的比重时，应同时考虑合同中包含的固定对价和可变对价，即，可能发生的收入转回金额相对于合同总对价（包括固定对价和可变对价）的比重。企业应当将满足上述限制条件的可变对价的金额，计入交易价格。

需要说明的是，将可变对价计入交易价格的限制条件不适用于企业向客户授予知识产权许可并约定按客户实际销售或使用情况收取特许权使用费的情况。每一资产负债表日，企业应当重新估计应计入交易价格的可变对价金额，包括重新评估，将估计的可变对价计入交易价格是否受到限制，以如实反映报告期末存在的情况以及报告期内发生的情况变化。

【例9-12】2×18年1月1日，天鑫公司签订合同，为一只股票型基金提供资产管理服务，合同期限为5年。甲公司所能获得的报酬包括两部分：一是每季度按照季度末该基金净值的1%收取管理费，该管理费不会因基金净值的后续变化而调整或被要求退回；二是该基金在3年内的累计回报如果超过10%，则乙公司可以获得超额回报部分的20%作为业绩奖励。2×18年9月30日，该基金的净值为5亿元。假定不考虑相关税费影响。

本例中，天鑫公司在该项合同中收取的管理费和业绩奖励均为可变对价，其金额极易受到股票价格波动的影响，这是在天鑫公司影响范围之外的，虽然天鑫公司过往有类似合同的经验，但是该经验在确定未来市场表现方面并不具有预测价值。因此，在合同开始日，天鑫公司无法对其能够收取的管理费和业绩奖励进行估计，不满足累计已确认的收入金额极可能不会发生重大转回的条件。

2×18年12月31日，天鑫公司重新估计该合同的交易价格时，影响该季度管理费收入金额的不确定性已经消除，天鑫公司确认管理费收入500万元（5亿元×1%）。天鑫公司未确认业绩奖励收入，因为该业绩奖励仍然会受到基金未来累计回报的影响，有关将可变对价计入交易价格的限制条件仍然没有得到满足。天鑫公司应当在后续的每一资产负债表日，估计业绩奖励是否满足上述条件，以确定其收入金额。

2. 合同中存在的重大融资成分

当合同各方以在合同中（或者以隐含的方式）约定的付款时间为客户或企业就该交易提供了重大融资利益时，合同中即包含了重大融资成分。例如，企业以赊销的方式销售商品等。合同中存在重大融资成分的，企业应当按照假定客户在取得商品控制权时即以现金支付的应付金额（即，现销价格）确定交易价格。在评估合同中是否存在融资成分以及该融资成分对于该合同而言是否重大时，企业应当考虑所有相关的事实和情况，包括：（1）已承诺的对价金额与已承诺商品的现销价格之间的差额。（2）下列两项的共同影响：①企业将承诺的商品转让给客户与客户支付相关款项之间的预计时间间隔。②相关市场的现行利率。表明企业与客户之间的合同未包含重大融资成分的情形有：第一，客户就商品支付了预付款，且可以自行决定这些商品的转让时间（例如，企业向客户出售其发行的储值卡，客户可随时到该企业持卡购物；企业向客户授予奖励积分，客户可随时到该企业兑换这些积分等）。第二，客户承诺支付的对价中有相当大的部分是可变的，该对价金额或付款时间取决于某一未来事项是否发生，且该事项实质上不受客户或企业控制（例如，按照实际销量收取的特许权使用费）。第三，合同承诺的对价金额与现销价格之间的差额是由于向客户或企业提供融资利益以外的其他原因所导致的，且这一差额与产生该差额的原因是相称的（例如，合同约定的支付条款目的是向企业或客户提供保护，以防止另一方未能依照合同充分履行其部分或全部义务）。

需要说明的是，企业应当在单个合同层面考虑融资成分是否重大，而不应在合同组合层面考虑。合同中存在重大融资成分的，企业在确定该重大融资成分的金额时，应使用将合同对价的名义金额折现为商品的现销价格的折现率。该折现率一经确定，不得因后续市场利率或客户信用风险等情况的变化而变更。企业确定的交易价格与合同承诺的对价金额之间的差额，应当在合同期间内采用实际利率法摊销。

为简化实务操作，如果在合同开始日，企业预计客户取得商品控制权与客户支付价款间隔不超过一年的，可以不考虑合同中存在的重大融资成分。企业应当对类似情形下的类似合同一致地应用这一简化处理方法。

3. 非现金对价

非现金对价包括实物资产、无形资产、股权、客户提供的广告服务等。客户支付非现金对价的，通常情况下，企业应当按照非现金对价在合同开始日的公允价值确定交易价格。非现金对价公允价值不能合理估计的，企业应当参照其承诺向客户转让商品的单独售价间接确定交易价格。非现金对价的公允价值可能会因对价的形式而发生变动（例如，企业有权向客户收取的对价是股票，股票本身的价格会发生变动），也可能会因为其形式以外的原因而发生变动。合同开始日后，非现金对价的公允价值因对价形式以外的原因而发生变动的，应当作为可变对价，按照与计入交易价格的可变对价金额的限制条件相关的规定进行处理；合同开始日后，非现金对价的公允价值因对价形式而发生变动的，该变动金额不应计入交易价格。

4. 应付客户对价

企业存在应付客户对价的，应当将该应付对价冲减交易价格，但应付客户对价是为了自客户取得其他可明确区分商品的除外。企业应付客户对价是为了向客户取得其他可明确区分商品的，应当采用与企业其他采购相一致的方式确认所购买的商品。企业应付客户对价超过向客户取得可明确区分商品公允价值的，超过金额应当冲减交易价格。向客户取得的可明确区分商品公允价值不能合理估计的，企业应当将应付客户对价全额冲减交易价格。在将应付客户对价冲减交易价格处理时，企业应当在确认相关收入与支付（或承诺支付）客户对价两者孰晚的时点冲减当期收入。

涉税规定

◆《中华人民共和国企业所得税法实施条例》（国务院令第512号）

第十三条　企业所得税法第六条所称企业以非货币形式取得的收入，应当按照公允价值确定收入额。公允价值，是指按照市场价格确定的价值。

◆《中华人民共和国增值税暂行条例》

第六条 销售额为纳税人发生应税销售行为收取的全部价款和价外费用，但是不包括收取的销项税额。

销售额以人民币计算。纳税人以人民币以外的货币结算销售额的，应当折合成人民币计算。

第七条 纳税人发生应税销售行为的价格明显偏低并无正当理由的，由主管税务机关核定其销售额。

◆《中华人民共和国增值税暂行条例实施细则》

第十二条 条例第六条第一款所称价外费用，包括价外向购买方收取的手续费、补贴、基金、集资费、返还利润、奖励费、违约金、滞纳金、延期付款利息、赔偿金、代收款项、代垫款项、包装费、包装物租金、储备费、优质费、运输装卸费以及其他各种性质的价外收费。但下列项目不包括在内：

（一）受托加工应征消费税的消费品所代收代缴的消费税。

（二）同时符合以下条件的代垫运输费用：

1. 承运部门的运输费用发票开具给购买方的；

2. 纳税人将该项发票转交给购买方的。

（三）同时符合以下条件代为收取的政府性基金或者行政事业性收费：

1. 由国务院或者财政部批准设立的政府性基金，由国务院或省级人民政府及其财政、价格主管部门批准设立的行政事业性收费；

2. 收取时开具省级以上财政部门印制的财政票据；

3. 所收款项全额上缴财政。

（四）销售货物的同时代办保险等而向购买方收取的保险费，以及向购买方收取的代购买方缴纳的车辆购置税、车辆牌照费。

第十六条 纳税人有条例第七条所称价格明显偏低并无正当理由或者有本细则第四条所列视同销售货物行为而无销售额者，按下列顺序确定销售额：

（一）按纳税人最近时期同类货物的平均销售价格确定。

（二）按其他纳税人最近时期同类货物的平均销售价格确定。

（三）按组成计税价格确定。组成计税价格的公式为：

组成计税价格 = 成本 × (1 + 成本利润率)

属于应征消费税的货物，其组成计税价格中应加计消费税额。

公式中的成本是指：销售自产货物的为实际生产成本，销售外购货物的为实际采购成本。公式中的成本利润率由国家税务总局确定。

◆《中华人民共和国消费税暂行条例》

第六条 销售额为纳税人销售应税消费品向购买方收取的与全部价款和价外

费用。

◆《中华人民共和国电子商务法》（主席令第七号）

第三十五条　电子商务平台经营者不得利用服务协议、交易规则以及技术等手段，对平台内经营者在平台内的交易、交易价格以及与其他经营者的交易等进行不合理限制或者附加不合理条件，或者向平台内经营者收取不合理费用。

涉税提示

对收入计量时，应注意以下三点：（1）企业会计准则规定合同中存在重大融资成分的，企业应当按照假定客户在取得商品控制权时即以现金支付的应付金额（即，现销价格）确定交易价格，客户支付非现金对价的，通常情况下，企业应当按照非现金对价在合同开始日的公允价值确定交易价格。非现金对价公允价值不能合理估计的，企业应当参照其承诺向客户转让商品的单独售价间接确定交易价格。但企业所得税法按照市场价格确定的价值确定公允价值。（2）增值税、消费税的销售额都包括全部价款和价外费用两部分。在进行会计处理时，价外费用不一定通过收入账户核算，但要并入销售额，计提税金。（3）按增值税规定，纳税人销售货物或者应税劳务的价格明显偏低并无正当理由的，由主管税务机关核定其销售额。

【例 9 – 13】 鹏翔电器公司（增值税一般纳税人）主要生产销售各种型号的电视机。2×19 年 4 月发生了如下经济业务：

（1）通过赊销方式向富视达家电经销公司销售一批产品，由于富视达公司延期支付货款，收取延期付款利息 3 390 元。

（2）以预收货款方式销售给南新电器销售公司电视机 100 台，向购买方收取装卸费 4520 元。

鹏翔电器公司对收取的延期付款利息和装卸费应做如下会计处理：

（1）收取延期付款利息时：

借：银行存款　　　　　　　　　　　　　　　　　　　　　3 390

　　贷：财务费用　　　　　　　　　　　　　　　　　　　　3 000

　　　　应交税费——应交增值税（销项税额）　　　　　　　390

（2）收取装卸费时：

借：银行存款　　　　　　　　　　　　　　　　　　　　　4 520

　　贷：销售费用　　　　　　　　　　　　　　　　　　　　4 000

　　　　应交税费——应交增值税（销项税额）　　　　　　　520

（四）将交易价格分摊至各单项履约义务

当合同中包含两项或多项履约义务时，为了使企业分摊至每一单项履约义务的交易价格能够反映其因向客户转让已承诺的相关商品（或提供已承诺的相关服务）

而预期有权收取的对价金额,企业应当在合同开始日,按照各单项履约义务所承诺商品的单独售价的相对比例,将交易价格分摊至各单项履约义务。单独售价,是指企业向客户单独销售商品的价格。单独售价无法直接观察的,企业应当综合考虑其能够合理取得的全部相关信息,采用市场调整法、成本加成法、余值法等方法合理估计单独售价。市场调整法,是指企业根据某商品或类似商品的市场售价,考虑本企业的成本和毛利等进行适当调整后,确定其单独售价的方法。成本加成法,是指企业根据某商品的预计成本加上其合理毛利后的价格,确定其单独售价的方法。余值法,是指企业根据合同交易价格减去合同中其他商品可观察的单独售价后的余值,确定某商品单独售价的方法。企业应当最大限度地采用可观察的输入值,并对类似的情况采用一致的估计方法。企业在商品近期售价波动幅度巨大,或者因未定价且未曾单独销售而使售价无法可靠确定时,可采用余值法估计其单独售价。

【例9-14】 2×18 年7月1日,天鑫公司与客户签订合同,向其销售A、B两项商品,A商品的单独售价为5 000元,B商品的单独售价为25 000元,合同价款为30 000元。合同约定,A商品于合同开始日交付,B商品在一个月之后交付,只有当两项商品全部交付之后,天鑫公司才有权收取30 000元的合同对价。假定A商品和B商品分别构成单项履约义务,其控制权在交付时转移给客户。上述价格均不包含增值税,且假定不考虑相关税费影响。

本例中,分摊至A商品的合同价款为5 000[5 000/(5 000 + 25 000) × 30 000]元,分摊至B商品的合同价款为25 000[25 000/(5 000 + 25 000) × 30 000]元。天鑫公司的账务处理如下:

(1) 交付A商品时:

借:合同资产　　　　　　　　　　　　　　　　　5 000
　　贷:主营业务收入　　　　　　　　　　　　　　5 000

(2) 交付B商品时:

借:应收账款　　　　　　　　　　　　　　　　　30 000
　　贷:合同资产　　　　　　　　　　　　　　　　5 000
　　　　主营业务收入　　　　　　　　　　　　　　25 000

合同资产,是指企业已向客户转让商品而有权收取对价的权利,且该权利取决于时间之外的其他因素。应收款项是企业无条件收取合同对价的权利,该权利应当作为应收款项单独列示。两者的区别在于,应收款项代表的是无条件收取合同对价的权利,即企业仅仅随着时间的流逝即可收款,而合同资产并不是一项无条件收款权,该权利除了时间流逝之外,还取决于其他条件(例如,履行合同中的其他履约义务)才能收取相应的合同对价。因此,与合同资产和应收款项相关的风险是不同的,应收款项仅承担信用风险,而合同资产除信用风险之外,还可能承担其他风险,如履约风险等。合同资产的减值的计量、列报和披露应当按照相关金融工具准则的要求进行会计处理。

1. 分摊合同折扣

合同折扣,是指合同中各单项履约义务所承诺商品的单独售价之和高于合同交易价格的金额。对于合同折扣,企业应当在各单项履约义务之间按比例分摊。有确凿证据表明合同折扣仅与合同中一项或多项(而非全部)履约义务相关的,企业应当将该合同折扣分摊至相关一项或多项履约义务。

同时满足下列条件时,企业应当将合同折扣全部分摊至合同中的一项或多项(而非全部)履约义务:(1)企业经常将该合同中的各项可明确区分的商品单独销售或者以组合的方式单独销售;(2)企业也经常将其中部分可明确区分的商品以组合的方式按折扣价格单独销售;(3)上述第(2)项中的折扣与该合同中的折扣基本相同,且针对每一组合中的商品的分析为将该合同的全部折扣归属于某一项或多项履约义务提供了可观察的证据。有确凿证据表明合同折扣仅与合同中的一项或多项(而非全部)履约义务相关,且企业采用余值法估计单独售价的,企业应当首先在该一项或多项(而非全部)履约义务之间分摊合同折扣,然后再采用余值法估计单独售价。

2. 分摊可变对价

合同中包含可变对价的,该可变对价可能与整个合同相关,也可能仅与合同中的某一特定组成部分有关,后者包括两种情形:一是可变对价可能与合同中的一项或多项(而非全部)履约义务有关;二是可变对价可能与企业向客户转让的构成单项履约义务的一系列可明确区分商品中的一项或多项(而非全部)商品有关。

同时满足下列条件的,企业应当将可变对价及可变对价的后续变动额全部分摊至与之相关的某项履约义务,或者构成单项履约义务的一系列可明确区分商品中的某项商品:(1)可变对价的条款专门针对企业为履行该项履约义务或转让该项可明确区分商品所做的努力(或者是履行该项履约义务或转让该项可明确区分商品所导致的特定结果)。(2)企业在考虑了合同中的全部履约义务及支付条款后,将合同对价中的可变金额全部分摊至该项履约义务或该项可明确区分商品符合分摊交易价格的目标。对于不满足上述条件的可变对价及可变对价的后续变动额,以及可变对价及其后续变动额中未满足上述条件的剩余部分,企业应当按照分摊交易价格的一般原则,将其分摊至合同中的各单项履约义务。对于已履行的履约义务,其分摊的可变对价后续变动额应当调整变动当期的收入。

【例 9-15】天鑫公司与乙公司签订合同,将其拥有的两项专利技术 M 和 T 授权给乙公司使用。假定两项授权均构成单项履约义务,且都属于在某一时点履行的履约义务。合同约定,授权使用 M 的价格为 60 万元,授权使用 T 的价格为乙公司使用该专利技术所生产的产品销售额的 6%。M 和 T 的单独售价分别为 60 万元和 100 万元。甲公司估计其就授权使用 T 而有权收取的特许权使用费为 100 万元。假定上述价格均不包含增值税。

本例中,该合同中包含固定对价和可变对价,其中,授权使用 M 的价格为固定对价,且与其单独售价一致,授权使用 T 的价格为乙公司使用该专利技术所生产的产品销售额的 6%,属于可变对价,该可变对价全部与授权使用 T 能够收取的对价有关,且天鑫公司估计基于实际销售情况收取的特许权使用费的金额接近 T 的单独售价。因此,天鑫公司将可变对价部分的特许权使用费金额全部由 T 承担符合交易价格的分摊目标。

3. 交易价格的后续变动

交易价格发生后续变动的,企业应当按照在合同开始日所采用的基础将该后续变动金额分摊至合同中的履约义务。企业不得因合同开始日之后单独售价的变动而重新分摊交易价格。对于合同变更导致的交易价格后续变动,应当按照本节有关合同变更的要求进行会计处理。合同变更之后发生可变对价后续变动的,企业应当区分下列三种情形分别进行会计处理:

(1) 合同变更属于本节合同变更第(1)规定情形的(相关内容请参照本节"二、收入的确认与计量"下"(一)"中的 3 合同变更部分),企业应当判断可变对价后续变动与哪一项合同相关,并按照分摊可变对价的相关规定进行会计处理。

(2) 合同变更属于本节合同变更第(2)规定情形(相关内容请参照本节"二、收入的确认与计量"下"(一)"中的 3 合同变更部分),且可变对价后续变动与合同变更前已承诺可变对价相关的,企业应当首先将该可变对价后续变动额以原合同开始日确定的单独售价为基础进行分摊,然后再将分摊至合同变更日尚未履行履约义务的该可变对价后续变动额以新合同开始日确定的基础进行二次分摊。

(3) 合同变更之后发生除上述第(1)和(2)种情形以外的可变对价后续变动的,企业应当将该可变对价后续变动额分摊至合同变更日尚未履行(或部分未履行)的履约义务。

(五)履行每一单项履约义务时确认收入

企业应当在履行了合同中的履约义务,即客户取得相关商品控制权时确认收入。企业应当根据实际情况,首先判断履约义务是否满足在某一时段内履行的条件,如不满足,则该履约义务属于在某一时点履行的履约义务。对于在某一时段内履行的履约义务，企业应当选取恰当的方法来确定履约进度；对于在某一时点履行的履约义务，企业应当综合分析控制权转移的迹象，判断其转移时点。

1. 在某一时段内履行的履约义务的收入确认条件

满足下列条件之一的，属于在某一时段内履行的履约义务，相关收入应当在该履约义务履行的期间内确认：

（1）客户在企业履约的同时即取得并消耗企业履约所带来的经济利益。企业在履约过程中是持续地向客户转移该服务的控制权的，该履约义务属于在某一时段内履行的履约义务，企业应当在提供该服务的期间内确认收入。企业在进行判断时，可以假定在企业履约的过程中更换为其他企业继续履行剩余履约义务，如果该继续履行合同的企业实质上无须重新执行企业累计至今已经完成的工作，则表明客户在企业履约的同时即取得并消耗了企业履约所带来的经济利益。例如，企业承诺将客户的一批货物从 A 市运送到 B 市，假定该批货物在途经 C 市时，由另外一家运输公司接替企业继续提供该运输服务，A 市到 C 市之间的运输服务是无须重新执行的，表明客户在企业履约的同时即取得并消耗了企业履约所带来的经济利益，企业提供的运输服务属于在某一时段内履行的履约义务。企业在判断其他企业是否实质上无须重新执行企业累计至今已经完成的工作时，应当基于以下两个前提：一是不考虑可能会使企业无法将剩余履约义务转移给其他企业的潜在限制，包括合同限制或实际可行性限制；二是假设继续履行剩余履约义务的其他企业将不会享有企业目前已控制的任何资产的利益，也不会享有剩余履约义务转移后企业仍然控制的任何资产的利益。

（2）客户能够控制企业履约过程中在建的商品。企业在履约过程中创建的商品包括：在产品、在建工程、尚未完成的研发项目、正在进行的服务等，如果客户在企业创建该商品的过程中就能够控制这些商品，应当认为企业提供该商品的履约义务属于在某一时段内履行的履约义务。

【例 9-16】企业与客户签订合同，在客户拥有的土地上按照客户的设计要求为其建造厂房。在建造过程中客户有权修改厂房设计，并与企业重新协商设计变更后的合同价款。客户每月末按当月工程进度向企业支付工程款。如果客户终止合同，已完成建造部分的厂房归客户所有。

本例中，企业为客户建造厂房，该厂房位于客户的土地上，客户终止合同时，已建造的厂房归客户所有。这些均表明客户在该厂房建造的过程中就能够控制该在建的厂房。因此，企业提供的该建造服务属于在某一时段内履行的履约义务，企业应当在提供该服务的期间内确认收入。

（3）企业履约过程中所产出的商品具有不可替代用途，且该企业在整个合同期间内有权就累计至今已完成的履约部分收取款项。

①商品具有不可替代的用途。在判断商品是否具有不可替代用途时，企业既应当考虑合同限制，也应当考虑实际可行性限制，但无须考虑总合同被终止的可能性。企业在判断商品是否具有不可替代用途时，需要注意以下四点：

一是企业应当在合同开始日判断所承诺的商品是否具有不可替代用途。在此之后，除非发生合同变更，且该变更显著改变了原合同约定的履约义务，否则，企业无须重新进行评估。

二是合同中是否存在实质性限制条款，导致企业不能将合同约定的商品用于其他用途。保护性条款也不应被视为实质性限制条款。

三是是否存在实际可行性限制，例如，虽然合同中没有限制，但是企业将合同中约定的商品用作其他用途，将遭受重大的经济损失或发生重大的返工成本。

四是企业应当根据最终转移给客户的商品的特征判断其是否具有不可替代用途。例如，某商品在生产的前期可以满足多种用途需要的，从某一时点或某一流程开始，才进入定制化阶段，此时，企业应当根据该商品在最终转移给客户时的特征来判断其是否满足"具有不可替代用途"的条件。

②企业在整个合同期间内有权就累计至今已完成的履约部分收取款项。有权就累计至今已完成的履约部分收取款项，是指在由于客户或其他方原因终止合同的情况下，企业有权就累计至今已完成的履约部分收取能够补偿其已发生成本和合理利润的款项，并且该权利具有法律约束力。需要强调的是，合同终止必须是由于客户或其他方（即由于企业未按照合同承诺履约之外的其他原因）而非企业自身的原因所致，在整个合同期间内的任一时点，企业均应当拥有此项权利。企业在进行判断时，需要注意以下五点：

一是企业有权就累计至今已完成的履约部分收取的款项，应当大致相当于累计至今已经转移给客户的商品的售价，即该金额应当能够补偿企业已经发生的成本和合理利润。其中，合理的利润补偿并非一定是该合同的整体毛利水平，以下两种情形都属于合理的利润补偿：第一，根据合同终止前的履约进度对该合同的毛利水平进行调整后确定的金额作为利润补偿金额；第二，如果该合同的毛利水平高于企业同类合同的毛利水平，以企业从同类合同中能够获取的合理资本回报或者经营毛利作为利润补偿金额。

二是企业有权就累计至今已完成的履约部分收取款项，并不意味着企业拥有随时可行使的无条件收款权。当合同约定客户在约定的某一时点、重要事项完成的时点或者整个合同完成之后才支付合同价款时，企业并没有取得收款的权利。在判断其是否满足本要求时，应当考虑在整个合同期间内的任一时点，假设由于客户或其他方原因导致合同提前终止时，企业是否有权主张该收款权利，即有权要求客户补偿其截至目前已完成的履约部分应收取的款项。

三是当客户只有在某些特定时点才能要求终止合同，或者根本无权终止合同时，终止了合同（包括客户没有按照合同约定履行其义务），如果合同条款或法律法规赋予了企业继续执行合同（即企业继续向客户转移合同中承诺的商品并要求客户支付对价）的权利，则表明企业有权就累计至今已完成的履约部分收取款项。

四是企业在进行相关判断时，不仅要考虑合同条款的约定，还应当充分考虑所处的法律环境（包括适用的法律法规、以往的司法实践以及类似案例的结果等）是否对合同条款形成了补充，或者会凌驾于合同条款之上。例如，在合同没有明确约定的情况下，相关的法律法规等是否支持企业主张相关的收款权利；以往的司法实践是否表明合同中的某些条款没有法律约束力；在以往的类似合同中，企业虽然拥有此类权利，却在考虑了各种因素之后没有行使该权利，这是否会导致企业主张该权利的要求在当前的法律环境下不被支持等。

五是企业和客户在合同中约定的具体付款时间表并不一定意味着企业有权就累计至今已完成的履约部分收取款项。企业需要进一步评估在除企业自身未按照合同承诺履约之外的其他原因导致合同终止的情况下，合同中约定的付款时间表是否使企业在整个合同期间内的任一时点，均有权就累计至今已完成的履约部分收取能够补偿其成本和合理利润的款项。

【例9-17】海航公司是一家造船企业，与乙公司签订了一份船舶建造合同，按照乙公司的具体要求设计和建造船舶。海航公司在自己的厂区内完成该船舶的建造，乙公司无法控制在建过程中的船舶。海航公司如果想把该船舶出售给其他客户，需要发生重大的改造成本。双方约定，如果乙公司单方面解约，乙公司需向海航公司支付相当于合同总价30%的违约金，且建造中的船舶归海航公司所有。假定该合同仅包含一项履约义务，即设计和建造船舶。

本例中，船舶是按照乙公司的具体要求进行设计和建造的，海航公司需要发生重大的改造成本将该船舶改造之后才能将其出售给其他客户，因此，该船舶具有不可替代用途。然而，如果乙公司单方面解约，仅需向海航公司支付相当于合同总价30%的违约金，表明海航公司无法在整个合同期间内都有权就累计至今已完成的履约部分收取能够补偿其已发生成本和合理利润的款项。因此，海航公司为乙公司设计和建造船舶不属于在某一时段内履行的履约义务。

2. 在某一时段内履行的履约义务的收入确认方法

对于在某一时段内履行的履约义务，企业应当在该段时间内按照履约进度确认收入，履约进度不能合理确定的除外。企业应当采用恰当的方法确定履约进度，以使其如实反映企业向客户转让商品的履约情况。企业应当考虑商品的性质，采用产出法或投入法确定恰当的履约进度,并且在确定履约进度时,应当扣除那些控制权尚未转移给客户的商品和服务。

(1)产出法。产出法主要是根据已转移给客户的商品对于客户的价值确定履约进度,主要包括按照实际测量的完工进度、评估已实现的结果、已达到的里程碑、时间进度、已完工或交付的产品等确定履约进度的方法。企业在评估是否采用产出法确定履约进度时,应当考虑所选择的产出指标是否能够如实地反映向客户转移商品的进度。

【例 9-18】八通公司与客户签订合同,为该客户拥有的一条铁路更换 100 根铁轨,合同价格为 10 万元(不含税价)。截至 2×17 年 12 月 31 日,八通公司共更换铁轨 70 根,剩余部分预计在 2×18 年 3 月 31 日之前完成。该合同仅包含一项履约义务,且该履约义务满足在某一时段内履行的条件。假定不考虑其他情况。

本例中,八通公司提供的更换铁轨的服务属于在某一时段内履行的履约义务,八通公司按照已完成的工作量确定履约进度。因此,截至 2×17 年 12 月 31 日,该合同的履约进度为 70%(70÷100),八通公司应确认的收入为 7 万元(10 万元 ×70%)。

产出法是直接计量已完成的产出,一般能够客观地反映履约进度。当产出法所需要的信息可能无法直接通过观察获得,或者为获得这些信息需要花费很高的成本时,可采用投入法。

(2)投入法。投入法主要是根据企业履行履约义务的投入确定履约进度,主要包括以投入的材料数量、花费的人工工时或机器工时、发生的成本和时间进度等投入指标确定履约进度。当企业从事的工作或发生的投入是在整个履约期间内平均发生时,按照直线法确认收入是合适的。企业的投入与向客户转移商品的控制权之间未必存在直接的对应关系,因此,企业在采用投入法时,应当扣除那些虽然已经发生、但是未导致向客户转移商品的投入。实务中,企业通常按照累计实际发生的成本占预计总成本的比例(即,成本法)确定履约进度,累计实际发生的成本包括企业向客户转移商品过程中所发生的直接成本和间接成本,如直接人工、直接材料、分包成本以及其他与合同相关的成本。企业在采用成本法确定履约进度时,可能需要对已发生的成本进行适当调整的情形有:

①已发生的成本并未反映企业履行其履约义务的进度,如因企业生产效率低下等原因而导致的非正常消耗,包括非正常消耗的直接材料、直接人工及制造费用等,除非企业和客户在订立合同时已经预见会发生这些成本并将其包括在合同价款中。

②已发生的成本与企业履行其履约义务的进度不成比例。如果企业已发生的成本与履约进度不成比例,企业在采用成本法时需要进行适当调整。当企业在合同开始日就能够预期将满足下列所有条件时,企业在采用成本法时不应包括该商品的成

本,而是应当按照其成本金额确认收入:一是该商品不构成单项履约义务;二是客户先取得该商品的控制权,之后才接受与之相关的服务;三是该商品的成本占预计总成本的比重较大;四是企业自第三方采购该商品,且未深入参与其设计和制造,对于包含该商品的履约义务而言,企业是主要责任人。

【例9-19】2×17年10月,天鑫公司与客户签订合同,为客户装修一栋职工宿舍并安装一部电梯,合同总金额为200万元。天鑫公司预计的合同总成本为80万元,其中包括电梯的采购成本20万元。2×17年12月,天鑫公司将电梯运达施工现场并经过客户验收,客户已取得对电梯的控制权,但是根据装修进度,预计到2×18年2月才会安装该电梯。截至2×18年12月,天鑫公司累计发生成本50万元,包括支付给电梯供应商的采购成本20万元以及因采购电梯发生的运输和人工等相关成本10万元。假定该装修服务(包括安装电梯)构成单项履约义务,并属于在某一时段内履行的履约义务,天鑫公司是主要责任人,但不参与电梯的设计和制造;天鑫公司采用成本法确定履约进度。上述金额均不含增值税。

本例中,截至2×18年12月,天鑫公司发生成本50万元(包括电梯采购成本20万元以及因采购电梯发生的运输和人工等相关成本10万元),天鑫公司认为其已发生的成本和履约进度不成比例,因此,需要对履约进度的计算做出调整,将电梯的采购成本排除在已发生成本和预计总成本之外。在该合同中,该电梯不构成单项履约义务,其成本相对于预计总成本而言是重大的,天鑫公司是主要责任人,但是未参与该电梯的设计和制造,客户先取得了电梯的控制权,随后才接受与之相关的安装服务,天鑫公司在客户取得电梯控制权时,按照该电梯采购成本的金额确认转让电梯产生的收入。因此,2×18年12月,该合同的履约进度为50%[(50-20)÷(80-20)],应确认的收入和成本金额分别为110万元[(200-20)×50%+20]和50万元[(80-20)×50%+20]。

对于每一项履约义务,企业只能采用一种方法来确定其履约进度,并加以一贯运用。对于类似情况下的类似履约义务,企业应当采用相同的方法确定履约进度。

资产负债表日,企业应当在按照合同的交易价格总额乘以履约进度扣除以前会计期间累计已确认的收入后的金额,确认为当期收入。当履约进度不能合理确定时,企业已经发生的成本预计能够得到补偿的,应当按照已经发生的成本金额确认收入,直到履约进度能够合理确定为止。每一资产负债表日,企业应当对履约进度进行重新估计。当客观环境发生变化时,企业也需要重新评估履约进度是否发生变化,以确保履约进度能够反映履约情况的变化,该变化应当作为会计估计变更进行会计处理。

3. 在某一时点履行的履约义务

当一项履约义务不属于在某一时段内履行的履约义务时,应当属于在某一时点履行的履约义务。对于在某一时点履行的履约义务，企业应当在客户取得相关商品控制权时点确认收入。在判断客户是否已取得商品控制权时，企业应当考虑下列迹象：

（1）企业就该商品享有现时收款权利，即客户就该商品负有现时付款义务。如果企业就该商品享有现时的收款权利，则可能表明客户已经有能力主导该商品的使用并从中获得几乎全部的经济利益。

（2）企业已将该商品的法定所有权转移给客户，即客户已拥有该商品的法定所有权。客户如果取得了商品的法定所有权，则可能表明其已经有能力主导该商品的使用并从中获得几乎全部的经济利益，或者能够阻止其他企业获得这些经济利益。如果企业仅是为了确保到期收回货款而保留商品的法定所有权，那么企业所保留的这项权利通常不会对客户取得对该商品的控制权构成障碍。

（3）企业已将该商品实物转移给客户，即客户已实物占有该商品。客户如果已经实物占有商品，则可能表明其有能力主导该商品的使用并从中获得其几乎全部的经济利益，或者使其他企业无法获得这些利益。需要说明的是，客户占有了某项商品的实物并不意味着其就一定取得了该商品的控制权，反之亦然。例如，采用支付手续费方式的委托代销安排下，虽然企业作为委托方已将商品发送给受托方，但是受托方并未取得该商品的控制权，因此，企业不应在向受托方发货时确认销售商品的收入，而仍然应当根据控制权是否转移来判断何时确认收入，通常应当在受托方售出商品时确认销售商品收入；受托方应当在商品销售后，按合同或协议约定的方法计算确定的手续费确认收入。表明一项安排是委托代销安排的迹象有：①在特定事件发生之前（例如，向最终客户出售产品或指定期间到期之前），企业拥有对商品的控制权；②企业能够要求将委托代销的商品退回或者将其销售给其他方（如其他经销商）；③尽管经销商可能被要求向企业支付一定金额的押金，但是其并没有承担对这些商品无条件付款的义务。

实务中，企业有时根据合同已经就销售的商品向客户收款或取得了收款权利，但是，由于客户缺乏足够的仓储空间或生产进度延迟等原因，直到在未来某一时点将该商品交付给客户之前，企业仍然继续持有该商品实物，这种情况通常称为"售后代管商品"安排。此时，企业除了考虑客户是否取得商品控制权的迹象之外，还应当同时满足下列条件，才表明客户取得了该商品的控制权：①该安排必须具有商业实质，例如，该安排是应客户的要求而订立的；②属于客户的商品必须能够单独识别，例如，将属于客户的商品单独存放在指定地点；③该商品可以随时交付给客户；④企业不能自行使用该商品或将该商品提供给其他客户。企业根据上述条件对尚未发货的商品确认了收入的，还应当考虑是否还承担了其他履约义务，例如，向客户提供保管服务等，从而应当将部分交易价格分摊至其他履约义务。越是通用的、可以和其他商品互相替换的商品,可能越难满足上述条件。

【例9-20】 2×17年1月1日,天鑫公司与乙公司签订合同,向其销售一台设备和专用零部件。该设备和零部件的制造期为2年。天鑫公司在完成设备和零部件的生产之后,能够证明其符合合同约定的规格。假定企业向客户转让设备和零部件为两个单项履约义务,且都属于在某一时点履行的履约义务。2×18年12月31日,乙公司支付了该设备和零部件的合同价款,并对其进行了验收。乙公司运走了设备,但是考虑到其自身的仓储能力有限,且其工厂紧邻天鑫公司的仓库,因此要求将零部件存放于天鑫公司的仓库中,并且要求天鑫公司按照其指令随时安排发货。乙公司已拥有零部件的法定所有权,且这些零部件可明确识别为属于乙公司的物品。天鑫公司在其仓库内的单独区域内存放这些零部件,并且应乙公司的要求可随时发货,天鑫公司不能使用这些零部件,也不能将其提供给其他客户使用。

本例中,2×18年12月31日,该设备的控制权移给乙公司;对于零部件而言,天鑫公司已经收取合同价款,但是应乙公司的要求尚未发货,乙公司已拥有零部件的法定所有权并且对其进行了验收,虽然这些零部件实物尚由天鑫公司持有,但是其满足在"售后代管商品"的安排下客户取得商品控制权的条件,这些零部件的控制权也已经转移给了乙公司。因此,天鑫公司应当确认销售设备和零部件的相关收入。除销售设备和零部件之外,天鑫公司还为乙公司提供了仓储保管服务,该服务与设备和零部件可明确区分,构成单项履约。天鑫公司需要将部分交易价格分摊至该项服务,并在提供该项服务的期间确认收入。

(4) 企业已将该商品所有权上的主要风险和报酬转移给客户,即客户已取得该商品所有权上的主要风险和报酬。企业在判断时,不应当考虑保留了除转让商品之外产生其他履约义务的风险的情形。例如,企业将产品销售给客户,并承诺提供后续维护服务,销售产品和维护服务均构成单项履约义务,企业保留的因维护服务而产生的风险并不影响企业有关主要风险和报酬转移的判断。

(5) 客户已接受该商品。企业在判断是否已经将商品的控制权转移给客户时,应当考虑客户是否已接受该商品,特别是客户的验收是否仅是一个形式。如果企业能够客观地确定其已经按照合同约定的标准和条件将商品的控制权转移给客户,那么客户验收可能只是一个形式,并不会影响企业判断客户取得该商品控制权的时点。实务中,企业应当考虑,在过去执行类似合同的过程中已经积累的经验以及客户验收的结果,以证明其所提供的商品是否能够满足合同约定的具体条件。如果在取得客户验收之前已经确认了收入,企业应当考虑是否还存在剩余的履约义务,例如,设备安装、运输等,并且评估是否应当对其单独进行核算。相反地,如果企业无法客观地确定其向客户转让商品是否符合合同规定的条件,那么在客户验收之前,企业不能认为已经将该商品的控制权转移给了客户。例如,客户主要基于主观判断进行验收时,在验收完成之前,企业无法确定其商品是否能够满足客户的主观标准,因此,企业应当在客户完成验收接受该商品时才能确认收入。实务中,定制化程度越高的商品,可能越难证明客户验收仅是一个形式。此外,如果企业将商品发送给客户供其试用或者测评,且客户并未承诺在试用期结束前支付任何对价,则在客户接受该商品或者在试用期结束之前,该商品的控制权并未转移给客户。

(六) 其他表明客户已取得商品控制权的迹象

需要强调的是,在上述迹象中,并没有哪一个或哪几个迹象是决定性的,企业应当根据合同条款和交易实质进行分析,综合判断其是否以及何时将商品的控制权转移给客户,从而确定收入确认的时点。此外,企业应当从客户的角度进行评估,而不应当仅考虑企业自身的看法。

三、关于合同成本

(一) 合同履约成本

企业为履行合同可能会发生各种成本,企业在确认收入的同时应当对这些成本进行分析,同时满足下列条件的,应当作为合同履约成本确认为一项资产:

第一,该成本与当前或预期取得的合同直接相关。预期取得的合同应当是企业能够明确识别的合同,例如,现有合同续约后的合同、尚未获得批准的特定合同等。与合同直接相关的成本包括直接人工(如,支付给直接为客户提供所承诺服务的人员的工资、奖金等)、直接材料(如,为履行合同耗用的原材料、辅助材料、构配件、零件、半成品的成本和周转材料的摊销及租赁费用等)、制造费用或类似费用(如,与组织和管理生产、施工、服务等活动发生的费用,包括管理人员的职工薪酬、劳动保护费、固定资产折旧费及修理费、物料消耗、取暖费、水电费、办公费、差旅费、财产保险费、工程保修费、排污费、临时设施摊销费等)、明确由客户承担的成本以及仅因该合同而发生的其他成本(如,支付给分包商的成本、机械使用费、设计和技术援助费用、施工现场二次搬运费、生产工具和用具使用费、检验试验费、工程定位复测费、工程点交费用、场地清理费等)。

第二,该成本增加了企业未来用于履行(或持续履行)履约义务的资源。

第三,该成本预期能够收回。企业应当在下列支出发生时,将其计入当期损益:一是管理费用,除非这些费用明确由客户承担。二是非正常消耗的直接材料、直接人工和制造费用(或类似费用),这些支出为履行合同发生,但未反映在合同价格中。三是与履约义务中已履行(包括已全部履行或部分履行)部分相关的支出,即该支出与企业过去的履约活动相关。四是无法在尚未履行的与已履行（或已部分履行）的履约义务之间区分的相关支出。

涉税规定

◆ 国家税务总局转发《财政部 民政部 工商总局关于印发〈政府购买服务管理办法（暂行）〉的通知》的通知（税总函〔2015〕82号）

第二十二条 承接主体完成合同约定的服务事项后，购买主体应当及时组织对履约情况进行检查验收，并依据现行财政财务管理制度加强管理。

第三十九条 本办法自2015年1月1日起施行。

（二）合同取得成本

企业为取得合同发生的增量成本预期能够收回的，应当作为合同取得成本确认为一项资产。增量成本，是指企业不取得合同就不会发生的成本，例如，销售佣金等。为简化实务操作，该资产摊销期限不超过一年的，可以在发生时计入当期损益。企业采用该简化处理方法的，应当对所有类似合同一致采用。企业为取得合同发生的、除预期能够收回的增量成本之外的其他支出，例如，无论是否取得合同均会发生的差旅费、投标费、为准备投标资料发生的相关费用等，应当在发生时计入当期损益，除非这些支出明确由客户承担。

【例9-21】高远公司是一家咨询公司，其通过竞标赢得一个新客户，为取得和该客户的合同，高远公司发生下列支出：（1）聘请外部律师进行尽职调查的支出为20 000元。（2）因投标发生的差旅费为5 000元。（3）销售人员佣金为10 000元，甲公司预期这些支出未来能够收回。此外，高远公司根据其年度销售目标、整体盈利情况及个人业绩等，向销售部门经理支付年度奖金50 000元。

本例中，高远公司向销售人员支付的佣金属于为取得合同发生的增量成本，应当将其作为合同取得成本确认为一项资产。高远公司聘请外部律师进行尽职调查发生的支出、为投标发生的差旅费，无论是否取得合同都会发生，不属于增量成本，因此，应当于发生时直接计入当期损益。高远公司向销售部门经理支付的年度奖金也不是为取得合同发生的增量成本，这是因为该奖金发放与否以及发放金额还取决于其他因素（包括公司的盈利情况和个人业绩），其并不能直接归属于可识别的合同。实务中，涉及合同取得成本的安排可能会比较复杂，例如，合同续约或合同变更时需要支付额外的佣金、企业支付的佣金金额取决于客户未来的履约情况或者取决于累计取得的合同数量或金额等，企业需要运用判断，对发生的合同取得成本进行恰当的会计处理。企业因现有合同续约或发生合同变更需要支付的额外佣金，也属于为取得合同发生的增量成本。

【例9-22】天鑫公司相关政策规定，销售部门的员工每取得一份新的合同，可以获得提成 500 元，现有合同每续约一次，员工可以获得提成 100 元。天鑫公司预期上述提成均能够收回。

本例中，天鑫公司为取得新合同支付给员工的提成 500 元，属于为取得合同发生的增量成本，且预期能够收回，因此，应当确认为一项资产。同样地，天鑫公司为现有合同续约支付给员工的提成 100 元，也属于为取得合同发生的增量成本，这是因为如果不发生合同续约，就不会支付相应的提成，由于该提成预期能够收回，天鑫公司应当在每次续约时将应支付的相关提成确认为一项资产。

除上述规定外，天鑫公司相关政策规定，当合同变更时，如果客户在原合同的基础上，向天鑫公司支付额外的对价以购买额外的商品，天鑫公司需根据该新增的合同金额向销售人员支付一定的提成，此时，无论相关合同变更属于本节合同变更的哪一种情形，天鑫公司均应当将应支付的提成视同为取得合同（变更后的合同）发生的增量成本进行会计处理。

（三）与合同履约成本和合同取得成本有关的资产的摊销和减值

1. 摊销

对于确认为资产的合同履约成本和合同取得成本，企业应当采用与该资产相关的商品收入确认相同的基础（即，在履约义务履行的时点或按照履约义务的履约进度）进行摊销，计入当期损益。

在确定与合同履约成本和合同取得成本有关的资产的摊销期限和方式时，如果该资产与一份预期将要取得的合同（如续约后的合同）相关，则在确定相关摊销期限和方式时，应当考虑该预期将要取得的合同的影响。但是，对于合同取得成本而言，如果合同续约时，企业仍需要支付与取得原合同相当的佣金，这表明取得原合同时支付的佣金与预期将要取得的合同无关，该佣金只能在原合同的期限内进行摊销。企业为合同续约仍需支付的佣金是否与原合同相当，需要根据具体情况进行判断。例如，如果两份合同的佣金按照各自合同金额的相同比例计算，通常表明这两份合同的佣金水平是相当的。

企业应当根据预期向客户转让与上述资产相关的商品的时间，对资产的摊销情况进行复核并更新，以反映该预期时间的重大变化。此类变化应当作为会计估计变更进行会计处理。

2. 减值

合同履约成本和合同取得成本的账面价值高于下列两项的差额的，超出部分应当计提减值准备，并确认为资产减值损失：

（1）企业因转让与该资产相关的商品预期能够取得的剩余对价；

（2）为转让该相关商品估计将要发生的成本。估计将要发生的成本主要包括直接人工、直接材料、制造费用（或类似费用）、明确由客户承担的成本以及仅因该合同而发生的其他成本（例如，支付给分包商的成本）等。

以前期间减值的因素之后发生变化，使得前款（1）减（2）的差额高于该资产账面价值的，应当转回原已计提的资产减值准备，并计入当期损益，但转回后的资产账面价值不应超过假定不计提减值准备情况下该资产在转回日的账面价值。在确定合同履约成本和合同取得成本的减值损失时，企业应当首先确定其他资产减值损失；然后，按照本节的要求确定合同履约成本和合同取得成本的减值损失。企业按照金融资产减值测试相关资产组的减值情况时，应当将按照上述规定确定上述资产减值后的新账面价值计入相关资产组的账面价值。

四、关于特定交易的会计处理

（一）附有销售退回条款的销售

销售退回，是指企业售出的商品因为质量、品种不符合要求等原因而发生的退货。销售退回应分别不同情况进行处理：

第一，未确认收入的已发出商品的退回。此种销售退回的会计处理比较简单，只需将已记入"发出商品"科目的商品成本转回"库存商品"科目。如果销售方采用计划成本或售价核算，则应按计划成本或售价记入"库存商品"科目，并计算成本差异或商品进销差价。

第二，企业已经确认销售商品收入的售出商品发生销售退回的，应当在发生时冲减退回当期销售商品收入，同时冲减退回当期的销售成本；如该项销售已经发生现金折扣，应在退回当期一并调整相关财务费用的金额；企业发生销售退回时，如按规定允许扣减当期销项税的，应同时用红字冲减"应交税费——应交增值税"科目的"销项税额"专栏。

对于附有销售退回条款的销售，企业应当在客户取得相关商品控制权时，按照因向客户转让商品而预期有权收取的对价金额（即，不包含预期因销售退回将退还的金额）确认收入，按照预期因销售退回将退还的金额确认负债；同时，按照预期将退回商品转让时的账面价值，扣除收回该商品预计发生的成本（包括退回商品的价值减损）后的余额，确认为一项资产，按照所转让商品转让时的账面价值，扣除上述资产成本的净额结转成本。

每一资产负债表日，企业应当重新估计未来销售退回情况，如有变化，应当作为会计估计变更进行会计处理。

【例 9 - 23】 天鑫公司 2×19 年 4 月 18 日销售一批 A 商品，开出的增值税专用发票上注明售价为 50 000 元，增值税额为 6 500 元。该批商品的成本为 38 000 元，合同规定现金折扣条件为 2/10，1/20，N/30。购买方于 6 月 25 日付款，享受现金折扣 1 000 元（假定计算折扣时不考虑增值税）。2×18 年 7 月 16 日该批产品因质量严重不合格被退回，天鑫公司根据购买方主管税务机关出具的《开具红字增值税专用发票通知单》，开具了红字增值税专用发票。则天鑫公司应做如下会计处理：

① 2×18 年 6 月 18 日销售商品时：

借：应收账款　　　　　　　　　　　　　　　　56 500
　　贷：主营业务收入　　　　　　　　　　　　　　50 000
　　　　应交税费——应交增值税（销项税额）　　　 6 500
借：主营业务成本　　　　　　　　　　　　　　38 000
　　贷：库存商品　　　　　　　　　　　　　　　　38 000

② 2×18 年 6 月 25 日收到货款时：

借：银行存款　　　　　　　　　　　　　　　　55 500
　　财务费用　　　　　　　　　　　　　　　　　 1 000
　　贷：应收账款　　　　　　　　　　　　　　　　56 500

③ 2×18 年 7 月 16 日销售退回时：

借：主营业务收入　　　　　　　　　　　　　　50 000
　　应交税费——应交增值税（销项税额）　　　　 6 500
　　贷：银行存款　　　　　　　　　　　　　　　　55 500
　　　　财务费用　　　　　　　　　　　　　　　　 1 000
借：库存商品　　　　　　　　　　　　　　　　26 000
　　贷：主营业务成本　　　　　　　　　　　　　　26 000

税务处理

2×18 年 6 月 25 日，发生的财务费用 1 000 元，允许在申报企业所得税时扣除；2×18 年 7 月 16 日，允许用红字冲减"应交税金——应交增值税"明细账的"销项税额"专栏 6 500 元，允许用红字冲减主营业务收入 50 000 元，已经在财务费用中扣除的现金折扣 1 000 元应冲回。

第三，销售退回属于资产负债表日后事项的，适用《企业会计准则第 29 号——资产负债表日后事项》，作为资产负债表日后事项的调整事项处理。

涉税规定

◆《中华人民共和国企业所得税法》（2018 年修订）

第五十四条　企业应当自年度终了之日起 5 个月内，向税务机关报送年度企业所得税纳税申报表,并汇算清缴,结清应缴应退税款。

◆《国家税务总局关于印发〈企业所得税汇算清缴管理办法〉的通知》(国税发〔2009〕79号)

第四条 纳税人应当自纳税年度终了之日起5个月内,进行汇算清缴,结清应缴应退企业所得税税款。

第十条 纳税人在汇算清缴期内发现当年企业所得税申报有误的,可在汇算清缴期内重新办理企业所得税年度纳税申报。

涉税提示

属于资产负债表日后事项的销售退回,由于在企业所得税汇算清缴期内,因会计调整涉及的应纳所得税调整,应作为会计报告年度的纳税调整,重新办理纳税申报。

销售退回发生在所得税汇算清缴前,应调减报告年度的应交税费及所得税费用;销售退回发生在所得税汇算清缴后,应调整本年度的应纳税所得额,在报告年度形成可抵扣暂时性差异及递延所得税资产。

【例9-24】沿用【例9-23】假设销售退回发生在2×19年1月20日,天鑫公司2×18年财务报告批准报出日为2×19年1月24日,2×18年企业所得税申报、汇算清缴在2×19年5月31日结束适用的所得税税率为25%。天鑫公司会计处理为:

(1) 调整损益时:

借:以前年度损益调整	49 000
应交税费——应交增值税(销项税额)	6 500
贷:银行存款	55 500
借:库存商品	38 000
贷:以前年度损益调整	38 000

(2) 调整所得税时:

借:应交税费——应交所得税	2 750
贷:以前年度损益调整	2 750

(3) 调整净利润,将"以前年度损益调整"科目的余额8 250元,转入"利润分配——未分配利润"科目。

借:利润分配——未分配利润	8 250
贷:以前年度损益调整	8 250

附有销售退回条件的商品销售,是指购买方依照有关协议有权退货的销售方式。在这种方式下,企业根据以往的经验能够合理估计退货的可能性并确认与退货相关的负债的,通常应在发出商品时确认收入;企业不能合理估计退货可能性的,通常在售出商品退货期满时确认收入。

【例 9-25】天鑫公司 2×19 年 4 月 1 日向科远公司销售 A 商品 2 000 件，商品单位成本为 600 元，单位售价为 800 元，开出的增值税专用发票上注明售价为 1 600 000 元，增值税额为 208 000 元。合同规定科远公司应在 5 月 1 日前支付货款，在 5 月 30 日前有权退货。A 商品已经发出，货款尚未收到。假定天鑫公司根据以往的经验，估计退货的可能性为 10%。天鑫公司应做如下会计处理：

(1) 4 月 1 日发出商品时：

借：应收账款	1 808 000
贷：主营业务收入	1 600 000
应交税费——应交增值税（销项税额）	208 000
借：主营业务成本	1 200 000
贷：库存商品	1 200 000

(2) 4 月底确认估计销售退回时：

借：主营业务收入	160 000
贷：主营业务成本	120 000
预计负债	40 000

(3) 5 月 1 日前收到款项时：

借：银行存款	1 808 000
贷：应收账款	1 808 000

(4) 5 月 30 日发生销售退回，实际退货数量为 200 件，款项已经支付：

借：库存商品	120 000
应交税费——应交增值税（销项税额）	20 800
预计负债	40 000
贷：银行存款	180 800

(5) 如果实际退货数量为 100 件：

借：库存商品	60 000
应交税费——应交增值税（销项税额）	10 400
主营业务成本	60 000
预计负债	40 000
贷：银行存款	90 400
主营业务收入	80 000

(6) 如果实际退货数量为 240 件：

借：库存商品	144 000
应交税费——应交增值税（销项税额）	24 960
主营业务收入	32 000

预计负债	40 000
贷：银行存款	216 960
主营业务成本	24 000

税务处理

进行所得税处理时，应在发生销售退回时冲减收入，不能根据估计退货的可能性冲减收入。进行增值税处理时，销售方按规定开具了红字增值税专用发票，才能冲减销项税额。

【例9-26】沿用【例9-25】，假定天鑫公司无法根据以往的经验估计退货的可能性，商品发出时，天鑫公司应做如下会计处理：

(1) 4月1日发出商品时：

借：应收账款	208 000
贷：应交税费——应交增值税（销项税额）	208 000
借：发出商品	1 200 000
贷：库存商品	1 200 000

(2) 5月1日前收到货款时：

借：银行存款	1 808 000
贷：预收账款	1 600 000
应收账款	208 000

(3) 5月30日退货期满没有发生退货时：

借：预收账款	1 600 000
贷：主营业务收入	1 600 000
借：主营业务成本	1 200 000
贷：发出商品	1 200 000

(4) 5月30日退货期满发生200件退货时：

借：预收账款	1 600 000
应交税费——应交增值税（销项税额）	20 800
贷：主营业务收入	1 440 000
银行存款	180 800
借：主营业务成本	1 080 000
库存商品	120 000
贷：发出商品	1 200 000

税务处理

所得税处理与会计处理一致。进行增值税处理时，销售方按照规定开具了红字增值税专用发票，才能冲减销项税额。

注:《国家税务总局关于红字增值税发票开具有关问题的公告》(国家税务总局公告 2016 年第 47 号)以及《国家税务总局关于修订〈增值税专用发票使用规定〉的通知》(国税发〔2006〕156 号)规定,增值税在销售时全部确认销项税,实际发生退货时开具红字发票冲减当期的销项税额。

《国家税务总局关于确认企业所得税收入若干问题的通知》(国税函〔2008〕875 号)规定,商品销售时全部确认应纳税额。实际发生退货时再冲减退货当期的收入和成本。而会计上只对有控制权的不会退回部分确认收入,由此产生的暂时性差异,需要进行递延所得税的会计处理。

(二) 附有质量保证条款的销售

对于附有质量保证条款的销售,企业应当评估该质量保证是否在向客户保证所销售商品符合既定标准之外提供了一项单独的服务。企业提供额外服务的,应当作为单项履约义务,按照本节进行会计处理;否则,质量保证责任应当按照或有事项的要求进行会计处理。在评估质量保证是否在向客户保证所销售商品符合既定标准之外提供了一项单独的服务时,企业应当考虑该质量保证是否为法定要求、质量保证期限以及企业承诺履行任务的性质等因素。客户能够选择单独购买质量保证的,该质量保证构成单项履约义务。法定要求通常是为了保护客户避免其购买瑕疵或缺陷商品的风险,而并非为客户提供一项单独的质量保证服务。质量保证期限越长,越有可能是单项履约义务。如果企业必须履行某些特定的任务以保证所转让的商品符合既定标准(例如企业负责运输被客户退回的瑕疵商品),则这些特定的任务可能不构成单项履约义务。企业提供的质量保证同时包含上述两类的,应当分别对其进行会计处理,无法合理区分的,应当将这两类质量保证一起作为单项履约义务进行会计处理。

新收入准则根据质量保证条款是否"在向客户保证所销售商品符合既定标准之外提供了一项单独的服务",将产品质量保证区分为两类,通常称为"服务类质量保证"和"保证类质量保证",前者在新收入准则下作为单项履约义务进行处理;后者不属于单项履约义务,仍按或有事项准则规定处理,与现行准则一致。

【例 9-27】 讯电公司与客户签订合同销售一部手机,该手机自售出起一年内如果发生质量问题,讯电公司负责提供质量保证服务。此外,在此期间内,由于客户使用不当(例如手机进水)等原因造成的产品故障,讯电公司也免费提供维修服务。该维修服务不能单独购买。

本例中,讯电公司的承诺包括:销售手机、提供质量保证服务以及维修服务。讯电公司针对产品的质量问题提供的质量保证服务是为了向客户保证所销售商品符合既定标准,因此不构成单项履约义务;讯电公司对由于客户使用不当而导致的产品故障提供的免费维修服务，属于在向客户保证所销售商品符合既定标准之外提供的单独服务，尽管其没有单独销售，该服务与手机可明确区分，应该作为单项履约义务。因此，在该合同下，讯电公司的履约义务有两项：销售手机和提供维修服务，讯电公司应当按照其各自单独售价的相对比例，将交易价格分摊至这两项履约义务，并在各项履约义务履行时分别确认收入。

（三）主要责任人和代理人

企业应当根据其在向客户转让商品前是否拥有对该商品的控制权，来判断其从事交易时的身份是主要责任人还是代理人。企业在向客户转让商品前能够控制该商品的，该企业为主要责任人，应当按照已收或应收对价总额确认收入；否则，该企业为代理人，应当按照预期有权收取的佣金或手续费的金额确认收入，该金额应当按照已收或应收对价总额扣除应支付给其他相关方的价款后的净额，或者按照既定的佣金金额或比例等确定。企业与客户订立的包含多项可明确区分商品的合同中，企业要分别判断其在这不同履约义务中的身份是主要责任人还是代理人。

当存在第三方参与企业向客户提供商品时，企业向客户转让特定商品之前能够控制该商品，从而应当作为主要责任人的情形包括：

一是企业自该第三方取得商品或其他资产控制权后，再转让给客户，此时，企业应当考虑该权利是仅在转让给客户时才产生，还是在转让给客户之前就已经存在，且企业一直能够主导其使用，如果该权利在转让给客户之前并不存在，表明企业实质上并不能在该权利转让给客户之前控制该权利。

二是企业能够主导该第三方代表本企业向客户提供服务，说明企业在相关服务提供给客户之前能够控制该相关服务。

三是企业自该第三方取得商品控制权后，通过提供重大的服务将该商品与其他商品整合成合同约定的某组合产出转让给客户，此时，企业承诺提供的特定商品就是合同约定的组合产出，企业应首先获得为生产该组合产出所需要的投入的控制权，然后才能够将这些投入加工整合为合同约定的组合产出。如果企业仅是在特定商品的法定所有权转移给客户之前，暂时性地获得该特定商品的法定所有权，这并不意味着企业一定控制了该商品。实务中，企业在判断其在向客户转让特定商品之前是否已经拥有对该商品的控制权时，不应仅局限于合同的法律形式，而应当综合考虑所有相关事实和情况进行判断，这些事实和情况包括：

（1）企业承担向客户转让商品的主要责任。企业在判断其是否承担向客户转让商品的主要责任时，应当从客户的角度进行评估，即客户认为哪一方承担了主要责任，例如，客户认为谁对商品的质量或性能负责、谁负责提供售后服务、谁负责解决客户投诉等。

(2) 企业在转让商品之前或之后承担了该商品的存货风险。其中，存货风险主要是指存货可能发生减值、毁损或灭失等形成的损失。例如，如果企业在与客户订立合同之前已经购买或者承诺将自行购买特定商品，这可能表明企业在将该特定商品转让给客户之前，承担了该特定商品的存货风险，企业有能力主导特定商品的使用并从中取得几乎全部的经济利益；在附有销售退回条款的销售中，企业将商品销售给客户之后，客户有权要求向该企业退货，这可能表明企业在转让商品之后仍然承担了该商品的存货风险。

(3) 企业有权自主决定所交易商品的价格。企业有权决定客户为取得特定商品所需支付的价格，可能表明企业有能力主导有关商品的使用并从中获得几乎全部的经济利益。然而，在某些情况下，代理人可能在一定程度上也拥有定价权（例如，在主要责任人规定的某一价格范围内决定价格），以便其在代表主要责任人向客户提供商品时，能够吸引更多的客户，从而赚取更多的收入。此时，即使代理人有一定的定价能力，也并不表明在与最终客户的交易中其身份是主要责任人，代理人只是放弃了一部分自己应当赚取的佣金或手续费而已。

(4) 其他相关事实和情况。需要强调的是，企业在判断其是主要责任人还是代理人时，应当以该企业在特定商品转让给客户之前是否能够控制这些商品为原则。上述相关事实和情况不能凌驾于控制权的判断之上，也不构成一项单独或额外的评估，只是帮助企业在难以评估特定商品转让给客户之前是否能够控制这些商品的情况下进行相关判断。此外，这些事实和情况并无权重之分，也不能被孤立地用于支持某一结论。企业应当根据相关商品的性质、合同条款的约定以及其他具体情况，综合进行判断。

【例 9-28】2×19 年 4 月，康乐旅行社从 A 航空公司购买了一定数量的折扣机票，并对外销售。康乐旅行社向旅客销售机票时，可自行决定机票的价格等，未售出的机票不能退还给 A 航空公司。

本例中，康乐旅行社向客户提供的特定商品为机票，并在确定特定客户之前已经预先从航空公司购买了机票，因此，该权利在转让给客户之前已经存在。康乐旅行社从 A 航空公司购入机票后，可以自行决定该机票的价格、向哪些客户销售等，甲旅行社有能力主导该机票的使用并且能够获得其几乎全部的经济利益。因此，甲旅行社在将机票销售给客户之前，能够控制该机票，康乐旅行社的身份是主要责任人。

【例 9-29】金谷公司经营购物网站，在该网站购物的消费者可以明确获知在该网站上销售的商品均为其他零售商直接销售的商品，这些零售商负责发货以及售后服务等。金谷公司与零售商签订的合同约定，该网站所售商品的采购、定价、发货以及售后服务等均由零售商自行负责，金谷公司仅负责协助零售商和消费者结算货款,并按照每笔交易的实际销售额收取5%的佣金。

本例中,金谷公司经营的购物网站是一个购物平台,零售商在该平台发布所销售商品信息,消费者可以从该平台购买零售商销售的商品。消费者在该网站购物时,向其提供的特定商品为零售商在网站上销售的商品,除此之外,金谷公司并未提供任何其他的商品或服务。这些特定商品在转移给消费者之前,金谷公司从未有能力主导这些商品的使用,例如,金谷公司不能将这些商品提供给购买该商品的消费者之外的其他方,也不能阻止零售商向该消费者转移这些商品,金谷公司不能控制零售商用于完成该网站订单的相关存货。因此,消费者在该网站购物时,在相关商品转移给消费者之前,金谷公司并未控制这些商品,金谷公司的履约义务是安排零售商向消费者提供相关商品,而并未自行提供这些商品,金谷公司在该交易中的身份是代理人。代销商品有以下两种处理情形:

第一,视同买断方式。视同买断方式,是指由委托方和受托方签订合同或协议,委托方按合同或协议价收取所代销商品的货款,实际售价由受托方自定,实际售价与协议价之间的差额归受托方所有的销售方式。

在这种销售方式下,如果委托方和受托方之间的合同或协议明确规定,受托方在取得代销商品后,无论是否能够卖出、是否获利,均与委托方无关,委托方和受托方之间的代销商品交易,与委托方直接销售商品给受托方没有实质区别,在符合销售商品收入确认条件时,委托方应确认相关销售商品收入。如果委托方和受托方之间的合同或协议明确规定,将来受托方没有将商品售出时,可以将商品退还给委托方,或受托方因代销商品出现亏损时,可以要求委托方补偿,委托方在交付商品时通常不确认收入,受托方也不作购进商品处理,受托方将商品销售后,按实际售价确认销售收入,并向委托方开具代销清单,再确认本企业的销售收入。

【例9-30】天鑫公司委托丙公司销售300台电冰箱,协议价为1 000元/台(不含增值税),该商品成本为500元/台,适用的增值税税率为13%。天鑫公司收到丙公司开来的代销清单时开具的增值税专用发票上注明售价为100 000元,增值税额为13 000元。丙公司实际销售时开具的增值税专用发票上注明售价为120 000元,增值税额为15 600元。丙公司可以将没有代销出去的商品退还给天鑫公司。

天鑫公司应做如下会计处理:

(1) 天鑫公司将电冰箱交付丙公司时:

借:发出商品(或委托代销商品)　　　　　　　　　　　150 000
　　贷:库存商品　　　　　　　　　　　　　　　　　　　　　150 000

(2) 天鑫公司收到代销清单时:

借:应收账款——丙公司　　　　　　　　　　　　　　　113 000
　　贷:主营业务收入　　　　　　　　　　　　　　　　　　　100 000

    应交税费——应交增值税（销项税额）   13 000
  借：主营业务成本   50 000
    贷：发出商品（或委托代销商品）   50 000
  （3）收到丙公司汇来的货款时：
  借：银行存款   113 000
    贷：应收账款——丙公司   113 000
丙公司应做如下会计处理：
（1）收到电冰箱时：
  借：受托代销商品   100 000
    贷：受托代销商品款   100 000
（2）实际销售时：
  借：银行存款   135 600
    贷：主营业务收入   120 000
      应交税费——应交增值税（销项税额）   15 600
  借：主营业务成本   50 000
    贷：受托代销商品   50 000
  借：受托代销商品款   100 000
    贷：应付账款——天鑫公司   100 000
（3）按合同协议价将款项付给天鑫公司时：
  借：应付账款——天鑫公司   100 000
    应交税费——应交增值税（进项税额）   13 000
    贷：银行存款   113 000

  假设上例丙公司无论是否能够卖出、是否获利，均与天鑫公司无关，则双方的会计处理如下：

天鑫公司应做如下会计处理：
（1）天鑫公司将电冰箱交付丙公司时：
  借：应收账款——丙公司   113 000
    贷：主营业务收入   100 000
      应交税费——应交增值税（销项税额）   13 000
  借：主营业务成本   50 000
    贷：库存商品   50 000
（2）收到丙公司汇来的货款 113 000 元时：
  借：银行存款   113 000
    贷：应收账款——丙公司   113 000

丙公司应做如下会计处理：

（1）收到电冰箱时：

借：库存商品 100 000
　　应交税费——应交增值税（进项税额） 13 000
　　　贷：应付账款——天鑫公司 113 000

（2）实际销售时：

借：银行存款 135 600
　　贷：主营业务收入 120 000
　　　　应交税费——应交增值税（销项税额） 15 600
借：主营业务成本 50 000
　　贷：库存商品 50 000

（3）按合同协议价将款项付给天鑫公司时：

借：应付账款——天鑫公司 113 000
　　贷：银行存款 113 000

第二，支付手续费方式。支付手续费方式，是指委托方根据所代销的商品数量向受托方支付手续费的销售方式。受托方收取的手续费属于劳务收入。这种代销方式的特点是，受托方通常应按照委托方约定的价格销售，不得自行改变价格。

在这种代销方式下，委托方发出商品时，商品所有权上的主要风险和报酬并未转移给购贷方，不能确认收入，应将已发出的商品借记"发出商品"或"委托代销商品"科目；受托方收到受托代销的商品时，按约定的价格，借记"受托代销商品"科目，贷记"受托代销商品款"科目。受托方售出受托代销商品后，按合同或协议约定的方法计算确定的手续费确认收入。委托方应在收到受托方开出的代销清单时确认销售商品收入。

涉税规定

◆《国家税务总局关于确认企业所得税的收入若干问题通知》（国税函〔2008〕875号）

一、……

（二）符合上款收入确认条件，采取下列商品销售方式的，应按以下规定确认收入实现时间：

4. 销售商品采用支付手续费方式委托代销的，在收到代销清单时确认收入。

《中华人民共和国增值税暂行条例》（2017年修订）

第十九条　增值税纳税义务发生时间：

（一）发生应税销售行为，为收讫销售款项或者取得索取销售款项凭据的当天；先开具发票的，为开具发票的当天。

（二）进口货物，为报关进口的当天。

增值税扣缴义务发生时间为纳税人增值税纳税义务发生的当天。

◆《中华人民共和国增值税暂行条例实施细则》（2011 年修订）

第四条　单位或者个体工商户的下列行为，视同销售货物：（一）将货物交付其他单位或者个人代销；（二）销售代销货物……

第三十八条　条例第十九条第一款第（一）项规定的收讫销售款项或者取得索取销售款项凭据的当天，按销售结算方式的不同，具体为：（五）委托其他纳税人代销货物，为收到代销单位的代销清单或者收到全部或者部分货款的当天。未收到代销清单及货款的，为发出代销货物满 180 天的当天。

◆《中华人民共和国税收征收管理法实施细则》（2016 年修订）

第九十八条　税务代理人违反税收法律、行政法规，造成纳税人未缴或者少缴税款的，除由纳税人缴纳或者补缴应纳税款、滞纳金外，对税务代理人处纳税人未缴或者少缴税款 50% 以上 3 倍以下的罚款。

◆《关于完善跨境电子商务零售进口监管有关工作的通知》（商财发〔2018〕486 号）

四、按照"政府部门、跨境电商企业、跨境电商平台、境内服务商、消费者各负其责"的原则，明确各方责任，实施有效监管。

（一）跨境电商企业

1. 承担商品质量安全的主体责任，并按规定履行相关义务。应委托一家在境内办理工商登记的企业，由其在海关办理注册登记，承担如实申报责任，依法接受相关部门监管，并承担民事连带责任。

2. 承担消费者权益保障责任，包括但不限于商品信息披露、提供商品退换货服务、建立不合格或缺陷商品召回制度、对商品质量侵害消费者权益的赔付责任等。当发现相关商品存在质量安全风险或发生质量安全问题时，应立即停止销售，召回已销售商品并妥善处理，防止其再次流入市场，并及时将召回和处理情况向海关等监管部门报告。

……

6. 向海关实时传输施加电子签名的跨境电商零售进口交易电子数据，可自行或委托代理人向海关申报清单，并承担相应责任。

涉税提示

对代销问题，会计处理与企业所得税处理一致。在进行增值税处理时，对委托方来说，增值税纳税义务发生时间为收到代销单位的代销清单或者收到全部或者部分货款的当天；未收到代销清单及货款的，为发出代销货物满 180 天的当天。对受托方来说，销售代销货物应视同销售处理。

【例9-31】天鑫公司委托丁公司代销2 000件甲产品,甲产品单位成本为1 000元,于2×19年4月18日发出该批产品。合同约定应按每件1 200元(不含增值税)的价格对外出售,天鑫公司按售价的10%向丁公司支付手续费。丁公司实际对外销售500件,开出的增值税专用发票上注明售价为600 000元,增值税额为78 000元,款项已经收到。天鑫公司7月15日收到丁公司转来的代销清单上列明售出500件。天鑫公司收到代销清单时,向丁公司开具一张相同金额的增值税专用发票。

天鑫公司应做如下会计处理:

(1) 发出该批产品时:

借:发出商品(或委托代销商品) 2 000 000
　　贷:库存商品——甲产品 2 000 000

(2) 7月15日收到代销清单时:

借:应收账款——丁公司 678 000
　　贷:主营业务收入 600 000
　　　　应交税费——应交增值税(销项税额) 78 000

借:主营业务成本 500 000
　　贷:发出商品(或委托代销商品) 500 000

借:销售费用 60 000
　　贷:应收账款——丁公司 60 000

(3) 收到丁公司汇来的货款净额时:

借:银行存款 636 000
　　贷:应收账款——丁公司 636 000

丁公司应做如下会计处理:

(1) 收到甲产品时按约定价格:

借:受托代销商品 2 400 000
　　贷:受托代销商品款 2 400 000

(2) 实际销售时按收到的金额:

借:银行存款 678 000
　　贷:受托代销商品 600 000
　　　　应交税费——应交增值税(销项税额) 78 000

计算代销手续费时:

借:受托代销商品款 60 000
　　贷:其他业务收入 60 000

(3) 收到增值税专用发票,结清代销商品款时:

借:受托代销商品款 540 000

　　　　应交税费——应交增值税（进项税额）　　　　　　78 000
　　　贷：银行存款　　　　　　　　　　　　　　　　　　　　　618 000

税务处理

　　根据税法规定，受托方销售代销货物，要视同销售，按销售货物征收税款。丁公司应于实际销售时确认计税收入600 000元计税成本600 000元，申报增值税销项税额78 000元，进项税额78 000元。

　　沿用该例，假设到2×19年1月20日天鑫公司对代销的剩余1 500台甲产品仍未收到代销清单。因已满180天，天鑫公司应做如下会计处理：

　　　借：应收账款　　　　　　　　　　　　　　　　　　　　　234 000
　　　　　贷：应交税费——应交增值税（销项税额）　　　　　　234 000

税务处理

　　企业所得税处理与会计处理一致，都不确认收入，但在增值税处理上应确认销项税额。

　　第三，具有融资性质的分期收款销售商品。

　　分期收款销售商品，是指商品已经交付，货款分期收回的销售方式，具有融资性质的分期收款销售商品，是指延期收取的货款具有融资性质，其实质是企业向购货方提供信贷。

　　合同或协议价款的收取采用递延方式，实质上具有融资性质的，应当按照应收的合同或协议价款的公允价值确定销售商品收入金额。应收的合同或协议价款的公允价值，通常应当按照其未来现金流量现值或商品现销价格计算确定。应收的合同或协议价款与其公允价值之间的差额，应当在合同或协议期间内，按照应收款项的摊余成本和实际利率计算确定的金额进行摊销，冲减财务费用。

　　企业采用递延方式分期收款、实质上具有融资性质的销售商品或提供劳务等经营活动，满足收入确认条件的，按应收合同或协议价款，借记"长期应收款"科目，按应收合同或协议价款的公允价值（现值或商品现销价格），贷记"主营业务收入"等科目，按其差额，贷记"未实现融资收益"科目。

涉税规定

◆《中华人民共和国企业所得税法实施条例》（国务院令第512号）

　　第二十三条　以分期收款方式销售货物的，按照合同约定的收款日期确认收入的实现。

涉税提示

　　对具有融资性质的分期收款销售，企业会计准则规定按现值在符合收入确认条件时确认收入。而企业所得税法按照合同约定的收款日期确认收入的实现，增值税纳税义务发生时间为书面合同约定的收款日期的当天，无书面合同的或者书面合同没有约定收款日期的,增值税纳税义务发生时间为货物发出的当天。税务人员应关注企业的纳税申报情况和增值税销项税额计提情况。

【例 9-32】天鑫公司于 2×19 年 1 月 1 日采用分期收款方式销售某大型设备,合同约定该设备的价格为 1 200 万元,分 5 年于每年年末收取,实际成本为 600 万元。在现销方式下,该大型设备的销售价格为 1 000 万元。该企业适用的增值税税率为 13%,不考虑其他因素。在此例中,应收款项的收取时间较长,相当于对客户提供信贷,具有融资性质。天鑫公司应按合同价格的公允价值(现销价格)1 000 万元确认收入,合同价格 1 200 万元与其公允价值 1 000 万元之间的差额应当作为未实现融资收益,在 5 年内采用实际利率法进行摊销,冲减财务费用。根据 1 元年金现值系数表,天鑫公司计算得出年金 240 万元、期数 5 期、现值 1 000 万元的折现率为 6.41%,即为该笔应收款项的实际利率。该笔应收款项账面余额,减去未实现融资收益账面余额后的差额,即为应收款项的摊余成本;摊余成本和实际利率 6.41% 的乘积即为当期应冲减的财务费用。财务费用和已收本金计算情况如表 9-1 所示。

表 9-1 财务费用和已收本金计算表 单位:万元

日期	未收本金 ① = 上期 ① - 上期④	财务费用② = ① × 6.41%	收现总额③	已收本金④ = ③ - ②
2×19 年 1 月 1 日	1 000.00			
2×19 年 12 月 31 日	1 000.00	64.10	240.00	175.90
2×20 年 12 月 31 日	824.10	52.82	240.00	187.18
2×21 年 12 月 31 日	636.92	40.83	240.00	199.17
2×22 年 12 月 31 日	437.75	28.06	240.00	211.94
2×23 年 12 月 31 日	225.81	14.18*	240.00	225.82
总额		200	1 200	1 000

*是尾数调整

天鑫公司应做如下会计处理:

(1) 2×19 年 1 月 1 日销售实现时:

借:长期应收款　　　　　　　　　　　　　　　　　　　　　12 000 000
　　贷:主营业务收入　　　　　　　　　　　　　　　　　　10 000 000
　　　　未实现融资收益　　　　　　　　　　　　　　　　　 2 000 000
借:主营业务成本　　　　　　　　　　　　　　　　　　　　 6 000 000
　　贷:库存商品　　　　　　　　　　　　　　　　　　　　 6 000 000

(2) 2×19 年 12 月 31 日收取货款时:

借:银行存款　　　　　　　　　　　　　　　　　　　　　　 2 400 000

贷：长期应收款　　　　　　　　　　　　　　　　　　2 400 000

2×19年摊销未实现融资收益时：

借：未实现融资收益　　　　　　　　　　　　　　　　　641 000
　　贷：财务费用　　　　　　　　　　　　　　　　　　　641 000

2×19年末在合同约定的收款日期确认销项税额时：

借：银行存款　　　　　　　　　　　　　　　　　　　　312 000
　　贷：应交税费——应交增值税（销项税额）　　　　　　312 000

（3）2×20年12月31日收取货款时：

借：银行存款　　　　　　　　　　　　　　　　　　　2 400 000
　　贷：长期应收款　　　　　　　　　　　　　　　　　2 400 000

2×20年摊销未实现融资收益时：

借：未实现融资收益　　　　　　　　　　　　　　　　　528 200
　　贷：财务费用　　　　　　　　　　　　　　　　　　　528 200

2×20年末在合同约定的收款日期确认销项税额时：

借：银行存款　　　　　　　　　　　　　　　　　　　　312 000
　　贷：应交税费——应交增值税（销项税额）　　　　　　312 000

（4）2×21年12月31日收取货款时：

借：银行存款　　　　　　　　　　　　　　　　　　　2 400 000
　　贷：长期应收款　　　　　　　　　　　　　　　　　2 400 000

2×21年摊销未实现融资收益时：

借：未实现融资收益　　　　　　　　　　　　　　　　　408 300
　　贷：财务费用　　　　　　　　　　　　　　　　　　　408 300

2×21年末在合同约定的收款日期确认销项税额时：

借：银行存款　　　　　　　　　　　　　　　　　　　　312 000
　　贷：应交税费——应交增值税（销项税额）　　　　　　312 000

（5）2×22年12月31日收取货款时：

借：银行存款　　　　　　　　　　　　　　　　　　　2 400 000
　　贷：长期应收款　　　　　　　　　　　　　　　　　2 400 000

2×22年摊销未实现融资收益时：

借：未实现融资收益　　　　　　　　　　　　　　　　　280 600
　　贷：财务费用　　　　　　　　　　　　　　　　　　　280 600

2×22年末在合同约定的收款日期确认销项税额时：

借：银行存款　　　　　　　　　　　　　　　　　　　　312 000
　　贷：应交税费——应交增值税（销项税额）　　　　　　312 000

(6) 2×23年12月31日收取货款时：

借：银行存款　　　　　　　　　　　　　　　　2 400 000
　　贷：长期应收款　　　　　　　　　　　　　　　　2 400 000

2×23年摊销未实现融资收益时：

借：未实现融资收益　　　　　　　　　　　　　　141 800
　　贷：财务费用　　　　　　　　　　　　　　　　　141 800

2×23年末在合同约定的收款日期确认销项税额时：

借：银行存款　　　　　　　　　　　　　　　　　312 000
　　贷：应交税费——应交增值税（销项税额）　　　　312 000

税务处理

从2×19年12月31日至2×23年12月31日每年年末应确认计税收入240万元，确认计税成本120万元，确认所得120万元（240－120），不确认财务费用。因此天鑫公司2×19年应调整减少应纳税所得额344.10万元（1 000－600＋64.1－120），2×20年至2×23年分别调整增加应纳税所得额67.18万元（120－52.82）、79.17万元（120－40.83）、91.94万元（120－28.06）、105.82万元（120－14.18）。后四年合并调增应纳税所得额与第一年调减应纳税所得额抵销。

（四）附有客户额外购买选择权的销售

对于附有客户额外购买选择权的销售，企业应当评估该选择权是否向客户提供了一项重大权利。企业提供重大权利的，应当作为单项履约义务，按照本节有关交易价格分摊的要求将交易价格分摊至该履约义务，在客户未来行使购买选择权取得相关商品控制权时，或者该选择权失效时，确认相应的收入。客户额外购买选择权的单独售价无法直接观察的，企业应当综合考虑客户行使和不行使该选择权所能获得的折扣的差异、客户行使该选择权的可能性等全部相关信息后，予以合理估计。

额外购买选择权的情况包括销售激励、客户奖励积分、未来购买商品的折扣券以及合同续约选择权等。对于附有客户额外购买选择权的销售，企业应当评估该选择权是否向客户提供了一项重大权利。如果客户只有在订立了一项合同的前提下才取得了额外购买选择权，并且客户行使该选择权购买额外商品时，能够享受到超过该地区或该市场中其他同类客户所能够享有的折扣，则通常认为该选择权向客户提供了一项重大权利。该选择权向客户提供了重大权利的，应当作为单项履约义务。在考虑授予客户的该项权利是否重大时，应根据其金额和性质综合进行判断。客户虽然有额外购买商品选择权，但客户行使该选择权购买商品时的价格反映了这些商品单独售价，不应被视为企业向该客户提供了一项重大权利。为简化实务操作，当客户行使该权利购买的额外商品与原合同下购买的商品类似，且企业将按照原合同条款提供该额外的商品时,例如,企业向客户提供续约选择权,企业可以无须估计该选择权的单独售价,而是直接把其预计将提供的额外商品的数量以及预计将收取的相应对价金额纳入原合同,并进行相应的会计处理。

(五) 授予知识产权许可

企业向客户授予的知识产权,常见的包括软件和技术、影视和音乐等的版权、特许经营权以及专利权、商标权和其他版权等。企业向客户授予知识产权许可的,应当按照本节要求评估该知识产权许可是否构成单项履约义务。对于不构成单项履约义务的,企业应当将该知识产权许可和其他商品一起作为一项履约义务进行会计处理。授予知识产权许可不构成单项履约义务的情形包括:一是该知识产权许可构成有形商品的组成部分并且对于该商品的正常使用不可或缺,例如,企业向客户销售设备和相关软件,该软件内嵌于设备之中,该设备必须安装了该软件之后才能正常使用;二是客户只有将该知识产权许可和相关服务一起使用才能够从中获益,例如,客户取得授权许可,但是只有通过企业提供的在线服务才能访问相关内容。对于构成单项履约义务的,应当进一步确定其是在某一时段内履行还是在某一时点履行,同时满足下列条件时,应当作为在某一时段内履行的履约义务确认相关收入:

(1) 合同要求或客户能够合理预期企业将从事对该项知识产权有重大影响的活动。企业从事的下列活动均会对该项知识产权有重大影响:一是这些活动预期将显著改变该项知识产权的形式或者功能(例如知识产权的设计、内容、功能性等)。二是客户从该项知识产权中获益的能力在很大程度上来源于或者取决于这些活动,即这些活动会改变该项知识产权的价值,例如,企业向客户授权使用其品牌,客户从该品牌获益的能力取决于该品牌价值,而企业所从事的活动为维护或提升其品牌价值提供了支持。如果该项知识产权具有重大的独立功能,且该项知识产权绝大部分的经济利益来源于该项功能,客户从该项知识产权中获益的能力则可能不会受到企业从事的相关活动的重大影响,除非这些活动显著改变了该项知识产权的形式或者功能。具有重大独立功能的知识产权主要包括软件、生物合成物或药物配方以及已完成的媒体内容(例如电影、电视节目以及音乐录音)版权等。

(2) 该活动对客户将产生有利或不利影响。当企业从事的后续活动并不影响授予客户的知识产权许可时,企业的后续活动只是在改变其已拥有的资产。

(3) 该活动不会导致向客户转让商品。当企业从事的后续活动本身构成单项履约义务时,企业在评估授予知识产权许可是否属于在某一时段履行的履约义务时应当不予考虑。企业向客户授予知识产权许可不能同时满足上述条件的,则属于在某一时点履行的履约义务,并在该时点确认收入。在客户能够使用某项知识产权许可并开始从中获益之前,企业不能对此类知识产权许可确认收入。例如,企业授权客户在一定期间内使用软件,但是在企业向客户提供该软件的密钥之前,客户都无法使用该软件,不应确认收入。值得注意的是,在判断某项知识产权许可是属于在某一时段内履行的履约义务还是在某一时点履行的履约义务时,企业不应考虑下列因素:一是,该许可在时间、地域或使用方面的限制;二是,企业就其拥有的知识产权的有效性以及防止未经授权使用该知识产权许可所提供的保证。

如不满足以上条件时,应当作为在某一时点履行的履约义务确认相关收入。

【例 9 – 33】画艺公司是一家设计制作连环漫画的公司。画艺公司授权乙公司可在 4 年内使用其 3 部连环漫画中的角色形象和名称。画艺公司的每部连环漫画都有相应的主要角色。但是,画艺公司会定期创造新的角色,且角色的形象也会随时演变。乙公司是一家大型游轮的运营商,乙公司可以以不同的方式(例如,展览或演出)使用这些漫画中的角色。合同要求乙公司必须使用最新的角色形象。在授权期内,画艺公司每年向乙公司收取 3 000 万元。

本例中,画艺公司除了授予知识产权许可外不存在其他履约义务。也就是说,与知识产权许可相关的额外活动并未向客户提供其他商品或服务,因为这些活动是企业授予知识产权许可承诺的一部分,且实际上改变了客户享有知识产权许可的内容。

画艺公司需要评估该知识产权许可相关的收入应当在某一时段内确认还是在某一时点确认。画艺公司考虑了下列因素:一是,乙公司合理预期(根据画艺公司以往的习惯做法),画艺公司将实施对该知识产权许可产生重大影响的活动,包括创作角色及出版包含这些角色的连环漫画等;二是,这些活动直接对乙公司产生的有利或不利影响,这是因为合同要求乙公司必须使用画艺公司创作的最新角色,这些角色塑造得成功与否,会直接对乙公司产生影响;三是,尽管乙公司可以通过该知识产权许可从这些活动中获益,但在这些活动发生时并没有导致向乙公司转让任何商品或服务。因此,画艺公司授予该知识产权许可的相关收入应当在某一时段内确认。由于合同规定乙公司在一段固定期间内可无限制地使用其取得授权许可的角色,因此,画艺公司按照时间进度确定履约进度可能是最恰当的方法。企业向客户授予知识产权许可,并约定按客户实际销售或使用情况收取特许权使用费的,应当在下列两项孰晚的时点确认收入:一是客户后续销售或使用行为实际发生;二是企业履行相关履约义务。这是估计可变对价的例外规定,该例外规定只有在下列两种情形下才能使用:一是特许权使用费仅与知识产权许可相关;二是特许权使用费可能与合同中的知识产权许可和其他商品都相关,但是与知识产权许可相关的部分占有主导地位。企业使用该例外规定时,应当对特许权使用费整体采用该规定,而不应当将特许权使用费进行分拆。如果与授予知识产权许可相关的对价同时包含固定金额和按客户实际销售或使用情况收取的变动金额两部分,则只有后者能采用该例外规定，而前者应当在相关履约义务履行的时点或期间内确认收入。对于不适用该例外规定的特许权使用费，应当按照估计可变对价的一般原则进行处理。

(六) 售后回购

售后回购，是指企业销售商品的同时承诺或有权选择日后再将该商品（包括相同或几乎相同的商品，或以该商品作为组成部分的商品）购回的销售方式。对于不同类型的售后回购交易，企业应当区分下列两种情形分别进行会计处理：

第一，企业因存在与客户的远期安排而负有回购义务或企业享有回购权利的，表明客户在销售时点并未取得相关商品控制权，企业应当作为租赁交易或融资交易进行相应的会计处理。其中，回购价格低于原售价的，应当视为租赁交易；回购价格不低于原售价的，应当视为融资交易，在收到客户款项时确认金融负债，并将该款项和回购价格的差额在回购期间内确认为利息费用等。企业到期末行使回购权利的，应当在该回购权利到期时终止确认金融负债，同时确认收入。

第二，企业负有应客户要求回购商品义务的，应当在合同开始日评估客户是否具有行使该要求权的重大经济动因。客户具有行使该要求权重大经济动因的，企业应当将售后回购作为租赁交易或融资交易；否则，企业应当将其作为附有销售退回条款的销售交易进行会计处理。在判断客户是否具有行权的重大经济动因时，企业应当综合考虑各种相关因素，包括回购价格与预计回购时市场价格之间的比较，以及权利的到期日等。例如，如果回购价格明显高于该资产回购时的市场价值，则表明客户有行权的重大经济动因。

采用售后回购方式融入资金的，在发出商品等资产时，应按实际收到的金额，借记"银行存款"科目，贷记"其他应付款"科目，按专用发票上注明的增值税额，贷记"应交税费——应交增值税（销项税额）"科目。回购价格与原销售价格之间的差额，应在售后回购期间内按期计提利息费用，借记"财务费用"科目，贷记"其他应付款"科目。按照合同约定购回该项商品时，应按实际支付的金额，借记"其他应付款"科目，按可抵扣的增值税额，借记"应交税费——应交增值税（进项和额）"科目，贷记"银行存款"科目。

涉税规定

◆《国家税务总局关于确认企业所得税的收入若干问题通知》（国税函〔2008〕875号）

一、……

(三) 采用售后回购方式销售商品的，销售的商品按售价确认收入，回购的商品作为购进商品处理。有证据表明不符合销售收入确认条件的，如以销售商品方式进行融资，收到的款项应确认为负债，回购价格大于原售价的，差额应在回购期间确认为利息费用。

◆《中华人民共和国增值税暂行条例》(2017 年修订)

第十九条 增值税纳税义务发生时间：

(一)销售货物或者应税劳务,为收讫销售款项或者取得索取销售款项凭据的当天；先开具发票的,为开具发票的当天。

(二)进口货物,为报关进口的当天。

涉税提示

对于售后回购,如果协议规定对已售出的商品以后全部购回,说明销售方保留了通常与商品所有权相联系的继续管理权,仍对其实施有效控制,不符合企业所得税法确认销售收入的条件,实质上是采用销售商品方式进行融资。因此,企业在进行企业所得税处理时与会计处理一致。但按增值税法规定,应将其看作销售和回购两笔业务进行处理。

【例 9-34】2×19 年 4 月 1 日,天鑫公司与百信公司签订协议,向百信公司销售一批商品,增值税专用发票上注明售价为 1 000 000 元,增值税额为 130 000 元。协议规定,天鑫公司应在 7 月 30 日将所售商品购回,回购价为 1 200 000 元(不含增值税),商品并未发出,货款已收到。假设：(1)天鑫公司对库存商品采用实际成本法计价,该批商品的实际成本为 850 000 元；(2)除增值税外,不考虑其他相关税费。

天鑫公司应做如下会计处理：

(1)发出商品时：

借：银行存款	1 130 000
贷：其他应付款	1 000 000
应交税费——应交增值税(销项税额)	130 000

(2)在售后回购期间内按期计提利息费用时：

因为售后回购本质上属于一种融资交易,回购价大于原销售价格之间的差额相当于融资费用,因而应在售后回购期间内按期计提利息,计入财务费用。4 月至 7 月,每月应计提的利息费用为(1 200 000)÷4 = 30 000 元。

借：财务费用	30 000
贷：其他应付款	30 000

(3)7 月 30 日,天鑫公司购回 4 月 1 日销售的商品,增值税专用发票上注明的价款为 1 200 000 元,增值税额为 156 000 元。

借：其他应付款	1 200 000
应交税费——应交增值税(进项税额)	156 000
贷：银行存款	1 356 000

税务处理

企业所得税处理与会计处理一致，但在进行增值税处理时，应将其看作销售和回购的业务，开出增值税专用发票时要计提增值税销项税额，回购时按取得增值税专用发票上注明的增值税额进行抵扣。

（七）客户未行使的权利

企业向客户预收销售商品款项的，应当先将该款项确认为负债，待履行了相关履约义务时再转为收入。当企业预收款项无须退回，且客户可能会放弃其全部或部分合同权利时，例如，放弃储值卡的使用等，企业预期将有权获得与客户所放弃的合同权利相关的金额的，应当按照客户行使合同权利的模式按比例将上述金额确认为收入；否则，企业只有在客户要求其履行剩余履约义务的可能性极低时，才能将上述负债的相关余额转为收入。企业在确定其是否预期将有权获得与客户所放弃的合同权利相关的金额时，应当考虑将估计的可变对价计入交易价格的限制要求。如果有相关法律规定，企业所收取的与客户未行使权利相关的款项须转交给其他方的（例如，法律规定无人认领的财产需上交政府），企业不应将其确认为收入。

涉税规定

◆《国家税务总局关于确认企业所得税的收入若干问题通知》（国税函〔2008〕875号）

一、……

（二）符合上款收入确认条件，采取下列商品销售方式的，应按以下规定确认收入实现时间：

2. 销售商品采取预收款方式的，在发出商品时确认收入。

《中华人民共和国增值税暂行条例实施细则》（2011年修订）

第三十八条　收讫销售款项或者取得索取销售款项凭据的当天，按销售结算方式的不同，具体为：

（四）采取预收货款方式销售货物，为货物发出的当天，但生产销售生产工期超过12个月的大型机械设备、船舶、飞机等货物，为收到预收款或者书面合同约定的收款日期的当天。

【例 9-35】 天鑫公司为增值税一般纳税人，适用的增值税税率为13%。2×19年4月3日，天鑫公司与乙公司签订协议，采用预收款方式销售一批商品给乙公司。该批商品的售价为200 000元（不含增值税），成本为80 000元。协议规定，乙公司应于协议签订之日预付50%的货款（按售价计算），剩下的部分于6月30日付清。

假定4月3日天鑫公司已收到乙公司支付的货款及增值税款，并将该批商品交付给了乙公司。

天鑫公司应做如下会计处理：

4月3日收到乙公司的预付款时：

借：银行存款　　　　　　　　　　　　　　　　　　　　100 000

　　贷：预收账款——乙公司　　　　　　　　　　　　　　　100 000

6月30日，收到剩余货款及增值税款，发出商品时：

借：预收账款——乙公司　　　　　　　　　　　　　　　100 000

　　银行存款　　　　　　　　　　　　　　　　　　　　126 000

　　贷：主营业务收入　　　　　　　　　　　　　　　　　200 000

　　　　应交税费——应交增值税（销项税额）　　　　　　　26 000

借：主营业务成本　　　　　　　　　　　　　　　　　　 80 000

　　贷：库存商品　　　　　　　　　　　　　　　　　　　 80 000

（八）无须退回的初始费

企业在合同开始（或接近合同开始）日向客户收取的无须退回的初始费（如俱乐部的入会费等）应当计入交易价格。企业应当评估该初始费是否与向客户转让已承诺的商品相关。该初始费与向客户转让已承诺的商品相关，并且该商品构成单项履约义务的，企业应当在转让该商品时，按照分摊至该商品的交易价格确认收入；该初始费与向客户转让已承诺的商品相关，但该商品不构成单项履约义务的，企业应当在包含该商品的单项履约义务履行时，按照分摊至该单项履约义务的交易价格确认收入；该初始费与向客户转让已承诺的商品不相关的，该初始费应当作为未来将转让商品的预收款，在未来转让该商品时确认为收入。

企业收取了无须退回的初始费且为履行合同应开展初始活动，但这些活动本身并没有向客户转让已承诺的商品的，例如，企业为履行会员健身合同开展了一些行政管理性质的准备工作，该初始费与未来将转让的已承诺商品相关，应当在未来转让该商品时确认为收入，企业在确定履约进度时不应考虑这些初始活动；企业为该初始活动发生的支出应当确认为一项资产或计入当期损益。

【例9-36】 康力公司经营一家会员制健身俱乐部。康力公司与客户签订了为期3年的合同，客户入会之后可以随时在该俱乐部健身。除俱乐部的年费2 000元之外，康力公司还向客户收取了50元的入会费，用于补偿俱乐部为客户进行注册登记、准备会籍资料以及制作会员卡等初始活动所花费的成本。康力公司收取的入会费和年费均无须返还。

本例中，康力公司承诺的服务是向客户提供健身服务，而康力公司为会员入会所进行的初始活动并未向客户提供其所承诺的服务，而只是一些内部行政管理性质的工作。因此，康力公司虽然为补偿这些初始活动向客户收取了 50 元入会费，但是该入会费实质上是客户为健身服务所支付的对价的一部分，故应当作为健身服务的预收款，与收取的年费一起在 3 年内分摊确认为收入。

（九）售后租回

售后租回，是指销售商品的同时，销售方同意在日后再将同样的商品租回的销售方式。

采用售后租回方式销售商品的，收到的款项应确认为负债；售价与资产账面价值之间的差额，应当采用合理的方法进行分摊，作为折旧费用或租金费用的调整。有确凿证据表明认定为经营租赁的售后租回交易是按照公允价值达成的，销售的商品按售价确认收入，并按账面价值结转成本。

具体处理时应区分以下两种情况：

第一，售后租回交易认定为融资租赁的，售价与资产账面价值之间的差额应当予以递延，并按照该项租赁资产的折旧进度进行分摊，作为折旧费用的调整。

第二，售后租回交易认定为经营租赁的，应当分别以下情况处理：一是有确凿证据表明售后租回交易是按照公允价值达成的，售价与公允价值之间的差额应当计入当期损益。二是售后租回交易如果不是按照公允价值达成的，售价低于公允价值的差额，应当计入当期损益；但若该损失将由低于市价的未来租赁付款额补偿时，有关损失应予以递延（递延收益），并按与确认租金费用相一致的方法在租赁期内进行分摊；如果售价大于公允价值，其大于公允价值的部分应计入递延收益，并在租赁期内分摊。

涉税规定

◆《国家税务总局关于融资性售后回租业务中承租方出售资产行为有关税收问题的公告》（国家税务总局公告 2010 年第 13 号）

融资性售后回租业务是指承租方以融资为目的将资产出售给经批准从事融资租赁业务的企业后，又将该项资产从该融资租赁企业租回的行为。融资性售后回租业务中承租方出售资产时，资产所有权以及与资产所有权有关的全部报酬和风险并未完全转移。

一、增值税

根据现行增值税有关规定，融资性售后回租业务中承租方出售资产的行为，不属于增值税征收范围，不征收增值税。

二、企业所得税

根据现行企业所得税法及有关收入确定规定，融资性售后回租业务中，承租人出售资产的行为，不确认为销售收入，对融资性租赁的资产，仍按承租人出售前原账面价值作为计税基础计提折旧。租赁期间,承租人支付的属于融资利息的部分,作为企业财务费用在税前扣除。

涉税提示

(1) 融资性售后回租业务中承租方出售资产的行为,不属于增值税征收范围,不征收增值税。(2) 融资性售后回租业务明确了三项企业所得税政策。第一,由于承租方出售资产时,资产所有权以及与资产所有权有关的全部报酬和风险并未完全转移,融资性售后回租业务中,承租人出售资产的行为,不符合收入确认条件,因此,不确认为销售收入。第二,对融资性租赁的资产,出售方(承租方)仍按出售前原账面价值作为计税基础计提折旧。第三,租赁期间,承租人支付的属于融资利息的部分,作为企业财务费用在税前扣除。

(十) 视同销售业务的涉税处理

视同销售,是指企业或纳税人在会计上有些不作为销售核算,而在税收上要作为销售确认收入计缴税金的商品或劳务的转移行为。

《企业会计准则第 7 号——非货币性资产交换》

第六条 非货币性资产交换同时满足下列条件的,应当以公允价值为基础计量:

(一) 该项交换具有商业实质;

(二) 换入资产或换出资产的公允价值能够可靠地计量。

换入资产和换出资产的公允价值均能够可靠计量的,应当以换出资产的公允价值为基础计量,但有确凿证据表明换入资产的公允价值更加可靠的除外。

第三条 本准则适用于所有非货币性资产交换,但下列各项适用其他相关会计准则:(一) 企业以存货换取客户的非货币性资产的,适用《企业会计准则第 14 号——收入》。

《企业会计准则第 12 号——债务重组》规定:"以非现金资产清偿债务的,债务人应当将重组债务账面价值与其公允价值之间的差额计入当期损益,将重组债务公允价值与转让的非现金资产账面价值之间的差额计入当期损益。以长期股权投资以外的非现金资产清偿债务的,债权人初始确认受让的非现金资产时,应当按照其公允价值计量。"

以非现金资产清偿债务时,《企业会计准则第 12 号——债务重组》应用指南规定:"企业以其自产品作为非货币性福利发放给职工的,应当根据受益对象,按照该产品的公允价值,计入相关资产成本或当期收益,同时确认应付职工薪酬。因此,发放非货币性职工福利时,应视同正常的商品销售确认主营业务收入,同时结转成本。"

所得税视同销售行为,是指那些不属于《中华人民共和国企业所得税法实施条例》中规定的销售货物、转让财产、提供劳务行为，但要计算所得，缴纳所得税的行为。

涉税规定

◆《中华人民共和国企业所得税法实施条例》（国务院令第512号）

第二十五条　企业发生非货币性资产交换，以及将货物、财产、劳务用于捐赠、偿债、赞助、集资、广告、样品、职工福利或者利润分配等用途的，应当视同销售货物、转让财产或者提供劳务，但国务院财政、税务主管部门另有规定的除外。

◆《中华人民共和国增值税暂行条例实施细则（2011年修订）》（财政部　国家税务总局令2008年第50号）

第四条　单位或者个体工商户的下列行为，视同销售货物：

（一）将货物交付其他单位或者个人代销；

（二）销售代销货物；

（三）设有两个以上机构并实行统一核算的纳税人，将货物从一个机构移送其他机构用于销售，但相关机构设在同一县（市）的除外；

（四）将自产或者委托加工的货物用于非增值税应税项目；

（五）将自产，委托加工的货物用于集体福利或者个人消费；

（六）将自产，委托加工或者购进的货物作为投资，提供给其他单位或者个体工商户；

（七）将自产，委托加工或者购进的货物分配给股东或者投资者；

（八）将自产，委托加工或者购进的货物无偿赠送其他单位或者个人。

第十六条　纳税人有条例第七条所称价格明显偏低并无正当理由或者有本细则第四条所列视同销售货物行为而无销售额者，按下列顺序确定销售额：

（一）按纳税人最近时期同类货物的平均销售价格确定；

（二）按其他纳税人最近时期同类货物的平均销售价格确定；

（三）按组成计税价格确定。组成计税价格的公式为：

组成计税价格 = 成本 × (1 + 成本利润率)

属于应征消费税的货物，其组成计税价格中应加计消费税额。

公式中的成本是指：销售自产货物的为实际生产成本，销售外购货物的为实际采购成本。公式中的成本利润率由国家税务总局确定。

本书以《中华人民共和国增值税暂行条例实施细则》第四条第四、五、六、七、八项规定的增值税视同销售为主线，穿插所得税的视同销售，说明其会计处理。

对于这些视同销售行为，应从实质上进行分析，看是否具有销售性质。对于实质上具有销售性质的视同销售行为，应确认销售收入、结转成本，计算缴纳增值税和企业所得税。对于不具有销售性质的视同销售行为，不确认销售收入，而是按成本转账，同时进一步分析是增值税视同销售，还是所得税视同销售。

第一，会计上确认具有销售性质，并确认收入，增值税和企业所得税都作视同销售的行为：

纳税人将自产、委托加工或者购进的货物作为投资，提供给其他单位或者个体工商户（非货币性资产交换具有商业实质，且换入、换出资产的公允价值能够可靠计量），用于债务重组，分配给股东或者投资者；以及将自产、委托加工的货物用于发放给职工个人消费或用于集体福利部门消费。这些行为实质上具有销售性质，应确认销售收入、结转成本，应计算缴纳增值税，确认销售货物所得或转让财产所得。

【例9-37】天鑫公司将自产的A产品投资于甲公司，占甲公司注册资本5%，并准备长期持有。该批产品生产成本80 000元，不含税售价95 000元，开具增值税专用发票。天鑫公司做如下会计处理：

借：长期股权投资——甲公司　　　　　　　　　　　　107 350
　　贷：主营业务收入　　　　　　　　　　　　　　　　95 000
　　　　应交税费——应交增值税（销项税额）　　　　　12 350
借：主营业务成本　　　　　　　　　　　　　　　　　　80 000
　　贷：库存商品——A产品　　　　　　　　　　　　　80 000

税务处理

这种情况税务处理与会计处理一致。

第二，会计上确认不具有销售性质，不确认收入，增值税和企业所得税都作视同销售处理：

纳税人将自产、委托加工或者购进的货物无偿赠送其他单位或者个人；以及将自产、委托加工或者购进的货物作为投资，提供给其他单位或者个体工商户（非货币性资产交换不具有商业实质，或换入、换出资产的公允价值不能够可靠计量）。这些行为虽然货物的所有权已转移，但经济利益流入企业的可能性不确定，或没有经济利益流入企业，或资产的公允价值不能够可靠计量，因此不能确认收入，应按成本转账，但应计算缴纳增值税，确认销售货物所得或转让财产所得。

【例9-38】天鑫公司将5部新款手机赠送给客户试用，该批手机生产成本为20 000元，该类型手机每部售价为5 600元。天鑫公司做如下会计处理：

其中：销项税额 = 5 600 × 5 × 13% = 3 640（元）
借：营业外支出　　　　　　　　　　　　　　　　　　　23 640
　　贷：库存商品　　　　　　　　　　　　　　　　　　20 000
　　　　应交税费——应交增值税（销项税额）　　　　　3 640

税务处理

(1) 确认销售货物所得8 000元 [5×5 600-20 000],调整增加应纳税所得额8 000元。(2) 无偿赠送支出不能在税前扣除,调整增加应纳税所得额24 480元。年终申报企业所得税时,本业务共调整增加应纳税所得额32 480元（8 000+24 480）。

第三,会计上确认不具有销售性质,不确认收入,增值税作视同销售处理,企业所得税不作视同销售处理：

纳税人将自产或者委托加工的货物用于非增值税应税项目,以及将自产、委托加工的货物用于企业内部管理部门使用并形成企业的一种资产。这种行为货物在企业内部领用,货物的所有权并未发生转移,只是资产的实物变现形式发生了变化,并非销售业务,不能确认收入,但应在货物移送时,视同计算缴纳增值税。由于货物的所有权并未发生转移,不属于所得税视同销售行为。

【例9-39】 天鑫公司将一批自产的手机作为福利分给公司管理人员。该批手机的生产成本35 000元,不含税售价50 000元。天鑫公司做如下会计处理：

借：管理费用　　　　　　　　　　　　　　　　41 500
　　贷：库存商品——手机　　　　　　　　　　　35 000
　　　　应交税费——应交增值税（销项税额）　　 6 500

税务处理

自产产品用于企业内部集体福利部门,企业所得税不作视同销售处理,不需要调整应纳税所得额。

涉税提示

对视同销售业务,在按照企业会计准则规定进行会计处理时,可能不作销售处理,只按成本转账；也可能作销售处理,确认收入,结转成本。在按照税法规定进行税务处理时,增值税法与企业所得税法视同销售的内容和范围是有区别的,实际工作中,企业往往只按会计规定结转成本,未按税法规定计算调整申报税金。税务人员应关注企业有无视同销售行为,分析视同销售的具体情况,检查企业有无因视同销售而偷税、漏税。

（十一）其他经营活动业务的会计处理

企业除主营业务以外的其他经营活动,包括出租固定资产、出租无形资产、出租包装物和商品、销售材料等。该类活动实现的收入通过"其他业务收入"科目核算,发生的支出,包括销售材料的成本、出租固定资产的折旧额、出租无形资产的摊销额、出租包装物的成本或摊销额等通过"其他业务成本"核算,发生的消费税、城建税、教育费附加等税费通过"税金及附加"科目核算。

【例 9-40】 天鑫公司出租一项无形资产，收取价款 10 000 元，增值税额 600 元，出租期间该无形资产的摊销额为 2 500 元。天鑫公司做如下会计处理：

借：银行存款　　　　　　　　　　　　　　　　　　　10 600
　　贷：其他业务收入——无形资产出租　　　　　　　　　10 000
　　　　应交税费——应交增值税（销项税额）　　　　　　　　600
借：其他业务成本　　　　　　　　　　　　　　　　　　2 500
　　贷：累计摊销　　　　　　　　　　　　　　　　　　　2 500

涉税提示

《企业会计准则第 21 号——租赁》

适用于所有租赁，但下列各项除外：

（一）承租人通过许可使用协议取得的电影、录像、剧本、文稿等版权、专利等项目的权利，以出让、划拨或转让方式取得的土地使用权，适用《企业会计准则第 6 号——无形资产》。

（二）出租人授予的知识产权许可，适用《企业会计准则第 14 号——收入》。

勘探或使用矿产、石油、天然气及类似不可再生资源的租赁，承租人承租生物资产，采用建设经营移交等方式参与公共基础设施建设、运营的特许经营权合同，不适用本准则。

涉税规定

《企业会计准则第 21 号——租赁》

第二章　租赁的识别、分拆和合并

第一节　租赁的识别

第四条　在合同开始日，企业应当评估合同是否为租赁或者包含租赁。如果合同中一方让渡了在一定期间内控制一项或多项已识别资产使用的权利以换取对价，则该合同为租赁或者包含租赁。

除非合同条款和条件发生变化，企业无须重新评估合同是否为租赁或者包含租赁。

第五条　为确定合同是否让渡了在一定期间内控制已识别资产使用的权利，企业应当评估合同中的客户是否有权获得在使用期间内因使用已识别资产所产生的几乎全部经济利益，并有权在该使用期间主导已识别资产的使用。

第六条　已识别资产通常由合同明确指定，也可以在资产可供客户使用时隐性指定。但是，即使合同已对资产进行指定，如果资产的供应方在整个使用期间拥有对该资产的实质性替换权，则该资产不属于已识别资产。

同时符合下列条件时，表明供应方拥有资产的实质性替换权：

（一）资产供应方拥有在整个使用期间替换资产的实际能力；

（二）资产供应方通过行使替换资产的权利将获得经济利益。

企业难以确定供应方是否拥有对该资产的实质性替换权的，应当视为供应方没有对该资产的实质性替换权。

如果资产的某部分产能或其他部分在物理上不可区分，则该部分不属于已识别资产，除非其实质上代表该资产的全部产能，从而使客户获得因使用该资产所产生的几乎全部经济利益。

第七条　在评估是否有权获得因使用已识别资产所产生的几乎全部经济利益时，企业应当在约定的客户可使用资产的权利范围内考虑其所产生的经济利益。

第八条　存在下列情况之一的，可视为客户有权主导对已识别资产在整个使用期间内的使用：

（一）客户有权在整个使用期间主导已识别资产的使用目的和使用方式。

（二）已识别资产的使用目的和使用方式在使用期开始前已预先确定，并且客户有权在整个使用期间自行或主导他人按照其确定的方式运营该资产，或者客户设计了已识别资产并在设计时已预先确定了该资产在整个使用期间的使用目的和使用方式。

五、建造合同收入的确认与计量

（一）建造合同概述

1. 建造合同的概念

建造合同，是指为建造一项或数项在设计、技术、功能、最终用途等方面密切相关的资产而订立的合同。其中，所指资产主要包括房屋、道路、桥梁、水坝等建筑物以及船舶、飞机、大型机械设备等。

2. 建造合同的特征

建造合同不同于一般的材料采购合同和劳务合同，其主要特征为：
（1）先有买主（即客户），后有标底（即资产），建造资产的造价在合同签订时就已经确定；
（2）资产的建设周期长，一般都要跨越一个会计年度，有的长达数年；
（3）所建造资产的体积大，造价高；
（4）建造合同一般为不可撤销合同。

3. 建造合同的类型

建造合同分为两类：一类是固定造价合同，另一类是成本加成合同。

（1）固定造价合同，是指按照固定的合同价或固定单价确定工程价款的建造合同。例如，某建造承包商与某一客户签订一项建造合同，为客户建造一栋办公大楼，合同规定建造大楼的总造价为 4 000 万元。该合同即为固定造价合同。某建筑承包商与某一客户签订一项建造合同，为客户建造一条 500 公里长的公路，合同规定每公里单价为 900 万元。该合同也是固定造价合同。

（2）成本加成合同，是指以合同约定或其他方式议定的成本为基础，加上该成本的一定比例或定额费用确定工程价款的建造合同。例如，建造承包商与某一客户签订一项建造合同，为客户建造一台大型机械设备，双方约定以建造该设备的实际成本为基础，价款以实际成本加 10% 计算确定。该合同就属于成本加成合同。

固定造价合同与成本加成合同的主要区别就在于它们各自风险的承担者不同。前者的风险主要是由建造承包方承担，后者则主要是由发包方承担。

涉税提示

企业所得税法没有单独的建造合同规定，但是建造合同收入，应属于企业所得税法中的提供劳务收入。《中华人民共和国企业所得税法实施条例》第十五条规定：提供劳务收入，是指企业从事建筑安装、修理修配、交通运输、仓储租赁、金融保险、邮电通信、咨询经纪、文化体育、科学研究、技术服务、教育培训、餐饮住宿、中介代理、卫生保健、社区服务、旅游、娱乐、加工以及其他劳务服务活动取得的收入。因此，企业受托加工制造大型机械设备、船舶、飞机等，以及从事建筑、安装、装配工程业务等而取得的建造合同收入，属于企业所得税法中的提供劳务收入。

2017 年 7 月 19 日，财政部正式发布了《关于修订印发〈企业会计准则第 14 号——收入〉的通知》（财会〔2017〕22 号）。在境内外同时上市的企业以及在境外上市并采用国际财务报告准则或企业会计准则编制财务报表的企业，自 2018 年 1 月 1 日起施行；其他境内上市企业，自 2020 年 1 月 1 日起施行；执行企业会计准则的非上市企业，自 2021 年 1 月 1 日起施行。

收入准则修订的主要内容包括：

将现行收入和建造合同两项准则纳入统一的收入确认模型。2006 年版收入准则和建造合同准则在某些情况下边界不够清晰，可能导致类似的交易采用不同的收入确认方法，从而对企业财务状况和经营成果产生重大影响。修订后的收入准则采用统一的收入确认模型来规范所有与客户之间的合同产生的收入，并且就"在一段时间内"还是"在某一时点"确认收入提供具体指引。

（二）建造合同收入和建造合同成本的内容

1. 建造合同收入

建造合同收入包括下列内容：

（1）合同规定的初始收入。即建造承包商与客户在双方签订的合同中最初商订的合同总金额，它构成合同收入的基本内容；

（2）因合同变更索赔、奖励等形成的收入。

①合同变更，是指客户为改变合同规定的作业内容而提出的调整。例如，某建造承包商与某一客户签订合同建造一栋住宅楼，合同执行到三分之一时，客户提出改变原住宅的部分户型设计，并同意增加变更收入200万元。这就属于合同变更。

合同变更同时满足下列条件的，才能构成合同收入：

第一，客户能够认可因变更而增加的收入；

第二，该收入能够可靠地计量。

②索赔款，是指因客户或第三方的原因造成的、向客户或第三方收取的，用以补偿不包括在合同造价成本中的款项。例如，某建造承包商与某一客户签订了一份金额为3 000万元的建造合同，建造一座电站。合同规定的建设期为2×16年12月1日至2×18年12月1日。同时，合同还规定，发电机由客户采购，于2×18年9月1日前交付制造承包商安装。该合同执行过程中，客户并未在合同规定的时间范围内将发电机交付建造承包商。为此建造承包商要求客户支付延误工期款70万元。这就是发生索赔款的例子。

索赔款同时满足下列条件的，才能构成合同收入：

第一，根据谈判情况，预计对方能够同意该项索赔；

第二，对方同意接受的金额能够可靠地计量。

③奖励款，是指工程达到或超过规定的标准，客户同意支付的额外款项。例如，某建造承包商与客户签订了一项合同金额为8 000万元的建造合同，建造一座跨海大桥，合同规定的建设期为2×16年12月20日至2×18年12月20日。该合同在执行中于2×18年9月主体工程已基本完工，工程质量符合设计标准，并有望提前2个月完工。客户同意向建造承包商支付提前竣工奖500万元。这就是发生奖励款的例子。

奖励款同时满足下列条件的，才能构成合同收入：

第一，根据合同目前完成情况，足以判断工程进度和工程质量能够达到或超过规定的标准；

第二，奖励金额能够可靠地计量。

> **涉税规定**

◆《中华人民共和国企业所得税法》(2018年修订)

第六条　企业以货币形式和非货币形式从各种来源取得的收入，为收入总额。

◆《中华人民共和国增值税暂行条例》(2017年修订)

第六条　销售额为纳税人销售货物或者应税劳务向购买方收取的全部价款和价外费用，但是不包括收取的销项税额。

> **涉税提示**

根据企业所得税法规定，企业从各种来源取得的收入，为收入总额。因此，对建造合同而言，从各种来源取得的建造合同收入，都应计入收入总额，包括建造合同价款和价外费用。建造合同规定的初始收入以及因合同变更、索赔、奖励等形成的收入，都属于应税收入。

2. 建造合同成本

建造合同成本包括从合同签订开始至合同完成所发生的、与执行合同有关的直接费用和间接费用。

(1) 直接费用。

直接费用，是指为完成合同所发生的、可直接计入合同成本核算对象的各项费用支出。合同的直接费用包括下列内容：

①耗用的材料费用；②耗用的人工费用；③耗用的机械使用费；④其他直接费用，指其他可以直接计入合同成本的费用。包括施工现场材料的二次搬运费、生产工具和用具使用费、检验试验费、临时设施折旧费等。

(2) 间接费用。

间接费用，是指企业下属的施工单位或生产单位为组织和管理施工生产活动所发生的费用。包括施工、生产单位管理人员职工薪酬、固定资产折旧费、财产保险费、工程保修费和排污费等。

直接费用在发生时直接计入合同成本；间接费用在资产负债表日按照系统、合理的方法分摊计入合同成本。常见的用于间接费用分配的方法有人工费用比例法、直接费用比例法。

> **涉税提示**

企业所得税法规定企业实际发生的与取得收入有关的、合理的支出，可以在计算应纳税所得额时扣除。可见，对已在会计处理上计入合同成本，税法规定不允许扣除、有限额扣除的成本项目，应作纳税调整。

合同完成后处置残余物资取得的收益等与合同有关的零星收益，应当冲减合同成本。与合同有关的零星收益，是指在合同执行过程中取得的，但不计入合同收入而应冲减合同成本的非经常性的收益，主要包括完成合同后处置残余物资取得的收益。

根据企业所得税法规定，在合同执行过程中取得的与合同有关的零星收益不允许冲减合同成本，应计入收入总额。

合同成本不包括应当计入当期损益的管理费用、销售费用和财务费用。

因订立合同而发生的有关费用，应当直接计入当期损益。

（三）建造合同收入和建造合同费用的确认和计量

1. 资产负债表日建造合同的结果能够可靠计量

在资产负债表日，建造合同的结果能够可靠估计的，应当根据完工百分比法确认合同收入和合同费用。完工百分比法，是指根据合同完工进度确认收入与费用的方法。

（1）建造合同收入和合同费用的确认原则。

①固定造价合同的结果能够可靠估计，是指同时满足下列条件：

第一，合同总收入能够可靠地计量；

第二，与合同相关的经济利益很可能流入企业；

第三，实际发生的合同成本能够清楚地区分和可靠地计量；

第四，合同完工进度和为完成合同尚需发生的成本能够可靠地确定。

企业确定合同完工进度可以选用下列方法：

第一，累计实际发生的合同成本占合同预计总成本的比例；

第二，已经完成的合同工作量占合同预计总工作量的比例；

第三，实际测定的完工进度。

采用累计实际发生的合同成本占合同预计总成本的比例确定合同完工进度的，累计实际发生的合同成本不包括下列内容：

第一，施工中尚未安装或使用的材料成本等与合同未来活动相关的合同成本；

第二，在分包工程的工作量完成之前预付给分包单位的款项。

②成本加成合同的结果能够可靠估计，是指同时满足下列条件：

第一，与合同相关的经济利益很可能流入企业；

第二，实际发生的合同成本能够清楚地区分和可靠地计量。

（2）建造合同收入和合同费用的计量

在资产负债表日，应当按照合同总收入乘以完工进度扣除以前会计期间累计已确认收入后的金额，确认为当期合同收入；同时，按照合同预计总成本乘以完工进度扣除以前会计期间累计已确认费用后的金额，确认为当期合同费用。计算公式如下：

当期确认的合同收入=（合同总收入×完工进度）-以前会计期间累计已确认的收入

当期确认的合同费用=（合同预计总成本×完工进度）-以前会计期间累计已确认的费用

当期确认的合同毛利=当期确认的合同收入-当期确认的合同费用

当期完成的建造合同，应当按照实际合同总收入扣除以前会计期间累计已确认收入后的金额，确认为当期合同收入；同时，按照累计实际发生的合同成本扣除以前会计期间累计已确认费用后的金额，确认为当期合同费用。

2. 资产负债表日建造合同的结果不能可靠估计

资产负债表日建造合同的结果不能可靠估计的，应当分别下列情况处理：

（1）合同成本能够收回的，合同收入根据能够收回的实际合同成本予以确认，合同成本在其发生的当期确认为合同费用。

（2）合同成本不可能收回的，在发生时立即确认为合同费用，不确认合同收入。

使建造合同的结果不能可靠估计的不确定因素不复存在的，应当按照在资产负债表日建造合同的结果能够可靠估计的规定，确认与建造合同有关的收入和费用。

合同预计总成本超过合同总收入的，应当将预计损失确认为当期费用。

涉税规定

◆《中华人民共和国企业所得税法实施条例》（国务院令第512号）

第二十三条 企业的下列生产经营业务可以分期确认收入的实现：企业受托加工制造大型机械设备船舶、飞机等，以及从事建筑、安装、装配工程业务或者提供劳务等，持续时间超过12个月的，按照纳税年度内完工进度或者完成的工作量确认收入的实现。

◆《关于确认企业所得税收入若干问题的通知》（国税函〔2008〕875号）

二、企业在各个纳税期末提供劳务交易的结果能够可靠估计的，应采用完工进度（完工百分比）法确认提供劳务收入。

（一）提供劳务交易的结果能够可靠估计，是指同时满足下列条件：

1. 收入的金额能够可靠地计量；

2. 交易的完工进度能够可靠地确定；

3. 交易中已发生和将发生的成本能够可靠地核算。

◆《中华人民共和国增值税暂行条例实施细则》（2011年修订）

第三十八条 条例第十九条第一款第（一）项规定的收讫销售款项或者取得索取销售款项凭据的当天，按销售结算方式的不同，具体为：

（四）采取预收货款方式销售货物，为货物发出的当天，但生产销售生产工期超过 12 个月的大型机械设备、船舶、飞机等货物，为收到预收款或者书面合同约定的收款日期的当天。

◆《企业会计准则第 14 号——收入》（2017 年修订）

第九条 合同开始日，企业应当对合同进行评估，识别该合同所包含的各单项履约义务，并确定各单项履约义务是在某一时段内履行，还是在某一时点履行，然后，在履行了各单项履约义务时分别确认收入。

履约义务，是指合同中企业向客户转让可明确区分商品的承诺。履约义务既包括合同中明确的承诺，也包括由于企业已公开宣布的政策、特定声明或以往的习惯做法等导致合同订立时客户合理预期企业将履行的承诺。企业为履行合同而应开展的初始活动，通常不构成履约义务，除非该活动向客户转让了承诺的商品。

企业向客户转让一系列实质相同且转让模式相同的、可明确区分商品的承诺，也应当作为单项履约义务。

转让模式相同，是指每一项可明确区分商品均满足本准则第十一条规定的、在某一时段内履行履约义务的条件，且采用相同方法确定其履约进度。

第十一条 满足下列条件之一的，属于在某一时段内履行履约义务；否则，属于在某一时点履行履约义务：

（一）客户在企业履约的同时即取得并消耗企业履约所带来的经济利益。

（二）客户能够控制企业履约过程中在建的商品。

（三）企业履约过程中所产出的商品具有不可替代用途，且该企业在整个合同期间内有权就累计至今已完成的履约部分收取款项。

具有不可替代用途，是指因合同限制或实际可行性限制，企业不能轻易地将商品用于其他用途。

有权就累计至今已完成的履约部分收取款项，是指在由于客户或其他方原因终止合同的情况下，企业有权就累计至今已完成的履约部分收取能够补偿其已发生成本和合理利润的款项，并且该权利具有法律约束力。

第十二条 对于在某一时段内履行的履约义务，企业应当在该段时间内按照履约进度确认收入，但是，履约进度不能合理确定的除外。企业应当考虑商品的性质，采用产出法或投入法确定恰当的履约进度。其中，产出法是根据已转移给客户的商品对于客户的价值确定履约进度；投入法是根据企业为履行履约义务的投入确定履约进度。对于类似情况下的类似履约义务，企业应当采用相同的方法确定履约进度。

当履约进度不能合理确定时,企业已经发生的成本预计能够得到补偿的,应当按照已经发生的成本金额确认收入,直到履约进度能够合理确定为止。

涉税规定

在资产负债表日建造合同的结果能可靠估计的,会计按完工百分比法确认建造合同收入,企业所得税法按完工进度或完成的工作量确认收入,两者的处理基本一致。但在资产负债表日建造合同的结果不能够可靠估计的,会计强调企业经营中可能出现的风险,从谨慎性原则出发,根据预计已经收回或将要收回的款项能弥补多少已经发生的成本,确认部分或者不确认建造合同收入;而企业所得税法不考虑企业的经营风险,依然按完工百分比法(比如完工进度法)计算完工进度确认建造合同收入,此时,需要进行企业所得税的纳税调整。

(四)建造合同的会计处理

1. 科目设置

对建造合同的核算,企业应当设置以下会计科目:

"工程施工"科目,核算企业(建造承包商)实际发生的合同成本和合同毛利。该科目借方登记企业(建造承包商)进行合同建造时发生的直接费用和间接费用,以及确认的合同毛利;贷方登记确认的合同亏损;合同完工时,将该科目余额与相关工程施工合同的"工程结算"科目对冲后结平。该科目期末借方余额,反映企业尚未完工的建造合同成本和合同毛利。该科目应当按照建造合同,分别计入"合同成本""间接费用""合同毛利"进行明细核算。

"工程结算"科目,核算企业(建造承包商)根据建造合同约定向业主办理结算的累计金额。企业向业主办理工程价款结算时,按应结算的金额,计入该科目的贷方。合同完工时,将该科目余额与相关工程施工合同的"工程施工"科目对冲,计入该科目的借方。该科目期末贷方余额,反映企业尚未完工建造合同已办理结算的累计金额。该科目应当按照建造合同进行明细核算。

"存货跌价准备"科目,核算企业存货的跌价准备。企业(建造承包商)合同执行中预计总成本超过合同总收入的,应按其差额,借记"资产减值损失"科目,贷记该科目。合同完工时,借记该科目,贷记"主营业务成本"科目。

2. 会计处理

建造合同的会计处理如图9-2所示。

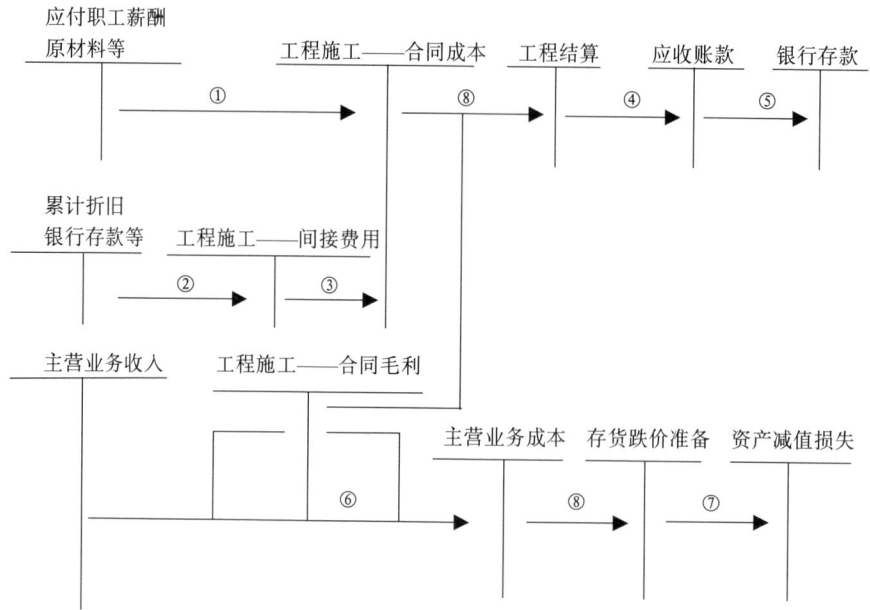

说明：
① 企业进行合同建造发生的直接费用；
② 企业进行合同建造发生的间接费用；
③ 分配结转间接费用；
④ 企业向业主办理工程价款结算；
⑤ 实际收到的合同价款；
⑥ 登记当期确认的收入费用和毛利；
⑦ 确认合同预计损失；
⑧ 合同完工。

图 9-2　建造合同会计处理流程图

【例 9-41】 鹏翔公司为增值税一般纳税人，适用增值税率 9%。2×19 年 4 月，该公司与某一客户签订了一项总额为 420 000 元（不含增值税）的固定造价合同，承建一项设施。工程已于 2×19 年 4 月开工，预计 2×19 年 7 月完工，工期为 4 个月。最初，预计工程总成本为 250 000 元；截至 2×19 年 4 月底，由于钢材价格上涨等因素调整了预计总成本，预计工程总成本已达到 300 000 元。该公司于 2×19 年 6 月提前一个月完成了合同，工程优良，客户同意支付奖励款 10 000 元（不含增值税）。建造该设施的其他有关资料如表 9-2 所示（不考虑其他相关税费）。

表 9-2　建造某设施的相关资料　　　　　　　　　　　单位：元

项目	2×19 年 4 月	2×19 年 5 月	2×19 年 6 月
至目前为止已发生的成本	80 000	200 000	295 000
完成合同尚需发生成本	170 000	100 000	—

续表

项目	2×19年4月	2×19年5月	2×19年6月
已结算合同价款（含增值税）	154 000	159 000	110 000
实际收到价款（含增值税）	110 000	137 000	226 000

2×19年4月的会计处理

（1）登记发生的合同成本时：

借：工程施工——合同成本　　　　　　　　　　　　　80 000
　　贷：原材料、应付职工薪酬、累计折旧等　　　　　　　80 000

（2）向业主办理工程价款结算时：

借：应收账款　　　　　　　　　　　　　　　　　　　154 000
　　贷：工程结算　　　　　　　　　　　　　　　　　　　154 000

（3）实际收到的合同价款时：

借：银行存款　　　　　　　　　　　　　　　　　　　110 000
　　贷：应收账款　　　　　　　　　　　　　　　　　　　110 000

（4）确认和计量当年的收入、费用和毛利，并登记入账时：

2×19年4月的完工进度 = 80 000/(80 000 + 170 000) = 32%

2×19年4月年应确认的合同收入 = 合同总收入×完工进度 – 以前期间累计已确认的收入 = 420 000×32% – 0 = 134 400（元）

2×19年4月应确认的毛利 =（合同总收入 – 合同总成本）×完工进度 – 以前期间累计已确认的毛利 =（420 000 – 250 000）×32% – 0 = 54 400（元）

2×19年4月应确认的合同费用 = 当期确认的合同收入 – 当期确认的毛利 – 以前期间预计损失准备 = 134 400 – 54 400 = 80 000（元）

借：工程施工——合同毛利　　　　　　　　　　　　　54 400
　　主营业务成本　　　　　　　　　　　　　　　　　80 000
　　工程结算　　　　　　　　　　　　　　　　　　　12 096
　　贷：主营业务收入　　　　　　　　　　　　　　　　134 400
　　　　应交税费——应交增值税（销项税额）　　　　　 12 096

2×19年5月的会计处理

（1）登记发生的合同成本时：

借：工程施工——合同成本　　　　　　　　　　　　　120 000
　　贷：原材料、应付职工薪酬、累计折旧等　　　　　　120 000

（2）企业向业主办理工程价款结算时：

借：应收账款　　　　　　　　　　　　　　　　　　　159 000
　　贷：工程结算　　　　　　　　　　　　　　　　　　　159 000

(3) 登记实际收到的合同价款时：

借：银行存款　　　　　　　　　　　　　　　137 000
　　贷：应收账款　　　　　　　　　　　　　　　　137 000

(4) 确认和计量当年的收入、费用和毛利，并登记入账时：

2×19年5月的完工进度 = 200 000/(200 000 + 100 000) = 66.67%

2×19年5月应确认的合同收入 = 合同总收入 × 完工进度 – 以前期间累计已确认的收入 = 420 000 × 66.67% – 134 400 = 145 604（元）

2×19年5月应确认的毛利 =（合同总收入 – 合同总成本）× 完工进度 – 以前期间累计已确认的毛利 =（420 000 – 300 000）× 66.67% – 54 400 = 25 604（元）

2×19年5月应确认的合同费用 = 当期确认的合同收入 – 当期确认的毛利 – 以前期间预计损失准备 = 145 604 – 25 604 = 120 000（元）

借：主营业务成本　　　　　　　　　　　　　　120 000
　　工程结算　　　　　　　　　　　　　　　　13 104.36
　　工程施工——合同毛利　　　　　　　　　　25 604
　　贷：主营业务收入　　　　　　　　　　　　　　145 604
　　　　应交税费——应交增值税（销项税额）　　13 104.36

税务处理

根据税法规定，如果合同预计总成本超过合同总收入形成的合同预计损失，不属于实际发生的损失，在计算应纳税所得额时不得扣除，因此，在计算应纳税所得额时，应按照税法规定调整增加应纳税所得额。

2×19年6月的会计处理

(1) 登记发生的合同成本时：

借：工程施工——合同成本　　　　　　　　　95 000
　　贷：原材料、应付职工薪酬、累计折旧等　　　95 000

(2) 向业主办理工程价款结算时：

借：应收账款　　　　　　　　　　　　　　　110 000
　　贷：工程结算　　　　　　　　　　　　　　　110 000

(3) 登记实际收到的合同价款时：

借：银行存款　　　　　　　　　　　　　　　226 000
　　贷：应收账款　　　　　　　　　　　　　　　226 000

(4) 确认和计量当期的收入、费用和毛利，并登记入账时：

2×19年6月应确认的合同收入 = 合同总收入 – 以前期间累计已确认的收入 =（420 000 + 10 000）– 134 400 – 145 604 = 149 996（元）

2×19年6月应确认的毛利 = 合同总收入 – 合同总成本 – 以前期间累计已

认的毛利 = 430 000 – 295 000 –（25 604 + 54 400）= 54 996（元）

2×19 年 6 月应确认的合同费用 = 当期确认的合同收入 – 当期确认的合同毛利 = 149 996 – 54 996 = 95 000（元）

借：主营业务成本　　　　　　　　　　　　　　　95 000
　　工程施工——合同毛利　　　　　　　　　　　54 996
　　工程结算　　　　　　　　　　　　　　　　　13 499.64
　贷：主营业务收入　　　　　　　　　　　　　　149 996
　　　应交税费——应交增值税（销项税额）　　　13 499.64

（5）2×19 年 6 月工程全部完工，应将"工程施工"科目的余额与"工程结算"科目的余额相对冲时：

借：工程结算　　　　　　　　　　　　　　　　　430 000
　贷：工程施工——合同成本　　　　　　　　　　295 000
　　　工程施工——毛利　　　　　　　　　　　　135 000

税务处理

冲销已提的存货跌价准备时，税法允许作相反的纳税调整，调整减少应纳税所得额。

第二节　费用

一、费用概述

（一）费用的概念和特征

费用是指企业在日常活动中发生的、会导致所有者权益减少的、与向所有者分配利润无关的经济利益的总流出。费用具有以下特征：

1. 费用是企业在日常活动中发生的经济利益的总流出

费用形成于企业的日常活动使其有别于产生于非日常活动的损失。企业从事的某些活动或事项也能导致经济利益流出企业，但不属于企业的日常活动。例如，企业处置固定资产、无形资产等非流动资产，因违约支付罚款，对外捐赠，因自然灾害等非常原因造成的财产损失等，这些活动或事项形成的经济利益的总流出属于企业的损失，而不是费用。

2. 费用最终会减少企业的所有者权益

费用可能表现为企业负债的增加，如增加应付职工薪酬、应交税费等；也可能表现为企业资产的减少，如减少银行存款、原材料等。根据"资产－负债＝所有者权益"的公式，费用一定会导致企业所有者权益的减少。如果一项支出不减少所有者权益，也就不构成费用。例如，企业用银行存款偿还应付账款，引起一项资产和一项负债等额减少，对所有者权益没有影响，这样的支出不构成企业的费用。

3. 费用与向所有者分配利润无关

向所有者分配利润或股利属于企业利润分配的内容，不构成企业的费用。

（二）费用的分类

费用可以按照不同的标准进行分类。这里，以制造业为例说明费用的分类。

1. 费用按照经济内容的分类

制造业产品的生产经营过程，也是劳动对象、劳动手段和活劳动的耗费过程。因此，制造业发生的各种费用按照其经济内容（或性质）进行划分，主要有劳动对象方面的费用、劳动手段方面的费用和活劳动方面的费用三大类。前两方面为物化劳动耗费，即物质消耗；后一方面为活劳动耗费，即非物质消耗。这三类可称为制造业费用的三大要素。为了具体反映制造业各种费用的构成和水平，还应在此基础上，将制造业费用进一步划分为以下费用要素：

（1）外购材料费用。

外购材料费用，是指企业进行生产而耗用的一切从外部购入的原料及主要材料、半成品、辅助材料、包装物、修理用备件和低值易耗品等。

（2）外购燃料费用。

外购燃料费用，是指企业为进行生产而耗用的一切从外部购进的各种燃料，包括固体、液体和气体燃料。

（3）外购动力费用。

外购动力费用，是指企业为进行生产而耗用的一切从外部购进的各种动力。

（4）职工薪酬。

职工薪酬，是指企业为获得职工提供的服务而给予各种形式的报酬以及其他相关支出。职工薪酬包括：①职工工资、奖金、津贴和补贴；②职工福利费；③医疗保险费、养老保险费、失业保险费、工伤保险费和生育保险费等社会保险费；④住房公积金;⑤工会经费和职工教育经费;⑥非货币性福利;⑦因解除与职工的劳动关系给予的补偿;⑧其他与获得职工提供的服务相关的支出。

(5) 折旧费用。

折旧费用,是指企业按照规定计算的固定资产折旧费用。

(6) 利息费用。

利息费用,是指企业的生产经营借款发生的利息费用。

(7) 税金。

税金,是指企业应计入生产费用的各种税金,如房产税、车船税、土地使用税和印花税等。

(8) 其他费用。

其他费用,是指不属于以上各费用要素的费用,例如邮电费、差旅费、租赁费、外部加工费等。

按照上述费用要素反映的费用,称为要素费用。

2. 费用按照经济用途的分类

制造业在生产经营管理过程中发生的费用按照其经济用途,可以分为计入产品成本的生产费用和不计入产品成本的期间费用两大类。

(1) 生产费用。

生产费用,是指在企业的生产和经营管理过程中发生的、与生产产品有关,可以计入产品成本的费用。将生产费用按用途进一步分类,可划分为若干个项目,即成本项目。根据生产特点和管理要求,制造业一般设立直接材料、直接人工和制造费用三个成本项目。

①直接材料。直接材料,是指企业在生产产品和提供劳务过程中所消耗的直接用于产品生产并构成产品实体的原料、主要材料、外购半成品以及有助于产品形成的辅助直接材料。

②直接人工。直接人工,是指企业在生产产品和提供劳务过程中,直接生产人员和直接提供劳务人员发生的职工薪酬。

③制造费用。制造费用是指企业生产车间部门为生产产品和提供劳务而发生的各项间接费用,包括企业各个生产车间(部门)为组织和管理生产所发生的生产单位管理人员的工资等职工薪酬、房屋建筑物和机器设备等的折旧费、办公费、水电费、机物料消耗、季节性停工损失等。

在构成产品成本的各项生产费用中,可以分清哪种产品所耗用,可以直接计入某种产品成本的费用,称为直接费用;不能分清哪种产品所耗用、不能直接计入某种产品成本,而必须按照一定标准分配计入有关的各种产品成本的费用,称为间接费用。

在进行成本核算时,直接费用直接计入产品成本;间接费用先计入制造费用,然后按照一定标准分配计入产品成本。

(2) 期间费用。

期间费用,是指不计入产品成本,直接计入发生当期损益的费用。企业一定期间发生的不能归属于某个特定产品的生产成本的费用,则归属于期间费用,在发生时直接计入当期损益。期间费用包括管理费用、销售费用和财务费用。

管理费用,是指企业为组织和管理企业生产经营所发生的费用。

销售费用,是指企业销售商品和材料、提供劳务的过程中发生的各种费用,以及为销售本企业商品而专设的销售机构(含销售网点、售后服务网点等)的职工薪酬、业务费、折旧费等经营费用。

财务费用,是指企业为筹集生产经营所需资金等而发生的筹资费用。

(三) 费用的确认

费用确认应当以权责发生制为基础,凡属于本期发生的费用,不论其款项是否支付,均确认为本期费用;反之,不属于本期发生的费用,即使款项已在本期支付,也不确认为本期费用。

费用只有在经济利益很可能流出,从而导致企业资产减少或者负债增加,且经济利益的流出额能够可靠计量时才能予以确认。

企业为生产产品、提供劳务等发生的可归属于产品成本、劳务成本等的费用,应当在确认产品销售收入、劳务收入等主营业务收入时,或在月末,将已销售产品、已提供劳务的成本结转入主营业务成本。

企业发生的支出不产生经济利益的,或者即使能够产生经济利益但不符合或者不再符合资产确认条件的,应当在发生时确认为费用,计入当期损益;企业发生的交易或者事项导致其承担了一项负债而又不确认为一项资产的,应当在发生时确认为费用,计入当期损益。

企业在确认费用时,应正确划分各种费用支出的界限:

(1) 正确划分生产经营费用与非生产经营费用的界限。

(2) 正确划分生产费用与期间费用的界限。

(3) 正确划分各种产品的费用界限。

(4) 正确划分完工产品与月末在产品的费用界限。

涉税规定

◆《中华人民共和国企业所得税法实施条例》(国务院令第512号)

第九条 企业应纳税所得额的计算,以权责发生制为原则,属于当期的收入和费用，不论款项是否收付，均作为当期的收入和费用；不属于当期的收入和费用，即使款项已经在当期收付，均不作为当期的收入和费用。国务院财政、税务主管部门另有规定的除外。

涉税提示

会计与税法对费用的确认都是以权责发生制为原则，但税法有例外情况。因此，税务人员应注意会计与税法对成本费用处理的差异，要求企业按税法规定进行纳税调整。

在税法当中，土地增值税和企业所得税费用扣除条件有所不同。

例：根据《中华人民共和国土地增值税暂行条例实施细则》：扣除项目包括"（一）取得土地使用权所支付的金额；（二）开发土地的成本、费用；（三）新建房及配套设施的成本、费用，或者旧房及建筑物的评估价格；（四）与转让房地产有关的税金；（五）财政部规定的其他扣除项目。"

根据《中华人民共和国企业所得税法》：企业实际发生的与取得收入有关的、合理的支出，包括成本、费用、税金、损失和其他支出，准予在计算应纳税所得额时扣除。

二、产品成本的核算

（一）产品成本的概念

成本有广义和狭义之分。广义的成本泛指取得各种资产的代价；狭义的成本仅指生产产品所付出的代价，即产品的生产成本或制造成本。本书所涉及成本是指狭义的成本。

制造业为生产一定种类、一定数量的产品所支出的各种生产费用之和，就是这些产品的生产成本，亦称产品的制造成本，简称产品成本。

产品成本与生产费用有密切的联系，对制造业而言，生产费用的发生过程，同时又是产品成本的形成过程。成本是按一定对象所归集的费用，是对象化的费用。但两者又有区别，费用是资产的耗费，与一定的会计期间相联系。生产费用是指某一会计期间为生产产品而发生的费用，而与生产哪一种产品无关；产品成本与一定种类和数量的产品相联系，是指某一会计期间某种产品应负担的生产费用，而不论发生在哪个会计期间。

(二) 产品成本核算的科目设置

1. "生产成本"科目

企业应设置"生产成本"科目核算企业进行工业性生产发生的各项生产成本，包括生产各种产品（产成品、自制半成品等）、自制材料、自制工具、自制设备等。

为了分别核算基本生产成本和辅助生产成本，还应在该总账科目下，分别设置"基本生产成本"和"辅助生产成本"两个二级科目。

（1）"生产成本——基本生产成本"科目核算企业进行工业性生产所发生的各项生产费用，计算产品的生产成本。该科目借方登记企业生产过程中发生的各项生产费用，即直接材料、直接人工和制造费用；贷方登记生产完工入库的产品成本；期末借方余额反映基本生产车间尚未加工完成的在产品成本。该科目按产品品种等成本核算对象设置明细账，账内按成本项目设立专栏进行登记。

（2）"生产成本——辅助生产成本"科目核算辅助生产车间为生产产品和提供劳务所发生的费用。该科目借方登记辅助生产所发生的各项费用；贷方登记完工入库产品的成本或分配转出的劳务费用；期末借方余额反映辅助生产车间尚未加工完成的在产品的成本。该科目应按辅助生产车间和生产的产品、劳务分设辅助生产成本明细账，账中按辅助生产的成本项目或费用项目分设专栏进行登记。

2. "制造费用"科目

企业应设置"制造费用"科目核算企业生产车间（部门）为生产产品和提供劳务而发生的各项间接费用，包括职工薪酬、折旧费、办公费、招待费、水电费、机物料消耗、季节性停工损失等。本科目借方登记各车间（部门）发生的各项间接费用；贷方登记期末分配转入有关成本核算对象的制造费用。除季节性的生产企业外，该科目期末应无余额。该科目应按不同的车间、部门和费用项目进行明细核算。

(三) 产品成本核算的一般程序

企业产品生产成本核算的过程，就是各种要素费用按其经济用途进行分配和归集，最后计入本月各种产品生产成本，按成本项目反映完工产品和月末在产品成本的过程。制造业产品成本核算的基本程序如图 9-3 所示：

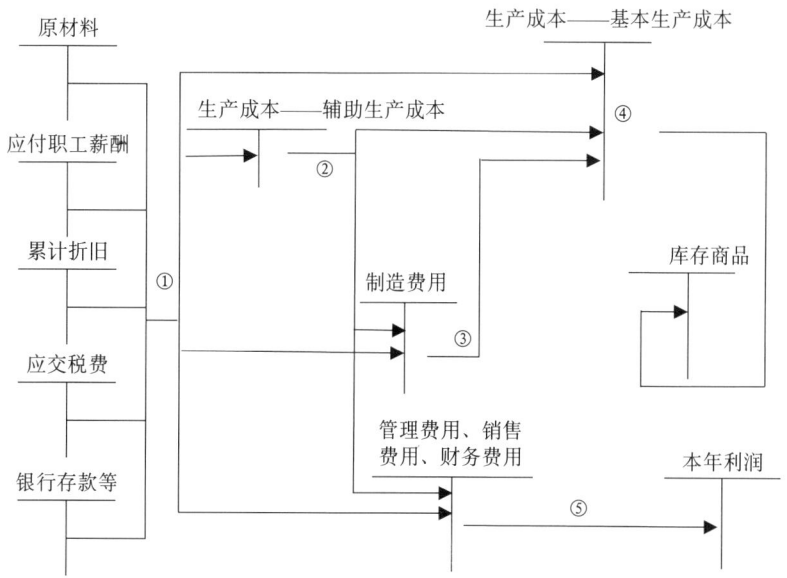

说明：①分配各项要素费用；②分配辅助生产费用；③分配基本生产车间制造费用；④结转完工产品成本；⑤结转期间费用。

图9-3 制造业产品成本核算的基本程序

（四）产品成本核算的账务处理

1. 要素费用计入成本费用的一般方法

企业在生产经营过程中发生的费用应按其用途不同分别计入有关成本费用账户。

（1）直接用于产品生产的费用，直接计入基本生产成本明细账的相应成本项目。

（2）用于辅助生产的费用，在"生产成本——辅助生产成本"明细账归集后，在受益的各车间部门之间进行分配。

（3）基本生产车间组织管理生产发生的费用，先在"制造费用"账户进行归集，月份终了，再按一定的标准分配计入有关的产品成本。

（4）用于组织和管理生产经营活动，用于产品销售，以及用于筹集生产经营资金的费用，分别计入"管理费用""销售费用"和"财务费用"。

（5）用于固定资产购置和建造等非生产经营管理的费用，应计入"在建工程"。

2. 产品成本核算的账务处理

（1）要素费用的核算。
①材料费用的核算。按材料的用途不同，做如下会计处理：
借：生产成本——基本生产成本

　　　　　——辅助生产成本
　　制造费用
　　销售费用
　　管理费用
　　在建工程等
　　　贷：原材料

对于材料按计划成本计价核算的企业，先结转材料的计划成本，然后再结转发出材料负担的成本差异。

②燃料费用的核算。燃料实际上也是材料，因而燃料费用的核算方法与材料费用的核算方法相同。

③动力费用的核算，按动力的用途不同，做如下会计处理：

　　借：生产成本——基本生产成本
　　　　　　　——辅助生产成本
　　制造费用
　　销售费用
　　管理费用
　　在建工程等
　　　贷：应付账款（或银行存款）

④职工薪酬的核算。除因解除与职工的劳动关系给予的补偿外，根据职工提供服务的受益对象不同，做如下会计处理：

　　借：生产成本——基本生产成本
　　　　　　　——辅助生产成本
　　制造费用
　　销售费用
　　管理费用
　　在建工程等
　　　贷：应付职工薪酬——工资
　　　　　　　　　　——职工福利
　　　　　　　　　　——社会保险费
　　　　　　　　　　——住房公积金
　　　　　　　　　　——工会经费
　　　　　　　　　　——职工教育经费

⑤固定资产折旧费的核算。按固定资产的使用部门不同，计提固定资产折旧费时：

借：生产成本——辅助生产成本
　　　制造费用
　　　销售费用
　　　管理费用等
　　贷：累计折旧

⑥税金的核算。计入费用的税金，是指企业按规定应交的房产税、土地使用税、车船税和印花税。

企业计算出应缴纳的房产税、土地使用税、车船税时：

借：管理费用
　　贷：应交税费——应交房产税、土地使用税、车船税

上缴房产税、土地使用税、车船税时：

借：应交税费——应交房产税、土地使用税、车船税
　　贷：银行存款

企业缴纳印花税时：

借：管理费用
　　贷：银行存款

⑦利息支出的核算。

每期计提时：

借：财务费用
　　贷：应付利息

支付时：

借：应付利息（已提数）
　　　财务费用（未提数）
　　贷：银行存款

⑧其他费用的核算。其他费用是指除上述各项费用以外的费用，如差旅费、邮电费、办公费、劳动保护费、排污费、租赁费和运输费等，这些费用一般不单独设立成本项目。费用发生时，应根据有关付款凭证及其发生的车间、部门和用途，分别计入"制造费用""管理费用"等科目。

会计处理为：

借：制造费用
　　　销售费用
　　　管理费用等
　　贷：银行存款等

（2）辅助生产费用的分配。归集在"生产成本——辅助生产成本"科目借方的

费用，应按其提供劳务或产品的数量和单位成本，采取适当的方法在各受益对象之间进行分配。

分配时：

借：制造费用

　　管理费用等

　　贷：生产成本——辅助生产成本

（3）制造费用的分配。在生产一种产品的车间中，制造费用可直接计入该种产品成本。在生产多种产品的车间中，对于归集在"制造费用"科目借方的各项费用，月末应当采用适当的方法分配转入"生产成本——基本生产成本"科目，计入产品成本。

分配时：

借：生产成本——基本生产成本

　　贷：制造费用

（4）结转完工产品成本时：

借：库存商品

　　贷：生产成本——基本生产成本

涉税规定

◆《中华人民共和国企业所得税法》（2018修订）

第八条　企业实际发生的与取得收入有关的、合理的支出，包括成本、费用、税金、损失和其他支出，准予在计算应纳税所得额时扣除。

第二十一条　在计算应纳税所得额时，企业财务、会计处理办法与税收法律、行政法规的规定不一致的，应当依照税收法律、行政法规的规定计算。

◆《中华人民共和国企业所得税法实施条例》（国务院令第512号）

第二十九条　成本，是指企业在生产经营活动中发生的销售成本、销货成本、业务支出以及其他耗费。

第二十七条　有关的支出，是指与取得收入直接相关的支出。合理的支出，是指符合生产经营活动常规，应当计入当期损益或者有关资产成本的必要和正常的支出。

涉税提示

会计与税法在成本费用界定上的区别，主要体现在：（1）准予在税前扣除的成本费用必须在企业生产经营活动中发生；（2）准予在税前扣除的成本费用，是企业实际发生的与取得收入有关的、合理的支出；（3）税法依据权责发生制原则确认费用时有例外情况。

三、期间费用的核算

期间费用是指不能直接归属于某个特定产品成本的费用。它是随着时间推移而发生的与当期产品的管理和产品销售直接相关,而与产品的产量、产品的制造过程无直接关系的费用。即容易确定其发生的期间,而难以判别其所应归属的产品,因而不能列入产品制造成本,而应在发生的当期从损益中扣除。它包括销售费用、管理费用和财务费用。其特征主要表现为:

第一,期间费用是为取得当期的收入而发生的;

第二,期间费用易于判断其归属期间;

第三,期间费用不能或难以直接归属于某个特定的受益对象;

第四,期间费用不计入产品成本,而从当期收益中扣减。

(一)管理费用

1. 管理费用的内容

管理费用,是指企业为组织和管理企业生产经营所发生的各种费用。包括企业在筹建期间内发生的开办费、董事会和行政管理部门在企业的经营管理中发生的或者应当由企业统一负担的公司经费(包括行政管理部门职工工资及福利费、物料消耗、低值易耗品摊销、办公费和差旅费等)、工会经费、董事会费(包括董事会成员津贴、会议费和差旅费等)、聘请中介机构费、咨询费(含顾问费)、诉讼费、业务招待费、技术转让费、矿产资源补偿费、研究费用、排污费以及企业生产车间(部门)和行政管理部门等发生的固定资产修理费用等。

2. 科目设置

企业应设置"管理费用"科目,核算企业为组织和管理企业生产经营所发生的管理费用。商品流通企业管理费用不多的,可以不设置该科目,该科目的核算内容可并入"销售费用"科目核算。该科目的借方登记企业发生的各项管理费用。期末,应将该科目的余额转入"本年利润"科目,结转后该科目应无余额。该科目可按费用项目进行明细核算。

3. 会计处理

【例9-42】天鑫公司在2×19年6月份发生部分经济业务如下:

(1)3日,开出转账支票,支付业务招待费5 000元。

(2) 18 日,开出转账支票,支付生产车间固定资产修理费 4 000 元。

(3) 30 日,根据有关规定,开出转账支票,支付本月应缴纳的排污费 6 000 元。

(4) 月末,将管理费用转入"本年利润"科目。

天鑫公司应做如下会计处理:

(1) 借:管理费用——业务招待费　　　　　　　　5 000
　　　贷:银行存款　　　　　　　　　　　　　　　　5 000

(2) 借:管理费用——修理费　　　　　　　　　　4 000
　　　贷:银行存款　　　　　　　　　　　　　　　　4 000

(3) 借:管理费用——排污费　　　　　　　　　　6 000
　　　贷:银行存款　　　　　　　　　　　　　　　　6 000

(4) 借:本年利润　　　　　　　　　　　　　　　15 000
　　　贷:管理费用　　　　　　　　　　　　　　　　15 000

涉税规定

◆《中华人民共和国企业所得税法实施条例》(国务院令第 512 号)

第四十条　企业发生的职工福利费支出,不超过工资薪金总额 14% 的部分,准予扣除。

第四十一条　企业拨缴的工会经费,不超过工资薪金总额 2% 的部分,准予扣除。

第四十二条　除国务院财政、税务主管部门另有规定外,企业发生的职工教育经费支出,不超过工资薪金总额 2.5% 的部分,准予扣除;超过部分,准予在以后纳税年度结转扣除。

第四十三条　企业发生的与生产经营活动有关的业务招待费支出,按照发生额的 60% 扣除,但最高不得超过当年销售(营业)收入的 5‰。

第四十四条　企业发生的符合条件的广告费和业务宣传费支出,除国务院财政、税务主管部门另有规定外,不超过当年销售(营业)收入 15% 的部分,准予扣除;超过部分,准予在以后纳税年度结转扣除。

◆《国家税务总局关于企业所得税执行中若干税务处理问题的通知》(国税函〔2009〕202 号)

一、关于销售(营业)收入基数的确定问题

企业在计算业务招待费等费用扣除限额时,其销售(营业)收入额应包括《中华人民共和国企业所得税法实施条例》第二十五条规定的视同销售(营业)收入额。

◆《国家税务总局关于贯彻落实企业所得税法若干税收问题的通知》(国税函

〔2010〕79号）

八、从事股权投资业务的企业业务招待费计算问题规定：对从事股权投资业务的企业（包括集团公司总部、创业投资企业等），其从被投资企业所分配的股息、红利以及股权转让收入，可以按规定的比例计算业务招待费扣除限额。

【例9-43】 天鑫公司2×19年度取得主营业务收入3 000万元，其他业务收入500万元，投资收益150万元，营业外收入30万元。本年度该公司用银行存款支付业务招待费50万元。则该公司支付的业务招待费应做如下会计处理：

借：管理费用　　　　　　　　　　　　　　　　　　　500 000
　　贷：银行存款　　　　　　　　　　　　　　　　　　 500 000

税务处理

可在企业所得税税前扣除的业务招待费 = 50 × 60% = 30（万元），但最高扣除限额 = (3 000 + 500) × 5‰ = 17.5（万元），故只能在企业所得税税前扣除17.5万元，调整增加应纳税所得额32.5万元（50 - 17.5）。

涉税规定

◆《中华人民共和国企业所得税法实施条例》（国务院令第512号）

第四十八条　企业发生的合理的劳动保护支出，准予扣除。

◆《中华人民共和国企业所得税法》（2018修订）

第三十条　企业的下列支出，可以在计算应纳税所得额时加计扣除：

（一）开发新技术，新产品，新工艺发生的研究开发费用；

（二）安置残疾人员及国家鼓励安置的其他就业人员所支付的工资。

◆《关于提高研究开发费用税前加计扣除比例的通知》（财税〔2018〕99号）

一、企业开展研发活动中实际发生的研发费用，未形成无形资产计入当期损益的，在按规定据实扣除的基础上，在2018年1月1日至2020年12月31日期间，再按照实际发生额的75%在税前加计扣除；形成无形资产的，在上述期间按照无形资产成本的175%在税前摊销。

◆《国家税务总局关于研发费用税前加计扣除归集范围有关问题的公告》（国家税务总局公告2017年第40号）

研发费用税前加计扣除归集范围有关问题公告如下：

一、人员人工费用

指直接从事研发活动人员的工资薪金、基本养老保险费、基本医疗保险费、失业保险费、工伤保险费、生育保险费和住房公积金，以及外聘研发人员的劳务费用。

（一）直接从事研发活动人员包括研究人员、技术人员、辅助人员。研究人员是指主要从事研究开发项目的专业人员；技术人员是指具有工程技术、自然科学和生命科学中一个或一个以上领域的技术知识和经验，在研究人员指导下参与研发工作的人员；辅助人员是指参与研究开发活动的技工。外聘研发人员是指与本企业或劳务派遣企业签订劳务用工协议（合同）和临时聘用的研究人员、技术人员、辅助人员。

接受劳务派遣的企业按照协议（合同）约定支付给劳务派遣企业，且由劳务派遣企业实际支付给外聘研发人员的工资薪金等费用，属于外聘研发人员的劳务费用。

（二）工资薪金包括按规定可以在税前扣除的对研发人员股权激励的支出。

（三）直接从事研发活动的人员、外聘研发人员同时从事非研发活动的，企业应对其人员活动情况做必要记录，并将其实际发生的相关费用按实际工时占比等合理方法在研发费用和生产经营费用间分配，未分配的不得加计扣除。

二、直接投入费用

指研发活动直接消耗的材料、燃料和动力费用；用于中间试验和产品试制的模具、工艺装备开发及制造费，不构成固定资产的样品、样机及一般测试手段购置费，试制产品的检验费；用于研发活动的仪器、设备的运行维护、调整、检验、维修等费用，以及通过经营租赁方式租入的用于研发活动的仪器、设备租赁费。

（一）以经营租赁方式租入的用于研发活动的仪器、设备，同时用于非研发活动的，企业应对其仪器设备使用情况做必要记录，并将其实际发生的租赁费按实际工时占比等合理方法在研发费用和生产经营费用间分配，未分配的不得加计扣除。

（二）企业研发活动直接形成产品或作为组成部分形成的产品对外销售的，研发费用中对应的材料费用不得加计扣除。

产品销售与对应的材料费用发生在不同纳税年度且材料费用已计入研发费用的，可在销售当年以对应的材料费用发生额直接冲减当年的研发费用，不足冲减的，结转以后年度继续冲减。

三、折旧费用

指用于研发活动的仪器、设备的折旧费。

（一）用于研发活动的仪器、设备，同时用于非研发活动的，企业应对其仪器设备使用情况做必要记录，并将其实际发生的折旧费按实际工时占比等合理方法在研发费用和生产经营费用间分配，未分配的不得加计扣除。

（二）企业用于研发活动的仪器、设备，符合税法规定且选择加速折旧优惠政策的，在享受研发费用税前加计扣除政策时，就税前扣除的折旧部分计算加计扣除。

四、无形资产摊销费用

指用于研发活动的软件、专利权、非专利技术（包括许可证、专有技术、设计和计算方法等）的摊销费用。

（一）用于研发活动的无形资产，同时用于非研发活动的，企业应对其无形资产使用情况做必要记录，并将其实际发生的摊销费按实际工时占比等合理方法在研发费用和生产经营费用间分配，未分配的不得加计扣除。

（二）用于研发活动的无形资产，符合税法规定且选择缩短摊销年限的，在享受研发费用税前加计扣除政策时，就税前扣除的摊销部分计算加计扣除。

五、新产品设计费、新工艺规程制定费、新药研制的临床试验费、勘探开发技术的现场试验费

指企业在新产品设计、新工艺规程制定、新药研制的临床试验、勘探开发技术的现场试验过程中发生的与开展该项活动有关的各类费用。

六、其他相关费用

指与研发活动直接相关的其他费用，如技术图书资料费、资料翻译费、专家咨询费、高新科技研发保险费，研发成果的检索、分析、评议、论证、鉴定、评审、评估、验收费用，知识产权的申请费、注册费、代理费，差旅费、会议费，职工福利费、补充养老保险费、补充医疗保险费。

此类费用总额不得超过可加计扣除研发费用总额的10%。

七、其他事项

（一）企业取得的政府补助，会计处理时采用直接冲减研发费用方法且税务处理时未将其确认为应税收入的，应按冲减后的余额计算加计扣除金额。

（二）企业取得研发过程中形成的下脚料、残次品、中间试制品等特殊收入，在计算确认收入当年的加计扣除研发费用时，应从已归集研发费用中扣减该特殊收入，不足扣减的，加计扣除研发费用按零计算。

（三）企业开展研发活动中实际发生的研发费用形成无形资产的，其资本化的时点与会计处理保持一致。

（四）失败的研发活动所发生的研发费用可享受税前加计扣除政策。

（五）国家税务总局公告2015年第97号第三条所称"研发活动发生费用"是指委托方实际支付给受托方的费用。无论委托方是否享受研发费用税前加计扣除政策，受托方均不得加计扣除。

委托方委托关联方开展研发活动的，受托方需向委托方提供研发过程中实际发生的研发项目费用支出明细情况。

八、执行时间和适用对象

本公告适用于2017年度及以后年度汇算清缴。以前年度已经进行税务处理的不再调整。涉及追溯享受优惠政策情形的，按照本公告的规定执行。科技型中小企业研发费用加计扣除事项按照本公告执行。

◆《国家税务总局关于企业所得税若干税务事项衔接问题的通知》（国税函〔2009〕98号）

八、关于技术开发费的加计扣除形成的亏损的处理

企业技术开发费加计扣除部分已形成企业年度亏损，可以用以后年度所得弥补，但结转年限最长不得超过5年。

涉税提示

对研究开发费用进行加计扣除时应注意以下几点：（1）研究开发费用加计扣除的适用范围；（2）研究开发活动的判断标准；（3）加计扣除的费用支出内容；（4）加计扣除的方式；（5）企业对研发费用和生产经营费用划分不清的，不得实行加计扣除；（6）企业研究开发费用各项目的实际发生额归集不准确、汇总额计算不准确的，主管税务机关有权调整其税前扣除额或加计扣除额；（7）研发活动跨年的，期（月）末，应将"研发支出"科目归集的费用化支出金额转入"管理费用"科目。

【例9-44】 2×19年1月1日天鑫公司自行研究开发一项新产品专利技术，在研究开发过程中发生材料费300万元、人工工资100万元，以及其他费用100万元，总计500万元，其中，符合资本化条件的支出为300万元，当年7月1日该专利技术已经达到预定用途。假设该专利技术按法律规定使用年限为10年。天鑫公司应做如下会计处理：

（1）研发费用发生时：

借：研发支出——费用化支出　　　　　　　　　　2 000 000
　　　　——资本化支出　　　　　　　　　　　　3 000 000
　　贷：原材料　　　　　　　　　　　　　　　　3 000 000
　　　　应付职工薪酬　　　　　　　　　　　　　1 000 000
　　　　银行存款　　　　　　　　　　　　　　　1 000 000

（2）2×19年7月1日该专利技术已经达到预定用途时：

借：管理费用　　　　　　　　　　　　　　　　　2 000 000
　　无形资产　　　　　　　　　　　　　　　　　3 000 000
　　贷：研发支出——费用化支出　　　　　　　　2 000 000
　　　　　　——资本化支出　　　　　　　　　　3 000 000

（3）2×19年共摊销无形资产成本150 000（3 000 000÷10÷12×6）：

借：管理费用　　　　　　　　　　　　　　　　　150 000
　　贷：累计摊销　　　　　　　　　　　　　　　150 000

税务处理

对于计入管理费用的200万元研发费用，可在当期税前扣除金额为350万元（200+200×75%）；对于计入无形资产成本的300万元研发费用，可按照525万元（300×175%）的金额摊销在税前扣除，2×19年应在税前摊销扣除26.25万元。因此，针对该业务，应调整减少应纳税所得额161.25万元[（350+26.25）-（200+15）]。

涉税规定

◆《中华人民共和国企业所得税法实施条例》(国务院令第 512 号)

第四十九条 企业之间支付的管理费、企业内营业机构之间支付的租金和特许权使用费,以及非银行企业内营业机构之间支付的利息,不得扣除。

第五十条 非居民企业在中国境内设立的机构、场所,就其中国境外总机构发生的与本机构、场所生产经营有关的费用,能够提供总机构出具的费用汇集范围、定额、分配依据和方法等证明文件,并合理计算分摊的,准予扣除。

◆《关于母子公司间提供服务支付费用有关企业所得税处理问题的通知》(国税发〔2008〕86 号)

母公司向其子公司提供各项服务,双方应签订服务合同或协议,明确规定提供服务的内容、收费标准及金额等,凡按上述合同或协议规定所发生的服务费,母公司应作为营业收入申报纳税;子公司作为成本费用在税前扣除。母公司向其多个子公司提供同类项服务,其收取的服务费可以采取分项签订合同或协议收取;也可以采取服务分摊协议的方式,即,由母公司与各子公司签订服务费用分摊合同或协议,以母公司为其子公司提供服务所发生的实际费用并附加一定比例利润作为向子公司收取的总服务费,在各服务受益子公司(包括盈利企业、亏损企业和享受减免税企业)之间按《中华人民共和国企业所得税法》第四十一条第二款规定合理分摊。母公司以管理费形式向子公司提取费用,子公司因此支付给母公司的管理费,不得在税前扣除。子公司申报税前扣除向母公司支付的服务费用,应向主管税务机关提供与母公司签订的服务合同或者协议等与税前扣除该项费用相关的材料。不能提供相关材料的,支付的服务费用不得税前扣除。

◆《国家税务总局关于企业所得税若干税务事项衔接问题的通知》(国税函〔2009〕98 号)

九、关于开(筹)办费的处理

新税法中开(筹)办费未明确列作长期待摊费用,企业可以在开始经营之日的当年一次性扣除,也可以按照新税法有关长期待摊费用的处理规定处理,但一经选定,不得改变。

◆《国家税务总局关于贯彻落实企业所得税法若干税收问题的通知》(国税函〔2010〕79 号)

七、企业筹办期间不计算为亏损年度问题

自开始生产经营的年度,为开始计算企业损益的年度。企业从事生产经营之前进行筹办活动期间发生筹办费用支出,不得计算为当期的亏损,应按照《国家税务总局关于企业所得税若干税务事项衔接问题的通知》(国税函〔2009〕98 号)第九条规定执行。

《关于印发〈关于慈善组织开展慈善活动年度支出和管理费用的规定〉的通知》（民发〔2016〕189号）

第五条　慈善组织的管理费用是指慈善组织按照《民间非营利组织会计制度》规定，为保证本组织正常运转所发生的下列费用：

（一）理事会等决策机构的工作经费；

（二）行政管理人员的工资、奖金、住房公积金、住房补贴、社会保障费；

（三）办公费、水电费、邮电费、物业管理费、差旅费、折旧费、修理费、租赁费、无形资产摊销费、资产盘亏损失、资产减值损失、因预计负债所产生的损失、聘请中介机构费等。

第六条　慈善组织的某些费用如果属于慈善活动、其他业务活动、管理活动等共同发生，且不能直接归属于某一类活动的，应当将这些费用按照合理的方法在各项活动中进行分配，分别计入慈善活动支出、其他业务活动成本、管理费用。

第七条　慈善组织中具有公开募捐资格的基金会年度慈善活动支出不得低于上年总收入的百分之七十；年度管理费用不得高于当年总支出的百分之十。

慈善组织中具有公开募捐资格的社会团体和社会服务机构年度慈善活动支出不得低于上年总收入的百分之七十；年度管理费用不得高于当年总支出的百分之十三。

第八条　慈善组织中不具有公开募捐资格的基金会，年度慈善活动支出和年度管理费用按照以下标准执行：

（一）上年末净资产高于6 000万元（含本数）人民币的，年度慈善活动支出不得低于上年末净资产的百分之六；年度管理费用不得高于当年总支出的百分之十二；

（二）上年末净资产低于6 000万元高于800万元（含本数）人民币的，年度慈善活动支出不得低于上年末净资产的百分之六；年度管理费用不得高于当年总支出的百分之十三；

（三）上年末净资产低于800万元高于400万元（含本数）人民币的，年度慈善活动支出不得低于上年末净资产的百分之七；年度管理费用不得高于当年总支出的百分之十五；

（四）上年末净资产低于400万元人民币的，年度慈善活动支出不得低于上年末净资产的百分之八；年度管理费用不得高于当年总支出的百分之二十。

第九条　慈善组织中不具有公开募捐资格的社会团体和社会服务机构，年度慈善活动支出和年度管理费用按照以下标准执行：

（一）上年末净资产高于1 000万元（含本数）人民币的，年度慈善活动支出不得低于上年末净资产的百分之六；年度管理费用不得高于当年总支出的百分之十三；

（二）上年末净资产低于1 000万元高于500万元（含本数）人民币的，年度慈善活动支出不得低于上年末净资产的百分之七；年度管理费用不得高于当年总支出

的百分之十四;

(三)上年末净资产低于500万元高于100万元(含本数)人民币的,年度慈善活动支出不得低于上年末净资产的百分之八;年度管理费用不得高于当年总支出的百分之十五;

(四)上年末净资产低于100万元人民币的,年度慈善活动支出不得低于上年末净资产的百分之八且不得低于上年总收入的百分之五十;年度管理费用不得高于当年总支出的百分之二十。

【例9-45】光明公司在筹建期间发生人员工资30 000元,用银行存款支付办公费5 000元、培训费9 000元、印刷费5 000元、登记注册费10 000元,用库存现金支付差旅费1 000元,则光明公司应做如下会计处理:

借:管理费用——开办费　　　　　　　　　　　60 000
　　贷:应付职工薪酬　　　　　　　　　　　　　30 000
　　　　银行存款　　　　　　　　　　　　　　　29 000
　　　　现金　　　　　　　　　　　　　　　　　 1 000

税务处理

可以选择一次性扣除,也可以选择从发生月份的次月起,在不低于3年的期限内摊销,但一经选定,不得改变。

(二)销售费用

1. 销售费用的内容

销售费用,是指企业在销售商品和材料、提供劳务过程中发生的各种费用。包括保险费、包装费、展览费和广告费、商品维修费、装卸费等以及为销售本企业商品而专设的销售机构(含销售网点、售后服务网点等)的职工薪酬、业务费、折旧费、固定资产修理费用等经营费用。

2. 科目设置

企业应设置"销售费用"科目,核算企业销售商品和材料、提供劳务的过程中发生的各种费用。该科目借方登记企业发生的各项销售费用。期末,应将该科目余额转入"本年利润"科目,结转后该科目应无余额。该科目可按费用项目进行明细核算。

3. 会计处理

【例9-46】天鑫公司在2×19年6月份发生部分经济业务如下:

(1) 8日，开出转账支票，支付销售商品发生的装卸费2 500元、保险费3 500元，共计6 000元。

(2) 30日，支付本月销售商品的电视及报纸广告费8 000元。

(3) 月末，将销售费用转入"本年利润"科目。

天鑫公司应做如下会计处理：

(1) 借：销售费用——装卸费　　　　　　　　　　　2 500
　　　　　　——保险费　　　　　　　　　　　　3 500
　　　　贷：银行存款　　　　　　　　　　　　　　　6 000

(2) 借：销售费用——广告费　　　　　　　　　　　8 000
　　　　贷：银行存款　　　　　　　　　　　　　　　8 000

(3) 借：本年利润　　　　　　　　　　　　　　　　14 000
　　　　贷：销售费用　　　　　　　　　　　　　　14 000

涉税规定

◆《中华人民共和国企业所得税法实施条例》（国务院令第512号）

第四十四条　企业每一纳税年度发生的符合条件的广告费和业务宣传费，除国务院财政、税务主管部门另有规定外，不超过当年销售（营业）收入15%的部分，准予扣除；超过部分，准予在以后纳税年度结转扣除。

◆《国家税务总局关于企业所得税执行中若干税务处理问题的通知》（国税函〔2009〕202号）

一、关于销售（营业）收入基数的确定问题

企业在计算……广告费和业务宣传费等费用扣除限额时，将销售（营业）收入额应包括《中华人民共和国企业所得税法实施条例》第二十五条规定的视同销售（营业）收入额。

◆《关于广告费和业务宣传费支出税前扣除政策的通知》（财税〔2017〕41号）

一、对化妆品制造或销售、医药制造和饮料制造（不含酒类制造）企业发生的广告费和业务宣传费支出，不超过当年销售（营业）收入30%的部分，准予扣除；超过部分，准予在以后纳税年度结转扣除。

二、对签订广告费和业务宣传费分摊协议（以下简称分摊协议）的关联企业，其中一方发生的不超过当年销售（营业）收入税前扣除限额比例内的广告费和业务宣传费支出可以在本企业扣除，也可以将其中的部分或全部按照分摊协议归集至另一方扣除。另一方在计算本企业广告费和业务宣传费支出企业所得税税前扣除限额时，可将按照上述办法归集至本企业的广告费和业务宣传费不计算在内。

三、烟草企业的烟草广告费和业务宣传费支出，一律不得在计算应纳税所得额时扣除。

四、本通知自 2016 年 1 月 1 日起至 2020 年 12 月 31 日止执行。

涉税提示

对于广告费和业务宣传费因会计与税法规定不同产生的差异，在申报企业所得税时，应按规定进行纳税调整。为了便于管理，税务人员应要求企业设置"广告费和业务宣传费税前扣除台账"，为各年度申报企业所得税做好基础工作。

【例 9-47】天鑫公司 2×16 年、2×17 年、2×18 年度的销售收入分别为 2 000 万元、2 200 万元、2 500 万元，各年度广告费和业务宣传费实际支出额分别为 310 万元、340 万元、360 万元。则该公司各年广告费和业务宣传费的会计处理分别为：

2×16 年：

借：销售费用	3 100 000
贷：银行存款	3 100 000

2×17 年：

借：销售费用	3 400 000
贷：银行存款	3 400 000

2×18 年：

借：销售费用	3 600 000
贷：银行存款	3 600 000

税务处理

2×16 年度实际发生广告费和业务宣传费 310 万元，但本年度只允许税前扣除 300 万元（2 000×15%），尚未扣除的 10 万元（310－300），结转以后年度扣除，本年度调整增加应纳税所得额 10 万元。

2×17 年度实际发生广告费和业务宣传费 340 万元，但本年度只允许税前扣除 330 万元（2 200×15%），尚未扣除的 10 万元（340－330），结转以后年度扣除。2×16 年至 2×17 年度累计结转以后年度广告费和业务宣传费扣除额为 20 万元（10＋10）。

2×18 年度实际发生广告费和业务宣传费 360 万元，但本年度允许税前扣除 375 万元（2 500×15%），其中包括本年度实际支付广告费和业务宣传费 360 万元以及以前年度结转的广告费和业务宣传费扣除额 15 万元。本年度应调整减少应纳税所得额 15 万元（375－360）。累计到 2×19 年结转以后年度的广告费和业务宣传费扣除额为 5 万元（20－15）。

涉税规定

◆《财政部 国家税务总局关于企业手续费及佣金支出税前扣除政策的通知》（财税〔2009〕29 号）

一、企业发生与生产经营有关的手续费及佣金支出，不超过以下规定计算限额以内的部分,准予扣除;超过部分,不得扣除。

1. 保险企业:财产保险企业按当年全部保费收入扣除退保金等后余额的15%(含本数,下同)计算限额;人身保险企业按当年全部保费收入扣除退保金等后余额的10%计算限额。

2. 其他企业:按与具有合法经营资格中介服务机构或个人(不含交易双方及其雇员、代理人和代表人等)所签订服务协议或合同确认的收入金额的5%计算限额。

二、企业应与具有合法经营资格中介服务企业或个人签订代办协议或合同,并按国家有关规定支付手续费及佣金。除委托个人代理外,企业以现金等非转账方式支付的手续费及佣金不得在税前扣除。企业为发行权益性证券支付给有关证券承销机构的手续费及佣金不得在税前扣除。

三、企业不得将手续费及佣金支出计入回扣、业务提成、返利、进场费等费用。

四、企业已计入固定资产、无形资产等相关资产的手续费及佣金支出,应当通过折旧、摊销等方式分期扣除,不得在发生当期直接扣除。

五、企业支付的手续费及佣金不得直接冲减服务协议或合同金额,并如实入账。

六、企业应当如实向当地主管税务机关提供当年手续费及佣金计算分配表和其他相关资料,并依法取得合法真实凭证。

【例9-48】滨岛房地产开发公司与富宏营销代理公司签订了《商品房委托代理销售合同》,合同中约定销售总金额为10 000万元,房产公司支付佣金600万元(占合同金额的6%)。富宏营销代理公司售房后,将销售佣金600万元从应该支付的商品房销售款10 000万元中扣除,支付给滨岛房地产开发公司9 400万元。滨岛房地产开发公司按照9 400万元作为销售收入处理。分析,滨岛房地产开发公司的处理是否正确?

根据《财政部国家税务总局关于企业手续费及佣金支出税前扣除政策的通知》(财税〔2009〕29号)的规定,滨岛房地产开发公司的收入不能以抵减销售佣金后金额进行处理。正确的处理方式是:富宏营销代理公司将商品房销售款10 000万元按照合同约定支付给滨岛房地产开发公司,滨岛房地产开发公司向富宏营销代理公司支付销售佣金600万元,并取得合规的票据。这样处理,滨岛房地产开发公司支付的佣金完全可以税前扣除。

(三)财务费用

1. 财务费用的内容

财务费用,是指企业为筹集生产经营所需资金等而发生的筹资费用。包括利息支出(减利息收入)、汇兑损益以及相关的手续费、企业发生的现金折扣或收到的现金折扣等。

2. 科目设置

企业应设置"财务费用"科目，核算企业为筹集生产经营资金等发生的筹资费用。该科目的借方登记企业发生的财务费用，贷方登记应冲减财务费用的利息收入、汇兑损益、现金折扣；期末应将该科目余额转入"本年利润"科目，结转后本科目应无余额。本科目应按费用项目进行明细核算。

为购建或生产满足资本化条件的资产发生的应予资本化的借款费用，在"在建工程""制造费用"等科目核算。

3. 会计处理

【例9-49】 天鑫公司在2×19年6月份发生部分经济业务如下：

(1) 开出转账支票，支付企业筹集生产经营所需资金发生的利息3 500元。

(2) 收到市建设银行的存款计息凭证，收到的存款利息为9 000元。

(3) 月末，将财务费用转入"本年利润"科目。

天鑫公司应做如下会计处理：

(1) 借：财务费用——利息支出　　　　　　　　　　3 500
　　　贷：银行存款　　　　　　　　　　　　　　　　　　3 500

(2) 借：银行存款　　　　　　　　　　　　　　　　　900
　　　贷：财务费用——利息收入　　　　　　　　　　　　900

(3) 借：本年利润　　　　　　　　　　　　　　　　2 600
　　　贷：财务费用　　　　　　　　　　　　　　　　　　2 600

涉税规定

◆《关于融资性售后回租业务中承租方出售资产行为有关税收问题的公告》（国家税务总局公告〔2010〕第13号）

二、企业所得税

根据现行企业所得税法及有关收入确定规定，融资性售后回租业务中，承租人出售资产的行为，不确认为销售收入，对融资性租赁的资产，仍按承租人出售前原账面价值作为计税基础计提折旧。租赁期间，承租人支付的属于融资利息的部分，作为企业财务费用在税前扣除。

◆《中华人民共和国企业所得税法实施条例》（国务院令第512号）

第三十七条　企业在生产经营活动中发生的合理的不需要资本化的借款费用，准予扣除。企业为购置、建造固定资产、无形资产和经过12个月以上的建造才能达到预定可销售状态的存货发生借款的，在有关资产购置、建造期间发生的合理的借款费用,应当作为资本性支出计入有关资产的成本,并按照本条例有关规定扣除。

第三十八条　企业在生产经营活动中发生的下列利息支出,准予扣除:

(一)非金融企业向金融企业借款的利息支出、金融企业的各项存款利息支出和同业拆借利息支出、企业经批准发行债券的利息支出;

(二)非金融企业向非金融企业借款的利息支出,不超过按照金融企业同期同类贷款利率计算的数额的部分。

第四十九条　……非银行企业内营业机构之间支付的利息,不得扣除。

◆《中华人民共和国企业所得税法》(2018修订)

第四十六条　企业从其关联方接受的债权性投资与权益性投资的比例超过规定标准而发生的利息支出,不得在计算应纳税所得额时扣除。

◆《中华人民共和国企业所得税法实施条例》(国务院令第512号)

第一百一十九条　企业所得税法第四十六条所称标准,由国务院财政、税务主管部门另行规定。

◆《财政部　国家税务总局关于企业关联方利息支出税前扣除标准有关税收政策问题的通知》(财税〔2008〕121号)

一、在计算应纳税所得额时,企业实际支付给关联方的利息支出,不超过以下规定比例和税法及其实施条例有关规定计算的部分,准予扣除,超过的部分不得在发生当期和以后年度扣除。

企业实际支付给关联方的利息支出,除符合本通知第二条规定外,其接受关联方债权性投资与其权益性投资比例为:

(一)金融企业,为5:1;

(二)其他企业,为2:1。

二、企业如果能够按照税法及其实施条例的有关规定提供相关资料,并证明相关交易活动符合独立交易原则的;或者该企业的实际税负不高于境内关联方的,其实际支付给境内关联方的利息支出,在计算应纳税所得额时准予扣除。

◆《关于企业向自然人借款的利息支出企业所得税税前扣除问题的通知》(国税函〔2009〕777号)

一、企业向股东或其他与企业有关联关系的自然人借款的利息支出,应根据《中华人民共和国企业所得税法》(以下简称税法)第四十六条及《财政部　国家税务总局关于企业关联方利息支出税前扣除标准有关税收政策问题的通知》(财税〔2008〕121号)规定的条件,计算企业所得税扣除额。

二、企业向除第一条规定以外的内部职工或其他人员借款的利息支出,其借款情况同时符合以下条件的,其利息支出在不超过按照金融企业同期同类贷款利率计算的数额的部分,根据税法第八条和税法实施条例第二十七条规定,准予扣除。

（一）企业与个人之间的借贷是真实、合法、有效的，并且不具有非法集资目的或其他违反法律、法规的行为；

（二）企业与个人之间签订了借款合同。

◆《中华人民共和国企业所得税法实施条例》（国务院令第512号）

第三十九条　企业在货币交易中，以及纳税年度终了将人民币以外的货币性资产、负债按照期末即期人民币汇率中间价折算为人民币时产生的汇兑损失，除已经计入有关资产成本以及与向所有者进行利润分配相关的部分外，准予扣除。

【例9-50】天鑫公司2×19年1月1日向非金融企业借款100 000元用于生产经营，当年支付利息11 000元，金融企业同期同类贷款利率为8%。则该公司应做如下会计处理：

借：财务费用　　　　　　　　　　　　　　　　　　　　11 000
　　贷：银行存款　　　　　　　　　　　　　　　　　　　　11 000

税务处理

允许税前扣除的利息费用 = 100 000 × 8% = 8 000（元），应调整增加应纳税所得额3 000元（11 000 - 8 000）。

【例9-51】甲、乙两股东共同出资成立了H公司，三方均为内资非金融企业，其中，甲企业出资500万元，乙企业出资1 500万元，注册资本为2 000万元。为扩大经营规模，H公司分别向甲、乙企业借款，根据财税〔2008〕121号文件的规定，H企业分别向甲、乙企业借款可以在税前扣除的借款利息本金的限额分别是多少？

向甲企业借款可以在税前扣除的关联企业借款利息本金的限额是1 000（500 × 2）万元，向乙企业借款可以在税前扣除的关联企业借款利息本金的限额是3 000（1 500 × 2）万元。

第三节　利润

一、利润的构成

利润是指企业在一定会计期间的经营成果。利润包括收入减去费用后的净额，直接计入当期利润的利得和损失等。

其中，收入减去费用后的净额反映的是企业日常活动的经营业绩，直接计入当期利润的利得和损失。直接计入当期利润的利得和损失，是指应当计入当期损益、最终会引起所有者权益发生增减变动的、与所有者投入资本或者向所有者分配利润无关的利得或损失。企业应当严格区分收入和利得，费用和损失之间的区别，以更加全面地反映企业的经营业绩。

利润金额取决于收入和费用，直接计入当期利润的利得和损失的金额的计量。利润计算公式如下：

（一）营业利润

营业利润＝营业收入－营业成本－税金及附加－销售费用－管理费用－财务费用－资产减值损失＋公允价值变动收益（－公允价值变动损失）＋投资收益（－投资损失）

其中，营业收入是指企业经营业务所确认的收入总额，包括主营业务收入和其他业务收入。

营业成本是指企业经营业务所发生的实际成本总额，包括主营业务成本和其他业务成本。其中，主营业务成本是指企业销售商品、提供劳务等经常性活动所发生的成本。企业一般在确认销售商品、提供劳务等主营业务收入时，或在月末，将已销商品、已提供劳务的成本结转入主营业务成本。其他业务成本是指企业除主营业务活动以外的其他经营活动所发生的成本。

税金及附加是指企业经营活动应负担的相关税费。

资产减值损失是指企业计提各项资产减值准备所形成的损失。

公允价值变动收益（或损失）是指企业交易性金融资产等公允价值变动形成的应计入当期损益的利得（或损失）。

投资收益（或损失）是指企业以各种方式对外投资所取得的收益（或发生的损失）。

涉税规定

◆《中华人民共和国企业所得税法实施条例》（国务院令第512号）

第五十六条 ……企业持有各项资产期间资产增值或者减值，除国务院财政、税务主管部门规定可以确认损益外，不得调整该资产的计税基础。

（二）利润总额

利润总额＝营业利润＋营业外收入－营业外支出

其中，营业外收入是指企业发生的与其日常活动无直接关系的各项利得。营业外支出是指企业发生的与其日常活动无直接关系的各项损失。

(三) 净利润

净利润 = 利润总额 – 所得税费用

其中，所得税费用是指企业确认的应从当期利润总额中扣除的所得税费用。

二、营业外收入和营业外支出的核算

(一) 营业外收入的核算

1. 营业外收入的内容

营业外收入是指企业发生的与其日常活动无直接关系的各项利得。主要包括处置非流动资产利得、非货币性资产交换利得、债务重组利得、政府补助利得、盘盈利得、罚没利得、捐赠利得、确实无法支付而按规定程序经批准后转作营业外收入的应付款项等。

2. 营业外收入的会计处理

企业应设置"营业外收入"科目，核算企业发生的各项营业外收入。该科目贷方登记企业取得的各项营业外收入，借方登记期末结转入"本年利润"科目的营业外收入，结转后该科目应无余额。该科目可按照营业外收入的项目进行明细核算。

【例9–52】2×19年12月16日天鑫公司收到安雨公司交来的罚款1 500元，存入银行；31日将确实无法支付的应付款项3 500元按规定程序经批准后转作营业外收入。天鑫公司应做如下会计处理：

(1) 16日收到罚款时：

借：银行存款　　　　　　　　　　　　　　　1 500
　　贷：营业外收入　　　　　　　　　　　　　　　1 500

(2) 31日结转无法支付的应付款项时：

借：应付账款　　　　　　　　　　　　　　　3 500
　　贷：营业外收入　　　　　　　　　　　　　　　3 500

涉税提示

营业外收入是进行会计核算的定义，税法没有该定义。企业会计准则中的收入包括主营业务收入和其他业务收入，不包括营业外收入，营业外收入作为一个单独的概念。税法中的收入涵盖企业的各种收入。包括：接受捐赠收入和其他收入等。其中，接受捐赠收入，是指企业接受的来自其他企业、组织或者个人无偿给予的货币性资产、非货币性资产。其他收入，是指企业取得的除企业所税法第六条第一项至第八项收入外的其他收入，包括企业资产溢余收入、逾期未退包装物押金收入、确实无法偿付的应付款项、已作坏账损失处理后又收回的应收款项、债务重组收入、补贴收入、汇兑收益等。税法中的接受捐赠收入及其他收入中的确实无法偿付的应付款项、债务重组收入、补贴收入、违约金收入等在进行会计核算时计入"营业外收入"。

营业外收入在会计上是利润总额的组成部分，构成企业的应纳税所得额，这部分收入税法规定也应计算缴纳所得税，因此，这部分收入不需要作纳税调整。但如处置已计提减值准备的非流动资产时，由于计提时调整增加了企业的应纳税所得额，处置时对转销的减值准备为了避免重复征税，应调整减少企业的应纳税所得额。

【例9-53】天鑫公司2×19年11月将一项专利权出售，取得收入20 000元，开出的增值税专用发票上注明销项税额1 200元，该项专利权的账面余额为20 000元，已提摊销8 000元，已计提的减值准备为800元。则天鑫公司应做如下会计处理：

借：银行存款　　　　　　　　　　　　　　　　21 200
　　累计摊销　　　　　　　　　　　　　　　　 8 000
　　无形资产减值准备　　　　　　　　　　　　　 800
　贷：无形资产　　　　　　　　　　　　　　　20 000
　　　应交税费——应交增值税（销项税额）　　 1 200
　　　营业外收入——处置非流动资产利得　　　 8 800

税务处理

2×19年末，无形资产处置收入8 800元，应计入企业的应纳税所得额，此项内容不需要作纳税调整。但转销的无形资产减值准备800元应调减企业的应纳税所得额。

（二）营业外支出的核算

1. 营业外支出的内容

营业外支出是指企业发生的与其日常活动无直接关系的各项损失。包括处置非流动资产损失、非货币性资产损失、非货币性资产交换损失、债务重组损失、公益性捐赠支出、非常损失、盘亏损失、罚款支出等。

2. 营业外支出的会计处理

企业应设置"营业外支出"科目，核算企业发生的各项营业外支出。该科目借方登记企业发生的各项营业外支出,贷方登记期末结转入"本年利润"科目的营业外支出,结转后该科目无余额,该科目可按营业外支出项目进行明细核算。

涉税规定

◆《中华人民共和国企业所得税法》(2018 修订)

第九条 企业发生的公益性捐赠支出,在年度利润总额 12% 以内的部分,准予在计算应纳税所得额时扣除;超过年度利润总额 12% 的部分,准予结转以后三年内在计算应纳税所得额时扣除。

第十条 在计算应纳税所得额时,下列支出不得扣除:

(一)向投资者支付的股息、红利等权益性投资收益款项;

(二)企业所得税税款;

(三)税收滞纳金;

(四)罚金,罚款和被没收财物的损失;

(五)本法第九条规定以外的捐赠支出;

(六)赞助支出;

(七)未经核定的准备金支出;

(八)与取得收入无关的其他支出。

◆《中华人民共和国企业所得税法实施条例》(国务院令第 512 号)

第五十三条 企业发生的公益性捐赠支出,不超过年度利润总额 12% 的部分,准予扣除。年度利润总额,是指企业按照国家统一会计制度的规定计算的年度会计利润。

◆《财政部国家税务总局关于企业资产损失税前扣除政策的通知》(财税〔2009〕57 号)

七、对企业盘亏的固定资产或存货,以该固定资产的账面净值或存货的成本减除责任人赔偿后的余额,作为固定资产或存货盘亏损失在计算应纳税所得额时扣除。

八、对企业毁损、报废的固定资产或存货,以该固定资产的账面净值或存货的成本减除残值、保险赔款和责任人赔偿后的余额,作为固定资产或存货毁损、报废损失在计算应纳税所得额时扣除。

九、对企业被盗的固定资产或存货,以该固定资产的账面净值或存货的成本减除保险赔款和责任人赔偿后的余额,作为固定资产或存货被盗损失在计算应纳税所得额时扣除。

【例 9-54】天鑫公司 2×18 年会计利润为 60 000 元,12 月 7 日清理使用期满的报废设备一台,该设备未计提减值准备,发生清理损失 5 000 元;16 日接到税局通知,缴纳税收滞纳金 300 元;19 日通过慈善组织向福利院捐赠自产货物一批,按同类货物市场价格计算,价款 8 000 元,该批货物成本 4 500 元。则天鑫公司应做如

下会计处理:

(1) 12月7日结转报废设备清理净损失时:

借: 营业外支出——处置非流动资产损失　　　　5 000
　　贷: 固定资产清理　　　　　　　　　　　　　　　5 000

(2) 12月16日支付罚款时:

借: 营业外支出——罚款支出　　　　　　　　　　300
　　贷: 银行存款　　　　　　　　　　　　　　　　　　300

(3) 19日结转捐赠自产货物成本及应纳增值税时:

借: 营业外支出——捐赠支出　　　　　　　　　5 540
　　贷: 库存商品　　　　　　　　　　　　　　　　　4 500
　　　　应交税费——应交增值税(销项税额)(8 000×13%) 1 040

税务处理

上述计入营业外支出的事项中,按税法规定,固定资产达到或超过使用年限而正常报废清理的净损失5 000元,由企业自行计算在税前扣除;支付税收滞纳金300元不能在税前扣除,应调整增加2×18年度的应纳税所得额;通过慈善组织向福利院捐赠自产货物支付5 780元(因为60 000×12%=7 200)允许扣除,不需要进行纳税调整,但需要确认视同销售收入8 000元和视同销售成本4 500元。

【例9-55】 天鑫公司2×18年12月发生部分业务如下:

(1) 赞助某协会3 000元。

(2) 支付逾期银行贷款罚息1 000元。

(3) 支付法院罚金20 000元,缴纳税收滞纳金12 000元。

(4) 提取未经核定的固定资产减值准备金支出5 000元。

天鑫公司应做如下会计处理:

(1) 借: 营业外支出　　　　　　　　　　　　　　3 000
　　　贷: 银行存款　　　　　　　　　　　　　　　3 000

(2) 借: 营业外支出　　　　　　　　　　　　　　1 000
　　　贷: 银行存款　　　　　　　　　　　　　　　1 000

(3) 借: 营业外支出　　　　　　　　　　　　　　32 000
　　　贷: 银行存款　　　　　　　　　　　　　　　32 000

(4) 借: 资产减值损失——固定资产减值损失　　5 000
　　　贷: 固定资产减值准备　　　　　　　　　　　5 000

税务处理

上述计入营业外支出的事项中,按税法规定,给某协会的赞助3 000元和支付法院罚金20 000元、缴纳的税收滞纳金12 000元、提取未经核定的固定资产减值准备金支出 5 000 元不能税前扣除，应调增 2×18 年度的应纳税所得额，支付逾期银行贷款罚息 1 000 元允许扣除，不需要进行纳税调整。

涉税提示

企业会计准则和税法对营业外支出的规定差异较大，年末企业应按税法规定进行纳税调整。已计入营业外支出，税法不允许扣除的项目，应调整增加企业应纳税所得额；税法有扣除比例的项目，超出比例部分调整增加企业应纳税所得额；允许扣除的项目，则不需要进行纳税调整。例如，各种非广告性的赞助支出，会计计入"营业外支出"科目，而税法规定不得在企业所得税前扣除，应调整增加企业应纳税所得额。实际工作中，税务人员应关注企业"营业外支出"账户的使用情况，注意哪些营业外支出能在税前扣除，哪些营业外支出能按比例在税前扣除，哪些营业外支出不能在税前扣除，注意企业有无利用"营业外支出"账户乱列费用支出，在税前扣除，减损利润。

三、利润形成的核算

（一）科目设置

企业应设置"本年利润"科目，核算企业当年实现的净利润（或者发生的净亏损）。该科目贷方登记月末从收入、收益账户转入数，借方登记月末从成本、费用账户转入数。具体地说，期末应将"主营业务收入""其他业务收入""税金及附加""其他业务成本""销售费用""管理费用""财务费用""资产减值损失""营业外支出""所得税费用"等科目的期末余额分别转入该科目的借方；将"公允价值变动损益""投资收益"科目的净收益，转入该科目的贷方；如为净损失，转入该科目的借方。结转以后，"本年利润"科目余额如在贷方，则反映企业本年度累计实现的净利润；余额如在借方，则表示企业发生的净亏损。年度终了，应将本年实现的净利润转入"利润分配"科目，借记该科目，贷记"利润分配——未分配利润"科目；如为净亏损，做相反的会计分录。结转后该科目应无余额。

涉税规定

◆《中华人民共和国企业所得税法实施条例》（国务院令第 512 号）

第十条 企业所得税法第五条所称亏损，是指企业依照企业所得税法和本条例的规定将每一纳税年度的收入总额减除不征税收入、免税收入和各项扣除后小于零的数额。

涉税提示

会计亏损与企业所得税法所称亏损是两个不同概念，会计亏损的计算用公式表示为：利润总额＝营业利润＋营业外收入－营业外支出，且计算结果为负数；企业所得税法所称亏损的计算用公式表示为：应纳税所得额＝收入总额－不征税收入－免税收入－各项扣除－允许弥补的以前年度亏损，且计算结果为负数。

（二）利润结转的核算

1. 利润结转的方法

（1）账结法

账结法是通过编制记账凭证来完成损益结转工作的方法。即在账上每月进行损益类科目的结转。采用"账结法"时，应于每月末将各损益类账户的余额转入"本年利润"账户，通过"本年利润"账户的借贷方发生额相抵，结出各会计期间的净利润或净亏损额。

（2）表结法

"表结法"即用"利润表"结转期末损益类项目，计算体现期末财务成果的方法。采用"表结法"每月结账时，各损益类账户的余额不用结转到"本年利润"账户，只在年终决算时才进行转账。平常月末，只将各月结出的各损益类账户的本年度自年初至本月末的累计数逐项填入该月利润表，在利润表上计算出从年初至本月末止的累计利润，然后减去上月末该表的累计利润，计算出本月份的净利润或净亏损。

2. 利润结转的会计处理（账结法）

【例9－56】 假设天鑫公司2×18年3月末结转前损益类科目的余额如下：

科目名称　结转前余额

贷：	主营业务收入	300 000
	其他业务收入	50 000
	公允价值变动损益	20 000
	投资收益	10 000
	营业外收入	10 000
借：	主营业务成本	180 000
	税金及附加	12 000
	其他业务成本	72 000
	管理费用	2 500
	销售费用	4 000
	财务费用	1 000

资产减值损失	20 000
营业外支出	8 000

根据上述资料，企业月终应做如下会计处理：

（1）结转各收入、收益类科目：

借：主营业务收入	300 000
其他业务收入	50 000
公允价值变动损益	20 000
投资收益	10 000
营业外收入	10 000
贷：本年利润	390 000

（2）结转各费用、支出类科目：

借：本年利润	299 500
贷：主营业务成本	180 000
税金及附加	12 000
其他业务成本	72 000
管理费用	2 500
销售费用	4 000
财务费用	1 000
资产减值损失	20 000
营业外支出	8 000

经过以上结转后，天鑫公司3月份"本年利润"科目增加贷方余额90 500（390 000 - 299 500）元，即天鑫公司3月份实现的利润总额为90 500元。

期末，天鑫公司按上述步骤和方法计算出"本年利润"余额后，不论盈利还是亏损，均应按照国家税收的有关规定，计算缴纳所得税，并将所得税费用转入"本年利润"科目的借方。年终结转前，若"本年利润"为贷方余额，则借记"本年利润"科目，贷记"利润分配——未分配利润"科目；若"本年利润"为借方余额，则借记"利润分配——未分配利润"科目，贷记"本年利润"科目。结转后"本年利润"科目应无余额。

【例9-57】假设天鑫公司2×18年度的利润总额为3 000 000元，无纳税调整项目，所得税税率为25%，则企业应确认的所得税费用为750 000元（3 000 000 × 25%）。

确认所得税费用时：

借：所得税费用	750 000
贷：应交税费——应交所得税	750 000

结转所得税费用时：

借：本年利润　　　　　　　　　　　　　　750 000
　　贷：所得税费用　　　　　　　　　　　　　　750 000

通过上述结转后，可计算得出天鑫公司 2×18 年度的净利润为 2 250 000 (3 000 000 - 750 000) 元。

四、利润分配的核算

（一）利润分配的一般程序

企业年度净利润除法律、行政法规另有规定外，按照以下顺序分配：

（1）弥补以前年度亏损。

（2）提取 10% 法定公积金。法定公积金累计额达到注册资本 50% 以后，可以不再提取。

（3）提取任意公积金。任意公积金提取比例由投资者决议。

（4）向投资者分配利润。企业以前年度未分配的利润，并入本年度利润，在充分考虑现金流量状况后，向投资者分配。

企业发生的年度经营亏损，依照税法的规定弥补。税法规定年限内的税前利润不足弥补的，用以后年度的税后利润弥补，或者经投资者审议后用盈余公积弥补。

企业弥补以前年度亏损和提取盈余公积金后，当年没有可供分配的利润时，不得向投资者分配利润，但法律、行政法规另有规定的除外。

向投资者分配利润区分为，应分配给股东或投资者的现金股利或利润和应分配给股东的股票股利。

需要说明的是，外商投资企业实现的净利润在先弥补以前年度尚未弥补的亏损之后，应当按照法律、行政法规的规定按净利润提取储备基金、企业发展基金、职工奖励及福利基金等。中外合作经营企业按规定在合作期内以利润归还投资者的投资，以及国有工业企业按规定以利润补充的流动资本，也应从中扣除，随后的净额才为可供投资者分配的利润。

涉税规定

◆《中华人民共和国企业所得税法》（2018 年修订）

第十八条　企业纳税年度发生的亏损，准予向以后年度结转，用以后年度的所得弥补，但结转年限最长不得超过 5 年。

◆《国家税务总局关于取消合并纳税后以前年度尚未弥补亏损有关企业所得税问题的公告》（国家税务总局公告 2010 年第 7 号）

一、企业集团取消了合并申报缴纳企业所得税后，截至2008年底，企业集团合并计算的累计亏损，属于符合《中华人民共和国企业所得税法》第十八条规定5年结转期限内的，可分配给其合并成员企业（包括企业集团总部）在剩余结转期限内，结转弥补。

二、企业集团应根据各成员企业截至2008年底的年度所得税申报表中的盈亏情况，凡单独计算是亏损的各成员企业，参与分配第一条所指的可继续弥补的亏损；盈利企业不参与分配。具体分配公式如下：

成员企业分配的亏损额=（某成员企业单独计算盈亏尚未弥补的亏损额÷各成员企业单独计算盈亏尚未弥补的亏损额之和）×集团公司合并计算累计可继续弥补的亏损额。

三、企业集团在按照第二条所规定的方法分配亏损时，应根据集团每年汇总计算中这些亏损发生的实际所属年度，确定各成员企业所分配的亏损额中具体所属年度及剩余结转期限。

四、企业集团按照上述方法分配各成员企业亏损额后，应填写《企业集团公司累计亏损分配表》（见附件）并下发给各成员企业，同时抄送企业集团主管税务机关。

五、本公告自2009年1月1日起执行。

◆《国家税务总局关于查增应纳税所得额弥补以前年度亏损处理问题的公告》（国家税务总局公告2010年第20号）

一、根据《中华人民共和国企业所得税法》（以下简称企业所得税法）第五条的规定，税务机关对企业以前年度纳税情况进行检查时调增的应纳税所得额，凡企业以前年度发生亏损且该亏损属于企业所得税法规定允许弥补的，应允许调增的应纳税所得额弥补该亏损。弥补该亏损后仍有余额的，按照企业所得税法规定计算缴纳企业所得税。对检查调增的应纳税所得额应根据其情节，依照《中华人民共和国税收征收管理法》有关规定进行处理或处罚。

二、本规定自2010年12月1日开始执行。以前（含2008年度之前）没有处理的事项，按本规定执行。

◆《中华人民共和国企业所得税法》（2018年修订）

第六条 企业以货币形式和非货币形式从各种来源取得的收入，为收入总额。包括：……

（四）股息、红利等权益性投资收益。

◆《中华人民共和国企业所得税法实施条例》（国务院令第512号）

第十七条 企业所得税法第六条第（四）项所称股息、红利等权益性投资收益，是指企业因权益性投资从被投资方取得的收入。

股息、红利等权益性投资收益,除国务院财政、税务主管部门另有规定外,按照被投资方做出利润分配决定的日期确认收入的实现。

◆《关于贯彻落实企业所得税法若干税收问题的通知》(国税函〔2010〕79号)

四、关于股息、红利等权益性投资收益收入确认问题

企业权益性投资取得股息、红利等收入,应以被投资企业股东会或股东大会做出利润分配或转股决定的日期,确定收入的实现。

涉税提示

企业所得税法对其亏损的弥补规定了最长弥补期限。

向投资者分配的利润,包括应分配给股东或投资者的现金股利或利润和应分配给股东的股票股利,会计作为利润分配处理,而企业所得税法将企业因权益性投资从被投资方取得的股息、红利等确认为权益性投资收益收入,并于被投资方做出利润分配决定的日期确认收入的实现。

(二) 利润分配的会计处理

1. 科目设置

企业应设置"利润分配"科目,核算企业利润的分配(或亏损的弥补)和历年分配(或弥补)后的积存余额。该科目借方登记利润的分配数和年末从"本年利润"科目转来的全年发生的净亏损;贷方登记用盈余公积弥补的亏损和年末从"本年利润"科目转来的全年实现的净利润。该科目年末余额,反映企业历年积存的未分配利润(或未弥补亏损)。

为了完整反映企业的利润分配情况,"利润分配"科目应当设置以下明细科目:

(1) 提取法定盈余公积。

"提取法定盈余公积"明细科目,核算企业按净利润的10%提取的法定公积金。

(2) 提取任意盈余公积。

"提取任意盈余公积"明细科目,核算企业按投资者决议提取的任意公积金。

(3) 应付现金股利或利润。

"应付现金股利或利润"明细科目,核算企业经股东大会或类似机构决议,分配给股东或投资者的现金股利或利润。

(4) 转作股本的股利。

"转作股本的股利"明细科目,核算企业经股东大会或类似机构决议,分配给股东的股票股利。

(5) 盈余公积补亏。

"盈余公积补亏"明细科目,核算企业用盈余公积弥补的亏损。

(6) 未分配利润。

"未分配利润"明细科目,核算企业年终结转的全年净利润和全年已分配的利润,反映企业历年积存的未分配利润(或未弥补亏损)。

外商投资企业还应分别"提取储备基金""提取企业发展基金""提取职工奖励及福利基金"进行明细核算。

金融企业按规定提取的一般风险准备,应在该科目设置"提取一般风险准备"明细科目进行核算。

2. 会计处理

(1) 企业按规定提取的盈余公积,借记"利润分配——提取法定盈余公积、提取任意盈余公积"科目,贷记"盈余公积——法定盈余公积、任意盈余公积"科目。

外商投资企业按规定提取的储备基金、企业发展基金、职工奖励及福利基金,借记"利润分配——提取储备基金、提取企业发展基金、提取职工奖励及福利基金",贷记"盈余公积——储备基金、企业发展基金""应付职工薪酬"等科目。

金融企业按规定提取的一般风险准备,借记"利润分配——提取一般风险准备",贷记"一般风险准备"科目。

(2) 企业经股东大会或类似机构决议,分配给股东或投资者的现金股利或利润,借记"利润分配——应付现金股利或利润"科目,贷记"应付股利"科目。

(3) 经股东大会或类似机构决议,分配给股东的股票股利,应在办理增资手续后,借记"利润分配——转作股本的股利"科目,贷记"股本"科目。如有差额,贷记"资本公积——股本溢价"科目。

(4) 企业用盈余公积弥补亏损,借记"盈余公积——盈余公积补亏"科目,贷记"利润分配——盈余公积补亏"科目。

金融企业用一般风险准备弥补亏损,借记"一般风险准备"科目,贷记"利润分配——一般风险准备补亏"科目。

(5) 年度终了,企业应将全年实现的净利润,自"本年利润"科目转入"利润分配"科目,借记"本年利润"科目,贷记"利润分配——未分配利润"科目,为净亏损的,做相反的会计分录。

(6) 同时,年度终了,将"利润分配"科目所属其他明细科目的余额转入"利润分配——未分配利润"明细科目。结转后,"利润分配"科目除"未分配利润"明细科目外,其他明细科目应无余额。

【例9-58】天鑫公司2×18年度实现净利润为3 600 000元。

(1) 按净利润的10%提取法定公积金，应做如下会计处理：

借：利润分配——提取法定盈余公积　　　　　360 000
　　贷：盈余公积——法定盈余公积　　　　　　　　　360 000

(2) 年终，按投资者决议，提取任意公积金200 000元。应做如下会计处理：

借：利润分配——提取任意盈余公积　　　　　200 000
　　贷：盈余公积——任意盈余公积　　　　　　　　　200 000

(3) 年终，经股东大会决议，分配现金股利120 000元。应做如下会计处理：

借：利润分配——应付现金股利　　　　　　　120 000
　　贷：应付股利　　　　　　　　　　　　　　　　　120 000

(4) 付息日用银行存款支付应付股利120 000元。应做如下会计处理：

借：应付股利　　　　　　　　　　　　　　　120 000
　　贷：银行存款　　　　　　　　　　　　　　　　　120 000

(5) 年终，经股东大会决议，分配给股东股票股利100 000元，已办理增资手续。应做如下会计处理：

借：利润分配——未分配利润　　　　　　　　100 000
　　贷：实收资本（股本）　　　　　　　　　　　　　100 000

(6) 年终结转全年净利润及利润分配数。应做如下会计处理：

①年终结转全年净利润：

借：本年利润　　　　　　　　　　　　　　3 600 000
　　贷：利润分配——未分配利润　　　　　　　　　3 600 000

②年终结转全年利润分配数：

借：利润分配——未分配利润　　　　　　　　780 000
　　贷：利润分配——提取法定盈余公积　　　　　　360 000
　　　　　　　　——提取任意盈余公积　　　　　　200 000
　　　　　　　　——应付现金股利　　　　　　　　120 000
　　　　　　　　——转作股本的股利　　　　　　　100 000

通过上述结转后，可计算得出天鑫公司2×18年度的未分配利润为2 820 000（3 600 000 – 780 000）元。

第十章 所得税

【本章提要】 本章主要介绍所得税的核算。

应交企业所得税是国家依法对企业的生产经营所得课征的税；所得税费用是在生产经营过程中的一种耗费，是企业确认的应从当期利润总额中扣除的费用，它包括当期所得税费用和递延所得税费用。由于会计与税法对资产和负债的确认与计量方法不同，导致资产和负债的账面价值与计税基础之间出现暂时性差异，按照《企业会计准则第18号——所得税》规定，企业应当采用资产负债表债务法核算所得税。

所得税的核算主要包括资产、负债计税基础和暂时性差异的确定、递延所得税资产及递延所得税负债的确认和计量、所得税费用的确认和计量。

所得税核算所使用的账户主要有"所得税费用""应交税费——应交所得税""递延所得税资产"和"递延所得税负债"等，这些账户与会计报表的关系如图10-1所示。

第一节 所得税会计概述

企业会计准则为了规范企业的财务会计行为，保护投资者和股东的利益，对经营者的经营成果在计算标准、内容、方法上做出了规定；而应纳税所得额的确定是按照税法处理国家和纳税人之间的分配关系。两者的目的不同，因此，两者对于收入、成本、费用、利润、资产、负债、所有者权益等的确认与计量亦不完全相同。

我国《企业会计准则第18号——所得税》规定，企业应当采用资产负债表债务法核算所得税，要求从资产负债表出发，通过比较资产负债表上列示的资产、负债，按照企业会计准则规定确定的账面价值与按照税法规定确定的计税基础，对于两者之间的差异分别为应纳税暂时性差异与可抵扣暂时性差异，确认相关的递延所得税负债与递延所得税资产，并在此基础上确定每个会计期间利润表中的所得税费用。

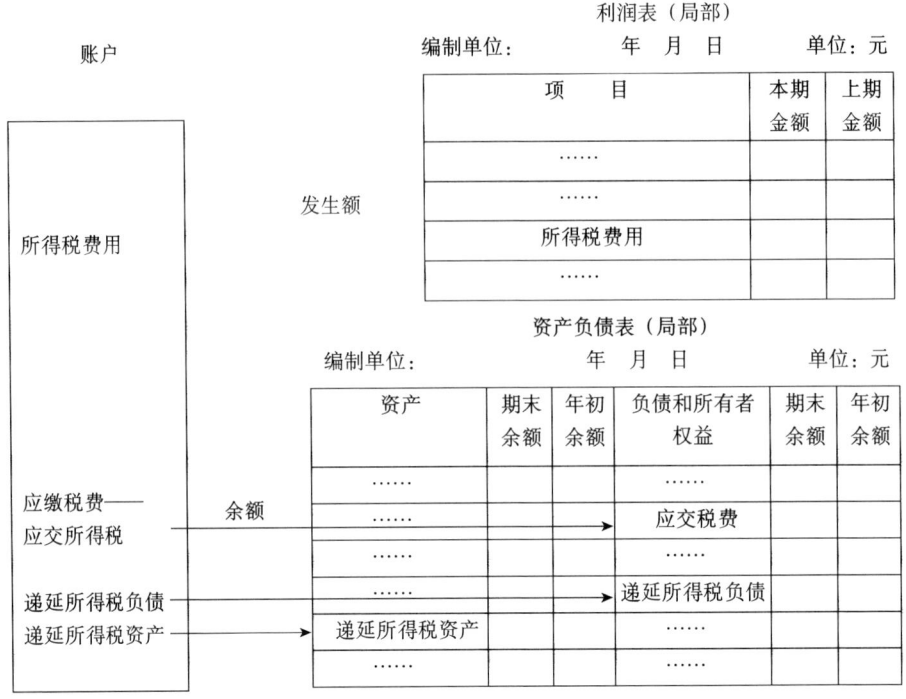

图10-1 本章账户与会计报表的关系

《中华人民共和国企业所得税法》第二十一条规定:"在计算应纳税所得额时,企业财务、会计处理办法与税收法律行政法规规定不一致的,应当依照税收法律、行政法规的规定计算。"因此,企业当期应交的所得税应按照税法规定计算。

这就是说,企业当期应交的所得税与当期利润表中的所得税费用之间存在差异。其中,一部分差异是由于企业会计准则与税法对企业资产和负债的计量规定不同引起的,在以后会计期间,随着资产价值的收回和负债的支付,这部分差异会逐期转回。《企业会计准则第18号——所得税》的目的就是要解决由于企业会计准则与税法对企业资产和负债的计量规定不同引起的差异,以及这些差异在以后会计期间转回时的处理办法。

所得税准则与现行企业会计制度下的纳税影响会计法相比,主要原则的变化:

现行企业会计制度的纳税影响会计法:

(1)仅考虑影响利润表时间性差异的项目。

(2)当预期时间性差异转回期间的适用税率发生变化时,需考虑是否需要对以前期间已确认的递延所得税余额进行相应的调整,现行企业会计制度允许采用债务法或递延法核算。

(3)确认递延所得税资产时,通常以未来三年很可能获得用来抵扣的应纳税所得额为限。

所得税准则：

（1）关注资产负债表项目，考虑资产负债表日关于所有资产及负债的暂时性差异。所有时间性差异都是暂时性差异，但不是所有暂时性差异都是时间性差异。

（2）只允许采用债务法核算。

（3）应当以很可能取得用来抵扣可抵扣暂时性差异的应纳税所得额为限，确认递延所得税资产，但不再将时间限定为三年。

一、资产负债表债务法的理论基础

资产负债表债务法在所得税会计核算方面贯彻了资产、负债的界定。在资产负债表债务法下递延所得税资产和递延所得税负债的确认体现了交易或事项发生后对未来期间计税的影响，即会增加未来期间的应交所得税或是减少未来期间应交所得税的情况。从资产负债表角度考虑，资产的账面价值代表的是企业在持有及最终处置某项资产的一定期间内，该项资产为企业带来的未来经济利益总额，而其计税基础代表的是在这一期间内，就该项资产按照税法规定可以税前扣除的金额。一项资产的账面价值小于其计税基础的，表明该项资产于未来期间产生的经济利益流入低于按照税法规定允许税前扣除的金额，产生可抵减未来期间应纳税所得额的因素，减少未来期间以应交所得税的方式流出企业的经济利益，从其产生时点来看，应确认为资产。假如，一项资产的账面价值为500万元，计税基础为520万元，表明该项资产在未来期间产生的经济利益流入为500万元，而按照税法规定允许税前扣除的金额为520万元，产生可抵减未来期间应纳税所得额的因素为20万元，从其产生的时点看，对企业是经济利益流入的概念，应确认为递延所得税资产。反之，一项资产的账面价值大于其计税基础的，两者之间的差额将会于未来期间产生应税金额，增加未来期间的应纳税所得额及应交所得税，对企业形成经济利益流出的义务，应确认为负债。假如，一项资产的账面价值为520万元，计税基础为500万元，两者之间的差额20万元会增加未来期间的应纳税所得额，增加未来期间的应交所得税，对企业形成经济利益流出的义务，应确认为递延所得税负债。

二、所得税会计核算的一般程序

采用资产负债表债务法核算所得税的情况下，企业应于每一资产负债表日进行所得税的核算。发生特殊交易或事项时，如企业合并，在确认交易或事项产生的资产负债时即应确认相应的所得税影响。企业进行所得税核算一般应遵循以下程序：

（1）按照会计准则规定，确定资产负债表中递延所得税资产和递延所得税负债以外的资产，负债项目的账面价值。账面价值是指按照企业会计准则规定确定的有关资产，负债在资产负债表中列示的金额。例如，企业的应收账款账面余额为80万元，企业对该应收账款计提了5万元的坏账准备，其账面价值为75万元，则该应收账款在资产负债表中列示的金额为75万元。

（2）按照税法规定，确定资产负债表中相关资产、负债项目的计税基础。

（3）比较资产、负债的账面价值与其计税基础，对于两者之间存在差异的，分析其性质除准则中规定的特殊情况外，分别按应纳税暂时性差异与可抵扣暂时性差异，乘以所得税税率，确定资产负债表日递延所得税负债和递延所得税资产的应有金额，并与期初递延所得税负债和递延所得税资产的余额相比，确定当期应予进一步确认的递延所得税资产和递延所得税负债金额或应予转销的金额，作为构成利润表中所得税费用的其中一个组成部分——递延所得税。具体步骤是：

第一，确定暂时性差异，并将其区分为应纳税暂时性差异和可抵扣暂时性差异。

第二，确定各年度递延所得税负债和递延所得税资产在资产负债表日的应有金额。

第三，确定各年度递延所得税负债和递延所得税资产的发生额。

（4）按照税法规定计算确定当期应纳税所得额，将应纳税所得额与适用的所得税税率计算的结果确认为当期应交所得税，作为利润表中应予确认的所得税费用的另外一个组成部分——当期所得税。

（5）确定利润表中的所得税费用。利润表中的所得税费用包括当期所得税和递延所得税两个组成部分，企业在计算确定了当期所得税和递延所得税后，两者之和（或之差），是利润表中的所得税费用。

递延所得税 = 递延所得税负债增加额 - 递延所得税资产增加额 =（期末递延所得税负债 - 期初递延所得税负债）-（期末递延所得税资产 - 期初递延所得税资产）

第二节 资产负债的计税基础及暂时性差异

一、资产的计税基础

资产的计税基础，是指企业收回资产账面价值过程中，计算应纳税所得额时按照税法规定可以自应税经济利益中抵扣的金额。即：

资产的计税基础等于某一项资产在未来期间计税时可以税前扣除的金额。

通常情况下，资产在初始确认时其入账价值与计税基础是相同的，后续计量时因企业会计准则规定与税法规定不同，可产生资产的账面价值与其计税基础的差异。

涉税规定

◆《中华人民共和国企业所得税法实施条例》（国务院令第512号）

第五十六条　企业的各项资产，包括固定资产、生物资产、无形资产、长期待摊费用、投资资产、存货等，以历史成本为计税基础。

前款所称历史成本，是指企业取得该项资产时实际发生的支出。

企业持有各项资产期间资产增值或者减值，除国务院财政、税务主管部门规定确认损益外，不得调整该资产的计税基础。

【例10-1】天鑫公司在2×19年购入一批原材料成本为500万元，年内无领用情况，2×19年资产负债表日估计该原材料的可变现净值为380万元。假定该原材料在2×19年的期初余额为零元。

分析：

按照企业会计准则规定，该原材料期末可变现净值低于成本，应计提存货跌价准备120（500-380）万元。计提存货跌价准备后，该原材料的期末账面价值为380万元。

按照税法规定，资产损失在实际发生之前不允许税前扣除，资产的计税基础不会因存货跌价准备的提取而发生变化。因此，该原材料在2×19年资产负债表日的计税基础仍为500万元。

该原材料在2×19年资产负债表日的账面价值380万元与其计税基础500万元之间的差额120万元，会减少企业未来期间的应纳税所得额。

【例10-2】假定天鑫公司2×19年初持有一项交易性金融资产，成本为800万元，2×19年资产负债表日该交易性金融资产的公允价值为1 100万元。

分析：

按照企业会计准则规定，交易性金融资产期末应以公允价值计量，公允价值的变动计入当期损益。因此，该交易性金融资产在2×19年资产负债表日的账面价值应为其公允价值1 100万元。

按照税法规定，交易性金融资产在持有期间公允价值变动不计入应纳税所得额，即其计税基础保持不变。因此，该交易性金融资产在2×19年资产负债表日的计税基础仍为800万元。

该交易性金融资产在2×19年资产负债表日的账面价值1 100万元与其计税基础800万元之间的差额300万元将于未来期间计入企业的应纳税所得额。

二、负债的计税基础

负债的计税基础,是指负债的账面价值减去未来期间计算应纳税所得额时按照税法规定可予抵扣的金额。即:

负债的计税基础=负债的账面价值-未来期间计税时按照税法规定可予税前扣除的金额

短期借款、应付票据、应付账款等负债的确认和偿还,通常不会对当期损益和应纳税所得额产生影响,其计税基础即为账面价值。但在某些情况下,负债的确认可能会影响损益,并影响不同期间的应纳税所得额,使其计税基础与账面价值之间产生差额。

【例10-3】2×19年12月5日天鑫公司购入甲材料一批,增值税专用发票上注明的货款为20 000元,增值税额2 600元,材料于当日验收入库,款项尚未支付。2×20年2月8日天鑫公司用银行存款22 600元支付该笔购料款。则天鑫公司应做如下会计处理:

2×19年12月5日购入材料时:

借:原材料　　　　　　　　　　　　　　　　　　　　　　　20 000
　　应交税费——应交增值税(进项税额)　　　　　　　　　　2 600
　　贷:应付账款　　　　　　　　　　　　　　　　　　　　22 600

2×20年2月8日支付购料款时:

借:应付账款　　　　　　　　　　　　　　　　　　　　　　22 600
　　贷:银行存款　　　　　　　　　　　　　　　　　　　　22 600

分析:

从上述会计处理可以看出,2×19年资产负债表日应付账款的账面价值为22 600元。该笔应付账款的确认与偿还不影响企业的损益,也不影响企业的应纳税所得额,未来期间计算应纳税所得额时按照税法规定可予抵扣的金额为零元。因此,2×19年资产负债表日其计税基础=账面价值-0=账面价值。

【例10-4】天鑫公司2×19年因销售商品在期末计提了200万元的产品质量保修费用,计入当期损益,同时确认为预计负债。当年度未发生任何保修支出。

分析:

该预计负债在2×19年资产负债表日的账面价值为200万元。按照税法规定,与确认预计负债相关的费用200万元在实际发生时准予税前说明该负债在2×19年资产负债表日的计税基础为零元(200-200)。

该预计负债的账面价值200万元与其计税基础零元之间的差额200万元,会减少企业未来期间的应纳税所得额。

涉税提醒

负债的计税基础与资产的计税基础计算方法不同。资产的计税基础,是某一项资产在未来期间计税时可以在税前扣除的金额。负债的计税基础,实际上是某一项负债在未来期间计税时不允许在税前扣除的金额。

三、暂时性差异

暂时性差异,是指一项资产或一项负债的账面价值与其计税基础之间的差额,随时间推移会消除。该项差异在以后年度资产收回或负债清偿时,会产生应税利润或可抵扣金额。按照暂时性差异对未来期间应税金额的影响,分为应纳税暂时性差异和可抵扣暂时性差异。

某些不符合资产、负债的确认条件,未作为财务会计报告中资产、负债列示的项目,如果按照税法规定可以确定其计税基础,该计税基础与其账面价值之间的差额也属于暂时性差异。

永久性差异,是指因税收法规与会计准则计算口径不一而产生的差异。具体而言,一些会计准则确认的收入或费用,税收法规不予确认;而另一些在会计准则中不属于收入的项目,税收法规却作为应税收入。这些差异一旦发生,便永久存在。永久性差异只影响当期的应税收益,而不影响以后各期的纳税额。因此,永久性差异不存在账务调整问题。

(一)应纳税暂时性差异

应纳税暂时性差异,是指在确定未来收回资产或清偿负债期间的应纳税所得额时,将导致产生应税金额的暂时性差异。该差异在未来期间转回时,会增加转回期间的应纳税所得额,从而增加转回期间的应交所得税。

应纳税暂时性差异通常产生于以下情况:

(1)资产的账面价值大于其计税基础。一项资产的账面价值代表的是企业在持续使用及最终出售该资产时会取得的经济利益的总额,而计税基础代表的是一项资产在未来期间可予税前扣除的金额。资产的账面价值大于其计税基础,说明该资产未来期间产生的经济利益不能全部税前扣除,两者之间的差额需要交税,产生应纳税暂时性差异。假定,一项资产的账面价值为 600 万元,计税基础为 530 万元,表明该资产于未来期间产生的经济利益流入为 600 万元,而按照税法规定允许税前扣除的金额为 530 万元,两者之间的差额 70 万元,会增加未来期间的应纳税所得额,形成应纳税暂时性差异,从而增加未来期间的应交所得税,对企业形成经济利益流出的义务，应确认为负债。

（2）负债的账面价值小于其计税基础。一项负债的账面价值为企业预计在未来期间清偿该负债时的经济利益流出，而其计税基础代表的是账面价值在扣除税法规定未来期间允许税前扣除的金额之后的差额。负债的账面价值与计税基础不同产生的暂时性差异，实质上是税法规定就该负债在未来期间可以税前扣除的金额即与该项支出在未来期间可予税前扣除的金额。负债的账面价值小于计税基础，意味着该负债在未来期间可以税前抵扣的金额为负数，即在未来期间应纳税所得额的基础上调增，增加应纳税所得额和应交所得税额，产生应纳税暂时性差异。

（二）可抵扣暂时性差异

可抵扣暂时性差异，是指在确定未来收回资产或清偿负债期间的应纳税所得额时，将导致产生可抵扣金额的暂时性差异。该差异在未来期间转回时，会减少转回期间的应纳税所得额，从而减少转回期间的应交所得税。

可抵扣暂时性差异通常产生于以下情况：

第一，资产的账面价值小于其计税基础。从经济含义来看，资产在未来期间产生的经济利益少，按照税法规定允许税前扣除的金额多，则企业在未来期间可以减少应纳税所得额，并减少应交所得税，形成可抵扣暂时性差异。假定，一项资产的账面价值为300万元，计税基础为360万元，表明该资产于未来期间产生的经济利益流入为300万元，而按照税法规定允许税前扣除的金额为360万元，两者之间的差额60万元，会减少未来期间的应纳税所得额，形成可抵扣暂时性差异，从而减少未来期间的应交所得税，从其产生的时点看，对企业是经济利益流入的概念，应确认为资产。

第二，负债的账面价值大于其计税基础。负债的账面价值与计税基础不同产生的暂时性差异，实质上是税法规定就该负债在未来期间可以税前扣除的金额。一项负债的账面价值大于其计税基础，意味着未来期间税法规定构成负债的全部或部分金额可以从未来应税经济利益中扣除，减少未来期间的应纳税所得额和应交所得税，产生可抵扣暂时性差异。即：

负债产生的暂时性差异 = 负债的账面价值 负债的计税基础 = 负债的账面价值 -（负债的账面价值 - 未来期间计税时按照税法规定可予税前扣除的余额） = 未来期间计税时按照税法规定可予税前扣除的金额

（三）特殊项目产生的暂时性差异

（1）未作为资产、负债确认的项目产生的暂时性差异。某些交易或事项发生以后，因为不符合资产、负债确认条件而未体现为资产负债表中的资产或负债，但按照税法规定能够确定其计税基础的,其账面价值零元与计税基础之间的差异也构成暂时性差异。企业发生的符合条件的广告费和业务宣传费支出,除国务院财政、税务主管部门另有规定外,不超过当年销售(营业)收入15%的部分准予扣除,超过部分准予在以后纳税年度结转扣除。该类费用在发生时按照企业会计准则规定计入当期损益不形成资产负债表中的资产,但按照税法规定可以确定其计税基础两者之间的差异也形成暂时性差异。

【例10-5】天鑫公司2×19年发生了800万元广告费支出,发生时已作为销售费用计入当期损益。税法规定,该类支出不超过当年销售收入15%的部分允许当期税前扣除,超过部分允许在以后纳税年度结转扣除。天鑫公司2×19年实现销售收入4 000万元。

分析:

该广告费支出按照企业会计准则规定在发生时已计入当期损益,未体现为期末资产负债表中的资产,如果将其视为资产,其账面价值为零元。

因按照税法规定,该类支出税前列支有一定的标准限制,根据当期天鑫公司销售收入4 000万元计算,当期可予税前扣除600万元(4 000×15%),当期未予税前扣除的200万元可以在以后年度结转扣除,其计税基础为200万元。

该项资产的账面价值零元与其计税基础200万元之间产生了200万元的暂时性差异,该暂时性差异在未来期间可减少企业的应纳税所得额,为可抵扣暂时性差异,符合确认条件时,应确认相关的递延所得税资产。

(2)可抵扣亏损及税款抵减产生的暂时性差异。按照税法规定可以结转以后年度的未弥补亏损及税款抵减,虽不是因资产、负债的账面价值与计税基础不同产生的,但与可抵扣暂时性差异具有同样的作用,均能够减少未来期间的应纳税所得额,进而减少未来期间的应交所得税,会计处理上视同可抵扣暂时性差异,符合条件的情况下应确认与其相关的递延所得税资产。

【例10-6】天鑫公司于2×19年因政策性原因发生经营亏损1 000万元,按照税法规定可用于抵减以后5个年度的应纳税所得额。该公司预计其于未来5年期间能够产生足够的应纳税所得额弥补亏损。

分析:

该经营亏损不是资产、负债的账面价值与其计税基础不同产生的,但从性质上可以减少未来期间企业的应纳税所得额和应交所得税,属于可抵扣暂时性差异。企业预计未来期间能够产生足够的应纳税所得额弥补该可抵扣亏损时,应确认相关的递延所得税资产。

第三节 递延所得税资产及递延所得税负债的确认和计量

一、递延所得税资产及递延所得税负债的确认

企业应于资产负债表日,分析比较资产、负债的账面价值与其计税基础,两者之间存在差异的,确认递延所得税资产和递延所得税负债。企业合并等特殊交易或事项中取得的资产和负债。应于购买日比较其入账价值与计税基础,按照《企业会计准则第18号——所得税》规定计算确认相关的递延所得税资产或递延所得税负债。

(一) 递延所得税负债的确认

1. 递延所得税负债的确认原则

除《企业会计准则第18号——所得税》中明确规定可不确认递延所得税负债的情况以外,企业对于所有的应纳税暂时性差异均应确认相关的递延所得税负债。除与直接计入所有者权益的交易或事项以及企业合并中取得资产负债相关的以外,在确认递延所得税负债的同时,应增加利润表中的所得税费用。

【例10-7】2×19年11月20日,天鑫公司自公开市场取得一项权益性投资,支付价款1 200万元,作为交易性金融资产核算。2×19年12月31日,该项权益性投资的公允价值为1 600万元。天鑫公司适用的企业所得税税率为25%。则该交易性金融资产在2×19年资产负债表日的原账面价值与计税基础确定如下:

价值按照企业会计准则规定该项交易性金融资产在2×19年资产负债表日的账面价值为其期末公允价值,即为1 600万元。

因税法规定交易性金融资产在持有期间的公允价值变动不计入应纳税所得额,其在2×19年资产负债表日的计税基础应维持原取得成本不变,即1 200万元。

该交易性金融资产的账面价值1 600万元与其计税基础1 200万元之间产生了400万元的暂时性差异,该暂时性差异在未来期间转回时会增加未来期间的应纳税所得额,导致企业应交所得税的增加,属于应纳税暂时性差异,应确认相关的递延所得税负债100(400×25%)万元。

2. 不确认递延所得税负债的特殊情况

有些情况下,虽然资产、负债的账面价值与其计税基础不同,产生了应纳税暂

时性差异,但出于各方面考虑,不确认相应的递延所得税负债,主要包括:

(1) 商誉的初始确认。非同一控制下的企业合并中,企业合并成本大于合并中取得的被购买方可辨认净资产公允价值份额的差额,按照企业会计准则规定应确认为商誉。但如果按照税法规定计税时作为免税合并的情况下,商誉的计税基础为零元,其账面价值与计税基础形成应纳税暂时性差异,企业会计准则规定不确认与其相关的递延所得税负债。

(2) 除企业合并以外的其他交易或事项,如果该项交易或事项发生时既不影响会计利润,也不影响应纳税所得额,则所产生的资产、负债的初始确认金额与其计税基础不同,形成应纳税暂时性差异的,交易或事项发生时不确认相应的递延所得税负债。

(3) 与子公司、联营企业、合营企业投资等相关的应纳税暂时性差异,一般应确认相应的递延所得税负债,但同时满足以下两个条件的除外:一是投资企业能够控制暂时性差异转回的时间;二是该暂时性差异在可预见的未来很可能不会转回。

(二) 递延所得税资产的确认

1. 递延所得税资产的确认原则

递延所得税资产产生于可抵扣暂时性差异。确认因可抵扣暂时性差异产生的递延所得税资产应以未来期间很可能取得的应纳税所得额为限。在可抵扣暂时性差异转回的未来期间内,企业无法产生足够的应纳税所得额用以利用可抵扣暂时性差异的影响,使得与可抵扣暂时性差异相关的经济利益无法实现的,不应确认递延所得税资产;企业有明确的证据表明其于可抵扣暂时性差异转回的未来期间能够产生足够的应纳税所得额,进而利用可抵扣暂时性差异的,则应以很可能取得的应纳税所得额为限,确认相关的递延所得税资产。除与直接计入所有者权益的交易或事项以及企业合并中取得资产、负债相关的以外,在确认递延所得税资产的同时,应减少利润表中的所得税费用。

在判断企业于可抵扣暂时性差异转回的未来期间是否能够产生足够的应纳税所得额时,应考虑企业在未来期间通过正常的生产经营活动能够实现的应纳税所得额以及以前期间产生的应纳税暂时性差异在未来期间转回时将增加的应纳税所得额。

【例10-8】 天鑫公司于2×19年1月1日购入一项专利权,其取得成本为500万元。2×19年12月31日,对该项无形资产进行减值测试表明发生减值40万元,并已计提减值准备。假设会计与税法均按10年期限对该无形资产进行摊销,2×19年已计提摊销额50万元。天鑫公司适用的企业所得税税率为25%。则该无形资产在2×19年资产负债表日的账面价值与计税基础确定如下:

账面价值 = 500 - 50 - 40 = 410(万元)

计税基础 = 500 - 50 = 450（万元）

因其账面价值 410 万元小于计税基础 450 万元，两者之间的差额 40 万元会减少未来期间的应纳税所得额和应交所得税，属于可抵扣暂时性差异，应确认相关的递延所得税资产 10 万元（50 × 25%）。

确认递延所得税资产时应注意以下两种情况：

（1）对与子公司、联营企业、合营企业的投资相关的可抵扣暂时性差异，同时满足下列条件的，应当确认相关的递延所得税资产：一是暂时性差异在可预见的未来很可能转回；二是未来很可能获得用来抵扣可抵扣暂时性差异的应纳税所得额。

（2）对于按照税法规定可以结转以后年度的未弥补亏损和税款抵减，应视同可抵扣暂时性差异处理。在有关的亏损或税款抵减金额得到税务部门的认可或预计能够得到税务部门的认可且预计可利用未弥补亏损或税款抵减的未来期间内能够取得足够的应纳税所得额时，除准则中规定不予确认的情况外，应当以很可能取得的应纳税所得额为限，确认相应的递延所得税资产，同时减少确认当期的所得税费用。

2. 不确认递延所得税资产的情况

某些情况下，企业发生的某项交易或事项不属于企业合并，并且交易发生时既不影响会计利润也不影响应纳税所得额，且该项交易中产生的资产、负债的初始确认额与其计税基础不同，产生可抵扣暂时性差异的，在交易或事项发生时不确认相应的递延所得税资产。

涉税提示

企业确认的递延所得税资产和递延所得税负债，虽然是资产负债表上列示的资产、负债的账面价值与其计税基础之间产生的暂时性差异形成的，但不能仅理解为递延所得税资产是资产项目产生的暂时性差异形成的，递延所得税负债是负债项目产生的暂时性差异形成的。资产、负债的账面价值与其计税基础之间产生的暂时性差异，既可能形成递延所得税资产，也可能形成递延所得税负债。究竟应确认为递延所得税资产，还是递延所得税负债，取决于资产、负债的账面价值与其计税基础之间产生的是什么暂时性差异。递延所得税资产产生于可抵扣暂时性差异，递延所得税负债产生于应纳税暂时性差异。

二、递延所得税资产及递延所得税负债的计量

资产负债表日，对于递延所得税资产和递延所得税负债，应当根据税法规定，按照预期收回该资产或清偿该负债期间的适用税率计量。

递延所得税资产和递延所得税负债的计量，应当反映资产负债表日企业预期收回资产或清偿负债方式的所得税影响，即在计量递延所得税资产和递延所得税负债

时，应当采用与收回资产或清偿债务的预期方式相一致的税率和计税基础。

适用税率发生变化的，应对已确认的递延所得税资产和递延所得税负债进行重新计量。递延所得税资产和递延所得税负债的金额代表的是有关可抵扣暂时性差异或应纳税暂时性差异于未来期间转回时，导致应交所得税金额的减少或增加的情况。因国家税收法律法规等的变化导致适用税率变化的，必然导致应纳税暂时性差异或可抵扣暂时性差异在未来期间转回时产生应交所得税金额的变化，在适用税率变动的情况下，应对原已确认的递延所得税资产及递延所得税负债的金额进行调整，反映税率变化带来的影响。

除直接在所有者权益中确认的交易或者事项产生的递延所得税资产和递延所得税负债以外，应当将其影响数计入变化当期的所得税费用。企业不应当对递延所得税资产和递延所得税负债进行折现。

第四节　所得税费用的确认和计量

在按照资产负债表债务法核算所得税的情况下，利润表中的所得税费用包括当期所得税和递延所得税。

一、当期所得税

当期所得税，是指企业按照税法规定计算的针对当期发生的交易和事项，应交给税务部门的所得税金额，即当期应交所得税。用公式表示为：

当期所得税 = 当期应交所得税

企业在确定当期所得税时，对于当期发生的交易或事项，会计处理与税务处理不同的，应在会计利润的基础上，按照适用税收法规的要求进行调整，计算出当期应纳税所得额，按照应纳税所得额与适用企业所得税税率计算确定当期应交所得税。一般情况下，应纳税所得额可在会计利润的基础上，考虑会计与税法之间的差异，按照以下公式计算确定：

应纳税所得额 = 会计利润 + 按照会计准则规定计入利润表但计税时不允许税前扣除的费用 ± 计入利润表的费用与按照税法规定可予税前抵扣的费用金额之间的差额 ± 计入利润表的收入与按照税法规定应计入纳税所得额的收入之间的差额 − 税法规定的不征税收入 ± 其他需要调整的因素

当期所得税 = 当期应交所得税 = 应纳税所得额 × 适用的所得税税率

二、递延所得税

递延所得税，是指企业按照企业会计准则规定应予确认的递延所得税资产和递延所得税负债在期末应有的金额相对于原已确认金额之间的差额，即递延所得税资产和递延所得税负债的当期发生额，但不包括直接计入所有者权益的交易或事项及企业合并的所得税影响。用公式表示为：

递延所得税 =（递延所得税负债的期末余额 – 递延所得税负债的期初余额）–（递延所得税资产的期末余额 – 递延所得税资产的期初余额）

应予说明的是，企业因确认递延所得税资产和递延所得税负债产生的递延所得税，一般应当计入所得税费用，但以下两种情况除外：

第一，如果某项交易或事项按照企业会计准则规定应计入所有者权益，由该交易或事项产生的递延所得税资产或递延所得税负债及其变化亦应计入所有者权益，不构成利润表中的递延所得税。

第二，由于企业会计准则规定与税法规定对企业合并的处理不同，可能会造成企业合并中取得资产、负债的入账价值与其计税基础的差异，在确认递延所得税负债或递延所得税资产时，相关的递延所得税，通常应调整企业合并中所确认的商誉。

三、所得税费用

企业在计算确定当期所得税（即当期应交所得税）以及递延所得税的基础上，两者之和确认为利润表中的所得税费用，但不包括直接计入所有者权益的交易事项的所得税影响。即利润表中的所得税费用由两部分组成：当期所得税和递延所得税。用公式表示为：

所得税费用 = 当期所得税 + 递延所得税

显然，所得税费用计算的关键在于递延所得税的计算，而递延所得税计算的关键在于确定资产、负债的计税基础，资产、负债的计税基础一经确定，即可计算暂时性差异并在此基础上确认、计算递延所得税资产、递延所得税负债以及递延所得税费用。

【例10-9】假定天鑫公司2×19年12月31日资产负债表中有关项目的账面价值及其计税基础如表10-1所示。

假定除上述项目外，该公司其他资产、负债的账面价值与其计税基础不存在差异，也不存在可抵扣亏损和税款抵减，该公司适用的企业所得税率为25%，当期按照税法规定计算确定的应交所得税为80万元；该公司预计在未来期间能够产生足够

表 10 – 1　　　　　　　　　　　　　　　　　　　　　　　　　　　　　　单位：万元

	项目	账面价值	计税基础	暂时性差异	
				应纳税暂时性差异	可抵扣暂时性差异
1	交易性金融资产	220	160	60	
2	预计负债	20	0		20
	合计			60	20

的应纳税所得额用来抵扣可抵扣暂时性差异，递延所得税资产及递延所得税负债不存在期初余额。

该公司计算确认的递延所得税负债、递延所得税资产、递延所得税以及所得税费用如下：

递延所得税负债 = 60 × 25% = 15（万元）

递延所得税资产 = 20 × 25% = 5（万元）

递延所得税 = 15 – 5 = 10（万元）

当期所得税当期应交所得税 = 80（万元）

所得税费用 = 80 + 10 = 90（万元）

因此，所得税会计的关键在于确定资产、负债的计税基础，资产、负债的计税基础一经确定，即可计算暂时性差异，并在此基础上确认递延所得税资产、递延所得税负债以及递延所得税。

四、所得税的会计处理

（一）科目设置

1. "所得税费用"科目

企业应设置"所得税费用"科目，核算企业确认的应从当期利润总额中扣除的所得税费用。该科目借方登记资产负债表日企业按照税法计算确定的当期应交所得税，以及企业确认的递延所得税负债的应有余额大于"递延所得税负债"科目余额的差额，和递延所得税资产的应有余额小于"递延所得税资产"科目余额的差额；贷方登记资产负债表日企业确认的递延所得税资产的应有余额大于"递延所得税资产"科目余额的差额，和递延所得税负债的应有余额小于"递延所得税负债"科目余额的差额，以及期末应转入"本年利润"科目的所得税费用。期末结转后该科目应无余额。该科目可按照"当期所得税费用""递延所得税费用"进行明细核算。

2. "应交税费——应交所得税"明细科目

企业应设置"应交税费——应交所得税"明细科目，核算企业按税法规定计算应交的所得税。该科目贷方登记应缴纳的所得税，借方登记已缴纳的所得税。该科目余额在贷方，反映企业尚未缴纳的所得税；如果出现借方余额，反映企业多缴纳的所得税。

3. "递延所得税资产"科目

企业应设置"递延所得税资产"科目。计算企业确认的可抵扣暂时性差异产生的所得税资产。根据税法规定可用以后年度税前利润弥补的亏损及税款抵减产生的所得税资产，也在该科目核算。该科目借方登记资产负债表日企业确认的递延所得税资产的应有余额大于其账面余额的差额；贷方登记资产负债表日递延所得税资产的应有余额小于其账面余额的差额。该科目期末余额在借方，反映企业确认的递延所得税资产。该科目应当按照可抵扣暂时性差异的项目进行明细核算。

4. "递延所得税负债"科目

企业应设置"递延所得税负债"科目，核算企业确认的应纳税暂时性差异产生的所得税负债。该科目贷方登记资产负债表日企业确认的递延所得税的负债应有余额大于其账面余额的差额；借方登记资产负债表日企业确认的递延所得税负债的应有余额小于其账面余额的差额。该科目期末余额在贷方，反映企业已确认的递延所得税负债。该科目应当按照应纳税暂时性差异的项目进行明细核算。

（二）会计处理

资产负债表日，企业按照税法规定计算确定的当期应交所得税，借记"所得税费用——当期所得税费用"科目，贷记"应交税费——应交所得税"科目。

资产负债表日，企业根据《企业会计准则第18号——所得税》应予确认的递延所得税资产，借记"递延所得税资产"科目，贷记"所得税费用——递延所得税费用""资本公积——其他资本公积"等科目。本期应确认的递延所得税资产大于其账面余额的，应按其差额确认；本期应确认的递延所得税资产小于其账面余额的差额，做相反的会计分录。非同一控制下企业合并中取得资产、负债的入账价值与其计税基础不同形成可抵扣暂时性差异的，应于购买日根据《企业会计准则第18号——所得税》确认递延所得税资产，同时调整商誉，借记"递延所得税资产"科目，贷记"商誉"科目。

资产负债表日，企业根据《企业会计准则第18号——所得税》应予确认的递延所得税负债，借记"所得税费用——递延所得税费用""资本公积——其他资本公积"等科目，贷记"递延所得税负债"科目。本期应予确认的递延所得税负债大于其账面余额的，应按其差额确认；应予确认的递延所得税负债小于其账面余额的，做相反的会计分录。非同一控制下企业合并中取得资产、负债的入账价值与其计税基础不同形成应纳税暂时性差异的，应于购买日根据所得税准则确认递延所得税负债,同时调整商誉借记"商誉"科目,贷记"递延所得税负债"科目。

企业根据税收优惠政策向税务部门申请获得退回的所得税,无论是在资产负债表日以后、财务报告批准报出日之前收到,还是在财务报告批准报出日之后收到,一律应在实际收到时冲减收到当期的所得税费用,即借记"银行存款"科目,贷记"所得税费用——当期所得税费用"科目。

资产负债表日,企业结转所得税费用,借记"本年利润"科目,贷记"所得税费用(当期所得税费用、递延所得税费用)"科目。

企业缴纳所得税时,借记"应交税费——应交所得税"科目,贷记"银行存款"科目。

【例10-9】的会计处理为:

借:所得税费用——当期所得税费用　　　　　　　　800 000
　　　　　　——递延所得税费用　　　　　　　　　100 000
　　递延所得税资产　　　　　　　　　　　　　　　 50 000
　贷:应交税费——应交所得税　　　　　　　　　　800 000
　　　递延所得税负债　　　　　　　　　　　　　　150 000

【例10-10】天鑫公司2×19年度实现税前会计利润160万元,适用的所得税税率为25%。2×19年度有关所得税会计处理的资料如下:

(1) 2×19年度发生业务招待费70万元,按照税法规定,允许在税前扣除42万元。

(2) 2×19年11月,购入一项交易性金融资产,入账价值为60万元;年末公允价值为70万元。按照税法规定,其成本在持有期间保持不变。

(3) 2×19年12月末,计提产品质量保修费6万元,同时确认为一项预计负债。按税法规定,产品质量保修费在实际支付时税前抵扣。

(4) 假设2×19年年初递延所得税资产和所得税负债的余额为零元。除上述事项外,天鑫公司不存在其他与企业所得税计算缴纳相关的事项,暂时性差异在可预见的未来很可能转回,而且以后年度很可能获得用来抵扣可抵扣暂时性差异的应纳税所得额。

要求,计算2×19年应交所得税、确认2×19年末递延所得税资产和递延所得税负债、计算2×19年所得税费用,并进行所得税的会计处理。

分析:

(1) 计算2×19年度应交所得税:

应纳税所得额 = 160 + (70 - 42) - (70 - 60) + 6 = 178(万元)

应交所得税 = 178 × 25% = 44.5(万元)

(2) 确认2×19年末递延所得税资产或递延所得税负债:

①交易性金融资产项目产生的暂时性差异。

由于交易性金融资产在2×19年资产负债表日的账面价值为70万元大于其计税基础60万元,其差额10万元应计入未来期间的应纳税所得额,为应纳税暂时性差异,应确认为递延所得税负债。

递延所所得税负债年末余额 = 应纳税暂时性差异 × 所得税税率 = 10 × 25% = 2.5(万元)

②预计负债项目产生的暂时性差异。

由于预计负债在2×19年资产负债表日的账面价值为6万元大于其计税基础零元,其差额6万元应减少未来期间的应纳税所得额,为可抵扣暂时性差异,应确认为递延所得税资产。

递延所得税资产年末余额 = 可抵扣暂时性差异 × 所得税税率 = 6 × 25% = 1.5(万元)。

(3) 计算2×19年所得税费用:

当期所得税 = 当期应交所得税 = 44.5(万元)

递延所得税 = (2.5 - 0) - (1.5 - 0) = 1(万元)

所得税费用 = 当期所得税 + 递延所得税 = 44.5 + 1 = 45.5(万元)

(4) 天鑫公司应做如下所得税会计处理:

借:所得税费用——当期所得税费用　　　　　　　445 000
　　　　　　　——递延所得税费用　　　　　　　　10 000
　　　　　　　——递延所得税资产　　　　　　　　15 000
　贷:应交税费——应交所得税　　　　　　　　　445 000
　　　　　　　——递延所得税负债　　　　　　　　25 000

【例10-11】天鑫公司2×14年12月购入价值100 000元的设备,预计使用年限为5年,预计净残值为零元。会计上采用直线法计提折旧,因该设备符合税法规定的税收优惠条件计税时允许采用双倍余额递减法计提折旧,假定税法规定的折旧年限及净残值均与会计相同。2×14年至2×19年该公司的利润总额为100 000元,适用的企业所得税税率为25%。采用资产负债表债务法核算所得税。

分析,该例产生暂时性差异的项目为设备折旧,其会计处理过程如表10-2所示。

表10-2　　　　　　　　　　设备折旧计算表

项目	2×14年	2×15年	2×16年	2×17年	2×18年	2×19年
会计折旧(元)		20 000	20 000	20 000	20 000	20 000
税法折旧(元)		40 000	24 000	14 400	10 800	10 800
账面价值(元)	100 000	80 000	60 000	40 000	20 000	0

续表

项目	2×14年	2×15年	2×16年	2×17年	2×18年	2×19年
计税基础（元）	100 000	60 000	36 000	21 600	10 800	0
应纳税暂时性差异（元）	0	20 000	24 000	18 400	9 200	0
税率（%）		25	25	25	25	25
递延所得税负债期末余额（元）	0	5 000	8 000	4 600	2 300	0
递延所得税负债发生额（元）		5 000	3 000	-3 400	-2 300	-2 300
递延所得税（元）		5 000	3 000	-3 400	-2 300	-2 300
当期应纳税所得额（元）		80 000	96 000	105 600	109 200	109 200
当期应交所得税（元）		20 000	24 000	26 400	27 300	27 300
所得税费用（元）		25 000	27 000	23 000	25 000	25 000

各年的会计处理为：

（1）2×15年：

借：所得税费用　　　　　　　　　　　　　　　　　　　　　25 000
　　贷：应交税费——应交所得税　　　　　　　　　　　　　　　20 000
　　　　递延所得税负债　　　　　　　　　　　　　　　　　　　5 000

（2）2×16年：

借：所得税费用　　　　　　　　　　　　　　　　　　　　　27 000
　　贷：应交税费——应交所得税　　　　　　　　　　　　　　　24 000
　　　　递延所得税负债　　　　　　　　　　　　　　　　　　　3 000

（3）2×17年：

借：所得税费用　　　　　　　　　　　　　　　　　　　　　23 000
　　递延所得税负债　　　　　　　　　　　　　　　　　　　　3 400
　　贷：应交税费——应交所得税　　　　　　　　　　　　　　　26 400

（4）2×18年：

借：所得税费用　　　　　　　　　　　　　　　　　　　　　25 000
　　递延所得税负债　　　　　　　　　　　　　　　　　　　　2 300
　　贷：应交税费——应交所得税　　　　　　　　　　　　　　　27 300

（5）2×19年：

借：所得税费用　　　　　　　　　　　　　　　　　　　　　25 000
　　递延所得税负债　　　　　　　　　　　　　　　　　　　　2 300
　　贷：应交税费——应交所得税　　　　　　　　　　　　　　　27 300

在采用资产负债表债务法核算递延所得税时，资产负债表日对于递延所得税资产和递延所得税负债，应当根据税法规定，按照预期收回该资产或清偿该负债期间的适用税率计量。适用税率发生变化的，应对已确认的递延所得税资产和递延得税负债进行重新计量，将其影响数计入变化当期的所得税费用。

资产负债表日，企业应当对递延所得税资产的账面价值进行复核。如果未来期间很可能无法获得足够的应纳税所得额用以抵扣递延所得税资产的利益，应当减记递延所得税资产的账面价值。按原已确认的递延所得税资产中应减记的金额，借记"所得税费用——当期所得税费用""资本公积——其他资本公积"科目，贷记"递延所得税资产"科目。以后期间根据新的环境和情况判断，在很可能获得足够的应纳税所得额时，减记的金额应当转回，恢复递延所得税资产的账面价值。

【例10-12】2×19年12月31日，天鑫公司递延所得税资产的账面价值为40万元。经复核，该公司在未来可能获得的用以抵扣递延所得税资产的利益只有23万元。公司应确认相应的递延所得税资产减值。做如下会计处理：

借：所得税费用　　　　　　　　　　　　　　　　　170 000
　　贷：递延所得税资产　　　　　　　　　　　　　　170 000

假设2×19年12月31日，经复核该公司在未来可能获得的用以抵扣递延所得视资产的利益可能有42万元。公司应在原减值范围内转回其减值。做如下会计处理：

借：递延所得税资产　　　　　　　　　　　　　　　170 000
　　贷：所得税费用　　　　　　　　　　　　　　　　170 000

五、递延所得税的特殊处理

某些情况下，递延所得税产生于直接计入所有者权益的交易或事项，或者产生于企业合并。这类交易或事项中产生的递延所得税，不影响利润表中确认的所得税费用，其所得税影响应视不同情况分别确认。

（一）直接计入所有者权益的交易或事项产生的递延所得税

直接计入所有者权益的交易或者事项，如可供出售金融资产公允价值的变动，相关资产、负债的账面价值与计税基础之间形成暂时性差异的，应当按照《企业会计准则第18号——所得税》规定确认递延所得税资产或递延所得税负债，计入"资本公积——其他资本公积"。会计处理为：

借：递延所得税资产
　　贷：资本公积——其他资本公积

或者：

借：资本公积——其他资本公积

贷：递延所得税负债

【例10-13】天鑫公司2×19年12月31日持有的某项可供出售金融资产，成本为500万元，公允价值为600万元，该公司适用的企业所得税税率为25%。则该公司在会计期末应做如下会计处理：

（1）确认100万元的公允价值变动：

借：可供出售金融资产　　　　　　　　　　　　　　　1 000 000
　　贷：资本公积——其他资本公积　　　　　　　　　　　　　1 000 000

（2）确认应纳税暂时性差异形成的递延所得税负债：

借：资本公积——其他资本公积　　　　　　　　　　　　250 000
　　贷：递延所得税负债　　　　　　　　　　　　　　　　　　250 000

假定天鑫公司于2×20年5月以640万元的价格对外出售该可供出售金融资产，则应做如下处理：

借：银行存款　　　　　　　　　　　　　　　　　　　6 400 000
　　贷：可供出售金融资产　　　　　　　　　　　　　　　　6 000 000
　　　　投资收益　　　　　　　　　　　　　　　　　　　　　400 000
借：资本公积　　　　　　　　　　　　　　　　　　　　750 000
　　递延所得税负债　　　　　　　　　　　　　　　　　　250 000
　　贷：投资收益　　　　　　　　　　　　　　　　　　　　1 000 000

涉税提示

与损益有关的经济业务产生的暂时性差异确认的递延所得税资产和递延所得税负债，对应的是"所得税费用"科目；与所有者权益有关的经济业务产生的暂时性差异确认的递延所得税资产和递延所得税负债，对应的是所有者权益类科目。

《企业会计准则第18号——所得税》第二十二条规定：与直接计入所有者权益的交易或者事项相关的当期所得税和递延所得税，应当计入所有者权益。

（二）企业合并中产生的递延所得税

因企业会计准则规定与税法规定对企业合并类型的划分标准不同，可能造成合并中取得资产负债的入账价值与其计税基础的差异。

例如，同控制下企业合并产生的应纳税暂时性差异或可抵扣暂时性差异的影响，在确认递延所得税负债或递延所得税资产的同时，相关的递延所得税，通常应调整企业合并中所确认的商誉。会计处理为：

借：递延所得税资产
　　贷：商誉

或者：

借：商誉
  贷：递延所得税负债

(三) 与股份支付相关的当期及递延所得税

与股份支付相关的支出在按照企业会计准则规定确认为成本费用时，其相关的所得税影响应区别于税法的规定进行处理：如果税法规定与股份支付相关的支出不允许税前扣除，则不形成暂时性差异；如果税法规定与股份支付相关的支出允许税前扣除，在按照企业会计准则规定确认成本费用的期间内，企业应当根据会计期末取得的信息估计可税前扣除的金额计算确定其计税基础及由此产生的暂时性差异，符合确认条件的情况下应当确认相关的递延所得税。其中，预计未来期间可税前扣除的金额超过企业会计准则规定确认的与股份支付相关的成本费用，超过部分的所得税影响应直接计入所有者权益。

(四) 亏损弥补的所得税会计处理

《中华人民共和国企业所得税法》第十八条规定："企业纳税年度发生的亏损，准予向以后年度结转，用以后年度的所得弥补，但结转年限最长不得超过五年。"《企业会计准则第 18 号——所得税》规定："企业对于能够结转以后年度的可抵扣亏损和税款抵减，应当以很可能获得用来抵扣可抵扣亏损和税款抵减的未来应纳税所得额为限，确认相应的递延所得税资产。"其会计处理为：

借：递延所得税资产
  贷：所得税费用——递延所得税费用

这种方法一般称之为当期确认法，即后转抵减所得税的利益在亏损当年确认。使用该方法企业应当对五年内可抵扣暂时性差异是否能在以后经营期内的应税利润中充分转回做出判断，如果不能，企业不应确认。

【例 10 - 14】 天鑫公司在 2×16 年至 2×19 年间每年会计利润分别为：-120 万元、60 万元、40 万元、40 万元，适用企业所得税税率始终为 25%，假设无其他纳税调整项目。则各年应做如下会计处理：

2×16 年：

借：递延所得税资产   300 000
  贷：所得税费用   300 000

2×17 年：

借：所得税费用   150 000
  贷：递延所得税资产   150 000

2×18 年：

借:所得税费用	100 000	
贷:递延所得税资产		100 000

2×19年:

借:所得税费用	100 000	
贷:递延所得税资产		50 000
应交税费——应交所得税		50 000

涉税提示

资产负债表债务法的目的是为了真实的反映企业的经营业绩,在按税法规定计算应交所得税的同时,按事物的本质及本来面目,以权责发生制为基础,正确确认企业的所得税费用,进而准确确定企业的净利润,为企业制定激励政策、股份支付政策等,为董事会对企业业绩的考核提供科学的依据。

第十一章 财务报告

【本章提要】 本章主要介绍财务报告的编制及财务报表分析基础。

财务报告包括财务报表和其他应当在财务报告中披露的相关信息和资料。财务报表至少应当包括资产负债表、利润表、现金流量表、所有者权益（或股东权益）变动表和附注。财务报表上述组成部分具有同等的重要程度。

企业编制资产负债表时，应当按照流动资产和非流动资产、流动负债和非流动负债分别列示资产项目和负债项目。

企业编制利润表时，在利润表上至少应当单独列示反映下列信息的项目：营业收入、营业成本、税金及附加、管理费用、销售费用、财务费用、投资收益、公允价值变动损益、资产减值损失、非流动资产处置损益、所得税费用、净利润等内容。

企业编制现金流量表时，应将现金流量分为经营活动产生的现金流量、投资活动产生的现金流量、筹资活动产生的现金流量。现金流量表编制的方法主要有工作底稿法、T型账户法、分析填列法。

企业编制所有者权益变动表时，在所有者权益变动表上至少应当单独列示反映下列信息的项目：净利润、直接计入所有者权益的利得和损失项目及其总额、会计政策变更和差错更正的累积影响金额、所有者投入资本和向所有者分配利润等。

财务报表分析基础主要介绍财务报表分析的基本方法和财务报表涉税分析。在会计实务中对财务报表的分析方法主要有：比率分析、趋势分析和基本面分析。财务报表涉税分析主要是给大家提供一些分析思路。

第一节 财务报告概述

财务报告，是指企业对外提供的反映企业某一特定日期的财务状况和某一会计期间的经营成果、现金流量等会计信息的文件。财务报告包括财务报表和其他应当在财务报告中披露的相关信息和资料。财务报告的目标是向财务报告使用者提供与企业财务状况、经营成果和现金流量等有关的会计信息，反映企业管理层受托责任履行情况，有助于财务报告使用者做出经济决策。财务报告使用者主要包括投资者、债权人、政府及其有关部门和社会公众等。

一、财务报表的定义和构成

财务报表，是对企业财务状况、经营成果和现金流量的结构性表述。财务报表由报表本身及其附注两部分构成，附注是财务报表的有机组成部分，而报表至少应当包括资产负债表、利润表和现金流量表等。

企业应当在财务报表的显著位置披露下列内容：编报企业的名称；资产负债表日或财务报表涵盖的会计期间；人民币金额单位；财务报表是合并财务报表的，应当予以标明。

企业至少应当按年编制财务报表。年度财务报表涵盖的期间短于一年的，应当披露年度财务报表的涵盖期间，以及短于一年的原因。对外提供中期财务报告的，应遵循《企业会计准则第32号——中期财务报告》的规定。

二、财务报表列报的基本要求

（一）依据各项会计准则确认和计量的结果编制财务报表

企业应当根据实际发生的交易和事项，按照各项具体会计准则的规定进行确认和计量，并在此基础上编制财务报表。企业不应以附注披露代替确认和计量，不恰当的确认和计量也不能通过充分披露相关会计政策而纠正。如果按照各项会计准则规定披露的信息不足以让报表使用者了解特定交易或事项对企业财务状况和经营成果的影响时，企业还应当披露其他的必要信息。

（二）列报基础

企业应当以持续经营为基础，根据实际发生的交易和事项，按照《企业会计准则——基本准则》和其他各项会计准则的规定进行确认和计量，在此基础上编制财务报表。在编制财务报表的过程中，企业管理层应当利用所有可获得信息来评价企业自报告期末起至少12个月的持续经营能力。评价时需要考虑宏观政策风险、市场经营风险、企业目前或长期的盈利能力、偿债能力、财务弹性以及企业管理层改变经营政策的意向等因素。评价结果表明对持续经营能力产生重大怀疑的，企业应当在附注中披露导致对持续经营能力产生重大怀疑的因素以及企业拟采取的改善措施。

企业如有近期获利经营的历史且有财务资源支持，则通常表明以持续经营为基础编制财务报表是合理的。企业正式决定或被迫在当期或将在下一个会计期间进行清算或停止营业的，则表明以持续经营为基础编制财务报表不再合理。例如，企业处于破产状态时，其资产应当采用可变现净值计量、负债应当按照其预计的结算金额计量等。在这种情况下，企业应当采用其他基础编制财务报表，并在附注中声明财务报表未以持续经营为基础编制的事实、披露未以持续经营为基础编制的原因和财务报表的编制基础。

（三）除现金流量表按照收付实现制原则编制外，企业应当按照权责发生制原则编制财务报表

（四）列报的一致性

财务报表项目的列报应当在各个会计期间保持一致，不得随意变更，但下列情况除外：

（1）会计准则要求改变财务报表项目的列报。

（2）企业经营业务的性质发生重大变化或对企业经营影响较大的交易或事项发生后，变更财务报表项目的列报能够提供更可靠、更相关的会计信息。

（五）重要性和项目列报

关于项目在财务报表中是单独列报还是合并列报，应当依据重要性原则来判断。重要性，是指在合理预期下，财务报表某项目的省略或错报会影响使用者据此做出经济决策的，该项目具有重要性。重要性应当根据企业所处环境，从项目的性质和金额大小两方面予以判断：一方面，应当考虑该项目的性质是否属于企业日常活动、是否显著影响企业的财务状况、经营成果和现金流量等因素；另一方面，判断项目金额大小的重要性，应当通过单项金额占资产总额、负债总额、所有者权益总额、营业收入总额、营业成本总额、净利润、综合收益总额等直接相关项目金额的比重或所属报表单列项目金额的比重等直接相关项目金额的比重加以确定。具体而言：

（1）性质或功能不同的项目，应当在财务报表中单独列报，但不具有重要性的项目除外。例如，存货和固定资产在性质和功能上都有本质差别，必须分别在资产负债表上单独列报。

（2）性质或功能类似的项目，一般可以合并列报，但其所属类别具有重要性的，应当按其类别在财务报表中单独列报。例如，库存现金、银行存款、其他货币资金等项目性质类似，因此可以合并列报，合并后的类别统称为"货币资金"，在资产负债表上进行单独列报。

（3）无论是《企业会计准则第30号——财务报表列报》规定单独列报的项目，还是其他具体会计准则规定单独列报的项目，企业都应当予以单独列报。

（4）项目单独列报的原则不仅适用于报表，还适用于附注。某些项目的重要性程度不足以在资产负债表、利润表、现金流量表或所有者权益变动表中单独列报，但对附注而言却具有重要性，在这种情况下应当在附注中单独披露。

（六）财务报表项目金额间的相互抵销

财务报表中的资产项目和负债项目的金额、收入项目和费用项目的金额、直接计入当期利润的利得项目和损失项目的金额不得相互抵销，其他会计准则另有规定的除外。一组类似交易形成的利得和损失应当以净额列示，但具有重要性的除外。例如，甲企业欠乙企业的应付账款，不得用其他企业欠本企业的应收账款相抵销，如果相互抵销就掩盖了交易的实质。

下列两种情况不属于抵销，可以以净额列示：

（1）资产项目按扣除备抵项目后的净额列示，不属于抵销。

（2）非日常活动产生的损益，以同一交易形成的收益扣减相关费用后的净额列示更能反映交易实质的，不属于抵销。

（七）比较信息的列报

企业在列报当期财务报表时，至少应当提供所有列报项目上一可比会计期间的比较数据，以及与理解当期财务报表相关的说明，但其他会计准则另有规定的除外。根据《企业会计准则第30号——财务报表列报》财会〔2014〕7号第八条的规定在财务报表项目的列报确需发生变更的情况下，企业应当对上期比较数据按照当期的列报要求进行调整，并在附注中披露调整的原因和性质，以及调整的各项目金额。但是，在某些情况下，对上期比较数据进行调整是不切实可行的，则应当在附注中披露不能调整的原因。不切实可行，是指企业在做出所有合理努力后仍然无法采用某项规定。

在财务报表中列报比较信息，目的是向报表使用者提供对比数据，提高信息在会计期间的可比性，以反映企业财务状况、经营成果和现金流量的发展趋势，提高报表使用者的判断与决策能力。

（八）表首的列报要求

财务报表一般分为表首、正表两部分，在表首部分应当概括说明企业的下列基本信息：

（1）编报企业的名称。

(2) 对资产负债表而言，须披露资产负债表日，而对利润表、现金流量表、所有者权益变动表而言，须披露报表涵盖的会计期间。

(3) 货币名称和单位，按照我国企业会计准则的规定，企业应当以人民币作为记账本位币列报，并标明金额单位，如人民币元、人民币万元等。

(4) 财务报表是合并财务报表的，应当予以标明。

（九）报告期间

企业至少应当编制年度财务报表。根据《中华人民共和国会计法》的规定，会计年度自公历1月1日起至12月31日止。在编制年度财务报表时，如果年度财务报表涵盖的期间短于一年的，应当披露年度财务报表的涵盖期间、短于一年的原因以及报表数据不具可比性的事实。比如企业在年度中间（如3月1日）开始设立等，在这种情况下，企业应当披露年度报表的实际涵盖期间及其短于一年的原因。

第二节　资产负债表

资产负债表反映企业在某一特定日期所拥有或控制的经济资源、所承担的现时义务和所有者对净资产的要求权。

一、资产负债表的编制要求

（一）资产和负债按流动性分别列示

资产和负债应当按照流动资产和非流动资产、流动负债和非流动负债分别列示。

金融企业的各项资产或负债，按照流动性列示能够提供可靠且更相关信息的，可以按照其流动性顺序列示。金融企业等销售产品或提供服务不具有明显可识别营业周期的企业，其各项资产或负债按照流动性列示能够提供可靠且更相关信息的，可以按照其流动性顺序列示。从事多种经营的企业，其部分资产或负债按照流动和非流动列报、其他部分资产或负债按照流动性列示能够提供可靠且更相关信息的，可以采用混合的列报方式。对于同时包含资产负债表日后一年内（含一年，下同）和一年之后预期将收回或清偿金额的资产和负债单列项目，企业应当披露超过一年后预期收回或清偿的金额。

(二) 流动资产的特征

资产满足下列条件之一的,应当归类为流动资产:

(1) 预计在一个正常营业周期中变现、出售或耗用。

判断流动资产、流动负债时所称的一个正常营业周期,是指企业从购买用于加工的资产起至实现现金或现金等价物的期间。正常营业周期通常短于一年,在一年内有几个营业周期。但是,也存在正常营业周期长于一年的情况,如房地产开发企业开发用于出售的房地产开发产品,造船企业制造的用于对外出售的大型船只等,往往超过一年才变现、出售或耗用,但仍应划分为流动资产;应付账款等经营性项目,属于企业正常经营周期中使用的营运资金的一部分,有时在资产负债表日后超过一年才到期清偿,也应划分为流动负债。正常营业周期不能确定时,应当以一年(12 个月)作为划分流动资产或流动负债的标准。

(2) 主要为交易目的而持有。

(3) 预计在资产负债表日起一年内(含一年,下同)变现。

(4) 在资产负债表日起一年内,交换其他资产或清偿负债的能力不受限制的现金或现金等价物。

(三) 非流动资产的特征

流动资产以外的资产应当归类为非流动资产,并应按其性质分类列示。

被划分为持有待售的非流动资产应当归类为流动资产。

(四) 流动负债的特征

负债满足下列条件之一的,应当归类为流动负债:

(1) 预计在一个正常营业周期中清偿。

(2) 主要为交易目的而持有。

(3) 在资产负债表日起一年内到期应予以清偿。

(4) 企业无权自主地将清偿推迟至资产负债表日后一年以上。

企业对资产和负债进行流动性分类时,应当采用相同的正常营业周期。企业正常营业周期中的经营性负债项目即使在资产负债表日后超过一年才予清偿的,仍应当划分为流动负债。经营性负债项目包括应付账款、应付职工薪酬等,这些项目属于企业正常营业周期中使用的营运资金的一部分。

对于在资产负债表日起一年内到期的负债,企业预计能够自主地将清偿义务展期至资产负债表日起一年以上的,应当归类为非流动负债;不能自主地将清偿义务展期的,即使在资产负债表日后、财务报表批准报出日前签订了重新安排清偿计划协议，该项负债仍应归类为流动负债。

（五）非流动负债的特征

流动负债以外的负债应当归类为非流动负债，并应按其性质分类列示。被划分为持有待售的非流动负债应当归类为流动负债。

企业在资产负债表日或之前违反了长期借款协议，导致贷款人可随时要求清偿的负债，应当归类为流动负债。

贷款人在资产负债表日或之前同意提供在资产负债表日起一年以上的宽限期，企业能够在此期限内改正违约行为，且贷款人不能要求随时清偿，该项负债应当归类为非流动负债。其他长期负债存在类似情况的，比照前述两款处理。

（六）资产负债表中的资产类的项目

资产负债表中的资产类至少应当单独列示反映下列信息的项目：

（1）货币资金。
（2）以公允价值计量且其变动计入当期损益的金融资产。
（3）应收账款。
（4）预付款项。
（5）存货。
（6）被划分为持有待售的非流动资产及被划分为持有待售的处置组中的资产。
（7）可供出售金融资产。
（8）持有至到期投资。
（9）长期股权投资。
（10）投资性房地产。
（11）固定资产。
（12）生物资产。
（13）递延所得税资产。
（14）无形资产。

资产负债表中的资产类至少应当包括流动资产和非流动资产的合计项目。按照企业的经营性质不切实可行的除外。

（七）资产负债表中的负债的项目

资产负债表中的负债类至少应当单独列示反映下列信息的项目：

（1）短期借款。
（2）以公允价值计量且其变动计入当期损益的金融负债。

（3）应付账款。

（4）预收款项。

（5）应交税费。

（6）应付职工薪酬。

（7）被划分为持有待售的处置组中的负债。

（8）预计负债。

（9）长期借款。

（10）长期应付款。

（11）应付债券。

（12）递延所得税负债。

资产负债表中的负债类至少应当包括流动负债、非流动负债和负债的合计项目。按照企业的经营性质不切实可行的除外。

（八）资产负债表中的所有者权益类的项目

资产负债表中的所有者权益类至少应当单独列示反映下列信息的项目：

（1）实收资本（或股本）。

（2）资本公积。

（3）盈余公积。

（4）未分配利润。

在合并资产负债表中，企业应当在所有者权益类中单独列示少数股东权益。

资产负债表中的所有者权益类应当包括所有者权益的合计项目。

资产负债表应当列示资产总计项目，负债和所有者权益总计项目。

二、资产负债表的编制方法

我国的资产负债表采用账户式结构，报表分为左右两方，左方列示资产各项目，反映全部资产的分布及存在形态；右方列示负债和所有者权益各项目，反映全部负债和所有者权益的内容及构成情况。资产负债表左右两方平衡，即资产总计等于负债和所有者权益总计。资产负债表提供年初数和年末数的比较资料，其格式见表 11-1。编制资产负债表时，要填报"年初余额""期末余额"两栏数据。

（一）年初余额栏的编制方法

资产负债表各项目的年初余额，应根据上年资产负债表各项目的"期末余额"栏内所列数字填列。本年度资产负债表规定的各项目的名称和内容与上年度不一致时，应对上年度资产负债表各项目的名称和数字按照本年度的规定进行调整，填入本表"年初余额"栏内。

（二）期末余额栏的编制方法

本表各项目的期末余额，一般应根据资产、负债和所有者权益类科目的期末余额填写，具体内容和填列方法如下：

（1）直接根据总账科目的余额填列。例如，交易性金融资产、固定资产清理、长期待摊费用、递延所得税资产、短期借款、交易性金融负债、应付票据、应付职工薪酬、应交税费、应付利息、应付股利、其他应付款、递延所得税负债、实收资本（或股本）、资本公积、库存股、盈余公积等项目，应根据相关总账科目的期末余额直接填列。

（2）根据几个总账科目的余额计算填列。例如，"货币资金"项目，应当根据"库存现金""银行存款""其他货币资金"等科目期末余额合计填列。

（3）根据有关明细科目的余额计算填列。"开发支出"项目，应根据"研发支出"科目中所属的"资本化支出"明细科目期末余额填列；"应付账款"项目，应根据"应付账款"和"预付账款"两个科目所属的相关明细科目的期末贷方余额合计数填列；"预收款项"项目，应根据"预收账款"和"应收账款"科目所属各明细科目的期末贷方余额合计数填列；"一年内到期的非流动资产""一年内到期的非流动负债"项目，应根据有关非流动资产或非流动负债项目的明细科目余额分析填列；"长期借款""应付债券"项目，应分别根据"长期借款""应付债券"科目的明细科目余额分析填列；"未分配利润"项目，应根据"利润分配"科目中所属的"未分配利润"明细科目期末余额填列。

（4）根据总账科目和明细科目的余额分析计算填列。例如，"长期应收款"项目，应根据"长期应收款"总账科目余额减去相应的"未实现融资收益"科目和"坏账准备"科目所属相关明细科目期末余额，再减去所属相关明细科目中将于一年内到期的部分填列；"长期借款"项目，应根据"长期借款"总账科目余额扣除"长期借款"科目所属明细科目中将于一年内到期的部分填列；"应付债券"项目，应根据"应付债券"总账科目余额扣除"应付债券"科目所属明细科目中将于一年内到期的部分填列；"长期应付款"项目，应根据"长期应付款"总账科目余额，减去"未确认融资费用"总账科目余额，再减去所属相关明细科目中将于一年内到期的部分填列；"其他非流动负债"项目，应根据有关科目的期末余额减去将于一年内（含一年）到期偿还数后的金额填列。

（5）根据总账科目与其备抵科目抵销后的净额填列。例如"可供出售金融资产""持有至到期投资""长期股权投资""在建工程""商誉"项目，应根据相关科目的期末余额,扣减相应的减值准备填列;"固定资产""无形资产""投资性房地产""生产性生物资产""油气资产",应根据相关科目的期末余额扣减相关的累计折旧(或摊销、折耗),再扣减相应的减值准备填列,采用公允价值计量的上述资产,应根据相关科目的期末余额填列。

(6)综合运用上述填列方法分析填列。如"应收票据""应收利息""应收股利"。"其他应收款"项目,应根据相关科目的期末余额,减去"坏账准备"科目中有关坏账准备期末余额后的金额填列;"应收账款"项目,应根据"应收账款"和"预收账款"科目所属各明细科目的期末借方余额合计数,减去"坏账准备"科目中有关应收账款计提的坏账准备期末余额后的金额填列;"预付款项"项目,应根据"预付账款"和"应付账款"科目所属各明细科目的期末借方余额合计数,减去"坏账准备"科目中有关预付款项计提的坏账准备期末余额后的金额填列;"存货"项目,应根据"材料采购""原材料""发出商品""库存商品""周转材料""委托加工物资""生产成本""受托代销商品"等科目的期末余额合计,减去"受托代销商品款","存货跌价准备"科目期末余额后的金额填列,材料采用计划成本核算,以及库存商品采用计划成本核算或售价核算的企业,还应按加或减材料成本差异、商品进销差价后的金额填列。

涉税提示

资产负债表的编制方法揭示了资产负债表表中各项目的数据来源。可以通过报表分析发现涉税问题,可按图索骥寻找问题产生的根源。

三、资产负债表编制实例

【例11-1】天鑫公司是增值税一般纳税人,企业所得税实行查账征收方式,2×18年12月31日的资产负债表(年初余额略)及2×19年12月31日的科目余额表分别见表11-1和表11-2。假设天鑫公司2×18年度除计提坏账准备、固定资产减值准备导致固定资产账面价值与计税基础存在可抵扣暂时性差异外,其他资产和负债项目的账面价值均等于其计税基础。假定天鑫公司未来很可能获得足够的应纳税所得用来抵扣可抵扣暂时性差异,适用的所得税税率为25%。

表11-1　　　　　　　　　　　　资产负债表　　　　　　　　　　　　会企01表

编制单位:天鑫公司　　　　　　2×18年12月31日　　　　　　　　　单位:元

资产	期末余额	年初余额	负债和所有者权益(或股东权益)	期末余额	年初余额
流动资产:			流动负债:		
货币资金	1 406 000		短期借款	20 000	

续表

资产	期末余额	年初余额	负债和所有者权益（或股东权益）	期末余额	年初余额
交易性金融资产	15 000		交易性金融负债	0	
衍生金融资产	0		衍生金融负债	0	
应收票据	525 100		应付票据	1 163 000	
应收账款			应付账款		
预付款项	120 000		预收款项	0	
其他应收款	5 000		应付职工薪酬	110 800	
持有待售资产	0		应交税费	36 300	
存货	2 580 000		其他应付款	51 000	
一年内到期的非流动资产	0		持有待售负债	0	
其他流动资产	100 000		一年内到期的非流动负债	1 000 000	
流动资产合计	4 751 100		其他流动负债	0	
非流动资产：	0		流动负债合计	2 381 100	
可供出售金融资产	0		非流动负债：		
持有至到期投资	0		长期借款	500 000	
长期应收款	0		应付债券	0	
长期股权投资	150 000		其中：优先股	0	
投资性房地产	0		永续债	0	
固定资产	1 100 000		长期应付款		
在建工程	1 500 000		预计负债	0	
工程物资	0		递延收益	0	
固定资产清理	0		递延所得税负债	0	
生产性生产物资	0		其他非流动负债	0	
油气资产	0		非流动负债合计	500 000	
无形资产	600 000		负债合计	2 881 100	
开发支出	0		所有者权益（或股东权益）：		
商誉	0		实收资本（或股本）	500 000	

续表

资产	期末余额	年初余额	负债和所有者权益（或股东权益）	期末余额	年初余额
长期待摊费用	0		其他权益工具	0	
递延所得税资产	0		其中：优先股	0	
其他非流动资产	200 000		永续债	0	
非流动资产合计	3 550 000		资本公积	0	
			减：库存股	0	
			其他综合收益	0	
			盈余公积	100 000	
			未分配利润	40 000	
			所有者权益（或股东权益）合计	5 140 000	
资产总计	8 301 100		负债和所有者权益（或股东权益）总计	8 021 100	

表 11-2 科目余额表

2×19 年 12 月 31 日　　　　　单位：元

科目名称	借方余额	科目名称	贷方余额
现金	2 100	短期借款	50 000
银行存款	800 000	应付票据	100 000
其他货币资金	7 200	应付账款	953 800
交易性金融资产	0	应付职工薪酬	186 316
应收票据	66 000	应付股利	48 045
应收账款	600 000	应交税费	206 600
坏账准备	-1 800	其他应付款	100 000
其他应收款	5 000	长期借款	1 160 000
预付账款	100 000	股本	5 000 000
材料成本差异	4 250	盈余公积	123 272.5
库存商品	2 122 000	利润分配（未分配利润）	211 407.5
周转材料	38 000		
原材料	45 000		
材料采购	275 500		

续表

科目名称	借方余额	科目名称	贷方余额
其他流动资产	90 000		
长期股权投资	250 500		
固定资产	2 400 000		
累计折旧	-170 000		
固定资产减值准备	30 000		
工程物资	150 000		
在建工程	578 000		
无形资产	600 000		
累计摊销	-60 000		
递延所得税资产	7 725		
其他非流动资产	200 000		
合计	8 139 475		8 139 475

根据上述资料,编制天鑫公司2×19年12月31日的资产负债表,如表11-3所示。

表11-3　　　　　　　　　　　　资产负债表

会企01表

编制单位：天鑫公司　　　　　　2×19年12月31日　　　　　　单位：元

资产	期末余额	年初余额	负债和所有者权益（或股东权益）	期末余额	年初余额
流动资产：			流动负债：		
货币资金	809 300	1 406 000	短期借款	50 000	20 000
交易性金融资产	15 000	15 000	交易性金融负债	0	0
衍生金融资产	0		衍生金融负债	0	
应收票据	664 200	525 100	应付票据	1 053 800	1 163 000
应收账款			应付账款		
预付款项	100 000	120 000	预收款项	0	0
其他应收款	5 000	5 000	应付职工薪酬	186 316	110 800
持有待售资产	0	0	应交税费	206 600	36 300
存货	2 484 700	2 580 000	其他应付款	148 045	51 000
一年内到期的非流动资产	0	0	持有待售负债	0	0
其他流动资产	90 000	100 000	一年内到期的非流动负债	0	1 000 000
流动资产合计	4 153 200	4 751 100	其他流动负债	0	0

续表

资产	期末余额	年初余额	负债和所有者权益（或股东权益）	期末余额	年初余额
非流动资产：	0	0	流动负债合计	1 644 761	2 381 100
可供出售金融资产	0	0	非流动负债：		
持有至到期投资	0	0	长期借款	1 160 000	500 000
长期应收款	0	0	应付债券	0	0
长期股权投资	250 500	150 000	其中：优先股	0	0
投资性房地产	0	0	永续债	0	0
固定资产	2 201 000	1 100 000	长期应付款	0	0
在建工程	578 000	1 500 000	预计负债	0	0
工程物资	150 000	0	递延收益	0	0
固定资产清理	0	0	递延所得税负债	0	0
生产性生产物资	0	0	其他非流动负债	0	0
油气资产	0	0	非流动负债合计	1 160 000	500 000
无形资产	540 000	600 000	负债合计	2 804 761	2 881 100
开发支出	0	0	所有者权益（或股东权益）：		
商誉	0	0	实收资本（或股本）	500 000	500 000
长期待摊费用	0	0	其他权益工具	0	
递延所得税资产	7 725	0	其中：优先股	0	
其他非流动资产	200 000	200 000	永续债	0	
非流动资产合计	3 927 225	3 550 000	资本公积	0	
			减：库存股	0	
			其他综合收益	0	
			盈余公积	123 272.5	100 000
			未分配利润	211 407.5	40 000
			所有者权益（或股东权益）合计	5 334 680	5 140 000
资产总计	8 080 425	8 301 100	负债和所有者权益（或股东权益）总计	8 139 441	8 021 100

（1）"应收票据"行和"应收账款"行项目，反映资产负债表日以摊余成本计量的、企业因销售商品、提供服务等经营活动应收取的款项，以及收到的商业

汇票，包括银行承兑汇票和商业承兑汇票。该项目应根据"应收票据"和"应收账款"科目的期末余额，减去"坏账准备"科目中相关坏账准备期末余额后的金额填列。

（2）"其他应收款"行项目，应根据"应收利息""应收股利"和"其他应收款"科目的期末余额合计数，减去"坏账准备"科目中相关坏账准备期末余额后的金额填列。

（3）"持有待售资产"行项目，反映资产负债表日划分为持有待售类别的非流动资产及划分为持有待售类别的处置组中的流动资产和非流动资产的期末账面价值。该项目应根据"持有待售资产"科目的期末余额，减去"持有待售资产减值准备"科目的期末余额后的金额填列。

（4）"固定资产"行项目，反映资产负债表日企业固定资产的期末账面价值和企业尚未清理完毕的固定资产清理净损益。该项目应根据"固定资产"科目的期末余额，减去"累计折旧"和"固定资产减值准备"科目的期末余额后的金额，以及"固定资产清理"科目的期末余额填列。

（5）"在建工程"行项目，反映资产负债表日企业尚未达到预定可使用状态的在建工程的期末账面价值和企业为在建工程准备的各种物资的期末账面价值。该项目应根据"在建工程"科目的期末余额，减去"在建工程减值准备"科目的期末余额后的金额，以及"工程物资"科目的期末余额，减去"工程物资减值准备"科目的期末余额后的金额填列。

（6）"应付票据"行和"应付账款"行项目，反映资产负债表日企业因购买材料、商品和接受服务等经营活动应支付的款项，以及开出、承兑的商业汇票，包括银行承兑汇票和商业承兑汇票。该项目应根据"应付票据"科目的期末余额，以及"应付账款"和"预付账款"科目所属的相关明细科目的期末贷方余额合计数填列。

（7）"其他应付款"行项目，应根据"应付利息""应付股利"和"其他应付款"科目的期末余额合计数填列。

（8）"持有待售负债"行项目，反映资产负债表日处置组中与划分为持有待售类别的资产直接相关的负债的期末账面价值。该项目应根据"持有待售负债"科目的期末余额填列。

（9）"长期应付款"行项目，反映资产负债表日企业除长期借款和应付债券以外的其他各种长期应付款项的期末账面价值。该项目应根据"长期应付款"科目的期末余额，减去相关的"未确认融资费用"科目的期末余额后的金额，以及"专项应付款"科目的期末余额填列。

第三节 利润表

一、利润表编制要求

利润表是反映企业在一定时期经营成果的财务报表。我国利润表的编制是采用费用功能法。费用按照功能分类，划分为从事经营业务发生的成本、管理费用、销售费用和财务费用等。

利润表至少应当单独列示反映下列信息的项目：营业收入、营业成本、税金及附加、管理费用、销售费用、财务费用、投资收益、公允价值变动损益、资产减值损失、非流动资产处置损益、所得税费用、净利润。金融企业可以根据其特殊性列示利润表项目。

综合收益，是指企业在某一期间除与所有者以其所有者身份进行的交易之外的其他交易或事项所引起的所有者权益变动。综合收益总额项目反映净利润和其他综合收益扣除所得税影响后的净额相加后的合计金额。

其他综合收益，是指企业根据其他会计准则规定未在当期损益中确认的各项利得和损失。其他综合收益项目应当根据其他相关会计准则的规定分两类列报：

（1）以后会计期间不能重分类进损益的其他综合收益项目，主要包括重新计量设定受益计划净负债或净资产导致的变动、按照权益法核算的在被投资单位以后会计期间不能重分类进损益的其他综合收益中所享有的份额等。

（2）以后会计期间在满足规定条件时将重分类进损益的其他综合收益项目，主要包括按照权益法核算的被投资单位以后会计期间在满足规定条件时将重分类进损益的其他综合收益中所享有的份额、可供出售金融资产公允价值变动形成的利得或损失、持有至到期投资重分类为可供出售金融资产形成的利得或损失、现金流量套期工具产生的利得或损失中属于有效套期的部分、外币财务报表折算差额等。

在合并利润表中，企业应当在净利润项目之下单独列示归属于母公司所有者的损益和归属于少数股东的损益，在综合收益总额项目之下单独列示归属于母公司所有者的综合收益总额和归属于少数股东的综合收益总额。

二、利润表的编制

利润表结构有单步式和多步式两种，我国采用多步式结构。利润表分为"本期金额"和"上期金额"两栏。

（一）上期金额栏的编制方法

利润表"上期金额"栏内各项数字应根据上期利润表"本期金额"栏内所列数字填列。如果上期利润表与本期利润表的项目名称和内容不一致，应对上期利润表项目的名称和数字按本期的规定进行调整，填入本表"上期金额"栏内。

（二）本期金额栏的编制方法

利润表"本期金额"栏各项目主要根据本期各损益类科目的发生额分析填列。

（1）"营业收入"项目，反映企业经营主要业务和其他业务所确认的收入总额。本项目应根据"主营业务收入""其他业务收入"科目的发生额分析填列。

（2）"营业成本"项目，反映企业经营主要业务和其他业务发生的实际成本总额。本项目应根据"主营业务成本""其他业务成本"科目的发生额分析填列。

（3）"税金及附加"项目，反映企业经营业务应负担的消费税、城市维护建设税、资源税、土地增值税和教育费附加等。本项目应根据"税金及附加"科目的发生额分析填列。

（4）"销售费用"项目，反映企业在销售商品过程中发生的包装费、广告费等费用和为销售本企业商品而专设的销售机构的职工薪酬、业务费等经营费用。本项目应根据"销售费用"科目的发生额分析填列。

（5）"管理费用"项目，反映企业为组织和管理生产经营发生的管理费用。本项目应根据"管理费用"科目的发生额分析填列。

（6）"财务费用"项目，反映企业筹集生产经营所需资金而发生的筹资费用。本项目应根据"财务费用"科目的发生额分析填列。

企业发生勘探费用的，应在"管理费用"和"财务费用"项目之间增设"勘探费用"项目反映。

（7）"资产减值损失"项目，反映企业各项资产发生的减值损失。本项目应根据"资产减值损失"科目发生额分析填列。

（8）"公允价值变动收益"项目，反映企业交易性金融资产、交易性金融负债以及采用公允价值模式计量的投资性房地产等公允价值变动形成的应计入当期损益的利得或损失。本项目应根据"公允价值变动损益"科目的发生额分析填列。如为损失，以"－"号填列。

（9）"投资收益"项目，反映企业以各种方式对外投资所取得的收益。如为损失，以"－"号填列。企业持有的交易性金融资产处置和出售时，处置收益部分应当自"公允价值变动损益"项目转出，列入本项目。本项目应根据"投资收益"科目的发生额分析填列。其中,"对联营企业和合营企业的投资收益"项目,反映采用权益法核算的对联营企业和合营企业在被投资单位实现的净损益中应享有的份额(不包括处置投资形成的收益)。

(10)"营业外收入"项目,反映企业发生的营业利润以外的收益,主要包括债务重组利得、与企业日常活动无关的政府补助、盘盈利得、捐赠利得等。该项目应根据"营业外收入"科目的发生额分析填列。

(11)"利润总额"项目,反映企业实现的利润总额。如为亏损总额,以"-"号填列。

(12)"所得税费用"项目,反映企业根据所得税准则确认的应从当期利润总额中扣除的所得税费用。本项目应根据"所得税"科目的发生额分析填列。

(13)"净利润"项目,反映企业实现的净利润。如为净亏损,以"-"号填列。

(14)"基本每股收益"和"稀释每股收益"项目,应当根据每股收益准则规定计算的金额填列。

(15)"其他综合收益"项目,反映企业根据会计准则规定未在损益中确认的各项利得和损失扣除所得税影响后的净额。

(16)"综合收益总额"项目,反映企业净利润与其他综合收益的合计金额。

三、利润表编制实例

【例11-2】天鑫公司2×19年度有关损益类科目本年累计发生净额,如表11-4所示。

表11-4　　　　　　　　2×19年度损益类科目累计发生净额　　　　　　　　单位:元

科目名称	借方	贷方
主营业务收入		1 250 000
营业外收入		100 000
投资收益		31 500
主营业务成本	700 000	
税金及附加	22 000	
销售费用	20 000	
管理费用	152 000	
财务费用	46 500	
营业外支出	19 700	
资产减值损失	31 000	
所得税费用	77 575	

根据上述资料,编制天鑫公司 2×19 年度利润表,如表 11-5 所示。

表 11-5 利润表

会企 02 表

编制单位:天鑫公司　　　　2×19 年 4 月　　　　单位:元

项目	本期金额	上期金额
一、营业收入	1 250 000	
减:营业成本	700 000	
税金及附加	22 000	
销售费用	20 000	
管理费用	152 000	
研发费用	0	
其中:利息费用		
利息收入		
财务费用	46 500	
加:公允价值变动收益(损失以"-"号填列)	0	
投资收益(损失以"-"号填列)	31 500	
其中:对联营企业和合营企业的投资收益	0	
资产减值损失	31 000	
资产处置收益(损失以"-"号填列)	0	
其他收益	0	
二、营业利润(亏损以"-"号填列)	310 000	
加:营业外收入	100 000	
减:营业外支出	19 700	
三、利润总额(亏损总额以"-"号填列)	390 300	
减:所得税费用	77 575	
四、净利润(净亏损以"-"号填列)	312 725	
(一)持续经营净利润(净亏损以"-"号填列)		
(二)终止经营净利润(净亏损以"-"号填列)		
五、其他综合收益的税后净额	0	
(一)不能重分类进损益的其他综合收益		
1. 重新计量设定受益计划变动额		
2. 权益法下不能转损益的其他综合收益		
……		
(二)将重分类进损益的其他综合收益		
1. 权益法下可转损益的其他综合收益		
2. 可供出售金融资产公允价值变动损益		
3. 持有至到期投资重分类为可供出售金融资产损益		
4. 现金流量套期损益的有效部分		
5. 外币财务报表折算差额		
……		
六、综合收益总额	(略)	

续表

项目	本期金额	上期金额
七、每股收益：		
（一）基本每股收益	（略）	
（二）稀释每股收益	（略）	

（1）"研发费用"行项目，反映企业进行研究与开发过程中发生的费用化支出。该项目应根据"管理费用"科目下的"研发费用"明细科目的发生额分析填列。

（2）"利息费用"行项目，反映企业为筹集生产经营所需资金等而发生的应予费用化的利息支出。该项目应根据"财务费用"科目的相关明细科目的发生额分析填列。

（3）"利息收入"行项目，反映企业确认的利息收入。该项目应根据"财务费用"科目的相关明细科目的发生额分析填列。

（4）"其他收益"行项目，反映计入其他收益的政府补助等。该项目应根据"其他收益"科目的发生额分析填列。

（5）"资产处置收益"行项目，反映企业出售划分为持有待售的非流动资产（金融工具、长期股权投资和投资性房地产除外）或处置组（子公司和业务除外）时确认的处置利得或损失，以及处置未划分为持有待售的固定资产、在建工程、生产性生物资产产生的利得或损失和非货币资产交换中换出非流动资产产生的利得或损失也包括在本项目内。该项目应根据"资产处置损益"科目的发生额分析填列，如为处置损失，以"-"号填列。

（6）"持续经营净利润"和"终止经营净利润"行项目，分别反映净利润中与持续经营相关的净利润和与终止经营相关的净利润；如为净亏损，以"-"号填列。该两个项目按照《企业会计准则第42号——持有待售的非流动资产、处置组和终止经营》的相关规定分别列报。

第四节　现金流量表

一、基本概念

现金流量，指企业现金和现金等价物的流入或流出。

现金是指企业库存现金、随时可用于支付的存款。不能随时用于支付的存款不

属于现金。具体包括以下 3 项内容:
(1) 库存现金。
(2) 银行存款。
(3) 其他货币资金。

其他货币资金是指企业存在金融企业有特定用途的资金,如外埠存款、银行汇票存款、银行本票存款、信用证保证金、信用卡存款等。

现金等价物,是指企业持有的期限短、流动性强、易于转换为已知金额的现金、价值变动风险很小的投资。期限短,一般是指从购买日起三个月内到期。现金等价物通常包括三个月内到期的短期债券投资。权益性投资变现的金额通常不确定,因而不属于现金等价物。企业应当根据具体情况,确定现金等价物的范围,一经确定不得随意变更。

企业从银行提取现金,用现金购买短期到期的国库券等现金和现金等价物之间的转换不属于现金流量。

现金流量表,是反映企业在一定会计期间现金和现金等价物流入和流出的报表。它是以现金为基础编制的财务状况变动表。目的是为财务报表使用者提供企业一定会计期间内现金流入和流出的信息,便于报表使用者了解和评价企业获得现金的能力,并据以预测企业未来的现金流量。

现金流量表是以现金和现金等价物为基础编制的。

二、现金流量表的结构和现金流量的分类

(一)现金流量表的结构

现金流量表主要由正表和现金流量表附注(补充资料)组成。一般企业现金流量表的格式见表 11-6。

(二)现金流量的分类

现金流量分为三类,即经营活动产生的现金流量、投资活动产生的现金流量、筹资活动产生的现金流量。

1. 经营活动产生的现金流量

经营活动,是指企业投资活动和筹资活动以外的所有交易和事项,包括销售商品或提供劳务、购买商品或接受劳务、收到的税费返还、支付职工薪酬、支付各项税费、支付广告费用等。通过经营活动产生的现金流量,可以说明企业的经营活动对现金流入和流出的影响程度,判断企业在不动用对外筹资的情况下,是否足以维

持生产经营、偿还债务、支付股利、对外投资等。

2. 投资活动产生的现金流量

投资活动，是指企业长期资产的购建和不包括在现金等价物范围内的投资及其处置活动。编制现金流量表所指的"投资"既包括对外投资，又包括长期资产的购建与处置。投资活动包括取得和收回投资、购建和处置固定资产、购买和处置无形资产等。通过投资活动产生的现金流量，可以判断投资活动对企业现金流量净额的影响程度。

3. 筹资活动产生的现金流量

筹资活动，是指导致企业资本及债务规模和构成发生变化的活动。筹资活动包括发行股票或接受投入资本、分派现金股利、取得和偿还银行借款、发行和偿还公司债券等。通过筹资活动产生的现金流量，可以分析企业通过筹资活动获取现金的能力，判断筹资活动对企业现金流量净额的影响程度。

企业编制现金流量表进行现金流量分类时，对于未特别指明的现金流量，应当按照现金流量的分类方法和重要性原则，判断某项交易或事项所产生的现金流量应当归属的类别或项目，对于重要的现金流入或流出项目应当单独反映。对于自然灾害损失、保险索赔等特殊项目，应当根据其性质，分别归并到经营活动、投资活动和筹资活动现金流量类别中单独列报。

三、现金流量表正表各项目的内容及填列方法

现金流量表分"本期金额"和"上期金额"两栏。"上期金额"栏的数据来自上期现金流量表中"本期金额"栏。

（一）经营活动产生的现金流量

编制现金流量表时，列报经营活动现金流量的方法有两种，一是直接法，二是间接法。直接法，是指通过现金收入和现金支出的主要类别列示经营活动的现金流量。现金流量一般应按现金流入和流出总额列报，但代客户收取或支付的现金，以及周转快、金额大、期限短项目的现金流入和现金流出，可以按照净额列报。有关经营活动现金流量信息，可以通过企业的会计记录取得，也可以通过对利润表中的营业收入、营业成本以及其他项目进行调整后取得。间接法，是将净利润调整为经营活动现金流量的方法。即以本期净利润为起点，调整不涉及现金的收入、费用、资产减值损失、非流动资产处置损益以及有关项目增减变动，剔除投资活动、筹资活动对现金流量的影响，据此计算出经营活动的现金流量。在我国，企业应当按直接法编制现金流量表主表，按间接法编制现金流量表的补充资料。

（1）"销售商品、提供劳务收到的现金"项目，反映企业销售商品、提供劳务实际收到的现金（含销售收入和应向购买者收取的增值税额），包括本期销售商品、提供劳务收到的现金，以及前期销售和前期提供劳务本期收到的现金和本期预收的账款，减去本期退回本期销售的商品和前期销售本期退回的商品支付的现金。企业销售材料和代购代销业务收到的现金，也在本项目反映。本项目可以根据"现金""银行存款""应收账款""应收票据""预收账款""主营业务收入""其他业务收入"等科目的记录分析填列。

"销售商品、提供劳务收到的现金" = 当期销售商品、提供劳务收到的现金 + 当期收回前期的应收账款和应收票据 + 当期预收的款项 - 当期销售退回支付的现金 + 当期收回前期核销的坏账损失。

（2）"收到的税费返还"项目，反映企业收到返还的各种税费，如收到的增值税、消费税、所得税教育费附加返还等。本项目可以根据"库存现金""银行存款""税金及附加"等科目的记录分析填列。

（3）"收到的其他与经营活动有关的现金"项目，反映企业除了上述各项目外，收到的其他与经营活动有关的现金流入，如罚款收入、流动资产损失中由个人赔偿的现金收入、经营租赁收到的租金等。其他现金流入如金额较大的，应单列项目反映。本项目可以根据"库存现金""银行存数""营业外收入"等科目的记录分析填列。

（4）"购买商品、接受劳务支付的现金"项目，反映企业购买材料、商品、接受劳务实际支付的现金，包括本期购入材料、商品、接受劳务支付的现金（包括增值税进项税额），以及本期支付前期购入商品、接受劳务的未付款项和本期预付款项。本期发生的购货退回收到的现金应从本项目内减去。企业代购代销业务支付的现金也在本项目反映。本项目可以根据"库存现金""银行存款""应付账款""应付票据""预付账款""主营业务成本""其他业务成本"等科目的记录分析填列。

购买商品、接受劳务支付的现金 = 当期购买商品、接受劳务支付的现金 + 当期支付前期的应付账款和应付票据 + 当期预付的账款 - 当期购货退回收到的现金。

（5）"支付给职工以及为职工支付的现金"项目，反映企业本期实际支付给职工的工资、奖金、各种津贴和补贴等职工薪酬（包括代扣代缴的职工个人所得税），但是应由在建工程、无形资产负担的职工薪酬以及支付的离退休人员的职工薪酬除外。企业支付给离退休人员的各项费用（包括支付的统筹退休金以及未参加统筹的退休人员的费用）在"支付其他与经营活动有关的现金"项目反映；支付给在建工程人员的工资及其他费用，在"购建固定资产、无形资产和其他长期资产支付的现金"项目反映。本项目可以根据"应付职工薪酬""库存现金""银行存款"等科目的记录分析填列。

企业为职工支付的养老、失业等社会保险基金、补充养老保险、住房公积金、支付给职工的住房困难补助，以及企业支付给职工或为职工支付的其他福利费用，应按职工的工作性质和服务对象，分别在本项目和"购建固定资产、无形资产和其他长期资产支付的现金"项目反映。

（6）"支付的各项税费"项目，反映企业按规定支付的各种税费，包括本期发生并支付的税费，以及本期支付以前各期发生的税费和预交的税费，如支付的增值税、消费税、资源税、教育费附加、矿产资源补偿费、印花税、房产税、土地增值税、车船税等。不包括计入固定资产价值、实际支付的耕地占用税等，也不包括本期退回的增值税、所得税。本期退回的增值税、所得税在"收到的税费返还"项目反映。本项目可以根据"应交税费""库存现金""银行存款"等科目的记录分析填列。

（7）"支付的其他与经营活动有关的现金"项目，反映企业除上述各项目外，支付的其他与经营活动有关的现金流出，如罚款支出、支付的差旅费、业务招待费现金支出、支付的保险费等，其他现金流出如金额较大，应单列项目反映。本项目可以根据有关科目的记录分析填列。

（二）投资活动产生的现金流量

（1）"收回投资所收到的现金"项目，反映企业出售、转让或到期收回除现金等价物以外的对其他企业的权益工具、债务工具和合营中的权益等投资收到的现金。收回债务工具实现的投资收益、处置子公司及其他营业单位收到的现金净额不包括在本项目内。本项目可以根据"可供出售的金融资产""持有至到期投资""长期股权投资""库存现金""银行存款"等科目的记录分析填列。

（2）"取得投资收益所收到的现金"项目，反映企业除现金等价物以外的对其他企业权益工具、债务工具和合营中的权益投资分回的现金股利和利息，不包括股票股利。本项目可以根据"库存现金""银行存款""投资收益"等科目的记录分析填列。

（3）"处置固定资产、无形资产和其他长期资产所收回的现金净额"项目，反映企业处置、报废固定资产、无形资产和其他长期资产所取得的现金（包括固定资产毁损而收到的保险赔偿款），减去为处置这些资产而支付的有关费用后的净额。如所收回的现金净额为负数，则应在"支付其他与投资活动有关的现金"项目反映。本项目可以根据"固定资产清理""库存现金""银行存款"等科目的记录分析填列。

（4）"处置子公司及其他营业单位收到的现金净额"项目，反映企业处置子公司及其他营业单位所取得的现金减去相关处置费用以及子公司及其他营业单位持有的现金和现金等价物后的净额。本项目可以根据"长期股权投资""银行存款""库存现金"等科目的记录分析填列。

（5）"收到的其他与投资活动有关的现金"项目，反映企业除了上述各项以外，收到的其他与投资活动有关的现金流入。例如，企业收回购买股票和债券时支付的已宣告但尚未领取的现金股利或已到付息期但尚未领取的债券利息。其他现金流入如价值较大的，应单列项目反映。本项目可以根据有关科目的记录分析填列。

（6）"购建固定资产、无形资产和其他长期资产所支付的现金"项目，反映企业购买、建造固定资产、取得无形资产和其他长期资产所支付的现金及增值税款、支付的应由在建工程和无形资产负担的职工薪酬现金支出，不包括为购建固定资产而发生的借款固定利息资本化的部分，以及融资租入固定资产支付的租赁费，借款利息和融资租入固定资产支付的租赁费，在筹资活动产生的现金流量中反映。本项目可以根据"固定资产""在建工程""无形资产""库存现金""银行存款"等科目的记录分析填列。

（7）"投资支付的现金"项目，反映企业取得的除现金等价物以外的对其他企业权益工具、债务工具和合营中的权益所支付的现金以及支付的佣金、手续费等交易费用，但取得子公司及其他营业单位支付的现金净额除外。本项目可以根据"长期股权投资""持有至到期投资""可供出售金融资产""库存现金""银行存款"等科目的记录分析填列。

（8）"取得子公司及其他营业单位支付的现金净额"项目，反映企业购买子公司及其他营业单位购买出价中用现金支付的部分减去子公司或其他营业单位持有的现金和现金等价物后的净额。本项目可以根据"长期股权投资""库存现金""银行存款"等科目的记录分析填列。

（9）"支付的其他与投资活动有关的现金"项目，反映企业除了上述各项以外，支付的其他与投资活动有关的现金流出。其他现金流出如价值较大的，应单列项目反映。本项目可以根据有关科目的记录分析填列。

（三）筹资活动产生的现金流量

（1）"吸收投资所收到的现金"项目，反映企业收到的投资者投入的现金，包括以发行股票、债券等方式筹集资金实际收到款项净额（发行收入减去支付的佣金、手续费、宣传费、咨询费、印刷费等发行费用后的净额）。本项目可以根据"实收资本（或股本）""库存现金""银行存款"等科目的记录分析填列。

（2）"取得借款所收到的现金"项目，反映企业举借各种短期、长期借款所收到的现金。本项目可以根据"短期借款""长期借款""库存现金""银行存款"等科目的记录分析填列。

(3)"收到的其他与筹资活动有关的现金"项目,反映企业除上述各项目外,收到的其他与筹资活动有关的现金流入,如接受现金捐赠等。其他现金流入如金额较大的,应单列项目反映。本项目可以根据有关科目的记录分析填列。

(4)"偿还债务所支付的现金"项目,反映企业以现金偿还债务的本金,包括偿还金融企业的借款本金、偿还债券本金等。企业偿还的借款利息、债券利息,在"分配股利、利润或偿付利息所支付的现金"项目反映,不包括在本项目内。本项目可以根据"短期借款""长期借款""应付债券""库存现金""银行存款"等科目的记录分析填列。

(5)"分配股利、利润或偿付利息所支付的现金"项目,反映企业实际支付的现金股利,支付给其他投资单位的利润以及支付的借款利息、债券利息等。本项目可以根据"应付股利""财务费用""应付利息""库存现金""银行存款"等科目的记录分析填列。

(6)"支付的其他与筹资活动有关的现金"项目,反映企业除了上述各项外,支付的其他与筹资活动有关的现金流出,包括以发行股票、债券等方式筹集资金而由企业直接支付的审计和咨询等费用、为购建固定资产而发生的借款利息资本化部分、融资租入固定资产所支付的租赁费、以分期付款方式购建固定资产以后各期支付的现金等。其他现金流出如金额较大的,应单列项目反映。本项目可以根据"营业外支出""长期应付款""银行存款""库存现金"等有关科目的记录分析填列。

(四)汇率变动对现金及现金等价物的影响

"汇率变动对现金的影响"项目,反映下列项目的差额:

(1)企业外币现金流量折算为记账本位币时,所采用的现金流量发生日的即期汇率或按照系统合理的方法确定的、与现金流量发生日即期汇率近似的汇率折算的金额(编制合并现金流量表时还包括折算境外子公司的现金流量,应当比照处理);

(2)"现金及现金等价物净增加额"中外币现金净增加额按期末汇率折算的金额。

在编制现金流量表时,可逐笔计算外币业务发生的汇率变动对现金的影响,也可不必逐笔而采用简化的计算方法,即通过现金流量表补充资料中"现金及现金等价物净增加额"数额与现金流量表中"经营活动产生的现金流量净额""投资活动产生的现金流量净额""筹资活动产生的现金流量净额"三项之和比较,其差额即为"汇率变动对现金及现金等价物的影响"。

(五)现金流量表附注(补充资料)各项目的内容及填列

除现金流量表反映的信息外,企业还应在附注中披露将净利润调节为经营活动现金流量、不涉及现金收支的重大投资和筹资活动、现金及现金等价物净变动情况等信息。

1."将净利润调节为经营活动的现金流量"各项目的填列方法

(1)"资产减值准备"项目,反映企业本期计提的坏账准备、存货跌价准备、长期股权投资减值准备、持有至到期投资减值准备、投资性房地产减值准备、固定资产减值准备、在建工程减值准备、无形资产减值准备、商誉减值准备、生产性生物资产减值准备、油气资产减值准备等资产减值准备。本项目可以根据"资产减值损失"科目的记录分析填列。

(2)"固定资产折旧""油气资产折耗""生产性生物资产折旧"项目,分别反映企业本期计提的固定资产折旧、油资产折耗、生产性生物资产折旧。本项目可以根据"累计折旧""累计折耗""生产性生物资产累计折旧"科目的贷方发生额分析填列。

(3)"无形资产摊销"和"长期待摊费用摊销"两个项目,分别反映企业本期累计摊入成本费用的无形资产的价值及长期待摊费用。这两个项目可以根据"累计摊销""长期待摊费用"科目的贷方发生额分析填列。

(4)"处置固定资产、无形资产和其他长期资产的损失(减:收益)"项目,反映企业本期由于处置固定资产、无形资产和其他长期资产而发生的净损失(或净收益)。本项目可以根据"营业外收入""营业外支出"等所属有关明细科目的记录分析填列;如为净收益,以"-"号填列。

(5)"固定资产报废损失"项目,反映企业本期固定资产盘亏(减盘盈)后的净损失。本项目可以根据"营业外支出""营业外收入"科目所属有关明细科目中固定资产盘亏损失减去固定资产盘盈收益后的差额填列。

(6)"公允价值变动损失"项目,反映企业持有的金融资产、金融负债以及采用公允价值计量模式的投资性房地产的公允价值变动形成的净损失。如为净收益以"-"号填列。本项目可以根据"公允价值变动损益"科目所属有关明细科目的记录分析填列。

(7)"财务费用"项目,反映企业本期发生的应属于投资活动或筹资活动的财务费用。本项目可以根据"财务费用"科目的本期借方发生额分析填列;如为收益,以"-"号填列。

(8)"投资损失(减收益)"项目,反映企业本期投资所发生的损失减去收益后的净损失。本项目可以根据利润表"投资收益"项目的数字填列;如为投资收益,以"-"号填列。

(9)"递延所得税资产减少"项目,反映企业本期资产负债表"递延所得税资产"项目的期初余额与期末余额的差额。本项目可根据"递延所得税资产"科目发生额分析填列。

（10）"递延所得税负债增加"项目，反映企业资产负债表"递延所得税负债"项目的期初余额与期末余额的差额。本项目可根据"递延所得税负债"科目发生额分析填列。

（11）"存货的减少（减增加）"项目，反映企业本期存货的减少（减增加）。本项目可以根据资产负债表"存货"项目的期初期末余额的差额填列；期末数大于期初数的差额，以"－"号填列。

（12）"经营性应收项目的减少（减增加）"项目，反映企业本期经营性应收项目（包括应收账款、应收票据、预付账款、长期应收款和其他应收款中与经营活动有关的部分及应收的增值税销项税额等）的减少（减增加）。

（13）"经营性应付项目的增加（减减少）"项目，反映企业本期经营性应付项目（包括应付账款、应付票据、应付职工薪酬、应交税费、预收账款、其他应付款中与经营活动有关的部分以及应付的增值税进项税额等）的增加（减减少）。

（14）"其他"项目，反映企业除上述项目以外其他需要调整的项目。

在补充资料中专设"其他"项目是特定地用于表现"非经营活动"，使"经营性项目"受到影响的业务，其金额可以精确得到。"其他"项目包括但不限于下列事项：

①权益结算的股份支付；
②金额较小的盘盈（不作为差错更正而作为本期损益处理）；
③将无法支付的往来款项，确认为营业外收支；
④接受的非货币性捐赠；
⑤本期由"递延收益"转入当期收入的政府补助；
⑥已计提尚未使用的专项储备；
⑦根据诉讼进程计提的预计负债。

现金流量表是财务报表的三个基本报告之一，所表达的是在一固定期间（通常是每月或每季）内，一家机构的现金（包含银行存款）的增减变动情形。

现金流量表的出现，主要是反映资产负债表中各个项目对现金流量的影响，并根据其用途划分为经营、投资及融资三个活动分类。现金流量表可用于分析一家机构在短期内有没有足够现金去应付开销。国际财务报告准则第 7 号公报规范现金流量表的编制。

2. 不涉及现金收支的重大投资和筹资活动

不涉及现金收支的投资和筹资活动，反映企业一定期间内影响资产或负债但不形成该期现金收支的所有重大投资和筹资活动的信息。这些投资和筹资活动是企业的重大理财活动对以后各期的现金流量会产生重大影响，因此，应单列项目在补充

资料中反映。目前,我国企业现金流量表补充资料中列示的不涉及现金收支的重大投资和筹资活动项目主要有以下几项:

(1)"债务转为资本"项目,反映企业本期转为资本的债务金额。

(2)"一年内到期的可转换公司债券"项目,反映企业一年内到期的可转换公司债券的本息。

(3)"融资租入固定资产"项目,反映企业本期融资租入固定资产的最低租赁付款额扣除应分期计入利息费用的未确认融资费用的净额。

3. 现金及现金等价物净变动情况

该项目反映企业一定会计期间现金及现金等价物的期末余额减去期初余额后的净增加额(或净减少额),是对现金流量表中"现金及现金等价物净增加额"项目的外充资料。该项目的金额应与现金流量表中的"现金及现金等价物净增加额"项目的金额核对相符。

四、现金流量表的编制程序

在具体编制现金流量表时,可以采用工作底稿法或 T 型账户法编制,也可以根据有关科目记录分析填列。

(一) 工作底稿法

采用工作底稿法编制现金流量表,就是以工作底稿为手段、以利润表和资产负债表数据为基础对每一项目进行分析并编制调整分录,从而编制出现金流量表。

在直接法下,整个工作底稿纵向分成三段,第一段是资产负债表项目,其中又分为借方项目和贷方项目两部分;第二段是利润表项目;第三段是现金流量表项目。工作底稿横向分为五栏,在资产负债表部分,第一栏是项目栏,填列资产负债表各项目名称;第二栏是期初数,用来填列资产负债表各项目的期初数;第三栏是调整分录的借方;第四栏是调整分录的贷方;第五栏是期末数,用来填列资产负债表各项目的期末数。

在利润表和现金流量表部分,第一栏是项目栏,用来填列利润表和现金流量表项目名称;第二栏空置不填;第三、四栏是调整分录的借方和贷方;第五栏是本期数,利润表部分这一栏数字应和本期利润表数字核对相符,现金流量表部分这一栏的数字可直接用来编制正式的现金流量表。

采用工作底稿法编制现金流量表的程序是:

(1) 将资产负债表的期初数和期末数过入工作底稿的期初数栏和期末数栏。

(2) 对当期业务进行分析并编制调整分录。调整分录大体有这样几类:第一类涉及利润表中的收入、成本和费用项目以及资产负债表中的资产、负债及所有者权益项目，通过调整，将权责发生制下的收入、费用转换为现金基础；第二类是涉及资产负债表和现金流量表中的投资、筹资项目，反映投资和筹资活动的现金流量；第三类是涉及利润表和现金流量表中的投资和筹资项目，目的是将利润表中有关投资和筹资方面的收入和费用列入现金流量表投资、筹资现金流量中去。此外，还有一些调整分录并不涉及现金收支，只是为了核对资产负债表项目的期末期初变动。

在调整分录中，涉及有关现金和现金等价物的事项，并不直接借记或贷记现金，而是分别记入"经营活动产生的现金流量""投资活动产生的现金流量""筹资活动产生的现金流量"有关项目，借记表明现金流入，贷记表明现金流出。

（3）将调整分录过入工作底稿中的相应部分。

（4）核对调整分录，借贷合计应当相等，资产负债表项目期初数加减调整分录中的借贷金额以后，应当等于期末数。

（5）根据工作底稿中的现金流量表项目部分编制正式的现金流量表。

（二）T 型账户法

采用 T 型账户法，就是以 T 型账户为手段，以利润表和资产负债表数据为基础，对每一项目进行分析并编制调整分录，从而编制出现金流量表。采用 T 型账户法编制现金流量表的程序如下：

（1）为所有的非现金项目（包括资产负债表项目和利润表项目）分别开设 T 型账户，并将各自的期末期初变动数过入各该账户。

（2）开设个大的"现金及现金等价物"T 型账户，每边分为经营活动、投资活动和筹资活动三部分，左边记现金流入，右边记现金流出。与其他账户一样，过入期末期初变动数。

（3）以利润表项目为基础，结合资产负债表分析每一个非现金项目的增减变动，并据此编制调整分录。

（4）将调整分录过入各 T 型账户，并进行核对，该账户借贷相抵后的余额与前期过入的期末期初变动数应当一致。

（5）根据大的"现金及现金等价物"T 型账户编制正式的现金流量表。

（三）分析填列法

分析填列法是直接根据资产负债表、利润表和有关会计科目明细账的记录，分析计算出现金流量表各项目的金额，并据以编制现金流量表的一种方法。

五、现金流量表编制实例

【例 11-3】沿用【例 11-1】和【例 11-2】资料,天鑫公司其他相关资料如下:

(一)天鑫公司 2×19 年度利润表有关项目的明细资料

(1)管理费用的组成:职工薪酬 17 000 元,无形资产摊销 50 000 元,摊销印花税 10 000 元,折旧费 25 000 元,支付其他费用 50 000 元。

(2)财务费用的组成:计提借款利息 24 500 元,支付应收票据贴现利息 22 000 元。

(3)销售费用组成:支付产品展览费 10 000 元,支付广告费 10 000 元。

(4)资产减值损失的组成:计提坏账准备 800 元,计提固定资产减值准备 25 000 元。上年年末坏账准备余额为 5 200 元。

(5)投资收益的组成:收到股息收入 30 000 元,与本金一起收回的交易性股票投资收益 600 元,自公允价值变动损益结转投资收益 900 元。

(6)营业外收入的组成:处置固定资产净收益 100 000 元(其所处置固定资产原价为 800 000 元,累计折旧为 300 000 元,收到处置收入 600 000 元)。假定不考虑与固定资产处置有关税费。

(7)营业外支出的组成:报废固定资产净损失 19 700 元(其所报废固定资产原价为 200 000 元,累计折旧 180 000 元,支付清理费用 100 元,收到残值收入 200 元)。

(8)所得税费用的组成:当期所得税费用为 105 325〔(390 300 + 31 000)× 25%〕元,递延所得税收益为 27 750 元。

(二)资产负债表有关项目的明细资料

(1)本期收回交易性股票投资本金 15 000 元,公允价值变动 900 元,同时实现投资收益 600 元。

(2)存货中生产成本、制造费用的组成:职工薪酬 324 900 元,折旧费 80 000 元。

(3)应交税费的组成:本期增值税进项税额 42 200 元,增值税销项税额 212 500 元,已交增值税 100 000 元;应交所得税期末、期初余额为 0。应交税费期末数中应由在建工程担的部分为 100 000 元。

(4)应付职工薪酬的期初数中无应付在建工程人员的部分,本期支付在建工程人员的金额为200 000元，应付职工薪酬的期末数中应付在建工程人员的金额为28 000元。

（5）应付利息均为短期借款利息，其中本期计提11 500元，支付利息12 500元。

（6）本期用现金购买固定资产1 101 000元，购买工程物资150 000元。

（7）本期用现金偿还短期借款150 000元，偿还一年内到期的长期借款1 000 000元；借入长期借款660 000元。

根据以上资料，采用分析填列的方法，编制天鑫公司2×19年的现金流量表。

（三）天鑫公司2×19年度现金流量表各项目金额分析确定情况

（1）销售商品、提供劳务收到的现金＝主营业务收入＋当期增值税销项税额＋（应收账款期初余额－应收账款期末余额）＋（应收票据期初余额－应收票据期末余额）－当期计提的坏账准备－应收票据贴现利息＝1 250 000＋212 500＋（299 100－598 200）＋（226 000－66 000）－800－22 000＝1 300 600（元）。

（2）购买商品、接受劳务支付的现金＝主营业务成本＋当期增值税进项税额＋（存货期初余额－存货期末余额）＋（应付账款期初余额－应付账款期末余额）＋（应付票据期初余额－应付票据期末余额）＋（预付账款期末余额－预付账款期初余额）－当期列入生产成本、制造费用的工资及福利费－当期列入生产成本、制造费用的折旧费＝700 000＋42 200＋（2 580 000－2 484 700）＋（953 000－953 800）＋（210 000－100 000）＋（100 000－120 000）－324 900－80 000＝521 800（元）。

（3）支付给职工以及为职工支付的现金＝生产成本、制造费用、管理费用中职工薪酬＋（应付职工薪酬期初余额－应付职工薪酬期末余额）－［应付职工薪酬（在建工程）期初余额－应付职工薪酬（在建工程）期末余额］＝324 900＋17 000＋（110 800－186 316）－（0－28 000）＝294 384（元）。

（4）支付的各项税费＝当期所得税＋税金及附加＋当期已交增值税金－（应交所得税期末余额－应交所得税期初余额）＝105 325＋22 000＋100 000－（0－0）＝227 325（元）。

（5）支付的其他与经营活动有关的现金＝其他管理费用＋销售费用＝70 000（元）。

（6）收回投资所收到的现金＝交易性金融资产贷方发生额＋与交易性金融资产一起收回的投资收益＝15 000＋1 500＝16 500（元）。

（7）取得投资收益所收到的现金＝收到的股息收入＝30 000（元）。

（8）处置固定资产收回的现金净额＝600 000＋（200－100）＝600 100（元）。

（9）购建固定资产所支付的现金＝用现金购买的固定资产、工程物资＋支付给在建工程人员的职工薪酬 = 1 101 000 + 150 000 + 200 000 = 1 451 000（元）。

(10) 取得借款所收到的现金 = 660 000（元）。

(11) 偿还债务所支付的现金 = 150 000 + 1 000 000 = 1 150 000（元）。

(12) 偿还利息所支付的现金 = 12 500（元）。

（四）天鑫公司将净利润调节为经营活动现金流量各项目计算分析

(1) 资产减值准备 = 800 + 25 000 = 25 800（元）。

(2) 固定资产折旧 = 25 000 + 80 000 = 105 000（元）。

(3) 无形资产摊销 = 50 000（元）。

(4) 处置固定资产、无形资产和其他长期资产的损失（减：收益）= -100 000（元）。

(5) 固定资产报废损失 = 19 700（元）。

(6) 财务费用 = 24 500（元）。

(7) 投资损失（减：收益）= -31 500（元）。

(8) 递延所得税资产减少 = 0 - 27 750 = -27 750（元）。

(9) 存货减少 = 2 580 000 - 2 484 700 = 95 300（元）。

(10) 经营性应收项目的减少 =（226 000 - 66 000）+（299 100 + 800 - 598 200 - 5 200）= -143 500（元）。

(11) 经营性应付项目的增加 =（100 000 - 210 000）+（120 000 - 100 000）+（953 800 - 953 000）+［(186 316 - 28 000) - 110 800］+［(206 600 - 100 000) - 36 300］= 28 616（元）。

（五）根据以上资料，编制现金流量表如表 11 - 6 所示，补充资料如表 11 - 7 所示

表 11 - 6　　　　　　　　　　　现金流量表

会企 03 表

编制单位：天鑫公司　　　　　　2×19 年　　　　　　　　　　　　单位：元

项　目	本期金额	上期金额
一、经营活动产生的现金流量：		（略）
销售商品、提供劳务收到的现金	1 300 600	
收到的税费返还	0	
收到的其他与经营活动有关的现金	0	
经营活动现金流入小计	1 300 600	
购买商品、接受劳务支付的现金	521 800	
支付给职工以及为职工支付的现金	294 384	
支付的各项税费	227 325	

续表

项　　目	本期金额	上期金额
支付的其他与经营活动有关的现金	70 000	
经营活动现金流出小计	1 113 509	
经营活动产生的现金流量净额	187 091	
二、投资活动产生的现金流量：		
收回投资所收到的现金	16 500	
取得投资收益收到的现金	30 000	
处置固定资产、无形资产和其他长期资产所收回的现金净额	600 100	
处置子公司及其他营业单位产生的现金净额	0	
收到的其他与投资活动有关的现金	0	
投资活动现金流入小计	646 600	
购建固定资产、无形资产和其他长期资产支付的现金	1 451 000	
投资所支付的现金	0	
取得子公司及其他营业单位支付的现金净额	0	
支付的其他与投资活动有关的现金	0	
投资活动现金流出小计	1 451 000	
投资活动产生的现金流量净额	-804 400	
三、筹资活动产生的现金流量：	0	
吸收投资所收到的现金	0	
取得借款所收到的现金	660 000	
收到的其他与筹资活动有关的现金	0	
筹资活动现金流入小计	660 000	
偿还债务所支付的现金	1 150 000	
分配股利、利润和偿付利息所支付的现金	12 500	
支付的其他与筹资活动有关的现金	0	
筹资活动现金流出小计	1 162 500	
筹资活动产生的现金流量净额	-502 500	
四、汇率变动对现金的影响	0	
五、现金及现金等价物净增加额	-586 041	
加：期初现金及现金等价物余额	1 406 300	
六、期末现金及现金等价物余额	820 259	

表 11-7　　　　　　　　　　　　现金流量表补充资料

会企03表

编制单位：天鑫公司　　　　　　　　2×19年　　　　　　　　　　单位：元

项　　目	本期金额	上期金额
1. 将净利润调节为经营活动现金流量：		
净利润	312 725	
加：资产减值准备	31 000	
固定资产折旧、油气资产折耗、生产性生物资产折旧	105 000	

续表

项 目	本期金额	上期金额
无形资产摊销	50 000	
长期待摊费用摊销	0	
处置固定资产、无形资产和其他长期资产的损失（收益以"－"号填列）	－100 000	
固定资产报废损失（收益以"－"号填列）	19 700	
公允价值变动损失（收益以"－"号填列）	0	
财务费用（收益以"－"号填列）	24 500	
投资损失（收益以"－"号填列）	－31 500	
递延所得税资产减少（增加以"－"号填列）	－27 750	
递延所得税负债增加（减少以"－"号填列）	0	
存货的减少（增加以"－"号填列）	95 300	
经营性应收项目的减少（增加以"－"号填列）	－143 500	
经营性应付项目的增加（减少以"－"号填列）	28 616	
其他	10 000	
经营活动产生的现金流量净额	374 091	
2. 不涉及现金收支的重大投资和筹资活动：		
债务转为资本	0	
一年内到期的可转换公司债券	0	
融资租入固定资产	0	
3. 现金及现金等价物净变动情况：		
现金的期末余额	809 300	
减：现金的期初余额	1 406 000	
加：现金等价物的期末余额	0	
减：现金等价物的期初余额	0	
现金及现金等价物净增加额	－596 700	

第五节　所有者权益变动表

一、所有者权益变动表的编制要求

所有者权益变动表，应当反映构成所有者权益的各组成部分当期的增减变动情况。本表在一定程度上体现企业综合收益的特点，除列示直接计入所有者权益的利得和损失外,同时包含最终属于所有者权益变动的净利润,从而构成企业的综合收益。其格式见表11-8。所有者权益变动表至少应当单独列示反映下列信息的项目:

（1）净利润。

（2）直接计入所有者权益的利得和损失项目及其总额。

直接计入所有者权益的利得和损失,是指不应计入当期损益、会导致所有者权益发生增减变动的、与所有者投入资本或者向所有者分配利润无关的利得或者损失。

（3）会计政策变更和差错更正的累积影响金额。

（4）所有者投入资本和向所有者分配利润等。

（5）按照规定提取的盈余公积。

（6）实收资本（或股本）、资本公积、盈余公积、未分配利润的期初和期末余额及其调节情况。

在本表中,直接计入当期损益的利得和损失应包含在净利润中;直接计入所有者权益的利得和损失,主要包括:可供出售金融资产公允价值变动净额、权益法下被投资单位其他所有者权益变动的影响、与计入所有者权益项目相关的所得税影响等,单列项目反映。当期损益、直接计入所有者权益的利得和损失以及与所有者（或股东,下同）的资本交易导致的所有者权益的变动,应当分别列示。

涉税提示

所有者权益变动表,全面揭示了企业净资产变动的各项具体影响因素及其影响金额。表中一些项目,如会计政策变更、前期差错更正等对企业净资产的影响,对做好企业所得税核算与管理有一定帮助。

二、所有者权益变动表的编制

本表分为本年金额和上年金额两栏。本表各项目应根据当期净利润、直接计入所有者权益的利得和损失、所有者投入资本和提取盈余公积、向所有者分配利润等情况分析填列。

三、所有者权益变动表编制实例

【例11-4】沿用【例11-1】、【例11-2】和【例11-3】资料,天鑫公司其他相关资料为:提取盈余公积24 022.5元,向投资者分配现金股利48 045元。

根据上述资料,天鑫公司编制2×19年的所有者权益变动表,如表11-8所示。

表11-8 天鑫公司

编制单位：天鑫公司　　2019年4月　　会企04表　单位：元

项目	本年金额									
	实收资本（股本）	其他权益性工具			资本公积	减：库存股	其他综合收益	盈余公积	未分配利润	所有者权益合计
		优先股	永续债	其他						
一、上年年末余额	5 000 000	0	0	0	0	0		100 000	40 000	5 140 000
加：会计政策变更										
前期差错更正										
其他										
二、本年年初余额	5 000 000	0	0	0	0	0		100 000	40 000	5 140 000
三、本年增减变动金额（减少以"-"号填列）									312 725	312 725
（一）综合收益总额										
（二）所有者投入和减少资本										
1. 所有者投入的普通股										
2. 其他权益工具持有者投入资本										
3. 股份支付计入所有者权益的金额										
4. 其他										
（三）利润分配										
1. 提取盈余公积									23 272.5	−23 272.5	0
2. 对所有者（或股东）的分配										−118 045	−118 045
3. 其他										
（四）所有者权益内部结转										
1. 资本公积转增资本（或股本）										
2. 盈余公积转增资本（或股本）										
3. 盈余公积弥补亏损										
4. 设定受益计划变动额结转留存收益										
5. 其他										
四、本年年末余额	5 000 000	0	0	0	0	0		123 272.5	211 407.5	5 334 680

注：财会〔2018〕15号财政部关于修订印发2018年度一般企业财务报表通知。

第六节 附注

附注是对在资产负债表、利润表、所有者权益变动表和现金流量表等报表中列示项目的文字描述或明细资料，以及对未能在这些报表中列示项目的说明等。附注是财务报表不可或缺的组成部分，报表使用者了解企业财务状况、经营成果和现金流量，应当全面阅读附注。附注不能代替确认和计量。相对于报表而言，附注具注有同样的重要性。

附注应当按照一定的结构进行系统合理的排列和分类，有顺序地披露信息。相关信息应当与资产负债表、利润表、现金流量表和所有者权益变动表等报表信息中列示的项目相互参照。

企业应当按照《企业会计准则第1号——存货》等42项具体会计准则要求在附注中至少披露下列内容，但是，非重要项目和企业不具有的项目除外。企业金融工具业务具有重要性的，应当比照商业银行附注中相关规定进行披露。

一、企业的基本情况

（1）企业注册地、组织形式和总部地址。
（2）企业的业务性质和主要经营活动。
（3）母公司以及集团最终母公司的名称。
（4）财务报告的批准报出者和财务报告批准报出日，或者以签字人及其签字日期为准。
（5）营业期限有限的企业，还应当披露有关其营业期限的信息。

二、财务报表的编制基础

说明企业的持续经营情况。

三、遵循企业会计准则的声明

企业应当明确说明编制的财务报表符合企业会计准则体系的要求，真实、公允地反映了企业的财务状况、经营成果和现金流量。

四、重要会计政策和会计估计

重要会计政策的说明,包括财务报表项目的计量基础和在运用会计政策过程中所做的重要判断等。重要会计估计的说明,包括可能导致下一个会计期间内资产、负债账面价值重大调整的会计估计的确定依据等。企业应当披露采用的重要会计政策和会计估计,并结合企业的具体实际披露其重要会计政策的确定依据和财务报表项目的计量基础,及其会计估计所采用的关键假设和不确定因素。

企业至少应当披露的重要会计政策包括存货、长期股权投资、投资性房地产、固定资产、生物资产、无形资产、非货币性资产交换、资产减值、职工薪酬、企业年金基金、股份支付、债务重组、或有事项、收入、建造合同、政府补助、借款费用、所得税、外币折算、企业合并、租赁、金融工具确认与计量、金融资产转移、套期保值、石油天然气开采、合并财务报表、每股收益、分部报告、金融工具列报、公允价值等。企业主要应当披露的重要会计政策主要内容如下:

(一)存货

(1)各类存货的期初和期末账面价值。

(2)确定发出存货成本所采用的方法。

(3)存货可变现净值的确定依据,存货跌价准备的计提方法,当期计提的存货跌价准备的金额,当期转回的存货跌价准备的金额,以及计提和转回的有关情况。

(4)用于担保的存货账面价值。

(二)投资性房地产

(1)投资性房地产的种类、金额和计量模式。

(2)采用成本模式的,投资性房地产的折旧或摊销,以及减值准备的计提情况。

(3)采用公允价值模式的,公允价值的确定依据和方法,以及公允价值变动对损益的影响。

(4)房地产转换情况、理由,以及对损益或所有者权益的影响。

(5)当期处置的投资性房地产及其对损益的影响。

(三)固定资产

(1)固定资产的确认条件、分类、计量基础和折旧方法。

(2)各类固定资产的使用寿命、预计净残值和折旧率。

（3）各类固定资产的期初和期末原价、累计折旧额及固定资产减值准备累计金额。

（4）当期确认的折旧费用。

（5）对固定资产所有权的限制及其金额和用于担保的固定资产账面价值。

（6）准备处置的固定资产名称、账面价值、公允价值、预计处置费用和预计处置时间等。

（四）生物资产

（1）生物资产的类别以及各类生物资产的实物数量和账面价值。

（2）各类消耗性生物资产的跌价准备累计金额，以及各类生产性生物资产的使用寿命、预计净残值、折旧方法、累计折旧和减值准备累计金额。

（3）天然起源生物资产的类别、取得方式和实物数量。

（4）用于担保的生物资产的账面价值。

（5）与生物资产相关的风险情况与管理措施。

（五）无形资产

（1）无形资产的期初和期末账面余额、累计摊销额及减值准备累计金额。

（2）使用寿命有限的无形资产，其使用寿命的估计情况；使用寿命不确定的无形资产，其使用寿命不确定的判断依据。

（3）无形资产的摊销方法。

（4）用于担保的无形资产账面价值、当期摊销额等情况。

（5）计入当期损益和确认为无形资产的研究开发支出金额。

（六）资产减值

（1）当期确认的各项资产减值损失金额。

（2）计提的各项资产减值准备累计金额。

（3）提供分部报告信息的，应当披露每个报告分部当期确认的减值损失金额。

（七）股份支付

（1）当期授予、行权和失效的各项权益工具总额。

（2）期末发行在外的股份期权或其他权益工具行权价格的范围和合同剩余期限。

（3）当期行权的股份期权或其他权益工具以其行权日价格计算的加权平均价格。

（4）权益工具公允价值的确定方法。

企业对性质相似的股份支付信息可以合并披露。

（八）债务重组

（1）债务人债务重组方式、确认的债务重组利得总额，将债务转为资本所导致的股本（或者实收资本）增加额，或有应付金额，债务重组中转让的非现金资产的公允价值、由债务转成的股份的公允价值和修改其他债务条件后债务的公允价值的确定方法及依据。

（2）债权人债务重组方式、确认的债务重组损失总额，债权转为股份所导致的投资增加额及该投资占债务人股份总额的比例，或有应收金额，债务重组中受让的非现金资产的公允价值、由债权转成的股份的公允价值和修改其他债务条件后债权的公允价值的确定方法及依据。

（九）收入

（1）收入确认所采用的会计政策，包括确定提供劳务交易完工进度的方法。

（2）本期确认的销售商品收入、提供劳务收入、利息收入和使用费收入的金额。

（十）建造合同

（1）各项合同总金额，以及确定合同完工进度的方法。

（2）各项合同累计已发生成本、累计已确认毛利（或亏损）。

（3）各项合同已办理结算的价款金额。

（4）当期预计损失的原因和金额。

（十一）所得税

（1）所得税费用（收益）的主要组成部分。

（2）所得税费用（收益）与会计利润关系的说明。

（3）未确认递延所得税资产的可抵扣暂时性差异、可抵扣亏损的金额（如果存在到期日，还应披露到期日）。

（4）对每一类暂时性差异和可抵扣亏损，在列报期间确认的递延所得税资产或递延所得税负债的金额，确认递延所得税资产的依据。

（5）未确认递延所得税负债的，与对子公司、联营企业及合营企业投资相关的暂时性差异金额。

（十二）外币折算

（1）企业及其境外经营选定的记账本位币及选定的原因，记账本位币发生变更的，说明变更理由。

（2）采用近似汇率的，近似汇率的确定方法。

（3）计入当期损益的汇兑差额。

（4）处置境外经营对外币财务报表折算差额的影响。

（十三）金融工具

（1）对于指定为以公允价值计量且其变动计入当期损益的金融资产或金融负债，应当披露下列信息：

①指定的金融资产或金融负债的性质。

②初始确认时对上述金融资产或金融负债做出指定的标准。

③如何满足运用指定的标准。对于以消除或显著减少会计错配为目的的指定，企业应当披露该指定所针对的确认或计量不一致的描述性说明。对于以更好地反映组合的管理实质为目的的指定，企业应当披露该指定符合企业正式书面文件载明的风险管理或投资策略的描述性说明。对于整体指定为以公允价值计量且其变动计入当期损益的混合工具，企业应当披露运用指定标准的描述性说明。

（2）指定金融资产为可供出售金融资产的标准。

（3）金融资产常规购买和出售的会计政策。

（4）核销减值准备并减记金融资产账面价值的原则。

（5）如何确定每类金融工具的利得或损失。

（6）存在客观证据表明金融资产已发生减值的适用标准。

（7）为避免金融资产逾期或减值而重新议定条款的金融资产所适用的会计政策。

（十四）租赁

1. 承租人

（1）承租人应当在附注中披露与租赁有关的下列信息：

①各类使用权资产的期初余额、本期增加额、期末余额以及累计折旧额和减值金额。

②租赁负债的利息费用。

③计入当期损益的按《企业会计准则第1号——存货》第三十二条简化处理的短期租赁费用和低价值资产租赁费用。

④未纳入租赁负债计量的可变租赁付款额。

⑤转租使用权资产取得的收入。

⑥与租赁相关的总现金流出。

⑦售后租回交易产生的相关损益。

⑧其他按照《企业会计准则第 37 号——金融工具列报》应当披露的有关租赁负债的信息。

承租人应用《企业会计准则第 1 号——存货》第三十二条对短期租赁和低价值资产租赁进行简化处理的,应当披露这一事实。

(2) 承租人应当根据理解财务报表的需要,披露有关租赁活动的其他定性和定量信息。此类信息包括:

①租赁活动的性质,如对租赁活动基本情况的描述。

②未纳入租赁负债计量的未来潜在现金流出。

③租赁导致的限制或承诺。

④售后租回交易除第五十四条第(七)项之外的其他信息。

⑤其他相关信息。

2. 出租人

(1) 出租人应当在附注中披露与融资租赁有关的下列信息:

①销售损益、租赁投资净额的融资收益以及与未纳入租赁投资净额的可变租赁付款额相关的收入。

②资产负债表日后连续五个会计年度每年将收到的未折现租赁收款额,以及剩余年度将收到的未折现租赁收款额总额。

③未折现租赁收款额与租赁投资净额的调节表。

(2) 出租人应当在附注中披露与经营租赁有关的下列信息:

①租赁收入,并单独披露与未计入租赁收款额的可变租赁付款额相关的收入。

②将经营租赁固定资产与出租人持有自用的固定资产分开,并按经营租赁固定资产的类别提供《企业会计准则第 4 号——固定资产》要求披露的信息。

③资产负债表日后连续五个会计年度每年将收到的未折现租赁收款额,以及剩余年度将收到的未折现租赁收款额总额。

(3) 出租人应当根据理解财务报表的需要,披露有关租赁活动的其他定性和定量信息。此类信息包括:

①租赁活动的性质,如对租赁活动基本情况的描述。

②对其在租赁资产中保留的权利进行风险管理的情况。

③其他相关信息。

(十五) 石油天然气开采

(1) 拥有国内和国外的油气储量年初、年末数据。

(2) 当期在国内和国外发生的矿区权益的取得、油气勘探和油气开发各项支出的总额。

(3) 探明矿区权益、井及相关设施的账面原值，累计折耗和减值准备累计金额及其计提方法；与油气开采活动相关的辅助设备及设施的账面原价，累计折旧和减值准备累计金额及其计提方法。

(十六) 企业合并

(1) 企业合并发生当期的期末，合并方应当在附注中披露与同一控制下企业合并有关的下列信息：

①参与合并企业的基本情况。

②属于同一控制下企业合并的判断依据。

③合并日的确定依据。

④以支付现金、转让非现金资产以及承担债务作为合并对价的，所支付对价在合并日的账面价值；以发行权益性证券作为合并对价的，合并中发行权益性证券的数量及定价原则，以及参与合并各方交换有表决权股份的比例。

⑤被合并方的资产、负债在上一会计期间资产负债表日及合并日的账面价值；被合并方自合并当期期初至合并日的收入、净利润、现金流量等情况。

⑥合并合同或协议约定将承担被合并方或有负债的情况。

⑦被合并方采用的会计政策与合并方不一致所作调整情况的说明。

⑧合并后已处置或准备处置被合并方资产、负债的账面价值、处置价格等。

(2) 企业合并发生当期的期末，购买方应当在附注中披露与非同一控制下企业合并有关的下列信息：

①参与合并企业的基本情况。

②购买日的确定依据。

③合并成本的构成及其账面价值、公允价值及公允价值的确定方法。

④被购买方各项可辨认资产、负债在上一会计期间资产负债表日及购买日的账面价值和公允价值。

⑤合并合同或协议约定将承担被购买方或有负债的情况。

⑥被购买方自购买日起至报告期期末的收入、净利润和现金流量等情况。

⑦商誉的金额及其确定方法。

⑧因合并成本小于合并中取得的被购买方可辨认净资产公允价值的份额计入当期损益的金额。

⑨合并后已处置或准备处置被购买方资产、负债的账面价值、处置价格等。

(十七) 其他

五、会计政策和会计估计变更以及差错更正的说明

企业应当按照《企业会计准则第 28 号——会计政策、会计估计变更和差错更正》及其应用指南的规定进行披露。主要内容有：

第一，企业应当在附注中披露与会计政策变更有关的下列信息：
(1) 会计政策变更的性质、内容和原因。
(2) 当期和各个列报前期财务报表中受影响的项目名称和调整金额。
(3) 无法进行追溯调整的，说明该事实和原因以及开始应用变更后的会计政策的时点、具体应用情况。

第二，企业应当在附注中披露与会计估计变更有关的下列信息：
(1) 会计估计变更的内容和原因。
(2) 会计估计变更对当期和未来期间的影响数。
(3) 会计估计变更的影响数不能确定的，披露这一事实和原因。

第三，企业应当在附注中披露与前期差错更正有关的下列信息：
(1) 前期差错的性质。
(2) 各个列报前期财务报表中受影响的项目名称和更正金额。
(3) 无法进行追溯重述的，说明该事实和原因以及对前期差错开始进行更正的时点、具体更正情况。

六、重要报表项目的说明

企业应当按照资产负债表、利润表、现金流量表、所有者权益变动表及其项目列示的顺序，对报表重要项目的说明采用文字和数字描述相结合的方式进行披露。报表重要项目的明细金额合计，应当与报表项目金额相衔接。企业应当在附注中披露费用按照性质分类的利润表补充资料，可将费用分为耗用的原材料、职工薪酬费用、折旧费用、摊销费用等。详细的披露格式和内容，参见《企业会计准则第 30 号——财务报表列报》应用指南。

七、或有事项的说明

(1) 预计负债。

①预计负债的种类、形成原因以及经济利益流出不确定性的说明。

②各类预计负债的期初、期末余额和本期变动情况。

③与预计负债有关的预期补偿金额和本期已确认的预期补偿金额。

(2) 或有负债（不包括极小可能导致经济利益流出企业的或有负债）。

①或有负债的种类及其形成原因，包括已贴现商业承兑汇票、未决诉讼、未决仲裁、对外提供担保等形成的或有负债。

②经济利益流出不确定性的说明。

③或有负债预计产生的财务影响，以及获得补偿的可能性；无法预计的，应当说明原因。

(3) 企业通常不应当披露或有资产。但或有资产很可能会给企业带来经济利益的，应当披露其形成的原因、预计产生的财务影响等。

(4) 在涉及未决诉讼、未决仲裁的情况下，按《企业会计准则第1号——存货》第十四条披露全部或部分信息预期对企业造成重大不利影响的，企业无须披露这些信息，但应当披露该未决诉讼、未决仲裁的性质，以及没有披露这些信息的事实和原因。

八、资产负债表日后事项的说明

(1) 财务报告的批准报出者和财务报告批准报出日。按照有关法律、行政法规等规定，企业所有者或其他方面有权对报出的财务报告进行修改的，应当披露这一情况。

(2) 每项重要的资产负债表日后非调整事项的性质、内容，及其对财务状况和经营成果的影响。无法做出估计的，应当说明原因。

九、关联方关系及其交易的说明

(1) 企业无论是否发生关联方交易，均应当在附注中披露与母公司和子公司有关的下列信息：

①母公司和子公司的名称，母公司不是该企业最终控制方的，还应当披露最终控制方名称，母公司和最终控制方均不对外提供财务报表的，还应当披露母公司之上与其最相近的对外提供财务报表的母公司名称。

②母公司和子公司的业务性质、注册地、注册资本（或实收资本、股本）及其变化。

③母公司对该企业或者该企业对子公司的持股比例和表决权比例。

(2) 企业与关联方发生关联方交易的，应当在附注中披露该关联方关系的性质、交易类型及交易要素。交易要素至少应当包括：

①交易的金额。

②未结算项目的金额、条款和条件，以及有关提供或取得担保的信息。

③未结算应收项目的坏账准备金额。

④定价政策。

（3）关联方交易应当分别关联方以及交易类型予以披露。

类型相似的关联方交易，在不影响财务报表阅读者正确理解关联方交易对财务报表影响的情况下，可以合并披露。

（4）企业只有在提供确凿证据的情况下，才能披露关联方交易是公平交易。

十、其他综合收益

（1）其他综合收益各项目及其所得税影响。

（2）其他综合收益各项目原计入其他综合收益、当期转出计入当期损益的金额。

（3）其他综合收益各项目的期初和期末余额及其调节情况。

十一、终止经营

企业应当在附注中披露终止经营的收入、费用、利润总额、所得税费用和净利润，以及归属于母公司所有者的终止经营利润。

终止经营，是指满足下列条件之一的已被企业处置或被企业划归为持有待售的、在经营和编制财务报表时能够单独区分的组成部分：

（1）该组成部分代表一项独立的主要业务或一个主要经营地区。

（2）该组成部分是拟对一项独立的主要业务或一个主要经营地区进行处置计划的一部分。

（3）该组成部分是仅仅为了再出售而取得的子公司。同时满足下列条件的企业组成部分（或非流动资产，下同）应当确认为持有待售：该组成部分必须在其当前状况下仅根据出售此类组成部分的惯常条款即可立即出售；企业已经就处置该组成部分做出决议，如按规定需得到股东批准的，应当已经取得股东大会或相应权力机构的批准；企业已经与受让方签订了不可撤销的转让协议；该项转让将在一年内完成。

十二、股利总额和每股股利金额

企业应当在附注中披露在资产负债表日后、财务报告批准报出日前提议或宣布发放的股利总额和每股股利金额（或向投资者分配的利润总额）。

涉税提示

财务报表项目是企业生产经营活动的高度浓缩，附注是报表项目的诠释，对税收管理员、税务稽查人员深入了解企业详细情况很有帮助。

第七节 纳税申报表

本节主要介绍增值税纳税申报表和企业所得税纳税申报表。

一、增值税纳税申报表

增值税纳税申报表，是增值税纳税人向税务机关申报缴纳增值税的书面报告。修订后的《中华人民共和国增值税暂行条例》规定，从2009年1月1日起，增值税的纳税期限分别为1日、3日、5日、10日、15日、1个月或者1个季度。纳税人的具体纳税期限，由主管税务机关根据纳税人应纳税额的大小分别核定；不能按照固定期限纳税的，可以按次纳税。

纳税人以1个月或者1个季度为1个纳税期的，自期满之日起15日内申报纳税；以1日、3日、5日、10日或者15日为1个纳税期的，自期满之日起5日内预缴税款，于次月1日起15日内申报纳税并结清上月应纳税款。增值税一般纳税人和小规模纳税人分别适用不同的增值税纳税申报表。这里只列示增值税一般纳税人适用的报表格式。增值税纳税申报表（适用于增值税一般纳税人）包括一张增值税纳税申报表主表和五张附表和一张减免明细表，其格式如表11-9至表11-15所示。

（一）增值税纳税申报表主表

1. 增值税纳税申报表主表的格式

增值税纳税申报表主表，主要反映纳税人销售额、税款计算和缴纳情况，其格式如表11-9所示。

【例11-5】根据【例11-1】、【例11-2】、【例11-3】和【例11-4】资料，填制天鑫公司2×19年12月的增值税纳税申报表"本年累计"如表11-9所示。（说明：增值税纳税申报表本应按月填制，但是由于所给资料没有本月情况，故本月数省略。）

表 11 - 9   增值税纳税申报表（适用于一般纳税人）

根据《中华人民共和国增值税暂行条例》第二十二条及第二十三条的规定制定本表。纳税人不论有无销售额，均应按主管税务机关核定的纳税期限填报本表，并于次月 1 日至 15 日内，向当地税务机关申报。

税款所属时间：自 2×19 年 12 月 1 日至 2×19 年 12 月 31 日   填表日期：2×20 年 1 月 11 日

金额单位：元（列至角分）

纳税人识别号			所属行业：		
纳税人名称	天鑫公司（公章）	法定代表人姓名 ×××	注册地址 ×××	生产经营地址	×××
开户银行及账号	×××	登记注册类型 ×××		电话号码	×××

	项目	栏次	一般项目		即征即退项目	
			本月数	本年累计	本月数	本年累计
销 售 额	（一）按适用税率计税销售额	1	……	1 250 000		
	其中：应税货物销售额	2		1 250 000		
	应税劳务销售额	3				
	纳税检查调整的销售额	4				
	（二）按简易办法计税销售额	5				
	其中：纳税检查调整的销售额	6				
	（三）免、抵、退办法出口销售额	7			—	—
	（四）免税销售额	8				
	其中：免税货物销售额	9				
	免税劳务销售额	10				
税 款 计 算	销项税额	11	……	212 500		
	进项税额	12	……	42 200		
	上期留抵税额	13		—		
	进项税额转出	14				
	免、抵、退应退税额	15		—		
	按适用税率计算的纳税检查应补缴税额	16		—		
	应抵扣税额合计	17 = 12 + 13 - 14 - 15 + 16		—		
	实际抵扣税额	18（如 17 < 11，则为 17，否则为 11）	……	42 200		
	应纳税额	19 = 11 - 18	……	170 300		
	期末留抵税额	20 = 17 - 18		—		—
	简易计税办法计算的应纳税额	21				
	按简易计税办法计算的纳税检查应补缴税额	22		—		—
	应纳税额减征额	23				
	应纳税额合计	24 = 19 + 21 - 23		170 300		

续表

项目		栏次	一般项目		即征即退项目	
			本月数	本年累计	本月数	本年累计
税款缴纳	期初未缴税额（多缴为负数）	25				
	实收出口开具专用缴款书退税额	26		—		—
	本期已缴税额	27 = 28 + 29 + 30 + 31	……	100 000		
	①分次预缴税额	28		—		—
	②出口开具专用缴款书预缴税额	29		—		—
	③本期缴纳上期应纳税额	30		100 000		
	④本期缴纳欠缴税额	31				
	期末未缴税额（多缴为负数）	32 = 24 + 25 + 26 − 27	……	70 300		
	其中：欠缴税额（≥0）	33 = 25 + 26 − 27				
	本期应补（退）税额	34 = 24 − 28 − 29				
	即征即退实际退税额	35	—	—		
	期初未缴查补税额	36			—	
	本期入库查补税额	37				
	期末未缴查补税额	38 = 16 + 22 + 36 − 37			—	—
授权声明	如果你已委托代理人申报，请填写下列资料： 为代理一切税务事宜，现授权 （地址） 为本纳税人的代理申报人，任何与本申报表有关的往来文件，都可寄予此人。 授权人签字：		申报人声明	本纳税申报表是根据国家税收法律法规及相关规定填报的，我确定它是真实的、可靠的、完整的。 声明人签字：		

主管税务机关：　　　　　　接收人：　　　　　　接收日期：

2. 增值税纳税申报表主表与会计报表的对应关系

①增值税纳税申报表主表与财务报表的对应关系主要表现为增值税纳税申报表主表中"销售额"与会计报表的对应关系。

②增值税纳税申报表主表中销售额的口径指销售增值税应税货物及提供增值税应税劳务的所有销售额，包括出口销售额及免税销售额。

对于单纯的增值税纳税人来说，"按适用税率征税货物及劳务销售额" + "按简易征收办法征税货物销售额" + "免、抵、退办法出口货物销售额" + "免税货物及劳务销售额" ≥ 利润表中"营业收入"，是因为增值税纳税申报表主表中的"销售额"包括在财务上不作销售但按税法规定应缴纳增值税的视同销售货物和价外费用销售额，以及税务、财政、审计部门检查调整的销售额。

如果企业进行年度纳税申报，还可以结合企业所得税年度纳税申报表附表一的相关数据进行更进步的对比分析。

(二) 增值税纳税申报表附表

1. 增值税纳税申报表附列资料（表一）

增值税纳税申报表附列资料（表一），主要对企业本期的销售额及销项税额进行详细说明，其格式如表 11-10 所示：

表 11-10　　　　　　增值税纳税申报表附列资料（表一）

（本期销售情况明细）

税款所属时间：　年　月　日

纳税人名称：　　（公章）　　填表日期：　年　月　日　　金额单位：元（列至角分）

项目及栏次			一、一般计税方法计税						
			全部征税项目					其中：即征即退项目	
			13%税率的货物及加工修理修配劳务	13%税率的服务、不动产和无形资产	9%税率的货物及加工修理修配劳务	9%税率的服务、不动产和无形资产	6%税率	即征即退货物及加工修理修配劳务	即征即退服务、不动产和无形资产
			1	2	3	4	5	6	7
开具增值税专用发票	销售额	1							
	销项税额	2							
开具其他发票	销售额	3							—	—
	销项税额	4							—	—
未开具发票	销售额	5							—	—
	销项税额	6							—	—
纳税检查调整	销售额	7							—	—
	销项税额	8							—	—
合计	销售额	9=1+3+5+7								
	销项税额	10=2+4+6+8								
	价税合计	11=9+10	—		—			—		
服务、不动产和无形资产扣除项目本期实际扣除金额		12								
扣除后	含税（免税）销售额	13=11-12	—							
	销项税额	14=13÷(100%+税率或征收率)×税率或征收率	—							

续表

二、简易计税方法计税											
项目及栏次			全部征税项目								其中：即征即退项目
			6%征收率	5%征收率的货物及加工修理修配劳务	5%征收率的服务、不动产和无形资	4%征收率	3%征收率的货物及加工修理修配劳务	3%征收率的服务、不动产和无形资产	预征率%	预征率%	即征即退货物及加工修理修配劳务	即征即退服务、不动产和无形资产
			8	9a	9b	10	11	12	13a	13b	14	15
开具增值税专用发票	销售额	1									—	—
	销项税额	2									—	—
开具其他发票	销售额	3										
	销项税额	4										
未开具发票	销售额	5										
	销项税额	6										
纳税检查调整	销售额	7	—	—	—	—	—	—				
	销项税额	8	—	—	—	—	—	—				
合计	销售额	9=1+3+5+7										
	销项税额	10=2+4+6+8										
	价税合计	11=9+10	—			—						
服务、不动产和无形资产扣除项目本期实际扣除金额		12	—			—					—	
扣除后	含税（免税）销售额	13=11−12	—			—						
	销项税额	14=13÷(100%+税率或征收率)×税率或征收率	—			—						

续表

			三、免抵退税	
项目及栏次			货物及加工修理修配劳务	服务、不动产和无形资产
			16	17
开具增值税专用发票	销售额	1	—	—
	销项税额	2	—	—
开具其他发票	销售额	3		—
	销项税额	4	—	—
未开具发票	销售额	5		—
	销项税额	6	—	—
纳税检查调整	销售额	7		—
	销项税额	8		—
合计	销售额	9 = 1 + 3 + 5 + 7		
	销项税额	10 = 2 + 4 + 6 + 8	—	—
	价税合计	11 = 9 + 10	—	—
服务、不动产和无形资产扣除项目本期实际扣除金额		12	—	
扣除后	含税（免税）销售额	13 = 11 − 12	—	
	销项税额	14 = 13 ÷（100% + 税率或征收率）× 税率或征收率	—	—

			四、免税	
项目及栏次			货物及加工修理修配劳务	服务、不动产和无形资产
			18	19
开具增值税专用发票	销售额	1		—
	销项税额	2		
开具其他发票	销售额	3		—
	销项税额	4		
未开具发票	销售额	5	—	
	销项税额	6		
纳税检查调整	销售额	7	—	
	销项税额	8		
合计	销售额	9 = 1 + 3 + 5 + 7	—	—
	销项税额	10 = 2 + 4 + 6 + 8		
	价税合计	11 = 9 + 10		
服务、不动产和无形资产扣除项目本期实际扣除金额		12		—
扣除后	含税(免税)销售额	13 = 11 − 12	—	
	销项税额	14 = 13 ÷（100% + 税率或征收率）× 税率或征收率		—

2. 增值税纳税申报表附列资料（表二）

增值税纳税申报表附列资料（表二），主要对企业本期的进项税额进行详细说明，其格式如表 11-11 所示：

表 11-11　　　　　增值税纳税申报表附列资料（表二）

（本期进项税额明细）

税款所属时间：　年　月

纳税人名称：　（公章）　　　　填表日期：年 月 日　　　　金额单位：元（列至角分）

一、申报抵扣的进项税额				
项目	栏次	份数	金额	税额
（一）认证相符的增值税专用发票	1=2+3			
其中：本期认证相符且本期申报抵扣	2			
前期认证相符且本期申报抵扣	3			
（二）其他扣税凭证	4=5+6+7+8a+8b			
其中：海关进口增值税专用缴款书	5			
农产品收购发票或者销售发票	6			
代扣代缴税收缴款凭证	7		—	
加计扣除农产品进项税额	8a	—	—	
其他	8b			
（三）本期用于购建不动产的扣税凭证	9			
（四）本期不动产允许抵扣进项税额	10	—	—	
（五）外贸企业进项税额抵扣证明	11	—	—	
当期申报抵扣进项税额合计	12=1+4-9+10+11			
二、进项税额转出额				
项目	栏次	税额		
本期进项税额转出额	13=14至23之和			
其中：免税项目用	14			
集体福利、个人消费	15			
非正常损失	16			
简易计税方法征税项目用	17			
免抵退税办法不得抵扣的进项税额	18			
纳税检查调减进项税额	19			
红字专用发票信息表注明的进项税额	20			
上期留抵税额抵减欠税	21			
上期留抵税额退税	22			
其他应作进项税额转出的情形	23			

续表

三、待抵扣进项税额				
项目	栏次	份数	金额	税额
（一）认证相符的增值税专用发票	24	—	—	—
期初已认证相符但未申报抵扣	25			
本期认证相符且本期未申报抵扣	26			
期末已认证相符但未申报抵扣	27			
其中：按照税法规定不允许抵扣	28			
（二）其他扣税凭证	29＝30 至 33 之和			
其中：海关进口增值税专用缴款书	30			
农产品收购发票或者销售发票	31			
代扣代缴税收缴款凭证	32		—	
其他	33			
	34			
四、其他				
项目	栏次	份数	金额	税额
本期认证相符的增值税专用发票	35			
代扣代缴税额	36	—	—	

3. 增值税纳税申报表附列资料（表三）

增值税纳税申报表附列资料（表三），主要对企业本期的应税服务扣除项目详细说明，其格式如表 11 - 12 所示：

表 11 - 12　　　　　**增值税纳税申报表附列资料（表三）**

（服务、不动产和无形资产扣除项目明细）

税款所属时间：　　年　月　日至　年　月　日

纳税人名称：（公章）　　　　　　　　　　　　　　　　　　　金额单位：元至角分

项目及栏次	本期服务、不动产和无形资产价税合计额（免税销售额）	服务、不动产和无形资产扣除项目				
		期初余额	本期发生额	本期应扣除金额	本期实际扣除金额	期末余额
	1	2	3	4＝2＋3	5（5≤1 且 5≤4）	6＝4－5
13% 税率的项目	1					
9% 税率的项目	2					
6% 税率的项目（不含金融商品转让）	3					
6% 税率的金融商品转让项目	4					
5% 征收率的项目	5					
3% 征收率的项目	6					
免抵退税的项目	7					
免税的项目	8					

4. 增值税纳税申报表附列资料（表四）

增值税纳税申报表附列资料（表四），主要对企业本期的税额抵减情况进行详细说明，其格式如表 11-13 所示：

表 11-13　　　　　　增值税纳税申报表附列资料（表四）
（税额抵减情况表）

税款所属时间：　　年　月　日至　　年　月　日

纳税人名称：　　　　（公章）　　　　　　　　　　　　　金额单位：元至角分

序号	抵减项目	期初余额	本期发生额	本期应抵减税额	本期实际抵减税额	期末余额
		1	2	3 = 2 + 1	4 ≤ 3	5 = 3 - 4
1	增值税税控系统专用设备费及技术维护费					
2	分支机构预征缴纳税款					
3	建筑服务预征缴纳税款					
4	销售不动产预征缴纳税款					
5	出租不动产预征缴纳税款					
二、加计抵减情况						
序号	加计抵减项目	期初余额	本期发生额	本期应抵减税额	本期实际抵减税额	期末余额
		1	2	3 = 2 + 1	4 ≤ 3	5 = 3 - 4
6	一般项目加计抵减额计算					
7	即征即退项目加计抵减额计算					
8	合计					

5. 增值税纳税申报表附列资料（表五）

增值税纳税申报表附列资料（表五），主要对企业本期的固定资产进项税额抵扣情况进行详细说明，其格式如表 11-14 所示：

表 11-14　　　　　增值税纳税申报表附列资料（表五）

（不动产分期抵扣计算表）

税款所属时间：　　年　月　日至　　年　月　日

纳税人名称：　　　　　（公章）　　　　　　　　　　　　　　金额单位：元至角分

期初待抵扣不动产进项税额	本期不动产进项税额增加额	本期可抵扣不动产进项税额	本期转入的待抵扣不动产进项税额	本期转出的待抵扣不动产进项税额	期末待抵扣不动产进项税额
1	2	3≤1+2+4	4	5≤1+4	6=1+2-3+4-5

6. 增值税纳税申报表附列资料（减免明细表）

增值税纳税申报表附列资料（减免明细表），主要对企业享受增值税减免税优惠政策的情况进行详细说明，其格式如表 11-15 所示：

表 11-15　　　　　增值税纳税申报表附列资料（减免明细表）

税款所属时间：自　年　月　日至　　年　月　日

纳税人名称：　　　　　（公章）　　　　　　　　　　　　　　金额单位：元至角分

一、减税项目					
减税性质代码及名称	栏次	期初余额	本期发生额	本期应抵减税额	本期实际抵减税额	期末余额
		1	2	3=1+2	4≤3	5=3-4
合计	1					
	2					
	3					
二、免税项目					
免税性质代码及名称	栏次	免征增值税项目销售额	免税销售额扣除项目本期实际扣除金额	扣除后免税销售额	免税销售额对应的进项税额	免税额
合计	7					
出口免税	8					
其中：跨境服务	9					
	10					

（三）增值税纳税申报表主表与附表的对应关系

增值税纳税申报表主表与附表的对应关系，其格式如表 11-16 所示：

表 11-16　　　　　　　增值税纳税申报主表与附表对应关系

序号	主表	对应关系	附列资料（表一）
1	（第1栏）的"按适用税率计税销售额"的"一般项目"本月数与"即征即退项目"的"本月数"之和	=	（一）中第9行第1至5列之和
2	（第4栏）的"纳税检查调整的销售额""一般项目"本月数与"即征即退项目"本月数之和	=	（一）中第7行第1至5列之和
3	（第5栏）的"按简易办法计税销售额"的"一般项目"本月数	≥	（二）中第9行第8至13b列之和 – 第9行第14、15列之和
	（第5栏）的"即征即退项目"的"一般项目"本月数	≥	（二）中第9行第14、15列之和
4	（第7栏）的"免、抵、退办法出口销售额"的"一般项目"本月数	=	（三）中第9行第16、17列之和
5	（第8栏）的"免税销售额"的"一般项目"本月数	=	（四）中第9列第18、19列之和
6	（第11栏）的"销项税额"的"一般项目"本月数	=	（一）中（第10行第1、3列之和 – 第10行第6列）+（第14行第2、4、5列之和 – 第14行第7列）
	（第11栏）的"销项税额"的"即征即退项目"本月数	=	（一）中第10行第6列 + 第14行第7列
7	（第21栏）的"简易计税办法计算的应纳税额"的"一般项目"与"即征即退项目"本月数之和	=	（二）中第10行第8、9a、10、11列之和 + 第14行第9b、12、13a、13b列之和
	主表	对应关系	附列资料（表二）
8	（第12栏）的"进项税额"的"一般项目"本月数与"即征即退项目"本月数之和	=	（第12栏）中的"税额"数
9	（第14栏）的"进项税额转出"的"一般项目"本月数与"即征即退项目"本月数之和	=	（第13栏）中的"税额"数
	（第16栏）的"按适用税率计算的纳税检查应补缴税"的"一般项目"本月数	≤	《附列资料（一）》的（一）中第8行第1至5列之和 +《附列资料（二）》第19栏

二、企业所得税纳税申报表

企业所得税纳税申报表，是企业所得税纳税人向税务机关申报缴纳企业所得税的书面报告。企业所得税分月或者分季预缴，于年度终了后在规定期限内汇算清缴，结清应缴应退税款。企业应当自月份或者季度终了之日起十五日内，向税务机关报送预缴企业所得税纳税申报表，预缴税款；并应当自年度终了之日起五个月内，向税务机关报送年度企业所得税纳税申报表，并汇算清缴，结清应缴应退税款。同时，应当按照规定附送财务会计报告和其他有关资料。

居民企业和非居民企业适用的企业所得税纳税申报表是不同的。居民企业所得税纳税申报表按申报时间分为月（季）报和年报两种，按征收方式分为查账征收和核定征收两类，这里只列示居民企业（查账征收）企业所得税年度纳税申报表。居民企业（查账征收）企业所得税年度纳税申报表包括一张主表和十一张附表，其格式如表 11 – 17 至表 11 – 28 所示。

（一）企业所得税年度纳税申报表主表

1. 企业所得税年度纳税申报表主表的格式

企业所得税年度纳税申报表主表，主要反映企业应纳所得税额计算的详细过程，其格式如表 11 – 17 所示：

【例 11 – 6】 沿用【例 11 – 1】、【例 11 – 2】、【例 11 – 3】和【例 11 – 4】资料，天鑫公司其他相关资料如下：

（1）管理费用、财务费用、销售费用的发生额符合税法规定，可以在税前扣除。

（2）报废固定资产净损失已经主管税务机关审批，可以在税前扣除。

（3）资产减值损失属于未经核定的准备金支出，不允许在税前扣除。

（4）投资收益无免税内容，全部计入应纳税所得额。

（5）营业外收入全部计入应纳税所得额。

根据以上资料，填制天鑫公司 2×19 年度的企业所得税纳税申报表，其格式如表 11 – 17 所示。

表 11 – 17　中华人民共和国企业所得税年度纳税申报表（A 类）

税款所属期间：2×19 年 1 月 1 日至 2×19 年 12 月 31 日

纳税人名称：天鑫公司

纳税人识别号：□□□□□□□□□□□□□□□

金额单位：元（列至角分）

行次	类别	项目	金额
1	利润总额计算	一、营业收入（填附表一）	1 250 000
2		减：营业成本（填附表二）	700 000
3		减：税金及附加	22 000
4		减：销售费用（填附表二）	20 000
5		减：管理费用（填附表二）	152 000
6		减：财务费用（填附表二）	46 500
7		减：资产减值损失	31 000
8		加：公允价值变动收益	0
9		加：投资收益	31 500
10		二、营业利润（1 – 2 – 3 – 4 – 5 – 6 – 7 + 8 + 9）	310 000
11		加：营业外收入（填附表一）	100 000
12		减：营业外支出（填附表二）	19 700
13		三、利润总额（10 + 11 – 12）	390 300

续表

行次	类别	项目	金额
14	应纳税所得额计算	减：境外所得	
15		加：纳税调整增加额（填附表三）	30 900
16		减：纳税调整减少额（填附表三）	
17		减：免税、减计收入及加计扣除	
18		加：境外应税所得抵减境内亏损	
19		四、纳税调整后所得（13－14＋15－16－17＋18）	421 200
20		减：所得减免	
21		减：弥补以前年度亏损（填附表四）	
22		减：抵扣应纳税所得额	
23		五、应纳税所得额（19－20－21－22）	421 200
24	应纳税额计算	税率（25%）	
25		六、应纳所得税额（23×24）	105 300
26		减：减免所得税额（填附表五）	
27		减：抵免所得税额（填附表五）	
28		七、应纳税额（25－26－27）	105 300
29		加：境外所得应纳所得税额（填附表六）	
30		减：境外所得抵免所得税额（填附表六）	
31		八、实际应纳所得税额（28＋29－30）	105 300
32		减：本年累计实际已缴纳的所得税额	105 300
33		九、本年应补（退）所得税额（31－32）	0
34		其中：总机构分摊本年应补（退）所得税额	
35		财政集中分配本年应补（退）所得税额	
36		总机构主体生产经营部门分摊本年应补（退）所得税额	

纳税人公章：	代理申报中介机构公章：	主管税务机关受理专用章：
经办人：	经办人及执业证件号码：	受理人：
申报日期：年 月 日	代理申报日期：年 月 日	受理日期：年 月 日

2. 企业所得税年度纳税申报表主表与会计报表的对应关系

（1）企业所得税年度纳税申报表中的"营业收入"＝利润表中的"营业收入"。

（2）企业所得税年度纳税申报表中的"营业成本"＝利润表中的"营业成本"。

（3）企业所得税年度纳税申报表中的"税金及附加"＝利润表中的"税金及附加"。

（4）企业所得税年度纳税申报表中的"销售费用"＝利润表中的"销售费用"。

（5）企业所得税年度纳税申报表中的"管理费用"＝利润表中的"管理费用"。

（6）企业所得税年度纳税申报表中的"财务费用"＝利润表中的"财务费

用"。

（7）企业所得税年度纳税申报表中的"资产减值损失"＝利润表中的"资产减值损失"。

（8）企业所得税年度纳税申报表中的"公允价值变动收益"＝利润表中的"公允价值变动收益"。

（9）企业所得税年度纳税申报表中的"投资收益"＝利润表中的"投资收益"。

（10）企业所得税年度纳税申报表中的"营业利润"＝利润表中的"营业利润"。

（11）企业所得税年度纳税申报表中的"营业外收入"＝利润表中的"营业外收入"。

（12）企业所得税年度纳税申报表中的"营业外支出"＝利润表中的"营业外支出"。

（13）企业所得税年度纳税申报表中的"利润总额"＝利润表中的"利润总额"。

（14）企业所得税年度纳税申报表中的"应纳所得税额"与利润表中的"所得税费用"的关系：当企业资产、负债的账面价值等于计税基础时，两者相等；当企业资产、负债的账面价值不等于计税基础时，两者不相等。

3. 企业所得税年度纳税申报表主表与附表的对应关系

（1）企业所得税年度纳税申报表主表第 1 行＝附表一（1）第 2 行。
（2）企业所得税年度纳税申报表主表第 2 行＝附表二（1）第 2＋7 行。
（3）企业所得税年度纳税申报表主表第 11 行＝附表一（1）第 17 行。
（4）企业所得税年度纳税申报表主表第 12 行＝附表二（1）第 16 行。
（5）企业所得税年度纳税申报表主表第 14 行＝附表三第 55 行第 3 列合计。
（6）企业所得税年度纳税申报表主表第 15 行＝附表三第 55 行第 4 列合计。
（7）企业所得税年度纳税申报表主表第 16 行＝附表三第 14 行第 4 列。
（8）企业所得税年度纳税申报表主表第 17 行＝附表五第 1 行。
（9）企业所得税年度纳税申报表主表第 18 行＝附表五第 6 行。
（10）企业所得税年度纳税申报表主表第 19 行＝附表五第 14 行。
（11）企业所得税年度纳税申报表主表第 20 行＝附表五第 9 行。
（12）企业所得税年度纳税申报表主表第 21 行＝附表五第 39 行。
（13）企业所得税年度纳税申报表主表第 22 行＝附表六第 7 列合计。
（14）企业所得税年度纳税申报表主表第 24 行＝附表四第 6 行第 10 列。
（15）企业所得税年度纳税申报表主表第 28 行＝附表五第 33 行。

（16）企业所得税年度纳税申报表主表第 29 行 = 附表五第 40 行。

（17）企业所得税年度纳税申报表主表第 31 行 = 附表六第 10 列合计。

（18）企业所得税年度纳税申报表主表第 32 行 = 附表六第 13 列合计 + 第 15 列合计或附表六第 17 列合计。

（二）企业所业所得税年度的税申报表附表

1. 企业所得税年度纳税申报表附表一

（1）企业所得税年度纳税申报表附表一的格式：

居民企业所得税年度纳税申报表附表一收入明细表，主要对企业的收入总额进行详细说明，其格式如 2×19 年天鑫公司填制的收入明细表 11 – 18 所示：

表 11 – 18　　　　　　　　企业所得税年度纳税申报表附表一
收入明细表

填报时间：2×19 年 4 月××日　　　　　　　　　　金额单位：元（列至角分）

行次	项目	金额
1	一、销售（营业）收入合计（2 + 13）	
2	（一）营业收入合计（3 + 8）	
3	1. 主营业务收入（4 + 5 + 6 + 7）	
4	（1）销售货物	
5	（2）提供劳务	
6	（3）让渡资产使用权	
7	（4）建造合同	
8	2. 其他业务收入（9 + 10 + 11 + 12）	
9	（1）材料销售收入	
10	（2）代购代销手续费收入	
11	（3）包装物出租收入	
12	（4）其他	
13	（二）视同销售收入（14 + 15 + 16）	
14	（1）非货币性交易视同销售收入	
15	（2）货物、财产、劳务视同销售收入	
16	（3）其他视同销售收入	
17	二、营业外收入（18 + 19 + 20 + 21 + 22 + 23 + 24 + 25 + 26）	
18	1. 固定资产盘盈	
19	2. 处置固定资产净收益	
20	3. 非货币性资产交易收益	

续表

行次	项目	金额
21	4. 出售无形资产收益	
22	5. 罚款净收入	
23	6. 债务重组收益	
24	7. 政府补助收入	
25	8. 捐赠收入	
26	9. 其他	

经办人（签章）：　　　　　　　　法定代表人（签章）：

（2）收入明细表与会计报表的对应关系：

①收入明细表中的"销售（营业）收入合计"≥利润表中的"营业收入"，是因为收入明细表"销售（营业）收入合计"不仅包括会计核算的主营业务收入和其他业务收入，还包括根据税法规定确认的视同销售收入，而利润表中的"营业收入"只包括会计核算的主营业务收入和其他业务。

②收入明细表中的"营业收入合计"＝利润表中的"营业收入"。

③收入明细表中的"营业外收入"＝利润表中的"营业外收入"。

（3）收入明细表与主表及其附表的对应关系。

①收入明细表中的第1行＝附表八第4行。

②收入明细表中的第2行＝主表第1行。

③收入明细表中的第13行＝附表第2行第3列。

④收入明细表中的第17行＝主表第11行。

2. 企业所得税年度纳税申报表附表二

（1）企业所得税年度纳税申报表附表二的格式。

居民企业所得税年度纳税申报表附表二成本费用明细表，主要对企业的成本费用总额进行详细说明，其格式如 2×19 年天鑫公司填制的成本费用明细表 11-19 所示：

表 11-19　　　　　企业所得税年度纳税申报表附表二
成本费用明细表

填报时间：2×19 年 4 月××日　　　　　　　　金额单位：元（列至角分）

行次	项目	金额
1	一、销售（营业）成本合计（2＋7＋12）	
2	（一）主营业务成本（3＋4＋5＋6）	
3	（1）销售货物成本	

续表

行次	项目	金额
4	（2）提供劳务成本	
5	（3）让渡资产使用权成本	
6	（4）建造合同成本	
7	（二）其他业务成本（8+9+10+11）	
8	（1）材料销售成本	
9	（2）代购代销费用	
10	（3）包装物出租成本	
11	（4）其他	
12	（三）视同销售成本（13+14+15）	
13	（1）非货币性交易视同销售成本	
14	（2）货物、财产、劳务视同销售成本	
15	（3）其他视同销售成本	
16	二、营业外支出（17+18+……+24）	
17	1. 固定资产盘亏	
18	2. 处置固定资产净损失	
19	3. 出售无形资产损失	
20	4. 债务重组损失	
21	5. 罚款支出	
22	6. 非常损失	
23	7. 捐赠支出	
24	8. 其他	
25	三、期间费用（26+27+28）	
26	1. 销售（营业）费用	
27	2. 管理费用	
28	3. 财务费用	

经办人（签章）：　　　　　　法定代表人（签章）：

（2）企业所得税年度纳税申报表附表二与会计报表的对应关系：

①成本费用明细表中的"销售（营业）成本合计"≥利润表中"营业成本"，因为"销售（营业）成本合计"不仅包括会计核算的主营业务成本和其他业务成本，还包括根据税法规定确认的视同销售成本，而利润表中的"营业成本"只包括会计核算的主营业务成本和其他业务成本。

②成本费用明细表中的"主营业务成本"+"其他业务成本"=利润表中的"营业成本"。

③成本费用明细表中的"营业外支出"=利润表中的"营业外支出"。

④成本费用明细表中的"销售（营业）费用"＝利润表中的"销售费用"。
⑤成本费用明细表中的"管理费用"＝利润表中的"管理费用"。
⑥成本费用明细表中的"财务费用"＝利润表中的"财务费用"。
（3）成本费用明细表与主表及其附表的对应关系：
①成本费用明细表第 2＋7 行＝主表第 2 行。
②成本费用明细表第 12 行＝附表三第 21 行第 4 列。
③成本费用明细表第 16 行＝主表第 12 行。
④成本费用明细表第 26 行＝主表第 4 行。
⑤成本费用明细表第 27 行＝主表第 5 行。
⑥成本费用明细表第 28 行＝主表第 6 行。

3. 企业所得税年度纳税申报表附表三
（1）企业所得税年度纳税申报表附表三的格式。

居民企业所得税年度纳税申报表附表三纳税调整项目明细表，主要对企业财务会计处理与税收规定不一致，需要纳税调整的项目金额进行详细说明，其格式如 2×19 年天鑫公司填制的纳税调整项目明细表 11－20 所示：

表 11－20　　　　　　　企业所得税年度纳税申报表附表三
纳税调整项目明细表

填报时间：2×19 年 4 月××日　　　　　　　　　　　金额单位：元（列至角分）

	行次	项目	账载金额	税收金额	调增金额	调减金额
			1	2	3	4
	1	一、收入类调整项目	*	*		
	2	1. 视同销售收入（填写附表一）	*	*		*
#	3	2. 接受捐赠收入	*			*
	4	3. 不符合税收规定的销售折扣和折让				*
*	5	4. 未按权责发生制原则确认的收入				
*	6	5. 按权益法核算长期股权投资对初始投资成本调整确认收益	*	*	*	
	7	6. 按权益法核算的长期股权投资持有期间的投资损益	*	*		
*	8	7. 特殊重组				
*	9	8. 一般重组				
*	10	9. 公允价值变动净收益（填写附表七）	*	*		
	11	10. 确认为递延收益的政府补助				
	12	11. 境外应税所得（填写附表六）	*	*	*	

续表

行次	项目	账载金额	税收金额	调增金额	调减金额
		1	2	3	4
13	12. 不允许扣除的境外投资损失	*	*		*
14	13. 不征税收入（填附表一 [3]）	*	*	*	
15	14. 免税收入（填附表五）	*	*	*	
16	15. 减计收入（填附表五）	*	*	*	
17	16. 减、免税项目所得（填附表五）	*	*	*	
18	17. 抵扣应纳税所得额（填附表五）	*	*	*	
19	18. 其他				
20	二、扣除类调整项目	*	*		
21	1. 视同销售成本（填写附表二）	*	*	*	
22	2. 工资薪金支出				
23	3. 职工福利费支出				
24	4. 职工教育经费支出				
25	5. 工会经费支出				
26	6. 业务招待费支出				*
27	7. 广告费和业务宣传费支出（填写附表八）	*	*		
28	8. 捐赠支出				*
29	9. 利息支出				
30	10. 住房公积金				*
31	11. 罚金、罚款和被没收财物的损失		*		*
32	12. 税收滞纳金		*		*
33	13. 赞助支出		*		*
34	14. 各类基本社会保障性缴款				
35	15. 补充养老保险、补充医疗保险				
36	16. 与未实现融资收益相关在当期确认的财务费用				
37	17. 与取得收入无关的支出		*		*
38	18. 不征税收入用于支出所形成的费用		*		*
39	19. 加计扣除（填附表五）	*	*	*	
40	20. 其他				
41	三、资产类调整项目	*	*		
42	1. 财产损失				
43	2. 固定资产折旧（填写附表九）	*	*		
44	3. 生产性生物资产折旧（填写附表九）	*	*		
45	4. 长期待摊费用的摊销（填写附表九）	*	*		
46	5. 无形资产摊销（填写附表九）	*	*		

续表

行次	项目	账载金额	税收金额	调增金额	调减金额
		1	2	3	4
47	6. 投资转让、处置所得（填写附表十一）	*	*		
48	7. 油气勘探投资（填写附表九）				
49	8. 油气开发投资（填写附表九）				
50	9. 其他				
51	四、准备金调整项目（填写附表十）	*	*		
52	五、房地产企业预售收入计算的预计利润	*	*		
53	六、特别纳税调整应税所得	*	*		*
54	七、其他	*	*		
55	合计	*	*		

经办人（签章）：　　　　　　　　法定代表人（签章）：

注：①标有 * 的行次为执行新会计准则的企业填列，标有#的行次为除执行新会计准则以外的企业填列。

②没有标注的行次，无论执行何种会计核算办法，有差异就填报相应行次，填 * 号不可填列。

③有二级附表的项目只填调增、调减金额，账载金额、税收金额不再填写。

（2）纳税调整项目明细表与主表及其附表的对应关系：

①一般工商企业：纳税调整项目明细表第 2 行第 3 列 = 企业所得税年度纳税申报表附表一第 13 行。

②纳税调整项目明细表第 6 行第 4 列 = 企业所得税年度纳税申报表附表十一第 5 列"合计"行的绝对值。

③当附表七第 10 行第 5 列为正数时：第 10 行第 3 列 = 附表七第 10 行第 5 列；附表七第 10 行第 5 列为负数时：第 10 行第 4 列 = 附表七第 10 行第 5 列负数的绝对值。

④纳税调整项目明细表第 14 行第 4 列 = 企业所得税年度纳税申报表附表一（3）第 10 行。

⑤纳税调整项目明细表第 15 行第 4 列 = 企业所得税年度纳税申报表附表五第 1 行。

⑥纳税调整项目明细表第 16 行第 4 列 = 企业所得税年度纳税申报表附表五第 6 行。

⑦纳税调整项目明细表第 17 行第 4 列 = 企业所得税年度纳税申报表附表五第 14 行。

⑧纳税调整项目明细表第 18 行第 4 列 = 企业所得税年度纳税申报表附表五第 39 行。

⑨一般工商企业：纳税调整项目明细表第 21 行第 4 列 = 企业所得税年度纳税申

报表附表二（1）第12行。

⑩纳税调整项目明细表第27行第3列=企业所得税年度纳税申报表附表八第7行。纳税调整项目明细表第27行第4列=附表八第10行。

⑪纳税调整项目明细表第39行第4列=企业所得税年度纳税申报表附表五第9行。

⑫附表九第1行第7列为正数时：纳税调整项目明细表第43行第3列=附表九第1行第7列；附表九第1行第7列为负数时：纳税调整项目明细表第43行第4列=附表九第1行第7列负数的绝对值。

⑬附表九第7行第7列为正数时：纳税调整项目明细表第44行第3列=附表九第7行第7列；附表九第7行第7列为负数时：纳税调整项目明细表第44行第4列=附表九第7行第7列负数的绝对值。

⑭附表九第10行第7列为正数时：纳税调整项目明细表第45行第3列=附表九第10行第7列；附表九第10行第7列为负数时：纳税调整项目明细表第45行第4列=附表九第10行第7列负数的绝对值。

⑮附表九第15行第7列为正数时：纳税调整项目明细表第46行第3列=附表九第15行第7列；附表九第15行第7列为负数时：纳税调整项目明细表第46行第4列=附表九第15行第7列负数的绝对值。

⑯附表九第16行第7列为正数时：纳税调整项目明细表第48行第3列=附表九第16行第7列；附表九第16行第7列为负数时：纳税调整项目明细表第48行第4列=附表九第16行第7列负数的绝对值。

⑰附表九第17行第7列为正数时：纳税调整项目明细表第49行第3列=附表九第17行第7列；附表九第17行第7列为负数时：纳税调整项目明细表第49行第4列=附表九第17行第7列负数的绝对值。

⑱附表十第17行第5列合计数为正数时：纳税调整项目明细表第51行第3列=附表十第17行第5列；附表十第17行第5列合计数为负数时：纳税调整项目明细表第51行第4列=附表十第17行第5列的绝对值。

⑲纳税调整项目明细表第55行第3列=企业所得税年度纳税申报表主表第14行。

⑳纳税调整项目明细表第55行第4列=企业所得税年度纳税申报表主表第15行。

4. 企业所得税年度纳税申报表附表四

（1）企业所得税年度纳税申报表附表四的格式。

居民企业所得税年度纳税申报表附表四企业所得税弥补亏损明细表。主要对企业本纳税年度及本纳税年度前5年度发生的税前尚未弥补的亏损金额进行详细说明，其格式如表 11-21 所示：

表 11-21　　　　企业所得税年度纳税申报表附表四
企业所得税弥补亏损明细表

填报时间：2×19 年 4 月××日　　　　　　　　　　　金额单位：元（列至角分）

行次	项目	年度	盈利额或亏损额	合并分立企业转入可弥补亏损额	当年可弥补的所得额	以前年度亏损弥补额					本年度实际弥补的以前年度亏损额	可结转以后年度弥补的亏损额
						前四年度	前三年度	前二年度	前一年度	合计		
		1	2	3	4	5	6	7	8	9	10	11
1	第一年											*
2	第二年					*						
3	第三年					*	*					
4	第四年					*	*	*				
5	第五年					*	*	*	*			
6	本年					*	*	*	*			
7					可结转以后年度弥补的亏损额合计								

经办人（签章）：　　　　　　　法定代表人（签章）：

（2）企业所得税弥补亏损明细表与主表及其附表的对应关系：

第 6 行第 10 列 = 主表第 24 行。

5. 企业所得税年度纳税申报表附表五

（1）企业所得税年度纳税申报表附表五的格式：

居民企业所得税年度纳税申报表附表五税收优惠明细表。主要对企业本纳税年度发生的免税收入、减计收入、加计扣除减免所得、减免税、抵扣的应纳税所得额和抵免税额的金额进行详细说明，其格式如表 11-22 所示：

表 11-22　　　　企业所得税年度纳税申报表附表五
税收优惠明细表

填报时间：2×19 年 4 月××日　　　　　　　　　　金额单位：元（列至角分）

行次	项目	金额
1	一、免税收入（2+3+4+5）	
2	1. 国债利息收入	
3	2. 符合条件的居民企业之间的股息、红利等权益性投资收益	
4	3. 符合条件的非营利组织的收入	
5	4. 其他	

续表

行次	项　目	金额
6	二、减计收入（7+8）	
7	1. 企业综合利用资源，生产符合国家产业政策规定的产品所取得的收入	
8	2. 其他	
9	三、加计扣除额合计（10+11+12+13）	
10	1. 开发新技术、新产品、新工艺发生的研究开发费用	
11	2. 安置残疾人员所支付的工资	
12	3. 国家鼓励安置的其他就业人员支付的工资	
13	4. 其他	
14	四、减免所得额合计（15+25+29+30+31+32）	
15	（一）免税所得（16+17+…+24）	
16	1. 蔬菜、谷物、薯类、油料、豆类、棉花、麻类、糖料、水果、坚果的种植	
17	2. 农作物新品种的选育	
18	3. 中药材的种植	
19	4. 林木的培育和种植	
20	5. 牲畜、家禽的饲养	
21	6. 林产品的采集	
22	7. 灌溉、农产品初加工、兽医、农技推广、农机作业和维修等农、林、牧、渔服务业项目	
23	8. 远洋捕捞	
24	9. 其他	
25	（二）减税所得（26+27+28）	
26	1. 花卉、茶以及其他饮料作物和香料作物的种植	
27	2. 海水养殖、内陆养殖	
29	（三）从事国家重点扶持的公共基础设施项目投资经营的所得	
30	（四）从事符合条件的环境保护、节能节水项目的所得	
31	（五）符合条件的技术转让所得	
32	（六）其他	
33	五、减免税合计（34+35+36+37+38）	
34	（一）符合条件的小型微利企业	
35	（二）国家需要重点扶持的高新技术企业	
36	（三）民族自治地方的企业应缴纳的企业所得税中属于地方分享的部分	
37	（四）过渡期税收优惠	
38	（五）其他	
39	六、创业投资企业抵扣的应纳税所得额	
40	七、抵免所得税额合计（41+42+43+44）	
41	（一）企业购置用于环境保护专用设备的投资额抵免的税额	
42	（二）企业购置用于节能节水专用设备的投资额抵免的税额	
43	（三）企业购置用于安全生产专用设备的投资额抵免的税额	
44	（四）其他	
45	企业从业人数（全年平均人数）	
46	资产总额（全年平均数）	
47	所属行业（工业企业，其他企业）	

经办人（签章）：　　　　　　　　　　　　　　法定代表人（签章）：

(2) 税收优惠明细表与主表及其附表的对应关系：

①税收优惠明细表第 1 行 = 企业所得税年度纳税申报表附表三第 15 行第 4 列 = 企业所得税年度纳税申报表主表第 17 行。

②税收优惠明细表第 6 行 = 企业所得税年度纳税申报表附表三第 16 行第 4 列 = 企业所得税年度纳税申报表主表第 18 行。

③税收优惠明细表第 9 行 = 企业所得税年度纳税申报表附表三第 39 行第 4 列 = 企业所得税年度纳税申报表主表第 20 行。

④税收优惠明细表第 14 行 = 企业所得税年度纳税申报表附表三第 17 行第 4 列 = 企业所得税年度纳税申报表主表第 19 行。

⑤税收优惠明细表第 39 行 = 企业所得税年度纳税申报表附表三第 18 行第 4 列 = 企业所得税年度纳税申报表主表第 21 行。

⑥税收优惠明细表第 33 行 = 企业所得税年度纳税申报表主表第 28 行。

⑦税收优惠明细表第 40 行 = 企业所得税年度纳税申报表主表第 29 行。

6. 企业所得税年度纳税申报表附表六

(1) 企业所得税年度纳税申报表附表六的格式：

居民企业所得税年度纳税申报表附表六境外所得税抵免计算明细表。主要对企业本纳税年度来源于不同国家或地区的境外所得，按照税收规定应缴纳和应抵免的企业所得税金额进行详细说明，其格式如表 11-23 所示：

(2) 境外所得税抵免计算明细表与主表及其附表的对应关系：

①境外所得税抵免计算明细表第 9 列合计数 = 主表第 31 行。

②境外所得税抵免计算明细表第 14 列合计行 + 第 15 列合计行 = 主表第 32 行。

③境外所得税抵免计算明细表第 19 列合计行 = 主表第 32 行。

7. 企业所得税年度纳税申报表附表七

(1) 企业所得税年度纳税申报表附表七的格式：

居民企业所得税年度纳税申报表附表七以公允价值计量资产纳税调整表。主要对企业本纳税年度以公允价值计量且其变动计入当期损益的金融资产、金融负债、投资性房地产的期初、期末的公允价值计税基础以及纳税调整金额进行详细说明，其格式如表 11-24 所示：

表 11-23

企业所得税年度纳税申报表附表六
境外所得税抵免计算明细表

填报时间：　年　月　日　　　　　　　　　　　　　　　　　金额单位：元（列至角分）

行次	国家（地区）	境外税前所得	境外所得纳税调整后所得	弥补境外以前年度亏损	境外应纳税所得额	抵减境内亏损	抵减境内亏损后的境外应纳税所得额	税率	境外应纳所得税额	境外所得可抵免税额	境外所得抵免限额	本年可抵免境外所得税额	未超过境外所得抵免限额的余额	本年可抵免以前年度未抵免境外所得税额	按低于12.5%的实际税率计算的抵免额	按简易办法计算		小计	境外所得抵免所得税额总计
																按12.5%计算的抵免额	按25%计算的抵免额		
	1	2	3	4	5 (3-4)	6	7 (5-6)	8	9 (7*8)	10	11	12	13 (11-12)	14	15	16	17	18 (15+16+17)	19 (12+14+18)
1																			
2																			
3																			
4																			
5																			
6																			
7																			
8																			
9																			
10	合计																		

经办人（签章）：　　　　　　　　　　　　　　　　　　　　　　　　法定代表人（签章）：

企业所得税年度纳税申报表附表七

表 11-24　　　　　　　　以公允价值计量资产纳税调整表

填报时间：年 月 日　　　　　　　　　　　　　　　　　金额单位：元（列至角分）

行次	资产种类	期初余额		期末余额		纳税调整额（纳税调减以"-"表示）
		账载金额（公允价值）	计税基础	账载金额（公允价值）	计税基础	
1	一、公允价值计量且其变动计入当期损益的金融资产	1	2	3	4	5
2	1. 交易性金融资产					
3	2. 衍生金融工具					
4	3. 其他以公允价值计量的金融资产					
5	二、公允价值计量且其变动计入当期损益的金融负债					
6	1. 交易性金融负债					
7	2. 衍生金融工具					
8	3. 其他以公允价值计量的金融负债					
9	三、投资性房地产					
10	合计					

经办人（签章）：　　　　　　　　　　　　　　　法定代表人（签章）：

（2）以公允价值计量资产纳税调整表与主表及其附表的对应关系：

以公允价值计量资产纳税调整表第 10 行第 5 列为正数时：第 10 行第 5 列 = 附表三第 10 行第 3 列；第 10 行第 5 列为负数时：第 10 行第 5 列负数的绝对值 = 附表三第 10 行第 4 列。

"账载金额"：填报纳税人持有投资项目，会计核算确认的投资收益。

"计税基础"：填报纳税人持有投资项目，按照税收规定确认的投资收益。

"纳税调整金额"：填报纳税人收回、转让或清算处置投资项目，会计处理与税收规定不一致需纳税调整金额。

8. 企业所得税年度纳税申报表附表八

（1）企业所得税年度纳税申报表附表八的格式：

居民企业所得税年度纳税申报表附表八广告费和业务宣传费跨年度纳税调整表。主要对企业本纳税年度发生的全部广告费和业务宣传费支出的有关情况，按照税收规定本年度可扣除额、本年度结转以后年度扣除额以及以前年度累计转扣除额等金

额进行详细说明,其格式如表 11 – 25 所示:

表 11 – 25　　　　　　　企业所得税年度纳税申报表附表八
　　　　　　　　　　　广告费和业务宣传费跨年度纳税调整表

填报时间:年 月 日　　　　　　　　　　　　　　　　金额单位:元(列至角分)

行次	项目	金额
1	本年度广告费和业务宣传费支出	
2	其中:不允许扣除的广告费和业务宣传费支出	
3	本年度符合条件的广告费和业务宣传费支出(1 – 2)	
4	本年计算广告费和业务宣传费扣除限额的销售(营业)收入	
5	税收规定的扣除率	
6	本年广告费和业务宣传费扣除限额(4 × 5)	
7	本年广告费和业务宣传费支出纳税调整额(3≤6,本行 = 2 行;3 > 6,本行 = 1 – 6)	
8	本年结转以后年度扣除额(3 > 6,本行 = 3 – 6;3≤6,本行 = 0)	
9	加:以前年度累计结转扣除额	
10	减:本年扣除的以前年度结转额	
11	累计结转以后年度扣除额(8 + 9 – 10)	

经办人(签章):　　　　　　　　　　　　　　　　　法定代表人(签章):

(2) 广告费和业务宣传费跨年度纳税调整表与主表及其附表的对应关系:

①广告费和业务宣传费跨年度纳税调整表第 7 行 = 附表三第 27 行第 3 列。

②广告费和业务宣传费跨年度纳税调整表第 10 行 = 附表三第 27 行第 4 列。

9. 企业所得税年度纳税申报表附表九

(1) 企业所得税年度纳税申报表附表九的格式:

居民企业所得税年度纳税申报表附表九资产折旧、摊销纳税调整表。主要对企业本纳税年度固定资产、生产性生物资产、长期待摊费用、无形资产、油气勘探投资、油气开发投资会计处理与税收处理的折旧不一致需要纳税调整的金额进行详细说明;其格式如表 11 – 26 所示:

表 11-26　　　　　　　企业所得税年度纳税申报表附表九
资产折旧、摊销纳税调整明细表

填报时间：年 月 日　　　　　　　　　　　　　　　　　　金额单位：元（列至角分）

行次	资产类别		资产原值		折旧、摊销年限		本期折旧、摊销额		享受加速折旧政策的资产按税收一般规定计算的折旧、摊销额	纳税调整额
			账载金额	计税基础	会计	税收	会计	税收		
			1	2	3	4	5	6	7	8
1	所有固定资产	一、固定资产			*	*				
2		1. 房屋建筑物								
3		2. 飞机、火车、轮船、机器、机械和其他生产设备								
4		3. 与生产经营有关的器具工具家具								
5		4. 飞机、火车、轮船以外的运输工具								
6		5. 电子设备								
7	其中：享受固定资产加速折旧及一次性扣除政策的资产加速折旧额大于一般折旧额的部分	（一）重要行业固定资产加速折旧（不含一次性扣除）								
8		（二）其他行业研发设备加速折旧								
9										
10		（三）固定资产一次性扣除								
11		（四）技术进步、更新换代固定资产								
12		（五）常年强震动、高腐蚀固定资产								
13		（六）外购软件折旧								
		（七）集成电路企业生产设备								
14		二、生产性生物资产			*	*				
15		1. 林木类								

续表

行次	资产类别	资产原值		折旧、摊销年限		本期折旧、摊销额		享受加速折旧政策的资产按税收一般规定计算的折旧、摊销额	纳税调整额
		账载金额	计税基础	会计	税收	会计	税收		
		1	2	3	4	5	6	7	8
16	2. 畜类								
17	三、长期待摊费用			*	*				
18	1. 已足额提取折旧的固定资产的改建支出								
19	2. 租入固定资产的改建支出								
20	3. 固定资产大修理支出								
21	4. 其他长期待摊费用								
22	四、无形资产								
23	五、油气勘探投资								
24	六、油气开发投资								
25	合计			*	*				

经办人（签章）： 法定代表人（签章）：

（2）资产折旧摊销纳税调整表与主表及其附表的对应关系：

①资产折旧摊销纳税调整表第 1 行第 8 列 >0 时：第 1 行第 8 列 = 附表三第 43 行第 3 列；第 1 行第 8 列 <0 时：第 1 行第 8 列负数的绝对值 = 附表三第 43 行第 4 列。

②资产折旧摊销纳税调整表第 14 行第 8 列 >0 时：第 14 行第 8 列 = 附表三第 44 行第 3 列；第 14 行第 8 列 <0 时：第 14 行第 8 列负数的绝对值 = 附表三第 44 行第 4 列。

③资产折旧摊销纳税调整表第 17 行第 8 列 >0 时：第 17 行第 8 列 = 附表三第 45 行第 3 列；第 17 行第 8 列 <0 时：第 17 行第 8 列负数的绝对值 = 附表三第 45 行第 4 列。

④资产折旧摊销纳税调整表第 22 行第 8 列 >0 时：第 22 行第 8 列 = 附表三第 46 行第 3 列；第 22 行第 8 列 <0 时：第 22 行第 8 列负数的绝对值 = 附表三第 46 行第 4 列。

⑤ 资产折旧摊销纳税调整表第 23 行第 8 列 > 0 时：第 23 行第 8 列 = 附表三第 48 行第 3 列；第 23 行第 8 列 < 0 时：第 23 行第 8 列负数的绝对值 = 附表三第 48 行第 4 列。

⑥ 资产折旧摊销纳税调整表第 24 行第 8 列 > 0 时：第 24 行第 8 列 = 附表三第 49 行第 3 列；第 24 行第 8 列 < 0 时：第 24 行第 8 列负数的绝对值 = 附表三第 49 行第 4 列。

10. 企业所得税年度纳税申报表附表十

（1）企业所得税年度纳税申报表附表十的格式：

居民企业所得税年度纳税申报表附表十资产减值准备项目调整明细表。主要对企业本纳税年度计提的各项资产减值准备、风险准备等准备金支出以及会计处理与税收处理差异的纳税调整额进行详细说明，其格式如 2×19 年天鑫公司填制的资产减值准备项目调整明细表 11-27 所示：

表 11-27　　　　　企业所得税年度纳税申报表附表十
资产减值准备项目调整明细表

填报时间：年 月 日　　　　　　　　　　　　　　　金额单位：元（列至角分）

行次	准备金类别	期初余额	本期转回额	本期计提额	期末余额	纳税调整额
		1	2	3	4	5
1	坏（呆）账准备	1 800		900	2 700	900
2	存货跌价准备					
3	*其中：消耗性生物资产减值准备					
4	*持有至到期投资减值准备					
5	*可供出售金融资产减值		—			
6	#短期投资跌价准备					
7	长期股权投资减值准备					
8	*投资性房地产减值准备					
9	固定资产减值准备	1 800		30 000	30 000	30 000
10	在建工程（工程物资）减值准备					
11	*生产性生物资产减值准备					
12	无形资产减值准备					

续表

行次	准备金类别	期初余额	本期转回额	本期计提额	期末余额	纳税调整额
		1	2	3	4	5
13	商誉减值准备					
14	贷款损失准备					
15	矿区权益减值					
16	其他					
17	合计	1 800		30 900	32 700	30 900

注：表中＊项目为执行新会计准则企业专用；表中加#项目为执行企业会计制度、小企业会计制度的企业专用。

经办人（签章）：　　　　　　　　　　　　　　　　法定代表人（签章）：

（2）资产减值准备项目调整明细表与主表及其附表的对应关系：

资产减值准备项目调整表第 17 行第 5 列 > 0 时，第 17 行第 5 列 = 附表三第 51 行第 3 列；第 17 行第 5 列 < 0 时，第 17 行第 5 列 = 附表三第 51 行第 4 列。

11. 企业所得税年度纳税申报表附表十一

（1）企业所得税年度纳税申报表附表十一的格式：

居民企业所得税年度纳税申报表附表十一长期股权投资所得（损失）明细表。主要对企业本纳税年度发生长期股权投资成本、投资收益等以及会计处理与税收处理差异的纳税调整额进行详细说明，其格式如表 11 - 28 所示：

表 11 - 28　　　　　　企业所得税年度纳税申报表附表十一

长期股权投资所得（损失）明细表

填报时间：年 月 日　　　　　　　　　　　　　　　　金额单位：元（列至角分）

行次	被投资企业	期初投资额	本年度增（减）投资额	投资成本		股息红利			投资转让所得（损失）					
				初始投资成本	权益法核算对初始投资成本调整产生的收益	会计核算投资收益	会计投资损益	税收确认的股息红利		会计与税收的差异	投资转让的净收入	投资转让的会计成本	投资转让的税收成本	会计上确认的投资转让所得或损失	按税收计算的投资转让所得或损失	会计与税收的差异
								免税收入	全额征税收入						
1	2	3	4	5	6 (7 + 14)	7	8	9	10 (7-8-9)	11	12	13	14 (11-12)	15 (11-13)	16 (14-15)
1															

续表

行次	被投资企业	期初投资额	本年度增（减）投资额	投资成本		股息红利				投资转让所得（损失）					
				初始投资成本	权益法核算对初始投资成本调整产生的收益	会计核算投资收益	会计投资损益	税收确认的股息红利		会计与税收的差异	投资转让的净收入	投资转让的会计成本	投资转让的税收成本	会计上确认的转让所得或损失	按税收计算的投资转让所得或损失	会计与税收的差异
								免税收入	全额征税收入						
2															
3															
4															
5															
6															
7															
8															
合计															

投资损失补充资料						
行次	项目	年度	当年度结转金额	已弥补金额	本年度弥补金额	结转以后年度弥补金额
1	第一年					
2	第二年					
3	第三年					
4	第四年					
5	第五年					
以前年度结转在本年度税前扣除的股权投资转让损失						

备注：

经办人（签章）： 　　　　　　　　　　　　　　法定代表人（签章）：

（2）长期股权投资所得（损失）明细表与主表及其附表的对应关系：

长期股权投资所得（损失）明细表第5列"合计"行＝附表三第6行第4列。

第八节 财务报表分析基础

本节先介绍财务报表通用的分析方法,然后结合税务管理工作的实际,就财务报表的涉税分析作些探索。

财务报表分析,就是将企业某一会计年度终了时所编制的财务报表以及其他有关会计记录和其他与决策有关各项资料作适当排列,剖析其内涵,披露各项资料之间的相互关系,并进一步分析与解释各项关系,评价该企业的财务状况、经营成果、偿债能力、获利能力等。

一、财务报表分析的基本方法

财务报表分析的基本方法可概括为静态和动态分析两类:静态分析又称垂直分析,是指只对企业某个时期的财务报告进行分析;动态分析又称横向分析或水平分析,是指将企业若干年(季度、月份)的财务报告放在一起进行分析。

在会计实务中对财务报表的分析方法主要有:比率分析、趋势分析和基本面分析。

(一) 财务报表比率分析

比率分析是把某些彼此存在关联的项目加以对比,计算出比率,据以确定经济活动的变动程度。比率指标一般有以下三类:

(1) 构成比率。构成比率又称结构比率,分总体构成比率和利用构成比率。

总体构成比率是某项经济指标的各个组成部分与总体的比例,反映部分与总体的关系。利用构成比率则是反映总体中某个部分的形成和安排的合理性。

(2) 效率比率。是某项经济活动中所费与所得的比值,反映投入与产出的关系。

(3) 相关比率。是以某个项目与其相关但又不同的项目加以对比所得的比值,反映经济活动的相互关系。

在使用比率分析时,应注意对比项目的相关性,对比口径的一致性,衡量标准的科学性。

为保证各项财务比率计算的一致性,本节的分析将以天鑫公司的有关财务报表为实例,主要从企业的偿债能力、营运能力、盈利能力进行分析。

1. 偿债能力分析

偿债能力是指企业一定时期偿还债务的能力,反映偿债能力大小的指标主要有:

(1) 短期偿债能力。

短期偿债能力是企业以其流动资产偿付流动负债的能力,一般又称为偿付能力。反映短期偿债能力的比率主要有:

①流动比率。流动比率指流动资产与流动负债的比值,表示企业用其流动资产偿还流动负债的能力。流动比率的基本功能在于显示短期债权人的安全边际的大小,其计算公式为:

流动比率 = 流动资产 ÷ 流动负债

这一指标主要用以衡量企业的短期偿债能力,流动比率越高,表示短期偿债能力越强,流动负债获得清偿的机会越大,安全性也越大。一般认为,其比率维持在2:1 是比较合适的,这是人们的一个经验认识,只能作为参考而非统一标准。因此,不能一概而论,还应考虑其他各种因素的影响。通常情况下,营业周期、流动资产中的应收账款数额与存货的周转速度是影响流动比率的主要因素。

②速动比率。速动比率指企业一定时期速动资产与流动负债的比值,它是比流动比率更进一步反映变现能力的比率指标。所谓速动资产是指货币资金、交易性金融资产、应收票据和应收款项等各项可迅速变现,用以偿付流动负债的资产。由此可见,速动比率是流动比率的补充,比流动比率更能表明一个企业的短期偿债能力,一般又称为酸性测试比率。其计算公式为:

速动比率 = 速动资产 ÷ 流动负债
        = (流动资产 − 存货) ÷ 流动负债

一般认为,正常的速动比率应维持在不低于1,此时,财务状况良好,短期偿债能力较强,债权人的债权有足够的偿还保证。速动比率小于1,反映了企业必须依赖动用存货资产才能偿还短期债务。我国的速动比率在 90% 左右,由于行业差异,速动比率合理水平值的差异较大,在实际运用中,要结合行业特点进行分析。影响速动比率可信度的重要因素是应收账款的变现能力。

③现金负债比率。现金负债比率是企业一定时期现金类资产与流动负债的比率,表示现金类资产偿还流动负债的能力。其计算公式为:

现金负债比率 = 现金类资产 ÷ 流动负债

一般来说,现金负债比率越高,说明企业偿还流动负债的能力越强。通过这一比率可以识别速动比率的质量,在流动比率一定的情况下,现金负债比率越大,速动比率的质量越高,企业资产的流动性越好。但现金负债比率不能过高,否则会影响企业的获利能力。

(2) 长期偿债能力。

①资产负债率。

资产负债率又称举债经营比率,指企业负债总额对资产总额的百分比,反映企业举债经营的能力,可用于衡量企业利用债权人提供的资金进行经营活动的能力,也可反映企业在清算时债权人利益受到保护的程度,该指标是评价企业负债水平和偿债能力的综合指标。其计算公式为:

资产负债率 = 负债总额 ÷ 资产总额 × 100%

资产负债率反映债权人权益占企业全部资产的比例,即企业负债经营的比例,它牵涉债权人、股东和经营者三方的利益。一般来说,资产负债率越高,反映企业所有者投入资金的比重较小,债权人债权的保障程度较低;反之,则表明企业所有者投入资金的比重较大,债权人债权的保障程度较高。资产负债率是国际公认的衡量企业偿债能力和财务风险的重要指标,通常认为60%比较好,再保守一些认为不应不高于50%。

②产权比率。

产权比率指负债总额与所有者权益总额的比率关系,表示所有者权益对债权人权益的保障程度。其计算公式为:

产权比率 = 负债总额 ÷ 所有者权益总额 × 100%

产权比率越低,表明企业的长期偿债能力越强,债权人权益的保障程度越高,风险越低;反之,产权比率越高,则风险越高。

③已获利息倍数。

已获利息倍数,也叫利息保障倍数,指企业某一会计期间获得的可供支付利息的利润(经营业务收益)与所支付的利息费用之间的比率,充分反映了企业用所获得的利润支付利息费用的能力。其计算公式为:

已获利息倍数 = 息税前利润 ÷ 利息费用
　　　　　　 = (利润总额 + 利息支出) ÷ 利息费用

已获利息倍数指标反映企业经营收益是所需支付利息的多少倍,一般来说该倍数足够大,企业就有充足的能力偿付利息,否则相反。要合理判断企业已获利息倍数的高低,需要将企业的指标进行纵向和横向的比较,并选择最低的数据作为标准,以保证企业最低的偿债能力,对特殊情况还须结合实际情况来确定。因企业所处的行业不同,已获利息倍数有不同的标准界限,国际上公认的已获利息倍数是3。一般情况下,该指标如大于1,则表明企业负债经营能够赚取比资金成本更高的利润;如小于1,则表明企业无力赚取大于资金成本的利润,企业债务风险很大。

2. 营运能力分析

营运能力大小是影响企业偿债能力和盈利能力大小的主要因素之一。营运能力强,资金周转速度就快,企业就会有足够的现金来偿付流动负债,则短期偿债能力就强。营运能力强,企业就会取得更多的收入和利润,用足够的资金偿还本金和利息,则长期偿债能力就强。反映营运能力大小的指标主要有:

(1) 总资产周转率。

总资产周转率指企业某一会计期间销售收入净额与平均资产总额之间的比值,是综合评价企业全部资产经营质量和使用效率的重要指标。其计算公式为:

总资产周转率 = 销售收入净额 ÷ 平均资产总额

平均资产总额 = (期初资产总额 + 期末资产总额) ÷ 2

一般情况下,该指标数值越高,周转速度越快,说明资产经营效率越好,反之,则说明资产经营效率越差。总资产周转率是考察企业资产营运效率的一项重要指标,体现了企业全部资产从投入到产出的周转速度,反映了企业全部资产的管理质量和使用效率。总资产周转率主要受到流动资产周转率、应收账款周转率和存货周转率等指标的影响。

(2) 固定资产周转率。

固定资产周转率指企业某一会计期间销售收入净额与固定资产平均净值之间的比值,反映企业固定资产周转情况,是衡量企业固定资产利用效率的一项指标。其计算公式为:

固定资产周转率 = 销售收入净额 ÷ 固定资产平均净值

固定资产平均净值 = (期初固定资产净值 + 期末固定资产净值) ÷ 2

固定资产周转率越高,说明企业充分利用了固定资产,投资得当,固定资产结构合理,能充分发挥效率;反之,则说明固定资产使用效率不高,提供的生产成果不多,企业的营运能力欠佳。在运用固定资产周转率时需要考虑固定资产计提折旧的影响,折旧的方法不同,会影响其可比性。

(3) 应收账款周转率。

应收账款周转率是用以反映企业在某一会计期间收回赊销账款能力的指标,反映应收账款的流转速度,它是某一会计期间的赊销净额与应收款项的全年平均余额的比率关系。由于企业赊销资料作为商业机密不对外公布,所以应收账款周转率分子一般为赊销和现销净额之和,即销售净收入。其计算公式为:

应收账款周转率 = 赊销净额 ÷ 应收款项的全年平均余额

应收账款的全年平均余额 = (期初应收账款余额 + 期末应收账款余额) ÷ 2

应收账款在流动资产中的地位十分重要,在流动资产中占有较大份额,它的及时回收,不仅可以增强企业的短期偿债能力,而且能够反映企业销售收入的质量。应收账款周转率说明年度内应收账款转为现金的平均次数,体现应收账款的有效性和周转速度,可以弥补流动比率和速动比率这两个指标的不足。所谓应收账款的有效性,表示应收账款转换为现金时,是否会发生账款的损失;至于周转速度,表示应收账款转为现金的速度。一般而言,应收账款周转率越高,平均收账期越短,表明企业收款速度快,坏账损失少,偿债能力强。影响应收账款周转率可信度的其他因素主要是:企业季节性经营导致年末销售大增或锐减、销售使用分期付款或现金结算方式等。

衡量应收账款周转情况的另一个比率是应收账款平均账龄或应收账款平均回收天数,其计算公式为:

应收账款平均回收天数 = 360÷应收账款周转率

应收账款平均账龄短,说明应收账款占营运资金的天数少,应收账款的变现速度快,短期偿债能力强,应收账款管理效率高。

(4) 存货周转率。

存货周转率指某一会计期间销货成本与存货平均余额的比率关系,是衡量和评价企业购入存货、投入生产、销售收回等各环节管理状况的综合性指标,反映企业在某一会计期间的存货周转速度。其计算公式为:

存货周转率 = 销货成本÷存货全年平均余额

存货全年平均余额 = (期初存货余额 + 期末存货余额)÷2

一般而言,存货在流动资产中所占比重较大,存货周转率在反映存货周转速度、存货占用水平的同时,也从一定程度上反映了企业的销售实现的快慢。所以,存货周转速度越快,其占用水平越低,存货量较少,积压的风险就小,资本的使用效率就高,存货转换为现金或应收账款的能力也越强。在分析运用本指标时,还应综合考虑进货批量、生产销售的季节性变动以及存货结构等因素。

衡量存货周转速度的另一个比率是存货周转天数,其计算公式为:

存货周转天数 = 360÷存货周转率

一般说来,存货周转天数越少越佳。

3. 盈利能力分析

盈利能力是指企业正常经营赚取利润的能力,是企业生存发展的基础。盈利能力越强,偿还债务的能力就强,债权人的风险就小。盈利能力大小从某个侧面反映出企业资产的保值增值情况。反映企业盈利能力的指标主要有:

(1) 销售净利率。

销售净利率是指净利润(税后利润)与销售收入的百分比,其计算公式为:

销售净利率 = 净利润÷销售收入×100%

销售净利率指标反映销售收入的收益水平,表明每一元销售收入可以带来的净利润的多少。为进一步分析,还可将该指标分解为销售毛利率、销售税金率、销售成本率和销售费用率等。

(2) 销售毛利率。

销售毛利率是毛利占销售收入的百分比,反映产品或商品的初始获利能力,其中毛利是销售收入与销售成本的差,其计算公式为:

销售毛利率 =(销售收入 - 销售成本)÷ 销售收入 × 100%

销售毛利率表示每一元销售收入扣除销售成本后,还有多少可用于各项期间费用和形成企业的利润,销售毛利率是企业销售净利率的最初基础和保障,没有足够大的毛利率就不可能有盈利。

(3) 总资产收益率。

总资产收益率是企业息税前利润和平均资产总额的比率,表明一定期间企业资产的综合利用效果,用于衡量企业运用全部资产的获利能力。其计算公式为:

总资产收益率 = 息税前利润 ÷ 平均资产总额 × 100%

= (利润总额 + 利息支出)÷ 平均资产总额 × 100%

平均资产总额 =(期初资产总额 + 期末资产总额)÷ 2

总资产收益率是一个综合性的指标,全面反映了企业的获利能力和投入产出状况。通过分析能够反映企业在增加收入和节约资金使用等方面取得的效果。一般情况下,如果该指标大于市场利率,则表明企业可以充分利用财务杠杆进行负债经营,获取更多的收益。影响其高低的主要因素有:产品价格和单位成本的高低,产品产量和销量的多少以及资金占用量的大小等。

(4) 净资产收益率。

净资产收益率指企业税后利润(净利润)与净资产全年平均余额之间的比率关系。净资产是资产总额减去负债总额后的净值,也就是企业的所有者权益总额。该指标反映每元所有者权益的收益率。其计算公式为:

净资产收益率 = 税后利润(净利润)÷ 净资产全年平均余额(所有者权益)× 100%

净资产全年平均余额 =(期初净资产总额 + 期末净资产总额)÷ 2

净资产收益率是评价企业自有资本及其积累获取收益水平的最具综合性与代表性的指标,充分反映了企业资本运营的综合效益。一般认为,企业净资产收益率越高,企业自有资本获利的能力越强,运营能力越好,对企业投资人、债权人的利益保证程度越高。

(5) 资本收益率。

资本收益率是指企业税后利润(净利润)与投资者投入资本之间的比率关系。反映企业动用投资者投入资本获得收益的能力。其计算公式为:

资本收益率 = 税后利润(净利润)÷ 实收资本 × 100%

(6)资本保值增值率。

资本保值增值率是指企业期末所有者权益总额与期初所有者权益总额之间的比率关系。反映企业保值增值的能力,是衡量企业投资者投入企业资本的完整性和保全性的重要指标,也是评价企业效益的辅助指标。其计算公式为:

资本保值增值率 = 期末所有者权益总额 ÷ 期初所有者权益总额 × 100%

资本保值增值率是根据"资本保全"原则设计的指标,更加谨慎、稳健地反映了企业资本保全和增值状况。一般说来,该指标应大于100%,如果小于100%,表明企业资本受到侵蚀,没有实现资本保全,损害了所有者的权益。在运用期末所有者权益总额这一指标时,一定要扣除一些客观性的因素。

(7)基本每股收益。

基本每股收益是指一定时期归属于普通股股东的当期净利润,除以发行在外普通股的加权平均数。该指标反映企业每股普通股股票的实际盈利额,是衡量上市公司盈利能力最重要的财务指标。其计算公式为:

基本每股收益 = 归属于普通股股东的当期净利润 ÷ 发行在外普通股的加权平均数

公式分子上归属于普通股股东的当期净利润,即企业当期实现的可供普通股股东分配的净利润或应由普通股股东分担的净亏损金额。发生亏损的企业,每股收益以负数列示。以合并财务报表为基础计算的每股收益,公式分子上应当是归属于母公司普通股股东的合并净利润,即扣减少数股东损益后的余额。

公式分母上发行在外普通股加权平均数按下列公式计算:

发行在外普通股加权平均数 = 期初发行在外普通股股数 + 当期新发行普通股股数 × 已发行时间 ÷ 报告期时间 − 当期回购普通股股数 × 已回购时间 ÷ 报告期时间

已发行时间、报告期时间和已回购时间一般按照天数计算;在不影响计算结果合理性的前提下,也可以采用简化的计算方法。

(8)稀释每股收益。

企业存在稀释性潜在普通股的,应当分别调整归属于普通股股东的当期净利润和发行在外普通股的加权平均数,并据以计算稀释每股收益。

稀释性潜在普通股,是指假设当期转换为普通股会减少每股收益的潜在普通股。

计算稀释每股收益,应当根据下列事项对归属于普通股股东的当期净利润进行调整:当期已确认为费用的稀释性潜在普通股的利息;稀释性潜在普通股转换时将产生的收益或费用。调整时应当考虑相关所得税影响。

计算稀释每股收益时,当期发行在外普通股的加权平均数应当为计算基本每股收益时普通股的加权平均数与假定稀释性潜在普通股转换为已发行普通股而增加的普通股股数的加权平均数之和。

(二) 财务报表趋势分析

趋势分析又称水平分析,是将两期或连续几期的财务报表中相同的指标进行对比,研究企业各项经营业绩或财务状况的发展变动的方向、数额和幅度,从而说明企业财务状况和经营成果的变动趋势。趋势分析一般有三种方式。

(1) 重要财务指标的比较。就是将不同时期财务报告中的相同指标或比率进行比较,了解其增减变动情况和变动的幅度,进而预测其发展趋势和前景。在会计实务中对不同时期的财务指标常用以下两种方法:

①定比,以分析期(报告期)的数额除以固定基期数额;

②环比,以分析期(报告期)的数额除以前期数额。

(2) 财务报表项目比较。是将连续数期的财务报表的项目金额并列起来,比较其相同指标的增减变动金额和幅度,据以识别企业财务状况和经营成果的发展变化。

(3) 财务报表项目构成的比较。是以财务报表中的某个总体指标为100%,通过计算其各组成项目占该总体的比重,进而比较各个项目所占比重的增减变动,了解有关财务活动的变化趋势。

在采用趋势分析时,应注意各时期的指标计算口径要一致,要剔除那些偶然性因素的影响,应用例外的原则。

(三) 财务报表基本面分析

基本面分析主要从以下三个方面进行:

(1) 从宏观经济发展和微观经济政策对行业的影响,分析企业相关指标的变化趋势是否与之相吻合,其相关财务指标的变动趋势与客观经济的变动趋势的差异,及产生差异的原因。

(2) 从行业的运行发展情况,分析企业财务报表的相关指标的变动情况是否正常,其财务报表中的某些指标是否与行业发展变化趋势相违背,如相违背还要分析其产生的根源。

(3) 从企业所持有的资源状况、竞争优势、经营策略以及管理人员能力入手,分析企业财务报表有关指标发展是否符合企业客观实际。

为了准确、直观地说明某些问题产生的原因,作为补充,在必要时还可采用因素分析和图表分析。所谓因素分析,就是根据指标与其影响因素之间的关系,按照一定的程序和方法,从数量上确定各因素对分析指标差异的影响程度。所谓图表分析,就是以各种表格或图形来表示企业在一定期间内的有关经营状况、财务状况及其变动情况。

(四) 财务报表分析实例

【例 11-7】沿用【例 11-1】、【例 11-2】资料,天鑫公司相关财务指标计算如下:

1. 天鑫公司偿债能力分析

(1) 短期偿债能力:

2×19 年年末流动比率 = 流动资产 ÷ 流动负债
= 4 156 434 ÷ 1 588 479
= 2.62

2×19 年年初流动比率 = 4 751 100 ÷ 2 651 100
= 1.79

2×19 年年末速动比率 = 速动资产 ÷ 流动负债
= (流动资产 – 存货) ÷ 流动负债
= (4 156 434 – 2 484 700) ÷ 1 588 479
= 1.05

2×19 年年初速动比率 = (4 751 100 – 2 580 000) ÷ 2 651 100
= 0.82

2×19 年年末现金负债比率 = 现金类资产 ÷ 流动负债
= 809 300 ÷ 1 588 479
= 0.51

2×19 年年初现金负债比率 = 1 406 000 ÷ 2 651 100
= 0.53

(2) 长期偿债能力:

2×19 年年末资产负债率 = 负债总额 ÷ 资产总额 × 100%
= 2 748 479 ÷ 8 139 475 × 100%
= 33.77%

2×19 年年末产权比率 = 负债总额 ÷ 所有者权益总额 × 100%
= 2 748 479 ÷ 5 334 680 × 100%
= 51.52%

2×19 年已获利息倍数 = 息税前利润 ÷ 利息费用
= (利润总额 + 利息支出) ÷ 利息费用
= (390 300 + 46 500) ÷ 46 500
= 9.39

天鑫公司偿债能力简要评价:

2×19年年末,天鑫公司流动比率、速动比率都比年初有所提高,现金负债比率比年初略微有所下降,主要原因在于该公司年内用现金偿还了15万元短期借款,短期偿债能力明显改善。该公司2×20年又借入了66万元的长期借款,长期偿债能力是否改善,需结合上年比较分析,以及同行业负债水平综合判断。

2. 天鑫公司营运能力分析

2×19年总资产周转率 = 销售收入净额 ÷ 平均资产总额
$$= 1\ 250\ 000 \div [(8\ 139\ 475 + 8\ 301\ 100) \div 2]$$
$$= 0.15$$

2×19年固定资产周转率 = 销售收入净额 ÷ 固定资产平均净值
$$= 1\ 250\ 000 \div [(2\ 201\ 000 + 1\ 100\ 000) \div 2]$$
$$= 0.76(次)$$

2×19年应收账款周转率 = 赊销净额 ÷ 应收账款的全年平均余额
$$= 1\ 250\ 000 \div [(598\ 200 + 299\ 100) \div 2]$$
$$= 2.79(次)$$

2×19年应收账款平均回收天数 = 360 ÷ 应收账款周转率
$$= 360 \div 2.79$$
$$= 129(天)$$

2×19年存货周转率 = 销货成本 ÷ 存货全年平均余额
$$= 700\ 000 \div [(2\ 484\ 700 + 2\ 580\ 000) \div 2]$$
$$= 0.28(次)$$

2×19年存货周转天数 = 360 ÷ 存货周转率
$$= 360 \div 0.28$$
$$= 1\ 286(天)$$

天鑫公司营运能力简要评价:

营运能力指标反映了企业运用资产取得的效果。天鑫公司2×19年度营运能力各项指标数值并不理想,表现在存货、固定资产以及总资产周转速度缓慢,具体效果如何需结合上年情况以及同行业水平进行对比分析,综合评价。

3. 天鑫公司盈利能力分析

2×19年销售净利率 = 净利润 ÷ 销售收入 × 100%
$$= 312\ 725 \div 1\ 250\ 000 \times 100\%$$
$$= 25.02\%$$

2×19年销售毛利率 = (销售收入 − 销售成本) ÷ 销售收入 × 100%
$$= (1\ 250\ 000 - 700\ 000) \div 1\ 250\ 000 \times 100\%$$
$$= 44\%$$

2×19年总资产收益率 = 息税前利润 ÷ 平均资产总额 × 100%
　　　　　　　　　= （利润总额 + 利息支出）÷ 平均资产总额 × 100%
　　　　　　　　　= （390 300 + 46 500）÷ [（8 139 475 + 8 301 100）÷ 2] × 100%
　　　　　　　　　= 5.31%

2×19年度净资产收益率 = 税后利润（净利润）÷ 净资产全年平均余额 × 100%
　　　　　　　　　= 312 725 ÷ [（5 334 680 + 5 160 000）÷ 2] × 100%
　　　　　　　　　= 5.96%

2×19年资本收益率 = 税后利润（净利润）÷ 实收资本 × 100%
　　　　　　　　= 312 725 ÷ 5 000 000 × 100%
　　　　　　　　= 6.25%

2×19年资本保值增值率 = 期末所有者权益总额 ÷ 期初所有者权益总额 × 100%
　　　　　　　　　= 5 334 680 ÷ 5 160 000 × 100%
　　　　　　　　　= 103.39%

天鑫公司盈利能力简要评价：

盈利能力是企业生存发展的根本，从企业投资者的角度看，天鑫公司实现了资本的保值并有增值。从企业管理者的角度分析，需结合同行业水平以及以前年度的盈利能力进行综合判断。

二、纳税申报表与财务报表的关联分析

（一）报表数据来源

会计报表中的数据直接取自企业的账簿资料，纳税申报表中的数字大部分也直接取自企业的账簿资料，二者具有一定的可比性。

（二）纳税申报表与财务报表的填报依据以及二者之间的勾稽关系

纳税申报表的填报依据是税法，是纳税人按照税法的有关规定如实填报的向税务机关申报纳税的书面报告。会计报表的填报依据是会计法规，是企业为了向报表使用者全面、系统地反映企业的财务状况、经营成果和现金流量提出的书面报告。因此，二者在数据上不能完全对口，具有相当程度的不可比性。例如：增值税纳税申报表中的销售额通常不等于利润表中的"营业收入"，原因有以下三方面：第一，纳税申报表中的销售额不仅包括会计上通过销售核算的销售行为实现的销售收入，还包括不通过销售核算的"视同销售"的销售额。第二，纳税申报表中的销售额应

填写纳税人销售货物和提供应税劳务所取得的全部销售额,企业收取的价外费用也包括在销售额之中,而在会计上价外费用往往不作销售处理。第三,纳税申报表中的销售额分散反映在会计报表的不同项目中。增值税的课税对象主要是销售货物及提供应税劳务,就销售货物而言,企业销售产品属于企业的主营业务,企业销售材料属于企业的其他业务,这些销售收入反映在利润表的"营业收入"项目中,但企业出售固定资产属于固定资产清理业务,其收入反映在利润表的"营业外收入"项目中,并且也不是原有意义上的固定资产销售收入。因此,增值税纳税申报表中的销售额通常不等于利润表中的"营业收入"。

企业所得税年度纳税申报表中的"应纳所得税额"与利润表中的"所得税费用"也不一定相等。当企业资产、负债的账面价值等于计税基础时,二者相等;当企业资产、负债的账面价值不等于计税基础时,二者不相等。

企业所得税年度纳税申报表(附表一)中的"销售(营业)收入合计"大于等于利润表中的"营业收入"。因为"销售(营业)收入合计"不仅包括会计核算的主营业务收入和其他业务收入,还包括根据税法规定确认的视同销售收入,而利润表中的"营业收入"只包括会计核算的主营业务收入和其他业务收入。

企业所得税年度纳税申报表(附表二)中的"销售(营业)成本合计"大于等于利润表中的"营业成本"。因为"销售(营业)成本合计"不仅包括会计核算的主营业务成本和其他业务成本,还包括根据税法规定确认的视同销售成本,而利润表中的"营业成本"只包括会计核算的主营业务成本和其他业务成本。

(三)纳税申报表的计税价格不一定等于会计报表中的交易价格

计税价格,是从价征收的税种在计算应纳税所得额时使用的价格,是计税的基础。按与商品交易的关系划分,计税价格可分为:

(1)交易价格,即按商品实际交易价格确定的计税价格。

(2)组成计税价格,即在没有实际交易价格时,按计税价格应包括的因素计算出来的计税价格。

(3)特定计税价格,它是为了计征税款的需要,由税务机关专门规定的计税价格。它不同于交易价格和组成计税价格,是仅用于计征税款的一种标准价格。

会计报表中使用的价格只能是交易价格。

此外,纳税申报表中的税目所列商品不一定是企业的全部商品,纳税申报表中体现的征税范围,不一定是企业的全部业务范围。

税务人员在税收征管工作中,注意以上种种情况,对于充分理解纳税申报表和正确开展会计报表分析工作无疑会有很多帮助。

企业所得税年度纳税申报表的补充:

《中华人民共和国企业所得税法》规定：企业向税务机关报送年度企业所得税纳税申报表时，应当就其与关联方之间的业务往来，附送年度关联业务往来报告表。

税务机关在进行关联业务调查时，企业及其关联方，以及与关联业务调查有关的其他企业，应当按照规定提供相关资料。

三、财务报表涉税分析

财务报表涉税分析，是微观税收分析的一个重要方面。税务人员需要及时了解企业的财务状况和经营成果，掌握税源变化规律，发现纳税的疑点线索，有针对性地开展纳税评估、税务稽查、税源监控工作。财务报表提供通用的财务信息，服务于不同的使用者，没有现成指标供税务人员使用，未经综合整理的数据资料并不能为使用者提供足够的决策依据，税务人员要善于从中提炼对税收管理有用的东西。就分析方法而言，仍然离不开静态分析和动态分析，需要加工、计算出与税收相关的比率指标。下面给大家提供一些分析思路，供参考。

（一）从报表项目、项目结构的异常变化发现纳税疑点线索

财务报表中许多项目与税收有关。例如，资产负债表中的存货与增值税、消费税、印花税、关税等税种相关；短期借款、长期借款与印花税等税种相关；固定资产项目与房产税、车船税、印花税、增值税、土地使用税等税种相关。利润表中营业收入与资源税、增值税、消费税、印花税等税种相关；利润总额与企业所得税相关。现金流量表中支付的各项税费、收到的税费返还与税款的缴纳相关。在日常的税收征管中要注意纳税人提交的财务报表上异常变化的项目，发现纳税的疑点线索。

对于项目的异常变化，主要通过计算不同时期（时点）报表项目增减变动的绝对额和相对幅度来观察；通过计算报表各项目占总额的比重，并将各项目构成与不同时期数据、同行业平均水平比较来观察。

1. 资产负债表分析

（1）资产负债表趋势分析。

资产负债表趋势分析，是将企业若干月份（或季度、年度）资产负债表项目编制成动态分析数列，计算各项目的增长（减）额和增长（减）速度，如货币资金、交易性金融资产、存货、应收（预收）账款、长期股权投资、投资性房地产、固定资产、在建工程、长期待摊费用、应付（预付）账款、应付职工薪酬、应交税费、其他应付款、长期借款、预计负债等项目的增长（减）额、增长（减）速度，观察各项目增（减）额及增（减）速度是否正常，是否有突增突减的变化，从反常数据中发现问题。特别需要注意其他应收款、其他应付款的增长变化，在国内会计实务

中,"应收、应付是个筐,什么东西都可以往里装",是最易出现问题的地方。长期待摊费用反映企业已经发生,但需要在今后逐期摊销的支出,若资产负债表期初与期末相差很大,就要考虑企业是否进行了一次性摊销处理,与税法规定的摊销年限是否吻合。如企业实收资本、资本公积项目是否增长,若增长,是否申报缴纳了印花税。

【例 11-8】天鑫股份有限公司系增值税一般纳税人,生产销售铁路专用器材。2×20 年 4 月份,税务人员审核该公司资产负债表时,发现 2×19 年 4 月份"在建工程"期末余额较期初余额 305 000 元增加 45 085 元,增幅为 14.78%。根据税务人员掌握的情况,该公司的工程项目已到收尾阶段,不可能有大的资金投入。经与该公司主管会计约谈、调查核实,发现该公司 2×19 年 4 月份有一批产品销售未申报增值税,而计入"在建工程",其税额为 5 861.05 元。

资产负债表上的一些项目与增值税核算密切相关,进而影响企业的增值税税收负担率。增值税税收负担率下降,可能是企业当期营业收入下降,也可能是企业当期存货余额较上年有较大增长。在税收征管检查中对资产负债表进行分析时最常分析的项目主要有:

① "应收账款""应收票据""预收账款"项目。

"应收账款""应收票据""预收账款"项目与企业的销货收款相关,正常的销货收款程序是:

预收款时:

借:银行存款
  贷:预收账款

销售商品、提供劳务确认收入时:

借:应收账款(应收票据、预收账款)
  贷:主营业务收入(其他业务收入)
    应交税费——应交增值税(销项税额)

同时(或期末)结转成本时:

借:主营业务成本(其他业务成本)
  贷:库存商品等

收款时:

借:现金(银行存款)
  贷:应收账款(应收票据)

将这些项目的本期金额与前一年同期相比较,如果增减异常,可能存在的偷税问题主要有:

A. "应收账款""应收票据""预收账款"账户借方发生额直接对应存货账户,

隐匿销售收入；

B. 将"预收账款"作为收入的隐匿账户，发出货物不确认收入，造成预收账款长期挂账；

C. 随同货物销售收取的价外费用不按税法规定计缴增值税；

D. 计提坏账准备，未调整应纳税所得额；

E. 核销的坏账损失不合法、不合规；

F. 已核销的坏账又收回，却入了小金库。

实务中，企业也有可能将销售货物收到的款项长期挂在"应付账款""其他应付款"等账户而不结转收入。要关注这些账户是否存在长期挂账、金额逐年增长的情况；其明细科目是否为企业销售对象，是否为收到的货款没有计收入或价外收入。

② "应付账款""应付票据""预付账款"项目。

"应付账款""应付票据""预付账款"项目与企业的购货付款相关，正常的购货付款程序是：

预付款时：

借：预付账款

　　贷：银行存款

购货时：

借：存货（固定资产等）

　　应交税费——应交增值税（进项税额）

　　贷：应付账款（应付票据、预付账款）

付款时：

借：应付账款（应付票据）

　　贷：银行存款

将这些项目的本期金额与前一年同期相比较，如果增减异常，可能存在的偷税问题主要是：虚购货物。虚购货物不存在付款行为，应付款项会存在长期未付、逐年增长的情况。

与企业的销货收款相联系，还可能存在以下偷税问题：

A. "预付账款"账户借方发生额直接对应存货账户，隐匿销售收入；

B. "应付账款""应付票据"账户的贷方直接对应货币资金账户，隐匿销售收入；

C. "应付账款""应付票据"账户的借方直接对应存货账户，不按税法规定确认收入计算缴纳增值税。

③ "存货"项目。

"存货"是一个综合性指标，存货的增加和减少，与税收的关系极为密切。首先，原材料、周转材料的购进既关系到生产成本的高低，又关系到增值税进项税额的大小；其次，自制半成品、产成品的销售既关系到销售收入和销售税金的计算，又关系到销售成本和销售利润的形成；最后，期末"生产成本"的高低，关系到完工产品成本及其销售成本的核算。

存货核算的准确性不但影响资产负债表，也会影响利润表。对于工业企业，在生产过程中，从原材料的领用到在产品、完工产品的结转，再到产成品的销售，都直接或间接地影响资产负债表和利润表。

企业存货应设置数量金额式明细账进行核算，在税收征管检查中首先应检查企业是否按规定设置账目，其次检查企业成本结转是否正确。其分析方法如图11-1所示。

存货增减异常，可能存在的偷税问题主要有：

A. 存货计量和确认错误，虚列进货成本；

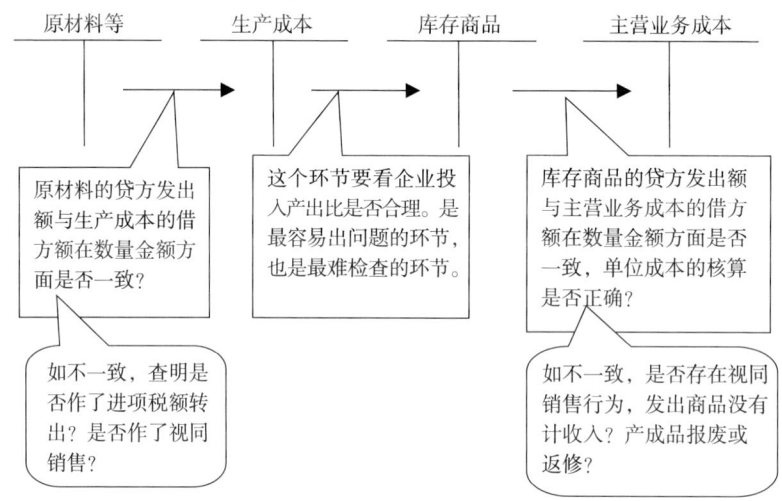

图11-1 存货核算及分析图示

B. 将用于不动产在建工程的工程物资混入存货项目，抵扣增值税进项税额；

C. 存货账户贷方直接对应营业外支出、待处理财产损溢、长期股权投资、应付职工薪酬等，不按税法规定转出进项税额或作视同销售计提销项税额；

D. 故意多转、少转存货耗用或销售成本，人为调节应纳税所得额；

E. 发出存货不登记入账，致使存货账面数量大于库存数量或数量金额不配比；

F. 存货盘盈，未及时转账，故意少记应纳税所得额；

G. 存货账户贷方直接对应货币资金或往来结算账户，隐匿销售收入。

涉税规定

◆《纳税评估管理办法（试行）》（国税发〔2005〕43号）

第十八条 对纳税评估中发现的计算和填写错误、政策和程序理解偏差等一般性问题，或存在的疑点问题经约谈、举证、调查核实等程序认定事实清楚，不具有偷税等违法嫌疑，无须立案查处的，可提请纳税人自行改正。需要纳税人自行补充的纳税资料，以及需要纳税人自行补正申报、补缴税款、调整账目的，税务机关应督促纳税人按照税法规定逐项落实。

第二十一条 发现纳税人有偷税、逃避追缴欠税、骗取出口退税、抗税或其他需要立案查处的税收违法行为嫌疑的，要移交税务稽查部门处理。

对税源管理部门移交稽查部门处理的案件，税务稽查部门要将处理结果定期向税源管理部门反馈。

发现外商投资和外国企业与其关联企业之间的业务往来不按照独立企业业务往来收取或支付价款、费用，需要调查、核实的，应移交上级税务机关国际税收管理部门（或有关部门）处理。

增值税的销售额的规定：

《中华人民共和国增值税暂行条例》规定：销售额为纳税人销售货物或者应税劳务向购买方收取的全部价款和价外费用，但是不包括收取的销项税额。

销售额以人民币计算。纳税人以人民币以外的货币结算销售额的，应当折合成人民币计算。

(2) 资产负债表结构分析。

资产负债表结构分析，是计算资产负债表各项目占资产总额、权益总额的比例，如流动资产占总资产比例、非流动资产占总资产比例；或者流动资产内部、长期资产内部、流动负债内部、长期负债内部、所有者权益内部的结构比例，如流动资产内部货币资金、存货等项目占流动资产的比例，并进行动态分析，观察企业的资产结构、负债结构是否正常。企业的资产结构、负债结构及内部结构是否科学合理，会影响企业的盈利能力、偿债能力、营运能力，影响企业的纳税能力。在税收征管检查中最常用的资产负债表结构分析主要有：

①流动资产结构分析。

流动资产结构分析，主要是分析企业流动资产内部货币资金与其他流动资产（主要是存货）的比例关系。

企业的资产决定着企业的规模，在资产中决定企业生死存亡的关键是货币资金。企业为了维持正常经营，保管、经营一定量的存货，会有一个最小的周转资金要求，低于这一货币资金拥有量，企业就将陷入困境。这一最小货币资金拥有量和企业的规模有关，也和企业的行业性质、经营方式等有关。

可以根据某个行业的经验数据，判定企业货币资金拥有量的高低，从而分析企业是否在资金核算上存在问题，是否有账外资金流转。

②流动资产与固定资产的结构分析。

企业的固定资产决定着企业的生产经营能力,尤其是制造企业。一定量的固定资产需要适应量的流动资产与之配套运行。不同的行业,流动资产与固定资产的比例也有可能不同。

可以根据某个行业的经验数据,判定企业流动资产总量是否与固定资产相匹配,从而分析企业是否隐瞒了部分流动资产,是否存在账外经营。

③负债结构分析。

负债结构分析,主要是分析企业流动负债与长期负债的比例关系以及流动负债、长期负债内部各自的结构情况。

流动负债需要短期内偿还,企业的还债压力比较大,长期负债偿还期限则比较宽松。企业为了不使偿债压力过大,应合理安排流动负债与长期负债的结构。

如果企业流动负债长期保持较高比例,且呈不断上升趋势,可进一步调查企业是否存在为了解决账面资金困难问题,而隐瞒销售收入,显示大量流动负债。

④负债与所有者权益结构分析。

企业如果出于偷税的目的去做假账,一般会采用少计收入,多列成本费用的方法,在不隐瞒资产的情况下就会造成企业所有者权益比重下降,而负债比重上升。尤其是市场经济条件下的私营企业,其经营目的就是盈利,如果所有者权益比重长期下降,就是一件很反常的事情。

通过计算连续多个会计期间的负债与所有者权益的比例,分析是否有不断上升的趋势,从而对企业账务处理的真实性做出初步判断。

2. 利润表分析

(1) 利润表趋势分析。

利润表趋势分析,是计算不同会计期间利润表各项目,如营业收入、营业成本、税金及附加、销售费用、管理费用、财务费用、资产减值损失、公允价值变动收益(损失)、投资收益、资产处置收益、其他收益、营业外收入、营业外支出、利润总额、所得税费用、净利润(净亏损)、每股收益等的增长(减)额、增长(减)速度,观察其是否有异常的变化,发现纳税的疑点线索。目前,各级税务机关都会公布一些财务指标的行业预警标准(幅度),相关的分析指标可以和公布的预警标准(幅度)进行比较。先找出企业纳税存在的疑点线索,再结合翻阅账簿、记账凭证、原始凭证,寻找问题的症结。

其具体做法是编制比较利润表,将利润表中每个项目的本期数与前期数进行对比,从中发现变幅较大的项目,如有减幅较大的收入项目或增幅较大的成本、费用、营业外支出项目,进一步分析是否存在偷逃税行为。

【例11-9】天鑫公司是增值税一般纳税人,主要从事小汽车的生产和销售,其

2×20 年度与 2×19 年度的比较利润表如表 11-29 所示,试分析该公司可能存在的问题。

表 11-29　　　　　　　　　　比较利润表

编制单位:天鑫公司

项目	2×20 年度		2×19 年度		差异	
	金额（万元）	与营业收入的比率（%）	金额（万元）	与营业收入的比率（%）	金额（万元）	百分比（%）
一、营业收入	8 500		6 700		1 800	21.18
减:营业成本	7 000	82.35	5 400	80.60	1 600	22.86
税金及附加	240	2.82	210	3.13	30	12.50
销售费用	220	2.59	70	1.04	150	68.18
管理费用	400	4.71	420	6.27	-20	-5.00
财务费用	88	1.04	80	1.19	8	9.09
加:公允价值变动收益（损失以"-"号填列）	0					
投资收益（损失以"-"号填列）	130		92		38	29.23
其中:对联营企业和合营企业的投资收益	0					
资产减值损失	100		80		20	20.00
资产处置收益（损失以"-"号填列）						
其他收益						
二、营业利润（亏损以"-"号填列）	582		532		50	8.59
加:营业外收入	40		35		5	12.50
减:营业外支出	32		30		2	6.25
其中:非流动资产处置损失						
三、利润总额（亏损总额以"-"号填列）	590		537		53	8.98
减:所得税费用	152		120		32	21.05
四、净利润（净亏损以"-"号填列）	438		417		21	4.79
（一）持续经营净利润（净亏损以"-"号填列）						
（二）终止经营净利润（净亏损以"-"号填列）						

续表

项目	2×20 年度		2×19 年度		差异	
	金额（万元）	与营业收入的比率（%）	金额（万元）	与营业收入的比率（%）	金额（万元）	百分比（%）
五、每股收益：						
（一）基本每股收益						
（二）稀释每股收益						

从天鑫公司 2×20 年度与 2×19 年度的比较利润表我们至少可以发现以下情况：

①与 2×19 年相比，2×20 年天鑫公司营业收入增长了 21.18%，而营业利润只增长了 8.59%，利润总额只增长了 8.98%，远远滞后于营业收入增幅。应进一步分析营业利润、利润总额增长滞后于营业收入的原因。

②与 2×19 年相比，2×20 年天鑫公司营业成本增长了 22.86%，增幅大于营业收入的增幅，没能实现与营业收入同步增长。应将营业成本增长过快的原因列为查账的重点，分析企业是否有少计营业收入，多计营业成本的情况。

③与 2×19 年相比，2×20 年天鑫公司销售费用增长了 68.18%，增长过快，是营业利润、利润总额增长滞后于营业收入的一个主要原因，应重点关注销售人员的工资薪金支出、广告费和业务宣传费、产品的售后服务费用等是否依法列支。

④与 2×19 年相比，2×20 年天鑫公司资产减值损失增长了 20.00%，增长较快，是营业利润、利润总额增长滞后于营业收入的一个原因，应关注企业有无随意计提资产减值准备，人为调节利润的情况。

（2）利润表结构分析。

从结构上进行分析，可以以营业收入为比较的基础，计算营业成本、税金及附加、销售费用、管理费用、财务费用等各项目占营业收入的比例，并进行动态趋势分析，以判断其异常变化。通常计算以下五个比值：

第一，营业成本与营业收入的比值。营业成本与营业收入具有一定的配比性，在正常情况下这个比值在各期均相对稳定。

第二，税金及附加与营业收入的比值。正常情况下这个比值在各期均相对稳定，如果发现该项比率有所下降，应追查有无错用税率或少计应交税金。

第三，销售费用与营业收入的比值。正常情况下这个比值在各期均相对稳定，如果发现这个比值有明显提高，应当注意销售费用中的运费或包装物价格有无提高或加大了广告费、展览费支出等，注意销售费用账户中有无掺杂掺假的问题。

第四，管理费用与营业收入的比值。管理费用属于相对固定费用，即不论主营业务收入多寡都要发生一定数量的管理费用支出。因此，营业收入数额小，则此比值高，反之则比值低。

第五，财务费用与营业收入的比值。财务费用是企业为筹集生产经营资金而发生的费用。即财务费用与企业筹资量有关系。审查这项比值的变动应注意企业贷款数的多少，注意有无虚列财务费用，有无将应予资本化的利息支出计入财务费用等问题。

【例11-10】沿用【例11-9】进行结构分析，可以发现以下情况：

① "营业成本与营业收入的比值" 由 2×19 年的 80.60% 增加到 82.35%，应作为疑点进一步分析比值不稳定，增长过快的原因。

② "销售费用与营业收入的比值" 由 2×19 年的 1.04% 增加到 2.59%，应重点关注这个项目，找出"销售费用"的主要组成部分，分析增长过快的原因，并对其追查相关明细账和会计凭证。

【例11-11】2×19 年 4 月，天鑫股份有限公司利润表中营业成本占营业收入的比例高达 90%，与行业平均值偏差太大。通过进一步对其库存商品明细账核查，其出库商品都做了成本结转，而部分业务并没有确认收入。公司做了如下会计处理：

借：主营业务成本
　　贷：库存商品
借：银行存款
　　贷：其他应付款

本例中，如果不进行结构分析，通过绝对数值观察，很难发现问题。

涉税提示

在具体分析时，一定要和当时的宏观经济形势、市场环境、行业发展状况紧密联系起来，也就是前面谈到的基本面分析。例如，企业财务报表中财务费用增加、在建工程成本上升，是否与国家信贷鼓励（限制）贷款、降低（提高）利率的政策相吻合；如果企业产品正处于成长期，而销售却萎缩，可能就不正常。

3. 现金流量表分析

（1）现金流量表趋势分析。

现金流量表趋势分析，是计算不同会计期间现金流量表各项目，如销售商品、提供劳务收到的现金，购买商品、接受劳务支付的现金，收回投资收到的现金，取得借款收到的现金等项目增长（减）额、增长（减）速度，观察各项目的变化是否正常。如通过收到的税费返还项目异常变化，可以了解税收优惠政策在企业是否得到落实；通过支付的各项税费项目的异常变化，可以了解企业各项税款的缴纳情况；通过支付给职工以及为职工支付的现金项目异常变化，可以了解企业是否按规定代扣代缴个人所得税。

（2）现金流量表结构分析。

现金流量表结构分析，是计算企业经营活动产生的现金流量、投资活动产生的现金流量、筹资活动产生的现金流量占现金及现金等价物净增加额的比例；或者计算经营活动的现金流量、筹资活动现金流量以及投资活动现金流量内部的比例，分析判断各项比例关系是否正常。

（二）通过分析各项比率指标变化，判断企业纳税存在的问题

企业的各项财务比率指标，分别从不同方面揭示了企业的偿债能力、营运能力和盈利能力，有些指标也可以反映企业的纳税情况。如总资产周转率、存货周转率、应收账款周转率等营运能力指标周转加快，而应纳税额减少，可能存在隐瞒收入、虚增成本的问题。流动比率、速动比率、资产负债率、已获利息倍数等偿债能力指标与行业平均水平或预警值相差较大，则企业偿债能力有问题，要考虑由此对税收收入产生的影响。把企业流动资产期末（或期初）余额与应交税费期末（或期初）余额对比，货币资金期末（或期初）余额与应交税费期末（或期初）余额对比，可以更直接观察企业流动资产、货币资金偿付税款的能力。

（三）从报表项目的水平变化趋势分析税源变化的潜力

财务报表上有的指标可以作为替代性的税基，如企业利润总额在纳税能力估算时常常作为企业所得税的税基，这些税基的增长变化预示着企业税源的变化。有些指标的增减变化与潜在税源的变化有关，如企业固定资产的增长（减）变化往往可以增加（或减少）未来的税收收入。从报表项目的水平变化趋势分析税源变化的潜力，应从计算分析以下指标入手：营业收入增长（减）率、营业成本增长（减）率、营业利润增长（减）率、利润总额增长（减）率、净利润增长（减）率、固定资产增长（减）率、长期股权投资增长（减）率等。

（四）从财务报表相关项目的内在联系、逻辑关系有效地监控税源

从经济业务发生取得或填制原始凭证、根据原始凭证编制记账凭证、运用复式记账登记账簿、依据账簿资料编制财务报表、从基本财务报表到合并报表各环节中，蕴含了会计准则的确认、计量、记录、报告的编制规则，也渗透了会计人员主观的判断和修饰。在经济利益驱使下，财务报表可能歪曲、颠倒了经济业务的真实面目。所以，从税收管理人员、税务稽查人员的角度，企业财务报表是不可信的。但是复式记账法本身有着特殊的作用，即能够为企业发生的经济业务留下痕迹，其生命力已经经过了几百年的证实。任何经济业务事项只要入账，就会留有痕迹，即便部分企业规避一些规则，如窜用账户，不按规定编制报表等，从这点出发财务报表也能够反映其入账的经济事实。

各种财务报表（资产负债表、利润表、现金流量表等）内部及各种财务报表之

间,如资产负债表与利润表之间、现金流量表与资产负债表及利润表之间存在一定的内在逻辑关系。利用这些逻辑关系,可以有效地监控税源。

资产负债表与利润表有相对的独立性,前者是对企业财务状况的反映,后者是对企业获利能力的反映。表间的联系主要通过净利润与未分配利润这两个项目进行。正常情况下,利润表上反映出来的净利润应大于等于资产负债表中未分配利润的增加数。利润表中营业收入增长(减)率与营业成本增长(减)率存在配比关系;资产负债表中应收账款增长(减)率与利润表中营业收入增长(减)率存在配比关系;资产负债表中短期借款、长期借款增长率与利润表中财务费用之间存在着内在联系;现金流量表中"销售商品、提供劳务收到的现金"与资产负债表中应收(预收)账款、应收票据以及利润表中营业收入之间存在着逻辑关系;现金流量表购买商品、接受劳务支付的现金与资产负债表中应付(预付)账款、应付票据以及利润表中营业成本之间存在着内在联系;现金流量表中支付的各项税费与利润表中税金及附加、所得税费用以及资产负债表中应交税费之间存在着逻辑关系。如果纳税人故意伪造财务报表,必然会破坏报表之间存在的逻辑关系,相关的财务指标就会出现异常变化。例如,企业应收账款增加了,而主营业务收入却下降了,就不符合逻辑;企业短期借款、长期借款增长了,而财务费用却下降了也不符合常规。税务人员要善于利用这些逻辑关系,发现纳税疑点线索。

税务人员应该用怀疑的眼光看企业编制的财务报表,合理地利用已有的逻辑关系,作为税务稽查、纳税评估的工具,科学分析,合理判断,找出突破口。

【例11-12】2×19年12月31日,天鑫股份有限公司资产负债表上反映,未分配利润增加240万元,而2×19年12月份利润表上反映当期净利润为30万元,很显然,报表之间的逻辑对应关系是矛盾的。通过对未分配利润科目详细检查发现,该公司将库存商品销售收入210万元(不含增值税)未通过主营业务收入科目核算,而直接记入到未分配利润。做了如下会计处理:

借:银行存款　　　　　　　　　　　　　　　　　　　2 100 000
　　贷:利润分配——未分配利润　　　　　　　　　　　　2 100 000

该笔收入在利润表中没有体现,也不影响报表平衡,审核过程中很容易疏忽。假如该公司所得税税率为25%,由此而导致企业所得税流失52.5万元(210×25%),增值税流失27.3万元(210×13%)。

(五)财务报表附注在涉税分析中的运用

各项财务报表信息是企业各项生产经营活动的高度概括和总结,这些项目若不加以解释,使用者是很难理解的。财务报表附注是为了帮助理解企业财务报表的内容而对报表有关项目所做的解释。我国企业会计准则要求企业在附注中披露下列内容：

（1）企业的基本情况；

（2）财务报表的编制基础；

（3）遵循企业会计准则的声明；

（4）重要会计政策和会计估计；

（5）会计政策和会计估计变更以及差错更正的说明；

（6）报表重要项目的说明；

（7）或有和承诺事项、资产负债表日后非调整事项、关联方关系及其交易等需要说明的事项；

（8）有助于财务报表使用者评价企业管理资本的目标、政策及程序的信息。

通过阅读财务报表附注，既可以理解企业财务报表各项目的内容，也有助于发现企业纳税方面存在的问题。如通过附注中应收账款计提坏账准备的明细资料，可以判断企业所得税纳税申报表中坏账准备是否正确地进行纳税调整；企业固定资产计提折旧的政策是否与税法相抵触；同时，通过阅读附注，还可以了解企业与哪些方面存在关联关系，是否在本期存在交易，若存在交易是否按照独立企业之间的公允价格进行结算，是否需要进行纳税调整。

参考文献及书籍

[1] 中国注册会计师协会. 2018年度注册会计师全国统一考试辅导教材——会计[M]. 经济科学出版社，2018.

[2] 国家税务总局教材编写组. 财务会计：税务版[M]. 人民出版社，2009.

[3] 维科先行网站 http：//taa.wkinfo.com.cn/.

[4] 致同会计师《中国会计实务手册》（Ⅱ）会计要素的确定与计量。